建築物環境衛生管理技術者

ビル管理士試験
もっと過去問題集

第2版

日本教育訓練センター：編著

日本教育訓練センター

まえがき

　もっと多くの過去問題をやりたい，やってみたい
との声にお応えするビル管過去問題集，ついに発刊！

　この『ビル管理士試験もっと過去問題集』は，建築物環境衛生管理技術者試験の平成12年～平成21年の国家試験全問題と要点解説を収録しています．最新6年間の国家試験を収め，今やこの試験のスタンダード過去問題集となった「ビル管理士試験模範解答集」（赤本）の姉妹書です．この『模範解答集』だけでも，国家試験対策として何をどの程度学習すればよいのか，きちんとした方向を掴み取ることは十分ですが，この『もっと過去問題集』を合わせて活用すれば，より明確に，この国家試験の全貌を把握した上での試験準備ができるでしょう．国家試験会場にさらに余裕をもって望みたいと希望される方に特にお奨めします．

　解説は，『模範解答集』と同じく，簡潔・的確かつ必要十分をモットーに磨き上げてあります．是非，お楽しみください．

　少しくらい合格率が低くても，赤・青揃えば怖いものなし．皆様のご健闘をお祈り申し上げます．

平成27年3月　編著者記す

平成 17 年度からの科目の範囲				
建築物衛生行政概論	問 1 ～ 20	建築物の構造概論	問 91 ～ 105
建築物の環境衛生	問 21 ～ 45	給水及び排水の管理	問 106 ～ 140
空気環境の調整	問 46 ～ 90	清掃	問 141 ～ 165
		ねずみ，昆虫等の防除	問 166 ～ 180

平成 16 年度までの科目の範囲			
建築物衛生行政概論	問 1 ～ 20	空気環境の調整	問 91 ～ 135
建築物の構造概論	問 21 ～ 35	清掃	問 136 ～ 165
建築物の環境衛生	問 36 ～ 55	ねずみ，昆虫等の防除	問 166 ～ 180
給水及び排水の管理	問 56 ～ 90		

ビル管理士試験もっと過去問題集 第2版

目 次

▶問題編◀

平成21年度	午前……………………1	午後……………………18
平成20年度	午前……………………37	午後……………………55
平成19年度	午前……………………73	午後……………………92
平成18年度	午前……………………111	午後……………………129
平成17年度	午前……………………147	午後……………………163
平成16年度	午前……………………181	午後……………………197
平成15年度	午前……………………215	午後……………………233
平成14年度	午前……………………251	午後……………………268
平成13年度	午前……………………285	午後……………………303
平成12年度	午前……………………321	午後……………………339

▶解答・解説編◀

平成21年度	午前……………………355	午後……………………362
平成20年度	午前……………………369	午後……………………376
平成19年度	午前……………………383	午後……………………392
平成18年度	午前……………………401	午後……………………411
平成17年度	午前……………………421	午後……………………429
平成16年度	午前……………………437	午後……………………444
平成15年度	午前……………………453	午後……………………462
平成14年度	午前……………………471	午後……………………479
平成13年度	午前……………………487	午後……………………494
平成12年度	午前……………………503	午後……………………510

● 解答用紙（コピーしてご利用ください）

平成（　）年　第（　）回目　　　　解答日　平成（　）年（　）月（　）日

1 ① ② ③ ④ ⑤	46 ① ② ③ ④ ⑤	91 ① ② ③ ④ ⑤	136 ① ② ③ ④ ⑤
2 ① ② ③ ④ ⑤	47 ① ② ③ ④ ⑤	92 ① ② ③ ④ ⑤	137 ① ② ③ ④ ⑤
3 ① ② ③ ④ ⑤	48 ① ② ③ ④ ⑤	93 ① ② ③ ④ ⑤	138 ① ② ③ ④ ⑤
4 ① ② ③ ④ ⑤	49 ① ② ③ ④ ⑤	94 ① ② ③ ④ ⑤	139 ① ② ③ ④ ⑤
5 ① ② ③ ④ ⑤	50 ① ② ③ ④ ⑤	95 ① ② ③ ④ ⑤	140 ① ② ③ ④ ⑤
6 ① ② ③ ④ ⑤	51 ① ② ③ ④ ⑤	96 ① ② ③ ④ ⑤	141 ① ② ③ ④ ⑤
7 ① ② ③ ④ ⑤	52 ① ② ③ ④ ⑤	97 ① ② ③ ④ ⑤	142 ① ② ③ ④ ⑤
8 ① ② ③ ④ ⑤	53 ① ② ③ ④ ⑤	98 ① ② ③ ④ ⑤	143 ① ② ③ ④ ⑤
9 ① ② ③ ④ ⑤	54 ① ② ③ ④ ⑤	99 ① ② ③ ④ ⑤	144 ① ② ③ ④ ⑤
10 ① ② ③ ④ ⑤	55 ① ② ③ ④ ⑤	100 ① ② ③ ④ ⑤	145 ① ② ③ ④ ⑤
11 ① ② ③ ④ ⑤	56 ① ② ③ ④ ⑤	101 ① ② ③ ④ ⑤	146 ① ② ③ ④ ⑤
12 ① ② ③ ④ ⑤	57 ① ② ③ ④ ⑤	102 ① ② ③ ④ ⑤	147 ① ② ③ ④ ⑤
13 ① ② ③ ④ ⑤	58 ① ② ③ ④ ⑤	103 ① ② ③ ④ ⑤	148 ① ② ③ ④ ⑤
14 ① ② ③ ④ ⑤	59 ① ② ③ ④ ⑤	104 ① ② ③ ④ ⑤	149 ① ② ③ ④ ⑤
15 ① ② ③ ④ ⑤	60 ① ② ③ ④ ⑤	105 ① ② ③ ④ ⑤	150 ① ② ③ ④ ⑤
16 ① ② ③ ④ ⑤	61 ① ② ③ ④ ⑤	106 ① ② ③ ④ ⑤	151 ① ② ③ ④ ⑤
17 ① ② ③ ④ ⑤	62 ① ② ③ ④ ⑤	107 ① ② ③ ④ ⑤	152 ① ② ③ ④ ⑤
18 ① ② ③ ④ ⑤	63 ① ② ③ ④ ⑤	108 ① ② ③ ④ ⑤	153 ① ② ③ ④ ⑤
19 ① ② ③ ④ ⑤	64 ① ② ③ ④ ⑤	109 ① ② ③ ④ ⑤	154 ① ② ③ ④ ⑤
20 ① ② ③ ④ ⑤	65 ① ② ③ ④ ⑤	110 ① ② ③ ④ ⑤	155 ① ② ③ ④ ⑤
21 ① ② ③ ④ ⑤	66 ① ② ③ ④ ⑤	111 ① ② ③ ④ ⑤	156 ① ② ③ ④ ⑤
22 ① ② ③ ④ ⑤	67 ① ② ③ ④ ⑤	112 ① ② ③ ④ ⑤	157 ① ② ③ ④ ⑤
23 ① ② ③ ④ ⑤	68 ① ② ③ ④ ⑤	113 ① ② ③ ④ ⑤	158 ① ② ③ ④ ⑤
24 ① ② ③ ④ ⑤	69 ① ② ③ ④ ⑤	114 ① ② ③ ④ ⑤	159 ① ② ③ ④ ⑤
25 ① ② ③ ④ ⑤	70 ① ② ③ ④ ⑤	115 ① ② ③ ④ ⑤	160 ① ② ③ ④ ⑤
26 ① ② ③ ④ ⑤	71 ① ② ③ ④ ⑤	116 ① ② ③ ④ ⑤	161 ① ② ③ ④ ⑤
27 ① ② ③ ④ ⑤	72 ① ② ③ ④ ⑤	117 ① ② ③ ④ ⑤	162 ① ② ③ ④ ⑤
28 ① ② ③ ④ ⑤	73 ① ② ③ ④ ⑤	118 ① ② ③ ④ ⑤	163 ① ② ③ ④ ⑤
29 ① ② ③ ④ ⑤	74 ① ② ③ ④ ⑤	119 ① ② ③ ④ ⑤	164 ① ② ③ ④ ⑤
30 ① ② ③ ④ ⑤	75 ① ② ③ ④ ⑤	120 ① ② ③ ④ ⑤	165 ① ② ③ ④ ⑤
31 ① ② ③ ④ ⑤	76 ① ② ③ ④ ⑤	121 ① ② ③ ④ ⑤	166 ① ② ③ ④ ⑤
32 ① ② ③ ④ ⑤	77 ① ② ③ ④ ⑤	122 ① ② ③ ④ ⑤	167 ① ② ③ ④ ⑤
33 ① ② ③ ④ ⑤	78 ① ② ③ ④ ⑤	123 ① ② ③ ④ ⑤	168 ① ② ③ ④ ⑤
34 ① ② ③ ④ ⑤	79 ① ② ③ ④ ⑤	124 ① ② ③ ④ ⑤	169 ① ② ③ ④ ⑤
35 ① ② ③ ④ ⑤	80 ① ② ③ ④ ⑤	125 ① ② ③ ④ ⑤	170 ① ② ③ ④ ⑤
36 ① ② ③ ④ ⑤	81 ① ② ③ ④ ⑤	126 ① ② ③ ④ ⑤	171 ① ② ③ ④ ⑤
37 ① ② ③ ④ ⑤	82 ① ② ③ ④ ⑤	127 ① ② ③ ④ ⑤	172 ① ② ③ ④ ⑤
38 ① ② ③ ④ ⑤	83 ① ② ③ ④ ⑤	128 ① ② ③ ④ ⑤	173 ① ② ③ ④ ⑤
39 ① ② ③ ④ ⑤	84 ① ② ③ ④ ⑤	129 ① ② ③ ④ ⑤	174 ① ② ③ ④ ⑤
40 ① ② ③ ④ ⑤	85 ① ② ③ ④ ⑤	130 ① ② ③ ④ ⑤	175 ① ② ③ ④ ⑤
41 ① ② ③ ④ ⑤	86 ① ② ③ ④ ⑤	131 ① ② ③ ④ ⑤	176 ① ② ③ ④ ⑤
42 ① ② ③ ④ ⑤	87 ① ② ③ ④ ⑤	132 ① ② ③ ④ ⑤	177 ① ② ③ ④ ⑤
43 ① ② ③ ④ ⑤	88 ① ② ③ ④ ⑤	133 ① ② ③ ④ ⑤	178 ① ② ③ ④ ⑤
44 ① ② ③ ④ ⑤	89 ① ② ③ ④ ⑤	134 ① ② ③ ④ ⑤	179 ① ② ③ ④ ⑤
45 ① ② ③ ④ ⑤	90 ① ② ③ ④ ⑤	135 ① ② ③ ④ ⑤	180 ① ② ③ ④ ⑤

得点　建築物衛生行政概論（　／　）　建築物の環境衛生（　／　）　空気環境の調整（　／　）
　　　建築物の構造概論（　／　）　給水及び排水の管理（　／　）　清　　　掃（　／　）
　　　ねずみ，昆虫の防除（　／　）　　　　　　　　　　　　　　　総　合（　／180）

平成21年度【午前】

建築物衛生行政概論
建築物の環境衛生
空気環境の調整

問題1 日本国憲法第25条に規定されている次の条文の ☐ 内に入る語句の組合せとして，正しいものはどれか．

　　第25条　すべて国民は，　ア　で文化的な　イ　生活を営む権利を有する．
　　　2　国は，すべての生活部面について，社会福祉，　ウ　及び　エ　の向上及び増進に努めなければならない．

	ア	イ	ウ	エ
(1)	健全	最低限度の	公共福祉	生活水準
(2)	健全	最低限度の	公共福祉	公衆衛生
(3)	健全	最低保障の	社会保障	公衆衛生
(4)	健康	最低保障の	公共福祉	生活水準
(5)	健康	最低限度の	社会保障	公衆衛生

問題2 現在の衛生行政組織に関する次の記述のうち，最も適当なものはどれか．
(1) 健康増進法に基づき中核市は，保健所を設置する．
(2) 学校保健に関する地方の行政事務は，保健所が責任を負う．
(3) 建築基準法に規定されている特定行政庁とは，国土交通省である．
(4) 労働衛生行政の地方レベルにおける組織は，市町村にある．
(5) 下水道の終末処理場の維持管理に関することは，環境省と国土交通省の所管である．

問題3 建築物における衛生的環境の確保に関する法律に関する次の記述のうち，誤っているものはどれか．
(1) 公衆衛生の向上及び増進に資することを目的にしている．
(2) 特定建築物の所有者，占有者等に，建築物環境衛生管理基準に従って維持管理することを義務付けている．
(3) 特定建築物の衛生的環境の確保を目的に，空気調和及び給排水等建築物衛生設備の設計指針を定めている．
(4) 保健所の業務として，多数の者が使用し，又は利用する建築物の維持管理について，環境衛生上の正しい知識の普及を図ることを規定している．
(5) 特定建築物の所有者等に，建築物環境衛生管理技術者の選任を義務付けている．

問題4 建築物における衛生的環境の確保に関する法律に基づく特定建築物としての用途に該当するものは次のうちどれか．
(1) 銀行　　(2) 自然科学研究所　　(3) 病院
(4) 寄宿舎　(5) 倉庫

問題5 次の建築物のうち,建築物における衛生的環境の確保に関する法律に基づく特定建築物に該当するものはどれか.
(1) 延べ面積3,200m^{2}の店舗の上階に1,500m^{2}の共同住宅を併せもつ,4,700m^{2}の複合建築物
(2) 延べ面積5,000m^{2}の教室と2,500m^{2}の体育館を併せもつ,7,500m^{2}の公立中学校の建築物
(3) 延べ面積2,800m^{2}の事務所と500m^{2}の電力会社の地下変電所を併せもつ,3,300m^{2}の事務所建築物
(4) 延べ面積2,500m^{2}の地下道と2,500m^{2}の店舗を併せもつ,5,000m^{2}の地下街
(5) 延べ面積2,800m^{2}の美術館と1,500m^{2}の市の公共地下駐車場を併せもつ,4,300m^{2}の複合建築物

問題6 建築物における衛生的環境の確保に関する法律に基づく特定建築物の届出に関する次の記述のうち,正しいものはどれか.
(1) 特定建築物の所在地を所管する保健所を経由して,厚生労働大臣に提出する.
(2) 特定建築物が使用されるに至ったときは,その日から1カ月以内に届け出なければならない.
(3) 国又は地方公共団体の用に供する特定建築物は,届出が免除される.
(4) 該当しなくなった場合の届出は,その日から6カ月以内に行わなければならない.
(5) 特定建築物の届出を長期にわたって行わなかった場合は,当該特定建築物の使用の停止処分を受ける場合がある.

問題7 建築物の衛生的環境の確保に関する法律に基づき,所有者等が備え付けるべき帳簿書類として,最も適当なものは次のうちどれか.
(1) 電気設備の点検整備の記録
(2) エレベーター設備の点検整備の記録
(3) 消火設備の点検整備の記録
(4) 排水設備の点検整備の記録
(5) ガス設備の点検整備の記録

問題8 次の空気環境測定項目のうち,1日の使用時間中の平均値をもって建築物環境衛生管理基準と比較すべき項目の組合せはどれか.
(1) 一酸化炭素の含有率————二酸化炭素の含有率————温度
(2) 一酸化炭素の含有率————二酸化炭素の含有率————相対湿度
(3) 浮遊粉じんの量————温度————気流
(4) 浮遊粉じんの量————一酸化炭素の含有率————二酸化炭素の含有率
(5) 浮遊粉じんの量————相対湿度————気流

問題9 建築物環境衛生管理基準の空気環境に関する測定項目とその基準との組合せとして,誤っているものは次のうちどれか.
(1) 浮遊粉じんの量————————空気1立方メートルにつき0.15mg以下
(2) 気流————————————0.5m/s以下

(3) 二酸化炭素の含有率――――――百万分の1,500以下
(4) ホルムアルデヒドの量―――――空気1立方メートルにつき0.1mg以下
(5) 相対湿度―――――――――――40パーセント以上70パーセント以下

問題10 特定建築物に選任された建築物環境衛生管理技術者の職務に関する次の記述のうち，最も不適当なものはどれか．
(1) 環境衛生上の維持管理に関する管理業務計画を策定する．
(2) 建築物環境衛生管理基準に従って維持管理が行われるよう，環境衛生上の維持管理業務を指揮監督する．
(3) 建築物内の環境衛生をより良好にするため必要があると認めたときは，建築物所有者等に衛生設備等の改善を命令する．
(4) 建築物環境衛生管理基準に関する測定又は検査結果等の評価を行う．
(5) 環境衛生上の維持管理に必要な調査を実施する．

問題11 建築物環境衛生管理技術者免状に関する次の記述のうち，誤っているものはどれか．
(1) 免状の返納を命じられ，その日から起算して3年を経過しない者には，免状の交付がされない場合がある．
(2) 免状の交付を受けている者は，免状を失った場合は，免状の再交付を申請することができる．
(3) 免状の交付を受けている者が，建築物における衛生的環境の確保に関する法律に違反したときは，その免状の返納を命じられることがある．
(4) 免状の交付を受けている者は，免状の記載事項に変更を生じたときは，免状の書換え交付を申請することができる．
(5) 免状を受けている者が死亡した場合は，戸籍法に規定する届出義務者は，1カ月以内に免状を返還しなくてはならない．

問題12 建築物における衛生的環境の確保に関する法律に基づく事業の登録に関する次の記述のうち，正しいものはどれか．
(1) 事業の登録の申請は，保健所長を経由して厚生労働大臣に申請する．
(2) 登録基準として，財務管理基準が定められている．
(3) 登録の有効期間は，5年間である．
(4) 登録を受けなければ，特定建築物の環境衛生上の維持管理を行うことはできない．
(5) 複数の営業所がある場合は，それぞれの営業所ごとに事業の登録を行う．

問題13 建築物における衛生的環境の確保に関する法律に基づく特定建築物に対する報告，立入検査等に関する次の文章の ☐ 内に入る語句の組合せとして，最も適当なものはどれか．

　　 ア は，厚生労働省令に定める場合において，この法律の施行に関し必要があると認めるときは， イ に対し，必要な報告，説明をさせ，又はその職員に特定建築物に立ち入り，その設備，帳簿書類その他の物件を検査させ，若しくは ウ に質問させることができる．

　　　　　　　　ア　　　　　　　　　　　　イ　　　　　　　　　　　　ウ
(1) 厚生労働大臣――――建築物環境衛生管理技術者――――建築物所有者等

(2) 都道府県知事―――――特定建築物所有者等―――――関係者
(3) 都道府県知事―――――建築物環境衛生管理技術者―――――建築物所有者等
(4) 厚生労働大臣―――――特定建築物所有者等―――――関係者
(5) 環境衛生監視員―――――建築物環境衛生管理技術者―――――建築物所有者等

問題14 感染症の予防及び感染症の患者に対する医療に関する法律に基づく一類感染症に該当しない疾患は，次のうちどれか．
(1) ペスト
(2) エボラ出血熱
(3) 痘そう（天然痘）
(4) ラッサ熱
(5) 鳥インフルエンザ

問題15 浄化槽法に関する次の記述のうち，誤っているものはどれか．
(1) 浄化槽清掃業を営もうとする者は，市町村長の許可を受けなければならない．
(2) 浄化槽の保守点検は，その技術上の基準に従って行わなければならない．
(3) 浄化槽設備士及び浄化槽管理士について定めている．
(4) 浄化槽法での浄化槽は，年1回水質に関する定期検査を受けなければならない．
(5) 浄化槽管理者は，保守点検の記録を5年間保存しなければならない．

問題16 生活衛生関係営業について，施設の開設又は営業に当たって，許可を要しないものは次のうちどれか．
(1) ホテル
(2) 映画館
(3) レストラン
(4) クリーニング店
(5) 公衆浴場

問題17 旅館業法第4条第1項に規定されている次の条文の□内に入る語句の組合せとして，正しいものはどれか．

営業者は，営業施設について，□ア□，採光，□イ□，防湿及び清潔その他宿泊者の□ウ□に必要な措置を講じなければならない．

　　　　ア　　　　　　イ　　　　　　ウ
(1) 換気―――――照明―――――衛生
(2) 防音―――――保湿―――――安全
(3) 保湿―――――換気―――――衛生
(4) 換気―――――防音―――――安全
(5) 防音―――――照明―――――衛生

問題18 廃棄物の処理及び清掃に関する法律に規定する廃棄物に該当しないものは，次のうちどれか．
(1) 廃油　　(2) 放射性廃棄物　　(3) 燃え殻
(4) 廃アルカリ　　(5) ふん尿

問題 19 水質汚濁防止法により，人の健康に係る被害を生ずるおそれがある物質として定められていないものは，次のうちどれか．
(1) 六価クロム化合物
(2) カドミウム及びその化合物
(3) トリクロロエチレン
(4) 鉄及びその化合物
(5) シアン化合物

問題 20 各法律に基づいた資格や身分に関する次の組合せのうち，最も不適当なものはどれか．
(1) 消防法————————消防設備士————————防火管理者
(2) 毒物及び劇物取締法————危険物取扱者————————環境衛生監視員
(3) 水道法————————給水装置工事主任技術者————水道技術管理者
(4) 労働安全衛生法————労働衛生コンサルタント————衛生管理者
(5) 建築基準法————————建築主事————————建築監視員

問題 21 臓器系の機能に関する次の記述のうち，最も不適当なものはどれか．
(1) 神経感覚内分泌系は，ヒトの全体的機能のコントロールをつかさどる．
(2) 消化器系は，食物の消化吸収及び消化液を出して消化を助ける機能を有する．
(3) 腎泌尿器系は，人体内に生じた老廃物を排泄する．
(4) 筋骨格系は身体の保持のみならず，呼吸などの生命維持にも関与する．
(5) 循環器系が運んできた全身からの酸素を，呼吸器系が体外に排出する．

問題 22 建築物内で健康に影響を与える次の要因のうち，物理的要因として最も不適当なものはどれか．
(1) オゾン   (2) 温度   (3) 振動
(4) 光   (5) 湿度

問題 23 日本産業衛生学会の「許容濃度の勧告」に規定されている許容濃度に関する次の記述のうち，最も不適当なものはどれか．
(1) 1日8時間，週40時間程度の労働に当てはまる濃度を定めている．
(2) 労働者の有害物質による健康障害を予防するために勧告される．
(3) 人及び動物についての実験研究などから得られた知見に基礎を置いて決められる．
(4) 空気中濃度がこの数値以下であれば健康障害が起こることのない濃度である．
(5) 許容濃度の決定の際に考慮された生体影響の種類は物質により異なる．

問題 24 事務所衛生基準規則で基準として定められていない項目は，次のうちどれか．
(1) 照明   (2) 気積   (3) ホルムアルデヒド
(4) 一酸化窒素 (5) 浮遊粉じん

問題 25 人体の熱放散の仕組みとして，最も適当なものは次のうちどれか．
(1) 筋緊張   (2) 皮膚血管の収縮   (3) ふるえ
(4) 運動   (5) 発汗

問題 26 空気汚染と健康障害に関する次の組合せのうち，最も不適当なものはどれか．

(1) 夏型過敏性肺炎　　　　　　真菌（トリコスポロン）
(2) 肺癌　　　　　　　　　　　たばこ
(3) 気道粘膜の刺激　　　　　　オゾン
(4) 喘息　　　　　　　　　　　アスベスト
(5) 感冒　　　　　　　　　　　ウイルス

問題 27　シックビル症候群の危険因子として，最も不適当なものは次のうちどれか．
(1) 室外空気の供給　　　　(2) アトピー体質
(3) 清掃の回数不足　　　　(4) 揮発性有機化合物（VOCs）
(5) 職場でのストレス

問題 28　二酸化硫黄に関する次の記述のうち，最も不適当なものはどれか．
(1) 火山活動により排出される．
(2) 石炭の使用の減少により大気中濃度は減少した．
(3) 400～500ppmでは呼吸困難を来し，死亡することがある．
(4) 粘膜に対する刺激作用がある．
(5) 大気の汚染に係る環境基準（1時間値）は10ppmである．

問題 29　ホルムアルデヒドに関する次の記述のうち，最も不適当なものはどれか．
(1) 刺激性に乏しく，一般に毒性は弱い．
(2) 暖房器具から発生する燃焼排気ガス中に存在する．
(3) 35～38％水溶液は，ホルマリンと呼ばれる．
(4) 洗剤や化粧品の原料として使われる．
(5) 肺水腫を起こす．

問題 30　結核に関する次の記述のうち，最も適当なものはどれか．
(1) 感染しても多くの人は，発病に至らない．
(2) 水系感染する．
(3) 近年，我が国では，集団発生の事例がない．
(4) 欧米での罹患率は，我が国より高い．
(5) 近年，我が国では，死亡者はいない．

問題 31　たばこ対策に関する次の文章の　　　　内に入る用語の組合せとして，最も適当なものはどれか．
　　　ア　が平成15年に施行され，多数の人が利用する施設の管理者は，施設利用者に　イ　を防止するための必要な措置を講ずるよう努めなければならないとされた．その防止措置として，施設内を全面禁煙とする方法と分煙する方法がある．

　　　　　ア　　　　　　　　　　イ
(1) 健康増進法　　　　　　　換気量不足
(2) 健康増進法　　　　　　　受動喫煙
(3) 地域保健法　　　　　　　受動喫煙
(4) 地域保健法　　　　　　　換気量不足
(5) 地域保健法　　　　　　　健康被害

問題 32 一酸化炭素に関する次の記述のうち，最も不適当なものはどれか．
(1) 一酸化炭素濃度は，室内空気の汚染や換気の総合指標として用いられる．
(2) 石油ストーブや都市ガスなどの不完全燃焼などにより一酸化炭素が発生する．
(3) 一酸化炭素は，酸素より200倍以上強いヘモグロビン親和性をもつ．
(4) 血液中の一酸化炭素ヘモグロビン濃度は，喫煙者の方が非喫煙者より高い．
(5) 血液中の一酸化炭素ヘモグロビン濃度が60～70%になると，昏睡とともにけいれんを起こし，時に死亡することがある．

問題 33 音に関する次の記述のうち，最も不適当なものはどれか．
(1) 会話の音声のレベルが55～65dBの時に，騒音のレベルが45dB以下であれば，十分な了解度が得られる．
(2) 加齢に伴い高い周波数域から聴力低下が起こる．
(3) 可聴範囲の上限周波数は，約30kHzである．
(4) 聴覚系の周波数特性を補正した尺度をA特性音圧レベルという．
(5) 人の聴覚が最も敏感な周波数は，4,000Hz付近である．

問題 34 振動に関する次の記述のうち，最も適当なものはどれか．
(1) 振動レベルの単位はHzである．
(2) 振動による人の感覚は，周波数によって異なる．
(3) 交通車両の運転により受ける振動障害は，強い水平振動による．
(4) 振動の知覚は，皮膚にある知覚神経末端受容器のみによりなされる．
(5) 全身振動の生体影響として，レイノー現象がある．

問題 35 光環境と視覚に関する次の記述のうち，最も適当なものはどれか．
(1) 輝度は，快適性を表す指標である．
(2) 照度が低下すると，瞳孔は縮小する．
(3) 網膜にある杆体細胞は，暗いときに働きやすい．
(4) 照明の質は，照度により決定される．
(5) 視力は，100 lx付近で大きく変化する．

問題 36 色彩に関する次の記述のうち，最も不適当なものはどれか．
(1) 暖色系は，手前に進出して見える進出色である．
(2) ジャッドの色彩調節の原理は，色彩を使って環境を調節する指針である．
(3) 配色には，危険・注意等の警告のために実施される識別配色がある．
(4) 暗い色は明るい色に比べて，より重厚な感覚を与える．
(5) 色彩の性質を決める要素は，色相，明度，彩度，輝度である．

問題 37 紫外線の生体影響として，最も不適当なものは次のうちどれか．
(1) 皮膚の悪性黒色腫の発生
(2) 白血病の発生
(3) 電気性眼炎の発生
(4) クル病の予防作用
(5) 皮膚の紅斑の出現

問題38 電離放射線の生体影響に関する次の記述のうち，最も不適当なものはどれか．
(1) 遺伝子や染色体に作用して異常を起こす．
(2) 感受性が最も高い細胞は神経細胞である．
(3) 皮膚潰瘍を生ずる．
(4) 白内障を生ずる．
(5) 脱毛を生ずる．

問題39 電磁波に関する次の記述のうち，最も適当なものはどれか．
(1) 紫外線は，赤外線より皮膚透過性が大きい．
(2) 磁場の強さを示す単位として，ジュール（J）を用いる．
(3) 強いマイクロ波は，白内障の原因となる．
(4) レーザとは，複数の波長を組み合わせた電磁波のことである．
(5) 可視光線の波長は，赤外線の波長より長い．

問題40 人と水に関する次の記述のうち，最も不適当なものはどれか．
(1) 体重50kgの成人の体内の水分量は，通常30kg前後である．
(2) 人が生理的に1日に必要とする水分量は，成人で約1.5Lである．
(3) 通常の食事及び水分摂取の状態で，成人が1日に排泄する尿の量は1～2Lである．
(4) 体内で生成された老廃物の排泄のため，成人では1日に最低0.4～0.5Lの尿が必要である．
(5) 体内における食物の代謝過程で生成される代謝水は，通常成人で1日に約1Lである．

問題41 水道法に基づく水質基準項目に関する次の記述のうち，最も不適当なものはどれか．
(1) 水銀及びその化合物には，有機水銀化合物が含まれる．
(2) トリクロロエチレンは，消毒副生成物の一つである．
(3) 鉛及びその化合物は，神経系の障害や貧血などの中毒症状を起こす．
(4) フッ素は，多量に含まれていると，斑状歯の原因となる．
(5) ヒ素化合物の毒性の強さは，その結合形によって異なる．

問題42 水系感染症の特徴に関する次の記述のうち，最も不適当なものはどれか．
(1) 患者の発生は，給水範囲と重なる．
(2) 初発患者の発生から数日で爆発的に患者が増える．
(3) 患者の発生は，季節によって左右されることが多い．
(4) 一般に致死率は低く，軽症例が多い．
(5) 一般に患者の発生は，性別や職業に無関係である．

問題43 次の感染症のうち，ウイルスによって引き起こされる疾患の組合せとして，正しいものはどれか．
　　ア　麻しん
　　イ　インフルエンザ
　　ウ　カンジダ症
　　エ　レジオネラ症
　　オ　結核

(1) アとイ (2) アとオ (3) イとウ
(4) ウとエ (5) エとオ

問題 44 クリプトスポリジウム症に関する次の記述のうち，最も適当なものはどれか．
(1) 病原体はウイルスである．
(2) 水の塩素消毒は病原体に対して有効である．
(3) 病原体による水の汚染のおそれがあるときは，大腸菌及び嫌気性芽胞菌の検査を行う．
(4) 病原体を含む微細な水滴が肺に吸入されて発症する．
(5) ヒト以外の動物には起こらない．

問題 45 消毒及び滅菌に関する次の記述のうち，最も不適当なものはどれか．
(1) ある環境中の微生物のうち，病原体を死滅させることを消毒という．
(2) 放射線による滅菌では，X線やγ線が用いられる．
(3) 酸化エチレンは，ガス滅菌法として用いられる．
(4) 乾熱滅菌は，高圧の蒸気を用いる方法である．
(5) 感染症の予防及び感染症の患者に対する医療に関する法律では，病原体に汚染された場所の消毒に関する規定がある．

問題 46 次に示す用語のうち，単位が無次元でないものはどれか．
(1) 形状抵抗係数 (2) アスペクト比
(3) 摩擦抵抗係数 (4) 動粘性係数
(5) レイノルズ数

問題 47 下の図はA部材とB部材で構成された建築物外壁の定常状態における温度分布を示している．この図についての次の記述のうち，最も不適当なものはどれか．

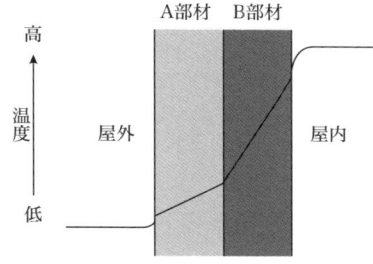

(1) A部材の方が，B部材より熱伝導率が大きい．
(2) 壁内を流れる熱流は，A部材よりB部材の方が大きい．
(3) A部材とB部材を入れ替えても，室内側の表面温度は変わらない．
(4) A部材が主体構造体の外壁部分であるとすると，この図は内断熱構造を示している．
(5) 室内側熱伝達率の方が，屋外側熱伝達率より小さい．

問題 48 建築材料の熱伝導率に関する次の記述のうち，最も不適当なものはどれか．
(1) パーティクルボードの熱伝導率は，木材と同程度である．
(2) 木材の熱伝導率は，普通コンクリートより小さい．
(3) 石こう板の熱伝導率は，硬質ウレタンフォームと同程度である．

(4) 普通コンクリートの熱伝導率は，タイルと同程度である．
(5) 板ガラスの熱伝導率は，木材より数倍大きい．

問題49 下に示す湿り空気線図（湿度図）に関する次の記述のうち，最も不適当なものはどれか．

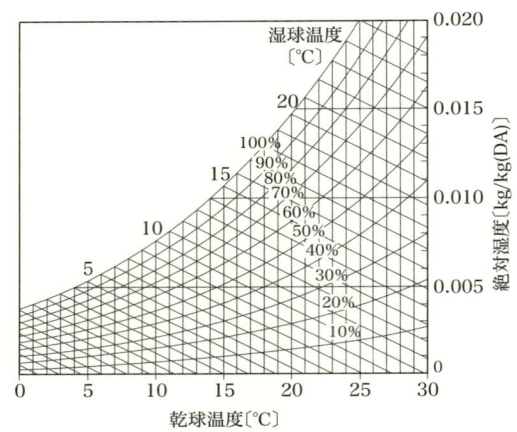

(1) 乾球温度17℃，相対湿度50％の空気が表面温度10℃の窓ガラスに触れると結露する．
(2) 乾球温度20℃，湿球温度10℃の空気に含まれる水蒸気量は，0.005kg/kg(DA) より小さい．
(3) 乾球温度4℃，相対湿度100％の空気を22℃まで暖めると，相対湿度は約30％となる．
(4) 乾球温度10℃の空気が含むことのできる最大の水蒸気量は，0.005kg/kg(DA) より大きい．
(5) 乾球温度25℃，相対湿度50％の空気の露点は15℃より低い．

問題50 湿気に関する次の記述のうち，最も不適当なものはどれか．
(1) 絶対湿度が一定の条件で温度が上昇すると，比エンタルピーは増加する．
(2) ガラス面の結露は，カーテンを用いると悪化する．
(3) 表面結露を防止するためには，水蒸気圧の高い室内側に防湿層を設けるとよい．
(4) 熱橋部分は，熱が伝わりやすいので結露しやすい．
(5) 家具などは外気に接する壁から離して設置すると，結露防止に効果がある．

問題51 暖冷房時に気流停滞が生じやすい箇所として，最も不適当なものは次のうちどれか．
(1) 天井中央付近から冷風を水平に吹き出す場合の室の上部
(2) 側壁下部から水平に冷風を吹き出す場合の室の上部
(3) 天井中央付近から温風を水平に吹き出す場合の室の下部
(4) 側壁上部から温風を水平に吹き出す場合の室の下部
(5) 天井から冷風を下向きに吹き出す場合の室の上部

問題52 空気の流動に関する次の記述のうち，最も不適当なものはどれか．
(1) ある地点の圧力を同一高度の大気圧との差圧で表したものを大気基準圧という．

(2) 吸込み気流速度は，吸込み口に近い領域を除き，吸込み口からの距離の二乗に反比例して減衰する．
(3) 直線ダクトの圧力損失は，風速の二乗に比例して増加する．
(4) 開口部を通過する風量は，開口部前後の圧力差の平方根に比例して増加する．
(5) 温度差換気量は，開口面積，内外温度差が同じ条件では，開口高さの差に比例して増加する．

問題 53 乾球温度20℃，相対湿度20％の空気に，30℃の水を噴霧した場合，温湿度の変化として最も適当なものは次のうちどれか．ただし，噴霧した水は完全に蒸発するものとする．
(1) 乾球温度，相対湿度は上がる．
(2) 乾球温度は下がり，相対湿度は上がる．
(3) 乾球温度は変わらず，相対湿度は上がる．
(4) 乾球温度は上がり，相対湿度は変わらない．
(5) 乾球温度は下がり，相対湿度は変わらない．

問題 54 室内のオゾンの発生源として，最も適当なものは次のうちどれか．
(1) 接着剤，人の呼気
(2) たばこ，燃焼器具
(3) 石こうボード，岩石
(4) コピー機，電気式空気清浄機
(5) 合板，カーペット

問題 55 室内空気汚染物質に関する次の記述のうち，最も不適当なものはどれか．
(1) 揮発性有機化合物（VOCs）は，ワックスや塗料から発生する．
(2) アスベストは，自然界に存在するケイ酸塩の繊維状鉱物である．
(3) たばこ煙の粒子相に含まれるニコチンは，主流煙の方が副流煙より多い．
(4) 窒素酸化物は，燃焼により発生する．
(5) 臭気の測定には，人間の嗅覚による官能試験法がある．

問題 56 浮遊粒子に関する次の記述のうち，最も不適当なものはどれか．
(1) ストークス径は，物理相当径である．
(2) ミストは，液体粒子が分散しているエアロゾルである．
(3) 浮遊粒子の流体抵抗は，ストークス域ではレイノルズ数に反比例する．
(4) 球形粒子の終末沈降速度は，粒径の二乗に比例する．
(5) 粒子の拡散係数は，粒径に比例する．

問題 57 室内の微生物などに関する次の記述のうち，最も不適当なものはどれか．
(1) 建築物内に発生するダニがアレルゲンになる場合がある．
(2) ウイルスは，結露した壁などの表面で増殖する．
(3) ペニシリウムは，アレルギー症状を引き起こす原因の一つである．
(4) 室内浮遊細菌濃度には，エアフィルタの捕集率が関係する．
(5) 加湿器の管理が不適切であると，室内空気の微生物汚染の一因となる．

問題 58 下の図は暖房時の空気調和システムのプロセスを湿り空気線図上に示したものである．次の記述のうち，最も不適当なものはどれか．ただし，A点は外気の状態を示す．

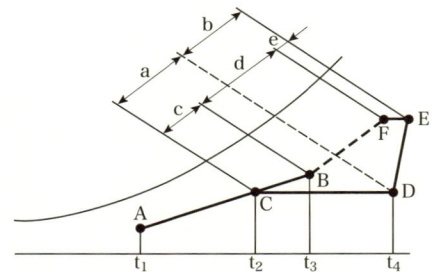

(1) Cは，取入外気と室内還気の混合状態を表す．
(2) DEの変化は，蒸気加湿を示している．
(3) EFの変化は，空気調和機から部屋までダクトで空気を運ぶ間の熱損失を表している．
(4) 加湿負荷は，bで示される．
(5) 空気調和機の加熱コイル負荷は，dで示される．

問題59 次の熱負荷のうち，一般に暖房時に無視されるものはどれか．
(1) 送風機による負荷
(2) ガラス面の熱通過負荷
(3) 外壁の構造体負荷
(4) 間欠空調による蓄熱負荷
(5) 配管による負荷

問題60 冷房時の熱負荷計算に関する次の記述のうち，最も不適当なものはどれか．
(1) 玄関周りにおけるすきま風による熱負荷を考慮する．
(2) 最大熱負荷計算は，空気調和設備や熱源設備の装置容量を決定するために行う．
(3) 装置負荷には，ダクトにおける熱取得が含まれる．
(4) 室内負荷は，取入外気を室内条件まで処理する負荷のことである．
(5) 熱源負荷には，搬送用ポンプからの発熱負荷が含まれる．

問題61 空気調和機の構成に関する次の文章の□□□内に入る語句の組合せのうち，最も適当なものはどれか．
　　空気調和機は，一般に上流側からエアフィルタ，□ア□，□イ□，□ウ□，送風機の順に構成される．

	ア	イ	ウ
(1)	冷却コイル	加熱コイル	加湿器
(2)	冷却コイル	加湿器	加熱コイル
(3)	加熱コイル	冷却コイル	加湿器
(4)	加熱コイル	加湿器	冷却コイル
(5)	加湿器	冷却コイル	加熱コイル

問題62 空気調和方式に関する次の記述のうち，最も不適当なものはどれか．
(1) ダクト併用ファンコイルユニット方式は，単一ダクト方式に比べて，空気調和機の小型

化が可能である．
- (2) 変風量単一ダクト方式では，天井放射パネルが用いられる．
- (3) 定風量単一ダクト方式は，必要な新鮮外気量を確保しやすい．
- (4) 放射冷暖房方式では，中央式外調機が併用される．
- (5) 水熱源ヒートポンプ方式では，熱回収運転が可能となる場合がある．

問題 63 空気調和設備に関する次の記述のうち，最も不適当なものはどれか．
- (1) 床吹出し方式は，床面に設けた床吹出し口から室内に上向きに気流を発生させる方式である．
- (2) 変風量単一ダクト方式は，熱負荷が変動した場合には，給気温度を可変とすることで対応する方式である．
- (3) 定風量単一ダクト方式では，自動制御用の検出器が設置されている代表室以外は，目標温度を維持できないことが多い．
- (4) ダクト併用ファンコイルユニット方式は，汎用性の高いファンコイルユニットを用い，単一ダクト方式と併用するシステムである．
- (5) ターミナルエアハンドリングユニット方式は，各室や細分されたゾーンに小風量タイプの空気調和機を用いる方式である．

問題 64 冷凍機に関する次の記述のうち，最も不適当なものはどれか．
- (1) 往復動式冷凍機は，シリンダ内のピストンを往復動させることにより，冷媒ガスを圧縮するものである．
- (2) 回転式冷凍機は，回転子の回転運動で冷媒ガスを圧縮するものである．
- (3) 遠心型冷凍機は，インペラの回転によって生ずる遠心力で冷媒ガスを圧縮するものである．
- (4) 直焚吸収冷温水機は，夏季冷房期には冷水を，冬季暖房期には温水を1台で製造できる．
- (5) 単効用吸収冷凍機は，再生器及び溶液熱交換器が高温・低温にそれぞれ分かれている．

問題 65 同出力の蒸気圧縮冷凍機と比較した場合の吸収冷凍機の利点に関する次の記述のうち，最も不適当なものはどれか．
- (1) 冷凍機内は真空であり，圧力による破裂などのおそれがない．
- (2) 回転部分が少なく，騒音・振動は小さい．
- (3) 冷凍機本体及び冷却塔ともに小型である．
- (4) 消費電力量は少ない．
- (5) 特別な運転資格を必要としない．

問題 66 分散設置空気熱源ヒートポンプ方式に関する次の記述のうち，最も不適当なものはどれか．
- (1) 外気処理ユニットを設置し，外気を室内へ導入する．
- (2) 個別冷暖房が可能であり，運転時間の制約が少ない．
- (3) 圧縮機は ON-OFF 制御が主流である．
- (4) 加湿器を組み込むことによって，冬期の湿度調節が可能である．
- (5) 外気処理系統に全熱交換器を設置する．

問題67 ファンコイルユニットに関する次の記述のうち，最も不適当なものはどれか．
(1) 一般に加湿機能がある．
(2) 設置方法により，床置型，天井つり型等がある．
(3) 電動機としては単相100Vが多用され，巻線切り替えで回転数を変える．
(4) エアーフィルタ，冷温水コイル，送風機等で構成される．
(5) 配管方式には，二管式，三管式，四管式がある．

問題68 空気調和機の熱交換器・送風機・ポンプに関する次の記述のうち，最も不適当なものはどれか．
(1) 熱交換効率が高い熱交換器を，全熱交換器という．
(2) 熱交換器の一つに，ヒートパイプがある．
(3) 空気調和用の送風機の吐出し圧力は，約1.5kPa以下のものが多く用いられる．
(4) サージングとは，送風機・ポンプを低流量域で使用するとき，圧力や流量が激しく変動する現象である．
(5) ポンプの全揚程は，実揚程と損失水頭の和である．

問題69 送風機に関する次の記述のうち，最も不適当なものはどれか．
(1) 送風機は，ファンとブロワに分類される．
(2) 遠心式送風機は，空気が羽根車の中を軸方向から入り，径方向に通り抜ける構造である．
(3) 送風機の特性曲線は，グラフの横軸に風量をとり，縦軸に各風量における圧力・効率・軸動力・騒音値をとって表したものである．
(4) 横流式送風機は，空気が羽根車の外周の一部から入り，反対側の外周の一部へ通り抜ける構造である．
(5) 軸流式送風機は，空気が軸方向から入り，軸に対し傾斜して通り抜ける構造である．

問題70 空気調和用ダクトとその付属品に関する次の記述のうち，最も不適当なものはどれか．
(1) 軸流吹出し口は，ふく流吹出し口に比較して誘引効果が高い．
(2) 円形ダクトでは，スパイラルダクトが主に使用される．
(3) 防火ダンパは，ダクトの防火区画貫通部に設置される．
(4) グラスウールダクトは，吸音性に優れる．
(5) 線状吹出し口は，ペリメータ負荷処理用として，窓近傍に設置されることが多い．

問題71 空気浄化装置に関する次の記述のうち，最も不適当なものはどれか．
(1) ろ過式空気浄化装置は，慣性・拡散等の作用を利用して，粉じんを繊維に捕集する．
(2) 静電式空気浄化装置は，高圧電界による荷電及び吸引吸着によって粉じんを捕集する．
(3) 粉じん捕集率は，質量法，比色法，計数法のいずれの方法によっても，ほぼ同じ数値が得られる．
(4) HEPAフィルタは，クリーンルームなどのろ過式の空気浄化装置に用いられる．
(5) 活性炭フィルタは，ガスフィルタの一種である．

問題72 水配管方式に関する次の記述のうち，最も不適当なものはどれか．
(1) 一過式は，一度使用した冷却水などを循環させずに排水する方式である．

(2) ダイレクトリターン方式では，往き管はポンプから順に各機器へ接続し，返り管はポンプに近い機器から順に遠い機器へ配管する方式である．
(3) 開放回路方式は，空気の混入により腐食が生じやすい．
(4) 三管式では，往き管は冷水と温水の2本の配管を設け，返り管は冷温水兼用配管とする方式である．
(5) ブースタポンプ方式は，冷房時と暖房時で流量が大きく異なる場合に用いられる．

問題73 換気設備計画上の留意点などに関する次の記述のうち，最も不適当なものはどれか．
(1) 外気取入口の位置は，車などの排気を考慮して道路から十分高い位置とする．
(2) 自然換気を行う場合には，床近くに給気口，天井近くに排気口を設ける．
(3) 一般事務室では，外気取入量とトイレなどの排気量が同一となるように計画する．
(4) 換気回数とは，室容積を換気量で除したものである．
(5) 排気口の位置は，隣接建築物や歩行者に影響を及ぼさない位置とする．

問題74 室用途別の在室密度と必要換気量に関する次の組合せのうち，最も不適当なものはどれか．

室用途	在室密度 (m^2/人)	必要換気量 ($m^3/(h \cdot m^2)$)
(1) 事務所（一般）	4.2	4.0
(2) デパート（一般売場）	1.5	20.0
(3) 宴会場	0.8	37.5
(4) ホテル客室	10.0	3.0
(5) 食堂（営業用）	1.0	30.0

問題75 温熱環境要素の測定器に関する次の記述のうち，最も不適当なものはどれか．
(1) 温度測定器には，金属の電気抵抗変化を利用したものがある．
(2) アウグスト乾湿計の湿球温度は，一般に乾球温度より高い値を示す．
(3) 電気抵抗湿度計は，感湿部の電気抵抗が吸湿や脱湿により変化することを利用している．
(4) 熱式風速計は，白金線などから気流に奪われる熱量が風速に関係する原理を利用している．
(5) グローブ温度計の示度が安定するまでには，15〜20分間を要する．

問題76 浮遊粉じんの測定法と測定器に関する次の記述のうち，最も不適当なものはどれか．
(1) 建築物環境衛生管理基準に基づき，ローボリウムエアサンプラ法を用いる場合には，分粒装置を装着する必要がある．
(2) β線吸収法は，浮遊粉じんの捕集測定法である．
(3) デジタル粉じん計は，粉じん濃度を相対濃度 [cpm] として表示する．
(4) ピエゾバランス粉じん計は，捕集された粉じん量の増加に伴い振動数が増加することを利用している．
(5) デジタル粉じん計の受光部などは，経年劣化が生じることから，定期的に較正を行う．

問題77 揮発性有機化合物（VOCs）測定法に関する次の記述のうち，最も不適当なものはどれか．
(1) VOCs の測定に用いる吸着剤として，Tenax GR などがある．
(2) 一般に TVOC の測定には，パッシブ法の適用が困難である．

(3) VOCs サンプリングのパッシブ法は，分子の拡散原理を利用している．
(4) TVOC モニタは，湿度及び干渉ガスの影響を受ける．
(5) 加熱脱着法は，溶媒抽出法と比較して測定感度が低い．

問題 78 ホルムアルデヒド及びその測定法などに関する次の記述のうち，最も不適当なものはどれか．
(1) ホルムアルデヒドは，カルボニル化合物に分類される．
(2) 光電光度法は，妨害ガスの影響を受けやすい．
(3) 吸光光度法による測定では，分光光度計を用いる．
(4) ホルムアルデヒドの質量濃度と容積比濃度間の換算には，温度を考慮する必要がある．
(5) DNPH カートリッジは，冷蔵して保存する．

問題 79 光散乱式の粉じん計を用いて室内の浮遊粉じんの相対濃度を測定したところ，3分間で120カウントであった．室内の浮遊粉じんの量として，最も近い数値は次のうちどれか．
ただし，粉じん計の感度は 1cpm に対して標準粒子の質量濃度 0.001mg/m^3，室内粉じんに対する較正係数は 1.3，バックグランド値は 0cpm とする．
(1) 0.03mg/m^3 (2) 0.04mg/m^3 (3) 0.05mg/m^3
(4) 0.12mg/m^3 (5) 0.15mg/m^3

問題 80 次の室内環境要素とその測定法との組合せのうち，最も不適当なものはどれか．
(1) オゾン ――――――――― 紫外線吸収法
(2) 一酸化炭素 ――――――― 定電位電解法
(3) アスベスト ――――――― X線回析分析法
(4) 硫黄酸化物 ――――――― エライザ法
(5) 窒素酸化物 ――――――― 化学発光法

問題 81 冷却塔に関する次の記述のうち，最も不適当なものはどれか．
(1) 一般に開放型冷却塔は，充填材・下部水槽・散水装置・送風機等から構成される．
(2) 冷却水の殺菌剤は，一般に多機能型薬剤・単一機能薬剤・パック剤に大別することができる．
(3) 密閉型冷却塔では，熱交換器の外面に散布した水の蒸発潜熱を利用する．
(4) 密閉型冷却塔は，開放型冷却塔に比べて小型である．
(5) 密閉型冷却塔は，大気による冷却水の汚染という点で，開放型より有利である．

問題 82 冷却塔と冷却水の維持管理に関する次の記述のうち，最も不適当なものはどれか．
(1) 冷却水の強制ブローは，冷却水の濃縮防止に有効である．
(2) 建築物環境衛生管理基準に基づき，冷却塔に供給する水は，水道法に規定する水質基準に適合させるため，必要な措置を講じる．
(3) 冷却水系のスライム除去は，レジオネラ属菌の増殖防止に有効である．
(4) 建築物環境衛生管理基準に基づき，冷却塔の使用開始後は，2カ月以内ごとに1回，定期に汚れの状況を点検する．
(5) 建築物環境衛生管理基準に基づき，冷却塔と冷却水の水管は，それぞれ1年以内ごとに1回，定期に清掃する．

問題83　音に関する次の記述のうち，最も不適当なものはどれか．
(1) 空気中の音速は，気温の上昇とともに増加する．
(2) 純音とは，一つの周波数の音波のことである．
(3) 音速は，音圧と周波数の積である．
(4) 暗騒音とは，ある騒音環境下で対象とする特定の音以外の音の総称である．
(5) 音の強さとは，音の伝搬方向に対して垂直な単位断面を単位時間に通過する音のエネルギーである．

問題84　音に関する次の文章の　　　内に入る数値の組合せのうち，最も適当なものはどれか．

　点音源の場合，距離が1mのところでの音圧レベルが80［dB］とすると距離が2mのところでの音圧レベルは約　ア　［dB］となる．線音源だった場合，音源からの距離が1mのところでの音圧レベルが80［dB］とすると距離が2mのところでの音圧レベルは約　イ　［dB］となる．

　　　ア　　　　　イ
(1) 20 ────── 40
(2) 40 ────── 20
(3) 74 ────── 74
(4) 74 ────── 77
(5) 77 ────── 74

問題85　遮音・防振に関するア〜エの記述の組合せのうち，二つとも不適当な記述の組合せは(1)〜(5)のどれか．

　ア　防振材として，防振ゴム，コイルばね，空気ばね等がある．
　イ　機器などの設置床の固有周波数と，防振系の固有周波数が近い場合には，防振効果が上昇する．
　ウ　ボード直張り工法によって内装された壁構造は，特定の周波数領域で遮音性能の落ち込みが生じる．
　エ　合わせガラスは，単層ガラスに対し，合計の厚さが同じでも高音域で遮音性能が低くなる．

(1) アとイ　　(2) アとウ　　(3) アとエ
(4) イとウ　　(5) イとエ

問題86　地表における直射日光による法線照度60,000 lxのとき，直射日光による水平面照度として最も近いものは次のうちどれか．ただし，このときの太陽高度は30度とする．

(1) 15,000 lx　　(2) 30,000 lx　　(3) 35,000 lx
(4) 45,000 lx　　(5) 52,000 lx

問題87　昼光照明に関する次の記述のうち，最も不適当なものはどれか．
(1) 昼光率は，直接昼光率と間接昼光率からなる．
(2) 窓の立体角投射率は，昼光率に関係する．
(3) 窓の汚れは，昼光率に関係する．

(4) 室内の表面の反射率が低いほど，昼光率は大きくなる．
(5) 昼光率の計算に用いる全天空照度は，直射日光照度を除いて測定する．

問題88 照明に関する次の記述のうち，最も不適当なものはどれか．
(1) UGRは，不快グレアの評価に用いる指標である．
(2) ブラケットは，壁，柱に取り付ける照明器具である．
(3) タスク・アンビエント照明は，全般照明と作業用の局部照明を併用する方式である．
(4) コーニス照明は，直接照明方式の一つである．
(5) 光束法は，電気照明による照度計算方法の一つである．

問題89 光源の種類とその特徴との組合せのうち，最も不適当なものは次のどれか．
(1) 蛍光ランプ──────────── 0℃では光束が低下する．
(2) メタルハライドランプ──────── 点灯に時間を要する．
(3) 水銀ランプ──────────── 一般に演色性が劣る．
(4) 白熱電球──────────── 光束が電源電圧の影響を受けやすい．
(5) ハロゲン電球──────────── 一般に蛍光ランプより寿命が長い．

問題90 加湿装置に関する次の記述のうち，最も不適当なものはどれか．
(1) 電熱式加湿装置は，シーズヒータにより水を加熱する方式である．
(2) 過熱蒸気式加湿装置は，ボイラからの蒸気を過熱蒸気として放出する方式である．
(3) 超音波式加湿装置は，超音波振動子により水を霧化する方式である．
(4) 回転式加湿装置は，加湿材を回転し，水槽でぬらして通風気化する方式である．
(5) エアワッシャ式加湿装置は，高速空気流により水を霧化する方式である．

問題91 JIS規格における建築物の材料，構造又は建具の名称と平面記号の組合せのうち，最も不適当なものは次のどれか．

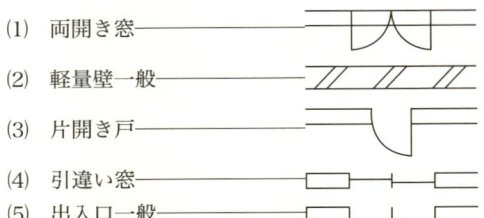

(1) 両開き窓
(2) 軽量壁一般
(3) 片開き戸
(4) 引違い窓
(5) 出入口一般

問題92 構造形式に関する次の記述のうち，最も不適当なものはどれか．
(1) ラーメン構造の応力は，曲げモーメント，せん断力及び軸方向力である．

(2) トラス構造の応力は，ほとんどせん断力である．
(3) アーチ構造の応力は，曲げモーメント，せん断力及び軸方向力である．
(4) シェル構造の応力は，ほとんど面内力である．
(5) 空気膜構造は，膜面に張力を与えている．

問題 93 構造力学と荷重に関する次の記述のうち，最も不適当なものはどれか．
(1) 等分布荷重は，単位面積当たりの荷重が全長又は全面にわたって一様に分布している．
(2) 単純支持形式の一端は固定端で，他端は移動端で支持されている．
(3) 曲げモーメントは，部材のある点において部材を湾曲させようとする応力である．
(4) 風圧力は動的な荷重であるが，構造計算では通常，静的荷重として扱う．
(5) 積載荷重には，人間の重量が含まれる．

問題 94 構造計画と構造設計に関する次の記述のうち，最も不適当なものはどれか．
(1) 許容応力度は，部材に許容できる応力度の限界値である．
(2) 剛性率は，地震荷重に対して求められる層間変形角の逆数を，それの全階にわたる平均値で除した値である．
(3) 筋かいは，水平構面に入れる斜材で，積雪荷重に抵抗する．
(4) 構造計算では，断面を仮定し，荷重を定め，応力計算と断面計算を行い，断面を決定する．
(5) 耐震設計基準は，1981 年（昭和 56 年）に大改正されている．

問題 95 建築物の構造に関する次の記述のうち，最も不適当なものはどれか．
(1) 耐震補強の方法として，強度を高める方法と変形能力を高める方法がある．
(2) スケルトン・インフィル（SI）建築物では，構造躯体と設備などが分離されている．
(3) コンクリートは，経年とともに空気中の二酸化炭素や雨水の浸入などにより，アルカリ性化する．
(4) 免震構造のダンパは，振動エネルギーを吸収し，振動を小さくさせる装置である．
(5) 制振構造には，アクティブコントロールとパッシブコントロールがある．

問題 96 コンクリートなどに関する次の記述のうち，最も不適当なものはどれか．
(1) AE（air entrained）剤は，モルタルやコンクリートなどの中に多数の微小な空気泡を均一に分布させるために用いられる．
(2) コンクリートは，硬化時に収縮亀裂を生じやすい．
(3) 骨材とは，砂と砂利のことをいう．
(4) 混和材料は，コンクリートの性質を改良するためのものである．
(5) モルタルは，水とセメントと砂利を混ぜたものである．

問題 97 金属材料に関する次の記述のうち，最も不適当なものはどれか．
(1) 鋼材の容積比熱は，木材より小さい．
(2) アルミニウムの比重は，鋼より小さい．
(3) 鋼の熱膨張係数は，コンクリートとほぼ等しい．
(4) 銅は，展延性に富み，加工しやすい．
(5) 鋼板にすずめっきしたものをブリキ，亜鉛めっきしたものをトタンと呼ぶ．

問題 98 我が国の建築物で，晴天日における日射の受熱と遮へいに関する次の記述のうち，

最も不適当なものはどれか．
- (1) 鉛直壁面のうち，冬至の日の1日に受ける日射受熱量が最も多いのは，南面である．
- (2) 日射遮へい係数は，3mm厚の透明フロート板ガラスの日射熱取得を基準としている．
- (3) ライトシェルフは，日射遮へいだけでなく，昼光利用としても有効である．
- (4) 夏至の日に南向き鉛直壁面の1日に受ける日射受熱量は，緯度が高い地域ほど多い．
- (5) 南向き鉛直壁面の1日に受ける日射受熱量は，冬至の日よりも夏至の日の方が多い．

問題99 都市ガス（13A）とLPガスの性質に関する次の記述のうち，最も不適当なものはどれか．
- (1) LPガスは，空気より軽い．
- (2) 都市ガス（13A）は，空気より軽い．
- (3) 発熱量は，LPガスの方が都市ガス（13A）より高い．
- (4) ガス $1m^3$ を燃焼するのに必要な空気量は，LPガスの方が都市ガス（13A）より多い．
- (5) 供給される圧力は，LPガスの方が都市ガス（13A）より高い．

問題100 防災に関する次の記述のうち，最も不適当なものはどれか．
- (1) 病院の病室には，非常用の照明装置を設けなくてもよい．
- (2) 内装材料を不燃化すると，フラッシュオーバ現象が発生しにくくなる．
- (3) 一般に避難路の計画は，通常使用する動線を利用した方がよい．
- (4) バルコニーを設けることは，下階から上階への延焼防止上有効である．
- (5) 劇場，集会場等における客席からの出口の戸は，内開きとする．

問題101 建築物の火災時の避難に関する次の記述のうち，誤っているものはどれか．
- (1) 非常用エレベータは，平常時には，通常のエレベータとして使用してもよい．
- (2) 非常用の進入口は，赤色反射塗料を塗った逆正三角形で標示される．
- (3) 非常用エレベータは，火災時には，かごの戸を開いたままの使用が可能である．
- (4) 非常用の進入口は，外部から開放し，又は破壊して室内に進入できる構造とする．
- (5) 非常用エレベータは，火災時には，消防隊より入居者の使用が優先される．

問題102 建築関係の法令に関する次の記述のうち，最も不適当なものはどれか．
- (1) 建築基準法は，建築物のあり方について基本的事項を定めている．
- (2) 建築物に関する法令規定のうち，建築物自体の安全，防火，避難，衛生等に関する技術的基準を定めた規定の総称を一般に単体規定という．
- (3) 建築物の所有者，管理者又は占有者は，その建築物の敷地，構造及び建築設備を常時適法な状態に維持するように努めなければならない．
- (4) 建築基準法は，建築物の敷地，構造，設備及び用途に関する望ましい基準を定めている．
- (5) 建築物に関する法令規定のうち，都市の土地利用，環境整備等を図り，相隣関係を調整するために定めた規定の総称を一般に集団規定という．

問題103 建築基準法に関する次の記述のうち，誤っているものはどれか．
- (1) 観覧のための工作物は，建築物である．
- (2) 建築とは，建築物を新築し，増築し，改築し，又は移転することをいう．
- (3) 事務所は，特殊建築物である．

(4) 屋外階段は，主要構造部ではない．
(5) 大規模の修繕とは，建築物の主要構造部の1種以上について行う過半の修繕をいう．

問題 104 建築基準法に基づく容積率として，正しいものは次のうちどれか．

(1) $\dfrac{建築面積 \times 建築物の高さ}{敷地面積}$

(2) $\dfrac{敷地面積 \times 建築物の高さ}{建築面積}$

(3) $\dfrac{建築物の延べ面積}{建築面積}$

(4) $\dfrac{建築物の延べ面積}{敷地面積}$

(5) $\dfrac{建築面積}{敷地面積}$

問題 105 計量法に基づく計量単位の接頭語（記号）と倍数との組合せとして，誤っているものは次のうちどれか．

　　　接頭語（記号）　　　　　倍数
(1) ギ　ガ（G）――――― 10^9
(2) メ　ガ（M）――――― 10^4
(3) ヘクト（h）――――― 10^2
(4) センチ（c）――――― 10^{-2}
(5) マイクロ（μ）――― 10^{-6}

問題 106 給排水設備の管理に関する用語と単位との組合せとして，最も不適当なものは次のうちどれか．

(1) 水の密度―――――――― m^3/kg
(2) 浄化槽の処理性能―――― mg/L
(3) 加熱装置の能力――――― kW
(4) 塩化物イオン―――――― mg/L
(5) 線膨張係数――――――― $1/℃$

問題 107 給水及び排水の管理に関する用語の説明として，最も不適当なものは次のうちどれか．

(1) 背圧―――――― ポンプの吸い込み側にかかる圧力
(2) スカム――――― 排水槽で，槽の表面に浮上した固形物が集まったもの
(3) 多元給水―――― 上水，上質水，雑用水等に対応して給水すること
(4) 生物膜法―――― 微生物が主要な構成要素となっている膜を利用して汚水を処理する方法
(5) バルキング――― 活性汚泥の単位重量当たりの体積が減少して，沈降する現象

問題 108 給水設備に関する次の記述のうち，最も不適当なものはどれか．

(1) 寄宿舎等の自家用水道等で，100人を超える者にその居住に必要な水を供給するもの，

又は人の生活の用に供する 1 日最大給水量が 20m^3 を超えるものは，原則として専用水道に該当する．
- (2) 配水管から給水管に分岐する箇所での配水管の最小動水圧は，150kPa 以上を確保する．
- (3) 水道法に基づく水質基準における鉛及びその化合物の基準値は，0.1mg/L 以下である．
- (4) 水道法に基づく水質基準における鉄及びその化合物の基準値は，0.3mg/L 以下である．
- (5) 簡易専用水道とは，水道事業の用に供する水道から受ける水のみを水源とするもので，水槽の有効容量の合計が 10m^3 を超えるものをいう．

問題109 給水の塩素消毒に関する次の記述のうち，最も不適当なものはどれか．
- (1) 塩素剤の残留の確認と濃度の定量が簡単にできる．
- (2) 塩素消毒の効果は，pH の影響を無視することができる．
- (3) 塩素消毒の効果は，懸濁物質が存在すると低下する．
- (4) 塩素消毒の反応速度は，温度が高くなるほど速くなる．
- (5) 窒素化合物と反応すると，消毒効果が減少する．

問題110 給水設備に関する次の記述のうち，最も不適当なものはどれか．
- (1) 屋内に設置する貯水槽の天井，底又は壁は，建築物の構造体と兼用してはならない．
- (2) 一度吐水した水が，吐水口から給水管に逆流することをクロスコネクションという．
- (3) 直結直圧方式の給水方式は，受水槽などをもたず，大気に開放される部分がないため，水道水の汚染のおそれが少ない．
- (4) 給水立て主管からの各階への分岐管には，分岐点に近接した部分で，かつ，操作を容易に行うことができる部分に止水弁を設ける．
- (5) ポンプ直送方式は，受水槽に貯留した水を直送ポンプで必要箇所に直接給水する方式である．

問題111 貯水槽に関する次の記述のうち，最も不適当なものはどれか．
- (1) 屋外設置する FRP 製貯水槽は，光の透過率が高いと藻類が発生する場合がある．
- (2) ステンレス鋼板製貯水槽は，一般に塩素に弱く，気相部に腐食が発生することがある．
- (3) 鋼板製貯水槽は，防錆処理皮膜が破壊されると本体の腐食が進行する．
- (4) 木製貯水槽は，喫水部に腐朽のおそれがある．
- (5) FRP 製貯水槽は，一般に機械的強度が高い．

問題112 給水用弁の形状とその名称に関する次の組合せのうち，最も適当なものはどれか．

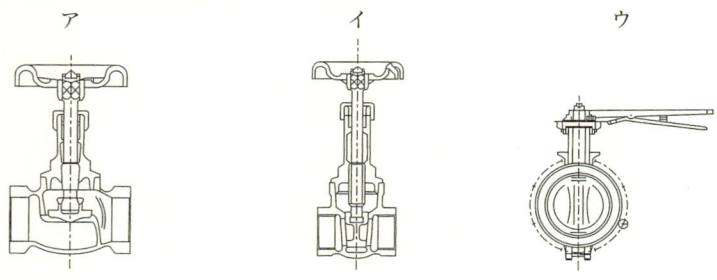

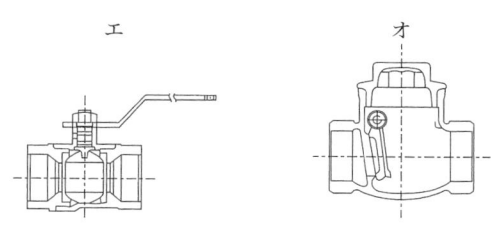

	ア	イ	ウ	エ	オ
(1)	玉形弁	仕切弁	リフト式逆止弁	バタフライ弁	スイング式逆止弁
(2)	玉形弁	仕切弁	バタフライ弁	ボール弁	スイング式逆止弁
(3)	仕切弁	玉形弁	バタフライ弁	ボール弁	リフト式逆止弁
(4)	ボール弁	玉形弁	スイング式逆止弁	仕切弁	リフト式逆止弁
(5)	ボール弁	仕切弁	スイング式逆止弁	バタフライ弁	リフト式逆止弁

問題113 高置水槽に設置される水位制御を行うための電極棒として，最も不適当なものは次のうちどれか．
(1) 揚水ポンプ起動用の電極
(2) 満水警報用の電極
(3) 給水停止用の電極
(4) 定水位弁作動用の電極
(5) 減水警報用の電極

問題114 建築物環境衛生管理基準に基づく給水の管理に関する次の記述のうち，最も不適当なものはどれか．
(1) 衛生器具の吐水口空間の保持状況を確認する．
(2) 給水栓における水の色，濁り，臭い，味その他の状態により供給する水に異常を認めたときは，水質基準に関する省令に掲げる事項のうち必要なものについて検査を行う．
(3) 遊離残留塩素の測定は，1カ月以内ごとに1回，定期に行う．
(4) 貯水槽の清掃は，1年以内ごとに1回，定期に行う．
(5) 貯水槽の清掃後の水張り終了後，給水栓及び貯水槽内における水について，残留塩素の含有率，色度，濁度，臭気，味について検査を行う．

問題115 給水の管理に関する次の記述のうち，最も不適当なものはどれか．
(1) 貯水槽の洗浄に使用した水は，完全に排除する．
(2) 貯水槽の消毒には，高圧洗浄機又はブラシを用いる．
(3) 清掃作業時には，照明，換気ファンや換気ダクトを用いる．
(4) 給水ポンプの吸込側と吐出側の圧力は，毎日確認する．
(5) 赤水対策としての防錆剤の使用は，恒久的に行う．

問題116 給湯設備に関する次の記述のうち，最も不適当なものはどれか．
(1) 給湯配管内の水中における気体の溶解度は，水温の上昇により増加する．

(2) 給湯配管に金属管を用いた場合は，給湯循環ポンプの循環量が多いと，返湯管において管内流速が速くなり，腐食の原因となる．
(3) 給湯設備で使用する金属材料は，温度が高くなると，一般に腐食速度が速い．
(4) 蒸気を熱源として，加熱コイルによって給湯用の水を加熱する方式を，間接加熱方式という．
(5) 中央式給湯設備に設ける循環ポンプは，省エネルギーのために，返湯管の温度が低下したら自動運転することが好ましい．

問題117 給湯設備に関する次の記述のうち，最も不適当なものはどれか．
(1) 銅配管において単式の伸縮継手を用いる場合，設置間隔は20m程度である．
(2) 貯湯槽の容量は，ピーク時の必要容量の1～2時間分を目安に，加熱能力とのバランスから決定する．
(3) エネルギー消費係数（CEC/HW）は，年間仮想給湯負荷を年間給湯消費エネルギー量で除した値である．
(4) 循環ポンプの循環流量は，加熱装置における給湯温度と返湯温度との温度差に反比例する．
(5) 強制循環式の横管においては，最高部に自動空気抜き弁を設ける．

問題118 給湯設備に関する次の記述のうち，最も不適当なものはどれか．
(1) 逃し管（膨張管）は，給湯設備の安全装置である．
(2) 逃し弁には，加熱時に膨張した湯を逃がすための間接排水管を設ける．
(3) 長い直線配管には，伸縮管継手を使用して，管の伸縮量を吸収する．
(4) 給湯管に使用する銅管の腐食には，潰食と孔食とがある．
(5) ベローズ型伸縮管継手は，スリーブ型と比較して伸縮吸収量が大きい．

問題119 給湯設備の加熱装置に関する次の記述のうち，最も不適当なものはどれか．
(1) 真空式温水発生器は，缶体内を大気圧以下に減圧し，熱媒を蒸発させ内部の熱交換器で熱交換を行い，湯を供給する．
(2) 貯蔵式湯沸し器は，90℃以上の湯が得られ，飲用として利用される．
(3) マルチタイプの給湯機には，瞬間湯沸し器を複数組み合わせ，容量制御を行うものがある．
(4) 貫流ボイラは，缶水量が多く，大型のシャワー設備の給湯に適している．
(5) 加熱コイル付き貯湯槽は，蒸気などの熱媒が得られる場合に一般的に使用される．

問題120 給湯設備の保守管理に関する次の記述のうち，最も不適当なものはどれか．
(1) 給湯配管は，給水系統配管の管洗浄に準じて，1年に1回，管洗浄を行う．
(2) 給湯循環ポンプは，1年に1回，動作確認を兼ねて分解・清掃を実施する．
(3) 水栓のこま部は，1年に1回以上の分解清掃を行う．
(4) レジオネラ症の発生を防止するため，中央式給湯設備の返湯温度は40℃以上とする．
(5) 逃し弁は，1ヵ月に1回，レバーハンドルを操作させて作動を確認する．

問題121 排水通気設備に関する次の記述のうち，最も不適当なものはどれか．
(1) 間接排水は，排水口空間を設け，一般排水系統に接続されたトラップを有する水受け容器へ開口する．
(2) 掃除口は，排水が詰まりやすい箇所に設ける．
(3) グリース阻集器は，ちゅう房から排出される排水中に含まれる油脂分を阻止・分離・収

集するために設ける．
(4) 湧水槽のポンプ起動高水位は，通常，建築物の最下階の二重スラブ底面の床面より上とする．
(5) 自然流下式の排水横管のこう配は，管内流速が0.6～1.5m/sとなるようにする．

問題122 排水通気設備に関する次の記述のうち，最も不適当なものはどれか．
(1) 排水槽には，内部の保守点検が容易にかつ安全に行うことができる位置に，最小直径50cm以上の円が内接することができるマンホールを設ける．
(2) 通気立て管の上部は，最高位の衛生器具のあふれ縁から150mm以上高い位置で，伸頂通気管に接続する．
(3) 水中ポンプは，最低水位以上で運転し，電動機は使用中，常に水没させる．
(4) 寒冷地における敷地排水管は，凍結深度より深く埋設する．
(5) 排水横主管以降が満流となる場合は，伸頂通気方式としてはならない．

問題123 排水トラップに関する次の記述のうち，最も不適当なものはどれか．
(1) Pトラップは，Sトラップと比べて，封水強度が小さい．
(2) 汚水に含まれる汚物などが付着し，又は沈殿しない構造とする．
(3) 封水により，排水管内の臭気，衛生害虫等の移動を有効に防止できるような構造とする．
(4) 脚断面積比（流出脚断面積／流入脚断面積）が大きいと，封水強度は大きくなる．
(5) 一般に封水深は，50mm以上，100mm以下とする．

問題124 雨水排水設備に関する次の記述のうち，最も不適当なものはどれか．
(1) 雨水ますには，泥だめを設ける．
(2) 雨水横主管は，ますを介して合流式敷地排水管に接続する．
(3) 雨水立て管を排水立て管と兼用させる．
(4) ルーフドレンのストレーナは，屋根より突き出たドーム型を用いる．
(5) 地下水の涵養を図るために，雨水浸透方式を採用する．

問題125 排水通気設備の保守管理に関する次の記述のうち，最も不適当なものはどれか．
(1) 高圧洗浄による配管の清掃では，5～30MPaの高圧の水を噴射する．
(2) 排水ポンプは，点検時にメカニカルシールを交換する．
(3) ちゅう房排水槽の水位制御には，電極棒が用いられる．
(4) 排水ポンプは，1カ月に1回，絶縁抵抗の測定を行い，1MΩ以上であることを確認する．
(5) スネークワイヤを通す方法は，グリースなどの固い付着物の除去に適している．

問題126 排水槽の清掃に関する次の文章の　　　　内に入る語句の組合せとして，最も適当なものはどれか．

　　建築物環境衛生管理基準において，排水槽の清掃は，　ア　以内ごとに1回，定期に行うことと規定されている．また，作業に当たっては，最初に酸素濃度が　イ　以上，硫化水素濃度が　ウ　以下であるか測定し，確認してから作業を行う．

　　　　　ア　　　　　　　イ　　　　　　ウ
(1)　1年　——————　16%　————　10ppm
(2)　1年　——————　16%　————　15ppm

- (3) 1年 ────── 18% ────── 15ppm
- (4) 6カ月 ────── 18% ────── 10ppm
- (5) 6カ月 ────── 18% ────── 15ppm

問題127 排水設備の管理に関する次の記述のうち，最も不適当なものはどれか．
- (1) グリース阻集器のグリースは，7～10日に1回の間隔で除去する．
- (2) ちゅう房排水槽は，汚泥を十分貯留できるように，ポンプの運転停止水位を高くする．
- (3) 排水槽において，ばっ気及び攪拌を行い，悪臭の発生及びスカムなどの固着化を防止する．
- (4) 排水ポンプの日常点検では，電流値の振れ幅に注意する．
- (5) 通気弁は，可動部があるので，定期的に点検する．

問題128 衛生器具設備に関する次の記述のうち，最も不適当なものはどれか．
- (1) 小便器洗浄方式は，一般に洗浄水栓方式，洗浄弁方式及び自動サイホン方式の3つに分けられる．
- (2) 大便器のうち，ブローアウト式は，ゼット穴から洗浄水を強力に噴出させ，その勢いで汚物を吹き飛ばすように排出する方式である．
- (3) ユニット化により，防水処理及び養生が軽減される．
- (4) 大便器洗浄弁の必要最低動水圧は，70kPa である．
- (5) サイホンゼット方式大便器は，溜水面の水位の高まりによる水の落差を利用して汚物を押し出す．

問題129 衛生器具設備に関する次の記述のうち，最も不適当なものはどれか．
- (1) 上質水供給設備は，塩素が除去されてしまう場合は，塩素注入を行う．
- (2) 温水洗浄便座は，給水管を接続して洗浄に適した温度まで加熱する方式がある．
- (3) 給水器具とは，使用した水を排水系統に導くために用いられる器具である．
- (4) 節水機器を導入する場合は，吐水量の削減だけでなく，排水管内の流下特性などに配慮する．
- (5) 大便器洗浄弁には，バキュームブレーカを取り付ける．

問題130 給排水衛生設備に使用する機器及び配管に関する次の記述のうち，最も不適当なものはどれか．
- (1) ボール弁は，抵抗が大きく流量調整が難しい．
- (2) 減圧弁は，1次側の圧力を，2次側で設定した圧力まで下げる働きをする．
- (3) 電磁弁は，急閉止するので，ウォータハンマの発生に注意する．
- (4) 水配管用亜鉛めっき鋼管は，飲料水用配管には通常用いられない．
- (5) 鉄筋コンクリート管は，敷地内では埋設で外圧が大きい場合などに用いられる．

問題131 雑用水に関する次の記述のうち，最も不適当なものはどれか．
- (1) 雑用水供給設備は，受水槽，ポンプ，配管類，末端の給水栓から構成される．
- (2) 雑用水の利用によって，上水使用量が削減される．
- (3) 雑用水の配管は，上水管と異なる色で塗装する．
- (4) 個別循環方式の雑用水の利用により，下水道への負担が軽減される．
- (5) 建築物環境衛生管理基準では，水洗便所用水の水質基準の項目として，濁度を規定している．

問題 **132** ちゅう房排水除害施設に関する次の記述のうち，最も不適当なものはどれか．
(1) ちゅう房排水の BOD 及び SS 濃度は，生活排水よりも高濃度である．
(2) 処理された水は，雑用水の原水として利用可能である．
(3) 浮上分離法では，排水の密度と油分の密度との差が大きく，油分の直径が小さいほど浮上速度が速くなる．
(4) 生物処理法は，浮上分離法に比べて発生汚泥量が少ない傾向にある．
(5) 生物処理法は，酵母菌や油分解菌を用いた処理方法である．

問題 **133** 雑用水設備の維持管理に関する次の記述のうち，最も不適当なものはどれか．
(1) 排水再利用水は，塩素消毒などの措置を講ずる．
(2) 水洗便所の用に供する雑用水にあっては，大腸菌の検査は，2 カ月以内ごとに 1 回，定期に行う．
(3) 雑用水受水槽は，槽内の水が滞留しないような措置を講じる．
(4) 散水，修景又は清掃の用に供する雑用水にあっては，pH，臭気，外観及び遊離残留塩素の測定は，1 カ月以内ごとに 1 回，定期に行う．
(5) スケールの付着により，管内を閉塞させるおそれがある．

問題 **134** 浄化槽における高度処理で除去対象とする物質とその除去法との組合せとして，最も不適当なものは次のうちどれか．

　　　　除去対象物質　　　　　　　　　　　除去法
(1) 浮遊性の残存有機物質――――――急速砂ろ過法
(2) 窒素化合物――――――――――生物学的硝化法及び生物学的脱窒法
(3) 溶解性の残存有機物質――――――活性炭吸着法
(4) リン化合物――――――――――化学的酸化法
(5) アンモニア――――――――――イオン交換法

問題 **135** 次の 3 つの処理工程からなる浄化槽における全体の BOD 除去率として，最も近い値はどれか．

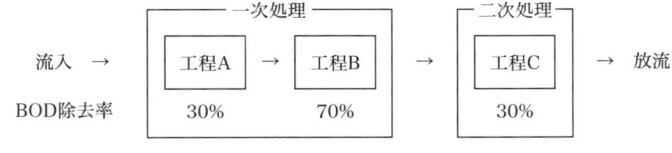

(1) 65%　　(2) 70%　　(3) 85%　　(4) 90%　　(5) 95%

問題 **136** 浄化槽で一般的に用いられている消毒剤に関する次の記述のうち，最も不適当なものはどれか．
(1) 有機系塩素剤として，塩素化イソシアヌール酸が用いられている．
(2) 消毒剤の添加量は，水質及び水量などに影響される．
(3) 無機系塩素剤と有機系塩素剤を混ぜて使用してはならない．
(4) 消毒室における消毒の結果として，残留塩素が検出されなければならない．
(5) 一般に消毒剤の溶解速度は，無機系塩素剤より有機系塩素剤の方が速い．

問題137 火災及び消火に関する語句とその説明との組合せとして，最も不適当なものは次のうちどれか．
(1) 一般火災―――――――木材・紙等の一般的な可燃物の火災
(2) 冷却消火―――――――熱を奪う消火
(3) 窒息消火―――――――酸素の供給を絶つ消火
(4) 金属火災―――――――銅・鉄材等の金属が熔解する高温の火災
(5) 除去消火―――――――可燃物を除去する消火

問題138 消防法に基づく消火設備の点検に関する次の記述のうち，最も不適当なものはどれか．
(1) 特定防火対象物における法定定期点検の結果とその不備に関する是正措置の報告は，1年に1回である．
(2) 消防用設備などに附置される自家発電装置は，1年に1回作動点検を行う．
(3) スプリンクラー設備については，ヘッドの変形や損傷を日常の点検項目とする．
(4) 屋内消火栓設備を1年に1回作動させ，点検基準に従い，総合的に機能の点検を行う．
(5) 特定用途防火対象物は，防火対象物点検資格者が点検し，報告する．

問題139 ガス設備に関する次の組合せのうち，最も不適当なものはどれか．
(1) ガバナ―――――――――緊急時に，遠隔操作又は自動的にガスを遮断する装置で，大規模な地下街などに設置が義務付けられている．
(2) マイコンメータ――――――震度5強相当以上の地震を感知し，自動的にガスを遮断する保安機能をもっている．
(3) 引込み管ガス遮断装置―――建築物へのガス引込み管に設置され，緊急時に地上からの操作によりガス供給を遮断する．
(4) ヒューズガス栓―――――過大にガスが漏れるとガス栓内部のボールが浮き上がり，自動的にガスの流れを停止させる．
(5) ガス漏れ警報器―――――ガス漏れを検知し，警報を発するものであり，ガスの種類により設置場所が異なる．

問題140 水道法に基づく水質基準に関する省令（平成15年厚生労働省令第101号）に規定する基準として，誤っているものは次のうちどれか．
(1) 一般細菌――――――――1mLの検水で形成される集落数が100以下であること
(2) 濁度―――――――――――5度以下であること
(3) 銅及びその化合物――――1.0mg/L以下であること
(4) pH値 ―――――――――5.8以上8.6以下であること
(5) 大腸菌――――――――――検出されないこと

問題141 空気調和設備等の維持管理及び清掃等に係る技術上の基準（平成15年厚生労働省告示第119号）に関する次の記述のうち，誤っているものはどれか．
(1) 床面の清掃について，日常における除じん作業のほか，床維持剤の塗布の状況を点検し，必要に応じ，再塗布等を行うこと．
(2) 日常的に清掃を行わない箇所の清掃について，6カ月以内ごとに1回，定期に汚れの状

況を点検し，必要に応じ，除じん，洗浄等を行うこと．
(3) カーペットの清掃は，必要に応じて，スプレークリーニングを行うこと．
(4) 建築物内で発生する廃棄物の分別，収集，運搬及び貯留について，衛生的かつ効率的な方法により速やかに処理すること．
(5) 廃棄物の収集・運搬設備，貯留設備その他の処理設備について，定期に点検し，必要に応じ，補修，消毒等を行うこと．

問題 142 建築物清掃の一般的な作業計画に関する次の語句の組合せのうち，最も適当なものはどれか．
(1) 玄関ホールのフロアマットの洗浄――――――日常清掃
(2) 換気口の除じん――――――――――――――定期清掃
(3) ランディングプレートの除じん――――――定期清掃
(4) 廊下壁面の洗浄――――――――――――――日常清掃
(5) エレベータかご内部の洗浄――――――――日常清掃

問題 143 建築物清掃の作業管理に関する次の記述のうち，最も不適当なものはどれか．
(1) 作業計画（マスタ）に基づき，日常清掃と定期清掃の予定表を作成し，適正な人員配置を行う．
(2) 現場の実態は，定期的に点検し，常に把握しておく．
(3) 従事者に対する教育，指導のために作業手順書を使用する．
(4) 作業方法に変更があった場合は，作業手順書を改める．
(5) スケジュール管理は，品質管理に重点を置く．

問題 144 建築物清掃の品質評価に関する次の記述のうち，最も不適当なものはどれか．
(1) 作業仕様が全く同一でも，作業品質は異なる可能性がある．
(2) 評価者は，業務に精通していることが望ましい．
(3) 評価範囲は，汚染度の軽い箇所に重点を置いて実施する．
(4) 評価は，利用者の立場になって行う．
(5) 管理者などが評価を行う場合は，四半期ごとに1回行うのが適当である．

問題 145 建築物清掃の作業改善に関する次の記述のうち，最も不適当なものはどれか．
(1) 仕様書，作業基準表に限定せず，改善点を見出す必要がある．
(2) 建築物全体が，快適環境になっているかについて着眼する．
(3) 使用している洗剤などが，環境に与える影響に着眼する．
(4) 全ての改善は，速やかな応急処置で解決できる．
(5) 廃棄物処理は，衛生的かつ安全で効率的かについて着眼する．

問題 146 建材の予防清掃に関する次の記述のうち，最も不適当なものはどれか．
(1) 疎水性の建材には，水溶性物質が付着しやすい．
(2) 汚れは，平滑緻密な表面には付着しにくい．
(3) 耐水性のある建材は，清掃しやすいものが多い．
(4) 汚れが内部にしみ込みやすい建材は，汚れの除去に手間がかかる．
(5) シール剤や床維持剤の塗布により，汚れの予防効果が得られる．

問題147 ほこりや汚れの除去に関する次の記述のうち，最も不適当なものはどれか．
(1) ダストコントロール法は，鉱油などを含ませた綿布が使用されている．
(2) 油剤処理されたダストモップは，油汚れの除去に適している．
(3) ダストクロス法は，ダストコントロール法に比べて，油分による床面への弊害が少ないので多用されている．
(4) バキュームクリーニングは，カーペットなどの折り目に入り込んだほこり，土砂等の除去に適している．
(5) ビルクリーニングでいう「ほこり」には，土壌の粉末を主体とする粉状のものと，建築物内で生じた各種の摩耗粉がある．

問題148 真空掃除機の機能に関する次の記述のうち，最も適当なものはどれか．
(1) 床移動型ウエット式は，吸引した汚水は機外の汚水タンクにたまる．
(2) 電動ファンによって，機械内部に空気の高圧域を作り，ほこりを吸引する．
(3) アップライト型は，カーペットのほこりを取るのに適する構造である．
(4) アップライト型は，フィルタバッグが小さいので排気がしやすい．
(5) 床移動型のドライ式は，バッテリー式が主である．

問題149 床磨き機に関する次の記述のうち，最も適当なものはどれか．
(1) 広く用いられているのは，3ブラシ式である．
(2) カーペットのシャンプークリーニングには，通常は専用の床磨き機を使用する．
(3) 凹凸のある床面には，研磨粒子を付着させたパッドを使用する．
(4) 床磨き機のブラシは，直径60cm以上のものが多く使われている．
(5) 電動機は，直流電源を使用するものが大部分である．

問題150 清掃用洗剤の性質に関する次の記述のうち，最も適当なものはどれか．
(1) 一般用洗剤は，各種の洗浄作業に広く使用され，通常，弱酸性である．
(2) 表面洗剤は，樹脂床維持剤の皮膜の手入れ用であり，弱アルカリ性である．
(3) 剥離剤は，樹脂床維持剤の皮膜を溶解するために，強酸性である．
(4) カーペットのシャンプークリーニング用洗剤には，発泡性の弱い界面活性剤を用いる．
(5) 強アルカリ洗剤は，尿石や水あかなどの頑固な汚れの溶解性に優れる．

問題151 床維持剤の種類に関する次の記述のうち，最も適当なものはどれか．
(1) フロアオイルは，主に表面加工された木質床材の保護のために用いられる．
(2) フロアフィニッシュは，床用塗料も含む，床材の保護のための製品の総称である．
(3) フロアシーラは，フロアポリッシュとフロアオイルに大別される．
(4) ポリマタイプで一般に市販されている製品は，水性ポリマタイプである．
(5) フロアシーラは，乾燥後の皮膜が物理的・化学的方法により，容易に除去されるものをいう．

問題152 繊維床材のパイル素材の特徴に関する次の記述のうち，最も適当なものはどれか．
(1) ポリプロピレンは，復元性に富んでいる．
(2) ポリエステルは，親水性の汚れが取りにくい．
(3) アクリルは，含水率が高い．

(4) ウールは，染色性が乏しい．
(5) ナイロンは，耐久性が優れている．

問題153 カーペット床の維持管理に関する次の記述のうち，最も適当なものはどれか．
(1) 全面クリーニング方式の一つとして，パウダー方式がある．
(2) パイルの奥の土砂は，カーペットスイーパで除去する．
(3) しみ取り作業は，年に1～2回行なう．
(4) スポットクリーニングは，汚れがパイルの上部にあるうちに行う洗浄方法である．
(5) パイルの奥に入った部分的な汚れは，拭き取り方式で除去する．

問題154 造作・家具等の清掃に関する次の記述のうち，最も不適当なものはどれか．
(1) 空気調和機の吹出口の汚れは，真空掃除機による除じんと拭き取りを併用するとよい．
(2) 机の上のほこりなどは，タオルによる湿り拭きが一般的である．
(3) 間仕切りの角などの人の接触による汚れは，タオルによるから拭きで取る．
(4) 照明器具の清掃は，一般に年1～2回程度定期に行う．
(5) 飲食物による汚れは，水又は洗剤液で絞ったタオルで拭き取る．

問題155 エレベータの清掃に関する次の記述のうち，最も適当なものはどれか．
(1) 出退勤時は使用頻度が高いので，その時間帯の作業回数を増やす．
(2) 利用者はエレベータ内では立ち止まるため，床面は磨耗しにくい．
(3) エレベータは密閉型なので，土砂などの持ち込みは比較的少ない．
(4) エレベータのインジケータや扉の汚れは，水溶性のものが多い．
(5) エレベータは，上下移動するため気流が発生し，ほこりが付着しやすい．

問題156 外装の清掃に関する次の記述のうち，最も適当なものはどれか．
(1) ガラス面は，ウォッシャで水を塗布し，窓用スクイジーでかき取る方法が一般的である．
(2) 金属材の清掃は，汚れが軽微なうちは行う必要がない．
(3) ステンレス板は，通常，表面に保護膜があり，手入れをしなくてもさびや腐食は生じない．
(4) 研磨粉を使用して，ガラス面の固着物を取る方法は，労力が少ない．
(5) 自動窓拭き設備には，通常，スチーム洗浄機が組み込まれている．

問題157 平成17年度における全国の一般廃棄物の排出及び処理状況等に関する次の記述のうち，最も不適当なものはどれか．
(1) 総資源化量とリサイクル率は，増加傾向にある．
(2) 建築物等から排出される事業系ごみが，ごみの総排出量の約半分である．
(3) ごみ収集手数料の有料化を採用する自治体の割合は，増加傾向にある．
(4) ごみの最終処分場の総数と残余容量は，減少傾向にある．
(5) 年間のごみ処理事業経費は，約1.9兆円である．

問題158 平成17年度における産業廃棄物の排出量に関する次の文章の ［　　　］ に入る語句として，最も適当なものはどれか．

　　排出量を種類別にみると ［　　　］ の排出量が最も多く，次いで，動物ふん尿，がれき類の順に排出量が多く，この3品目で全排出量の約8割を占めている．

(1) 汚泥

(2) 廃プラスチック類
(3) 金属くず
(4) 木くず
(5) ガラスくず

問題159 廃棄物の処理及び清掃に関する法律に基づく事業者の責務などに関する次の記述のうち，最も不適当なものはどれか．
(1) 廃棄物の減量その他その適正な処理の確保等に関し，国及び地方公共団体の施策に協力しなければならない．
(2) 事業活動に伴って生じた廃棄物は，自らの責任において適正に処理しなければならない．
(3) 物の製造，加工，販売等に際して，その製品，容器等が廃棄物になった場合における処理の困難性について，あらかじめ自ら評価しなければならない．
(4) 事業活動に伴って生じた廃棄物の再生利用等を行うことにより，その減量に努めなければならない．
(5) 事業活動に伴って生じた一般廃棄物の処理を委託する場合には，都道府県知事の許可を受けた業者に委託しなければならない．

問題160 家電リサイクルに関する次の文章の 　　　 内に入る語句として，正しいものはどれか．

　　廃家電製品の効果的なリサイクルと廃棄物の減量化を図るため，平成10年6月に「特定家庭用機器 　　　 法」が制定された．

(1) 有効利用　　(2) 再生利用　　(3) 再商品化
(4) 再資源化　　(5) 減量化

問題161 建築物内廃棄物の処理に関する次の記述のうち，最も不適当なものはどれか．
(1) 建築物内での収集・運搬業務を行う場合，廃棄物の処理及び清掃に関する法律に基づく許可が必要である．
(2) 建築物内では，廃棄物や資源化物を建築物外へ搬出するに当たって保管（貯留）場所が必要になる．
(3) 建築物内での処理に当たっては，廃棄物の処理及び清掃に関する法律の他，建築物における衛生的環境の確保に関する法律の規定に従う．
(4) 発生抑制や再生利用などを進めるに当たっては，テナントや利用者の協力が必要となる．
(5) 建築物内での処理業務のうち，収集・運搬業務がかなりの部分を占める．

問題162 廃棄物の発生量を表す原単位として，通常，用いないものは次のうちどれか．
(1) $kg/(m^2 \cdot 年)$
(2) $kg/(m^2 \cdot 日)$
(3) $kg/(日 \cdot 人)$
(4) $kg/(m^2 \cdot 月)$
(5) $kg/(人 \cdot m^2)$

問題163 建築物内廃棄物の適正処理に関する次の文章の 　　　 内に入る語句として，最も不適当なものはどれか．

建築物内廃棄物の収集・運搬業務の一環として清掃従事者が (1) 事後的 に分別を行うよりも，(2) 所有者等 が分別ができるような環境を整備し，利用者へ (3) 分別 を促すなどして，(4) 収集時点 で分別を行うことが，安全・衛生・(5) 効率 の観点から必要である．

問題164 建築物内における廃棄物の種類と中間処理方法との組合せとして，最も不適当なものは次のうちどれか．

　　　　廃棄物の種類　　　　　　中間処理方法
(1) 発泡スチロール────────圧縮
(2) ビン─────────────破砕
(3) ちゅう芥────────────脱水
(4) 新聞─────────────切断
(5) 注射針────────────滅菌

問題165 建築物内廃棄物の保管場所に関する次の記述のうち，最も不適当なものはどれか．
(1) 給水栓は，逆流を防止する構造にする．
(2) 他の用途との兼用はしない．
(3) 悪臭の影響を抑制するため，第2種換気設備を設ける．
(4) 両手がふさがっていても出入りできるよう，出入口には，自動ドアを設置することが望ましい．
(5) 廃棄物の運搬通路には段差を設けない．

問題166 蚊に関する次の記述のうち，最も不適当なものはどれか．
(1) コガタアカイエカの幼虫は，主にあき缶などの容器にたまった水に発生する．
(2) アカイエカとチカイエカの雌成虫は，外部形態では区別することはできない．
(3) アカイエカの幼虫は，有機物の多い下水溝などで発生する．
(4) ヒトスジシマカは，公園，住宅の庭，墓地等で昼間に人をよく吸血する．
(5) チカイエカは，狭い空間で交尾が可能である．

問題167 ゴキブリの防除に関する次の記述のうち，最も不適当なものはどれか．
(1) ULV処理は，残留処理に適した方法の一つである．
(2) 粘着トラップを5か所に3日間配置して捕獲されたゴキブリの総数が150匹の場合，ゴキブリ指数は10である．
(3) ピレスロイド剤に抵抗性を示すチャバネゴキブリの存在が知られている．
(4) 食物の管理や環境の整備が重要となる．
(5) ピレスロイド剤は，追出し効果を示す．

問題168 ダニに関する次の記述のうち，最も不適当なものはどれか．
(1) ダニの体は，口器がある顎体部と，頭，胸，腹が融合した胴体部に分かれている．
(2) 屋内塵性ダニ類のなかで，優占率の高い種類は，ヒョウヒダニ属のダニである．
(3) トリサシダニは，軒下などに作られた野鳥の巣から室内に侵入する．
(4) ハダニ類は，鉢植えなどで屋内に持ち込まれることがある．
(5) 人の居住空間に生息するダニの大部分は，吸血性である．

問題169 害虫の防除に関する次の記述のうち，最も不適当なものはどれか．
(1) チョウバエ類やニセケバエ類の発生防止には，排水槽などのスカム除去や水面近くの壁面清掃が効果的である．
(2) チャタテムシ類の発生防止には，高温，多湿の屋内環境条件を継続させるとよい．
(3) ツメダニ類の防除に関しては，一般に殺虫剤による十分な効果は期待できない．
(4) ヒラタキクイムシ類の被害は，建築材料に広葉樹材の心材や針葉樹材を使用すれば防げる．
(5) アリ類の侵入経路にピレスロイド剤を処理すると，侵入の防止になる．

問題170 殺虫剤に関する次の記述のうち，最も適当なものはどれか．
(1) 昆虫成長制御剤には，幼若ホルモン様活性や表皮形成阻害活性を示すものがある．
(2) 殺虫剤の残効性は，LC_{50}値により判断できる．
(3) クレゾールなどの殺菌剤を含有する製剤を浄化槽に処理しても，浄化微生物に悪影響を及ぼすことはない．
(4) 建築物における衛生的環境の確保に関する法律に基づく特定建築物内では，農薬取締法の登録を受けた農薬を使用しなければならない．
(5) 有機リン剤に抵抗性を獲得した集団は，ピレスロイド剤に対しても同程度の抵抗性を示す．

問題171 薬剤とその特徴や製剤に関する次の組合せのうち，最も適当なものはどれか．
(1) アミドフルメト ―――――― 昆虫成長制御剤
(2) ディート ―――――――― ゴキブリ用食毒剤
(3) フェニトロチオン ――――― 非対称型有機リン剤
(4) ダイアジノン ――――――― マイクロカプセル剤
(5) フェノトリン ――――――― 常温揮散性

問題172 殺虫剤の効力に関する次の記述のうち，最も不適当なものはどれか．
(1) 殺虫力の基礎的な評価は，LD_{50}値などで示され，この値が小さいほど殺虫力は強い．
(2) 揮散性（蒸気圧）の低い成分は，一般に残効性が優れている．
(3) KT_{50}値が小さい殺虫剤は，致死効力が高い．
(4) 殺虫剤に反応してゴキブリなどが潜み場所から飛び出てくることを，フラッシング効果と呼ぶ．
(5) 昆虫成長制御剤による羽化阻害の効力評価には，IC_{50}値が用いられる．

問題173 ネズミに関する次の記述のうち，最も適当なものはどれか．
(1) ネズミの活動によって残される糞尿や足跡などの生息の証拠を，ラットサインと呼ぶ．
(2) ドブネズミは，クマネズミに比べて警戒心が強い．
(3) ドブネズミは，クマネズミに比べて垂直方向の移動性に優れている．
(4) 体の脂や汚れによって通路に残される黒いこすり跡の形状は，どの種類でも同じである．
(5) ハツカネズミは，主に畑地やその周辺にすみ，一般家屋に侵入することはない．

問題174 ネズミの防除に関する次の記述のうち，最も適当なものはどれか．
(1) 抗凝血性殺鼠剤を用いた防除では，毒餌を2～3日間配置するのを目安とする．

(2) 一般にドブネズミは，クマネズミと比較して，毒餌の喫食性は悪い傾向にある．
(3) 忌避剤であるカプサイシンは，ケーブルや充填材などのかじり防止に用いられる．
(4) 防鼠構造・工事基準案では，ドア周辺の隙間は2cm以下にすることとしている．
(5) クマネズミを対象にした毒餌は，動物性の餌を基材とする．

問題175 疾病と衛生害虫との組合せとして，最も不適当なものは次のうちどれか．
(1) ライム病—————————マダニ類
(2) マラリア—————————ハマダラカ類
(3) 疥癬——————————ヒゼンダニ
(4) デング熱—————————コガタアカイエカ
(5) フィラリア症————————アカイエカ

問題176 防虫・殺鼠剤の毒性や安全性に関する次の記述のうち，最も不適当なものはどれか．
(1) 殺鼠剤は，製剤中の有効成分の濃度が低いこと，ヒトとネズミでは体重差が大きいことなどにより，誤食による人体の影響は少ない．
(2) 薬剤の安全性は，毒性の内容や強弱，摂取量，摂取期間によって決まる．
(3) 薬事法に基づき殺虫・殺鼠剤の承認を受けるためには，安全性を示すための試験が必要である．
(4) 殺虫製剤は，毒薬に該当するような毒性値を示すことはない．
(5) ある薬剤の毒性がヒト又は動物と害虫の間であまり変わらないことを，選択毒性が高いと表現する．

問題177 防虫・防鼠構造並びに機器に関する次の記述のうち，最も不適当なものはどれか．
(1) 白色自然蛍光灯による照明は，高圧ナトリウム灯による照明に比べて，昆虫類を誘引しやすい．
(2) 電撃式殺虫機は，窓際に設置すると外に灯がもれて，かえって昆虫を集めてしまうおそれがある．
(3) 窓に取り付ける防虫網の網目は，通常20メッシュより細かくする．
(4) ミスト機は，蚊やチョウバエの成虫の防除に使用される．
(5) 建築物の外壁に内部からの熱が伝わりやすい素材を用いると，越冬目的の昆虫の屋内侵入を減らせる．

問題178 防除作業の安全管理に関する次の記述のうち，最も不適当なものはどれか．
(1) 殺虫剤の散布に際しては，遅くとも散布3日前までにその内容を事前に通知し，通知は当該区域の入り口に散布3日後まで掲示する．
(2) 消防法に基づき，油剤の保管には，その量にかかわらず少量危険物倉庫の届出が必要である．
(3) 薬剤散布に際しては，作業服，手袋，防護マスク，防護メガネ等で身体を保護する．
(4) 薬剤を用法・用量，使用法を守って散布する際でも，事前に薬剤の影響を受けやすい人の有無を確認する．
(5) マンホール内部での作業は，酸素欠乏症等防止規則に従って行う．

問題179 ねずみ・害虫に関する次の記述のうち，最も不適当なものはどれか．

(1) イエダニは室内のネズミの巣から移動し，人を吸血する．
(2) ユスリカがアレルゲンになることが知られている．
(3) 現在，我が国でイヌやネコに寄生しているノミは，ネコノミがほとんどである．
(4) クロバエやニクバエ類は，ネズミやその他動物の死骸を発生源とすることがある．
(5) ゴキブリ類は，発疹チフスを媒介することがある．

問題180 建築物環境とねずみ・昆虫等に関する次の記述のうち，最も不適当なものはどれか．
(1) 自動開閉式ドアの設置は，昆虫やネズミの侵入の防止に有効である．
(2) 動物媒介性感染症の予防対策で重要なことは，媒介動物と接触する機会をなるべく少なくすることである．
(3) 建築物内へ侵入したネズミの活動阻止には，天井裏の空間を区画し，遮へいするとよい．
(4) ネコノミの幼虫は，吸血を繰り返して発育する．
(5) 人とペットに共通する感染症には，オウム病，狂犬病等が知られている．

平成20年度【午前】

建築物衛生行政概論
建築物の環境衛生
空気環境の調整

問題1 世界保健機関（WHO）憲章の健康の定義に関する次の文章の　　　内に入る語句の組合せとして，最も適当なものはどれか．

健康とは，身体的，　ア　および　イ　に完全に良好な状態にあることであり，単に病気または病弱でないということではない．到達し得る最高標準の健康を享受することは，人権・　ウ　・政治的信念・経済的ないし社会的地位の如何にかかわらず，何人もが有する基本的権利のうちの一つである．

	ア	イ	ウ
(1)	精神的	社会的	宗教
(2)	精神的	社会的	思想
(3)	精神的	経済的	国家
(4)	社会的	経済的	宗教
(5)	社会的	経済的	国家

問題2 建築物における衛生的環境の確保に関する法律の目的に関する次の文章の　　　内に入る語句の組合せとして，正しいものはどれか．

この法律は，多数の者が使用し，又は　ア　する建築物の維持管理に関し　イ　上必要な事項等を定めることにより，その建築物における衛生的な環境の確保を図り，もって　ウ　及び増進に資することを目的とする．

	ア	イ	ウ
(1)	作業	労働環境	労働衛生の改善
(2)	居住	生活環境	生活環境の改善
(3)	居住	環境衛生	生活環境の改善
(4)	利用	環境衛生	公衆衛生の向上
(5)	利用	生活環境	公衆衛生の向上

問題3 建築物における衛生的環境の確保に関する法律に基づく特定建築物としての用途に該当するものは，次のうちどれか．
(1) 寺院　　(2) 自然科学研究所　　(3) 病院　　(4) 寄宿舎　　(5) 博物館

問題4 一棟で延べ面積3,500m^{2}である次の建築物のうち，建築物における衛生的環境の確保に関する法律に基づく特定建築物に該当するものはどれか．
(1) 延べ面積が2,500m^{2}の小学校と1,000m^{2}の付属幼稚園のある学校
(2) 延べ面積が2,500m^{2}の店舗と1,000m^{2}の診療所のある複合建築物
(3) 延べ面積が2,500m^{2}の店舗と1,000m^{2}のボーリング場のある複合建築物

(4) 延べ面積が 2,500m² の事務所と 1,000m² の地下公共駐車場のある事務所建築物
(5) 延べ面積が 2,500m² の店舗と 1,000m² の共同住宅のある複合建築物

問題 5 建築物における衛生的環境の確保に関する法律に基づく特定建築物の届出の時期に関する次の記述のうち，正しいものはどれか．
(1) 特定建築物の届出は，使用されるに至ってから 1 カ月以内に届け出なければならない．
(2) 届出事項に変更があった場合は，3 カ月以内に届け出なければならない．
(3) 建築基準法に基づく検査済証の交付を受けたときは，直ちに届け出なければならない．
(4) 特定建築物に該当しないこととなったときは，7 日以内に届け出なければならない．
(5) 増築により新たに特定建築物に該当することとなったときは，3 カ月以内に届け出なければならない．

問題 6 建築物における衛生的環境の確保に関する法律に基づき，所有者等が備え付けるべき帳簿書類に含まれないものは，次のうちどれか．
(1) ねずみ等の防除の記録
(2) 防火，防災に関する記録
(3) 飲料水の水質検査結果の記録
(4) 排水管や阻集器の清掃記録
(5) 防錆剤の使用及び管理状況の記録

問題 7 空気調和設備等の維持管理及び清掃等に係る技術上の基準（平成 15 年厚生労働省告示第 119 号）に基づく維持管理の対象とする設備として，定められているものは次のうちどれか．
(1) 雑用水に関する設備
(2) 電気に関する設備
(3) 駐車場に関する設備
(4) ボイラに関する設備
(5) ガスに関する設備

問題 8 建築物環境衛生管理基準の内容とその実施回数との組合せとして，誤っているものは次のうちどれか．
(1) 冷却塔の清掃 ———————————— 3 年以内ごとに 1 回
(2) 貯湯槽の清掃 ———————————— 1 年以内ごとに 1 回
(3) 統一的な大掃除 ——————————— 6 カ月以内ごとに 1 回
(4) ねずみ等の被害の統一的調査 ————— 6 カ月以内ごとに 1 回
(5) 空気環境（ホルムアルデヒドの量は除く．）の測定 ——— 2 カ月以内ごとに 1 回

問題 9 下の表は，ある特定建築物における空気環境の測定結果である．建築物環境衛生管理基準に適合しない項目は，次のうちどれか．

測定項目	浮遊粉じんの量	一酸化炭素の含有率	二酸化炭素の含有率	温度	相対湿度	気流
単位	mg/m³	ppm	ppm	℃	%	m/s
A室 1回目	0.13	1.6	900	23	48	0.2
A室 2回目	0.21	3.0	1,500	25	43	0.3

(1) 浮遊粉じんの量と相対湿度
(2) 浮遊粉じんの量と二酸化炭素の含有率
(3) 相対湿度と気流

(4) 一酸化炭素の含有率と二酸化炭素の含有率
(5) 温度と相対湿度

問題10 建築物における衛生的環境の確保に関する法律に基づく建築物環境衛生管理技術者に関する次の文章の _____ 内に入る語句の組合せとして，正しいものはどれか．

　建築物環境衛生管理技術者は，維持管理が建築物環境衛生管理基準に従って行われるようにするため必要があると認めるときは，当該特定建築物の所有者， ア その他の者で当該特定建築物の維持管理について権原を有するものに対し， イ を述べることができる．この場合において，当該権原を有するものは，その イ を ウ しなければならない．

	ア	イ	ウ
(1)	維持管理業者	意見	厳守
(2)	居住者	改善方法	尊重
(3)	居住者	改善方法	履行
(4)	占有者	意見	尊重
(5)	占有者	要望	履行

問題11 建築物における衛生的環境の確保に関する法律に基づく登録制度の対象となっていない業種は，次のうちどれか．
(1) 建築物における飲料水の水質検査を行う事業（登録建築物飲料水水質検査業）
(2) 建築物の排水管の清掃を行う事業（登録建築物排水管清掃業）
(3) 建築物の空気調和用ダクトの清掃を行う事業（登録建築物空気調和用ダクト清掃業）
(4) 建築物における清掃を行う事業（登録建築物清掃業）
(5) 建築物の給水管の清掃を行う事業（登録建築物給水管清掃業）

問題12 建築物における衛生的環境の確保に関する法律に基づく特例によって，国又は地方公共団体の用に供する特定建築物の場合に適用されないものは，次のうちどれか．
(1) 特定建築物の届出
(2) 建築物環境衛生管理基準
(3) 維持管理に関する環境衛生上の帳簿書類の備付け
(4) 建築物環境衛生管理技術者の選任
(5) 都道府県知事による改善命令及び立入検査

問題13 建築物における衛生的環境の確保に関する法律に基づく罰則が適用されないものは，次のうちどれか．
(1) 建築物環境衛生管理技術者の選任を行わなかった場合
(2) 特定建築物の届出事項に変更があったとき，届出を行わなかった場合
(3) 都道府県知事の改善命令に違反した場合
(4) 帳簿書類の備付けをしていなかった場合
(5) 事業の登録を受けないで維持管理の業務を行った場合

問題14 感染症の予防及び感染症の患者に対する医療に関する法律に基づき，都道府県知事が患者に対して入院することを勧告できる感染症は，次のうちどれか．

(1) 腸管出血性大腸菌感染症
(2) クロイツェルト・ヤコブ病
(3) ペスト
(4) ウエストナイル熱
(5) 麻しん

問題 15 水道法に基づく水質基準に関する省令に定める基準として，誤っているものは次のうちどれか．
(1) 鉄及びその化合物は，鉄の量に関して，0.3mg/L 以下であること．
(2) 一般細菌は，1mL の検水で形成される集落数が 1,000 以下であること．
(3) 味は，異常でないこと．
(4) 銅及びその化合物は，銅の量に関して，1.0mg/L 以下であること．
(5) 臭気は，異常でないこと．

問題 16 廃棄物の処理及び清掃に関する法律に基づく次の記述のうち，誤っているものはどれか．
(1) 市町村長は，その区域内の建築物の占有者に対し，一般廃棄物の減量に関する計画の作成を指示することができる．
(2) 建築物の占有者は，管理する建築物の清潔を保つように努めなければならない．
(3) 一般廃棄物の収集又は運搬を業として行おうとする者は，都道府県知事の許可を受けなければならない．
(4) 市町村は，当該市町村の区域内の一般廃棄物の処理に関する計画を定めなければならない．
(5) 市町村は，一般廃棄物を生活環境の保全上支障が生じないように収集，運搬，処分しなければならない．

問題 17 環境基本法に基づく大気の汚染に関する環境基準に定められていない物質は，次のうちどれか．
(1) 一酸化炭素   (2) 浮遊粒子状物質   (3) 一酸化窒素
(4) 光化学オキシダント   (5) 二酸化いおう

問題 18 悪臭防止法に規定する特定悪臭物質に該当しないものは，次のうちどれか．
(1) トルエン   (2) アンモニア   (3) 硫化水素
(4) メタン   (5) アセトアルデヒド

問題 19 労働安全衛生法に規定されていないものは，次のうちどれか．
(1) 安全衛生委員会の設置
(2) 一定の事業所における作業主任者の選任
(3) 厚生労働大臣による労働災害防止計画の策定
(4) 環境衛生監視員の職務
(5) 総括安全衛生管理者の職務

問題 20 建築物における衛生的環境の確保に関する法律に基づく特定建築物についての建築基準法による取扱いに関する次の文章の [　　　　] 内に入る語句の組合せとして，正しいものはどれか．

建築主事又は ア は，建築物における衛生的環境の確保に関する法律に該当する特定建築物に関して建築確認申請書を受理した場合においては， イ に通知しなければならない． イ は，必要があると認められる場合においては，建築基準法に規定する許可又は確認について，特定行政庁，建築主事又は ア に対して ウ ことができる．

	ア	イ	ウ
(1)	指定確認検査機関	保健所長	改善を求める
(2)	指定確認検査機関	保健所長	意見を述べる
(3)	都道府県知事	保健所長	改善を求める
(4)	都道府県知事	市町村長	改善を求める
(5)	都道府県知事	市町村長	意見を述べる

問題 21 生体機能の恒常性に関する次の記述のうち，最も不適当なものはどれか．
(1) 外部環境から影響を受けても，身体の内部環境をある一定範囲の変動にとどめることである．
(2) 神経系や内分泌系，免疫系等の機能により維持されている．
(3) 体温調節機能は，恒常性の一例である．
(4) フィードバック機構により，生体機能の恒常性が破綻する．
(5) 有害なストレッサーは，生体機能の恒常性を乱す力である．

問題 22 呼吸器系に関する次の記述のうち，最も不適当なものはどれか．
(1) 空気の通路である気道と肺からなる．
(2) 高濃度の窒素酸化物で障害が生じる．
(3) 通常，体内への二酸化炭素の摂取を行う．
(4) 病原性微生物の吸入で肺炎になる場合がある．
(5) 高濃度のホルムアルデヒドで障害が生じる．

問題 23 エネルギー代謝に関する次の記述のうち，最も不適当なものはどれか．
(1) エネルギー代謝の量に応じて，代謝熱が体内で産生される．
(2) 早朝覚醒後，空腹時仰臥位における代謝量を基礎代謝という．
(3) 一般に安静時代謝量は，基礎代謝量に比べて，20％増である．
(4) met 値は，いす座位における安静時の代謝量を基準として，代謝量の大きさを相対的に表す指標である．
(5) 小児と大人の体表面積当たりで表した代謝量は，同程度である．

問題 24 熱放射を評価する計測器として，最も適当なものは次のうちどれか．
(1) ガラス製温度計　　　(2) バイメタル式温度計
(3) 白金抵抗式温度計　　(4) サーミスタ温度計
(5) グローブ温度計

問題 25 快適温度に関する次の記述のうち，最も不適当なものはどれか．
(1) 夏の快適温度は，一般に冬に比べ 2～3℃高い．
(2) 女性の快適温度は，一般に男性より 1～2℃低い．

(3) 高齢者は，一般に若年者より暖かい室温を好むとされている．
(4) 作業強度によって影響を受ける．
(5) 着衣量によって影響を受ける．

問題26 冷房障害に関する次の記述のうち，最も不適当なものはどれか．
(1) 発生には，気流の速さは無関係である．
(2) 男性より女性に多い．
(3) 体がだるいと訴える．
(4) 短時間の激しい温度変化によって起きやすいと考えられている．
(5) 体が長時間冷やされると起きやすいと考えられている．

問題27 事務所室内の空気汚染による健康影響として，最も不適当なものは次のうちどれか．
(1) 慢性気管支炎　(2) 肺気腫　(3) 過敏性肺炎
(4) 気管支喘息　(5) パラチフス

問題28 シックビル症候群の症状として，最も不適当なものは次のうちどれか．
(1) 吐き気　(2) 幻覚　(3) 胸やけ
(4) 胸部圧迫感　(5) めまい

問題29 アレルギーに関する次の記述のうち，最も不適当なものはどれか．
(1) アレルギーの原因となる抗原を，アレルゲンという．
(2) アトピー性皮膚炎は，アレルギー疾患である．
(3) アレルギー反応は，体に有害である免疫反応をいう．
(4) 抗体は，ヒスタミンと呼ばれる脂肪である．
(5) アレルギー疾患の発症・増悪には，患者の素因が関係している．

問題30 ホルムアルデヒドに関する次の記述のうち，最も不適当なものはどれか．
(1) 常温では気体である．
(2) 水やアルコールに溶けやすい．
(3) 不燃性である．
(4) 消毒剤や防腐剤として使用される．
(5) たばこ煙中に存在する．

問題31 空気汚染質に関する次の組合せのうち，最も不適当なものはどれか．
(1) インフルエンザウイルス ―――― 飛沫核感染
(2) たばこ煙 ―――――――――― 肺癌
(3) 二酸化窒素 ――――――――― 慢性気管支炎
(4) レジオネラ属菌 ――――――― 急性肺炎
(5) 結核菌 ――――――――――― 垂直感染

問題32 血中の一酸化炭素ヘモグロビン濃度が1～3%の時の健常者の症状として，最も適当なものは次のうちどれか．
(1) 無症状　(2) 呼吸困難
(3) 側頭部の拍動性の頭痛　(4) 回転性めまい
(5) 昏睡

問題 33 空気中の二酸化炭素濃度が 4% の時の健常者の人体への影響として，最も不適当なものは次のうちどれか．
(1) 頭痛　　(2) めまい　　(3) 意識不明
(4) 呼吸の増加　　(5) 血圧上昇

問題 34 下の図は，人における音の可聴範囲を示したものである．図中の ☐ 内のアとイに入る数値の組合せとして，最も適当なものは次のうちどれか．

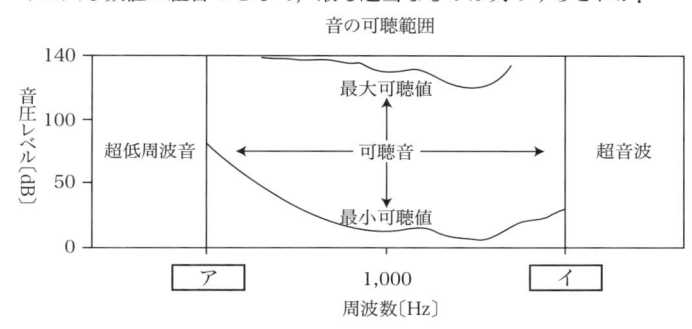

音の可聴範囲

（グラフ：縦軸 音圧レベル(dB) 0〜140，横軸 周波数(Hz)，最大可聴値，最小可聴値，超低周波音，可聴音，超音波，ア，1,000，イ）

　　　ア　　　　イ
(1) 10 ——— 10,000
(2) 10 ——— 20,000
(3) 20 ——— 20,000
(4) 20 ——— 40,000
(5) 40 ——— 40,000

問題 35 騒音性難聴（職業性難聴）に関する次の文章の ☐ 内に入る数値として，最も適当なものはどれか．
　初期の特徴は，通常，約 ☐ Hz 付近での聴力低下（c^5 ディップの発生）と耳鳴り等である．
(1) 500　　(2) 1,000　　(3) 2,000　　(4) 4,000　　(5) 8,000

問題 36 全身振動に関する次の記述のうち，最も不適当なものはどれか．
(1) 人体は，約 50Hz の振動に，最も感じやすい．
(2) 全身の知覚神経末端受容器で知覚される．
(3) 大きさの感覚は，振動の方向によって異なる．
(4) 約 100dB 以上の強い振動は，呼吸数の増加や血圧上昇などを起こす．
(5) 強さは振動加速度レベルで表される．

問題 37 人間の眼が感じる明るさに関する次の記述のうち，最も適当なものはどれか．
(1) 照度が高くなると，細かい物を識別しやすくなる．
(2) 照度は照明の質を表す．
(3) 照度が低下すると，瞳孔が縮小する．
(4) 暗所では，感光度の低い錐体細胞が働きやすい．

(5) 快適な照明にはグレアが必要である．

問題 38 VDT 作業による健康影響の予防措置に関する次の記述のうち，最も不適当なものはどれか．
(1) 書類やキーボード面における明るさと周辺の明るさの差を，できるだけ小さくする．
(2) 書類及びキーボード上の照度を 300 lx 以上とする．
(3) 窓からの太陽光の入射に対して，カーテンなどを使って明るさを調節する．
(4) ディスプレイ画面における照度を 600 lx 以上とする．
(5) ディスプレイ画面に，高輝度のものが映り込まないように調節する．

問題 39 電磁場などに関する用語とその単位との組合せとして，最も不適当なものは次のうちどれか．
(1) 静磁場の強度 ──────── テスラ（T）
(2) 静電場の強度 ──────── アンペア（A）
(3) 電磁波の周波数 ──────── ヘルツ（Hz）
(4) 赤外線の強度 ──────── ワット／平方メートル（W/m^2）
(5) 電磁波の伝わる速さ ──────── メートル／秒（m/s）

問題 40 紫外線に関する次の記述のうち，最も不適当なものはどれか．
(1) 波長によって，UV-A，UV-B，UV-C の 3 つに分けられる．
(2) 眼が曝露されたとき，最も傷害されやすいのは網膜である．
(3) 皮膚でビタミン D を生成する作用がある．
(4) 殺菌灯からも発生する．
(5) 過剰な曝露によって，皮膚癌が発生するおそれがある．

問題 41 水道法に基づく水質基準として，検出されないこととされている項目は次のうちどれか．
(1) 水銀及びその化合物　　(2) カドミウム及びその化合物
(3) 大腸菌　　(4) ヒ素及びその化合物
(5) 六価クロム化合物

問題 42 感染症予防対策のうち，病原体に対する人の感受性対策であるものは次のどれか．
(1) 保菌者の管理　　(2) 患者の入院措置　　(3) 蚊やハエの駆除
(4) 水や空気の浄化　　(5) 予防接種

問題 43 感染症とその病原体との組合せとして，最も不適当なものは次のうちどれか．
(1) 白癬症 ──────── 真菌
(2) クリプトスポリジウム症 ──────── 原虫
(3) コレラ ──────── 細菌
(4) 梅毒 ──────── スピロヘータ
(5) 麻しん ──────── リケッチア

問題 44 レジオネラ症に関する次の記述のうち，最も不適当なものはどれか．
(1) レジオネラ属菌は，一般に 20 ～ 50℃で繁殖する．
(2) 直接伝播する感染症である．

(3) 感染症の予防及び感染症の患者に対する医療に関する法律に基づき，四類感染症に分類されている．
(4) 冷却塔の冷却水や循環式浴槽等の水を介して感染する場合がある．
(5) レジオネラ属菌は，自然界の土壌と淡水に生息する．

問題 45 5%溶液として市販されている次亜塩素酸ナトリウム 100mL を水 100L に加えた場合，この溶液の濃度として，最も近いものは次のうちどれか．
(1) 5mg/L　　(2) 50mg/L　　(3) 100mg/L
(4) 500mg/L　　(5) 1,000mg/L

問題 46 次の用語とその単位との組合せとして，誤っているものはどれか．
(1) 熱伝導抵抗 ──────── m·K/W
(2) 電気抵抗 ──────── Ω
(3) 色温度 ──────── K
(4) 輝度 ──────── cd/m^2
(5) 音の強さ ──────── W/m^2

問題 47 壁体における熱移動に関する次の記述のうち，最も不適当なものはどれか．
(1) 固体内を流れる単位面積当たりの熱流は，温度こう配に比例する．
(2) 壁と壁表面に接する空気との間の単位面積当たりの熱流は，壁表面温度と空気温度の差と対流熱伝達率の積で表される．
(3) 熱貫流抵抗は，壁体の内表面及び外表面の熱伝達抵抗，固体壁の熱伝導抵抗，中空層の熱抵抗の合計で表される．
(4) 総合熱伝達率は，対流熱伝達率と放射熱伝達率の和で表される．
(5) 物体表面から射出される単位面積当たりの放射熱流は，放射率とシュテファン・ボルツマン定数と物体表面の絶対温度との積で表される．

問題 48 次に示す用語とその数値との組合せとして，最も不適当なものはどれか．
(1) 白色ペイントの長波長放射率 ──────── 0.2
(2) 20℃の空気の飽和絶対湿度 ──────── 0.015kg/kg（DA）
(3) 常温空気の密度 ──────── 1.2kg/m^3
(4) コンクリートの熱伝導率 ──────── 1.3W/(m·K)
(5) 黒色ペイントの日射吸収率 ──────── 0.9

問題 49 熱貫流率 5.0W/(m^2·K) の壁を隔てて，室内温度 20℃，室外温度 0℃のとき，壁の室内側表面温度に最も近いものは次のうちどれか．ただし，室内側熱伝達率を 9W/(m^2·K)，室外側熱伝達率を 23W/(m^2·K) とする．
(1) 16℃　　(2) 11℃　　(3) 10℃　　(4) 9℃　　(5) 4℃

問題 50 流体の基礎に関する次の文章の ──── 内に入る語句の組合せとして，正しいものはどれか．

流れの ── ア ── を仮定すると以下の式が得られる．

$\frac{1}{2}\rho U^2 + P + \rho g h = $ 一定

左辺第一項を イ ，第二項を静圧，第三項を ウ と呼ぶ．
ただし，r：密度，U：速度，P：圧力，g：重力加速度，h：高さ．

	ア	イ	ウ
(1)	運動エネルギー保存	位置圧	動圧
(2)	運動エネルギー保存	動圧	位置圧
(3)	連続条件	絶対圧	動圧
(4)	連続条件	動圧	位置圧
(5)	連続条件	動圧	絶対圧

問題51 次に示すア〜エの室について，第三種換気方式が適していない組合せはどれか．
　　ア　塗装作業をしている室
　　イ　クリーンルーム
　　ウ　汚物処理室
　　エ　手術室

(1) アとイ　　(2) アとウ　　(3) アとエ
(4) イとエ　　(5) ウとエ

問題52 床面積20m²，天井高さ2.5mの喫煙室での1時間当たりのたばこの喫煙本数が5本である場合に，室内の粉じん濃度を0.10mg/m³とするのに必要な最小の外気による換気回数として正しいものは次のうちどれか．ただし，たばこ1本当たりの粉じん発生量は10mg，外気の粉じん濃度は0.05mg/m³であり，たばこ以外の粉じん発生，壁面への吸着などの影響は無視できるものとする．

(1) 1回/h
(2) 10回/h
(3) 20回/h
(4) 50回/h
(5) 1,000回/h

問題53 下の図は，東京都における建築物環境衛生管理基準の空気環境の調整の項目について，不適合率の経年変化を示したものであるが，ⓐに該当する項目は次のうちどれか．

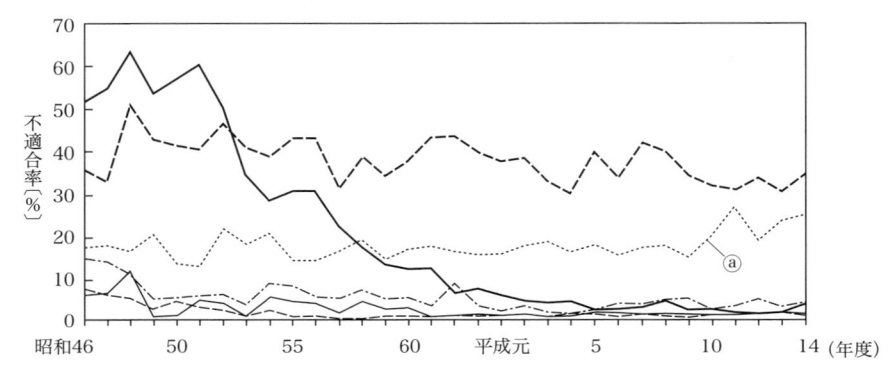

(1) 気流　　　(2) 相対湿度　　　(3) 一酸化炭素
(4) 二酸化炭素　(5) 浮遊粉じん

問題 54 室内温湿度と気流に関する次の記述のうち，最も不適当なものはどれか．
(1) 室内相対湿度は，室内温度が上昇すると増加する．
(2) 室内温度は，変動の幅が小さく，安定していることが望ましい．
(3) 鉛直方向の温度差は，上下温度差として表される．
(4) 極端な低気流は，温度の不均一な分布をもたらしやすい．
(5) 建築物環境衛生管理基準における気流の基準値は，不快な冷風気流を考慮して定められている．

問題 55 冬季における結露に関する次の記述のうち，最も不適当なものはどれか．
(1) 家具の後ろや押入れでは，表面結露を起こしやすい．
(2) 外断熱を施すと，内部結露が発生しにくい．
(3) 壁体の熱橋部分では，表面結露を起こしにくい．
(4) 室内の絶対湿度を下げると，結露が発生しにくい．
(5) 壁体内部の室内側に防湿層を設けると，内部結露が発生しにくい．

問題 56 換気に関する次の記述のうち，最も不適当なものはどれか．
(1) 換気回数とは，換気量を室容積で除したものである．
(2) 一人当たりの必要換気量は，呼吸による酸素の消費量を基準として求めることが多い．
(3) 換気の目的には，酸素の供給，室内空気の浄化，熱・水蒸気の排除等がある．
(4) 開放型燃焼器具の必要換気量は，燃料消費量を用いて算出する．
(5) 自然換気は，風力又は室内外温度差により行われる．

問題 57 室内空気汚染物質とその発生源との組合せとして，最も不適当なものは次のうちどれか．
(1) 一酸化炭素 ────── 駐車場からの排気
(2) 二酸化炭素 ────── 人の活動
(3) ラドンガス ────── 燃焼器具
(4) ホルムアルデヒド ── 建材
(5) 浮遊粉じん ────── 外気由来

問題 58 室内における次の汚染物質のうち，たばこ煙が発生源とならないものはどれか．
(1) 浮遊粉じん
(2) オゾン
(3) 二酸化炭素
(4) 一酸化炭素
(5) 窒素酸化物

問題 59 暖房時における単一ダクト方式の空気調和システムを図-Aに示す．
図-Bは，図-A中のⓐ～ⓔにおける空気の状態変化を湿り空気線図上に表したものである．

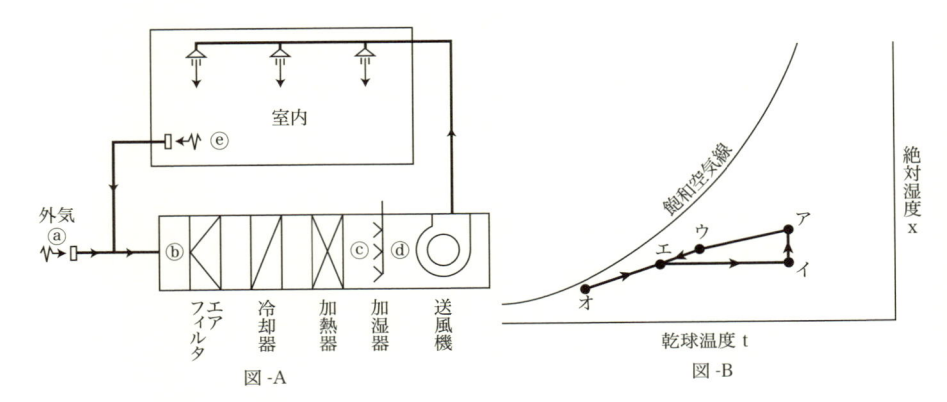

図-A 中の ⓓ に相当する図-B 中の状態点は，次のうちどれか．
(1) ア　(2) イ　(3) ウ　(4) エ　(5) オ

問題60 湿り空気に関する次の記述のうち，最も不適当なものはどれか．
(1) 水蒸気分圧とは，空気中の水蒸気が示す分圧のことである．
(2) 飽和度とは，空気中の水蒸気の質量を，同じ空気中の乾き空気の質量で除したものである．
(3) 相対湿度とは，ある空気の水蒸気分圧とその空気と同一温度の飽和水蒸気分圧との比を百分率で示したものである．
(4) 熱水分比とは，比エンタルピーの変化量と絶対湿度の変化量との比である．
(5) 露点温度とは，湿り空気を冷却したとき飽和状態になる温度のことである．

問題61 建築物の熱負荷に関する次の記述のうち，最も不適当なものはどれか．
(1) 照明や OA 機器からの室内発熱負荷は，顕熱負荷である．
(2) すきま風の熱負荷は，潜熱負荷と顕熱負荷である．
(3) ガラス窓面積の大きい建築物におけるペリメータゾーンでは，冬期でも冷房負荷が発生することがある．
(4) ポンプや送風機に加えられる動力は，熱負荷として考慮する．
(5) ダクトや配管の熱負荷は，無視する．

問題62 空気調和設備の冷暖房負荷に関する次の記述のうち，最も不適当なものはどれか．
(1) 断熱性が高く，窓部の日射遮へい性が高い場合には負荷変動が穏やかになるので，ペリメータゾーンとインテリアゾーンに分離しないことがある．
(2) 冷房最大負荷計算において，照明発熱は通常，室使用時間帯に継続して 100% 点灯していると考えて設計してよい．
(3) OA 化の進んだ事務スペースでは，OA 機器からの発熱量は，40～80W/m^2 程度のものが計画される．
(4) 人体からの発熱のうち，人体表面からの対流及び放射によって放熱されるのは潜熱負荷である．

(5) 大規模多層建築物では，複数階にまたがる垂直方向の空気調和のゾーニングが行われる．

問題63 熱負荷計算に関する次の記述のうち，最も不適当なものはどれか．
(1) ダクトの寸法，空気調和機及び熱源装置の容量を決めるために，最大熱負荷を計算する．
(2) 建築物の外壁を通過して侵入する熱量は，内外空気温度差と壁の熱伝導率を乗じて算出する．
(3) 使用時間が昼間の建築物には，一般に8～17時の設計外気条件が用いられる．
(4) 最大負荷は，複数の時刻の算定結果を比較して決定する．
(5) 設計用外気温度には，一般にTAC温度が用いられる．

問題64 空気調和方式と設備の構成に関する次の組合せのうち，最も不適当なものはどれか．
(1) 変風量単一ダクト方式 ——————— 混合ユニット
(2) 定風量単一ダクト方式 ——————— 還気ダクト
(3) 水熱源ヒートポンプ方式 ——————— 冷却塔
(4) 放射冷暖房方式 ——————— 天井パネル
(5) ダクト併用ファンコイルユニット方式 ——————— 冷温水配管

問題65 地域冷暖房に関する次の記述のうち，最も不適当なものはどれか．
(1) 排熱や未利用エネルギーの活用により，省エネルギーが図れる．
(2) 個別熱源に比べ，一般に環境負荷は増加する．
(3) 21GJ/h以上の熱媒体を不特定多数の需要家に供給する能力を持つ施設は，熱供給事業法の適用を受ける．
(4) 熱源の集中により都市防災に寄与する．
(5) 需要家では，スペース削減が図れる．

問題66 下の図は，蒸気圧縮サイクルの原理をモリエール（圧力エンタルピー）線図上に示したものである．蒸気圧縮サイクルに関する次の記述のうち，最も不適当なものはどれか．

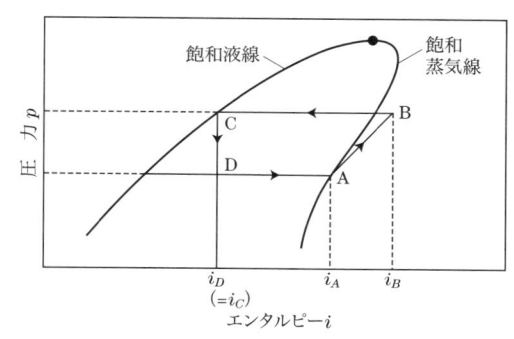

(1) A→Bでは，液化した冷媒を圧縮機にて，圧縮する．
(2) B→Cでは，凝縮器で高圧・高温の蒸気を冷却・液化し，外部へ熱を放出する．
(3) C→Dでは，凝縮器で液化され受液器にためられた液冷媒を膨張弁で減圧し，低圧・低温の湿り蒸気状態とする．

(4) D→Aでは，蒸発器で湿り蒸気状態の冷媒を蒸発し，外部より熱を除去する．
(5) 成績係数とは，冷却熱量や加熱熱量の出力を，これに要した圧縮仕事で除したものである．

問題67 空気調和機に関する次の記述のうち，最も不適当なものはどれか．
(1) マルチユニット型ヒートポンプシステムは，加湿器を組み込むことで，冬期の湿度調節も可能である．
(2) ルームエアコンディショナには，スプリット型，一体型，簡易設置型がある．
(3) エアハンドリングユニットは，コイル，熱源装置，送風機，加湿器，エアフィルタ等から構成される．
(4) ファンコイルユニットは，冷却・加熱コイルとファンモータユニット及びエアフィルタ等から構成される．
(5) パッケージ型空気調和機は，送風機，空気熱交換器，圧縮器，凝縮器，エアフィルタ等から構成される．

問題68 空気調和機に関する次の記述のうち，最も不適当なものはどれか．
(1) 夏期に外気温度が高すぎる場合には，空気予冷器が用いられる場合がある．
(2) 冷却器の下部には，ドレンパンが設置される．
(3) 冷却器には，プレートフィン型コイルなどが用いられる．
(4) 冷却器の下部には，空気抜き用のキャップが取り付けられている．
(5) 再熱器は，負荷変動に応じて再加熱が必要な場合に用いられる．

問題69 送風機に関する次の記述のうち，最も不適当なものはどれか．
(1) 軸流送風機は，一般に騒音値が高い．
(2) 後向き送風機は，遠心送風機の一種である．
(3) プロペラ型送風機は，小型冷却塔などに用いられる．
(4) 斜流送風機は，便所などの局所換気に用いられる．
(5) 横流送風機は，高速ダクト空気調和用として用いられる．

問題70 多翼送風機に関する次の記述のうち，最も不適当なものはどれか．
(1) 小型で大風量を扱うことができ，空気調和用に多用されている．
(2) 高速回転に適していることから，高い圧力が得られる．
(3) ダクト系への接続により，空気の脈動と振動・騒音を発生する場合がある．
(4) 比較的騒音値が高く，効率は低い．
(5) 風量の増加とともに軸動力が増加するため，オーバーロードに注意する．

問題71 空気調和用ダクトとその付属品に関する次の記述のうち，最も不適当なものはどれか．
(1) グラスウールダクトは，断熱が不要で吸音性がある．
(2) ステンレスダクトや塩化ビニルライニングダクトは，水蒸気や腐食性ガスのある系統に用いられる．
(3) ダンパには，風量調整ダンパ，防火ダンパ，防煙ダンパ，防煙防火ダンパ，逆流防止ダンパ等がある．
(4) 組み立てられて筒状となったダクト同士を接続するには，フランジを用いる．

(5) 等速法は，ダクトの単位長さ当たりの摩擦損失が一定となるようにサイズを決める方法である．

問題 72 エアフィルタの粉じん捕集率の測定方法に関する次の文章の　　　内に入る語句の組合せとして，最も適当なものはどれか．

　　質量法は　ア　，比色法は　イ　，計数法は　ウ　の性能表示に使用される．

	ア	イ	ウ
(1)	中性能フィルタ	高性能フィルタ	粗じん用フィルタ
(2)	高性能フィルタ	粗じん用フィルタ	中性能フィルタ
(3)	高性能フィルタ	中性能フィルタ	粗じん用フィルタ
(4)	粗じん用フィルタ	高性能フィルタ	中性能フイルタ
(5)	粗じん用フィルタ	中性能フィルタ	高性能フィルタ

問題 73 空気浄化装置に関する次の記述のうち，最も不適当なものはどれか．
(1) 静電式は，金属フィルタ面へ粉じんを衝突させる方式である．
(2) HEPAフィルタは，クリーンルームで用いられる．
(3) 自動更新型フィルタは，ロール状のろ材を汚れに応じて自動的に巻き取る方式である．
(4) エアフィルタの性能は，定格風量時における除去率，圧力損失，除去容量で示される．
(5) 吸着法は，吸着剤で有害ガスを吸着除去する方式である．

問題 74 ポンプに関する次の記述のうち，最も不適当なものはどれか．
(1) 歯車ポンプは，吐出圧力に比例して流量が変化する．
(2) ダイヤフラムポンプは，容積型に分類される．
(3) インラインポンプは，配管の途中に取り付けられる．
(4) 多段渦巻きポンプは，2枚以上の羽根車を直列に組み込むことで，高揚程を確保できる．
(5) 渦巻きポンプは，ターボ型に分類される．

問題 75 弁類に関する次の記述のうち，最も不適当なものはどれか．
(1) バタフライ弁は，軸の回転によって弁体が開閉する構造である．
(2) 安全弁は，一般に圧力の高い容器や配管に設置される．
(3) 玉形弁は，弁体と弁座の隙間を変えて流量を調節する形式である．
(4) ボール弁は，抵抗が少なく流量調整ができる．
(5) リフト式逆止弁は，立て配管に取り付ける．

問題 76 温熱環境要素の測定器に関する次の記述のうち，最も不適当なものはどれか．
(1) アスマン通風乾湿計は，気流及び熱放射の影響を防ぐ構造となっている．
(2) サーミスタ温度計は，温度により電気抵抗が異なることを利用するものである．
(3) アスマン通風乾湿計の湿球を湿潤させる液体には，アルコール水溶液を用いる．
(4) バイメタル式温度計は，張り合わせた金属の膨張率の差を利用するものである．
(5) 自記毛髪湿度計は，低湿及び高湿・高温の環境での測定は避けるべきである．

問題 77 気流測定法及び風量測定法に関する次の記述のうち，最も不適当なものはどれか．
(1) 熱線風速計のセンサは，形状による指向特性に注意して測定を行う．
(2) L型ピトー管は，全圧と静圧の差から動圧を求めて風速を算出する．

(3)　空調吹出風量の測定には，補助ダクトを用いることが望ましい．
　(4)　ダクト内風量の測定装置に，オリフィスを用いることができる．
　(5)　ダクト内風量の測定に，トレーサガス減衰法が用いられる．

問題 78　室内空気環境の管理における浮遊粉じんの測定法と測定器に関する次の記述のうち，最も不適当なものはどれか．
　(1)　測定法には，質量濃度測定法と相対濃度測定法がある．
　(2)　標準となる測定法は，ローボリウムエアサンプラ法である．
　(3)　透過光法は，粉じん捕集前と捕集後におけるろ紙の光の透過率の変化量から粉じん濃度を求める方法である．
　(4)　相対沈降径は，同じ沈降速度を有する比重1の球の直径である．
　(5)　光散乱法を用いた粉じん計の出力値ODとは，光学密度をいう．

問題 79　ホルムアルデヒド測定法に関する次の記述のうち，最も不適当なものはどれか．
　(1)　簡易測定法には，アクティブ法とパッシブ法がある．
　(2)　DNPHカートリッジ捕集-HPLC（高速液体クロマトグラフ）法は，妨害ガスの影響をほとんど受けない．
　(3)　光電光度法は，妨害ガスの影響をほとんど受けない．
　(4)　AHMT法は，妨害ガスの影響をほとんど受けない．
　(5)　検知管法は，酸性物質やアルカリ性物質の影響を受ける．

問題 80　空気環境における汚染物質とその測定方法との組合せとして，最も不適当なものは次のうちどれか．
　(1)　VOCs ──────────── GC/MS法
　(2)　窒素酸化物 ──────── 化学発光法
　(3)　いおう酸化物 ─────── ザルツマン法
　(4)　オゾン ──────────── 紫外線吸収法
　(5)　一酸化炭素 ──────── 検知管法

問題 81　空気調和設備の試運転調整に関する次の記述のうち，最も不適当なものはどれか．
　(1)　ポンプの単独運転中にポンプを発停し，停止中に空気抜きから空気を抜き，水配管中の空気を完全に除去する．
　(2)　機器と電動機を結んでいるベルト又はカップリングを外し，電動機の無負荷運転を行い，異常の有無を確認する．
　(3)　冷媒配管は，配管内へ二酸化炭素を吹き込み，管内の異物や水分を外部へ吹き飛ばす．
　(4)　水配管は，管内の排水が澄んでくるまでブローし，配管用炭素鋼管（黒管）使用の場合は清掃終了後，水を抜いておく．
　(5)　機器の回転部分の軸受などにグリース・潤滑油を供給し，数時間運転した後，油を取り替えておく．

問題 82　空気調和設備の運転及び管理に関する次の記述のうち，最も不適当なものはどれか．
　(1)　遠心冷凍機では，運転中に蒸発器が大気圧以下となるので，気密性に注意が必要である．
　(2)　吸収冷凍機では，腐食による劣化と真空度低下が課題である．

(3) ボイラでは，運転中の過熱事故に注意を要する．
(4) 開放型冷却塔では，蒸発，飛散及びブローのために，一般に循環水量の2%程度の補給水量を見込んでおく必要がある．
(5) 加湿装置は，建築物環境衛生管理基準に基づき，使用を開始した後，2カ月以内ごとに1回，定期に，その汚れの状況を点検する．

問題 83 音に関する次の記述のうち，最も不適当なものはどれか．
(1) コインシデンス効果が生じると，壁体の透過損失が増加する．
(2) 一般に部屋の容積が大きいほど，残響時間が長くなる．
(3) 点音源からの音圧レベルは，音源からの距離が2倍になると6dB減衰する．
(4) 開放された窓の吸音率は，1である．
(5) 1オクターブ幅とは，周波数が2倍になる間隔である．

問題 84 1台80dB(A)の騒音を発する機械を，測定点から等距離に8台同時に稼動させた場合の騒音レベルとして，最も近いものは次のうちどれか．
(1) 86dB(A)
(2) 89dB(A)
(3) 92dB(A)
(4) 166dB(A)
(5) 172dB(A)

問題 85 床衝撃音に関する次のア～エの記述のうち，重量床衝撃音の説明に該当する組合せとして，最も適当なものはどれか．
　　ア　衝撃源自体の衝撃力が低周波数域に主な成分を含む．
　　イ　物の落下による衝撃力が小さく，衝撃源が硬い．
　　ウ　床仕上げ材の弾性が大きく影響する．
　　エ　対策として，床躯体構造の質量の増加が挙げられる．
(1) アとイ
(2) アとウ
(3) アとエ
(4) イとウ
(5) イとエ

問題 86 防振に関する次の記述のうち，最も不適当なものはどれか．
(1) 荷重による防振材のひずみは，無負荷時の10%以上にならないようにする．
(2) 防振系の基本固有周波数は，機器の加振周波数に対してできるだけ大きく設定する必要がある．
(3) 機器を防振する場合，耐震上の対策から耐震ストッパを取り付けることが多い．
(4) 実際の防振効果は，一般に中・高周波領域で理論値（完全剛体・1質点）より低下する．
(5) 適正な固有周波数を得るため，極力均等に荷重がかかるように防振材を配置する．

問題 87 点光源直下2.0mの水平面照度が200lxである場合，光源直下0.5mの水平面照度として，正しいものは次のうちどれか．

(1) 50 lx　　(2) 400 lx　　(3) 800 lx　　(4) 1,600 lx　　(5) 3,200 lx

問題 88　照明に関する次の記述のうち，最も不適当なものはどれか．
(1)　白熱電球は，温度放射に伴う発光を利用している．
(2)　LED とは，発光ダイオードのことである．
(3)　ブラケットは，天井に埋め込む照明器具である．
(4)　高圧ナトリウムランプは，HID ランプの一種である．
(5)　コーブ照明は，建築化照明の一種である．

問題 89　光源の設計光束維持率に関する次の文章の　　　　内に入る語句の組合せとして，最も適当なものはどれか．

　　光源の設計光束維持率は，　ア　に伴う光源自体の光束の変化による照度低下を補償するための係数であり，使用する光源の初期光束と　イ　の比で表わされる．

	ア	イ
(1)	周囲温度の変化	使用直後の光束
(2)	周囲温度の変化	100 時間点灯後の光束
(3)	点灯時間の経過	100 時間点灯後の光束
(4)	点灯時間の経過	光源を交換する直前の光束
(5)	周囲温度の変化	光源を交換する直前の光束

問題 90　次の湿り空気線図上に示した空気状態の変化の 3 つのプロセスとその加湿装置との組合せとして，最も適当なものはどれか．

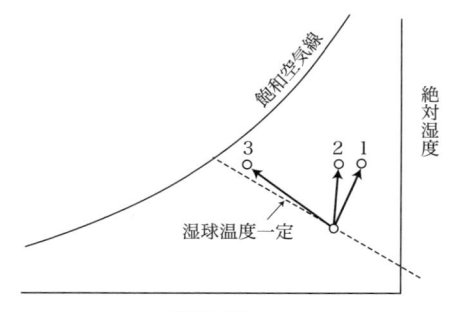

	蒸気加湿	水加湿	パン型加湿
(1)	1	2	3
(2)	3	1	2
(3)	1	3	2
(4)	2	3	1
(5)	3	2	1

平成20年度【午後】

建築物の構造概論
給水及び排水の管理
清掃
ねずみ，昆虫等の防除

問題91 建築物の計画と設計に関する次の記述のうち，最も不適当なものはどれか．
(1) 建築物において，共用スペース，設備スペース，構造用耐力壁等を集約した区画をコアという．
(2) 建築物の設計者の選定には，特命，選定委員会方式，ヒアリングとプロポーザル，コンペティション等の方法がある．
(3) 建築物の企画段階においては，敷地状況や地盤等の調査のほか，建築基準法や都市計画法等による法規制についても検討する．
(4) 工事監理とは，工事現場において現場監督が建築工事の指導監督を行うことである．
(5) 建築物の設計は，一般には，建築（意匠），構造，設備等専門の設計者の分担作業となる．

問題92 下の図は，5階建て貸事務所の基準階の平面を示している．この建築物の計画と設計に関する次の記述のうち，最も不適当なものはどれか．

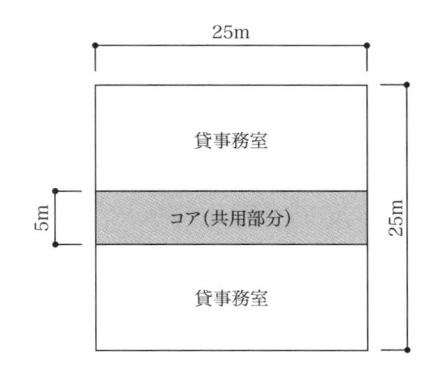

(1) この平面は，センターコア型である．
(2) 基準階のレンタブル比は，約80％である．
(3) 垂直動線として，エレベータ2基と階段1カ所を設けた．
(4) 外周フレームを耐震壁として，コアと一体化した耐震架構とした．
(5) この建築物は，一級建築士でなければ設計できない．

問題93 建築物のラーメン構造とトラス構造に関する次の記述のうち，最も不適当なものはどれか．
(1) ラーメン構造には，山形ラーメン，異形ラーメン，変断面ラーメン等がある．

(2) ラーメン構造の場合，建築物にかかる応力として，曲げモーメント，せん断力，軸方向力が生じる．
(3) ラーメン構造は，構造体の外力に対する主要抵抗要素が板状の部材で構成されている．
(4) トラス構造は，部材を三角形状にピン接合した単位を組み合わせて得られる構造体である．
(5) トラス構造に生じる応力は軸方向力のみであるので，大スパン構造に適している．

問題94 建築物の鉄骨構造に関する次の記述のうち，最も不適当なものはどれか．
(1) 鉄骨ばりと鉄筋コンクリート床板を一体としたはりを，合成ばりという．
(2) ボルト接合では，高力ボルトが多く用いられる．
(3) ブレースは，地震力や風圧力に対して有効である．
(4) 耐火被覆は，耐火時間に応じて被覆厚さを変える．
(5) 鋼材の性質は，炭素量が増すとじん性，溶接性が高まる．

問題95 鉄筋コンクリート構造に関する次の記述のうち，最も不適当なものはどれか．
(1) 鉄筋に対するコンクリートのかぶり厚さは，耐久性上重要である．
(2) 柱の帯筋は，せん断力に対して配筋される．
(3) 床のコンクリートの厚さは，一般に13～20cm程度である．
(4) 耐震壁のコンクリートの厚さは，約20cm程度である．
(5) はりのあばら筋は，曲げモーメントに対して配筋される．

問題96 構造力学と荷重に関する次の記述のうち，最も不適当なものはどれか．
(1) 支点条件には，固定端，回転端（ピン），移動端（ローラ）の3種類がある．
(2) 荷重の種類として，集中荷重，曲げモーメント荷重，分布荷重等がある．
(3) せん断力とは，部材のある点において部材を湾曲させようとする応力である．
(4) 鉛直荷重は，固定荷重，積載荷重，積雪荷重等をいう．
(5) 水平荷重は，風圧力，地震力等をいう．

問題97 コンクリートに関する次の記述のうち，最も不適当なものはどれか．
(1) 圧縮強度が大きい．
(2) 硬化時に収縮亀裂を生じやすい．
(3) 引張強度が小さい．
(4) 耐火性が低い．
(5) 普通コンクリートの重量は，約2.3t/m^{3}である．

問題98 建築材料の熱伝導率が，大きい順に並んでいるものは次のうちどれか．

熱伝導率が大きい　　　　　　　　　熱伝導率が小さい
(1) コンクリート　＞　せっこうボード　＞　板ガラス
(2) コンクリート　＞　板ガラス　＞　せっこうボード
(3) 板ガラス　＞　コンクリート　＞　せっこうボード
(4) 板ガラス　＞　せっこうボード　＞　コンクリート
(5) せっこうボード　＞　板ガラス　＞　コンクリート

問題99 エレベータ設備に関する次の記述のうち，最も不適当なものはどれか．
(1) 油圧式エレベータは，高層建築物に多用されている．

(2) ロープ式エレベータは，走行機の速度制御が広範囲にわたって可能である．
(3) 建築基準法の規定により，高さ31mをこえる建築物（政令で定めるものを除く．）には，非常用の昇降機を設けなければならない．
(4) 近年，巻上機，制御盤を昇降路やピットに設置する，機械室なしエレベータが普及してきている．
(5) JIS規格に定める積載量が900kgのエレベータの定員は，13人である．

問題100 都市ガスと液化石油ガス（LPガス）に関する次の記述のうち，最も不適当なものはどれか．
(1) LPガスは，都市ガス（13A）に比べて，細い配管口径によりガスを供給できる．
(2) LPガスの供給圧力は，都市ガスに比べて低い．
(3) LPガスの燃焼に必要とする理論空気量は，都市ガスに比べて多い．
(4) 都市ガスの発熱量は，LPガスに比べて低い．
(5) LPガスは，都市ガスに比べて加圧や冷却により簡単に液化できる．

問題101 地震に関する語句の組合せのうち，最も不適当なものは次のどれか．
(1) 一次設計 ─────────── 許容応力度
(2) ライフライン ───────── 生活を維持するための施設
(3) 気象庁震度階級 ─────── 10階級
(4) マグニチュード ─────── 地震の揺れの強さを表す指標
(5) 耐震診断 ─────────── 建築物の耐震改修の促進に関する法律

問題102 自動火災報知設備に関する次の記述のうち，最も不適当なものはどれか．
(1) 熱感知器は，煙感知器に比べて，くん焼状態での火災の早期感知に適している．
(2) 定温式熱感知器は，ちゅう房，ボイラ室，湯沸室等に設置される．
(3) 差動式熱感知器は，感知器の周辺温度上昇率が一定以上になったときに作動するものである．
(4) 蓄積型煙感知器は，一時的に発生する煙による非火災報を防止するのに有効である．
(5) 炎感知器は，アトリウムや大型ドーム等の高天井の場所に適している．

問題103 建築物の避難計画に関する次の記述のうち，最も不適当なものはどれか．
(1) 人間の心理・生理に配慮し，日常動線を考慮して避難経路を設定した．
(2) 避難階段に通ずる出入口は，避難の方向に開くことができるものとした．
(3) 建築物内のすべての場所において，2方向以上の避難路を確保できるように計画した．
(4) 消防隊の消火活動のため，建築物の3階以上の階に非常用の進入口を設置した．
(5) 迅速な避難のため，平常時より速い歩行速度を想定して避難計画を立てた．

問題104 建築基準法の用語に関する次の記述のうち，正しいものはどれか．
(1) 大規模の修繕は，建築ではない．
(2) 事務所の執務室は，居室ではない．
(3) 建築物の階段は，主要構造部ではない．
(4) 建築物に設ける避雷針は，建築設備ではない．
(5) 地下の工作物内に設ける店舗は，建築物ではない．

問題 105 建築基準法に基づく特殊建築物の定期調査・報告に関する次の組合せのうち,誤っているものはどれか.
(1) 調査資格者 ──────── 木造建築士
(2) 報告者 ────────── 建築物の所有者又は管理者
(3) 報告先 ────────── 特定行政庁
(4) 報告の時期 ──────── おおむね6カ月から3カ年までの間隔において特定行政庁が定める時期
(5) 調査内容 ────────── 建築物の敷地,構造及び建築設備に関する状況

問題 106 給水及び排水の管理で用いる用語とその単位との組合せとして,最も不適当なものは次のうちどれか.
(1) 病院の単位給湯量 ─────── L/(床・日)
(2) 加熱装置の能力 ──────── J
(3) 線膨張係数 ────────── 1/℃
(4) 色度 ──────────── 度
(5) 排水口空間 ────────── mm

問題 107 給水及び排水の管理に関する用語の説明として,最も不適当なものは次のうちどれか.
(1) ボールタップ ──────── 水槽などの水位変化に伴って上下する浮き玉により開閉する給水器具.
(2) 着色障害 ────────── 主に給水配管の材料の腐食による生成物が水に溶解するために起こる現象.
(3) 阻集器 ────────── 排水管を閉塞したり,排水施設に損害を与える有害・危険な物質を阻集,分離・収集することを目的に設置する器具.
(4) 活性汚泥 ────────── 主に嫌気的条件下で生息する各種細菌や原生動物等の微生物の集合体.
(5) バキュームブレーカ ─────── 給水管が負圧になって逆サイホン作用を生じようとするときに,空気を吸引して負圧状態を解消する器具.

問題 108 給水設備に関する次の記述のうち,最も不適当なものはどれか.
(1) 水撃とは,弁の急な閉鎖により圧力が降下し,圧力変動の波が管路内を伝わる現象のことである.
(2) 飲料水用配管は,他の配管系統と識別できるようにする.
(3) 逆サイホン作用の防止策の一つとして,吐水口空間を確保する方法がある.
(4) クロスコネクションとは,飲料水系統と他の配管系統を配管や機器で接続することである.
(5) 給水栓で残留塩素が規定濃度に達しない場合は,塩素添加装置を設置する.

問題 109 給水管とその接合方法との組合せとして,最も不適当なものは次のうちどれか.
(1) ステンレス鋼管 ──────── 溶接接合
(2) ポリエチレン二層管 ─────── 接着接合
(3) ポリブテン管 ────────── 電気融着継手

(4) 銅管 ———————————————— 差込ろう接合
(5) 合成樹脂ライニング鋼管 ————— 管端防食継手

問題110 直結増圧給水方式に関する次の記述のうち，最も不適当なものはどれか．
(1) 簡易専用水道に多く見られる給水方式である．
(2) 増圧ポンプにより，中層の建築物（10階程度）に給水できる．
(3) 水道本管への逆流を防止するための装置が必要である．
(4) 水道事業体によっては認められない場合がある．
(5) 引込み管径（量水器口径）に制限がある．

問題111 建築物内給水管に関する次の記述のうち，最も不適当なものはどれか．
(1) 給水配管の設計における適正流速の上限は，2.5m/s程度とする．
(2) 揚水管は，高置水槽に向かって上がりこう配で配管する．
(3) ポンプに配管を取り付ける際は，その荷重が直接ポンプにかからないように支持する．
(4) 給水管と排水管が平行に埋設される場合は，原則として水平間隔は500mm以上とする．
(5) 主管からの分岐部には，止水栓を設置する．

問題112 給水設備の点検，補修及び清掃に関する次の記述のうち，最も不適当なものはどれか．
(1) 高置水槽の清掃は，受水槽の清掃の前に行う．
(2) 管の損傷，さび，腐食及び水漏れの有無を点検し，必要に応じて，補修を行う．
(3) 貯水槽のオーバフロー管における防虫網の状況を定期的に確認する．
(4) 防錆剤の使用は，赤水対策として給水系統配管の布設替え等が行われるまでの応急対策とする．
(5) 管洗浄終了後，給水栓における水の水質検査及び残留塩素の測定を行う．

問題113 建築物における衛生的環境の確保に関する法律に基づく特定建築物の貯水槽の清掃に関する次の記述のうち，最も不適当なものはどれか．
(1) 貯水槽の清掃は，1年に1回，定期的に行う．
(2) 貯水槽の清掃終了後の水質検査基準として濁度は，5度以下である．
(3) 貯水槽の清掃終了後，塩素剤を用いて2回以上貯水槽内の消毒を行う．
(4) 清掃によって生じた汚泥等の廃棄物は，廃棄物の処理及び清掃に関する法律，下水道法等の規定に基づき，適切に処理する．
(5) 貯水槽の清掃終了後の水質検査基準として給水栓における水に含まれる遊離残留塩素の含有率は，百万分の0.2以上とする．

問題114 給水設備の腐食に関する次の文章の 内に入る語句の組合せとして，最も適当なものはどれか．
　　浄水場における水質汚染対策としての塩素や硫酸バンドの投入量の増大に伴い，水のアルカリ度の ア ，あるいは塩化物濃度の イ によって，水の腐食性が ウ する．

　　　　　ア　　　　　　イ　　　　　　ウ
(1) 減少 ———— 低下 ———— 減少
(2) 減少 ———— 上昇 ———— 減少

(3) 減少 ──────── 上昇 ──────── 増加
(4) 増加 ──────── 上昇 ──────── 増加
(5) 増加 ──────── 低下 ──────── 減少

問題115 給湯設備に関する次の記述のうち，最も不適当なものはどれか．
(1) 循環ポンプの脈動による騒音・振動の発生対策としてサイレンサを設置する場合には，ポンプの吐出側に設置する．
(2) 耐熱性硬質ポリ塩化ビニル管の許容圧力は，使用温度が高くなると低下する．
(3) 給水設備における金属材料の腐食は，給湯設備において使用される同じ金属材料の腐食と比較して，早期に発生する．
(4) 貯湯槽の容量が小さいと加熱装置の発停は多くなる．
(5) 貯蔵式湯沸器は，貯蔵部が大気に開放されている．

問題116 給湯設備に関する次の記述のうち，最も不適当なものはどれか．
(1) 加熱装置に逃し管を取り付ける場合は，水を供給する高置水槽の水面よりも高く立ち上げる．
(2) 密閉式給湯方式では，配管中の分離空気を排除するために最高部に空気抜き弁を設ける．
(3) ボイラは，伝熱面積とゲージ圧力等により，簡易ボイラ，小型ボイラ，ボイラに区分される．
(4) 循環ポンプの循環流量は，加熱装置における給湯温度と返湯温度の差に比例する．
(5) エネルギー消費係数（CEC/HW）は，年間給湯消費エネルギーを年間仮想給湯負荷で除した値である．

問題117 給湯設備の配管に関する次の記述のうち，最も不適当なものはどれか．
(1) 循環ポンプは，返湯管に設置する．
(2) 強制循環方式では，横管のこう配は不要である．
(3) ちゅう房など連続的に湯を使用する系統の給湯枝管には，返湯管を設けない場合が多い．
(4) 配管内の空気や水が容易に抜けるように，凹凸配管とはしない．
(5) 20m以上の直管部には，伸縮管継手を用いる．

問題118 給湯設備に関する次の記述のうち，最も不適当なものはどれか．
(1) 貯湯槽は，定期自主検査などを行う必要があるため，営業上給湯を停止できない施設では台数分割する．
(2) シャワーの使用温度は，42℃程度である．
(3) ホテルの浴室からの温排水は，ヒートポンプの温熱源として利用できる．
(4) ちゅう房における皿洗い機のすすぎに用いる給湯使用温度は，80℃程度である．
(5) 事務所における1人1日当たりの設計給湯量は，50Lである．

問題119 給湯設備の保守管理に関する次の記述のうち，最も不適当なものはどれか．
(1) 小型圧力容器は，1年以内ごとに1回，定期自主検査を行う．
(2) 給湯の水質検査は，給水の水質検査時に同時に行う．
(3) 各種の弁は，1年に1回以上の分解清掃を行う．
(4) 貯湯槽は，定期的に底部の滞留水の排出を行う．

(5) 器具のワッシャには,細菌の繁殖を防止するために天然ゴムを使用する.

問題120 給湯設備の維持管理に関する次の記述のうち,最も不適当なものはどれか.
(1) 給湯水を均等に循環させるため,返湯管に設けられている弁により開度調節を行う.
(2) 貯湯槽に流電陽極式電気防食が施されている場合は,定期点検時に犠牲陽極の状態を調べる.
(3) 逃し弁は,1カ月に1回程度,レバーハンドルを操作して作動を確認する.
(4) 毎日,貯湯槽の外観検査を行い,漏れや周囲の配管の状態を確認する.
(5) 真空式温水発生機の定期検査は,労働安全衛生法の規定に基づいて行う.

問題121 排水通気設備に関する次の記述のうち,最も不適当なものはどれか.
(1) ループ通気方式は,最上流の器具排水管が排水横枝管に接続する点のすぐ下流から通気管を立ち上げて,通気立て管に接続する方式をいう.
(2) 伸頂通気方式では,原則として排水立て管にオフセットを設けてはならない.
(3) Pトラップを使用した洗面器からの排水管をドラムトラップに接続する.
(4) 通気立て管の下部は,最低部の排水横枝管より低い位置で排水立て管から取り出す.
(5) 通気弁は,空気の吸込みのみを行う.

問題122 排水設備に関する次の記述のうち,最も不適当なものはどれか.
(1) 排水横管が45°を超える角度で方向を変える個所では,掃除口を設置する.
(2) 間接排水管の口径が65mmの場合の排水口空間は,最小150mmである.
(3) トラップが組み込まれていないグリース阻集器にトラップを設ける場合は,阻集器の入口側に設ける.
(4) ちゅう房排水は,汚水と分けて排水槽を設ける.
(5) 排水槽のマンホールの大きさは,直径が60cm以上の円が内接することができるものとする.

問題123 排水通気設備に関する次の記述のうち,最も不適当なものはどれか.
(1) 自然流下式の排水横管のこう配は,管内流速が0.6～1.5m/sとなるようにする.
(2) 伸頂通気管は,排水立て管頂部を負荷に応じた管径に縮小して延長し,末端を大気中へ開口する.
(3) 誘導サイホン作用とは,他の器具の排水によって排水管内に生じた圧力変動により,封水が損失される現象である.
(4) 排水槽の底のこう配は,吸込みピットに向かって1/15以上1/10以下とする.
(5) 排水ポンプは原則として2台設置し,常時は交互運転する.

問題124 排水トラップに関する次の記述のうち,最も不適当なものはどれか.
(1) 管トラップは,封水部に沈積又は付着する小雑物を押し流す自掃作用を有している.
(2) 封水深とは,ディップからウエアまでの垂直距離をいう.
(3) 蛇腹管をループ状にし,封水部を設けたものをトラップとして使用してもよい.
(4) 脚断面積比(流出脚断面積/流入脚断面積)の大きいトラップは,自己サイホン作用を起こしにくい.
(5) 排水管内の臭気や衛生害虫の移動を有効に防止できる封水部を有する構造とする.

問題125 雨水排水設備に関する次の記述のうち，最も不適当なものはどれか．
(1) 雨水排水系統は，単独排水として屋外へ排出することを原則とする．
(2) 雨水横主管を合流式排水横主管に接続する場合は，どの排水立て管の接続点からも3m以上下流で接続する．
(3) 雨水排水管を合流式の敷地排水管に接続する場合は，トラップますを設け，ルーフドレンからの悪臭を防止する．
(4) 雨水ますの流入管と流出管との管底差は，20mm程度とする．
(5) ルーフドレンのストレーナ開口面積は，接続する雨水管径と同径程度とする．

問題126 排水通気設備の保守管理に関する次の記述のうち，最も不適当なものはどれか．
(1) 排水槽の清掃には，高圧洗浄法が利用される．
(2) 排水ポンプは，1ヵ月に1回絶縁抵抗の測定を行い，1kΩ以上であることを確認する．
(3) 排水立て管の清掃にスネークワイヤを用いる場合，一般に1回での清掃の距離は20m程度が限界とされている．
(4) 排水槽内の排水は，12時間を超えて貯留しないように，タイマーで強制排水することが望ましい．
(5) 排水槽内の清掃に当たっては，火気に注意するとともに，換気を十分行った後に槽内へ立ち入る．

問題127 排水通気設備の保守管理に関する次の記述のうち，最も不適当なものはどれか．
(1) ルーフドレン回りは，日常点検して清掃する．
(2) 雨水ますの泥だめは，定期的に点検して土砂等を除去する．
(3) 排水槽の清掃は，1年以内ごとに1回行うことが建築物環境衛生管理基準で規定されている．
(4) 通気管は，1年に1回程度，定期的に，系統毎に異常がないか点検・確認する．
(5) グリース阻集器に堆積するちゅう芥は，原則として毎日除去する．

問題128 排水管の診断や清掃に関する次の組合せのうち，最も不適当なものはどれか．
(1) 超音波厚さ計 ──────── 腐食程度の確認
(2) 高圧洗浄 ──────── 砂や汚物等の除去
(3) 薬品洗浄 ──────── 有機性付着物の除去
(4) 圧縮空気 ──────── 排水管に固着したグリースの除去
(5) 内視鏡 ──────── 管内部の詰まり具合の確認

問題129 衛生器具設備に関する次の記述のうち，最も不適当なものはどれか．
(1) 洗面器のあふれ縁は，オーバフロー口の最上端をいう．
(2) 浴室用ハンドシャワーには，バキュームブレーカを取り付ける．
(3) 水飲み器の噴水頭の上部に接近して保護囲いを取り付ける．
(4) 大便器用洗浄弁には，バキュームブレーカを取り付ける．
(5) 小便器洗浄弁は，公衆用には適さない．

問題130 小便器に関する次の記述のうち，最も不適当なものはどれか．
(1) 小便器は，壁掛け形，壁掛けストール形，ストール形等に分類される．

(2) ストール形は乾燥面が広いため，洗浄方法に注意しないと臭気が発散する．
(3) 洗浄水栓方式は，ハンドルの開閉によって小便器の洗浄を行うものである．
(4) 使用頻度が高い公衆便所用小便器の内蔵トラップは，小便器一体のものが適している．
(5) 節水を目的として，個別感知洗浄方式や照明スイッチ等との連動による洗浄方式等が用いられている．

問題 131 給排水衛生設備に使用する機器及び配管材料に関する次の記述のうち，最も不適当なものはどれか．
(1) JIS規格では，架橋ポリエチレン管の使用温度は95℃以下としている．
(2) オイル阻集器は，駐車場，洗車場等に設けられる．
(3) 仕切弁は，流量調整用として適している．
(4) 貯水槽の材質として，鋼板，FRP，ステンレス鋼板，木材等が用いられる．
(5) 増圧ポンプユニットには，ポンプ，小容量の圧力水槽，制御盤が共通ベースに組み込まれているものが多用されている．

問題 132 排水再利用施設における排水処理の次のフローシートの　　　内に入る単位装置の組合せとして，最も適当なものはどれか．

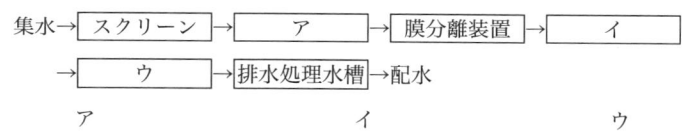

集水→スクリーン→ ア →膜分離装置→ イ →
→ ウ →排水処理水槽→配水

	ア	イ	ウ
(1)	活性炭処理装置	生物処理槽	消毒槽
(2)	活性炭処理装置	消毒槽	流量調整槽
(3)	流量調整槽	消毒槽	生物処理槽
(4)	流量調整槽	活性炭処理装置	消毒槽
(5)	生物処理槽	活性炭処理装置	流量調整槽

問題 133 ちゅう房排水除害施設に関する次の記述のうち，最も不適当なものはどれか．
(1) ちゅう房排水除害施設は，動植物油の除去を主な目的とする．
(2) 油分の浮上速度は，排水の粘性に比例して速くなる．
(3) 油分の浮上速度は，排水と油分の密度差に比例して速くなる．
(4) 油分の浮上速度は，粒子の直径の2乗に比例して速くなる．
(5) 浮上分離法としては，一般的に加圧浮上法が用いられる．

問題 134 建築物における衛生的環境の確保に関する法律に基づく特定建築物の雑用水の水質検査に関する次の記述のうち，誤っているものはどれか．
(1) 散水，修景，清掃又は水洗便所の用に供する雑用水にあっては，pH値は5.8以上8.6以下であること．
(2) 水洗便所の用に供する雑用水にあっては，外観は，ほとんど無色透明であること．
(3) 散水，修景，清掃又は水洗便所の用に供する雑用水にあっては，臭気は，異常でないこと．
(4) 散水，修景又は清掃の用に供する雑用水に，し尿を含む水を原水として用いる場合にあっては，規定された水質基準に適合していること．

(5) 散水，修景又は清掃の用に供する雑用水にあっては，大腸菌は，検出されないこと．

問題135 雑用水設備の維持管理に関する次の記述のうち，最も不適当なものはどれか．
(1) 竣工時に，雑用水を着色して通水試験を行い，上水の器具に着色水が出ないことを確認する．
(2) 雑用水設備から生じる汚泥は，一般廃棄物として扱う．
(3) 水栓には，雑用水であることを示す飲用禁止の表示・ステッカーなどをはる．
(4) 散水，修景，清掃の用に供する雑用水にあっては，pH，臭気，外観及び遊離残留塩素の測定は，7日以内ごとに1回，定期に行う．
(5) 水洗便所の用に供する雑用水にあっては，大腸菌の検査は，2カ月以内ごとに1回，定期に行う．

問題136 環境省関係浄化槽法施行規則に規定されている処理方式・浄化槽の種類と保守点検の回数との組合せとして，誤っているものは次のうちどれか．
(1) 活性汚泥方式 ———————————————— 2週に1回以上
(2) 活性炭吸着装置を有する接触ばっ気方式 ———— 1週に1回以上
(3) スクリーン及び流量調整槽を有する回転板接触方式 ———— 2週に1回以上
(4) 凝集槽を有する接触ばっ気方式 ———————— 1週に1回以上
(5) 沈殿分離槽を有する回転板接触方式 —————— 3カ月に1回以上

問題137 消火設備に関する次の記述のうち，最も不適当なものはどれか．
(1) 連結散水設備は，消火活動が困難な地下街などに設置するものである．
(2) 連結送水管は，公設消防隊が使用するものである．
(3) 屋内消火栓設備は，建築物の関係者や自衛消防隊が初期消火を目的として使用するものである．
(4) スプリンクラ設備は，火災が発生した際に，自動的に散水して初期消火するものである．
(5) 泡消火設備は，負触媒作用による消火方法であり，電気室やボイラ室等に設置されるものである．

問題138 ガス設備に関する次の記述のうち，最も不適当なものはどれか．
(1) 都市ガスの高圧供給方式は，発電所などのごく一部に用いられる方式である．
(2) ハウスレギュレータは，ガバナ（整圧器）のうち，小流量かつ簡易なもので内管に設置するものをいう．
(3) マイコンメータは，異常を感知して自動的にガスを遮断する保安機能を有したガスメータである．
(4) ガスが漏えいした場合には，都市ガス（13A）は床付近に，LPガスは天井付近に滞留しやすい．
(5) LPガス容器は，高圧ガス保安法に基づく検査合格刻印がされたものなどでなければ使用できない．

問題139 水道法に関する次の記述のうち，最も不適当なものはどれか．
(1) 需要者に水を供給するために水道事業者の施設した配水管から分岐して設けられた給水管及びこれに直結する給水用具を給水装置という．

(2) 水道のための貯水施設，導水施設，取水施設，浄水施設，送水施設及び配水施設は，水道施設である．
(3) 寄宿舎等の自家用水道等で，100人を超える者にその居住に必要な水を供給するもの，又は人の生活の用に供する1日最大給水量が$20m^3$を超えるものは，原則として専用水道に該当する．
(4) 水道事業の用に供する水道から供給を受ける水のみを水源とするもので，水槽の有効容量の合計が$10m^3$以下のものは，簡易専用水道に該当する．
(5) 計画給水人口が5,001人以上である水道は，一般に上水道事業と呼んで区別している．

問題140 排水の水質に関する次の記述のうち，最も不適当なものはどれか．
(1) DOは，水中に溶解している分子状の酸素をいい，生物処理工程の管理や放流水質の評価の際，重要な指標となる．
(2) 大腸菌群は，各処理工程の機能評価，及び処理水の衛生的な安全性を確保するための重要な指標となる．
(3) 残留塩素は，塩素添加量，接触時間，pH，残存有機物質の量，亜硝酸窒素のような還元性物質の量等に影響され，消毒効果の指標となる．
(4) ノルマルヘキサン抽出物質は，主として比較的揮発しにくい油脂類などで，流入管きょ，一次処理装置内の壁面などに付着し，悪臭や処理機能低下の原因となる．
(5) CODは，水の汚濁状態を表す有機汚濁指標の一つで，主として有機物質が好気性微生物によって分解される際に消費される酸素量のことである．

問題141 カーペット類の清掃に関する次の記述のうち，空気調和設備等の維持管理及び清掃等に係る技術上の基準（平成15年厚生労働省告示第119号）に定められていないものはどれか．
(1) 洗浄後は，防汚剤を散布する．
(2) 必要に応じて，シャンプークリーニング，しみ抜き等を行う．
(3) 洗剤を使用したときは，洗剤分が残留しないようにする．
(4) 除じん作業を行う．
(5) 汚れの状況を点検する．

問題142 建築物清掃の作業計画を作成することによる利点に関する次の記述のうち，最も不適当なものはどれか．
(1) 個人的な記憶や経験を基にした管理ができるので，従事者にも理解しやすく，作業の指示などが円滑にできる．
(2) 作業内容が明確化されているため，統一的な作業ができる．
(3) 日常清掃で除去する汚れと，定期的に除去する汚れを区別し，作業を計画・実行すると作業成果の向上が得られる．
(4) 計画的な作業管理が実施され，記録の保存によって責任の所在が明確化する．
(5) 計画的に作業を実施することにより，限られた時間内に一定の成果が得られる．

問題143 建築物清掃の管理区域に関する次の記述のうち，最も不適当なものはどれか．
(1) 管理用区域は，一般の人が立ち入らないが，清掃は年2回行う必要がある．

(2) 建築物の外周は，公共の場所としての役割があり，計画的な管理が必要である．
(3) 外装・外周区域の窓ガラスは，室内環境と密接に関係している．
(4) 共用区域は，建築物内で最も頻繁に使用されるところであり，日常頻繁に清掃を行う必要がある．
(5) 専用区域は，毎日1回以上の清掃を行って清潔の回復に努める必要がある．

問題144 建築物清掃の安全衛生に関する次の記述のうち，最も不適当なものはどれか．
(1) 真空掃除機の集じん袋などを手入れする場合には，粉じんを吸入しないよう防じんマスクなどを着用して行う．
(2) ローリングタワーを用いて，床洗浄の作業範囲を確保する．
(3) 一つ一つの清掃作業は，成否・安全・やりやすさを確保する必要がある．
(4) 清掃作業に関わる事故の大多数は，転倒や転落事故である．
(5) 作業終了後は，薬用石鹸などで手洗いを励行し，必要に応じて手指消毒を行う．

問題145 付着異物の発生原因と分類に関する次の記述のうち，最も不適当なものはどれか．
(1) 付着異物は，表面に付着しているものや，内部に浸透しているものもある．
(2) 付着異物には，かびや衛生害虫等の発生による汚れがある．
(3) 自然的な原因による汚れは，人為的な原因による汚れに比べて，量は多く，付着力も強い．
(4) 粒径の小さい粉じんは，浮遊粉じんとなり，空気中に浮遊する．
(5) 堆積じんは，人の活動や気流により舞い上がり，再浮遊と沈降を繰り返す．

問題146 真空掃除機の機能に関する次の記述のうち，最も不適当なものはどれか．
(1) 高い清浄度を要求される場所では，高性能フィルタ付きのものを使う．
(2) ウエット式は，床洗浄後の汚水などを吸引除去する方式である．
(3) ポット型は，床を回転ブラシで掃きながら，ほこりを吸引する構造になっている．
(4) 電動ファンによって，機械内部に空気の低圧域を作り，ほこりを吸引する．
(5) アップライト型は，カーペットのほこりを取るのに適する構造である．

問題147 カーペットクリーニング機械に関する次の記述のうち，最も不適当なものはどれか．
(1) 自動床洗浄機には，カーペット床の洗浄用のものがある．
(2) ローラーブラシ方式の機械は，洗剤が機械内部で完全な泡となって供給される．
(3) スチーム洗浄機は，高温の水蒸気で汚れを分解するため，エクストラクタより残留水分が多い．
(4) エクストラクタは，カーペットに洗剤を直接噴射し洗浄した後，直ちに吸引する機械である．
(5) ローラーブラシ方式の機械は，ウールのウィルトンカーペットに適している．

問題148 床磨き機に関する次の記述のうち，最も不適当なものはどれか．
(1) タンク式スクラバーマシンは，床洗浄時の洗剤塗布作業を省くことができる．
(2) 回転数は，毎分3,000回転程度が一般的である．
(3) パッドには，化繊製フェルト状の不織布に研磨粒子を付着させたものがある．
(4) タンク式スクラバーマシンは，カーペットのシャンプークリーニングを行うことができる．
(5) ブラシの直径は，20〜50cmのものが多く使われている．

問題149 硬性床材の特徴に関する次の記述のうち,最も不適当なものはどれか.
(1) 花崗岩は,耐酸性に乏しい.
(2) 大理石は,耐酸性・耐アルカリ性に乏しい.
(3) テラゾは,耐酸性に乏しい.
(4) セラミックタイルは,耐酸性,耐アルカリ性がある.
(5) コンクリートは,耐酸性に乏しい.

問題150 剥離剤の性質に関する次の記述のうち,最も不適当なものはどれか.
(1) 塩化ビニル系床材に変色などの影響を及ぼす.
(2) 床面に塗布した樹脂床維持剤の皮膜を除去するために使われる.
(3) 床面に剥離剤が残らないように,剥離作業後は十分にすすぎ拭きを行う.
(4) 低級アミンを主剤とし,界面活性剤が添加されている.
(5) ゴム系床材に,ひび割れなどの影響を及ぼす.

問題151 床維持剤の種類に関する次の記述のうち,最も不適当なものはどれか.
(1) フロアシーラは,乾燥後に形成される皮膜が容易に除去できないものをいう.
(2) ポリマタイプより水性ワックスタイプの方が多く使われている.
(3) フロアポリッシュには,油性のもの,乳化性のもの,水性のものがある.
(4) フロアオイルは,鉱油を主体とし,常温で液体のものをいう.
(5) ポリマタイプは,不揮発性成分として合成樹脂などのポリマを主原料にしたものをいう.

問題152 洗剤に関する次の記述のうち,最も不適当なものはどれか.
(1) 一般用洗剤は,助剤の添加を控えて,有機溶剤や酵素が添加されているものがある.
(2) 洗剤に添加されている助剤は,界面活性剤の表面張力を高める効果がある.
(3) カーペット用洗剤は,残った洗剤分の粉末化や速乾性等の特徴がある.
(4) 酸性洗剤は,小便器に付着した尿石や鉄分を含んだ水垢等の除去に有効である.
(5) 合成洗剤は,冷水や硬水にも良く溶け,広く洗浄に使用されている.

問題153 弾性床材の特徴に関する次の記述のうち,最も不適当なものはどれか.
(1) 塩化ビニルタイルは,耐薬品性及び耐水性に優れる.
(2) ゴムタイルは,耐溶剤性及び耐アルカリ性に優れる.
(3) リノリウムは,アルカリ性洗剤に弱い.
(4) アスファルトタイルは,耐溶剤性に乏しい.
(5) 塩化ビニルシートは,可塑剤によって,床維持剤の密着不良が起きやすい.

問題154 スプレークリーニング法に関する次の文章の 内に入る語句の組合せとして,最も適当なものはどれか.

床面に塗布されているフロアポリッシュ皮膜に入った汚れを,フロアポリッシュ皮膜とともに削り取る作業で, ア のあるスプレー液をかけながら研磨する.研磨剤を含むフロアパッド(専用パッド)と床磨き機を用いる.作業工程は,スプレーバフ法とほぼ同じである.仕上げは必ず イ を1~2層塗布する.

　　　　　ア　　　　　　　　　　イ
(1) 洗浄作用 ——————— フロアポリッシュ

(2) 洗浄作用 ──────────── フロアシーラ
(3) 洗浄作用 ──────────── フロアオイル
(4) つや出し作用 ────────── フロアシーラ
(5) つや出し作用 ────────── フロアポリッシュ

問題155 玄関ホールの清掃に関する次の記述のうち，最も不適当なものはどれか．
(1) 土砂の持ち込みが激しいため，除去に努め，他の階への持ち込みを防ぐ．
(2) 雨天時は床に水が残留していると滑りやすいので，時間を決めて巡回し，水を除去する．
(3) 冬期は，乾燥のためドアなどに手垢が付きやすくなる．
(4) 季節や天候の影響を受けやすく，清掃の品質が変動することに注意が必要である．
(5) 清掃の品質は，視線の方向や高さを変えて確認する．

問題156 床以外の清掃に関する次の記述のうち，最も不適当なものはどれか．
(1) 受付のカウンタの汚れは，主としてほこりの沈降と手の接触によるものである．
(2) 人の手による汚れは，化学繊維を使った製品を用いると除去しやすい．
(3) 空気調和機の吹出口の汚れは，真空掃除機による除じんと拭き取りを併用するとよい．
(4) 金属材表面に保護膜を塗布しておくと，汚れは付きにくくなるが，付いた汚れは取れにくくなる．
(5) 室内高所の汚れは，炭素粒子，たばこタール質等によるものである．

問題157 外装の清掃に関する次の記述のうち，最も不適当なものはどれか．
(1) 自動窓拭き設備は，人の作業に比べてクリーニングの仕上がりが十分ではない．
(2) 金属材の清掃は，汚れが比較的軽微なうちに行うとよい．
(3) アルミニウム板は，通常表面に保護処置が施されているが，徐々に汚れが付着する．
(4) 光触媒酸化チタンコーティングは，清掃回数を減らす効果が期待されている．
(5) 窓ガラスの清掃回数は，汚れの固着を防止するため，1～2年に1回行うとよい．

問題158 廃棄物の処理及び清掃に関する法律の第1条に規定されている目的として，該当しないものは次のうちどれか．
(1) 廃棄物の排出抑制　　(2) 廃棄物の適正処理
(3) 生活環境の保全　　　(4) 公衆衛生の向上
(5) 自然環境の清潔保持

問題159 廃棄物の処理及び清掃に関する法律に基づく廃棄物の定義に関する次の記述のうち，最も適当なものはどれか．
(1) 建設業から排出される繊維くずは，一般廃棄物である．
(2) 浄化槽汚泥は，産業廃棄物である．
(3) グリース阻集器で阻集された廃油は，一般廃棄物である．
(4) 百貨店から排出された紙くずは，一般廃棄物である．
(5) 飲食店から排出された木くずは，産業廃棄物である．

問題160 建築物から排出される廃棄物に関する次の記述のうち，最も不適当なものはどれか．
(1) ホテルの廃棄物は，百貨店よりちゅう芥類の質量別排出比率が高い傾向にある．

(2) 事務所建築物の廃棄物は，缶類の質量別排出比率が低い傾向にある．
(3) 病院の廃棄物は，事務所建築物よりビン類の質量別排出比率が高い傾向にある．
(4) 事務所建築物の廃棄物は，プラスチック類の質量別排出比率が高い傾向にある．
(5) 百貨店の廃棄物は，紙類の質量別排出比率が高い傾向にある．

問題161 建築物内廃棄物の中間処理の目的に関する次の記述のうち，最も不適当なものはどれか．
(1) 保管スペースの節約　　(2) 再利用化　　(3) 減容化
(4) 搬出・運搬の効率化　　(5) 混合による資源化

問題162 建築物における廃棄物の保管に必要となる設備などとして，重要度の最も低いものは次のうちどれか．
(1) 照明設備　　(2) 給排水設備　　(3) 防音設備
(4) 冷蔵・冷房設備　　(5) 防虫網

問題163 1日当たり8m³，6日間で7.2t排出される廃棄物の容積質量値として，正しいものは次のうちどれか．
(1) 15kg/m³　　(2) 40kg/m³　　(3) 90kg/m³
(4) 150kg/m³　　(5) 400kg/m³

問題164 建築物内廃棄物の搬送方式に関する次の記述のうち，最も不適当なものはどれか．
(1) エレベータ方式は，ダストシュート方式よりランニングコストがかかる．
(2) エレベータ方式は，自動縦搬送方式より設置スペースが少なくてすむ．
(3) 自動縦搬送方式は，ダストシュート方式に比べて高層建築物に適している．
(4) 自動縦搬送方式は，エレベータ方式より作業性に優れている．
(5) ダストシュート方式は，自動縦搬送方式より衛生性に優れている．

問題165 建築物における廃棄物保管場所の構造と機能に関する次の記述のうち，最も不適当なものはどれか．
(1) 密閉区画構造とする．
(2) 室内を負圧に保つようにする．
(3) 床は，傾きのないように水平にする．
(4) 種類ごとに分別して収集・保管できる構造とする．
(5) 専用の用途とする．

問題166 蚊の吸血に関する次の記述のうち，最も不適当なものはどれか．
(1) 主に大型動物から吸血する種類，ヒトを好んで吸血する種類などがある．
(2) 夜間吸血する種類と昼間吸血する種類に大きく分けることができる．
(3) チカイエカは，産卵には必ず吸血が必要である．
(4) ヒトスジシマカは，公園，墓地，民家の庭等で発生し，ヒトを激しく吸血する．
(5) アカイエカは，ニワトリや野鳥から吸血する傾向が強い．

問題167 建築物内の蚊の防除に関する次の記述のうち，最も不適当なものはどれか．
(1) 樹脂蒸散剤は，浄化槽のような密閉空間で成虫防除に効果を発揮する．
(2) 幼虫発生源で殺虫剤処理をした後にも成虫の発生が認められる場合には，薬剤に対する

抵抗性の発達状況を調査する必要がある．
- (3) 成虫に対する煙霧処理は，高い残効性が期待できない．
- (4) 浄化槽内には有用な微生物が存在しているので，オルソ剤は使用しない．
- (5) 昆虫成長制御剤（IGR）は，幼虫に対する速効的な致死効果が認められる．

問題168 チャバネゴキブリに関する次の記述のうち，最も適当なものはどれか．
- (1) 卵から成虫になるまで，25℃で約半年を要する．
- (2) 卵鞘の中には，約100個の卵が入っている．
- (3) ピレスロイド剤に対する抵抗性の発達は，知られていない．
- (4) 雌の産卵回数は，約5回である．
- (5) 低温に強く，我が国では屋外で越冬することが多い．

問題169 ゴキブリの防除に関する次の記述のうち，最も不適当なものはどれか．
- (1) ULV処理は，残留効果をねらった処理法である．
- (2) 防除の効果は，ゴキブリ指数の変動により評価されることが多い．
- (3) 環境の整備や清掃によって，生息数を減少させることができる．
- (4) 毒餌は，ローチスポットが多く見られる場所を中心に使用すると効果的である．
- (5) ピレスロイド剤は，ゴキブリに対して追い出し効果がある．

問題170 ダニの防除に関する次の記述のうち，最も不適当なものはどれか．
- (1) トリサシダニ対策のために鳥の巣を卵ごと除去する場合は，市町村長又は都道府県知事の許可が必要である．
- (2) 吸血性ダニ類は，殺虫剤感受性が低いので，効果が期待できる殺虫剤は限定される．
- (3) ツメダニ類は，殺虫剤感受性が低いので，殺虫剤による防除は難しい場合が多い．
- (4) イエダニの防除においては，本来の吸血源であるネズミの対策も重要である．
- (5) ヒョウヒダニ類は，殺虫剤感受性が低いので，十分な効果が期待できる殺虫剤は少ない．

問題171 建築物内の害虫に関する次の記述のうち，最も不適当なものはどれか．
- (1) オオチョウバエの幼虫は，浄化槽や下水溝のスカムに発生する．
- (2) ノミは幼虫から成虫まで，常に動物の体表に寄生する．
- (3) シバンムシの幼虫に寄生するアリガタバチは，人を刺すことがある．
- (4) トコジラミは夜間吸血性の昆虫で，ホテルなどで被害が問題となっている．
- (5) カメムシ類は，越冬のために建築物内に侵入することがある．

問題172 害虫に関する次の記述のうち，最も不適当なものはどれか．
- (1) ゴキブリ類は，一般に夜間の特定の時間帯に活動する．
- (2) ヒトスジシマカの吸血活動は，昼間よりも夜間の方が盛んである．
- (3) ツメダニ類は，屋内塵の中に見られる他のダニ類を捕食して繁殖する．
- (4) ノミは飢餓に強いために，毎日吸血する必要はない．
- (5) 建築物内で問題となるコナチャタテ類は，乾燥食品などから発生する．

問題173 殺虫剤に関する次の組合せのうち，最も不適当なものはどれか．
- (1) ダイアジノン ──────── ピレスロイド系化合物
- (2) フェニトロチオン ──────── 対称型有機リン系化合物

(3) プロポクスル ——————————— カーバメート系化合物
(4) ピリプロキシフェン ——————— 幼若ホルモン様化合物
(5) オルトジクロロベンゼン ——————— 有機塩素系化合物

問題 174 殺虫剤に関する次の記述のうち，最も不適当なものはどれか．
(1) ジフルベンズロンは，幼虫の脱皮を阻害する．
(2) ピレトリンとは，除虫菊に含まれる殺虫成分である．
(3) フタルスリンは，ダニ用に開発された薬剤である．
(4) ヒドラメチルノンは，ゴキブリ用食毒剤の有効成分として使用されている．
(5) ピレスロイド剤でノックダウン（仰転）した個体は，蘇生することがある．

問題 175 ネズミに関する次の記述のうち，最も不適当なものはどれか．
(1) 都心の大型建築物内では，クマネズミが優占種となっている．
(2) クマネズミは，警戒心が強く，防除が難しい．
(3) ネズミがいつも利用する通路に見られるこすり跡をラブサインという．
(4) ネズミは，高圧変電器には警戒して近寄らない．
(5) ハツカネズミは，畑地周辺に生息しているが，一般家屋に侵入することもある．

問題 176 ネズミの防除に関する次の記述のうち，最も適当なものはどれか．
(1) IPM（総合的有害生物管理）手法による防除の場合，殺そ剤は使用できない．
(2) 建築物における衛生的環境の確保に関する法律に基づく特定建築物内で使用する殺そ剤は，薬事法で承認を受けたものでなければならない．
(3) 餌の管理や通路の遮断等の防除対策は，生息数の減少には関係しない．
(4) 殺そ剤で死亡したネズミを放置しても，ハエなどが発生することはない．
(5) 忌避剤であるカプサイシンを処理すると，処理空間からネズミを追い出すことができる．

問題 177 衛生害虫と健康被害に関する次の記述のうち，最も不適当なものはどれか．
(1) 我が国では，イヌノミによる吸血被害が多い．
(2) ユスリカがアレルゲンとなることがある．
(3) ヒゼンダニは，疥癬の原因となる．
(4) イエバエは，腸管出血性大腸菌 O157 の運搬者として注目されている．
(5) つつが虫病は，微小なダニであるツツガムシによって媒介される．

問題 178 殺虫，殺そ剤の毒性や安全性に関する次の記述のうち，最も不適当なものはどれか．
(1) 薬剤を実験動物に投与して求めた LD_{50} 値は，殺虫製剤の急性毒性の評価基準となる．
(2) 薬剤の安全性の程度は，薬剤の持つ毒性の性質，摂取量，摂取期間等によって決まる．
(3) 薬剤に対する安全性の確保は，用法・用量に従って使用したときの暴露量と，最大無作用量の差が，2桁以上あることが目安とされている．
(4) 殺そ剤の多くは，選択毒性を示さず，ヒトに対しても強い毒性を示す．
(5) ほとんどの殺虫製剤や殺そ製剤は，劇薬に該当する．

問題 179 衛生害虫の発生場所に関する次の記述のうち，最も不適当なものはどれか．
(1) チカイエカの幼虫は，浄化槽などに発生する．
(2) キイロショウジョウバエは，腐敗した植物質や果物で発生する．

(3) シバンムシ類は，屋内塵の中で発生する．
(4) クロスズメバチは，土壌中に営巣する．
(5) イエバエは，豚舎，鶏舎，牛舎等とごみ処理場で発生する．

問題180 ネズミ及び害虫に関する次の記述のうち，最も不適当なものはどれか．
(1) クマネズミは，運動能力に優れており，建築物の垂直な壁や電線を伝わって屋内に侵入することができる．
(2) ヒメマルカツオブシムシは，羊毛製品などから発生する．
(3) 屋内で発生するチャタテムシ類は約10種類である．
(4) チョウバエ類は夜行性で，暖房の完備した建築物内では年間を通して発生している．
(5) 国内の建築物内では，約5種類の蚊の発生が確認されている．

平成19年度【午前】

建築物衛生行政概論
建築物の環境衛生
空気環境の調整

問題1 次に掲げる法律とその法律を所管する行政組織との組合せのうち，誤っているものはどれか．
(1) 学校保健法―――――文部科学省
(2) 電気事業法―――――経済産業省
(3) 下水道法――――――国土交通省
(4) 労働安全衛生法―――厚生労働省
(5) 水道法―――――――環境省

問題2 日本国憲法第25条に規定されている次の条文の ▢ 内に入る語句の組合せとして，正しいものはどれか．
　　すべて国民は， ア で イ 的な ウ 生活を営む権利を有する．
　　国は，すべての生活部面について，社会福祉， エ 及び公衆衛生の向上及び増進に努めなければならない．

	ア	イ	ウ	エ
(1)	健康	文化	最低限度の	社会保障
(2)	健康	文化	最低保障の	公共福祉
(3)	裕福	社会	最低限度の	社会保障
(4)	健康	社会	平均的な	環境衛生
(5)	裕福	経済	最低保障の	社会保障

問題3 重症急性呼吸器症候群（SARS）に関する次の記述のうち，最も適当なものはどれか．
(1) 感染には，建築物の維持管理要因が関与している可能性がある．
(2) アデノウイルスによる感染症である．
(3) 再興感染症である．
(4) 一般的な感染経路は，垂直感染である．
(5) 感染症の予防及び感染症の患者に対する医療に関する法律には規定されていない．

問題4 建築物における衛生的環境の確保に関する法律に基づく特定建築物の要件として，延べ面積が8,000m² 以上とされている建築物は次のうちどれか．
(1) 専修学校　　　(2) 自動車教習所　　　(3) 高等専門学校
(4) 地方公共団体の研修所　　(5) 企業の研修所

問題5 建築物における衛生的環境の確保に関する法律に基づく特定建築物の延べ面積の基本的な考え方に関する次の記述のうち，誤っているものはどれか．
(1) 延べ面積とは，特定用途に供される床面積の合計をいう．

(2) 建築物内の診療所は，延べ面積に含める．
(3) 地下道は，延べ面積に含めない．
(4) 特定建築物の延べ面積は，一棟の建築物ごとに算出することを基本としている．
(5) 建築物内部のプラットホームの部分は，延べ面積に含めない．

問題6 建築物における衛生的環境の確保に関する法律に基づく特定建築物の届出に関する次の記述のうち，正しいものはどれか．
(1) 都道府県知事を経由して厚生労働大臣に提出する．
(2) 特定建築物の所在場所を管轄する市区町村長の同意書を添付する．
(3) 建築確認の確認済証の写しを添付する．
(4) 規模別に届出手数料の額が定められている．
(5) 届出事項には，特定建築物の名称，所在地，用途，延べ面積，構造設備の概要が含まれる．

問題7 建築物における衛生的環境の確保に関する法律に基づき所有者等が備え付けておかなければならない帳簿書類とその保存期間との組合せのうち，誤っているものは次のどれか．
(1) 維持管理に関する業務の年間管理計画書――――5年間
(2) ねずみ等の防除の状況を記載した帳簿書類――――5年間
(3) 空気環境の測定記録――――5年間
(4) 排水設備の改修後の配置図――――10年間
(5) 空気調和設備の給気ダクト系統図――――永久保存

問題8 建築物環境衛生管理基準に関する次のア～エの記述のうち，レジオネラ症などの感染症対策となる措置の組合せとして，最も適当なものはどれか．
　　ア　加湿装置に供給する水を水道法に規定する水質基準に適合させること．
　　イ　貯湯槽の清掃を行うこと．
　　ウ　空気調和設備の排水受け（ドレンパン）の点検を行うこと．
　　エ　ホルムアルデヒドの量の測定を行うこと．
(1) アのみ　　(2) アとエ　　(3) ウとエ　　(4) アとイとウ　　(5) イとウとエ

問題9 建築物環境衛生管理基準の空気環境の調整に関する下の表のうち，基準値が誤っている項目は次のどれか．
(1) 浮遊粉じんの量と気流
(2) 浮遊粉じんの量と相対湿度
(3) 二酸化炭素の含有率と温度
(4) 一酸化炭素の含有率と相対湿度
(5) 温度とホルムアルデヒドの量

項　目	基準値
一酸化炭素の含有率	10ppm 以下
二酸化炭素の含有率	1,000ppm 以下
浮遊粉じんの量	0.1mg/m^3 以下
温　度	17℃以上28℃以下
相対湿度	35%以上70%以下
気　流	0.5m/秒以下
ホルムアルデヒドの量	0.1mg/m^3 以下

問題10 建築物環境衛生管理基準に基づく飲料水及び雑用水の衛生上の措置に関する次の文章の　　　　　内に入る数値の組合せとして，正しいものはどれか．
　　給水栓における水に含まれる遊離残留塩素の含有率を100万分の　ア　以上（結

合残留塩素の場合は，100万分の［　イ　］以上）に保持すること．また，雑用水の給水栓における遊離残留塩素の含有率を100万分の［　ア　］以上（結合残留塩素の場合は，100万分の［　イ　］以上）に保持すること．

	ア	イ		ア	イ
(1)	0.001	0.01	(2)	0.01	0.1
(3)	0.1	0.4	(4)	0.4	1.5
(5)	1.5	4.0			

問題11 建築物環境衛生管理基準の空気環境の測定方法に関する次の記述のうち，正しいものはどれか．
(1) 測定箇所は，各階ごとにそれぞれの居室の出入口で行う．
(2) 測定位置は，床上50cm以上120cm以下において行う．
(3) 気流は，24時間測定しその平均値とする．
(4) 温度の測定には，1度目盛以上の性能のある温度計を使用する．
(5) 浮遊粉じんの量は，通常の居室の使用時間中の平均値とする．

問題12 建築物における衛生的環境の確保に関する法律に基づく建築物環境衛生管理技術者に関する次の文章の［　　］内に入る語句として，正しいものはどれか．
　厚生労働大臣は，建築物環境衛生管理技術者免状の交付を受けている者が，建築物における衛生的環境の確保に関する法律又はこの法律に基づく処分に違反したときは，［　　］を命ずることができる．
(1) その者が特定建築物に選任されている場合はその解任
(2) その建築物環境衛生管理技術者免状の返納
(3) その者が選任されている特定建築物の使用停止
(4) その建築物環境衛生管理技術者免状の一時停止
(5) 都道府県知事に対して立入検査

問題13 建築物における衛生的環境の確保に関する法律に基づく事業の登録基準に関する次の記述のうち，誤っているものはどれか．
(1) 建築物飲料水貯水槽清掃業の機械器具は，飲料水の貯水槽の清掃に専用でなければならない．
(2) 建築物ねずみ昆虫等防除業は，機械器具や薬剤の専用保管庫が必要である．
(3) 建築物排水管清掃業の機械器具として，内視鏡（写真が撮影できるもの）が必要である．
(4) 建築物飲料水水質検査業は，水質検査を的確に行える検査室が必要である．
(5) 建築物清掃業は，建築物の外壁を清掃するための機械器具が必要である．

問題14 建築物における衛生的環境の確保に関する法律に基づく都道府県知事の立入検査に関する次の記述のうち，正しいものはどれか．
(1) 特定建築物に対する立入検査は，犯罪捜査のために認められたものではない．
(2) 登録業の営業所に対する立入検査は，事前に立入検査の日時を通知しなければならない．
(3) 特定建築物内にある住居に対する立入検査は，居住者の承諾を必要としない．
(4) 特定建築物以外の多数の者が使用し利用する建築物に対しても立入検査をすることができる．
(5) 特定建築物に対する立入検査は，事前に立入検査の日時を通知しなければならない．

問題15 学校保健法における学校環境衛生の検査項目でないものは次のうちどれか．
(1) 教室内の照度
(2) 運動場の光化学オキシダント濃度
(3) 飲料水における残留塩素濃度
(4) 教室内の騒音レベル
(5) 水泳プールの水質

問題16 浄化槽法に関する次の記述のうち，誤っているものはどれか．
(1) 浄化槽管理者は，保守点検の記録を3年間保存しなければならない．
(2) 浄化槽の保守点検は，その技術上の基準に従って行わなければならない．
(3) 浄化槽清掃業を営もうとする者は，市町村長の許可を得なければならない．
(4) 浄化槽管理者は，年2回水質に関する定期検査を受けなければならない．
(5) 処理対象人員が501人以上の浄化槽の浄化槽管理者は，技術管理者を置かなければならない．

問題17 旅館業法に基づく営業施設について講ずべき措置に関する次の文章の　　　内に入る語句の組合せとして，正しいものはどれか．
　営業者は，営業施設について，換気，　ア　，照明，　イ　及び清潔などの措置を講ずるとともに，それらの基準については，　ウ　で定めることとされている．

　　　　ア　　　　　　イ　　　　　　ウ
(1)　防湿　　　　　防音　　　　厚生労働省令
(2)　採光　　　　　保温　　　　都道府県が条例
(3)　採光　　　　　保温　　　　厚生労働省令
(4)　採光　　　　　防湿　　　　都道府県が条例
(5)　採光　　　　　防音　　　　都道府県が条例

問題18 労働安全衛生法の目的に関する次の条文の　　　内に入る語句の組合せとして，正しいものはどれか．
　労働安全衛生法は，　ア　と相まって　イ　のための　ウ　，責任体制の明確化及び自主的活動の促進の措置等により職場における労働者の安全と健康を確保することなどをその目的としている．

　　　　ア　　　　　　　イ　　　　　　　ウ
(1)　公衆衛生　　　　健康保持　　　　　危害防止基準の確立
(2)　労働基準法　　　労働災害の防止　　作業環境
(3)　労働基準法　　　労働災害の防止　　危害防止基準の確立
(4)　労働基準法　　　健康保持　　　　　作業環境
(5)　公衆衛生　　　　健康保持　　　　　作業環境

問題19 労働安全衛生法に基づく事務所衛生基準規則に関する次の記述のうち，最も不適当なものはどれか．
(1) 男性用小便所の箇所数は，同時に就業する男性労働者30人以内ごとに1個以上設けなければならない．
(2) 労働者を常時就業させる室の気温が10℃以下の場合は，暖房する等適当な温度調節の措置を講じなければならない．

(3) 労働者を常時就業させる室のうち，粗な作業を行う作業面の照度は，50 lx 以上としなければならない．
(4) 労働者を常時就業させる室の照明設備は，6カ月以内ごとに1回，定期に，点検しなければならない．
(5) 労働者を常時就業させる室の気積は，設備の占める容積及び床面から4mをこえる高さにある空間を除き，労働者1人について，10m³ 以上としなければならない．

問題 20 次に掲げる法律とその資格や身分等との組合せのうち，誤っているものはどれか．
(1) 環境基本法――――――――環境衛生監視員
(2) 水道法――――――――――給水装置工事主任技術者
(3) 学校保健法――――――――学校薬剤師
(4) 労働安全衛生法―――――― 衛生管理者
(5) 食品衛生法――――――――食品衛生監視員

問題 21 人体の構造とその主な機能との組合せのうち，最も不適当なものは次のどれか．
(1) 呼吸器系――――――――体外への二酸化炭素の排出
(2) 免疫系―――――――――有害な病原性微生物の侵入に対して選択的に排除
(3) 腎臓・泌尿器系―――――尿として老廃物を排泄
(4) 感覚器系――――――――外部からの刺激を受けて神経系に伝達
(5) 消化器系――――――――からだ全体への酸素の供給

問題 22 環境中における有害物質などの基準を設定する科学的な根拠として，最も不適当なものは次のうちどれか．
(1) 疫学調査結果　　(2) 量－影響関係　　(3) 量－反応関係
(4) 動物実験のデータ　　(5) 有害要因による健康障害の裁判事例

問題 23 下の図は，気温と人体各部の温度の関係を示している．図中の 内に入る語句の組合せとして，最も適当なものは次のうちどれか．

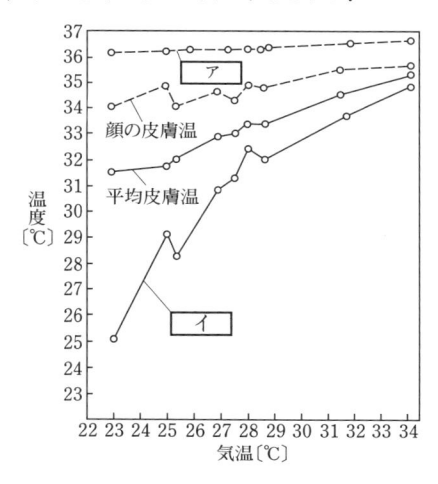

	ア	イ
(1)	足の皮膚温	手の皮膚温
(2)	直腸温	足の皮膚温
(3)	手の皮膚温	直腸温
(4)	足の皮膚温	軀幹の皮膚温
(5)	直腸温	軀幹の皮膚温

問題 24 人体からの放熱に関する次の記述のうち，最も不適当なものはどれか．
(1) 人体の皮膚表面の温度と人体周囲の空気との温度差により対流が起こる．
(2) 皮膚温より冷たい床面に皮膚が接触すると，伝導により床へ放熱する．
(3) 常温で安静の場合における人体からの放熱量は，蒸発によるものが最も多い．
(4) 発汗すると汗の蒸発により放熱される．
(5) 呼吸による放熱は，呼吸量に比例する．

問題 25 冷房障害に関する次の記述のうち，最も不適当なものはどれか．
(1) 足の血流増加により，足がだるくなる．
(2) 長時間，からだが冷えると発生する．
(3) 気流についても注意を払う必要がある．
(4) 複数の症状からなる症候群である．
(5) 男性に比べて女性に多い．

問題 26 室内の空気の汚染による健康影響として，最も不適当なものは次のうちどれか．
(1) レジオネラ症
(2) 過敏性肺炎
(3) 発癌
(4) シックビル症候群
(5) コレラ

問題 27 シックビル症候群に関する次の記述のうち，最も不適当なものはどれか．
(1) 粘膜刺激症状を主とする．
(2) 症状のほとんどは，該当ビルを離れると解消する．
(3) 発生原因として，揮発性有機化合物（VOCs）があげられている．
(4) 発生要因として，気密性が低いことがあげられている．
(5) 清掃の回数不足は，危険因子としてあげられている．

問題 28 アスベストに関する次の記述のうち，最も不適当なものはどれか．
(1) 肺の線維化を発生させる．
(2) 悪性中皮腫の発生率を増加させる．
(3) 自然界には存在しない．
(4) 肺癌に対して喫煙との相乗作用が疫学的に示唆されている．
(5) 肺癌に対してプロモーターとして働く．

問題 29 結核に関する次の記述のうち，最も不適当なものはどれか．
(1) 結核菌は，飛沫核感染する．

(2) 結核菌は，感染すると体内で数年から数十年存在する．
(3) 多量喫煙者は，感染すると発病のリスクが高い．
(4) 建築物の気密性の向上と集団感染の増加との関連が示唆されている．
(5) 我が国では既に制圧されたとされている．

問題 30 アレルギー疾患に関する次の記述のうち，最も不適当なものはどれか．
(1) 低湿度は，アトピー性皮膚炎の増悪因子である．
(2) 低湿度は，気管支喘息の症状を緩和する．
(3) 真菌は，アレルゲンとなる．
(4) アレルゲンの同定は，症状発生の防止，治療の上で重要である．
(5) 花粉症は，アレルギー疾患である．

問題 31 空気質に関する次の記述のうち，最も不適当なものはどれか．
(1) 二酸化硫黄は，1ppm 程度で目の刺激症状を引き起こす．
(2) 二酸化炭素は，人の呼気中に約4％存在する．
(3) 一酸化炭素は，酸素の200倍以上強いヘモグロビン親和性をもつ．
(4) 窒素は，清浄空気の約78％を占める．
(5) 酸素欠乏とは，酸素濃度が18％未満である状態をいう．

問題 32 下の図は，純音に対する等ラウドネス曲線を示す．周波数 1,000Hz，音圧レベル 30dB の音と同じ大きさに聞こえる，周波数 125Hz の音の音圧レベルとして，最も適当なものは次のうちどれか．

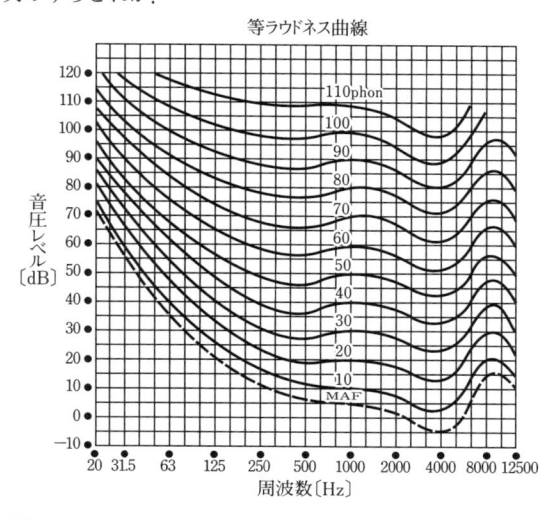

等ラウドネス曲線

(1) 70dB (2) 60dB (3) 50dB (4) 40dB (5) 30dB

問題 33 下の図(1)～(5)は聴力検査のオージオグラムを簡略に示したものである．騒音性聴力障害の初期におけるオージオグラムとして，最も適当なものは次のうちどれか．

(1)

(2)

(3)

(4)

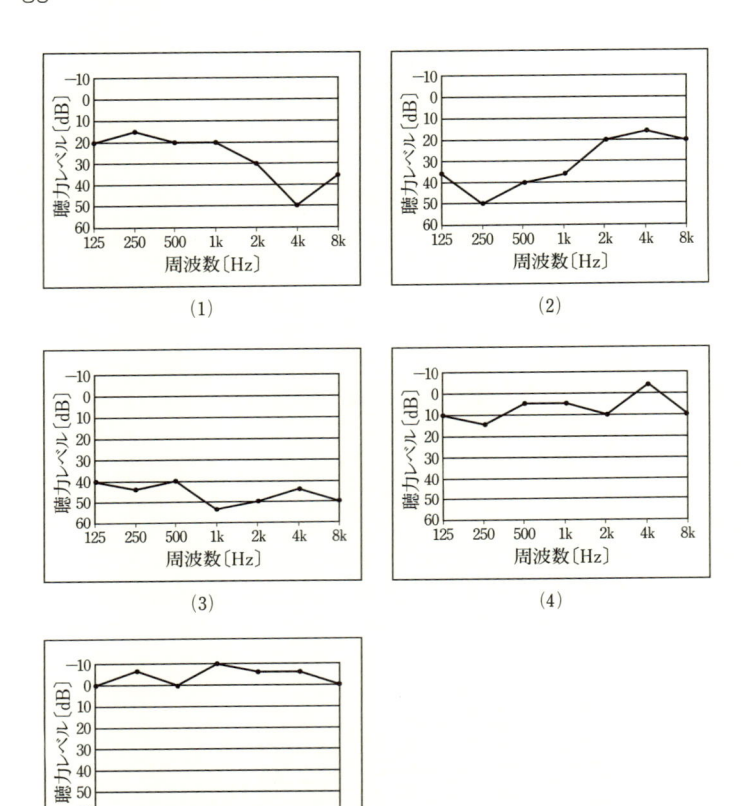

(5)

問題34 振動に関する次の記述のうち，最も不適当なものはどれか．
(1) 水平振動では，1～2Hzの振動に最も感じやすい．
(2) 振動感覚閾値は，地震の震度階0（ゼロ）に相当する55dBである．
(3) 振動の直接的な生理的影響は，一般に約100dB以上で起こる．
(4) 鉛直振動では，4～8Hzの振動に最も感じやすい．
(5) 振動加速度レベルを求めるために用いる基準加速度は，$1m/s^2$である．

問題35 色彩に関する次の記述のうち，最も不適当なものはどれか．
(1) 色相，明度，彩度の属性の組合せによって表現される．
(2) マンセル表色系は，色彩の表現の一方法である．
(3) 彩度によって暖色系と寒色系が区別される．
(4) 寒色系の色彩は，後ろに下がって見える後退色である．
(5) 暗い色は明るい色に比べて，より重厚な感覚を与える．

問題 36 点光源ランプから水平に 20m 離れた点光源ランプに向いた鉛直面照度が 100 Lx である場合，点光源ランプから水平に 5m の位置での鉛直面照度として，正しいものは次のうちどれか．
(1) 400 Lx　(2) 800 Lx　(3) 1,200 Lx　(4) 1,600 Lx　(5) 2,000 Lx

問題 37 事務所建築物内の次の場所の組合せのうち，JIS により定められた事務所の照度基準において，イの値がアの値より高いものはどれか．

　　　　　ア　　　　　　　イ
(1) 倉庫―――――――屋内非常階段
(2) 廊下―――――――玄関ホール（昼間）
(3) 製図室―――――――会議室
(4) 診察室―――――――休養室
(5) 書庫―――――――更衣室

問題 38 電磁波の種類とその用途との組合せのうち，最も不適当なものは次のどれか．
(1) 赤外線―――――――工業用加熱装置
(2) レーザ光線―――――医療（外科手術）
(3) マイクロ波―――――殺菌灯
(4) 短波―――――――無線通信
(5) エックス線――――――CT スキャナ

問題 39 赤外線による健康障害として，最も不適当なものは次のうちどれか．
(1) 電気性眼炎　(2) 白内障　(3) 網膜障害
(4) 熱中症　(5) 皮膚血管拡張症

問題 40 人と水に関する次の記述のうち，最も不適当なものはどれか．
(1) 一般に，女性の方が男性より体内の水分量は少ない．
(2) 体内の水分量は，体重の 50 ～ 70%である．
(3) 幼若であるほど，生体内の水分の割合は大きい．
(4) 成人が生理的に必要とする水分量は，普通一日約 10L である．
(5) 血液成分の多くは，水分である．

問題 41 高齢者と建築物環境に関する次の記述のうち，最も不適当なものはどれか．
(1) 白と黄色の組合せ，又は黒と青色の組合せの標識は，高齢者にとって見やすい．
(2) 高齢者では，会話域の音に比較して，高音域の音に対して聴力が低下していることが多い．
(3) 高齢者にとっては，居住環境全体の明るさを増すほか，局所照明を有効に活用する必要がある．
(4) 寒冷時の急激な温度変化は，高齢者に対して血圧の変動などの負担を生じやすいので，配慮が必要である．
(5) 高齢者にとって建築物内の垂直方向の移動は，エレベータやエスカレータが有効である．

問題 42 レジオネラ症に関する次の記述のうち，最も不適当なものはどれか．
(1) 間接伝播する感染症である．
(2) 病原体は真菌である．

(3) 病原体は一般に 20 〜 50℃で繁殖し，36℃前後で最もよく繁殖する．
(4) 感染経路の一つとして，汚染水のエアロゾルの吸入がある．
(5) 病原体は，河川や土壌中等の自然環境に生息している．

問題 43 感染症とその原因となる病原体との組合せのうち，最も不適当なものは次のどれか．
(1) 麻しん――――――――――――ウイルス
(2) クリプトスポリジウム症――――スピロヘータ
(3) 発疹チフス―――――――――リケッチア
(4) 白癬症―――――――――――真菌
(5) 結核――――――――――――細菌

問題 44 薬液消毒剤とその消毒対象との組合せのうち，最も不適当なものは次のどれか．
(1) 逆性石鹸――――――――――手指
(2) アルコール―――――――――医療器具
(3) 次亜塩素酸ナトリウム―――――貯水槽
(4) クレゾール―――――――――食器
(5) ホルマリン―――――――――ガラス器

問題 45 10%溶液として市販されている次亜塩素酸ナトリウムを 100mg/L にして使用する場合，水で薄める倍率として，正しいものは次のうちどれか．
(1) 10 倍　　(2) 100 倍　　(3) 1,000 倍　　(4) 10,000 倍　　(5) 100,000 倍

問題 46 光に関する用語とその単位との組合せのうち，誤っているものは次のどれか．
(1) 光度――――――――cd
(2) 輝度――――――――cd/m²
(3) 発光効率――――――cd/W
(4) 光束――――――――Lm
(5) 立体角―――――――sr

問題 47 湿気に関する次の記述のうち，最も不適当なものはどれか．
(1) 飽和水蒸気圧に対する水蒸気圧の比を相対湿度という．
(2) 冬季の表面結露を防止するには，外壁の室内側に防湿層を設けると良い．
(3) 湿り空気が飽和する温度を露点温度という．
(4) 室内空気温度と同じ温度の水で水噴霧加湿をすると空気温度は低下する．
(5) 冬季において戸建住宅では，外気に面した壁の出隅部分の室内側で表面結露しやすい．

問題 48 常温放射と太陽放射に関する次の文章の　　　内に入る語句と数値の組合せとして，最も適当なものはどれか．

　　すべての物体は，その表面温度に応じた波長の電磁波を射出している．常温物体から射出される電磁波は，波長が　ア　μm 付近の　イ　が主体である．一方，太陽放射は　ウ　である　エ　μm の範囲の放射エネルギーが大きい．

　　　　ア　　　　　イ　　　　　ウ　　　　　エ
(1) 0.1 ――――紫外線――――可視光――――0.38 〜 0.78
(2) 0.1 ――――可視光――――紫外線――――380 〜 780

(3)　0.1 ――――可視光――――赤外線――――380 〜 780
(4)　10 ――――赤外線――――可視光――――0.38 〜 0.78
(5)　10 ――――赤外線――――可視光――――380 〜 780

問題 49　建築材料表面（白色ペイント，黒色ペイント，光ったアルミ箔，新しい亜鉛鉄板）の長波長放射率と日射吸収率の関係を示した下の図のうち，最も適当なものは次のどれか．

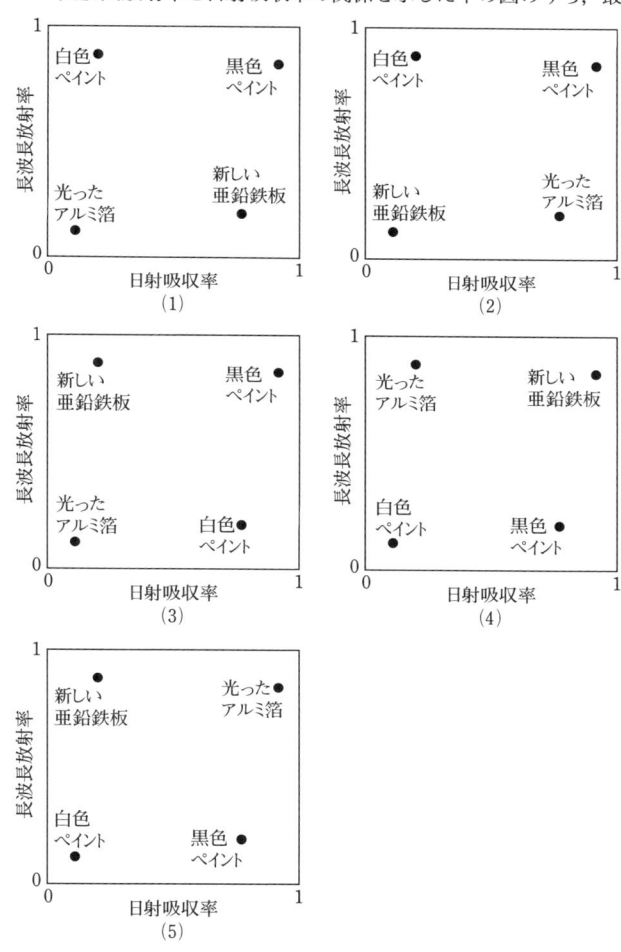

問題 50　熱移動に関する次の記述のうち，最も不適当なものはどれか．
(1) 材料内部に湿気を多く含むほど，熱伝導率は大きくなる．
(2) 対流熱伝達率は，壁表面の粗度が影響する．
(3) 熱伝導抵抗は，熱伝導率の逆数である．
(4) 室内側の放射熱伝達率は，一般的に 4.5W/(m^2・K) 程度となる．

(5) 中空層の熱抵抗は，厚さが2cm程度までは厚さが増すにつれて増大する．

問題51 空気力学に関する次の記述のうち，最も不適当なものはどれか．
(1) 直線ダクトの圧力損失は，ダクト直径の二乗に反比例する．
(2) 連続の式は，ダクト中の流体の密度，断面積，流速の積が一定となることを意味する．
(3) 動圧は，流速の二乗と流体の密度に比例する．
(4) 大気基準圧は，ある地点の圧力を同一高度の大気圧との差圧で表す．
(5) ダクトの形状変化に伴う圧力損失は，形状抵抗係数と動圧に比例する．

問題52 下の図のような開口部を有する建築物における外部風による換気に関する次の記述のうち，最も不適当なものはどれか．

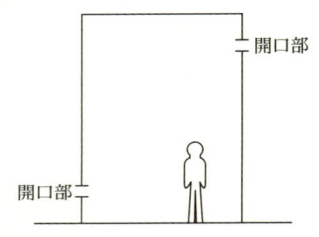

(1) 風圧係数は，正負の値をとる．
(2) 風上側と風下側の両方の開口面積を2倍にすると，換気量は2倍となる．
(3) 外部風による換気量は，外部風速の平方根に比例する．
(4) 外部風による換気量は，開口部の風圧係数差の平方根に比例する．
(5) 単純な窓の流量係数は，0.7程度の値となる．

問題53 下の図は，東京都における建築物環境衛生管理基準の空気環境の調整の項目について，不適合率の経年変化を示したものであるが，ⓐに該当する項目は次のうちどれか．

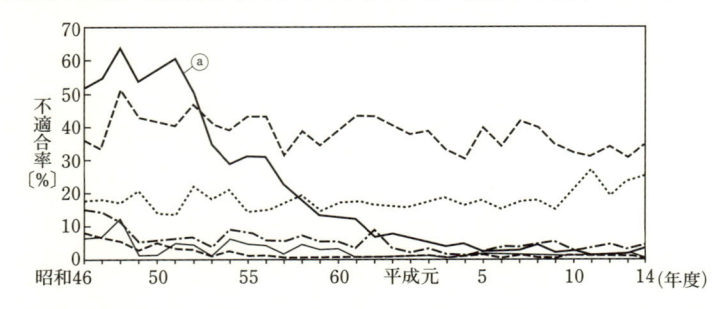

(1) 温度　(2) 浮遊粉じん　(3) 気流　(4) 二酸化炭素　(5) 相対湿度

問題54 室内温湿度の管理に関する次の記述のうち，最も不適当なものはどれか．
(1) 室内絶対湿度は，室内温度が上昇すると低下する．
(2) 冷房時には，室内温度と外気温度との差を著しくしない．
(3) 暖房期における低湿度を改善することは，室内空気環境管理における大きな課題である．
(4) 中央式空気調和の加湿方式のうちで，近年，超音波式が減少傾向にある．

(5) 室内の上下温度差が大きい場合には，不快感や生理的障害等の原因となる．

問題 55 単一ダクト方式で室内の二酸化炭素濃度が高くなる原因として，最も不適当なものは次のうちどれか．
(1) 取入外気量が不足している．
(2) 送風量が低下している．
(3) 在室人数が過大である．
(4) 外気冷房を行っている．
(5) 外気取入口に燃焼排気が混入している．

問題 56 浮遊粉じんに関する次の記述のうち，最も不適当なものはどれか．
(1) 室内浮遊粉じんは，たばこ，人の活動，外気等に由来する．
(2) 浮遊粉じんを除去するために，空気浄化装置が用いられる．
(3) 現在，喫煙可能な建築物では分煙方式が多い．
(4) 肺に沈着して，人体に有害な影響を及ぼす粉じんは，通常 $1 \sim 10\mu m$ の大きさのものが多い．
(5) $10\mu m$ 以上の粉じんは，発じんしてもすぐに沈降する．

問題 57 空気調和によって室内の二酸化炭素濃度が 750ppm となっている室内に 3 人が在室している．この部屋の外気導入量として，正しいものは次のうちどれか．
ただし，外気濃度は 350ppm，一人当たりの二酸化炭素発生量は 20L/h とし，この部屋では空気調和設備以外からの外気の侵入はなく，完全混合（瞬時一様拡散）とする．
(1) $50m^3/h$　(2) $100m^3/h$　(3) $150m^3/h$
(4) $200m^3/h$　(5) $500m^3/h$

問題 58 室内空気汚染物質に関する次の記述のうち，最も不適当なものはどれか．
(1) たばこ煙は，揮発性有機化合物（VOCs）を含んでいる．
(2) 窒素酸化物の主要な発生源は，燃焼作用である．
(3) 室内におけるオゾンの発生源として，コピー機，静電式空気清浄機の可能性がある．
(4) ホルムアルデヒドは，毒性の強い物質であるが刺激性はない．
(5) 悪臭防止法に定められている特定悪臭物質は，10 種以上ある．

問題 59 次の物質のうち，揮発性有機化合物（VOCs）に含まれないものはどれか．
(1) トルエン　(2) ベンゼン　(3) ラドン
(4) スチレン　(5) フタル酸ジ-n-ブチル

問題 60 空気中の浮遊微生物などに関する次の記述のうち，最も不適当なものはどれか．
(1) 住宅内のダニアレルゲン量は，秋に最大になると考えられている．
(2) 住宅におけるダニアレルゲンの主要発生場所としては，畳の中，布団の中がある．
(3) 加湿器の管理が不適切であると，室内空気の微生物汚染の一因となる．
(4) 建築物内の結露の防止は，室内空気の微生物汚染の対策になる．
(5) 事務所建築物の室内では，浮遊細菌濃度より浮遊真菌濃度の方が高い場合が多い．

問題 61 冷房時における除湿再熱方式の空気調和システムを図-A に示す．
図-B は，図-A 中の@〜fにおける空気の状態変化を湿り空気線図上に表したも

ので，図-A 中の外気 ⓐ に相当するのは図-B 中の ⓐ 点である．図-A 中の ⓓ に相当する図-B 中の状態点は，次のうちどれか．

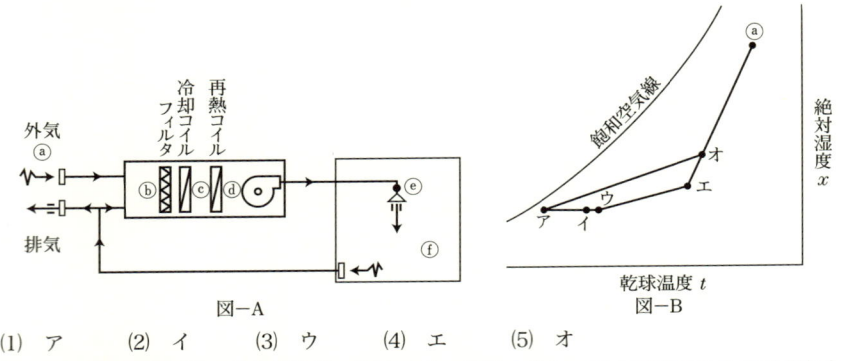

図-A（冷却コイル，再熱コイル，フィルタ，外気 ⓐ，排気，ⓑ ⓒ ⓓ，ⓔ，ⓕ）
図-B（飽和空気線，絶対湿度 x，乾球温度 t，ア イ ウ エ オ ⓐ）

(1) ア　(2) イ　(3) ウ　(4) エ　(5) オ

問題 62 空気調和設備の熱負荷計算に関する次の記述のうち，最も不適当なものはどれか．
(1) 照明器具の冷房負荷の算定に当たっては，蛍光灯，白熱灯とも照明ワット数当たりの発熱量を同じとする．
(2) 外気負荷とは，取入外気を室内条件にまで処理するために必要な熱負荷である．
(3) 東京において窓方位が南の室では，冷房の最大負荷が夏季以外に発生することがある．
(4) 最大負荷とは，設備容量を決めるための基礎的な数値である．
(5) 人体からの発熱量や器具からの発熱量は，冷房負荷計算では算定するが，暖房負荷計算では，安全側として算定しないことがある．

問題 63 変風量単一ダクト方式に関する次の記述のうち，最も不適当なものはどれか．
(1) 送風機の風量制御を行うことにより，部分負荷時の搬送エネルギー消費量を軽減できる．
(2) 熱負荷のピークの対策として送風機に必要とされる風量は，定風量単一ダクト方式と比較して，吹出口個々の風量の総和より多く設定する必要がある．
(3) 送風量が絞られた場合でも，必要外気量を確保するための対策が必要である．
(4) 全閉型 VAV ユニットを使用することによって，不使用室に対する空調を停止することができる．
(5) 間仕切り変更や多少の熱負荷の増減に対応しやすい．

問題 64 湿り空気線図に関する次の記述のうち，最も不適当なものはどれか．
(1) 比容積と乾球温度がわかれば，相対湿度が求められる．
(2) 湿り空気の比エンタルピーは，乾球温度が同じでも絶対湿度が大きいほど小さな値となる．
(3) 水蒸気分圧とは，湿り空気を理想気体と考えたときの水蒸気の分圧のことである．
(4) 顕熱比とは，全熱の変化量に対する顕熱の変化量の比率である．
(5) 熱水分比とは，比エンタルピーの変化量と絶対湿度の変化量との比である．

問題 65 下の図は，空気-水方式の空気調和設備を構成する機器を示している．図中のア～エの機器名の組合せとして，最も適当なものは次のうちどれか．

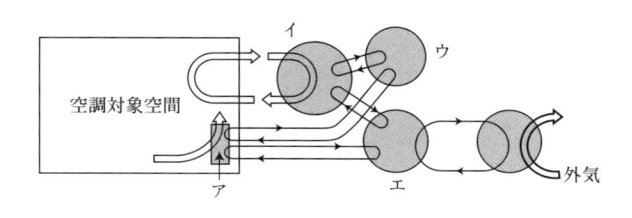

	ア	イ	ウ	エ
(1)	インダクションユニット	ファンコイルユニット	ボイラ	冷凍機
(2)	ファンコイルユニット	空気調和機	冷凍機	ボイラ
(3)	インダクションユニット	空気調和機	ボイラ	冷凍機
(4)	インダクションユニット	ファンコイルユニット	冷凍機	ボイラ
(5)	ファンコイルユニット	空気調和機	ボイラ	冷凍機

問題66 空気調和設備の温熱源に関する次の記述のうち，最も不適当なものはどれか．
(1) 炉筒煙管式ボイラは，負荷変動に対して安定性がある．
(2) セクショナル式ボイラは，分割搬入が可能で寿命が長い．
(3) 真空式温水発生機は，運転中の内部圧力が大気圧より低いので，労働安全衛生法の規定によるボイラに該当しない．
(4) 空気熱源方式のヒートポンプは，暖房負荷が最大となる時期に採熱効率が最高となる．
(5) 水熱源方式のヒートポンプには，地下水・河川水等を採熱源とするものがある．

問題67 蓄熱方式に関する次の記述のうち，最も不適当なものはどれか．
(1) 安価な深夜電力の利用が可能となり，ランニングコストの低減が可能である．
(2) 開放式蓄熱槽は，密閉式蓄熱槽に比べて搬送動力を小さく抑えることができる．
(3) 放熱時には，部分負荷に対して，柔軟に対応し，効率の良い運転ができる．
(4) 熱源機器が故障した時や停電時にも，短時間であれば蓄熱された熱で対処できる．
(5) 夜間の蓄熱運転時は，熱源機器を定格出力に近いところで運転でき，効率的である．

問題68 空気調和方式に関する次の記述のうち，最も不適当なものはどれか．
(1) 四管式ファンコイルユニット方式は，各ユニットごとに冷水，温水を選択して冷暖房を行うことが可能である．
(2) 定風量単一ダクト方式は，負荷の変動が類似している室をゾーニングし，一つの系統とする場合が多い．
(3) マルチ方式のパッケージ型空気調和機（ビル用マルチ）は，一台の室外ユニットと複数の室内ユニットを端末分岐方式の冷媒配管で接続したもので，室内ユニットの個別運転が可能である．
(4) ウォールスルーユニット方式は，外側ガラスと内側ガラスの間に電動ブラインドを内蔵し，その間に空調された空気を吹き出す方式である．
(5) 定風量単一ダクト方式は，常に一定の風量で送風し給気の温度・湿度を変える方式である．

問題69 空気調和機を構成する装置などに関する次の記述のうち，最も不適当なものはどれか．
(1) 送風機としては，多翼送風機が多用される．

(2)　冷却コイルの凝縮水や噴霧加湿により生じた水滴が下流側に飛散するのを防ぐために，エリミネータが設置されることがある．
　(3)　エアフィルタとしては，通常，ユニット型の乾式フィルタを用いることが多い．
　(4)　ケーシングには，内外面が鋼板でその内部に断熱材として発泡フォームを用いたサンドイッチ構造の外装パネルが用いられる．
　(5)　冷温水コイルとしては，放熱面積の大きな多管式（U字管式）熱交換器が用いられる．

問題70　全熱交換器に関する次の記述のうち，最も不適当なものはどれか．
　(1)　外気冷房が可能な場合でも，熱交換をすることが望ましい．
　(2)　静止型の温度効率は，湿度効率と異なる値をとる．
　(3)　回転型は，処理風量が大きなものが多い．
　(4)　回転型では，ロータ内の排気側残留空気が給気側に持ち込まれる．
　(5)　回転型の場合，給気風量と排気風量の風量比によっては，熱回収のメリットが少なくなる．

問題71　送風機の特性に関する次の記述のうち，最も不適当なものはどれか．
　(1)　山型の圧力特性曲線をもつ送風機は，右上がり部分のサージング領域より大風量側の右下がり部分で運転する必要がある．
　(2)　最高効率点付近で運転すると，発生騒音が小さくなる．
　(3)　羽根車の回転数を2倍にすると，送風機の軸動力は8倍になる．
　(4)　吸込み側に渦流れ，旋回流，偏流が存在すると，送風機の性能が低下する．
　(5)　羽根車の回転数を2倍にすると，送風機の全圧は2倍になる．

問題72　吹出口と吹出気流に関する次の記述のうち，最も不適当なものはどれか．
　(1)　ドラフト防止の観点から，到達距離や拡散半径を定義する風速として0.25m/sを用いることが多い．
　(2)　天井や壁に沿った気流は，到達距離が伸びる．
　(3)　天井ディフューザの場合，アンチスマッジリングを吹出口の外コーンと一緒に設置すれば，天井板の汚染を防止することが可能である．
　(4)　吹出し空気に対する周囲空気の誘引比が高い線状吹出口は，居住域の温度分布を良好にする．
　(5)　天井高2.7mの部屋の場合，天井吹出しの拡散型吹出口は，冷房時の吹出し温度差を20K程度とすることが可能である．

問題73　空気浄化装置に関する次の記述のうち，最も不適当なものはどれか．
　(1)　高速の気流がフィルタ面に吹き付ける場合には，じゃま板をフィルタの上流側に設置する．
　(2)　HEPAフィルタは，通常，上流側に粗じんを除去するプレフィルタを設置する．
　(3)　静電式は圧力損失が少なく，微細な粉じんまで効率よく捕集できる．
　(4)　自動更新型フィルタは，汚れに応じて，ろ材を自動的に巻き取るので，捕集効率が高い．
　(5)　高性能フィルタは，ろ材を折り込み，ろ過風速を遅くすることにより，圧力損失を低くしている．

問題74　冷温水配管に関する次の記述のうち，最も不適当なものはどれか．
　(1)　直接還水式（ダイレクトリターン方式）は，各機器ごとの配管経路の全抵抗が異なるた

め，水量のバランスが取りにくい．
(2) 3管式は往き管として冷水管と温水管とを別々に配管し，還り管を共通にした方式である．
(3) ブースタポンプ方式は，冷房時と暖房時で流量が大きく異なる場合に用いられる．
(4) 配管内の空気を排除するため，管径50mm以下の管では最低流速を0.6m/s以上とする．
(5) 系内水温が100℃以下の場合には密閉式膨張水槽が，100℃以上の場合には開放式膨張水槽が用いられる．

問題75 空気調和設備の冷温水配管系に関する次の記述のうち，最も不適当なものはどれか．
(1) 小水量域で遠心ポンプを運転すると，ポンプ内の水温が上昇する．
(2) プレート式熱交換器の機器損失水頭は，一般に冷温水ヘッダの機器損失水頭より小さい．
(3) ポンプのインバータ運転は，インバータ出力に含まれる高調波により，電動機の発熱が問題となる場合がある．
(4) メカニカルシールを使用しているポンプは，運転時に微量の漏れが必要である．
(5) 冷却水ポンプや冷温水循環ポンプは，ケーシング耐圧強度を高めている．

問題76 換気方法に関する次の記述のうち，最も不適当なものはどれか．
(1) 電気室では，室温が許容温度以下になるように必要換気量を算定する．
(2) ボイラ室では，燃焼空気量を給気に加算するとともに，室内を負圧にする．
(3) 業務用のちゅう房では，臭気が食堂などへ漏れ出さないように，ちゅう房内をやや負圧にする．
(4) 病院では，病原菌が他の病室に流れ込むことのないように，ダクト系統を分ける．
(5) ホテルの宴会場は，利用形態によって人員密度が異なることが多いので，二酸化炭素濃度による取入れ外気量の自動制御を行うことがある．

問題77 換気設備に関する次の記述のうち，最も不適当なものはどれか．
(1) 臭いがある排気の排気ダクトが建築物内を通る場合，ダクト内が負圧となるような位置に送風機を設置した．
(2) 寒冷地において，居室の余剰排気をアトリウムに排出し，駐車場の空気が居室に逆流しないよう十分配慮した上で，その排気を更に駐車場の給気に用いた．
(3) 厨房排気に調理用グリースフィルタを設置したフードを用いた．
(4) 冷却塔に隣接して，居室系統の外気取入口を設置した．
(5) 駐車場の換気として，少量の空気を高速ノズルで吹き出す誘引誘導式換気方法を採用した．

問題78 温熱環境要素の測定器に関する次の記述のうち，最も不適当なものはどれか．
(1) アスマン通風乾湿計において，通風速度2m/s以下での測定は望ましくない．
(2) アウグスト乾湿計では，気流，熱放射が示度に直接影響する．
(3) 相対湿度の測定には，毛髪などの伸縮を利用する方法がある．
(4) 温度の測定には，金属の膨張を利用する方法がある．
(5) グローブ温度計は，熱放射を測定するもので，気流の影響を受けない．

問題79 室内空気環境の管理における浮遊粉じんの測定法と測定器に関する次の記述のうち，最も不適当なものはどれか．
(1) 測定に用いる粉じん計の較正は，1年以内ごとに行う．

(2) 透過光法の粉じん計は，粉じん濃度を OD 値として表示する．
(3) 光散乱方式の粉じん計の較正係数 K 値は，1.0 である．
(4) 一般に浮遊粉じんの測定は，粉じんの化学成分を考慮していない．
(5) ローボリウムエアサンプラ法は，浮遊粉じん濃度の標準測定法である．

問題80 ホルムアルデヒド測定法などに関する次の記述のうち，最も不適当なものはどれか．
(1) DNPH カートリッジ捕集 –HPLC（高速液体クロマトグラフ）法は，オゾンなどの妨害ガスの影響を受ける．
(2) AHMT 法は，他の妨害ガスの影響をほとんど受けない．
(3) パッシブサンプラ法は，分子の拡散原理が利用されている．
(4) 現在使用されている簡易測定法には，定電位電解法，光電光度法等がある．
(5) 電動ポンプ式の検知管法は，精密測定に用いられる．

問題81 次の検出器又は測定方法のうち，揮発性有機化合物（VOCs）の測定に関連のないものはどれか．
(1) FTD（熱イオン化検出器）
(2) FID（水素炎イオン化検出器）
(3) 固相捕集・溶媒抽出 – GC/MS 法
(4) 容器採取 – GC/MS 法
(5) ピエゾバランス法

問題82 室内環境における測定対象項目とその測定器又は測定方法との組合せのうち，最も不適当なものは次のどれか．
(1) ラドンガス ──────── オルファクトメータ（Olfactometer）法
(2) 二酸化炭素 ──────── 非分散型赤外線吸収法
(3) ダニアレルゲン ────── 免疫学法
(4) 窒素酸化物 ──────── 化学発光法
(5) 一酸化炭素 ──────── 検知管法

問題83 空気調和設備の試運転調整に関する次の記述のうち，最も不適当なものはどれか．
(1) ダクト内部の細かなじんあいは，本運転に入る前に，他に被害を及ぼさない時期を選んで，送風機を数回断続的に運転し，除去する．
(2) 小型電動機の絶縁抵抗が低下している場合には，ロータを外して内部へ電球を入れるか，熱風で乾燥して，絶縁抵抗の回復を図る．
(3) 各機器の回転部分の軸受等にグリス・潤滑油を供給し，数か月運転後に油を取り替える．
(4) 空気浄化装置やコイルのビニール養生を撤去した後，圧縮空気やブラシ等で清掃する．
(5) 吹出口から吹き出している風量が設計値どおりであっても，偏って吹き出している場合は，平均的に吹き出すように調整する．

問題84 冷却塔や冷却水の管理に関する次の記述のうち，最も不適当なものはどれか．
(1) スライムやレジオネラ属菌の対策としては，殺菌の単一機能薬剤を月に 1 ～ 3 回，間欠的に投入する．
(2) 建築物環境衛生管理基準に基づき，冷却塔，冷却水の水管は，それぞれ 1 年以内ごとに 1 回，定期的に清掃しなければならない．
(3) スケールが発生すると，冷却塔の冷却効率の低下を招く．

(4) 冷却水の濃縮管理方法に併せて,防スケール・防食剤を添加すると,節水効果が得られる.
(5) レジオネラ属菌検出時の対策実施後は,菌数が検出限界未満であることを確認する.

問題85 音に関する次の記述のうち,最も不適当なものはどれか.
(1) 音速は,波長と周波数の積である.
(2) 1オクターブ幅とは,周波数が2倍になる間隔である.
(3) 空気密度,音速が一定であれば,音の強さは音圧の二乗に比例する.
(4) 線音源からの音圧レベルは,距離が2倍になると6dB減衰する.
(5) コインシデンス効果が生じると,壁体の透過損失が低下する.

問題86 音の反射・透過・吸収に関する定義として,最も不適当なものは次のどれか.ただし,図の I_0 は入射音の強さ,I_1 は反射された音の強さ,I_2 は吸収された音の強さ,I_3 は透過された音の強さを示す.

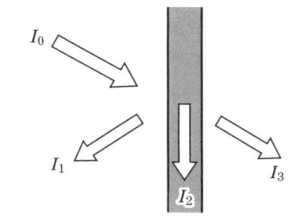

(1) 吸収された音の強さ＝ $I_0-(I_1+I_3)$
(2) 反射率＝ $(I_0-I_2-I_3)/I_0$
(3) 吸音率＝ $1-(I_1+I_3)/I_0$
(4) 音響透過率＝ $1-(I_1+I_2)/I_0$
(5) 音響透過損失＝ $10\log_{10}(I_0/I_3)$

問題87 昼光照明に関する次の記述のうち,最も不適当なものはどれか.
(1) 昼光では色温度が高いほど,平均演色評価数が高くなる.
(2) 曇天の空は,白熱電球より色温度が高い.
(3) 大気透過率が等しければ,太陽高度が高いほど直射日光による水平面照度は高くなる.
(4) 室内において表面の反射率が高いほど,間接昼光率は大きくなる.
(5) 昼光率の計算に用いる全天空照度は,直射日光による照度を除いて測定する.

問題88 人工光源に関する次の記述のうち,最も不適当なものはどれか.
(1) 白熱電球に比べ,蛍光ランプの寿命は短い.
(2) 白熱電球に比べ,蛍光ランプは発光効率が良い.
(3) 蛍光ランプの中には,色温度が3,000K以下のものもある.
(4) メタルハライドランプは,HIDランプの一種である.
(5) ハロゲン電球は,温度放射に伴う発光を利用している.

問題89 照明器具に関する次の記述のうち,最も不適当なものはどれか.
(1) 保守率は,室内の粉じん発生量の影響を受ける.
(2) 保守率は,照明器具構造の影響を受けない.
(3) 照明率は,室内表面の反射率の影響を受ける.
(4) 照明率は,光源の設計光束維持率の影響を受けない.

(5) 照明率は，照明器具の配光の影響を受ける．

問題90 加湿器に関する次の記述のうち，最も不適当なものはどれか．
(1) 直接蒸気スプレー式は，ノズルの目詰まりが発生することがある．
(2) 超音波式は，水中に含まれている不純物が室内に放出されることがある．
(3) 滴下式は，応答性が良いので，高度な湿度制御が可能である．
(4) 電極式は，シーズンごとにシリンダの清掃又は交換を行うことが望ましい．
(5) 電熱式は無菌でクリーンな加湿ができ，設置スペースが小さいなどの利点がある．

平成19年度【午後】
建築物の構造概論
給水及び排水の管理
清掃
ねずみ，昆虫等の防除

問題91 下の図のような建築物について，建築基準法上，誤っているものは次のうちどれか．ただし，国土交通大臣が高い開放性を有すると認めて指定する構造の部分はないものとする．

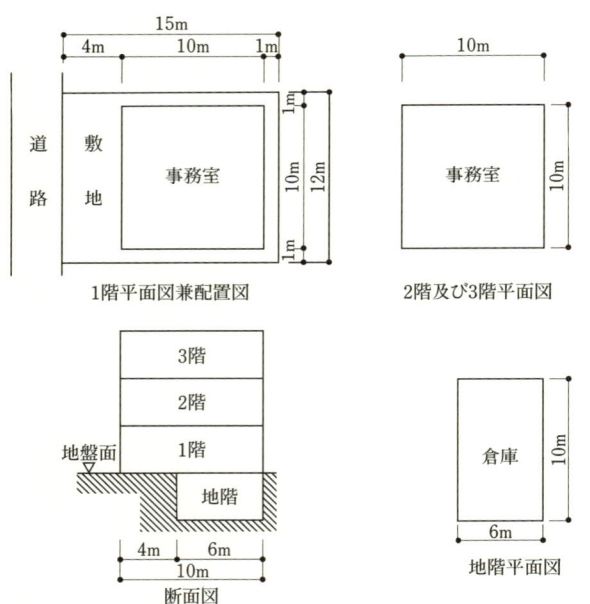

(1) 地階の床面積は，60m² である．
(2) 階数は，4である．
(3) 建築面積は，180m² である．
(4) 延べ面積は，360m² である．

(5) 容積率は，200％である．

問題92 事務所建築物の計画に関する次の記述のうち，最も適当なものはどれか．
(1) 事務室の机上面照度を照度基準（JIS）により100 lx とした．
(2) エレベータ1台当たりの稼働率を高めるために，エレベータの台数を多く設置した．
(3) 採算性を高くするために，レンタブル比を低めに設定した．
(4) 大規模な事務所建築物の計画において，構造上のバランスに配慮して，片寄せコアを採用した．
(5) OA機器の配線を考慮し，フリーアクセスフロアを採用した．

問題93 建築構造の形式とその特徴との組合せのうち，最も不適当なものは次のどれか．
　　　　形式　　　　　　　　　　　　　特徴
(1) シェル構造――――構造体の内部と外部の空気圧の差により，膜面に張力，剛性を与え形状を得る構造
(2) トラス構造――――部材を三角形状にピン接合した骨組
(3) ラーメン構造―――柱と梁が剛で接合された骨組
(4) 壁式構造――――構造体の外力に対する主要抵抗要素が板状の部材で構成されている構造
(5) 吊り構造――――構造部の主要な部分を支点から吊る構造

問題94 下の図の鉄筋コンクリート構造の柱と梁各部の配筋の名称を示した次の組合せのうち，正しいものはどれか．

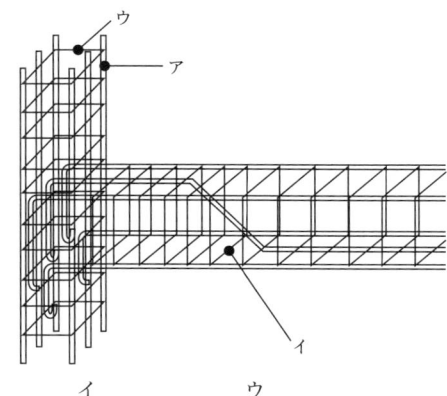

　　　　ア　　　　　　イ　　　　　　ウ
(1) 柱の主筋――――帯筋――――あばら筋
(2) 柱の主筋――――あばら筋――帯筋
(3) あばら筋――――梁の主筋――帯筋
(4) あばら筋――――帯筋――――柱の主筋
(5) 帯筋――――――あばら筋――柱の主筋

問題95 下の図のような等分布荷重を受ける片持ばりの曲げモーメント図として，正しいものは次のうちどれか．ただし，曲げモーメントは，材の引張り側に描くものとする．

荷重図

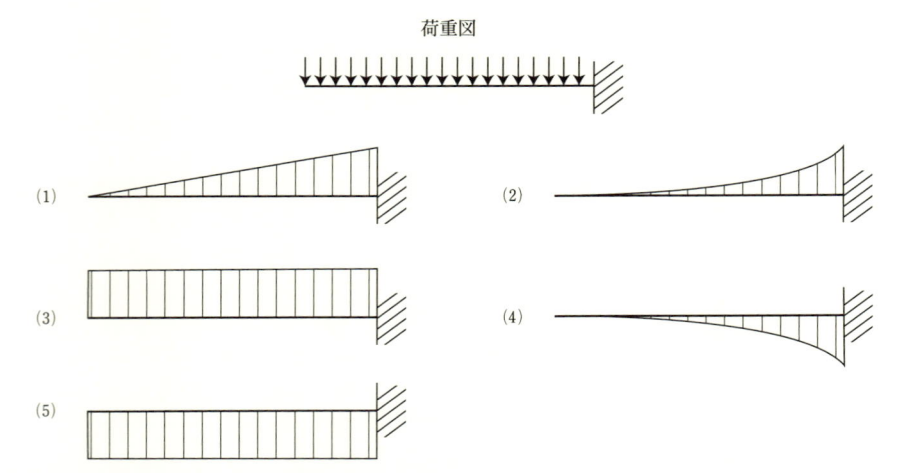

(1)
(2)
(3)
(4)
(5)

問題 96 建築物の荷重及び外力等に関する次の記述のうち，最も不適当なものはどれか．
(1) 風圧力は，通常，速度圧に風力係数を乗じて計算する．
(2) 応力には，曲げモーメント，せん断力及び軸方向力がある．
(3) 積雪荷重は，屋根勾配に影響される．
(4) 地震力は，地盤の種類によって異なる．
(5) 固定荷重には，人，家具，物品の荷重が含まれる．

問題 97 鉄筋コンクリート構造と比べた場合の鉄骨構造の一般的な特徴に関する記述のうち，不適当なものの組合せは次のどれか．
　　ア　耐火性に優れている．
　　イ　耐食性に優れている．
　　ウ　じん性に富み，耐震的に有利な構造にしやすい．
　　エ　解体が容易である．
　　オ　施工の工期が長い．
(1)　アとイとウ　　(2)　アとイとオ　　(3)　アとウとエ
(4)　イとエとオ　　(5)　ウとエとオ

問題 98 次の建築材料とその用途の組合せのうち，最も不適当なものはどれか．
(1)　木材　　　　　　　　　構造材
(2)　グラスウール　　　　　断熱材
(3)　せっこうボード　　　　遮音材
(4)　テラゾ　　　　　　　　吸音材
(5)　ロックウール　　　　　耐火被覆材

問題 99 コンクリートに関する次の記述のうち，最も不適当なものはどれか．
(1) コンクリートの水セメント比は，強度に影響する．
(2) コンクリートは，水，セメント，砂，砂利を混ぜたものである．

(3) コンクリートの熱膨張係数は，鉄筋とほぼ等しい．
(4) コンクリートの引張強度は，圧縮強度と比較して大きい．
(5) コンクリートはアルカリ性であるため，コンクリートで被覆された鉄筋はさびにくい．

問題100 我が国において，建築物の晴天日における日射受熱に関する次の記述のうち，最も不適当なものはどれか．
(1) 夏至の日に東向き鉛直壁面が1日に受ける日射受熱量は，南壁面のそれよりも少ない．
(2) 冬至の日に水平面が1日に受ける日射受熱量は，緯度が低い地域ほど多い．
(3) 夏至の日に南向き鉛直壁面が1日に受ける日射受熱量は，緯度が高い地域ほど多い．
(4) 冬至の日に西向き鉛直壁面が1日に受ける日射受熱量は，南壁面のそれよりも少ない．
(5) 夏至の日には，北向き鉛直壁面でも早朝と夕方に直達日射による受熱がある．

問題101 窓面の熱性能を表す指標である日射遮へい係数の定義を次式に表している．
式中の ア と イ に入る語句の組合せとして，正しいものは次のうちどれか．

$$日射遮へい係数 = \frac{各種ガラスや窓付属物が付いた場合の ア}{イ}$$

　　　　ア　　　　　　　　　　イ
(1) 日射熱取得————3mm厚の透明フロート板ガラスの日射熱取得
(2) 日射反射————3mm厚の透明フロート板ガラスの日射反射
(3) 日射透過————3mm厚の透明フロート板ガラスの日射透過
(4) 日射熱取得————窓面に入射する日射
(5) 日射反射————窓面に入射する日射

問題102 自動火災報知設備で用いられる炎感知器の方式として，最も適当なものは次のうちどれか．
(1) 差動式　　(2) 定温式　　(3) 紫外線式
(4) イオン化式　　(5) 光電式

問題103 建築基準法に基づく特殊建築物に該当しないものは，次のうちどれか．
(1) 学校　　(2) 工場　　(3) 百貨店　　(4) 事務所　　(5) 共同住宅

問題104 建築基準法に基づく建築確認の申請書の申請者とその確認を行う者との組合せのうち，正しいものは次のどれか．
　　　（申請者）　　　　（確認を行う者）
(1) 建築主事————都道府県知事
(2) 工事施工者————指定確認検査機関
(3) 建築主事————指定確認検査機関
(4) 工事施工者————建築主事
(5) 建築主————建築主事

問題105 都市計画区域内において建築物を新築する場合，建築基準法に規定のないものは次のうちどれか．
(1) 敷地の接道義務に関する規定　　(2) 建築物の用途制限に関する規定

(3) 駐車場の附置義務に関する規定　　(4) 建築物の内装制限に関する規定
(5) 建築物の高さの最高限度に関する規定

問題106 給水及び排水の管理で用いる用語とその単位との組合せのうち，最も不適当なものは次のどれか．
(1) 水の比体積――――――――m³/J
(2) 線膨張係数――――――――1/℃
(3) 揚水ポンプの揚程―――――m
(4) BOD負荷量 ―――――――g/（人・日）
(5) 給湯配管からの熱損失―――W

問題107 給排水衛生設備に関する次の記述のうち，最も不適当なものはどれか．
(1) 給水配管のゾーニングは，高層建築物で使用される．
(2) バキュームブレーカは，逆圧を防止する．
(3) 間接排水として，排水口空間の確保がある．
(4) ポンプ直送方式では，インバータ制御により送水量を調整するものが多い．
(5) 誘導サイホン作用は，圧力変動により封水が損失する現象をいう．

問題108 給水設備に関する次の記述のうち，最も不適当なものはどれか．
(1) 残留塩素が給水栓で規定濃度に達しない場合は，塩素添加装置を設置する．
(2) クロスコネクションとは，飲料水系統と他の配管系統を配管や機器で接続することである．
(3) 直結増圧方式は，直結直圧方式の引込み管に増圧ポンプを設け，圧力を高くして建築物に給水する方式である．
(4) 高置水槽方式は，圧力水槽方式に比較して，使用箇所での給水圧力が大きく変動する．
(5) 給水管は，浴室・便所・ちゅう房等の防水層の貫通をできるだけ避ける．

問題109 給水設備に関する次の記述のうち，最も不適当なものはどれか．
(1) ステンレス鋼板製貯水槽は，槽内の気相部に対する耐食性を考慮する必要がある．
(2) 合成樹脂ライニング鋼管は，継手部に接合される管の切断面が水に接触すると腐食を起こす．
(3) FRP製貯水槽は，機械的強度が高い．
(4) 合成樹脂管は，軽量なため施工性は良いが衝撃に弱い．
(5) 鋼管のさびこぶの下では，酸素濃淡電池が形成され，腐食が進む．

問題110 給水設備に関する次の記述のうち，最も不適当なものはどれか．
(1) 貯水槽は，外部から貯水槽の天井，床又は周壁の保守点検を容易かつ安全に行うことができるように設けなければならない．
(2) 2m³以上の貯水槽には，ほこりその他衛生上有害なものが入らない構造の通気のための装置を設けなければならない．
(3) 水受け容器では，逆サイホン作用の防止のために吐水口空間を確保する．
(4) ウォータハンマ防止器は，水撃作用による圧力上昇を吸収する装置である．
(5) 揚水管で揚水ポンプ停止時に起こる水柱分離は，ウォータハンマ現象を低減する．

問題111 給水設備の計画に関する次の記述のうち，最も不適当なものはどれか．

(1) 埋設配管における給水管と排水管の水平間隔を 500mm 以上とした．
(2) シングルレバー水栓には，ウォータハンマ低減機構付きを採用した．
(3) 事務所建築物の給水設備の計画に当たって，上限給水圧を 0.5MPa とした．
(4) 一般水栓の必要水圧を 50kPa とした．
(5) 最上階の大便器洗浄弁の必要水圧を考慮し，高置水槽と洗浄弁の垂直距離を 5m とした．

問題 112 給水設備における配管材料とその接合方法との組合せのうち，最も不適当なものは次のどれか．
(1) 硬質ポリ塩化ビニル管――――継手の受口に管を差し込んで，接着材で接合する．
(2) ポリエチレン二層管――――ねじ込み，溶接，接着によらずに機械的に接合する．
(3) 銅管――――アルゴンガスの雰囲気中で，タングステン電極と溶接母材の間にアークを発生させて溶接する．
(4) ポリブデン管――――電熱線が埋め込まれた継手に，所定の電流を流して接続面を溶かして接合する．
(5) 合成樹脂ライニング鋼管――――自動切り上げ装置付きねじ切り機でねじを切り，管端防食継手で接合する．

問題 113 建築物における衛生的環境の確保に関する法律に基づく特定建築物の貯水槽の清掃に関する次の記述のうち，最も不適当なものはどれか．
(1) 清掃の作業に当たる者は，1 年ごとに健康診断を受け，健康状態が不良の者は作業に従事させない．
(2) 貯水槽の清掃は，1 年以内ごとに 1 回，定期的に行う．
(3) 貯水槽の水張り終了後，給水栓及び貯水槽内における水について，残留塩素の含有率，色度，濁度，臭気，味について検査を行い，所定の基準を満たしていることを確認する．
(4) 消毒終了後は，消毒に用いた塩素剤を完全に排除するとともに，貯水槽内に立ち入らないこと．
(5) 受水槽の清掃を行った後，高置水槽，圧力水槽等の清掃を行うこと．

問題 114 給水系統の保守管理に関する次の記述のうち，最も不適当なものはどれか．
(1) 配管は，管の損傷，さび，腐食及び水漏れの有無を点検して，必要に応じて補修を行う．
(2) 配管洗浄の終了後，給水を開始しようとするときは，色度などの水質検査を行う．
(3) ポンプ直送方式では，上方の階より下方の階で負圧が発生しやすい．
(4) 着色障害は，主として給水配管材料の腐食による．
(5) ポンプの保守管理として，運転時の吸込み側及び吐出し側の圧力，電流値を運転日誌に記録する．

問題 115 塩素化合物の消毒効果の強さの順として，最も適当なものは次のうちどれか．
消毒効果が強い　　　　　　　　　　　　　　　　　　　　消毒効果が弱い
(1) NH_2Cl(モノクロラミン) > $NHCl_2$(ジクロラミン) > OCl^-(次亜塩素酸イオン) > $HOCl$(次亜塩素酸)
(2) NH_2Cl(モノクロラミン) > $NHCl_2$(ジクロラミン) > $HOCl$(次亜塩素酸) > OCl^-(次亜塩素酸イオン)
(3) $NHCl_2$(ジクロラミン) > NH_2Cl(モノクロラミン) > $HOCl$(次亜塩素酸) > OCl^-(次亜塩素酸イオン)
(4) OCl^-(次亜塩素酸イオン) > $HOCl$(次亜塩素酸) > $NHCl_2$(ジクロラミン) > NH_2Cl(モノクロラミン)

(5) HOCl(次亜塩素酸) > OCl⁻(次亜塩素酸イオン) > NHCl$_2$(ジクロラミン) > NH$_2$Cl(モノクロラミン)

問題116 給湯設備に関する次の記述のうち,最も不適当なものはどれか.
(1) 配管中の湯に含まれている溶存空気を抜くためには,圧力の低いところに自動空気抜き弁を設置する.
(2) 給湯設備における金属材料の腐食は,給水設備において使用される場合より早期に発生し,その腐食速度も速い.
(3) 直接加熱方式とは,蒸気や高温の温水を熱源として,加熱コイルによって給湯用の水を加熱する方式である.
(4) 幼児などが使用する箇所への給湯は,湯水混合水栓を使用する.
(5) 貯湯槽には,労働安全衛生法で定める圧力容器に該当するものがある.

問題117 給湯設備に関する次の記述のうち,最も不適当なものはどれか.
(1) 給湯機の能力で1号とは,流量1L/minを25℃上昇させる能力である.
(2) 強制循環式給湯系統の横管は,1/200以上のこう配で配管する.
(3) スリーブ型伸縮管継手は,伸縮の吸収量が最大200mm程度である.
(4) 給湯管に銅管を使用する場合,上限管内流速は2m/sとする.
(5) 架橋ポリエチレン管の使用温度は,95℃以下とする.

問題118 給湯設備の加熱装置に関する次の記述のうち,最も不適当なものはどれか.
(1) ガス瞬間湯沸器は,水が熱交換器の内部を流れると,自動的に点火し給湯を行う.
(2) 貯蔵式湯沸器は,加熱用ヒータ,温度調節装置,密閉式貯湯槽,減圧弁及び逃し弁で構成されている.
(3) 太陽熱利用温水器には,集熱器と貯湯槽が一体で構成されているものがある.
(4) 貫流ボイラは,燃焼装置,給水口,水管群,給湯口及び煙道で構成されている.
(5) 真空式温水発生機は,燃焼室,減圧蒸気室,自動抽気装置及び熱交換器で構成されている.

問題119 貯湯槽の保守管理に関する次の記述のうち,最も不適当なものはどれか.
(1) 開放式の貯湯槽について,外部からの汚染の経路となりやすいマンホールの気密性,オーバフロー管の防虫網を点検した.
(2) 循環ポンプにより槽内の水の攪拌を行った.
(3) 給湯温度が60℃になるように設定温度を調整した.
(4) 給湯使用量が少なくても,常に全ての貯湯槽を運転した.
(5) 毎日,外観検査を行い,圧力計や温度計等の異常がないことを確認した.

問題120 給湯設備の保守管理に関する次の記述のうち,最も不適当なものはどれか.
(1) 小型圧力容器は,1年以内ごとに1回,定期自主検査を行う.
(2) 第一種圧力容器は,6カ月以内ごとに1回,定期自主検査を行う.
(3) 逃し弁は,1カ月に1回程度,レバーハンドルを操作させて作動を確認する.
(4) 配管系統の末端では,定期的に停滞水の排出を行い,温度測定を行う.
(5) 第二種圧力容器は,1年以内ごとに1回,定期自主検査を行う.

問題121 排水通気設備に関する次の語句の組合せのうち,最も関連の薄いものはどれか.
(1) 排水トラップ―――――――破封

(2) 管径50mmの排水横管 ──────── こう配1/50
(3) 特殊継手排水システム ──────── 伸頂通気管
(4) オフセット ──────── トラップの設置
(5) グリース阻集器の封水深 ──────── 100mm以上

問題122 排水槽における悪臭防止対策として,最も不適当なものは次のうちどれか.
(1) 排水槽の清掃は,6カ月以内ごとに1回,定期に行う.
(2) ちゅう房排水と汚水を,同一の排水槽に貯留する.
(3) 排水槽には,ばっ気・攪拌装置を設ける.
(4) 排水ポンプは,水位制御とタイマー制御を併用する.
(5) 排水槽の底には吸込みピットを設け,吸込みピットに向かって1/15以上1/10以下のこう配を設ける.

問題123 排水配管に関する次の記述のうち,最も不適当なものはどれか.
(1) 排水配管には,排水専用の継手を使用する.
(2) 寒冷地では,凍結深度より深く排水管を埋設する.
(3) 掃除口は,排水が詰まりやすい箇所,長い経路の途中等に設ける.
(4) 排水立て管の管径は,排水負荷に応じて,上部は細く,下部は太くする.
(5) 雨水用敷地排水管には,泥だめ付きますを設ける.

問題124 排水通気設備に関する次の記述のうち,最も不適当なものはどれか.
(1) トラップの脚断面積比とは,(流出脚断面積/流入脚断面積)をいい,この比が小さいほど封水強度が大きい.
(2) トラップの封水強度とは,排水管内に正圧又は負圧が生じた時のトラップの封水保持能力をいう.
(3) 阻集器とは,排水管を閉塞したり排水施設に損傷を与える有害な物質を阻止・分離・収集し,排水のみを自然流下させるものである.
(4) トラップの自掃作用とは,排水の流下水勢によって,トラップの封水部に沈積又は付着するおそれのある小雑物を押し流す作用である.
(5) 隔壁トラップとは,トラップ水封部分が隔板,隔壁により構成されているものである.

問題125 排水通気設備に関する次の記述のうち,最も不適当なものはどれか.
(1) 排水横主管以降が満流となる場合は,伸頂通気方式とする.
(2) 分流式排水方式とは,汚水と雑排水を別々の系統で排除することである.
(3) ループ通気方式は,自己サイホン作用の防止に有効ではない.
(4) 排水立て管と排水横主管の接続は,大曲がりベントで接続する.
(5) 各個通気方式は,排水立て管と通気立て管を設けた2管式である.

問題126 排水通気設備の保守管理に関する次の記述のうち,最も不適当なものはどれか.
(1) グリース阻集器内のちゅう芥は,10日に1回程度の間隔で除去する.
(2) 雨水配管の清掃は,ルーフドレン回りのごみの除去,雨水ますの土砂の除去等を定期的に行う.
(3) 通気配管では,通気口,通気弁等を定期的に点検する.

(4) 掃除口は，定期的に外してグリースなどを塗って，必要なときにすぐに外せるようにする．
(5) 排水槽の清掃後やポンプ修理後は，ポンプの絶縁抵抗の測定，アース線接続等の確認をしてから運転する．

問題 127 排水の水質に関する次の組合せのうち，最も不適当なものはどれか．
(1) 富栄養化―――――――――――リン
(2) SS ―――――――――――――臭素酸
(3) ノルマルヘキサン抽出物質―――油脂類
(4) DO ―――――――――――――溶存酸素
(5) COD ――――――――――――化学的酸素要求量

問題 128 排水管の保守管理に関する次の記述のうち，最も不適当なものはどれか．
(1) 排水管，トラップ類，ます等の損傷，腐食，詰まり，漏水の有無等の点検を，目視で行った．
(2) 伸縮による疲労割れは，硬質ポリ塩化ビニル管などの樹脂管に多く発生する．
(3) 排水管の清掃には，圧縮空気を一気に放出して，その衝撃で閉塞物を除去する方法がある．
(4) 高圧洗浄による配管の清掃では，5～30MPaの高圧の水を噴射する．
(5) 50mの排水立て管は，スネークワイヤにより，一回で清掃することができる．

問題 129 衛生器具設備に関する次の記述のうち，最も不適当なものはどれか．
(1) ディスポーザを設置する場合は，事前に下水道事業者に設置の可否について確認する．
(2) 利用人員の多い公衆便所の大便器には，洗浄弁を設置する．
(3) 洗い落とし式大便器は，洗浄水がトラップを満水にしてサイホンを起こさせ，汚水を吸引・排除する．
(4) 温水洗浄便座への給水は，上水を用いる．
(5) 大便器・小便器は，取付け状態を半年に1回定期点検することが望ましい．

問題 130 家庭用品品質表示法に基づく浄水器に係る表示事項として，表示が義務付けられていないものは次のうちどれか．
(1) 材料の種類　　　(2) ろ過流量　　　(3) ろ材の種類
(4) 使用可能な最大動水圧　(5) ろ材の取換時期の目安

問題 131 次の衛生器具の材質のうち，一般的な掃除方法で，最も傷が付きにくいものはどれか．
(1) プラスチック　(2) ステンレス　(3) 人工大理石
(4) 銅合金　(5) 陶器

問題 132 給排水衛生設備の機器に関する次の記述のうち，最も不適当なものはどれか．
(1) 中央式給湯設備の加熱装置として無圧式温水発生機を用いる場合は，加熱コイル付き貯湯槽と組み合わせて使用する場合が多い．
(2) 木製貯水槽は，形状が円形又は楕円形に限定される．
(3) 揚水ポンプは，高置水槽の水位によって起動・停止する．
(4) 排水ポンプには，水中ポンプ，立て型ポンプ，横型ポンプがある．
(5) 消火ポンプは，「加圧送水装置等の構造及び性能の基準の細目」に適合した認定品が多く使用されている．

問題 133 雑用水設備に関する次の記述のうち，最も不適当なものはどれか．

(1) 雨水の集水場所は，建築物の屋根面や屋上とする場合が多い．
(2) 上水給水管と誤接合されていないことを確認するため，竣工時に着色水で検査する．
(3) 雑用水の水質基準は，その使用用途にかかわらず一律である．
(4) 排水の再利用における色度や臭気の処理として，活性炭処理やオゾン処理を行う．
(5) ちゅう房排水除害施設から発生する汚泥量は，浮上分離法に比べて生物処理法の方が少ない．

問題134 雑用水受水槽に関する次の記述のうち，最も不適当なものはどれか．
(1) 雑用水受水槽は，耐食性及び耐久性のある材質のものを用いる．
(2) 雑用水が不足して，上水を補給する場合は，上水の給水管に雑用水が逆流しないように吐水口空間を設ける．
(3) 雑用水受水槽は，槽内の水が滞留しないような措置を講じる．
(4) 雑用水受水槽は維持管理を容易にするため，最下階の二重スラブ内に設ける．
(5) 雑用水高置水槽を設ける場合は，飲料水の高置水槽と同じ構造とする．

問題135 建築物における衛生的環境の確保に関する法律に基づく雑用水の水質検査において，2カ月以内ごとに1回，定期に行うこととして，定められている検査項目は，次のうちどれか．
(1) pH　　(2) 臭気　　(3) 外観　　(4) 残留塩素　　(5) 大腸菌

問題136 接触ばっ気方式の構造例示型浄化槽に関する次のフローシートの ア ～ エ に該当する単位装置の組合せとして，最も適当なものはどれか．

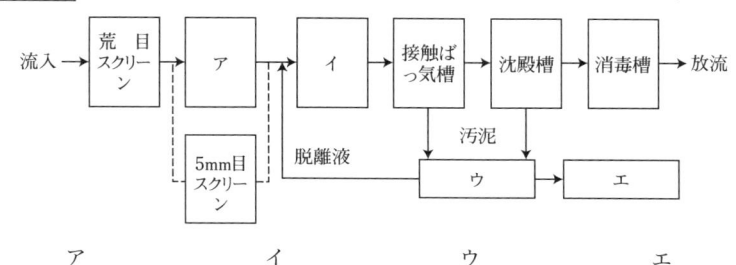

	ア	イ	ウ	エ
(1)	微細目スクリーン	嫌気ろ床槽	汚泥再ばっ気槽	汚泥貯留槽
(2)	微細目スクリーン	脱窒槽	汚泥貯留槽	汚泥濃縮槽
(3)	微細目スクリーン	流量調整槽	汚泥濃縮槽	汚泥貯留槽
(4)	破砕機	流量調整槽	汚泥再ばっ気槽	汚泥濃縮槽
(5)	破砕機	脱窒槽	汚泥濃縮槽	汚泥貯留槽

問題137 活性汚泥法を用いた処理施設において，管理指標に用いられる汚泥容量指標の説明として，最も適当なものは次のうちどれか．
(1) SV測定時の沈殿汚泥1gが占める容積をmLで表したもの．
(2) ばっ気槽混合液の30分間静止沈殿後の沈殿汚泥量を百分率で表したもの．
(3) ばっ気槽混合液1L中の浮遊物濃度をmgで表したもの．
(4) ばっ気槽混合液1L中の浮遊性有機物濃度をmgで表したもの．

(5) ばっ気槽混合液1Lを105〜110℃で蒸発乾固したときの残留物をmgで表したもの．

問題138 消火設備に関する次の記述のうち，最も不適当なものはどれか．
(1) 屋内消火栓設備は，建築物の関係者や自衛消防隊等が初期消火を目的として使用するものである．
(2) 不活性ガス消火設備は，負触媒作用による消火方法である．
(3) 泡消火設備は，油火災を対象とした設備で，駐車場などで使用される．
(4) 消火器は，火災の初期発見段階での消火を目的としたものである．
(5) 連結送水管は，公設消防隊が使用するものである．

問題139 ガス設備に関する次の記述のうち，最も不適当なものはどれか．
(1) 都市ガスとして用いられる天然ガスは，空気よりも軽い．
(2) ガスの理論空気量は，理論排ガス量より多い．
(3) バルク貯槽とは，液化石油（LP）ガスを使用する場所において，LPガスを貯蔵する装置である．
(4) LPガス容器は，常時40℃以下となる場所に設置する．
(5) ガス用ポリエチレン管は，主に土中埋設用に用いられる．

問題140 給排水衛生設備に関する次の記述のうち，最も不適当なものはどれか．
(1) 一過式配管とは，水や湯が通り過ぎるだけで循環しない配管方式や，そのような配管の部分をいう．
(2) 湿り通気管とは，2個以上のトラップを保護するため，器具排水管と通気管を兼用する部分をいう．
(3) 逃し通気管とは，排水管と通気管の両系統間の空気の流通を円滑にするために設ける通気管をいう．
(4) 圧力水槽方式とは，受水槽内の水を給水ポンプにより圧力水槽へ送り，圧力水槽内の空気を圧縮・加圧し，その圧力により給水する方式をいう．
(5) 二重トラップとは，排水管内の圧力変動を低減し，排水を流れやすくする目的で使用する配管方法をいう．

問題141 清掃作業計画に関する次の記述のうち，最も不適当なものはどれか．
(1) エレベータホールは，日常清掃を頻繁に行う必要がある．
(2) 作業標準時間は，最も優れた清掃従事者の作業時間を用いる．
(3) 出入口マットは，汚染度合が高いので，日常清掃を実施する．
(4) 日常清掃で除去する汚れと定期的に除去する汚れを区別し，作業を計画すると作業成果の向上が得られる．
(5) 壁面の高所部分は，汚染度合が低いので，定期清掃として実施する．

問題142 清掃作業の区域に関する次の記述のうち，最も不適当なものはどれか．
(1) トイレ・洗面所等の共用区域は，汚れやすいので，常に清潔維持に努める必要がある．
(2) 事務室のような専用区域は，毎日清掃を行って清潔維持に努める必要がある．
(3) 中央監視室などの管理用区域は，汚れは少ないが日常の整理整頓・清掃が重要である．
(4) 建築物の外面を形成している外装区域は，定期的な清掃が必要である．

(5) 建築物外周の通路などの外周区域は，毎日洗浄を実施する必要がある．

問題 143 建築物清掃の安全衛生管理に関する次の記述のうち，最も不適当なものはどれか．
(1) 一つ一つの作業は，成否・安全・やりやすさを確保する必要がある．
(2) ローリングタワー（移動式足場）を用いる場合，作業者はヘルメットを着用する．
(3) 床面の洗浄を行うときは，事前に作業表示板を立て，第三者を立ち入らせてはならない．
(4) 清掃作業に用いる脚立は，踏み面の面積を考慮する必要はない．
(5) ゴンドラを操作する場合は，事前に安全のための特別な教育が必要である．

問題 144 建築物清掃の評価に関する次の記述のうち，最も不適当なものはどれか．
(1) 品質評価は，要求品質と実際の品質とのギャップを修正することが目的の一つである．
(2) 点検・評価の周期は，3カ月以内ごとに1回，定期に実施する．
(3) 組織品質は，作業結果の品質を変える重要な要素である．
(4) 目視点検は，科学性に乏しいので，点検・評価の方法としては不適切である．
(5) 組織品質には，従事者のマナーも重要な品質要素として含まれる．

問題 145 ほこりの除去に関する次の記述のうち，最も適当なものはどれか．
(1) 油剤処理されたダストモップは，ほこりや油汚れの除去に適している．
(2) ダストコントロール法は，布の重量の1％前後の鉱油などを含ませた綿布が使用されている．
(3) ダストクロス法は，ダストコントロール法に比べて，油分による床面への弊害が少ないので多用されている．
(4) おがくずの粒は，保水力は低く，表面積が小さいので，ほこりを付着させる効果が大きい．
(5) ほこりは，経時変化をしないので，長期間放置しても簡単に除去できる．

問題 146 建材に関する次の記述のうち，最も不適当なものはどれか．
(1) アルミニウムとステンレスのカラー仕上げは，見分けがつきにくいので，建材仕上表で材質を確認する．
(2) テラゾは，酸性洗剤に強い建材である．
(3) アルミニウム建材は，耐アルカリ性に乏しい．
(4) ステンレスのヘアライン仕上げとエッチング仕上げでは，使用する清掃器具や作業方法が異なる．
(5) 内壁モルタル下地のエマルション塗装仕上げは，吸水性が高い．

問題 147 清掃用機械に関する次の記述のうち，最も不適当なものはどれか．
(1) 自動床洗浄機は，床面を自動的に洗浄する機械で，洗剤供給式床磨き機と吸水式真空掃除機の機能を併せもつものである．
(2) エクストラクタは，カーペットに洗剤液を直接噴射し洗浄した後，直ちに吸引する機械である．
(3) 真空掃除機は，電動ファンによって機械内部に空気の低圧域を作り，ほこりを吸い込んで捕捉する機械である．
(4) ドライフォーム方式のカーペット洗浄機は，洗剤液を泡にし，縦回転ブラシで洗浄する機械である．

(5) 吸水式の真空掃除機の排気は，モータの冷却のため，モータの内部を通って排出される．

問題148 床維持剤に関する次の記述のうち，最も不適当なものはどれか．
(1) ワックスタイプは，不揮発性成分として，ろう類，ろう状物質を主原料としたものをいう．
(2) 油性フロアポリッシュは，ろう状物質，合成樹脂等の不揮発性成分を揮発性溶剤に溶解又は分散させたものをいう．
(3) フロアシーラは，乾燥後の皮膜が物理的・化学的方法により，容易に除去されるものをいう．
(4) ポリマタイプは，不揮発性成分として合成樹脂などのポリマを主原料としたものをいう．
(5) フロアフィニッシュは，床材の保護と美観の向上に使用されるものをいう．

問題149 清掃用洗剤に関する次の記述のうち，最も不適当なものはどれか．
(1) 界面活性剤には，汚れの再付着を防止する作用がある．
(2) 有機溶剤は，油汚れの除去に効果がある．
(3) 表面洗剤は，弱アルカリ性で，泡立ちが多いようにしてある．
(4) 酸性洗剤には，無機酸が配合されているものがある．
(5) カーペット用洗剤には，発泡性の強い界面活性剤が用いられる．

問題150 洗剤に関する次の文章の　　　内に入る語句の組合せとして，最も適当ものはどれか．

洗剤の　ア　として用いられた　イ　が，湖沼などの富栄養化の原因となり，業務用・家庭用の清掃洗剤には，　イ　は，ほとんど使用されていない．

　　　　ア　　　　　　　　イ
(1) 助剤———————リン酸塩
(2) 界面活性剤—————シュウ酸塩
(3) 界面活性剤—————ケイ酸塩
(4) 助剤———————ケイ酸塩
(5) 界面活性剤—————リン酸塩

問題151 ドライメンテナンス作業法の基本的な作業に関する次の文章の　　　　に入る語句の組合せとして，最も適当なものはどれか．

ドライバフ作業法は，光沢度の低下したフロアポリッシュの皮膜を，スプレー液を　ア　，超高速床磨き機に装着した　イ　パッドで研磨し，光沢度を回復させる作業である．

　　　　ア　　　　　イ
(1) 使用せず————白
(2) 使用して————青
(3) 使用して————赤
(4) 使用せず————赤
(5) 使用して————白

問題152 カーペット床の維持管理に関する次の記述のうち，最も不適当なものはどれか．
(1) しみ取り作業は，早く対応することが，仕上がりの良さにつながる．

(2) アクリル素材は，ウール素材と比較して，しみが染着しやすい．
(3) 除じんには，アップライト型真空掃除機を使用する．
(4) 汚れが集中するところは，スポットクリーニングを行う．
(5) パイル上部の汚れ除去には，拭き取り方式を用いる．

問題153 建築物清掃に関する次の記述のうち，最も適当なものはどれか．
(1) 階段の壁面は，他の共用区域の壁面と比較して，ほこりの付着が少ない．
(2) エレベータのインジケータや扉の汚れは，水溶性のものが多い．
(3) アネモスタット型吹出口の清掃は，真空掃除機による吸じんと拭取りを併用しても，それほど効果はない．
(4) 気密性の高い建築物内では，静電気利用のはたきを用いてほこりを除去する．
(5) 玄関ホールは，清掃を行う上で，季節や天候の影響を受けない．

問題154 建築物の外壁の汚れと清掃に関する次の記述のうち，最も不適当なものはどれか．
(1) アルミニウム板は，通常，表面に保護膜が施されているが，徐々に汚れが付着する．
(2) 窓ガラスのクリーニングでは，スクイジー法が用いられる．
(3) 汚れの激しい石材の洗浄は，強い薬剤が必要なので，専門技術が必要とされる．
(4) 光触媒酸化チタンコーティングは，清掃回数を減らす効果が期待されている．
(5) 磁器タイルは，他の素材より汚れが目立ちやすいので，清掃回数を多くする．

問題155 廃棄物に関する次の記述のうち，最も不適当なものはどれか．
(1) 廃棄物は，多様な化学的・物理的・生物化学的な性状を有している．
(2) 公共的事業に伴って排出された廃棄物のうち，産業廃棄物として扱われるものもある．
(3) 廃棄物の処理及び清掃に関するする法律において，廃棄物とは，汚物又は不要物であって，固形状又は液状のものをいう．
(4) 廃棄物処理の基本は，廃棄物を自然の受容能力に見合う形で，できるだけ速やかに自然に還元することである．
(5) 廃棄物の減量化とは，廃棄物の再生利用により資源化を進めること，及び最終処分の後に容量を減少させることである．

問題156 平成17年度における全国の一般廃棄物の排出及び処理状況等に関する次の記述のうち，最も不適当なものはどれか．
(1) 1人1日当たりのごみ排出量は，約1.1kgである．
(2) 市区町村などによる資源化量は，ここ数年横ばいの傾向が続いている．
(3) ごみの最終処分量は，減少傾向が継続している．
(4) ごみ総排出量は，年間約5千万トンである．
(5) 住民団体などによる集団回収によるリサイクル率は，上昇傾向にある．

問題157 平成16年度における全国の産業廃棄物の排出及び処理状況等に関する次の記述のうち，最も適当なものはどれか．
(1) 年間総排出量は，約6億トンである．
(2) 最終処分量は，ここ数年横ばい傾向が続いている．
(3) 業種別に見ると，鉄鋼業が最も多く排出している．

(4) 産業廃棄物のうち，汚泥の排出量が最も多い．
(5) 再生利用量は，減少傾向にある．

問題158 廃棄物の処理及び清掃に関する法律に基づく廃棄物処理に関する次の記述のうち，最も不適当なものはどれか．
(1) 市町村は，一般廃棄物と併せて処理できる産業廃棄物の処理を，事務として行うことができる．
(2) 事業者は，その事業活動によって生じた廃棄物を，自ら処理することはできない．
(3) 産業廃棄物の処理の委託基準に違反して運搬又は処分を他人に委託した場合には，懲役又は罰金に処せられる．
(4) 都道府県は，都道府県が処理することが必要であると認める産業廃棄物の処理を，事務として行うことができる．
(5) 事業者は，廃棄物の減量その他適正な処理の確保等に関して，国及び地方公共団体の施策に協力しなければならない．

問題159 容器包装リサイクルに関する次の文章の 内に入る語句の組合せとして，正しいものはどれか．
　平成7年6月に公布された「容器包装に係る ア 及び イ の促進等に関する法律」に基づいて，容器包装リサイクルシステムが導入，整備されているので，建築物環境衛生管理技術者は，今まで以上に廃棄物の ア などに注意を払う必要がある．

　　　　ア　　　　　　イ
(1) 再使用　　　　　　再生利用
(2) 再生利用　　　　　資源化
(3) 資源化　　　　　　再商品化
(4) 分別収集　　　　　再商品化
(5) 分別収集　　　　　再使用

問題160 ごみ1m³当たりの質量を200kgとするとき，60Lのごみ容器に収容できるごみの量として，正しいものは次のうちどれか．
(1) 1.2kg　(2) 3.0kg　(3) 12.0kg　(4) 24.0kg　(5) 30.0kg

問題161 建築物から排出される廃棄物に関する次の記述のうち，最も不適当なものはどれか．
(1) 家庭から排出される廃棄物より，事務所建築物の廃棄物の方が，容積質量値は大きい．
(2) 百貨店の廃棄物については，ビン類，缶類，プラスチック類の質量別排出比率が低い．
(3) 病院の廃棄物の種類は多様であり，取扱いには慎重さを要求されるものが多くある．
(4) 事務所建築物の事務所部分からは，新聞，雑誌，OA紙等が多く排出される．
(5) ホテルの廃棄物については，紙類と厨芥の質量別排出比率が高い．

問題162 建築物内廃棄物の貯留・搬出方式に関する次の記述のうち，最も不適当なものはどれか．
(1) 容器方式は，コンパクタ・コンテナ方式より貯留・搬出の作業性に優れている．
(2) 真空輸送方式は，容器方式より衛生性に優れている．

(3) 貯留・排出機方式は，容器方式より防災性に優れている．
(4) コンパクタ・コンテナ方式は，容器方式より大規模建築物に適している．
(5) 貯留・排出機方式は，真空輸送方式より初期コストがかからない．

問題163 建築物内廃棄物の種類とその中間処理方法との組合せのうち，最も不適当なものは次のどれか．

廃棄物の種類　　　　　中間処理方法
(1) 注射針――――――――焼却，粉砕，滅菌
(2) プラスチック――――――粉砕
(3) ビン―――――――――炭化
(4) 缶――――――――――破砕，圧縮
(5) OA紙―――――――――切断，圧縮，梱包

問題164 空気調和設備等の維持管理及び清掃等に係る技術上の基準（平成15年厚生労働省告示第119号）に基づく建築物内廃棄物処理に関する次の文章の　　　内に入る語句として，正しいものはどれか．

建築物内で発生する廃棄物の分別，収集，運搬及び貯留について，　　　かつ効率的な方法により速やかに処理すること．

(1) 計画的　　(2) 合理的　　(3) 経済的　　(4) 科学的　　(5) 衛生的

問題165 ごみの堆肥化（コンポスト化）に関する次の文章の　　　内に入る語句の組合せとして，最も適当なものはどれか．

発酵槽の中に有機物を多く含む生ごみを投入し，　ア　して　イ　すると，通常2〜3日で温度が50〜60℃以上に上昇し，粗堆肥ができる．

　　　ア　　　　　　　　イ
(1) 適度に通気――――――機械的にすき返し
(2) 適度に通気――――――加温
(3) 空気を遮断――――――静置
(4) 空気を遮断――――――機械的にすき返し
(5) 空気を遮断――――――加温

問題166 蚊に関する次の記述のうち，最も不適当なものはどれか．
(1) アカイエカとチカイエカは，外部形態ではほとんど区別がつかない．
(2) アカイエカは，人以外にニワトリや野鳥等からも吸血する．
(3) チカイエカは，冬期に成虫で休眠する．
(4) チカイエカは，羽化後，最初の産卵を無吸血で行うことができる．
(5) コガタアカイエカは，水田などの水域に発生する．

問題167 蚊の防除に関する次の記述のうち，最も不適当なものはどれか．
(1) チカイエカの幼虫は，主に排水槽内や浄化槽内に発生するので，これらに対して殺虫剤の処理を行う．
(2) 我が国のチカイエカには，殺虫剤抵抗性の発達が認められず，薬剤の選択が容易である．
(3) 浄化槽に殺虫剤を使用する場合は，浄化微生物への影響を考慮する必要がある．

(4) ヒトスジシマカは,狭い水域に発生するので,住宅周辺にあるバケツなどの容器に溜まった水を定期的に捨てることが重要である.
(5) 人畜毒性は低いが,魚毒性の高い薬剤があるので,幼虫防除に使用する際は注意が必要である.

問題 168 ゴキブリに関する次の記述のうち,最も不適当なものはどれか.
(1) チャバネゴキブリの雌は,卵鞘を孵化直前まで尾端に保持している.
(2) クロゴキブリの雌は,卵鞘を唾液などでくぼみや隙間に固着させることが多い.
(3) チャバネゴキブリは,卵から成虫まで発育するのに,1年以上を要する.
(4) ゴキブリ類の食性は,発育段階によって変化しない.
(5) 日本の建築物内に定着していることが知られているゴキブリ類は,6種ほどである.

問題 169 ゴキブリの防除に関する次の記述のうち,最も適当なものはどれか.
(1) ULV処理に用いる専用の水性乳剤がある.
(2) 毒餌(食毒剤)にピレスロイド剤を噴霧処理しておくと,毒餌の喫食性が高まる.
(3) 食物の管理や環境の整備は重要とはいえない.
(4) 有機リン剤は,隙間に潜むゴキブリを追い出すフラッシング効果をもつ.
(5) 殺虫剤に対する抵抗性の発達は報告されていない.

問題 170 ダニに関する次の記述のうち,最も不適当なものはどれか.
(1) ヒョウヒダニ類は,人の垢やふけ等を餌として繁殖する.
(2) ツメダニ類は,他のダニ類や小昆虫を捕食して繁殖する.
(3) ダニの脚は,幼虫が3対,成虫が4対である.
(4) ダニの体は,頭部,胸部,腹部に分かれている.
(5) タカラダニ類は,初夏から夏にかけて発生し,屋内に入り込むこともある.

問題 171 害虫に関する次の記述のうち,最も不適当なものはどれか.
(1) チャタテムシ類は,食品や畳に発生したカビを餌としている.
(2) チョウバエ類の建築物内での主な発生源は,浄化槽等の有機物の多い水域である.
(3) カメムシ類の中には,越冬のために屋内に侵入する種類がある.
(4) トコジラミは,夜間吸血性で,昼間は壁や柱の隙間等に潜んでいる.
(5) イエヒメアリは,屋外の土中に巣をつくり,屋内に侵入する.

問題 172 害虫防除に関する次の記述のうち,最も適当なものはどれか.
(1) 走光性昆虫の建築物内への侵入防止を図るためには,電撃殺虫機を窓際や出入口の近くに設置する必要がある.
(2) 針葉樹材を建材に使用しても,ヒラタキクイムシによる被害は避けられない.
(3) シバンムシアリガタバチは,屋外から飛来侵入するので,網戸などで侵入防止対策を講じる必要がある.
(4) ネコノミの発生源対策は,宿主のねぐらや常在場所に対して行うと効果的である.
(5) 衣類をドライクリーニングしても,イガなどの衣類害虫による被害を低減することはできない.

問題 173 薬剤に関する次の記述のうち,最も適当なものはどれか.

(1) 幼虫の脱皮を阻害する活性を示す化合物は，昆虫成長制御剤（IGR）の一つである．
(2) 有機リン剤に抵抗性を獲得した害虫の集団は，ピレスロイド剤にも同程度の抵抗性を示す．
(3) 樹脂蒸散剤は，揮発性が低い有効成分を樹脂に含ませたものである．
(4) 水和剤は，散布面を汚すことがないので，室内で多用される．
(5) 建築物における衛生的環境の確保に関する法律に基づく特定建築物内では，農薬取締法の登録を受けた農薬を使用しなければならない．

問題174 殺虫剤の殺虫効力に関する次の記述のうち，最も適当なものはどれか．
(1) LC_{50} 値は，μg 値で表される．
(2) KT_{50} 値は，速効性を示す単位として用いられる．
(3) LC_{50} 値は，小さいほど殺虫効力が弱い．
(4) IC_{50} 値は，50％致死濃度を示す単位として用いられる．
(5) LD_{50} 値は，ppm 値で表される．

問題175 ネズミに関する次の記述のうち，最も不適当なものはどれか．
(1) 最近の都市部での大型建築物では，クマネズミが優占種となっている．
(2) ハツカネズミは畑地などに生息しているが，一般家屋に住みつくことがある．
(3) クマネズミは，毒餌をなかなか食べないため防除が難しい．
(4) 建築物内に定着するネズミの種類は，糞の形状から，ある程度推定することができる．
(5) ドブネズミは，電線などを容易に渡ることができる．

問題176 ネズミの防除に関する次の記述のうち，最も不適当なものはどれか．
(1) カプサイシンを含有する忌避剤を処理しても，ネズミを生息場所から追い出す効果は期待できない．
(2) 防除は，餌を絶つこと，巣を作らせないこと，及び通路を遮断することが基本である．
(3) クマネズミを対象にした毒餌は，基材として動物性の餌を用いる．
(4) クマネズミには，殺そ剤に対して高い抵抗性を獲得した集団がいる．
(5) 殺そ剤による防除を行った場合，死体の回収に努めることが必要である．

問題177 衛生動物と疾病に関する次の記述のうち，最も不適当なものはどれか．
(1) デング熱の主要な媒介蚊は，ネッタイシマカである．
(2) レプトスピラ症の媒介動物は，ネズミ類である．
(3) ライム病は，マダニ類が媒介する．
(4) ヤブカ類は，日本脳炎の主要な媒介蚊である．
(5) ユスリカ類が，アレルギーの原因（アレルゲン）となることがある．

問題178 防虫・防そ構造並びに機器に関する次の記述のうち，最も不適当なものはどれか．
(1) 蚊やコバエ等の侵入防止用の網戸の網目は，通常20メッシュ以下とする．
(2) ULV機は，低濃度の薬剤を100μm前後の粒子にして，均一に噴射する散布機である．
(3) ゴキブリの防除作業の実施前後に配置した粘着トラップの捕獲数により，防除効果の評価を行うことができる．
(4) 全自動噴霧機は，壁面などへの残留噴霧に適した散布機である．
(5) ネズミの侵入防止用に設置する排水口の金属網などの目の間幅は，1cm以下とする．

問題179 ネズミ・害虫に関する次の記述のうち，最も不適当なものはどれか．
(1) セアカゴケグモは，海外から移入し，定着した種である．
(2) 建築物の立地条件や設備によって，建築物内で見られる生物は異なる．
(3) 建築物内での害虫の発生は，人の生活様式によるところが大きい．
(4) 建築物内に発生する生物が喘息などのアレルゲンになる場合がある．
(5) 人の健康に害を及ぼすネズミや昆虫等は，全て媒介動物である．

問題180 建築物における衛生的環境の確保に関する法律に基づく特定建築物内におけるねずみ等の防除に関する次の記述のうち，最も不適当なものはどれか．
(1) ねずみ等が特に発生しやすい箇所については，3カ月以内ごとに1回の生息状況等を調査する．
(2) ねずみ等の対策には，6カ月以内ごとに1回の定期的かつ統一的な生息状況等を調査する．
(3) ねずみ等には，建築物に食害を及ぼすシロアリは含まれない．
(4) 防そ防虫網，その他の防そ防虫設備の機能点検の他，ねずみ等の侵入を防止するための措置を講じる．
(5) 殺そ剤を用いる場合は，建築物の使用者及び利用者の事故の防止に努める．

平成18年度【午前】

建築物衛生行政概論
建築物の環境衛生
空気環境の調整

問題1 ウィンスローの公衆衛生の定義に関する次の文章の 内に入る語句の組合せとして，最も適当なものはどれか．

公衆衛生とは， ア の改善， イ の予防，個人衛生を原則とした個人の教育，疾病の早期診断と治療のための医療と看護サービスの組織化，および地域社会のすべての人に，健康保持のための適切な生活水準を保障する社会制度の発展のために，共同社会の組織的な努力を通して疾病を予防し，寿命を延長し，肉体的・精神的健康と能率の増進を図る ウ であり，技術である．

	ア	イ	ウ
(1)	環境衛生	伝染病	科学
(2)	職場環境	生活習慣病	健康増進
(3)	環境衛生	生活習慣病	基本的権利
(4)	職場環境	伝染病	活動
(5)	生活習慣	風土病	基本的権利

問題2 建築物における衛生的環境の確保に関する法律の特徴に関する次の記述のうち，誤っているものはどれか．
(1) 建築物の設備・構造について規制を行うことによって，環境衛生の確保を目的としている．
(2) 環境衛生上良好な状態を維持するために，必要な措置が定められている．
(3) 公衆衛生の向上及び増進を目的としている．
(4) 建築物環境衛生管理基準に適合しないことのみでは，改善命令は行われない．
(5) 特定建築物は，建築物の用途や延べ面積等によって定められる．

問題3 建築物における衛生的環境の確保に関する法律に基づく保健所の業務に関する次の文章の 内に入る語句の組合せとして，正しいものはどれか．

多数の者が使用し，又は利用する建築物の ア 管理について， イ 衛生上の相談に応じ，及び イ 衛生上必要な ウ を行なうこと．

	ア	イ	ウ
(1)	構造	環境	指導
(2)	構造	労働	監視
(3)	安全	労働	監視
(4)	維持	保健	監視
(5)	維持	環境	指導

問題4 一棟が延べ面積 $4,000m^2$ である次の建築物のうち，建築物における衛生的環境の確

保に関する法律に基づく特定建築物に該当するものはどれか．
(1) 延べ面積が1,100m²の事務室がある各種学校（学校教育法第83条該当）の校舎
(2) 上層階に延べ面積が1,100m²の共同住宅がある住宅と店舗の複合建築物
(3) 延べ面積が1,100m²の駅のプラットホームがある百貨店の建築物
(4) 低層階に延べ面積が1,100m²の診療所がある商業建築物
(5) 延べ面積1,100m²の地下公共駐車場がある事務所建築物

問題5 建築物における衛生的環境の確保に関する法律に基づく特定建築物としての用途に該当するものは，次のうちどれか．
(1) 寄宿舎　　　(2) 印刷工場　　　(3) 教会
(4) 自然科学研究所　　(5) 結婚式場

問題6 建築物における衛生的環境の確保に関する法律に基づく特定建築物の届出者とその届出先との組合せのうち，正しいものは次のどれか．

　　特定建築物の届出者　　　　　特定建築物の届出先
(1) 維持管理業者————————都道府県知事
(2) 区分所有者————————厚生労働大臣
(3) 所有者等—————————都道府県知事
(4) 所有者等—————————厚生労働大臣
(5) 維持管理業者————————市町村長

問題7 建築物における衛生的環境の確保に関する法律に基づく特定建築物の届出に関する次の記述のうち，誤っているものはどれか．
(1) 届出は，その使用の開始日から1ヵ月以内に行わなければならない．
(2) 該当しなくなった場合の届出は，その日から1ヵ月以内に行わなければならない．
(3) 届出をしなかった場合は，建築物の使用停止の処分が行われる．
(4) 届出事項の変更は，その日から1ヵ月以内に行わなければならない．
(5) 虚偽の届出をした場合は，罰金に処せられる．

問題8 建築物環境衛生管理基準に関する次の組合せのうち，正しいものはどれか．
(1) 冷却塔，冷却水の水管及び加湿装置の清掃————3年以内ごとに1回
(2) 空気環境の測定————————————————4ヵ月以内ごとに1回
(3) 大掃除————————————————————6ヵ月以内ごとに1回
(4) 遊離残留塩素の検査——————————————1ヵ月以内ごとに1回
(5) 貯水槽の清掃—————————————————6ヵ月以内ごとに1回

問題9 建築物環境衛生管理基準で定められているホルムアルデヒドに関する次の記述のうち，誤っているものはどれか．
(1) 基準値は，空気1立方メートルにつき0.1mg以下としている．
(2) 特定建築物の建築，大規模の修繕，大規模の模様替を行ったときは，測定しなければならない．
(3) 測定器は，施行規則に定められている．
(4) トルエン，キシレンの検査項目も同時に測定する．

(5) 使用を開始した日以後最初に到来する，6月1日から9月30日までの期間に測定する．

問題 10 建築物における衛生的環境の確保に関する法律に基づく建築物環境衛生管理技術者に関する次の記述のうち，誤っているものはどれか．
(1) 特定建築物に選任された建築物環境衛生管理技術者は，当該特定建築物に常駐しなくてもよい．
(2) 特定建築物に選任された建築物環境衛生管理技術者は，当該特定建築物の維持管理について権原を有する者に対し，意見を述べることができる．
(3) 特定建築物における建築物環境衛生管理技術者の選任には，直接の雇用関係が必要である．
(4) 特定建築物に選任された建築物環境衛生管理技術者は，登録営業所の監督者と兼務することはできない．
(5) 建築物環境衛生管理技術者が死亡したときは，1カ月以内に厚生労働大臣に免状を返還しなければならない．

問題 11 建築物における衛生的環境の確保に関する法律に基づく登録制度の対象になっている業種は，次のうちどれか．
(1) 建築物の浄化槽の清掃を行う事業（建築物浄化槽清掃業）
(2) 建築物の排水管の清掃を行う事業（建築物排水管清掃業）
(3) 建築物の空気調和機の清掃を行う事業（建築物空気調和機清掃業）
(4) 建築物の産業廃棄物の運搬を行う事業（建築物産業廃棄物運搬業）
(5) 建築物の給水管の洗浄を行う事業（建築物給水管洗浄業）

問題 12 建築物における衛生的環境の確保に関する法律に基づき，厚生労働大臣に指定された団体（登録業者等を社員とする社団法人）の行う業務に関する次の記述のうち，誤っているものはどれか．
(1) 登録業者の業務を適正に行うため必要な技術上の基準の設定
(2) 登録業者の不適正な業務についての改善命令
(3) 登録業者の求めに応じて行う業務の指導
(4) 登録業者の業務に従事する者に対するその業務に必要な知識及び技能についての研修
(5) 登録業者の業務に従事する者の福利厚生に関する施設

問題 13 建築物における衛生的環境の確保に関する法律に基づき，都道府県知事が特定建築物の所有者等に対して行う改善命令等として，誤っているものは次のうちどれか．
(1) 維持管理の方法の改善　　　(2) 一部使用停止
(3) 維持管理の関係設備の使用停止　　　(4) 取り壊し
(5) 維持管理の関係設備の使用制限

問題 14 学校保健法に基づく学校の飲料水の水質検査の職務執行者は，次のうちどれか．
(1) 学校医　　　(2) 校長　　　(3) 学校栄養士
(4) 学校保健技師　　　(5) 学校薬剤師

問題 15 廃棄物の処理及び清掃に関する法律の条文に述べられている法律の目的に関する次の文章の　　　内に入る語句の組合せとして，正しいものはどれか．
　　この法律は，廃棄物の　イ　を抑制し，及び廃棄物の適正な分別，保管，収集，運搬，

ロ　，処分等の処理をし，並びに生活環境を清潔にすることにより，生活環境の保全及び　ハ　の向上を図ることを目的としている．

	イ	ロ	ハ
(1)	焼却	排出	社会福祉
(2)	処分	排出	社会福祉
(3)	排出	再生	公衆衛生
(4)	焼却	再生	公衆衛生
(5)	排出	焼却	社会福祉

問題16 廃棄物の処理及び清掃に関する法律に規定する廃棄物に該当しないものは，次のうちどれか．
(1) 放射性物質　　(2) 動物の死体　　(3) 廃油　　(4) ふん尿　　(5) 燃え殻

問題17 環境基本法に基づく大気の汚染に係る環境基準に定められていない物質は，次のうちどれか．
(1) 浮遊粒子状物質　　(2) 二酸化炭素　　(3) 二酸化いおう
(4) 二酸化窒素　　(5) 光化学オキシダント

問題18 水質汚濁防止法により，人の健康に係る被害を生ずるおそれがある物質として定められていないものは，次のうちどれか．
(1) トリクロロエチレン　　(2) 六価クロム化合物　　(3) シアン化合物
(4) 亜鉛　　(5) ポリ塩化ビフェニル

問題19 悪臭防止法に規定する特定悪臭物質に該当しないものは，次のうちどれか．
(1) トルエン　　(2) アンモニア　　(3) 硫化メチル
(4) 一酸化炭素　　(5) アセトアルデヒド

問題20 大気汚染防止法に基づく法律の目的に関する次の文章の　　　　内に入る語句として，誤っているものはどれか．

　　この法律は，工場及び事業場における事業活動並びに (1) 建築物の解体 等に伴う (2) ばい煙 ， (3) 揮発性有機化合物 及び (4) 粉じん の排出等を規制し，有害大気汚染物質対策の実施を推進し，並びに (5) 光化学スモッグ に係る許容限度を定めること等により，大気の汚染に関し，国民の健康を保護するとともに生活環境を保全し，並びに大気の汚染に関して人の健康に係る被害が生じた場合における事業者の損害賠償の責任について定めることにより，被害者の保護を図ることを目的とする．

問題21 ストレスと生体機能の恒常性（ホメオスタシス）に関する次の記述のうち，最も不適当なものはどれか．
(1) 高齢者は，若年者に比べてストレスに対する耐性は勝っている．
(2) 恒常性は，神経系，内分泌系，免疫系等の機能により維持される．
(3) 外部環境変化に対し，フィードバック機構により生体機能の恒常性が維持される．
(4) ストレスをもたらす刺激をストレッサーという．
(5) 恒常性とは，外部環境変化に対して内部環境を一定の水準に保つことである．

問題22 人体の臓器系とその臓器・組織との組合せのうち，最も適当なものは次のどれか．

(1) 免疫系 ——————— 静脈
(2) 内分泌系 ——————— 腎臓
(3) 呼吸器系 ——————— 心臓
(4) 循環器系 ——————— リンパ管
(5) 神経系 ——————— リンパ節

問題 23 日本産業衛生学会の「許容濃度等の勧告」に規定されている許容濃度に関する次の記述のうち，最も不適当なものはどれか．
(1) 1日8時間，週40時間程度の労働に当てはまる濃度を定めている．
(2) 許容濃度以下であれば，一人も健康障害が起こらない．
(3) 職場の環境中有害物質による健康障害を防ぐために決められている．
(4) 許容濃度は，安全と危険の明らかな境界を示したものと考えてはならない．
(5) 許容濃度は，新しい科学的根拠により見直されることがある．

問題 24 人体各部位の温度が高い順に並んでいるものとして，最も適当なものは次のうちどれか．

	温度が高い				温度が低い
(1)	顔の皮膚温	>	直腸温	>	手足の皮膚温
(2)	直腸温	>	手足の皮膚温	>	顔の皮膚温
(3)	直腸温	>	顔の皮膚温	>	手足の皮膚温
(4)	顔の皮膚温	>	手足の皮膚温	>	直腸温
(5)	手足の皮膚温	>	直腸温	>	顔の皮膚温

問題 25 冷房障害対策に関する次の記述のうち，最も不適当なものはどれか．
(1) 室内の風速を増す．
(2) 外気温と室温の差を7℃以内とする．
(3) 足元が冷えないようストッキングをはく．
(4) 座業が長く続く場合には，ときおり軽い運動をする．
(5) 帰宅後，ぬるめのお湯にゆっくり入る．

問題 26 化学物質過敏症に関する次の記述のうち，最も適当なものはどれか．
(1) 肺の線維増殖性変化を来す．
(2) 1秒量の測定により確実に診断できる．
(3) 精神神経症状が主体である．
(4) 自律神経失調症とは明確に区別できる．
(5) 環境中の化学物質との因果関係が証明されている．

問題 27 アスベストに関する次の記述のうち，最も不適当なものはどれか．
(1) 自然界に存在する． 　　　　(2) じん肺を生じる．
(3) 横隔膜の筋層から腫瘍を発生させる． (4) 発がん物質である．
(5) 作業環境評価基準（管理濃度）が定められている．

問題 28 アレルギーに関する次の記述のうち，最も不適当なものはどれか．
(1) アレルギー体質者は，特定の抗原に対してのみ反応する．

(2) アレルギー反応は，免疫反応である．
(3) 免疫グロブリンをアレルゲンと称する．
(4) アトピー性皮膚炎では，低湿度が増悪因子となりうる．
(5) 花粉やソバガラは，アレルゲンとなる．

問題29 オゾンに関する次の記述のうち，最も不適当なものはどれか．
(1) 特有の臭気がある．
(2) 紫外線の光化学反応で生成される．
(3) 室内では，高電圧を利用している機器からの発生が問題となる．
(4) 自然界では，落雷の際の放電で発生する．
(5) 水に溶けやすく，肺の奥まで達することはない．

問題30 室内のエアロゾルに関する次の記述のうち，最も適当なものはどれか．
(1) 粒径が10μm以上の場合，長時間にわたり浮遊している．
(2) 肺に沈着し，人体に有害な影響を及ぼす粉じんは，通常1μm以下の粒径のものである．
(3) ハウスダストは，アレルギー反応の原因とならない．
(4) 花粉や砂じんは，室内の浮遊粉じんには含まれない．
(5) 建築物における衛生的環境の確保に関する法律の制定時と比較し，建築物内の浮遊粉じん量は増加の傾向にある．

問題31 たばこに関する次の記述のうち，最も適当なものはどれか．
(1) 副流煙の組成は，主流煙の組成と異なる．
(2) 主流煙は，健康に影響を与えない．
(3) たばこ煙は，発がん物質を含まない．
(4) 通常，健康影響としては，ニコチンの薬理作用のみを考えればよい．
(5) 地域保健法により受動喫煙を助長する行為は，禁止されている．

問題32 酸素濃度と健常人の症状との組合せのうち，最も不適当なものは次のどれか．

　　　酸素濃度(％)　　　　　　　　症状
(1) 20～18 ――――― めまいを生じ，口唇が青紫色となる．
(2) 17～15 ――――― 呼吸や脈拍が増加する．
(3) 15～14 ――――― 注意力・判断力が低下する．
(4) 11～10 ――――― 眠気を催し，動作が鈍くなる．
(5) 7～6 ―――――― 感覚鈍重となり，知覚を失う．

問題33 二酸化炭素に関する次の記述のうち，最も不適当なものはどれか．
(1) 常温常圧では，無色無臭の気体である．
(2) 室内の濃度が6％程度になると，呼吸困難を起こす．
(3) 地球温暖化係数の基準とされている．
(4) 身体運動によって，呼気中の排出量は増加する．
(5) 室内の濃度が0.5％程度になると，頭痛や血圧上昇を来す．

問題34 音圧レベル60dBの音が，音圧で100倍に変化した場合，その音の音圧レベルは，次のうちどれか．ただし，音圧と音圧レベルの関係は，表に示すとおりとする．

(1) 50dB
(2) 70dB
(3) 80dB
(4) 100dB
(5) 120dB

表　音圧と音圧レベルの関係

$\dfrac{(音圧)^2}{(基準音圧)^2}$	音圧レベル [dB]
10^{14}	140
10^{12}	120
10^{10}	100
10^{8}	80
10^{6}	60
10^{4}	40
10^{2}	20
$10^{0}=1$	0

問題 35 音の聞こえに関する次の記述のうち，最も不適当なものはどれか．
(1) 人の聴覚が最も敏感な周波数は，1,000Hz 付近である．
(2) マスキング量は，マスカーによって生じる最小可聴値の上昇量（dB）で示される．
(3) 聞きたい音声と騒音のレベル差（S/N 比）が 15〜20dB 以上あれば，音声は聞きとりやすい．
(4) 可聴範囲の上限周波数は，約 20kHz である．
(5) 加齢に伴い低い周波数域よりも高い周波数域で聴力低下が起こりやすい．

問題 36 JIS の安全色の規定に基づく危険箇所などに用いる色とその意味との組合せのうち，誤っているものは次のどれか．
(1) 青————————放射能
(2) 黄赤———————危険
(3) 黄————————注意
(4) 緑————————安全状態
(5) 赤————————禁止，停止

問題 37 VDT 作業による目の疲労の要因として，最も不適当なものは次のうちどれか．
(1) 表示画面を注視することにより，瞬目回数が減少する．
(2) 表示画面とキーボードや書類との輝度の差が大きい．
(3) 表示画面に窓が映り込んでいる．
(4) 視野内に輝度が著しく大きなものがある．
(5) 「目と表示画面との距離」と「目と書類との距離」との差がない．

問題 38 電磁波に関する次の記述のうち，最も適当なものはどれか．
(1) マイクロ波の波長は，紫外線領域に相当する．
(2) 電磁波は，その種類にかかわらず，波長と周波数の積は一定である．
(3) 可視光線の波長は，赤外線のそれよりも長い．
(4) 極超長波（超低周波，ELF）は，電離放射線に含まれる．
(5) レーザとは，複数の波長を組み合わせた電磁波のことである．

問題 39 電離放射線の生体影響として，最も不適当なものは次のうちどれか．

(1) 白内障　　　(2) 白血病　　　(3) 消化器障害
(4) 関節リウマチ　　(5) 皮膚潰瘍

問題40 次の感染症のうち，水系感染症として最も不適当なものはどれか．
(1) アメーバ赤痢　　(2) 急性灰白髄炎（ポリオ）　　(3) 後天性免疫不全症候群
(4) 細菌性赤痢　　(5) コレラ

問題41 水道法に基づく水質検査項目に関する次の記述のうち，最も不適当なものはどれか．
(1) クロロホルムには，発がん性が確認されている．
(2) ヒ素化合物の毒性の強さは，その結合形によらず一定である．
(3) フッ素は，多量に含まれていると斑状歯の原因となる．
(4) ベンゼンは，発がん性がある．
(5) 水銀は，一般に無機水銀と有機水銀に分けられる．

問題42 室内空気が感染経路とならない感染症は次のうちどれか．
(1) レジオネラ症　　(2) クリプトスポリジウム症　　(3) インフルエンザ
(4) 肺結核　　(5) マイコプラズマ肺炎

問題43 次の感染症対策のうち，感染源対策に当たるものはどれか．
(1) 保菌者の管理　　(2) 予防接種　　(3) 飲料水の消毒
(4) 室内外の清潔保持　　(5) うがいの励行

問題44 薬液消毒剤に関する用語の組合せのうち，最も不適当なものは次のどれか．

	消毒剤	対象物	病原体
(1)	クレゾール	手指	細菌
(2)	ホルマリン	衛生材料	細菌
(3)	アルコール	医療器具	ウイルス
(4)	次亜塩素酸ナトリウム	水槽	細菌
(5)	逆性石鹸	手指	ウイルス

問題45 5%溶液として市販されている次亜塩素酸ナトリウムを100mg/Lにして使用する場合，水で薄める倍率として，正しいものは次のうちどれか．
(1) 10倍　　(2) 50倍　　(3) 100倍
(4) 500倍　　(5) 1,000倍

問題46 音に関する用語とその単位との組合せのうち，誤っているものは次のどれか．
(1) 音の強さ──────W/m^2
(2) 音の大きさのレベル──────sone
(3) 吸音力──────m^2
(4) 残響時間──────秒
(5) 透過損失──────dB

問題47 下の図はコンクリートの壁の室内側を断熱した場合と，室外側を断熱した場合の冬期暖房時の壁内定常温度分布を示している．内断熱の場合の温度分布A〜Cと外断熱の場合の温度分布ア〜ウの組合せのうち，正しいものは次のどれか．

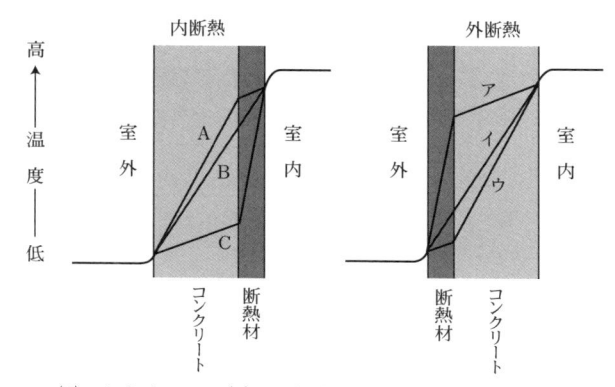

(1) Aとア　(2) Aとウ　(3) Bとイ
(4) Cとア　(5) Cとウ

問題 48　熱伝導率に関する次の記述のうち，最も不適当なものはどれか．
(1) パーティクルボードの熱伝導率は，木材の熱伝導率の数分の一程度である．
(2) 木材の熱伝導率は，コンクリートの熱伝導率の1/10程度である．
(3) 石こう板の熱伝導率は，木材の熱伝導率と同程度である．
(4) 木材の熱伝導率は，板ガラスの熱伝導率の数分の一程度である．
(5) 普通コンクリートの熱伝導率は，モルタルの熱伝導率と同程度である．

問題 49　壁表面近傍における熱移動に関する次の記述のうち，最も不適当なものはどれか．
(1) 自然対流の場合の対流熱伝達率は，熱流の流れる方向が影響する．
(2) 白色ペイント仕上げの材料では，日射吸収率，長波長放射率ともに0.2程度である．
(3) 温度が0℃の固体表面からも，一般に熱放射を放出している．
(4) 強制対流の場合の対流熱伝達率は，境界層外部風速が大きくなると増加する．
(5) 総合熱伝達率とは，対流熱伝達率と放射熱伝達率の和である．

問題 50　湿度に関する次の記述のうち，最も不適当なものはどれか．
(1) 温度が同じであれば，相対湿度が高くなると絶対湿度も高くなる．
(2) 温度を高くすると，飽和水蒸気圧も高くなる．
(3) 相対湿度が同じであれば，温度の高い方が絶対湿度は高い．
(4) 絶対湿度が一定であれば，空気を加熱すると相対湿度は低くなる．
(5) 絶対湿度が一定であれば，空気を加熱すると露点温度は高くなる．

問題 51　下の図は送風機の吸込口，吐出口に，円形ダクトを同じ長さだけ切断して取り付け，送風機を運転している状況を示している．送風機周辺の静圧を基準としたダクト内の静圧分布として適当なものは次のうちどれか．

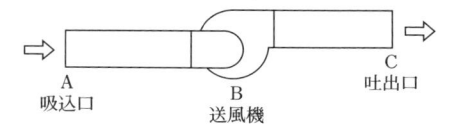

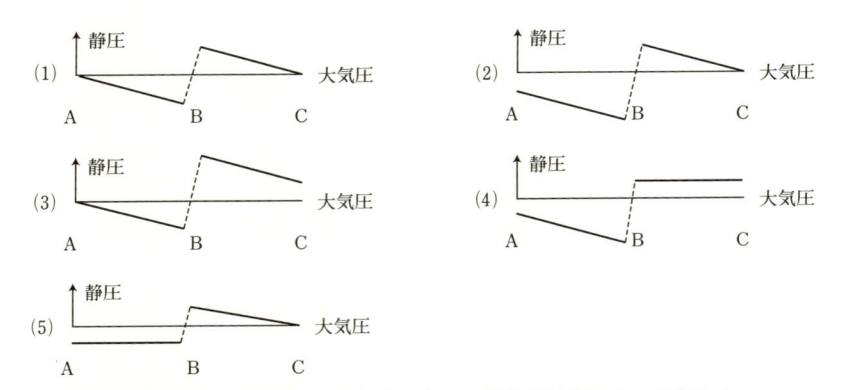

(1) ↑静圧 — 大気圧　A B C
(2) ↑静圧 — 大気圧　A B C
(3) ↑静圧 — 大気圧　A B C
(4) ↑静圧 — 大気圧　A B C
(5) ↑静圧 — 大気圧　A B C

問題 52 室内温熱環境に関する次の記述のうち，最も不適当なものはどれか．
(1) 建築物環境衛生管理基準では，相対湿度は，40％以上70％以下と定められている．
(2) 建築物環境衛生管理基準では，気流は，0.5m/s以下と定められている．
(3) 気流は，建築物環境衛生管理基準の中では不適率が低い項目である．
(4) 冷房期には，実態調査によると検査対象の半数以上に湿度の不適がみられる．
(5) 室内温度管理と室内湿度管理は，密接に関係する．

問題 53 一酸化炭素及び二酸化炭素に関する次の記述のうち，最も不適当なものはどれか．
(1) 建築物環境衛生管理基準では，一酸化炭素の含有率は，10ppm以下と定められている．
(2) 人の呼気中には，約4％の二酸化炭素が存在する．
(3) 二酸化炭素は，血液中のヘモグロビンと結合し，酸素の運搬を阻害する．
(4) 一酸化炭素の発生源の主なものは，燃焼器具，駐車場排気，たばこ等である．
(5) 二酸化炭素濃度は，室内空気の汚染や換気の総合指標として用いられる．

問題 54 揮発性有機化合物に関する次の記述のうち，最も不適当なものはどれか．
(1) TVOC濃度は，健康への影響を直接的に評価するものである．
(2) 揮発性有機化合物は，ヘアスプレー，ワックスに含まれる．
(3) TVOCは，総揮発性有機化合物と訳されている．
(4) 揮発性有機化合物には，多くの種類があり，その発生源も多様である．
(5) たばこ煙も揮発性有機化合物を発生させる放散源である．

問題 55 ラドンガスに関する次の記述のうち，最も不適当なものはどれか．
(1) 健康影響上問題になるのは放射能である．
(2) 土壌から発生することがある．
(3) 極めて微量な物質であるので，体積濃度で示す．
(4) 建材から発生することがある．
(5) 地下埋設排水管から，室内に侵入することがある．

問題 56 空気中の浮遊微生物に関する次の記述のうち，最も不適当なものはどれか．
(1) 結露した壁などの表面では，真菌が発生し，空気汚染源となることが多い．
(2) 地下街の浮遊菌濃度は，事務室内濃度に比べて低い場合が多い．

(3) 室内の濃度は，室内での居住活動の影響を受ける．
(4) 空気中の浮遊微生物の中には，感染症の原因となる細菌やウイルスが含まれる．
(5) 超音波式加湿器は，微生物を増殖した後，エアロゾルとして発生させるおそれがある．

問題 57 室内空気環境の問題点とその対策に関する次の記述のうち，最も不適当なものはどれか．
(1) 二酸化炭素濃度が局所的に高かったので，局所排気設備を設置した．
(2) 相対湿度が低かったので，室温を高く設定した．
(3) 吹出口の浮遊粉じん濃度が高かったので，フィルタの交換を行った．
(4) 一酸化炭素濃度が局所的に高かったので，発生源を除去した．
(5) ホルムアルデヒド濃度が全般的に高かったので，換気量を増加した．

問題 58 冬季において，全熱交換器で熱回収し，外調機で加熱加湿した外気と室内からの還気を混合した後，空気調和機で加熱して室内へ供給する空気調和システムを図-Aに示す．
図-Bは，図-A中のⓐ～ⓖにおける空気の状態変化を湿り空気線図上に表したもので，図-A中の外気ⓐと室内空気ⓖに相当するのは，図-B中のⓐ点とⓖ点である．
図-A中のⓓに相当する図-B中の状態点は，次のうちどれか．

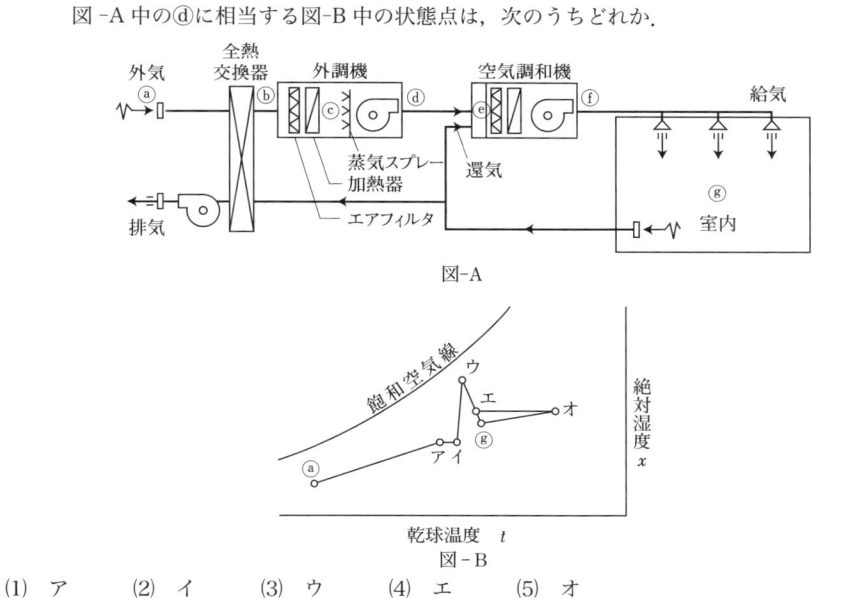

図-A

図-B

(1) ア　(2) イ　(3) ウ　(4) エ　(5) オ

問題 59 空気調和設備の熱負荷に関する次の記述のうち，最も不適当なものはどれか．
(1) 事務所建築物内のレストラン，特殊な室内条件を要求されるコンピュータ室などは，部屋の用途別に空気調和のゾーニングを行う．
(2) 室温が上がると，人体からの発熱量の設計値は，顕熱による発熱量が増加する．
(3) 大規模多層建築物では，複数階にまたがる垂直方向の空気調和のゾーニングが行われる．
(4) 空気調和の基本的ゾーニングは，外界条件の変化の影響を直接受ける外部ゾーンと，そ

の影響を直接受けない内部ゾーンに分けることである．
(5) 玄関まわりにおけるすきま風は，暖房時が特に顕著である．

問題60 空気調和に関する次の記述のうち，最も不適当なものはどれか．
(1) ダクトで空気を室内に供給する空気調和方式は，一般に，室内に設置された機器へ冷温水を送水し空気調和を行う方式に比べて，熱媒体の搬送動力を削減できる．
(2) 空気調和設備は，一般に，熱源設備・熱搬送設備・空気調和機設備・自動制御設備等によって構成される．
(3) 空気調和とは，室内の温度・湿度・気流及び清浄度を良好な状態に処理，調整することを意味する．
(4) 空気調和には，人間を対象とする保健空調と物品を対象とする産業空調がある．
(5) 冷媒方式は個別運転が可能で，一つの室内ユニットが故障しても他の室内ユニットへの影響が少ない．

問題61 空気調和方式に関する次の記述のうち，最も不適当なものはどれか．
(1) 変風量単一ダクト方式では，各室の風量が減少した場合，室内空気の清浄度が悪化する可能性がある．
(2) マルチゾーンユニット方式では，冷風と温風の混合によるエネルギーロスが発生する．
(3) 定風量単一ダクト方式では，自動制御用の検出器が設置されている代表室以外は，目標温度を維持できないことが多い．
(4) ペアダクト空調方式では，冷風と温風の2系統ダクトによる給気を混合させ，幅広い温度制御が可能である．
(5) 水熱源ヒートポンプ方式では，冷房負荷と暖房負荷が同時に発生する場合，熱源となる水を介しての熱回収が図られる．

問題62 空気調和方式に関する次の記述のうち，最も不適当なものはどれか．
(1) 低温冷風空調システムは，給気温度を下げることにより，風量を削減できるので，搬送動力の低減化が可能である．
(2) 床吹出し空調システムは，ダクトを用いないことにより，機外静圧が低く，搬送動力の低減化が期待できる．
(3) 低温冷風空調システムは，給気の低温化に伴う結露対策や室内湿度の低下などに留意する必要がある．
(4) 低温冷風空調システムは，4℃程度の冷水を製造できる氷蓄熱などの熱源方式と組み合わせてシステムを構築する．
(5) 床吹出し空調システムは，温度成層を形成させ，居住域空調を行うので，給気温度は10℃程度とすることが望ましい．

問題63 水蓄熱方式の蓄熱槽の特徴に関する次の記述のうち，最も不適当なものはどれか．
(1) 蓄熱槽の水を，火災時に消火用水として利用できる．
(2) 冷水を貯留する場合，冷凍機の夜間運転に伴って，冷凍機の成績係数（COP）が向上する．
(3) 槽内の水の混合，熱損失・熱取得が原因で，蓄熱した熱量全部を有効に利用することが出来ない．

(4) 時間外空調などの部分負荷に対する対応が難しい．
(5) 熱源機器のオン・オフ運転が少なくなるので，機器の耐久性が向上する．

問題 64 空気調和設備の熱源機器に関する次の記述のうち，最も不適当なものはどれか．
(1) 直だき吸収冷温水機は，運転管内圧力が高いので，運転資格が必要である．
(2) 遠心（ターボ）冷凍機は，羽根車の高速回転により発生する遠心力により，冷媒を圧縮する．
(3) 吸収冷凍機は，蒸発器・吸収器・再生器（発生器）・凝縮器で構成される．
(4) 燃料の持つ一次エネルギーから暖冷房，給湯，電力用のエネルギーを段階的に取り出し，利用する方法をトータルエネルギーシステムという．
(5) 密閉型冷却塔は，開放型冷却塔に比べて冷却水が汚れないため，冷凍機の性能低下などの問題が少ない．

問題 65 空気調和設備の熱源に関する次の記述のうち，最も不適当なものはどれか．
(1) オゾン層破壊係数ゼロで，地球温暖化係数も低い冷凍機用冷媒の開発が行われている．
(2) ヒートポンプは，低い温度のところから高い温度のところへ熱をくみ上げる装置である．
(3) 炉筒煙管ボイラでは，横型鋼板製の胴内に炉筒と多数の直管煙管が設けられている．
(4) 開放型冷却塔では，主に冷却水と大気の間の顕熱交換により，冷却水の温度を下げている．
(5) 無圧式温水発生機は，蒸気室を大気に開放しているので，ボイラとしての適用を受けない．

問題 66 空気調和機及び端末制御ユニットに関する次の説明のア〜ウとそのユニット名称との組合せとして，最も適当なものはどれか．
　ア　壁面設置型や天井隠ぺい型で，センサ・制御盤を内蔵したコンパクト型がある．
　イ　吹出し面と吸込み面が１枚のパネルに併設されていて，天井面にそのパネルが露出したカセット型がある．
　ウ　ダクト系の風量が変化する絞り式と，ダクト系の風量が変化しないバイパス式がある．

	ア	イ	ウ
(1)	エアハンドリングユニット	インダクション	定風量ユニット
(2)	ファンコイルユニット	エアハンドリング	定風量ユニット
(3)	ファンコイルユニット	エアハンドリングユニット	変風量ユニット
(4)	エアハンドリングユニット	ファンコイルユニット	変風量ユニット
(5)	インダクションユニット	ファンコイルユニット	定風量ユニット

問題 67 熱交換器に関する次の文章の　　　　　内に入る語句の組合せとして，最も適当なものはどれか．
　　　水対水用の熱交換器として幅広く使用されているのは　ア　である．熱媒と空気との熱交換を行う空気冷却器や空気加熱器に用いられるのは　イ　である．高温度差の熱媒の熱交換に用いられるのは　ウ　である．排気の混入がないため，ボイラなどからの燃焼排ガスによる空気予熱に使用されるのはヒートパイプ型熱交換器である．

	ア	イ	ウ
(1)	U字管式熱交換器	回転式全熱交換器	プレート式熱交換器

(2) プレートフィン型コイル―――U字管式熱交換器―――――――プレート式熱交換器
(3) プレート式熱交換器―――――回転式全熱交換器―――――U字管式熱交換器
(4) U字管式熱交換器　　―――プレートフィン型コイル―――回転式全熱交換器
(5) プレート式熱交換器―――――プレートフィン型コイル―――U字管式熱交換器

問題68 下の図は性能が同一である送風機2台を直列に連合運転した場合と，並列に連合運転した場合の合成特性曲線を示している．次の文章の　　　に入る語句の組合せとして，最も適当なものはどれか．

　空気調和用として一般に使われている低圧用送風機を直列運転する場合，単独運転の場合と比べて，同一の　ア　に対する　イ　は2倍になる．同様に送風機を並列運転する場合，単独運転の場合と比べて，同一の　ウ　に対する　エ　は2倍になる．

　装置抵抗曲線がR_0の場合，直列運転時の風量と並列運転時の風量は　オ　．

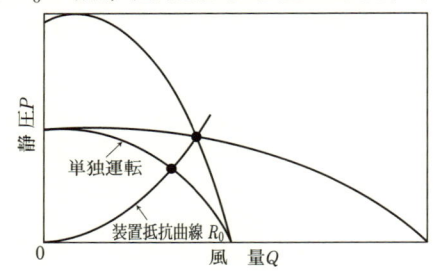

```
　　　　　ア　　　　イ　　　　ウ　　　　エ　　　　オ
(1) 静圧―――風量―――風量―――静圧―――等しくなる
(2) 静圧―――風量―――風量―――静圧―――異なる
(3) 風量―――静圧―――風量―――静圧―――等しくなる
(4) 風量―――静圧―――静圧―――風量―――等しくなる
(5) 風量―――静圧―――静圧―――風量―――異なる
```

問題69 下の図は，あるダクト系の流れ方向における静圧と動圧の変化を示したものである．これに関連する次の記述のうち，最も不適当なものはどれか．なお，ダクトの材質は全て同じで，図中のP_Tは全圧，P_Sは静圧，P_vは動圧を意味する．

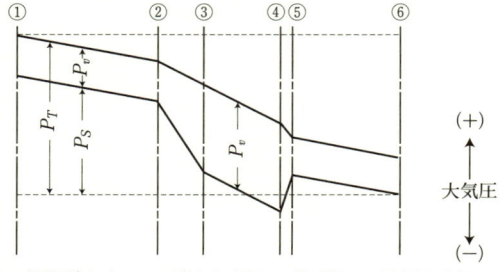

(1) 区間①から②は直管ダクトで，ダクト長さに比例して静圧が減じている．

(2) 区間②から③は，ダクト断面積が縮小してダクト内風速が増加している．
(3) 区間②から③における動圧増加量は，ベルヌーイの定理により静圧の減少量となる．
(4) 区間③から④における単位長さ当たりの摩擦損失は，区間①から②における単位長さ当たりの摩擦損失より小さい．
(5) ⑥でダクトから大気へ空気が吹き出している．

問題 70 ダクト系に関する次の記述のうち，最も不適当なものはどれか．
(1) 吸込み気流には，吹出し気流のような指向性がない．
(2) 防火ダンパは，防火区画を貫通するダクト内に設置され，温度ヒューズによって流路を遮断する．
(3) 定風量ユニットは，ダクト内の圧力が変化しても，常に一定の風量を維持する．
(4) アネモ型吹出口は，ふく流吹出口に分類される．
(5) 吸音内張りダクトの騒音の減衰特性は，低周波数域では大きいが，中高周波数域では小さい．

問題 71 空気浄化装置に関する次の記述のうち，最も不適当なものはどれか．
(1) 静電式は，圧力損失が少なく，微細な粉じんまで効率よく捕集できる．
(2) ガス除去フィルタに粉じんが付着すると，一般に除去率が低下するのでプレフィルタを使用する．
(3) ろ過式フィルタは適切な時期に交換を行わないと，捕集した粉じんの再飛散を起こす．
(4) 高性能フィルタでは，ろ材を折り込み，通過風速を遅くして圧力損失を低くしている．
(5) 比色法に基づく測定で捕集率が90％とされたフィルタは，質量法（重量法）に基づく測定では捕集率が50％程度である．

問題 72 ポンプに関する次の記述のうち，最も不適当なものはどれか．
(1) ポンプの吸込み圧力がキャビテーションに対して安全か否かを判断するのに，有効吸込みヘッド（NPSH）が用いられる．
(2) 軸継ぎ手の芯出しでは，水平度，平行度，通り芯の調整が行われる．
(3) 渦巻ポンプには，片吸込型と両吸込型があり，水量が多い場合，両吸込型が用いられる．
(4) 実際に水をくみ上げる高さに相当する圧力を全揚程という．
(5) 歯車ポンプは，2個の歯車がケーシングの中で回転し，吐出圧力にかかわらず，流量がほぼ一定に保たれる．

問題 73 換気設備に関する次の記述のうち，最も不適当なものはどれか．
(1) 臭気が多い病棟で臭気の拡散防止のため，病室内から直接外部へ排気した．
(2) 置換換気方式において，室温よりやや低温の新鮮空気を床面下部より供給し，室上部から排出した．
(3) 寒冷地の建築物で，居室の余剰排気をアトリウムなどの吹抜空間に排出し，駐車場の空気が居室へ逆流しないよう十分配慮したうえで，その排気を更に駐車場の給気に用いた．
(4) 国土交通大臣の認定を取得した，天井面で給排気をする換気方式を，業務用ガス厨房の調理室に採用した．
(5) ボイラ室に，第3種機械換気方式を採用した．

問題 74　ある室内の二酸化炭素濃度を 0.1 % 以下に維持するために必要な最小換気量として，正しいものはどれか．ただし，在室人員は 10 人，人体からの二酸化炭素発生量は 0.021m³/(h・人)，外気の二酸化炭素濃度は 0.03 % とする．
(1)　100 m³/h　　(2)　200 m³/h　　(3)　300 m³/h
(4)　400 m³/h　　(5)　500 m³/h

問題 75　環境測定項目とその測定器・測定原理等との組合せのうち，最も不適当なものは次のどれか．
(1)　窒素酸化物――――――ザルツマン法
(2)　一酸化炭素――――――検知管法
(3)　二酸化炭素――――――定電位電解法
(4)　相対湿度――――――アスマン通風乾湿計
(5)　気流――――――カタ計

問題 76　環境要素測定器とそれらを特徴付ける構成要素との組合せのうち，最も不適当なものは次のどれか．
　　　　　　測定器　　　　　　　　　構成要素
(1)　グローブ温度計――――――銅の中空球体
(2)　電気抵抗温度計――――――白金線
(3)　サーミスタ温度計――――――バイメタル
(4)　液体封入ガラス管温度計――――水銀
(5)　熱電対温度計――――――2 種類の異なる金属

問題 77　粉じん測定法と測定器に関する次の記述のうち，最も不適当なものはどれか．
(1)　粉じん測定法には，質量濃度測定法と相対濃度測定法の 2 種類がある．
(2)　光散乱法は，ろ紙上に採集した粉じんに光を当て，その散乱光の強さから質量濃度を直接測定する方法である．
(3)　ローボリウムエアサンプラ法は，ろ紙上に捕集した粉じんの質量を直接測定し濃度を求める方法である．
(4)　透過光法は，粉じんの捕集前と捕集後におけるろ紙の光の透過率の変化量から粉じん濃度を求める方法である．
(5)　圧電天秤法は，振動している水晶板の表面に粉じんを付着させ，その質量に応じた振動周波数の減少することを利用して粉じん濃度を求める方法である．

問題 78　各種ガス・粉じん測定法に関する次の記述のうち，最も不適当なものはどれか．
(1)　ホルムアルデヒドは，AHMT 法で測定することができる．
(2)　捕集したアスベスト繊維は，位相差顕微鏡により計数できる．
(3)　ダニアレルゲンは，サンドイッチイライザ法で測定できる．
(4)　浮遊微生物は，ピンホールサンプラで捕集できる．
(5)　ラドンガスは，ガルバニ電池方式で測定できる．

問題 79　風量，静圧，換気量等とその測定法及び測定器との組合せのうち，最も不適当なものは次のどれか．

	項目	測定法及び測定器
(1)	吹出口風量	オリフィス
(2)	ダクト内風量	熱線風速計
(3)	室内の換気量	トレーサガス濃度減衰法
(4)	静圧と全圧	ピトー管
(5)	圧力差	U字管マノメータ

問題80 空気調和に用いられる機器の維持管理に関する次の記述のうち，最も不適当なものはどれか．
(1) ポンプの羽根車表面のスケールにより，揚程の減少・電流値増大が発生する．
(2) 吸収冷凍機は，腐食による劣化と真空度低下が課題となる．
(3) ボイラの運転において，最も注意を要するのは過熱事故である．
(4) 冷却水の電気伝導率を連続的に測定して，補給水量を調整する．
(5) 低圧冷媒を用いる遠心型冷凍機は，停止中には装置全体が大気圧以上となる．

問題81 音に関する次の記述のうち，最も不適当なものはどれか．
(1) 空気中の音速は，気温の上昇とともに増加する．
(2) 一般に単位面積当たりの壁の質量を大きくした方が，透過損失は小さくなる．
(3) 開放された窓の吸音率は，1である．
(4) 1オクターブ幅とは，周波数が2倍になる間隔である．
(5) 純音とは，一つの周波数の音波のことである．

問題82 点音源からの距離が1mのところでの音圧レベルが80dBとすると，距離が2mのところでの音圧レベルとして，最も近いものは次のうちどれか．
(1) 20dB　(2) 40dB　(3) 74dB　(4) 77dB　(5) 80dB

問題83 振動に関する次の記述のうち，最も不適当なものはどれか．
(1) 環境振動の測定は，振動面に振動ピックアップを設置して行うのが一般的である．
(2) 鉛直方向の0.1Hz未満の振動は，通常，環境振動で対象とする周波数範囲に含まれない．
(3) 環境振動で対象とする周波数の範囲では，低周波に対する人体の感覚が鈍い．
(4) 道路交通振動に対する対策の一つに，敷地境界に設ける「防振溝」がある．
(5) 振動に対する人体の感覚は，作用する振動の方向によって異なる．

問題84 遮音性能に関する次の記述のうち，最も不適当なものはどれか．
(1) 機械室と居室との隔壁に用いる壁として，一般にコンクリートブロックは一体打ちコンクリート壁より遮音性能が悪い．
(2) コンクリート板組立工法による建築物では，柱，はり，壁等との取り合い部のシールの施工状態が遮音性能に影響する．
(3) 直張り工法によって内装された壁は，特定の周波数領域で遮音性能の落ち込みが生じる．
(4) 電気配管用パイプとケーブルとの隙間をふさぐことで，遮音性能を上げることができる．
(5) 合わせガラスは，単層ガラスに対し，合計の厚さが同じでも，全音域で遮音性能が低くなる．

問題85 昼光照明に関する次の記述のうち，最も不適当なものはどれか．

(1) 直射日光による水平面照度は，直射日光による法線照度より大きい．
(2) 昼光率は，室内表面反射率の影響を受ける．
(3) 一般に天窓は，同じ面積の側窓より多くの光を得ることができる．
(4) 天空が等輝度均等拡散面であれば，全天空照度が変動しても昼光率は一定である．
(5) 窓の汚れは，昼光率に関係する．

問題86 照明に関する次の記述のうち，最も不適当なものはどれか．
(1) ブラケットは，壁，柱に取り付ける照明器具である．
(2) コーニス照明方式は，壁に平行に遮光帯をつけてランプを隠して壁を照らす照明方式である．
(3) ダウンライトは，下方光束の割合が大きい．
(4) 拡散グローブを用いると，上方光束がほとんどなくなる．
(5) タスク・アンビエント照明方式は，全般照明と作業用の局部照明を併用する方式である．

問題87 ある部屋の作業面の必要照度が1,000lxであった．ランプ1灯当たりの光束が3,000 lmの蛍光ランプの灯数として，最も近いものは次のうちどれか．ただし，その部屋の床面積は50m^2，照明率を0.6，保守率を0.7とする．
(1) 15灯　(2) 20灯　(3) 24灯　(4) 28灯　(5) 40灯

問題88 光源の光束に関する次の文章の□内に入る語句の組合せとして，最も適当なものはどれか．

光源の光束は，周囲温度，電源電圧，点灯姿勢等によっても影響される．　ア　は周囲温度による光束の変動が最も大きく，これの実用的な温度範囲は5〜30℃である．電源電圧の光束への影響が大きい光源には　イ　がある．　ウ　は点灯姿勢の影響が大きい．

	ア	イ	ウ
(1)	白熱電球	ハロゲン電球	水銀ランプ
(2)	蛍光ランプ	ハロゲン電球	メタルハライドランプ
(3)	蛍光ランプ	白熱電球	高圧ナトリウムランプ
(4)	白熱電球	蛍光ランプ	高圧ナトリウムランプ
(5)	蛍光ランプ	水銀ランプ	メタルハライドランプ

問題89 加湿方式に関する次の記述のうち，最も不適当なものはどれか．
(1) 水噴霧式の加湿吸収距離は，蒸気式に比べて非常に短く，加湿効率がよい．
(2) 蒸気式による空気線図上の状態変化は，蒸気の熱水分比を一定とした線上を動く．
(3) 気化式による空気線図上の状態変化は，加湿される空気の比エンタルピーをほぼ一定とした線上を動く．
(4) 水噴霧式には，加圧した水を直接ノズルで噴霧する方式や，水を超音波で振動して細かい水滴を発生させる方式などがある．
(5) 気化式は，水に濡れた多孔質体に通風し，その空気との接触面で水を蒸発・気化させる方式である．

問題90 自動制御の制御内容に関する次の記述のうち，最も不適当なものはどれか．

(1) 還気の二酸化炭素濃度に基づいて，外気取入量を制御すると外気負荷が低減する．
(2) 冷房負荷の低減に合わせて，冷凍機の出口側冷水温度を上昇させると冷凍機の成績係数（COP）が低下する．
(3) 冬期の予熱時，外気ダンパ及び排気ダンパを閉鎖し，還気ダンパを全開すると，省エネルギーとなる．
(4) 冷凍機の冷却水入口温度により，冷却塔の送風量をインバータで制御すると，省エネルギーとなる．
(5) 外気温湿度に応じて全熱交換器の制御を行うと，年間を通じての省エネルギー効果が最大となる．

平成18年度【午後】

建築物の構造概論
給水及び排水の管理
清掃
ねずみ，昆虫等の防除

問題91 建築物のライフサイクルと維持管理に関する次の文章の[　]内に入る語句の組合せとして，最も適当なものはどれか．

建築物の維持管理において，日常の[ア]のみで竣工時の初期性能を維持するのは難しく，一定の期間が経つと[イ]が必要になる．さらに，要求性能の向上に対応して，当該建築物の長寿命化を図るためには[ウ]も必要になる．

	ア	イ	ウ
(1)	点検・保守	改修・補強・転用	建替
(2)	修繕	改修・補強・転用	建替
(3)	点検・保守	改修・補強・転用	解体
(4)	修繕	点検・保守	建替
(5)	点検・保守	修繕	改修・補強・転用

問題92 建築物の設計に関する次の記述のうち，最も不適当なものはどれか．
(1) 建築士法で規定されている設計を行う場合，設計する建築物の用途，構造，規模にかかわらず建築士の資格が必要である．
(2) 建築士法で規定されている設計とは，建築士の責任において設計図書を作成することをいう．
(3) 建築物の企画段階においては，地盤や周辺環境の調査のほか，法的規制や事業採算性についても検討する．
(4) 設計者の選定方式には，特命方式，コンペティション方式，プロポーザル方式等がある．
(5) 実施設計においては，施工や工事費の見積りに必要な詳細な設計図書を作成する．

問題93 建築物の設計図書に関する次の記述のうち，最も不適当なものはどれか．

(1) 構造図面は，構造設計に関する内容を示した図で，床伏図，小屋伏図，軸組図等からなる．
(2) 仕様書は，建築工事における材料や製品の品質・性能などについて指示した文書である．
(3) 透視図は，空間の構成や雰囲気がわかりやすいように，透視図法を用いて立体的に表現した図である．
(4) 立面図は，建築物の垂直断面を投影した図で，一般に2面以上を作成し垂直の寸法関係を示す．
(5) 配置図は，建築物と敷地の関係を示した図で，外構計画などをあわせて示すこともある．

問題94 建築物の構造に関する次の記述のうち，最も不適当なものはどれか．
(1) 鉄筋コンクリート構造は，耐震壁の配置の検討が必要である．
(2) 鉄骨構造は，靭性に富み，耐震的に有利な構造にしやすい．
(3) 鉄骨鉄筋コンクリート構造は，耐震性の強化に有利である．
(4) プレストレストコンクリート構造は，大スパン構造に適していない．
(5) 壁式鉄筋コンクリート構造は，集合住宅に適している．

問題95 構造計画と耐震設計に関する次の記述のうち，最も不適当なものはどれか．
(1) 層間変形角は，地盤の変形についての規定である．
(2) 水平ブレースは，水平構面に入れる斜材である．
(3) 偏心率は，平面的な壁の配置のバランスについての規定である．
(4) 剛性率は，立面的な壁の配置のバランスについての規定である．
(5) 筋かい（ブレース）は，骨組の垂直構面に入れる斜材である．

問題96 建築物の耐用管理に関する次の記述のうち，最も不適当なものはどれか．
(1) 耐震補強には，強度を高める方法や変形能力を高める方法などがある．
(2) コンクリートのひび割れは，隅角部や開口部には発生しにくい．
(3) 長寿命化のために，スケルトン・インフィルの建築物とする．
(4) 鉄筋コンクリート構造の劣化現象には，ひび割れなどがある．
(5) コンクリートの中性化により，内部の鉄筋が酸化し，錆びることがある．

問題97 建築基準法で規定する「構造耐力上主要な部分」に該当しないものは，次のうちどれか．
(1) 基礎　　(2) 階段　　(3) 土台　　(4) 床版　　(5) 小屋組

問題98 建築材料に関する次の記述のうち，最も不適当なものはどれか．
(1) 鋼材の容積比熱は，木材のそれより大きい．
(2) コンクリートの圧縮強度は，水セメント比に影響される．
(3) 板ガラスは，部分的に加熱されると破壊しやすい．
(4) アルミニウムの比重は，鉄のそれより小さい．
(5) 鉄鋼の熱膨張係数は，コンクリートのそれより大きい．

問題99 建築物の晴天日における日射の受熱と遮へいに関する次の記述のうち，最も不適当なものはどれか．
(1) 冬至の日の1日に受ける日射受熱量が最も大きいのは，西向き鉛直壁面である．
(2) 日射遮へい係数は，3mm厚の透明フロート板ガラスの日射熱取得に対する，各種ガラ

スや窓附属物が付いた場合の日射熱取得の比である．
(3) 南向き鉛直壁面の1日に受ける日射受熱量は，夏至の日よりも冬至の日の方が大きい．
(4) 夏至の日の1日に受ける日射受熱量が最も大きいのは，水平面である．
(5) ライトシェルフは，日射遮へいだけでなく，昼光利用としても有効である．

問題100 建築設備に関する次の記述のうち，最も不適当なものはどれか．
(1) 建築基準法によれば，高さ25mを超える建築物には，非常用の昇降機の設置義務がある．
(2) 都市ガスが漏えいすると，天井付近に滞留しやすい．
(3) 鉄筋コンクリート構造の建築物にガス管を引き込む際には，絶縁継手を設置する．
(4) 100Wの電球を点灯すると，毎秒100Jのエネルギーを消費する．
(5) 自動火災報知設備は，受信機，感知器，中継器，発信機，主ベルなどの音響装置及び表示灯（標識板）等で構成される．

問題101 防火と消防設備に関する用語の組合せのうち，最も不適当なものは次のどれか．
(1) フラッシュオーバ—————火災成長期
(2) 火災荷重—————可燃物
(3) 熱感知器—————光電式
(4) 消火器—————能力単位
(5) 特定防火対象物—————ホテル

問題102 防災と防犯に関する語句の組合せのうち，最も不適当なものは次のどれか．
(1) マグニチュード—————地震の規模
(2) 煙濃度—————減光係数
(3) 気象庁震度階級—————震度8
(4) 通路誘導灯—————地は白，文字は緑
(5) 特殊解錠用具—————サムターン回し

問題103 消防法に定める「消火活動上必要な施設」として，該当しないものは次のうちどれか．
(1) 排煙設備　　(2) 誘導標識　　(3) 連結送水管
(4) 非常コンセント設備　　(5) 連結散水設備

問題104 建築基準法の規定による「大規模の修繕」の定義として，正しいものは次のうちどれか．
(1) 建築物の全部について行う修繕をいう．
(2) 建築物の主要構造部の一種以上について行う過半の修繕をいう．
(3) 建築物の主要構造部の一種以上について行う1/3以上の修繕をいう．
(4) 建築物の主要構造部の二種以上について行う修繕をいう．
(5) 建築物の主要構造部以外の部分について行う過半の修繕をいう．

問題105 建築基準法の規定による「容積率」として，正しいものは次のうちどれか．

(1) $\dfrac{建築面積 \times 建築物の高さ}{敷地面積}$　　(2) $\dfrac{建築物の延べ面積}{建築面積}$

(3) $\dfrac{敷地面積}{建築物の延べ面積}$　　(4) $\dfrac{建築面積}{敷地面積}$

(5) $\dfrac{建築物の延べ面積}{敷地面積}$

問題 106 給水・給湯設備に関する用語とその単位との組合せのうち，最も不適当なものは次のどれか．
(1) 揚水ポンプの揚程 ―――――― m
(2) ゲージ圧力 ―――――――― Pa
(3) 比体積 ―――――――――― m^3/kg
(4) 給湯器の加熱能力 ――――― kW
(5) 水の比熱 ――――――――― kJ/℃

問題 107 給排水衛生設備に関する用語の組合せのうち，最も不適当なものは次のどれか．
(1) 逆サイホン作用の防止 ――――――― 吐水口空間の確保
(2) 排水口空間の設置 ―――――――― 営業用冷蔵庫の排水
(3) クロスコネクションの改善 ―――――― 逆止弁の設置
(4) 密閉式加熱コイル内蔵貯湯槽 ―――― 第一種圧力容器
(5) 結合通気管 ――――――――――― 10 階以上の高層建築物

問題 108 貯水槽における汚染防止に関する次の記述のうち，最も不適当なものはどれか．
(1) 貯水槽は，建築物の躯体を利用して築造してはならない．
(2) 貯水槽の本体や内面の塗料は，水質に悪影響を与えないものを使用する．
(3) 貯水槽の設置位置は，排水などがオーバフロー管などを介して水槽内に逆流しない高さとする．
(4) 貯水槽内に飲料水以外の配管を通す場合は，水面より上とする．
(5) 貯水槽のマンホールのふたは，雨水などが浸入しない構造のものとする．

問題 109 給水設備に関する次の記述のうち，最も不適当なものはどれか．
(1) 給水圧力が過大になると，ウォータハンマで生じる配管の振動によって漏水の原因となる．
(2) ポンプ直送方式の制御には，吐出し圧力一定制御と推定末端圧力一定制御がある．
(3) 逆サイホン作用の防止策として，管内が負圧になったときに空気を取り入れる装置を設ける．
(4) 直結増圧方式の給水方式を採用する場合は，水道の配水管への逆流を防止する装置を設ける．
(5) 上水高置水槽と雑用水高置水槽をバイパス管で接続して，雑用水が足りない場合にバイパス弁を開けて，上水高置水槽から補給する．

問題 110 ウォータハンマに関する次の記述のうち，最も不適当なものはどれか．
(1) 配管長に比べて曲折の多い配管部分は，ウォータハンマが生じやすい．
(2) ウォータハンマの防止方法として，揚水ポンプの吐出管に衝撃吸収式逆止弁を設ける．
(3) ウォータハンマは，弁類の急速な閉鎖だけでなく，急速な開放によっても発生する．
(4) 管内流速は，最大 2m/s 以下となるように管径を選択する．
(5) ウォータハンマ防止器を取り付ける場合は，防止器の破壊を避けるために発生点から十分離れた箇所に設ける．

問題 111 給水設備に関する次の記述のうち，最も不適当なものはどれか．
(1) 事務所建築における設計給水量は，1人1日当たり60〜100Lである．
(2) 一般水栓の必要圧力は，30kPa程度である．
(3) 貯水槽は，周囲六面に600mm以上の点検できる空間を確保する．
(4) 高層事務所建築においてゾーニングする場合の圧力の上限値は，0.5MPa程度である．
(5) 一般的に給水配管内の流速は，0.9〜1.2m/sである．

問題 112 給水用の各弁を説明するアからエの記述とその弁の名称との組合せのうち，最も適当なものは次のどれか．
　ア　弁体が管路を垂直にふさぐように開閉するもので，開閉のみの目的で使用し，設備配管に最も多く使用されている．
　イ　弁体が管路をふさぐように閉める構造で，流量調整に適している．
　ウ　円筒形の弁本体中心に円板状の弁体を設け，弁体を回転させることで流路の開閉を行う構造で，流量調整ができる．
　エ　管径と同径の通路を開けた弁体を回転させることで流路の開閉を行う構造で，流量調整ができる．

	ア	イ	ウ	エ
(1)	仕切弁	ボール弁	玉形弁	バタフライ弁
(2)	仕切弁	玉形弁	ボール弁	バタフライ弁
(3)	玉形弁	仕切弁	バタフライ弁	ボール弁
(4)	玉形弁	仕切弁	ボール弁	バタフライ弁
(5)	仕切弁	玉形弁	バタフライ弁	ボール弁

問題 113 簡易専用水道に関する次の記述のうち，最も不適当なものはどれか．
(1) 貯水槽の清掃は，1年以内ごとに1回，定期に行う．
(2) 給水栓における水に異常を認めたときは，水質検査を行う．
(3) 供給する水が人の健康を害するおそれがあるときは，直ちに給水を停止し，その水を使用することが危険である旨を関係者に周知させる．
(4) 水道事業の用に供する水道から供給を受ける水のみを水源とし，その水槽の有効容量が5m^{3}を超えるものは，簡易専用水道に該当する．
(5) 設置者は，定期に地方公共団体の機関又は厚生労働大臣の登録を受けた者の検査を受けなければならない．

問題 114 水質の衛生管理に関する次の記述のうち，最も不適当なものはどれか．
(1) 塩素消毒の反応速度は，温度が高くなるほど速くなる．
(2) 消毒剤を注入したときは，良く攪拌する必要がある．
(3) 懸濁物質によって，塩素の消毒効果が低下する．
(4) 塩素消毒の効果は，pHの影響を無視することができる．
(5) 残留塩素の測定には，ジエチル・パラ・フェニレンジアミンを発色試薬とした簡易測定法（DPD法）がある．

問題115 給水ポンプの維持管理に関する次の記述のうち，最も不適当なものはどれか．
(1) 電動機の絶縁抵抗値が1MΩ以下になった場合には，絶縁劣化の可能性がある．
(2) 電流値が変動している場合には，ポンプ内の片あたり・異物の噛み込みの可能性がある．
(3) 吸込み側圧力計が不規則に振れる主な原因は，ポンプの振動である．
(4) グランドパッキンから連続的に0.5cm³/s程度の水がでているが，交換する必要はない．
(5) 軸受温度は，周囲温度＋40℃以下であればよい．

問題116 建築物内における水質劣化の原因に関する次の記述のうち，最も不適当なものはどれか．
(1) スライム障害は，細菌類や藻類の増殖によって生じ，消毒効果の低下の原因となる．
(2) スケール障害は，水の硬度成分によって生じ，配管の詰まりの原因となる．
(3) 浄水場における塩素や硫酸バンドの投入量の増大に伴い，水のアルカリ度が上昇し，水の腐食性が増加している．
(4) 着色障害は，主として給水配管材料の腐食による生成物が水に溶解するために生じる．
(5) 異臭味は，藻類や放線菌が産出する臭気物質によって生じる．

問題117 給湯設備に関する次の記述のうち，最も不適当なものはどれか．
(1) ろ過機内のぬめりは，レジオネラ属菌の定着につながる．
(2) 配管材料は膨張するので，長い直線配管には伸縮管継手を使用して，管の伸縮量を吸収する．
(3) 給湯への補給水が高置水槽から供給される場合は，加熱装置に逃し管を設ける．
(4) 配管材料として銅管を使用する場合は，潰食の発生を防止するために，管内流速を制限する．
(5) 配管中の湯に含まれている溶存空気を抜くためには，圧力の高いところに自動空気抜き弁を設置する．

問題118 水の性質に関する次の記述のうち，最も不適当なものはどれか．
(1) ポンプによって水を吸い上げることのできる高さは，水温が高いほど低くなる．
(2) 給湯の場合には，水温が高いほど，金属腐食速度も速くなる．
(3) 水は，給水や給湯設備で扱う範囲では，ほとんど非圧縮性である．
(4) 水に対する空気の溶解度は，給湯で扱う範囲では，水の圧力が高いほど小さくなる．
(5) 水に対する空気の溶解度は，水温の上昇により減少する．

問題119 給湯設備の配管に関する次の記述のうち，最も不適当なものはどれか．
(1) 配管内の空気や水が，容易に抜けるように凹凸配管とはしない．
(2) 連続的に湯を使用するような給湯枝管には，返湯管を設けない場合が多い．
(3) 給湯循環ポンプは，給湯主管に設置する．
(4) リバースリターン方式を採用しても，循環量は均一化しない．
(5) 横管のこう配は，強制循環式では1/200以上とする．

問題120 中央式給湯設備に関する次の記述のうち，最も不適当なものはどれか．
(1) 毎日，貯湯槽の外観検査を行い，保温材の損傷や発錆状態を確認し，異常があれば修理する．

(2) 給湯温度が60℃になるように調整し，ピーク使用時においても55℃以上を確保する．
(3) 貯湯槽が複数ある場合は，滞留水の防止のため，使用しない貯湯槽の水は抜いておく．
(4) 性能検査後の貯湯槽のマンホールを閉じるときは，パッキンを新しいものに取り替える．
(5) 給湯水を均等に循環させるために，給湯往管に設けられている弁の開度調整を行う．

問題121 排水通気設備に関する次の記述のうち，最も不適当なものはどれか．
(1) 医療器具の排水管は，一般排水系統からの逆流を防止するために間接排水とする．
(2) 各個通気管を設ける場合は，トラップのウェアから管径の2倍未満の位置から取り出す．
(3) 延長が長い排水横管の途中には，掃除口を設ける．
(4) 厨房排水を流す排水管には，グリース阻集器を設ける．
(5) 通気管は，すべて管内の水滴が自然流下で排水管へ流れるように，こう配を設ける．

問題122 排水通気設備に関する語句の組合せのうち，最も不適当なものは次のどれか．
(1) トラップの封水損失―――――誘導サイホン作用
(2) 通気弁―――――――――――通気管内への空気の吸い込み
(3) 雨水ます―――――――――――泥だめ
(4) トラップの封水深―――――50mm以上100mm以下
(5) 貯水槽のオーバフロー管―――排水口空間100mm

問題123 排水槽及び排水ポンプに関する次の記述のうち，最も適当なものはどれか．
(1) 湧水槽におけるポンプの起動水位（HWL）は，二重スラブ底面の床面以下とする．
(2) 汚水槽の通気管は，汚水排水配管系統の通気管に接続する．
(3) 排水ポンプは，周囲の壁などから200mm以内に設ける．
(4) 排水槽の底には吸込みピットを設け，吸込みピットに向かって1/100以上のこう配を設ける．
(5) 厨房排水槽には，汚水ポンプを設ける．

問題124 通気設備に関する次の記述のうち，最も不適当なものはどれか．
(1) ループ通気方式は，最上流の器具排水管が排水横枝管に接続するすぐ上流から立ち上げて，通気立て管などに接続される通気管で構成される．
(2) 伸頂通気方式は，原則として排水立て管の途中にオフセットを設けてはならない．
(3) 各個通気方式は，各トラップごとに通気管を設ける方式で，自己サイホン作用の防止に有効である．
(4) 特殊継手排水システムは，伸頂通気方式を改良したものが多く，集合住宅などに採用されている．
(5) ループ通気方式及び各個通気方式は，ブランチ間隔3以上の場合，排水立て管と通気立て管を設ける2管式とする．

問題125 排水設備の管理に関する次の記述のうち，最も不適当なものはどれか．
(1) 通気管は，1年に1回程度，系統ごとに点検する．
(2) 排水槽内の排水は，1日を超えて貯留しないように，タイマーで強制排除する．
(3) 建築物環境衛生管理基準に基づき排水槽の清掃は，6カ月以内ごとに1回，定期に行う．
(4) グリース阻集器のグリースは，7～10日に1回の間隔で除去する．

(5) グリース阻集器や雑排水槽から発生する廃棄物は，産業廃棄物として処理する．

問題126 建築物における衛生的環境の確保に関する法律に基づく特定建築物の排水の管理に関する次の記述のうち，誤っているものはどれか．
(1) 排水に関する設備の掃除に薬品を用いる場合には，終末処理場あるいはし尿浄化槽の機能を阻害することのないよう留意すること．
(2) 排水の状況は，建築物の用途などによって異なるので，排水の質と量及び排水槽の容量などに応じて掃除の頻度を増すこと．
(3) 排水槽の掃除に用いる照明器具は防水型で，作業に十分な照度が確保できるものとする．
(4) 阻集器にあっては，油脂分，汚泥等を除去するとともに，掃除後は内部の仕切板などを正しく装着し，機能の維持を図ること．
(5) トラップの維持管理については，封水深が適切に保たれていること及びトラップ内の沈殿物などによる悪臭の発生，スケールの有無等を点検し，機能が阻害されていないことを確認すること．

問題127 大腸菌群に関する次の文章の　　内に入る語句の組合せとして，最も適当なものはどれか．
　　大腸菌群は，一般的に ア で，し尿中には1 イ 当たり100万個以上が存在し，汚水処理の進行に伴いその数は ウ することから，各処理工程の機能評価，及び処理水の エ を確保するための重要な指標とされている．

	ア	イ	ウ	エ
(1)	病原性	mL	増加	衛生的な安全性
(2)	病原性	L	減少	有機性汚濁の防止
(3)	非病原性	L	減少	有機性汚濁の防止
(4)	非病原性	mL	減少	衛生的な安全性
(5)	非病原性	kL	増加	富栄養化の防止

問題128 大便器の構造に関する次の記述のうち，最も不適当なものはどれか．
(1) サイホン式は，排水口が壁面にあって他の便器よりも高いため，連立して設置する場合に適する．
(2) 洗落し式は，最も構造が単純で，便器座面のサイズが他の方式のものよりも小さい．
(3) 洗出し式は，水溜まり部分がかなり浅いため跳ね返りが少ない反面，臭気が発生しやすい．
(4) サイホンボルテックス式は，洗浄時に空気の混入がほとんどなく，洗浄音が最も静かである．
(5) サイホンゼット式は，臭気の発散が少なく，ボール内乾燥面への汚物の付着がほとんどない．

問題129 給排水衛生設備に使用する機器に関する次の記述のうち，最も不適当なものはどれか．
(1) ステンレス鋼板製貯水槽では，気相部に腐食が発生することがある．
(2) FRP製貯水槽は，耐食性に優れているが，経年変化による強度劣化や紫外線に弱い欠点がある．

(3) 給湯循環ポンプは，配管系の熱損失による給湯温度の低下を防ぐために設ける．
(4) 密閉式膨張水槽は，労働安全衛生法に規定する安全装置である．
(5) オイル阻集器は，洗車場，駐車場等に設けて，ガソリン，油類等を阻止・分離・収集する．

問題130 給排水衛生設備に使用する配管材料に関する次の記述のうち，最も不適当なものはどれか．
(1) 合成樹脂ライニング鋼管は，管端防食継手を使用して接合部の耐食性を保持する．
(2) 銅管の使用で発生することがある青水は，銅管内面に酸化保護皮膜が形成されないために起こる現象である．
(3) ステンレス鋼管の接合に使用するメカニカル継手は，管離脱防止機構が重要である．
(4) 樹脂管は，使用温度が高くなると許容使用圧力が低下する．
(5) 排水用硬質塩化ビニルライニング鋼管の接合には，可鍛鋳鉄製ねじ込み継手が使用される．

問題131 雑用水に関する次の記述のうち，最も不適当なものはどれか．
(1) 膜分離装置と活性炭処理を組み合わせたシステムは，SSの高い排水でも低コストで処理できる．
(2) 原水となる排水の水質が良いほど，再利用処理コストは安価となる．
(3) 雨水は，一般的に沈砂槽程度の処理で利用される．
(4) 雑用水の原水は，年間を通じて安定して得られる排水を優先する．
(5) 地下二重スラブを利用する雑用水受水槽のマンホールは，床面から10cm以上立ち上げる．

問題132 排水再利用設備の各処理工程におけるSS除去率は，一次処理工程が40％，二次処理工程が60％であった．この設備全体のSS除去率として，正しいものは次のうちどれか．

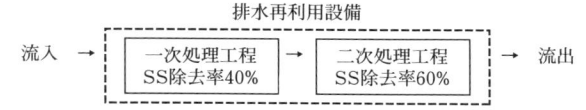

流入 → 一次処理工程 SS除去率40％ → 二次処理工程 SS除去率60％ → 流出
（排水再利用設備）

(1) 24％　(2) 36％　(3) 64％　(4) 76％　(5) 84％

問題133 排水再利用水の配管設備に関する次の記述のうち，最も不適当なものはどれか．
(1) 排水再利用水の配管設備は，他の配管と兼用してはならない．
(2) 洗面器に，排水再利用水の配管を連結する．
(3) 排水再利用水の配管には，排水再利用水の配管設備であることを示す表示をする．
(4) 散水用水栓には，排水再利用水を使用していることを示すステッカーなどをはる．
(5) 排水再利用水は，塩素消毒などの措置を講ずる．

問題134 流入BOD量30kg/日の浄化槽で，接触ばっ気槽のBOD容積負荷を0.3 kg/$(m^3 \cdot$日$)$で設計し，接触材の充填率を槽容量の60％とする．この場合，接触材の必要容量として，正しいものは次のうちどれか．
(1) $15m^3$　(2) $23m^3$　(3) $40m^3$　(4) $60m^3$　(5) $167m^3$

問題135 浄化槽法施行規則に規定されている「保守点検の回数」に関する次の記述のうち，誤っているものはどれか．
(1) スクリーン及び流量調整槽を有する接触ばっ気方式では，2週に1回以上保守点検を行う．
(2) 凝集槽を有する長時間ばっ気方式では，1ヵ月に1回以上保守点検を行う．
(3) 砂ろ過装置を有する回転板接触方式では，1週に1回以上保守点検を行う．
(4) 活性炭吸着装置を有する標準活性汚泥方式では，1週に1回以上保守点検を行う．
(5) 沈殿分離槽を有する散水ろ床方式では，3ヵ月に1回以上保守点検を行う．

問題136 消火設備に関する次の記述のうち，最も不適当なものはどれか．
(1) 易操作性1号消火栓は，1人で操作が可能である．
(2) 閉鎖型予作動式スプリンクラ設備は，凍結事故防止のために設けられる．
(3) 泡消火設備は，油火災に有効であり，駐車場などに設置される．
(4) 不活性ガス消火設備の作動に当たっては，対象室が無人になったことを確認してから，不活性ガスを放射する．
(5) 連結送水管は，公設消防隊が使用するもので，火災の際は消防ポンプ車から送水口を通じて送水される．

問題137 ガス設備に関する語句の組合せのうち，最も不適当なものは次のどれか．
(1) 都市ガス ──────────── 13A
(2) マイコンメータの自動遮断 ──── 地震の震度6弱以上
(3) 都市ガスの低圧供給規定圧力 ─── 0.1MPa 未満
(4) LPガスの設置場所 ──────── 常時40℃以下
(5) LPガス（液化石油ガス）───── 比重1.55［空気＝1.0］

問題138 水質汚濁防止法に規定する特定施設に該当する施設として，誤っているものは次のうちどれか．
(1) 旅館業（下宿営業を除く．）の用に供するちゅう房施設，洗濯施設及び入浴施設
(2) 病床300床以上の病院に設置されるちゅう房施設，洗浄施設及び入浴施設
(3) 飲食店に設置されるちゅう房施設で総床面積が300m² 以上の事業場
(4) 処理対象人員501人以上のし尿浄化槽
(5) 科学技術（人文科学のみに係るものを除く．）の研究などを行う事業所で，環境省令で定められたものに設置されるそれらの業務の用に供する洗浄施設及び焼入れ施設

問題139 浄化槽法に規定する放流水の水質の技術上の基準（平成17年9月26日，環境省令第29号）に示されているBODの値として，正しいものは次のうちどれか．
(1) 15mg/L 以下　(2) 20mg/L 以下　(3) 30mg/L 以下
(4) 60mg/L 以下　(5) 90mg/L 以下

問題140 水道施設に関する次の記述のうち，最も不適当なものはどれか．
(1) 膜ろ過法によって浄水を得る方法は，カビ臭の除去が可能である．
(2) 深層地下水は，地表からの汚染を受けにくく，水質が安定しているが，管の腐食を生ずることがある．

(3) 保健所設置市及び特別区の専用水道は，当該保健所設置市長及び特別区長が指導監督を行う．
(4) 水道水の水質基準では，水質検査は各水道事業者が，原水や浄水の水質の状況に応じて，合理的な範囲で検査の回数を減らすことができる．
(5) 水道法で規定する給水装置とは，需要者に水を供給するために水道事業者の施設した配水管から分岐して設けられた給水管及びこれに直結する給水用具である．

問題141 清掃作業計画に関する次の記述のうち，最も不適当なものはどれか．
(1) 作業計画は，作業方法の改善や作業環境等によって変更される．
(2) 清掃作業の計画化とは，清掃作業従事者，清掃資機材を効果的に組織化することである．
(3) 作業計画の作成に当たっては，季節，天候，曜日等にかかわらず，一律に計画を立てる．
(4) 作業計画の作成に当たっては，作業仕様書を理解して，作業量要因数を調査し，作業標準時間に基づいて個々の作業時間を算出する．
(5) 作業計画は，作業内容，作業回数，作業時間帯等によって数種類用意する必要がある．

問題142 建築物清掃における業務改善の着眼点に関する次の記述のうち，最も不適当なものはどれか．
(1) 建築物全体が，快適環境になっているかについても着眼する．
(2) 作業仕様書及び作業基準表に限定して検討する．
(3) 業務改善には，応急的処置ですむものと根本的処置を要するものとがある．
(4) 建材の保全性が，損なわれていないかについても留意する．
(5) 作業環境で，品質や作業効率に影響しているものはないかについて分析する．

問題143 ほこりなどの粉状物質とその粒子の大きさとの組合せのうち，最も適当なものは次のどれか．
(1) 沈降性大気じん ――――――― $0.1\mu m \sim 1\mu m$
(2) たばこ煙 ――――――― $0.1\mu m \sim 1\mu m$
(3) 花粉 ――――――― $1\mu m \sim 10\mu m$
(4) 掃除機の排気中の粉じん ――――――― $100\mu m \sim 500\mu m$
(5) 清掃による発じん ――――――― $100\mu m \sim 500\mu m$

問題144 汚れの予防対策に関する次の記述のうち，最も不適当なものはどれか．
(1) 汚れの付着によって，さびやカビ等を生じやすい建材は，後の処理に手間がかかる．
(2) 水に耐える材質の建材は，清掃しやすいことが多い．
(3) 平滑緻密な建材の表面には，汚れが付着しやすい．
(4) 汚れが付着しにくく，付着しても除去しやすい建材を選択することが望ましい．
(5) 床材に床維持剤やシール剤を塗布することは，汚れの予防に有効である．

問題145 アップライト型真空掃除機に関する次の記述のうち，最も適当なものはどれか．
(1) 回転ブラシでごみやほこりをかき出しながら機内に吸込む構造である．
(2) フィルタバッグが小さいので排気がしやすい．
(3) カーペット表面のかさ高固着物を除去するのに適している．
(4) カットパイルの繊維床には適さない．

(5) 吸込み風量が少ないのが特徴である．

問題146 清掃用具とその特徴との組合せのうち，最も不適当なものは次のどれか．
(1) デッキブラシ――――――石材床面のこすり洗いなどに使用される．
(2) フロアブラシ――――――床面を押し掃きするブラシである．
(3) 自在ぼうき―――――――座敷ぼうきよりほこりを舞い上げることが多い．
(4) 着脱式モップ―――――房糸が着脱できるので，洗濯機でまとめて洗濯できる．
(5) ダストモップ―――――不織布繊維タイプのものは，小さいほこりの除去に有効である．

問題147 清掃用洗剤に関する次の記述のうち，最も不適当なものはどれか．
(1) 一般用洗剤（万能洗剤）には，助剤の添加を控えて，有機溶剤を加えたものがある．
(2) 合成洗剤は，陰イオン系と陽イオン系の2種類に大別される．
(3) 一般用洗剤（万能洗剤）には，弱アルカリ性のものが多い．
(4) 洗剤の助剤として，リン酸塩はほとんど使用されていない．
(5) 界面活性剤には，汚れの再付着を防止する作用がある．

問題148 床材とその床維持剤との組合せのうち，最も適当なものは次のどれか．
(1) シールされていない木床――――水性ワックスタイプ
(2) アスファルトタイル――――――フロアオイル
(3) ゴムタイル―――――――――油性フロアポリッシュ
(4) カーペット――――――――――乳化性フロアポリッシュ
(5) 塩化ビニルシート――――――水性ポリマタイプ

問題149 清掃作業とその洗剤との組合せのうち，最も不適当なものは次のどれか．
(1) 真鍮金物の洗浄――――――研磨剤入り洗剤
(2) ウールカーペットの洗浄――高級アルコール系洗剤
(3) 便器の洗浄――――――――酸性洗剤
(4) コンクリート床の洗浄―――アルカリ性洗剤
(5) リノリウム床の洗浄――――強アルカリ性洗剤

問題150 カーペット床の維持管理に関する次の記述のうち，最も不適当なものはどれか．
(1) 汚れやすい部分には，除じんマットを敷く．
(2) しみ取り作業は，日常作業で行う．
(3) 帯電現象が冬季に多いのは，湿度が低いからである．
(4) パイル内部のほこり除去には，カーペットスイーパを用いる．
(5) 汚れがパイルの上部にあるうちに，スポットクリーニングを行う．

問題151 ドライメンテナンス作業法の基本的な作業に関する次の文章の □ に入る語句の組合せとして，最も適当なものはどれか．
　スプレーバフ作業法は，細かい傷と ア を除去する作業で，洗浄つや出し作用をもつ液を イ しながら， ウ パッドで磨く作業である．

　　　　　ア　　　　　　　イ　　　　　　ウ
(1) 軽度の汚れ―――――スプレー―――――赤
(2) 重度な汚れ―――――塗布―――――――青

(3) 重度な汚れ————————塗布————————赤
(4) 軽度の汚れ————————スプレー————————青
(5) 重度な汚れ————————スプレー————————青

問題152 清掃作業に関する次の記述のうち，最も不適当なものはどれか．
(1) ステンレスに塗布されたクリアラッカーは，状況により剥離する必要がある．
(2) 照明器具は，汚れにより照度が低下するので，定期的に清掃を行う．
(3) トイレは建材の種類が多いので，建材ごとの使用洗剤や作業方法を理解することが必要である．
(4) 湯沸室に使用する用具は，他の場所に使用する用具と区別する．
(5) エレベータのインジケータや扉の汚れは，水溶性のものが多い．

問題153 清掃作業における評価は作業品質と組織品質から構成されているが，次の記述のうち，最も不適当なものはどれか．
(1) 作業品質は，衛生性，美観性や保全性が重要な要素となっている．
(2) 組織品質は，企業の組織管理体制が重要な要素となっている．
(3) 組織品質には，従事者の感じのよさも大きな要素として含まれる．
(4) 組織品質は，企業の規模により決まる．
(5) 作業品質は，作業結果の良否を対象として評価する．

問題154 平成12年度における産業廃棄物の処理の現状に関する次の記述のうち，最も不適当なものはどれか．
(1) 産業廃棄物の総排出量の約45％が，再生利用されている．
(2) 産業廃棄物の総排出量は，約4億tで，近年，総排出量はほぼ横ばいである．
(3) 産業廃棄物のうち，汚泥の排出量が最も多く，総排出量の約46％を占めている．
(4) 不法投棄された産業廃棄物の投棄量の約10％が，建設廃棄物である．
(5) 産業廃棄物の総排出量の約11％が，最終処分されている．

問題155 廃棄物に関する次の文章の［　　　］に入る語句として正しいものはどれか．
バーゼル条約の国内対応法として，「特定有害廃棄物等の［　　　］等の規制に関する法律」が平成4年12月に公布された．
(1) 排出　　(2) 処分　　(3) 輸出入　　(4) 運搬　　(5) 分別

問題156 廃棄物の処理及び清掃に関する法律に基づく廃棄物の定義に関する次の記述のうち，最も不適当なものはどれか．
(1) 産業廃棄物とは，事業活動に伴って生じた廃棄物のうち廃プラスチック類など，法律及び政令で定める廃棄物をいう．
(2) 公共的事業に伴って排出された廃棄物も，産業廃棄物として扱われるものがある．
(3) 一般廃棄物とは，産業廃棄物以外の廃棄物をいう．
(4) 特別管理一般廃棄物とは，一般廃棄物のうち，爆発性，毒性，感染性その他の人の健康又は生活環境に係る被害を生じるおそれのある性状を有するものとして，政令で定めるものをいう．
(5) 廃棄物とは，ごみ，汚泥，その他の汚物又は不要物であって，固形状，液状又はガス状

のものをいう．

問題157 建築物から排出される廃棄物に関する次の記述のうち，最も不適当なものはどれか．
(1) 事務所からは，新聞，雑誌，OA用紙等の紙類が多く排出される．
(2) 建築物の用途と延べ床面積をもとに，廃棄物排出量を推定できる．
(3) 百貨店の廃棄物は，ビン類，缶類，プラスチック類の比率が高い．
(4) 廃棄物は，排出事業者が直接処分場に搬入することもできる．
(5) ホテルの廃棄物は，紙類と厨芥類の比率が高い．

問題158 建築物の廃棄物発生原単位に関する次の文章の　　　　　内に入る語句として，最も適当なものはどれか．
　建築物の廃棄物排出量を，発生原単位 kg/(m²・日) 及び kg/(人・日) で表示する場合，建築物の延べ床面積，在館人員数及び　　　　　を把握することが必要である．
(1) 廃棄物の総質量　　(2) 廃棄物の成分割合　　(3) 廃棄物の占有体積
(4) 廃棄物の見かけ比重　　(5) 廃棄物収集容器の総容積

問題159 建築物内における廃棄物処理に関する次の文章の　　　　　内の語句として，最も不適当なものはどれか．
　建築物内の中間処理は，廃棄物の (1) 圧縮による減容化 , (2) 脱水による減量化 , (3) 混合による均質化 , (4) 保管スペースの節約 , (5) 搬出・運搬の効率化 を図るために実施する．

問題160 建築物内廃棄物の収集・運搬用具に関する次の記述のうち，最も不適当なものはどれか．
(1) 下層の階ほど多くの数量を用意する．
(2) 臭気のある廃棄物を収集・運搬するときは，ふた付きの用具を使用する．
(3) 廃棄物の種類ごとに用意する．
(4) 定期的に点検・保守を行う．
(5) 衛生的で手入れのしやすいものを使用する．

問題161 建築物内の中間処理設備に関する次の記述のうち，最も不適当なものはどれか．
(1) 圧縮機は，圧縮率 1/4～1/3 のものが多い．
(2) 破砕機は，主としてビン，缶等が破砕できる小型の装置である．
(3) 貯留・排出機は，貯留した廃棄物をパッカ車に自動的に積み替えることができる．
(4) プラスチック溶融機は，現在唯一のプラスチック処理設備として使用されている．
(5) 水搬送システムは，食堂から発生した生ごみを破砕して搬送する場合に用いる．

問題162 廃棄物中央集積室に関する次の記述のうち，最も不適当なものはどれか．
(1) 他の用途との兼用はしない．
(2) 密閉区画構造とする．
(3) 種類ごとに分別して収集・保管できる構造とする．
(4) 給水栓は，逆流を防止する構造が望ましい．
(5) 第2種換気設備を設ける必要がある．

問題163　建築物内の廃棄物縦搬送方式に関する次の記述のうち，最も不適当なものはどれか．
(1) ダストシュート方式は，衛生性に劣る．
(2) エレベータ方式は，初期コストが高い．
(3) 自動縦搬送方式は，作業効率に優れている．
(4) 自動縦搬送方式は，高層建築物に適用される．
(5) 小口径管空気方式は，大規模建築物に適用される．

問題164　建築物内廃棄物と建築物環境衛生管理技術者に関する次の記述のうち，最も不適当なものはどれか．
(1) 食品廃棄物を一時貯留する場所は，できるだけ薬剤（衛生害虫等防除用）を使用するよう指導する必要がある．
(2) 建築物環境衛生管理技術者は，適正処理にかかわる評価・改善を事業者に進言することが望まれる．
(3) 建築物環境衛生管理技術者は，各種廃棄物の資源化に際して支障を及ぼさないような管理を行う必要がある．
(4) 廃棄物の排出は事業者の責任で行うものであるが，建築物環境衛生管理技術者も積極的に関与する必要がある．
(5) 資源循環のためには，紙類や容器包装等の廃棄物はできるだけ細かな分別を実施するよう指導する必要がある．

問題165　循環型社会形成推進基本法の条文に述べられている法律の定義に関する次の文章の[　　　]内に入る語句として，誤っているものはどれか．
　この法律において「循環型社会」とは，製品等が(1) 廃棄物等となることが抑制され，並びに製品等が(2) 循環資源となった場合においてはこれについて適正に循環的な利用が行われることが促進され，及び循環的な利用が行われない循環資源については(3) 適正な処分が確保され，もって(4) 廃棄物の不法投棄を抑制し，(5) 環境への負荷ができる限り低減される社会をいう．

問題166　アカイエカ及びチカイエカに関する次の記述のうち，最も不適当なものはどれか．
(1) アカイエカは，成虫で翌春まで越冬する．
(2) アカイエカの幼虫は，有機物の多い水溜まりで発生する傾向が高い．
(3) アカイエカは人から吸血するが，野鳥，鶏等からも吸血する．
(4) チカイエカは，冬期に卵で休眠し，孵化幼虫は4月ごろ成虫になる．
(5) チカイエカは，浄化槽内の狭い空間で交尾することができる．

問題167　蚊の防除に関する次の記述のうち，最も不適当なものはどれか．
(1) 成虫防除に用いられるULV処理は，数週間の残効性が期待できる．
(2) 浄化槽内の防除効果は，粘着トラップによる成虫の捕獲数で調査する．
(3) 殺虫剤の処理後も成虫の発生が処理前と同様に認められる場合は，薬剤抵抗性の発達を考慮する必要がある．
(4) 樹脂蒸散剤は，密閉性が保たれている空間の成虫防除に効果を発揮する．

(5) 昆虫成長制御剤（IGR）は，幼虫に対する速効的な致死効果は認められない．

問題168 ゴキブリに関する次の文章の ┌──┐ 内に入る語句の組合せとして，最も適当なものはどれか．

建築物内に定着しているゴキブリのうち，│ ア │は飲食店，都市ビルにおける代表的な種類である．一方，│ イ │は，本州，四国，九州の日本家屋などに多く見られ，野外生活性が強い日本土着種の│ ウ │は，特に農村地帯の建築物でよく見られる．│ エ │は，南西諸島や九州南部に多く見られるが，暖かい場所ではその他の地域でも定着している．

	ア	イ	ウ	エ
(1)	チャバネゴキブリ	ヤマトゴキブリ	クロゴキブリ	ワモンゴキブリ
(2)	チャバネゴキブリ	クロゴキブリ	ヤマトゴキブリ	ワモンゴキブリ
(3)	クロゴキブリ	ヤマトゴキブリ	ワモンゴキブリ	チャバネゴキブリ
(4)	トビイロゴキブリ	クロゴキブリ	ヤマトゴキブリ	チャバネゴキブリ
(5)	クロゴキブリ	ワモンゴキブリ	トビイロゴキブリ	チャバネゴキブリ

問題169 ゴキブリの防除に関する次の記述のうち，最も適当なものはどれか．
(1) ULV処理には，専用の油剤を使用する．
(2) 残留処理は，薬剤を経口的に取り込ませることを狙った処理法である．
(3) 薬剤を用いて防除を行う際は，生息場所や生息密度などの調査を行う必要はない．
(4) 5か所に4日間設置した粘着トラップの総捕獲数が200匹の場合，ゴキブリ指数は40である．
(5) 空間処理にピレスロイド剤を使用すると，フラッシング（追い出し）効果が期待できる．

問題170 ダニに関する次の記述のうち，最も不適当なものはどれか．
(1) ヒョウヒダニ類は，屋内塵中で見られるダニ相の優占種になることが多い．
(2) タカラダニ類は，屋外で発生し，室内に侵入することもある．
(3) トリサシダニは，室内に侵入して人からも吸血することがある．
(4) ツメダニ類は，屋内塵中によく見られるダニで，動物吸血性である．
(5) ケナガコナダニは，保存食品などにも発生する屋内塵性ダニである．

問題171 ダニの防除対策に関する次の記述のうち，最も不適当なものはどれか．
(1) 野外活動時の忌避剤使用は，ツツガムシ対策に有効である．
(2) 除湿は，ケナガコナダニ対策に有効である．
(3) 家屋に営巣した鳥の巣の除去は，イエダニ対策に有効である．
(4) ヒョウヒダニ類の防除対策は，ツメダニ類対策としても有効である．
(5) 除塵は，ヒョウヒダニ類対策に有効である．

問題172 建築物内で発生する害虫に関する次の記述のうち，最も不適当なものはどれか．
(1) ノミは，飢餓に弱いために，毎日吸血することが必要である．
(2) ゴキブリ類が夜間の特定の時間帯に活動するのは，体内時計の働きによる．
(3) ユスリカ類は，浄化槽内から発生することがある．
(4) トコジラミは，夜間吸血性で，昼間は柱，壁の割れ目に潜んでいる．

(5) シバンムシアリガタバチは，シバンムシ類の幼虫に寄生し，夏季に羽化して，人を刺すことがある．

問題173 害虫防除に関する次の記述のうち，最も適当なものはどれか．
(1) ネコノミの幼虫は，宿主の体毛の間で発育するので，発生源対策として宿主に対する薬剤処理を実施する．
(2) チョウバエ類の幼虫は，浄化槽等の水中深くに生息しているので，水中全体に薬剤が行き渡るような処理を行う必要がある．
(3) ユスリカ類は，ナトリウム灯の光に誘引されるので，建築物周辺の照明には蛍光灯を使用する．
(4) ノミバエ類の発生源は，腐敗した植物質や果物なので，厨芥の管理を行うことで防除できる．
(5) チャタテムシ類を増加させないためには，餌となるカビの発生を抑えることも必要である．

問題174 殺虫剤に関する次の記述のうち，最も不適当なものはどれか．
(1) フェノトリンを有効成分とした製剤には，シラミ用として人体に直接使用できるものがある．
(2) ピレスロイド剤は，一般に昆虫に対する忌避性が認められる．
(3) 有機リン剤には，対称型と非対称型がある．
(4) ピレスロイド剤は，全般に魚毒性が低いので，水域の蚊幼虫対策によく使用される．
(5) メトキサジアゾンは，ピレスロイド抵抗性を獲得したチャバネゴキブリに対しても有効である．

問題175 ネズミの生態に関する次の記述のうち，最も不適当なものはどれか．
(1) 最近，クマネズミは多くの都市部で大規模な建築物の優占種となっている．
(2) クマネズミは，ドブネズミと比較すると警戒心が強く，毒餌やトラップによる防除が困難である．
(3) クマネズミは，運動能力に優れ，垂直の壁や電線を伝わって屋内に侵入する．
(4) ドブネズミは，植物質の餌を好み，クマネズミは動物質の餌を好む．
(5) ハツカネズミは，種子食傾向が強く，農家の納屋などに見られる．

問題176 ネズミ用の薬剤に関する次の記述のうち，最も不適当なものはどれか．
(1) ワルファリンやフマリンは，抗凝血性殺鼠剤で，連日摂取させることが必要である．
(2) ノルボルマイドやシリロシドは，急性殺鼠剤で，1回の摂取で致死させることを目的としている．
(3) シクロヘキシミドやカプサイシンは，忌避作用をもち，処理区域からネズミを追い出す効果がある．
(4) 殺鼠剤は，全て経口的に体内に取り込まれることにより，効果が現れる．
(5) 粉剤は毒餌を作る際に使用する以外に，鼠穴や通路等に散布して使用することもある．

問題177 衛生害虫と疾病に関する次の記述のうち，最も不適当なものはどれか．
(1) イエバエは，豚舎，鶏舎，牛舎で発生が多く，腸管出血性大腸菌O157の運搬者とし

て注目されている．
(2) ノミは，ペストの媒介者であるが，我が国ではネコノミによる刺咬被害が多い．
(3) コガタアカイエカは，日本脳炎の媒介蚊であるが，我が国では発生が見られなくなった．
(4) コナヒョウヒダニは，小児喘息の原因になることが知られている．
(5) ヒトスジシマカは，住環境周辺で発生が見られ，デング熱の媒介蚊である．

問題178 ネズミや害虫の防除薬剤の安全性に関する次の記述のうち，最も不適当なものはどれか．
(1) 薬剤の安全性は，防除対象害虫とヒト又は動物に対するLD_{50}値の差が，小さいほど確保しやすい．
(2) ネズミや衛生害虫の防除には，薬事法で承認された薬剤だけが使用できる．
(3) 薬剤の安全性は，防除対象害虫とヒト又は動物の体重差や選択毒性の違いで確保される．
(4) 薬剤の安全性は，毒性の内容や強弱，摂取量，摂取期間等によって決まる．
(5) 薬剤の安全性は，用法・用量にそった使用により確保される．

問題179 建築物内のネズミ及び害虫の防除に関する次の記述のうち，最も不適当なものはどれか．
(1) IPM（総合防除）手法による防除でも，状況に応じて，薬剤を使用した化学的対策を実施する．
(2) 媒介動物防除のことを「ニューサンスコントロール」といい，不快動物防除を「ベクターコントロール」という．
(3) 清掃や整理整頓等の環境的対策は，ネズミ・害虫の防除の基本となる方法である．
(4) ネズミは食品の害のみならず，感染症の媒介，停電事故，火災発生にも関係することがある．
(5) 設計の段階から害虫やネズミが侵入しにくい構造を計画することが重要である．

問題180 建築物内における害虫に関する次の記述のうち，最も不適当なものはどれか．
(1) 発生する不快害虫は，健康を阻害する要因の一つと考えられる．
(2) 発生する害虫によって，感染症が伝搬されることは少ない．
(3) 越冬のために侵入するカメムシ類は，不快害虫となる．
(4) 発生する害虫類の種類や発生量は，季節や地域によって異なる．
(5) 建築物内の環境は，そこで発生する害虫類には適した環境ではない．

平成17年度【午前】

建築物衛生行政概論
建築物の環境衛生
空気環境の調整

問題1 日本国憲法第25条に規定されている次の条文の ☐ 内に入る語句の組合せとして，正しいものはどれか．

すべて国民は，　ア　で文化的な最低限度の生活を営む権利を有する．
国は，すべての　イ　について，社会福祉，　ウ　及び　エ　の向上及び増進に努めなければならない．

	ア	イ	ウ	エ
(1)	健康	生活部面	社会保障	公衆衛生
(2)	安全	国民生活	公共福祉	公衆衛生
(3)	健康	国民	社会保障	生活水準
(4)	安全	生活部面	公共医療	環境衛生
(5)	健全	国民	公共医療	生活水準

問題2 建築物における衛生的環境の確保に関する法律の目的に関する次の文章の ☐ 内に入る語句として，正しいものはどれか．

この法律は，多数の者が使用し，又は利用する建築物の維持管理に関し環境衛生上必要な事項等を定めることにより，その建築物における衛生的な環境の確保を図り，もって ☐ に資することを目的とする．

(1) 公衆衛生の向上及び増進　　(2) 生活環境の保全及び向上
(3) 公共の福祉の増進　　(4) 建築物の質の向上
(5) 快適な職場環境の形成の促進

問題3 建築物における衛生的環境の確保に関する法律に関する次の記述のうち，誤っているものはどれか．

(1) 建築物の環境衛生上の敷地，建築構造及び設備面に関する規制を行うものである．
(2) 特定建築物は，建築物の用途や延べ面積等によって定められる．
(3) 保健所の業務として，多数の者が使用し，又は利用する建築物の維持管理について，環境衛生上の正しい知識の普及を図ることを規定している．
(4) 特定建築物以外の建築物であっても，多数の者が使用する場合は，建築物環境衛生管理基準に従った維持管理に努めなければならない．
(5) 建築物環境衛生管理基準に適合しないことのみでは，改善命令等は行われない．

問題4 建築物における衛生的環境の確保に関する法律に基づく特定建築物としての用途に該当するものは，次のうちどれか．

(1) 観光客や参拝者の多い神社仏閣　　(2) 独立した棟の公共駐車場
(3) 一企業が専用に使用する事務系研修所　　(4) 自動車の組立工場
(5) 地方公共団体が設置する総合病院

問題5 建築物における衛生的環境の確保に関する法律に基づく特定建築物の延べ面積の考え方に関する次の記述のうち，正しいものはどれか．
(1) 事務所付属の地下駐車場の面積は，延べ面積に含めない．
(2) 廊下，階段，共用便所等の共用部分は，延べ面積に含めない．
(3) 建築物内に設置されている鉄道のプラットホーム部分の面積は，延べ面積に含めない．
(4) 同一敷地内の複数棟の建築物は，すべての建築物の延べ面積を合算する．
(5) 店舗内にある倉庫の面積は，延べ面積に含めない．

問題6 建築物における衛生的環境の確保に関する法律に基づく特定建築物の届出に関する次の記述のうち，正しいものはどれか．
(1) 届出に際しては，特定建築物の登記を明らかにする書類の添付を行わなければならない．
(2) 届出をしなかった場合は，選任された建築物環境衛生管理技術者が罰金に処せられる．
(3) 建築物が特定建築物として使用されるに至ったときは，6カ月以内に届け出なければならない．
(4) 特定建築物が区分所有の場合，区分所有者がそれぞれ届出義務者であるが，連名で1通の届出を提出することが望ましい．
(5) 届出は，建築物の所在場所を管轄する都道府県知事を経由して厚生労働大臣に提出する．

問題7 建築物における衛生的環境の確保に関する法律に基づき備え付けるべき帳簿書類の内容として，最も不適当なものは次のうちどれか．
(1) 雑用水の遊離残留塩素の測定等を含めた維持管理に関する記録
(2) 特定建築物内に設置した消火設備の点検整備に関する記録
(3) ねずみ等の発生場所，生息場所や被害の状況等の調査結果に関する記録
(4) 排水に関する設備の補修，掃除や設備等の維持管理に関する記録
(5) 空気調和設備の冷却塔や加湿装置等の維持管理に関する記録

問題8 建築物環境衛生管理基準に関する次の記述のうち，正しいものはどれか．
(1) 管理基準には，照度の基準値が示されている．
(2) 管理基準には，振動の基準値が示されている．
(3) 空気環境における測定の位置の高さは，床上75cm以上150cm以下である．
(4) 国又は地方公共団体の用に供する特定建築物には，管理基準は適用されない．
(5) 管理基準には，騒音の基準値が示されている．

問題9 建築物環境衛生管理基準に関する次の組合せのうち，誤っているものはどれか．
(1) 雑用水の遊離残留塩素の検査 ――――― 3カ月以内ごとに1回
(2) 排水設備の掃除 ――――――――――― 6カ月以内ごとに1回
(3) ねずみ等の統一的な被害状況の調査 ―― 6カ月以内ごとに1回
(4) 大掃除 ――――――――――――――― 6カ月以内ごとに1回
(5) 貯水槽の清掃 ――――――――――――1年以内ごとに1回

問題10 下の表は，ある特定建築物における空気環境の測定結果である．建築物環境衛生管理基準に適合しない測定項目は，次のうちどれか．

測定項目		浮遊粉じんの量	一酸化炭素の含有率	二酸化炭素の含有率	温度	相対湿度	気流
単位		mg/m^3	ppm	ppm	℃	%	m/s
A室	1回目	0.13	1.5	450	21	41	0.2
	2回目	0.19	2.5	550	23	38	0.2

(1) 浮遊粉じんの量と相対湿度
(2) 二酸化炭素の含有率と相対湿度
(3) 一酸化炭素の含有率と浮遊粉じんの量
(4) 浮遊粉じんの量と気流
(5) 温度と相対湿度

問題11 建築物における衛生的環境の確保に関する法律に基づく建築物環境衛生管理技術者に関する次の記述のうち，誤っているものはどれか．
(1) 特定建築物に選任された建築物環境衛生管理技術者は，当該特定建築物の維持管理が環境衛生上適正に行われるように監督する．
(2) 特定建築物に選任された建築物環境衛生管理技術者は，当該特定建築物に常駐しなければならない．
(3) 建築物環境衛生管理技術者は，原則として特定建築物ごとに選任しなければならない．
(4) 特定建築物に選任された建築物環境衛生管理技術者は，必要があると認めるときは当該特定建築物の維持管理について権限を有する者に対し，意見を述べることができる．
(5) 特定建築物に選任された建築物環境衛生管理技術者を変更した場合，1カ月以内に届け出なければならない．

問題12 建築物環境衛生管理技術者免状に関する次の記述のうち，誤っているものはどれか．
(1) 免状は，厚生労働大臣の登録を受けた者が行う講習会を修了した者又は建築物環境衛生管理技術者試験に合格した者に対し，厚生労働大臣が交付する．
(2) 厚生労働大臣は，免状の交付を受けている者がこの法律又はこの法律に基づく処分に違反したときは，免状の返納を命ずることができる．
(3) 厚生労働大臣は，免状の返納を命ぜられた日から，5年を経過していない者には免状の交付をしないことができる．
(4) 正当な理由なくして，免状の返納の命令に違反して免状を返納しなかった者は，罰則の適用を受ける．
(5) 免状を受けている者が，免状の記載事項に変更が生じたときは，厚生労働大臣に免状の書換え交付を申請をすることができる．

問題13 建築物における衛生的環境の確保に関する法律に基づく事業の登録基準に関する次の記述のうち，誤っているものはどれか．
(1) 機械器具や設備の物的基準が定められている．
(2) 監督者や従事者等の人的基準が定められている．
(3) 事業に関する財務管理基準が定められている．
(4) 登録内容が，登録基準に適合しなくなったときは，その登録を取り消されることがある．

(5) 作業方法や機械器具の維持管理の方法の基準が定められている．

問題14 建築物における衛生的環境の確保に関する法律に基づく事業の登録に関する記述として，正しいものの組合せは次のうちどれか．
ア　登録制度は，事業者の資質向上を図るために設けられた．
イ　登録の有効期間は，3年である．
ウ　登録は，都道府県知事を経由して厚生労働大臣に申請する．
エ　登録は，事業の業種区分に応じて営業所ごとに行う．
(1) アとイ　　(2) アとウ　　(3) アとエ　　(4) イとウ　　(5) イとエ

問題15 学校保健法に基づく次の業務とその執行の責任者との組合せのうち，誤っているものはどれか．
(1) 職員の健康診断――――――――――――学校の設置者
(2) 伝染病にかかっている生徒の出席停止――養護教員
(3) 水泳プールの水の水質検査――――――――学校薬剤師
(4) 学校保健安全計画の立案――――――――学校歯科医
(5) 就学時の健康診断の通知――――――――市町村の教育委員会

問題16 次の文章の　　　　内に入る語句として，正しいものはどれか．
平成6年に成立した地域保健法は，それまでの　　　　を名称変更し，内容を大幅に改正したものである．
(1) 保健所法　　(2) 感染症の予防及び感染症の患者に対する医療に関する法律
(3) 結核予防法　　(4) 母子保健法
(5) 精神保健及び精神障害者福祉に関する法律

問題17 浄化槽法に関する次の記述のうち，誤っているものはどれか．
(1) 浄化槽の保守点検について定めている．
(2) 浄化槽の清掃について定めている．
(3) 浄化槽管理士について定めている．
(4) 浄化槽設備士について定めている．
(5) 浄化槽の設置について国民の責務を定めている．

問題18 環境基本法に関する次の文章の　　　　内に入る語句の組合せとして，正しいものはどれか．
「公害」とは，事業活動その他の人の活動に伴って生ずる相当範囲にわたる大気の汚染，｜ア｜，｜イ｜，｜ウ｜，振動，地盤の沈下及び悪臭によって，人の健康又は生活環境に係る被害が生ずることをいう．

	ア	イ	ウ
(1)	日照権の侵害	海洋の汚染	放射能汚染
(2)	水質の汚濁	土壌の汚染	騒音
(3)	水質の汚濁	土壌の汚染	電波障害
(4)	河川の汚濁	海洋の汚染	土壌の汚染
(5)	河川の汚濁	放射能汚染	騒音

問題 19　労働安全衛生法に，規定されていないものは次のうちどれか．
(1) 職場における労働者の安全の確保　　(2) 一定の事業場における作業主任者の選任
(3) 総括安全衛生管理者の職務　　(4) 安全衛生委員会の設置
(5) 環境衛生監視員の職務

問題 20　次の行政機関とその業務の組合せとして，誤っているものはどれか．
(1) 労働基準監督署————————労働環境の改善
(2) 都道府県教育委員会————学校保健の管理
(3) 公共職業安定所————————国民健康保険業務
(4) 保健所————————————食品衛生監視
(5) 地方衛生研究所————————衛生微生物等の試験検査

問題 21　健康に影響を与える室内環境要因のうち，物理的要因として最も不適当なものは次のどれか．
(1) 温度　　(2) 音　　(3) 光　　(4) 湿度　　(5) 一酸化炭素

問題 22　下の図は，有害物の負荷量と個体レベルにおける影響の関係を示している．図中の□内に入る語句の組合せとして，最も適当なものは次のうちどれか．

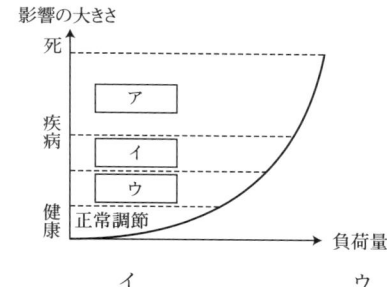

　　　　　　　　　　ア　　　　　　　　　　イ　　　　　　　　　　ウ
(1) 代償的調節————————一時的機能障害————恒久的障害
(2) 恒久的障害————————一時的機能障害————代償的調節
(3) 代償的調節————————恒久的障害————————一時的機能障害
(4) 一時的機能障害————代償的調節————————恒久的障害
(5) 恒久的障害————————代償的調節————————一時的機能障害

問題 23　人体の構造とその主な機能に関する次の組合せのうち，最も不適当なものはどれか．
(1) 免疫系————————外部からの刺激を受けて神経系に伝達
(2) 呼吸器系————————体内への酸素の摂取
(3) 消化器系————————栄養と水の体内への摂取
(4) 内分泌系————————ホルモンで生体機能の恒常性を維持
(5) 循環器系————————体全体への酸素と栄養の供給

問題 24　深部体温に，最も近いものは次のうちどれか．
(1) 舌下温　　(2) 直腸温　　(3) 鼓膜温　　(4) 腋下温　　(5) 皮膚温

問題 25　エネルギー代謝に関する次の記述のうち，最も不適当なものはどれか．

(1) エネルギー代謝量は，人体の活動状態によって異なる．
(2) met（メット）値は，いす座位における安静時代謝量を基準としている．
(3) 成人の平均的基礎代謝量は，女性と比較して男性が多い．
(4) いす座位における安静時代謝量は，基礎代謝量と比較して少ない．
(5) 低温環境では，代謝量が増加する．

問題26 冷房障害とその対策に関する次の記述のうち，最も不適当なものはどれか．
(1) 冷気に当たると，末梢血管は拡張する．
(2) 対策として，室内温度と外気温度との差を少なくする．
(3) 対策として，吹出口の風を直接受けないようにする．
(4) 対策として，足元が冷えないようにする．
(5) 冷房障害は，男性と比較して女性に多い．

問題27 シックビル症候群の症状として，最も不適当なものは次のうちどれか．
(1) 胸部の苦悶感　(2) 皮膚の掻痒感　(3) 息切れ
(4) 皮膚の紅斑　(5) 気分の昂揚

問題28 過敏性肺炎に関する次の記述のうち，最も不適当なものはどれか．
(1) 肺の間質性疾患である．
(2) 空気調和装置などを原因とするものは，換気装置性肺炎とも呼ばれる．
(3) 夏型過敏性肺炎は，代表例の一つである．
(4) 原因は，ウイルスによることが多い．
(5) 急性と慢性がある．

問題29 石綿による健康障害に関する次の記述のうち，最も不適当なものはどれか．
(1) 喫煙との相乗作用が示唆されている．
(2) 肺の繊維化を生ずることがある．
(3) 金属鉱山労働者特有の職業病である．
(4) 肺がんの原因となりうる．
(5) 胸膜の悪性中皮腫を起こしうる．

問題30 ホルムアルデヒドに関する次の記述のうち，最も不適当なものはどれか．
(1) 刺激性に乏しく，一般に毒性は弱い．
(2) 尿素系やフェノール系の合成樹脂の生産に用いられる．
(3) 常温では，可燃性の無色の気体である．
(4) たばこ煙に含まれる．
(5) 暖房器具から発生する燃焼排気ガスに含まれる．

問題31 多数の者が利用する施設における受動喫煙防止措置の努力義務が規定されている法律は，次のうちどれか．
(1) たばこ事業法　　　　(2) 健康増進法
(3) 建築物における衛生的環境の確保に関する法律
(4) 未成年者喫煙禁止法　(5) 老人保健法

問題32 二酸化炭素に関する次の文章の　　　内に入る数字の組合せとして，最も適当な

ものはどれか．
大気中の濃度は ア ％程度であるが，人の呼気中には約 イ ％存在する．

	ア	イ		ア	イ
(1)	0.001	2	(2)	0.03	2
(3)	0.03	4	(4)	0.10	2
(5)	0.10	4			

問題 33 振動に関する次の記述のうち，最も不適当なものはどれか．
(1) 局所振動の人体影響として，白ろう病がある．
(2) 全身振動は，鉛直振動と水平振動に分けて評価される．
(3) 振動レベルの単位は，Hz である．
(4) 振動の大きさの知覚は，皮膚，内臓，関節等にある知覚神経末端受容器によってなされる．
(5) 人の振動感覚は，周波数によって異なる．

問題 34 視対象を見たとき，それを正しく認識する明視の条件として，最も不適当なものは次のうちどれか．
(1) 視対象が明るいこと．　　(2) 視対象の視角が大きいこと．
(3) 視対象の動きがないこと．　　(4) 視対象が丸い形状であること．
(5) 視対象の対比（コントラスト）が大きいこと．

問題 35 VDT 作業による健康影響の予防措置に関する次の記述のうち，最も不適当なものはどれか．
(1) ディスプレイ画面上における鉛直面照度を 500 lx 以下とする．
(2) 書類及びキーボード上の水平面照度を 300 lx 以上とする．
(3) 窓からの太陽光の入射に対して，カーテンなどを使って明るさを調節する．
(4) 書類及びキーボード面における明るさと周辺の明るさの差を，できるだけ大きくする．
(5) ディスプレイの種類や位置等を工夫して，グレアを防止する．

問題 36 磁場の強さを表す単位として，正しいものは次のうちどれか．
(1) ボルト（V）　　(2) アンペア（A）　　(3) ワット（W）
(4) テスラ（T）　　(5) ジュール（J）

問題 37 紫外線の生体影響として，最も不適当なものは次のうちどれか．
(1) 皮膚の紅斑　　(2) 雪眼　　(3) 皮膚がん
(4) 殺菌作用　　(5) 白血病

問題 38 水系感染症の病原体として，最も不適当なものは次のうちどれか．
(1) コレラ菌　　(2) ポリオウイルス　　(3) A 型肝炎ウイルス
(4) 日本脳炎ウイルス　　(5) 腸チフス菌

問題 39 水道法に基づく水質基準として，検出されないこととされている項目は次のうちどれか．
(1) フッ素　　(2) 大腸菌　　(3) カドミウム
(4) マンガン　　(5) 一般細菌

問題 40 地下空間に関する次の記述のうち，最も不適当なものはどれか．
(1) 地震時には，地上階と比較して揺れの程度が低いとされている．

(2) 一般的に湿度が低く，結露やカビが発生しにくい．
(3) 年間を通じて，一定の温度環境が得られやすい．
(4) 火災時には，自然の空気の流れが少なく，有毒ガスや煙が立ちこめ，地下全体に広がりやすい．
(5) 外部からの音が遮断され，静かさを保つことができる．

問題 41 感染症とその病原体に関する次の組合せのうち，最も不適当なものはどれか．
(1) インフルエンザ――――ウイルス　　(2) 結核――――細菌
(3) マラリア――――原虫　　(4) 白癬症――――真菌
(5) レジオネラ症――――リケッチア

問題 42 感染症の予防及び感染症の患者に対する医療に関する法律に基づく次の組合せのうち，誤っているものはどれか．
(1) 一類感染症――――エボラ出血熱
(2) 二類感染症――――腸チフス
(3) 三類感染症――――コレラ
(4) 四類感染症――――高病原性鳥インフルエンザ
(5) 五類感染症――――破傷風

問題 43 飲料水の消毒に関する次の文章の　　　内に入る語句の組合せとして，最も適当なものはどれか．

飲料水の消毒には主として塩素が使われているが，塩素に抵抗性をもつ　ア　であるクリプトスポリジウムによる　イ　が水道水を介して発症することがある．

　　　ア　　　　イ　　　　　　　　　ア　　　　イ
(1) ウイルス――――脳炎　　(2) 細菌――――肺炎
(3) 原虫――――胃腸炎　　(4) 細菌――――胃腸炎
(5) 原虫――――肺炎

問題 44 手指洗浄に使用する消毒剤として，最も不適当なものは次のうちどれか．
(1) ホルマリン　(2) クレゾール石けん　(3) アルコール
(4) 逆性石けん　(5) 両性石けん

問題 45 5％溶液として市販されている次亜塩素酸ナトリウムを 50mg/L にして使用する場合，水で薄める倍率として，正しいものは次のうちどれか．
(1) 10 倍　(2) 50 倍　(3) 100 倍　(4) 500 倍　(5) 1,000 倍

問題 46 次の用語と単位の組合せのうち，誤っているものはどれか．
(1) 音圧――――Pa　　(2) 光度――――cd
(3) 色温度――――K　　(4) 日射量――――W/(m^2·h)
(5) 光束――――lm

問題 47 熱移動に関連した次の用語のうち，単位が，W/(m^2·K) でないものはどれか．
(1) 熱貫流率　(2) 対流熱伝達率　(3) 放射熱伝達率
(4) 熱損失係数　(5) 熱伝導率

問題 48 熱移動に関する次の記述のうち，最も不適当なものはどれか．

(1) 固体内を流れる単位面積当たりの熱流は，温度こう配に比例して増加する．
(2) 中空層の熱抵抗は，中空層の密閉度に関係する．
(3) 自然対流場での対流熱伝達率は，壁表面と空気の温度差が関係する．
(4) 物体表面から射出される単位面積当たりの放射熱流は，表面の絶対温度の2乗に比例して増加する．
(5) 建築物内外の表面（総合）熱伝達率は，一般に外部の方が大きい値をとる．

問題 49 湿り空気線図上のA点に関する次の記述のうち，最も不適当なものはどれか．

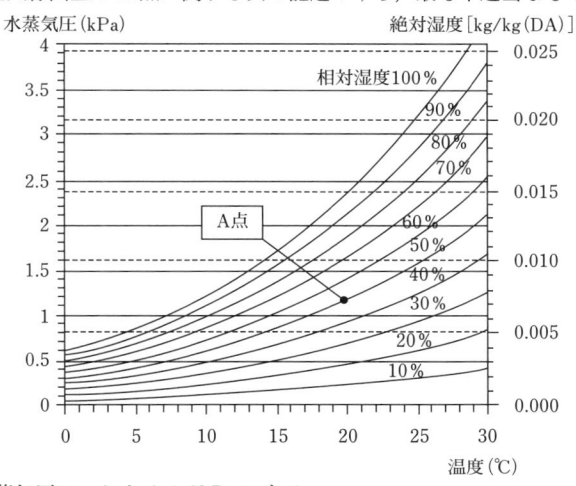

(1) A点の水蒸気圧は，およそ1.2kPaである．
(2) A点の温度を絶対湿度一定のまま10℃上昇させると，相対湿度は，およそ90%となる．
(3) A点の状態の湿り空気の露点温度は，およそ9℃である．
(4) A点の温度を相対湿度一定のまま10℃上昇させると，絶対湿度は，およそ0.013kg/kg（DA）となる．
(5) A点の温度を露点温度とする湿り空気の絶対湿度は，およそ0.015kg/kg（DA）となる．

問題 50 冬季における結露防止に関する次の記述のうち，最も不適当なものはどれか．
(1) 壁の出隅部分の室内側は，表面結露しやすいため，断熱を強化する．
(2) 木造屋根の天井面に断熱材，防湿層を施工すれば，一般的な構造の小屋裏には換気口は必要ない．
(3) 熱橋部分の室内側は，表面結露しやすいため，断熱を強化する．
(4) 防湿層は断熱材の室内側に施工すると，内部結露が起こりにくい．
(5) 暖房時の室間温度差が大きいと，室温の低い方の室の壁に表面結露が起こりやすい．

問題 51 流体力学に関連した次の記述のうち，最も不適当なものはどれか．
(1) ある地点の圧力を，同一高度の大気圧との差圧で表したものを大気基準圧という．
(2) 単位時間にダクトへ流入する空気の質量と，そのダクトから流出してくる空気の質量は，途中に漏れがなければ等しい．

(3) 摩擦抵抗係数は，表面粗度のほか，レイノルズ数によって変化する．
(4) 直線ダクトの圧力損失は，風速の2乗に比例して増加する．
(5) 全圧から静圧を差し引くと位置圧となる．

問題 52 室内気流に関する次の記述のうち，最も不適当なものはどれか．
(1) 気流の速度が低い場合，温度分布は均一になりやすい．
(2) 気流の速度が高い場合は，不快な気流感を在室者に与える．
(3) 建築物環境衛生管理基準に対する不適率は低い．
(4) 気流分布に不均一がある場合の改善方法には，吹出口の風量バランスや風向の調整がある．
(5) 気流分布に不均一がある場合の改善方法と，室内温度に不均一な分布がある場合の改善方法は，共通した面が多い．

問題 53 室内温湿度に関する次の記述のうち，最も不適当なものはどれか．
(1) 室内温度は，変動の幅が小さく，安定していることが望ましい．
(2) 温度差のある部屋間の移動などに伴う急激な温度変化は，血圧の変動の原因となる．
(3) 近年，建築物で採用される加湿方式は，超音波式が増加している．
(4) 暖房期における低湿度の改善は，室内空気環境の管理にかかわる大きな課題である．
(5) 室内温度の管理は，室内の相対湿度の保持と密接に関係する．

問題 54 機械換気によって，外気導入量が2回/hに保たれている気積$40m^3$の室に2人が在室している．この室と外気を比較した場合，二酸化炭素濃度の上昇分として，最も近いものは次のうちどれか．
　　　ただし，一人当たりの二酸化炭素発生量は，20L/hとする．
(1) 50ppm　　(2) 250ppm　　(3) 500ppm
(4) 1,000ppm　　(5) 5,000ppm

問題 55 揮発性有機化合物（VOCs）に関する次の記述のうち，最も不適当なものはどれか．
(1) 開放式燃焼器具からも発生する．
(2) ヘアースプレー，ワックスに含まれる．
(3) VOCsの中で，沸点が高い方のVOCsをVVOCsと呼ぶ．
(4) TVOCは，総揮発性有機化合物の略称である．
(5) 洗剤，塗料の溶剤に含まれる．

問題 56 室内空気中の浮遊微生物などによる汚染に関する次の記述のうち，最も不適当なものはどれか．
(1) 空気中に浮遊しているアレルゲンの主要なものに，ダニアレルゲンがある．
(2) 室内の浮遊微生物濃度は，屋外の浮遊微生物濃度と相関が高い．
(3) 結露した壁などの表面では，真菌が発生し，空気汚染源となることが多い．
(4) 一般に地下街の浮遊微生物濃度は，事務所建築物における濃度と比較して大幅に高い傾向がある．
(5) 管理の不適切な加湿器からは，微生物を含むエアロゾルが発生するおそれがある．

問題 57 一酸化炭素に関する次の記述のうち，最も不適当なものはどれか．
(1) 一酸化炭素濃度は，換気の総合指標として用いられる．

(2) 無色無臭で極めて有害なガスである．
(3) 建築物環境衛生管理基準に対する不適率は低い．
(4) 建築物内における主な発生源は，燃焼器具やたばこ等である．
(5) 実例からみると，一酸化炭素濃度が建築物内で一様に高いという例は少ない．

問題 58 室内浮遊粉じんに関する次の記述のうち，最も不適当なものはどれか．
(1) 建築物環境衛生管理基準に対する不適率が減少した理由の一つに，事務所内での喫煙が減少したことが挙げられる．
(2) 建築物環境衛生管理基準に対する不適率が減少した理由の一つに，エアフィルタの高性能化が挙げられる．
(3) 汚染源として，喫煙などの人の活動に伴うものがある．
(4) 建築物環境衛生管理基準に対する近年の不適率は，20％程度である．
(5) 喫煙コーナーでは，専用の空気清浄機を適切に使用すれば効果がある．

問題 59 図-Aは，暖房運転時における空気調和機（図-B）内の空気の状態変化を湿り空気線図上に表したものである．図-Aのカタカナと図-Bの数字の対応関係を示す次の組合せのうち，正しいものはどれか．

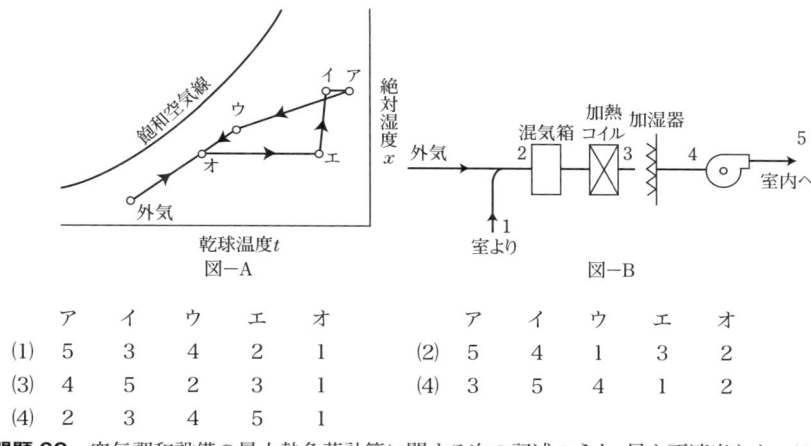

	ア	イ	ウ	エ	オ		ア	イ	ウ	エ	オ
(1)	5	3	4	2	1	(2)	5	4	1	3	2
(3)	4	5	2	3	1	(4)	3	5	4	1	2
(4)	2	3	4	5	1						

問題 60 空気調和設備の最大熱負荷計算に関する次の記述のうち，最も不適当なものはどれか．
(1) 冷房負荷計算において，北面窓ガラスからの透過日射熱負荷はないものとする．
(2) 暖房負荷は，一般的に空気調和設備の運転開始時における値を用いる．
(3) 冷房負荷は，窓方位によって，必ずしも夏期に最大値を示すとは限らない．
(4) 設計用外気温度は，一般的に TAC 温度を用いる．
(5) 冷房負荷計算において，地下壁を貫流する熱負荷はないものとする．

問題 61 定風量単一ダクト方式に関する次の記述のうち，最も不適当なものはどれか．
(1) 空気調和方式の基本形であり，現在も継続して採用されている．
(2) 一定風量をダクトで供給し，熱負荷の変化に対応して，給気温度を変化させる．
(3) 自動制御用の検出器が設置されている代表室以外の室も，目標温度を維持できる．

(4) 負荷の変動が類似している室をゾーニングし，一つの系統とする場合が多い．
(5) 室の負荷に応じて再熱する，ターミナルレヒート方式が併用されることもある．

問題62 空気調和設備の熱源方式とその特徴に関する組合せとして，最も不適当なものは次のうちどれか．
(1) 吸収冷凍機＋蒸気ボイラ方式――――病院・ホテル等で多く採用されている．
(2) 空気熱源ヒートポンプ方式――――外気条件によっては，暖房運転時にデフロスト運転が必要となる．
(3) 吸収冷凍機＋蒸気ボイラ方式――――冷凍機の吸収液再生用の高圧蒸気及び温熱源として，蒸気ボイラを用いる．
(4) 直だき吸収冷温水機方式――――運転圧力が低く，運転資格が不要である．
(5) 空気熱源ヒートポンプ方式――――暖房負荷が最大となる時期に，採熱効率が最大となる．

問題63 ボイラに関する次の記述のうち，最も不適当なものはどれか．
(1) 鋳鉄ボイラは，地域冷暖房などの高圧蒸気が必要な場合に使われる．
(2) 無圧式温水発生機は，中小規模建築物などの給湯や暖房用として使われる．
(3) 炉筒煙管ボイラは，中規模建築物などの暖房用として使われる．
(4) 真空式温水発生機は，中小規模建築物などの給湯や暖房用として使われる．
(5) 小型貫流ボイラは，蒸気暖房用に使われる．

問題64 空気調和設備で用いられる冷凍機に関する次の記述のうち，最も不適当なものはどれか．
(1) 一般に普及している冷凍機には，蒸気圧縮式と吸収式とがある．
(2) 蒸気圧縮冷凍機の冷媒の一つとして，アンモニアが使われている．
(3) 吸収冷凍機の吸収剤として，一般的にリチウムブロマイドが使われている．
(4) ヒートポンプとは，冷凍機の蒸発器から生じる放熱を温熱として利用する装置である．
(5) 遠心（ターボ）型冷凍機は，蒸気圧縮冷凍機に分類される．

問題65 ファンコイルユニットに関する次の記述のうち，最も不適当なものはどれか．
(1) 分散して多数設置されるため，保守点検が繁雑になりやすい．
(2) 一般に加湿機能を有さない．
(3) 容量制御方法には，空気側制御と水側制御の二方式がある．
(4) 比較的室数の多い建築物に利用される．
(5) 圧力損失が大きい高性能フィルタを組み込みやすい．

問題66 空気調和機に関する次の記述のうち，最も不適当なものはどれか．
(1) 空気調和機は，室内に供給する空気の清浄度，温度，湿度を所定の状態に調整する装置である．
(2) ターミナル型エアハンドリングユニットは，壁面に設置したり，天井に隠ぺいする空気調和機である．
(3) ファンコイルユニットは，一次空気プレナムチャンバ，ノズル，二次コイル，フィルタ，ケーシング等で構成される．
(4) エアハンドリングユニットは，単一ダクト方式や二重ダクト方式の空気調和機として用いられる．

(5) パッケージ型空気調和機は，空気調和機の基本構成要素に冷凍機又はヒートポンプの機能を組み込んだものである．

問題 67 空気調和機に設けられる熱交換器に関する次の文章の[　　]内に入る語句の組合せとして，最も適当なものはどれか．

　　冷水コイルは，通常[ア]℃の冷水が供給されて空気の冷却・除湿を行う．コイルの列数は，一般に[イ]列が多く，外気処理や特殊用途では 10 〜 12 列も使用される．コイルの通過風速は，凝縮水の水滴の飛散防止や送風機動力の低減のために，コイル正面における面積風速で[ウ]m/s 前後の風速を一般的に採用する．温水コイルには，通常[エ]℃の温水が供給されて空気の加熱を行う．

	ア	イ	ウ	エ
(1)	2〜3	2〜3	2.5	20〜30
(2)	2〜3	4〜8	5.0	20〜30
(3)	5〜7	2〜3	2.5	20〜30
(4)	5〜7	4〜8	2.5	40〜60
(5)	5〜7	4〜8	5.0	40〜60

問題 68 空気調和設備で用いられる送風機に関する次の記述のうち，最も不適当なものはどれか．
(1) 多翼送風機（シロッコファン）は，低速ダクト空気調和用として使用される．
(2) 後向き羽根をもつ遠心送風機（リミットロードファン）は，所要静圧が小さいダクト系に適している．
(3) 斜流送風機は，ダクトの中間に設置されて，便所などの局所換気に使用される．
(4) プロペラ型軸流送風機は，小型冷却塔などに用いられる．
(5) 横流送風機は，エアカーテンなどに用いられる．

問題 69 下の図は，機械室に設置した空気調和機を用いて空気調和を行っている室におけるダクトシステムの模式図である．図中の給気ダクト，還気ダクト，外気取入れダクト等における圧力分布に関する次の記述のうち，最も不適当なものはどれか．

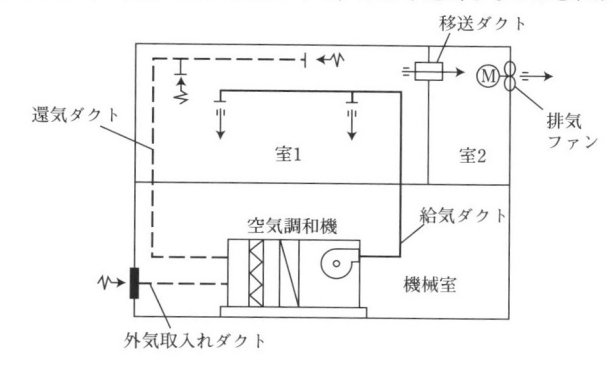

(1) 室 1 からの戻り空気は，還気ダクト内を流れるに従い，徐々に負圧が進む．
(2) 空気調和機入口に達した取入れ外気の圧力は，空気調和機入口における戻り空気（還気）

の圧力と等しい．
(3) 室1は，室2と比較して圧力が低い．
(4) 空気調和機内部のフィルタやコイル等の抵抗で，ここを流れる空気の圧力は負圧が進む．
(5) 給気は給気ダクトを流れるに従い，徐々に圧力を減少させ，吹出口で放出されて室1の圧力と等しくなる．

問題70 空気浄化装置の捕集原理とその特徴などに関する次の組合せのうち，最も不適当なものはどれか．
(1) 静電式————オゾン発生量の少ない陽極放電が用いられる．
(2) ろ過式————自動更新型フィルタは，タイマや差圧スイッチにより自動的に巻き取られる．
(3) ろ過式————中・高性能フィルタは，ろ材を折り込むことにより，フィルタ面積を大きくしている．
(4) 吸着法————粘着剤を塗布した金属フィルタ面に，粉じんを衝突させて除じんする．
(5) 吸収法————吸収液でガスを洗浄することにより，有害ガスを吸収除去する．

問題71 加湿装置に関する次の記述のうち，最も不適当なものはどれか．
(1) パン型加湿器は，水槽内の水をオーバーフローさせる構造のものが望ましい．
(2) 超音波加湿器は，振動子の寿命が半永久的である．
(3) 透湿膜式加湿器は，透湿膜の目詰まりに注意を要する．
(4) 電極式ユニット型加湿器は，シーズンごとにシリンダの清掃又は交換を行なうことが望ましい．
(5) 滴下式加湿器は，加湿材の表面に微生物が発生することがある．

問題72 ポンプに関する次の記述のうち，最も不適当なものはどれか．
(1) 密閉回路では，実揚程は0となる．
(2) 軸流ポンプとは，速度エネルギーを圧力エネルギーに変換するための，渦巻状のケーシングを備えた遠心ポンプのことである．
(3) 多段渦巻きポンプは，2枚以上の羽根車を直列に組み込むことにより高揚程を確保している．
(4) 水面より高い位置に設置したポンプは，吸い上げる高さに限界がある．
(5) インラインポンプとは，吸込口と吐出口が同一線上に位置する直動の縦型渦巻きポンプのことである．

問題73 冷温水配管に関する次の記述のうち，最も不適当なものはどれか．
(1) 開放式蓄熱槽は，水質が悪化するため，水質管理が必要となる．
(2) 変流量（VWV）方式は，供給する水量を負荷に合わせて増減させるものである．
(3) 四管式とは，冷水と温水を，往き管・還り管ともに独立させて別々に配管する方式である．
(4) ウォータハンマとは，管路における水栓・弁等の急閉により，閉止部分の手前で生じる急激な圧力上昇が圧力波となって伝わる現象のことである．
(5) 直接還水（ダイレクトリターン）方式は，配管抵抗が等しいため，流量のバランスが取りやすい．

問題74 換気に関する次の記述のうち，最も不適当なものはどれか．

(1) 第3種換気は，機械排気により室内は負圧となる．
(2) 自然換気は，風や室内外の温度差が原動力となる．
(3) 第1種換気は，室内の圧力を自由に設定できる．
(4) 第2種換気は，機械給気により室内は正圧となる．
(5) 清浄な環境を必要とする室は，周囲より室内の圧力を低くする．

問題 75 換気設備に関する次の記述のうち，最も不適当なものはどれか．
(1) 建築基準法では，開放型燃焼器具に対して要求している換気量を，燃料消費量に対する理論空気量の40倍以上と定めている．
(2) 混合方式は，一般の事務所や会議室で広く採用されている換気方式である．
(3) 建築基準法では，機械換気設備を設けている居室に対して要求している換気量を30m^3/(h・人)と定めている．
(4) 整流方式は，クリーンルームなどで採用されている換気方式である．
(5) 建築基準法では，密閉型燃焼器具（煙突付き）に対して要求している換気量を，燃料消費量に対する理論空気量の2倍以上と定めている．

問題 76 測定項目と，その測定器・測定原理等の組合せとして，最も不適当なものは次のうちどれか．
(1) 温度　　　　　　　熱電対温度計
(2) 相対湿度　　　　　カタ計
(3) 一酸化炭素　　　　定電位電解法
(4) 浮遊粉じん　　　　圧電天秤法
(5) 二酸化炭素　　　　検知管

問題 77 ホルムアルデヒド測定法に関する次の記述のうち，最も不適当なものはどれか．
(1) パッシブ法は簡易測定で，アクティブ法が精密測定という分類は正しくない．
(2) 簡易型計測器は，比較的小型・軽量で持ち運びが容易であり，現場で短時間に測定値が得られるという特徴がある．
(3) 簡易測定法には，検知管法，電気化学的燃料電池法等がある．
(4) 検知管法は，アルカリ性及び酸性の物質の影響を受けにくい．
(5) 電気化学的燃料電池法は，空気中のホルムアルデヒドが，電極中で吸収酸化される際に発生する電流を検出することにより濃度を求めるものである．

問題 78 VOCsの測定に関する次の記述のうち，最も不適当なものはどれか．
(1) 溶媒抽出法は，加熱脱着法と比較して測定感度が高い．
(2) 吸着剤（活性炭）で捕集したVOCsは，ガスクロマトグラフで分析できる．
(3) TenaxTAは，VOCsの吸着剤として用いられる．
(4) TVOCの濃度の算出方法にはいくつかの提案があり，方法が異なると正確な比較はできない．
(5) 溶媒抽出法とは，吸着剤（活性炭）に捕集後，溶媒で抽出する方法である．

問題 79 温熱環境要素の測定器に関する次の記述のうち，最も不適当なものはどれか．
(1) 熱線風速計は，白金などの抵抗体を電気で加熱し，気流による電気抵抗の変化を検出して風速を測定する．
(2) アスマン通風乾湿計により，乾球温度と湿球温度を同時に測定し，相対湿度を求める．
(3) 電気抵抗温度計は，白金線や半導体などの電気抵抗が温度により異なることを利用した

ものである．
(4) バイメタル温度計は，2種類の金属の起電力を検出して温度を測定する．
(5) グローブ温度計は，黒色つや消し塗装した中空の球体内に棒状温度計を挿入したものである．

問題80 光散乱式の粉じん計を用いて室内の浮遊粉じんの相対濃度を測定したところ，5分間当たり60カウントであった．室内の浮遊粉じんの量として，最も近い数値は次のうちどれか．ただし，粉じん計の感度は，標準粒子の質量濃度 $0.01mg/m^3$ に対して1cpm，バックグランド値は2cpm，また，室内粉じんに対する較正係数は1.3とする．
(1) $0.10mg/m^3$　(2) $0.13mg/m^3$　(3) $0.16mg/m^3$
(4) $0.75mg/m^3$　(5) $13.00mg/m^3$

問題81 空気調和設備における試運転調整などに関する次の記述のうち，最も不適当なものはどれか．
(1) ポンプの発停を行い，運転中に空気抜きから水配管中の空気を完全に除去する．
(2) 各機器の回転部分の軸受けなどにグリスや潤滑油を供給し，機器を数時間運転した後，油を取り替える．
(3) 水配管は，管内の汚れを取り除くために，排水が澄んでくるまでブローする．
(4) 大型の高圧電動機の絶縁抵抗が低下している場合，100～200Vの低電圧を端子へかけて電流乾燥を行い，絶縁抵抗の回復を図る．
(5) 流量計が設置されていない場合のポンプの水量は，電流計や圧力計より推定する．

問題82 室内空気環境の不具合に関する次の記述のうち，最も不適当なものはどれか．
(1) 送風温度に異常がないのに冷房効果が上がらないのは，送風量の不足が原因と考えられる．
(2) 暖房時に窓ガラスに結露が生じるのは，窓ガラスの室内側表面温度が室内空気の露点温度以下となっていることが原因と考えられる．
(3) 冷房時に吹出し気流が白く見えるのは，吹出し温度が低すぎることが原因と考えられる．
(4) 冬期に静電気が発生するのは，外気取入量の過少が原因と考えられる．
(5) 吹出口の騒音・振動は，吹出し風量の過大が原因と考えられる．

問題83 音に関する次の記述のうち，最も不適当なものはどれか．
(1) 空気中の音速は，温度の上昇とともに増加する．
(2) 一般に部屋の容積が大きいほど，残響時間が長くなる．
(3) 材料の吸音率に，その面積を乗じた値を吸音力という．
(4) 1オクターブ幅とは，周波数が2倍になる間隔である．
(5) 壁体の透過損失を増加させる現象を，コインシデンス効果という．

問題84 80dBの音を発する機械を4台同時に稼動させた場合の音圧レベルとして，最も近いものは次のうちどれか．
(1) 83dB　(2) 86dB　(3) 89dB　(4) 92dB　(5) 320dB

問題85 騒音・振動に関する次の記述のうち，最も不適当なものはどれか．
(1) 遮音性能が高い材料は，透過損失が大きい．
(2) 遮音材と吸音材は，密度や通気性などの物理的性状が似ている．
(3) 室内で電話などの音がうるさい場合には，天井に吸音材を貼るとよい．

(4) 壁厚が同じであれば単位面積当たりの質量が大きい材料ほど，一般に遮音性能が高い．
(5) 重量床衝撃音の伝搬は，仕上材と比較して躯体構造が大きく影響する．

問題86 防振に関する次の記述のうち，最も不適当なものはどれか．
(1) 防振ゴムは，コイルばねと比較して一般に固有周波数を低く設定できる．
(2) 機器を防振する場合，耐震ストッパのストッパボルトが，防振架台に接触すると防振効果は低下する．
(3) 実際の防振効果は，一般に中・高周波領域で理論値より低下する．
(4) 機器などの設置床の固有周波数と，防振系の固有周波数が近い場合には，防振効果が上昇する．
(5) 荷重による防振材のひずみは，無負荷時の10％以上にならないようにする．

問題87 光に関する次の記述のうち，最も不適当なものはどれか．
(1) 間接昼光率は，窓面積に影響される．
(2) 野外の昼光の照度が変動すると，窓のある室内の照度もそれに応じて変動する．
(3) 演色性の良し悪しは，光源の分光分布と比較して光源の光色に関係する．
(4) 色温度が高いということは，青みを帯びた光であることを意味する．
(5) 不快グレアの程度には，光源を見た場合の立体角が影響する．

問題88 点光源直下0.5 mの水平面照度が2,700 lxである場合，直下1.5 mの水平面照度として，最も近いものは次のうちどれか．
(1) 300 lx　　(2) 450 lx　　(3) 900 lx　　(4) 1,800 lx　　(5) 2,700 lx

問題89 屋内照明器具の保守率を左右する要因として，最も不適当なものは次のうちどれか．
(1) 光源の演色性　　(2) 室内の粉じん発生量　　(3) 照明器具の構造
(4) 光源の設計光束維持率　　(5) 照明器具の清掃間隔

問題90 自動制御の制御内容に関する次の記述のうち，最も不適当なものはどれか．
(1) 還気の二酸化炭素濃度に基づいて，外気導入量を制御する．
(2) 空気調和負荷の低減に合わせて，冷凍機の出口側冷水温度を上昇させる．
(3) 冬期における外気冷房では，加湿負荷の増加を避けるため，取入れ外気の下限温度を設定する．
(4) 空気調和負荷に応じて，熱源の最適な運転台数を決定する．
(5) 冬期の予熱時は，常に外気ダンパ及び排気ダンパを全開し，還気ダンパを閉鎖する．

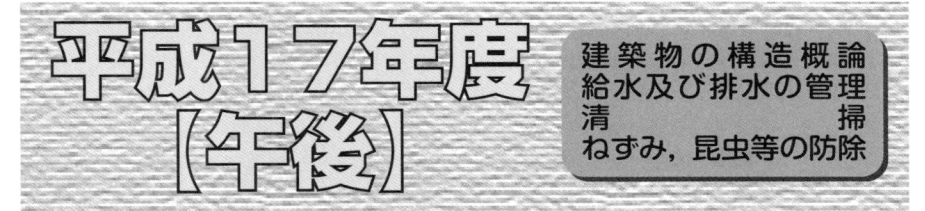

平成17年度【午後】

建築物の構造概論
給水及び排水の管理
清掃
ねずみ，昆虫等の防除

問題91 下の図は，6階建て貸事務所の基準階の平面型を示している．この建築物の計画と設計に関する次の記述のうち，最も不適当なものはどれか．

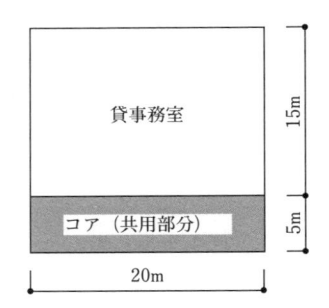

(1) この平面型は，片寄せコア型である．
(2) 基準階のレンタブル比は，約75％である．
(3) 構造用耐力壁は，コア部に集約して配置した．
(4) 垂直動線として，エレベータ2基と階段1カ所をコア部に配置した．
(5) この建築物は，一級建築士でなければ設計できない．

問題92 下の図のような建築物の建築面積として，建築基準法上，正しいものは次のうちどれか．ただし，国土交通大臣が高い開放性を有すると認めて指定する構造の部分はないものとする．

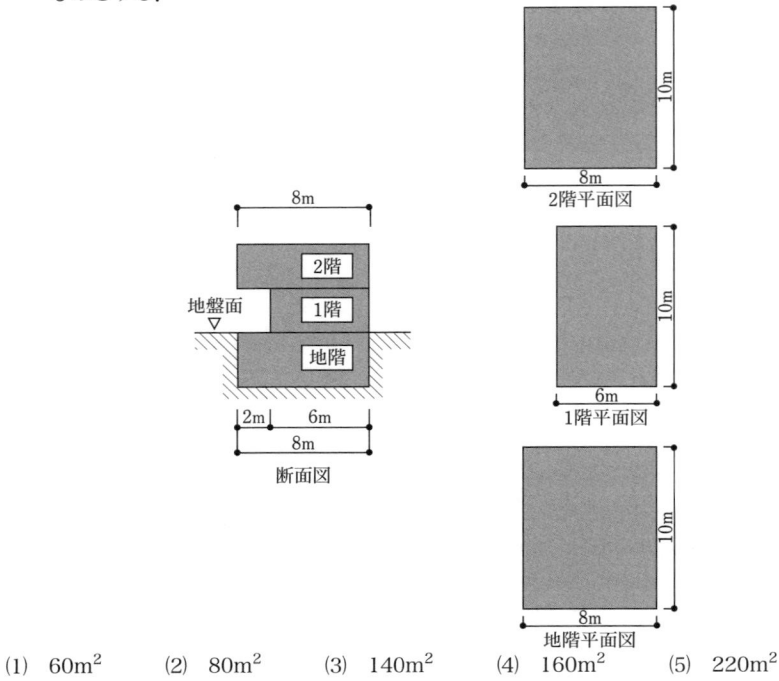

(1) 60m²　(2) 80m²　(3) 140m²　(4) 160m²　(5) 220m²

問題93 建築構造に関する次の記述のうち，最も不適当なものはどれか．

(1) 免震構造は，積層ゴム支承などを用いて揺れを低減する構造である．
(2) 制振構造は，建築物の揺れを制御し，低減しようとする構造である．
(3) トラス構造は，応力が部材の軸方向のみ生じる構造である．
(4) 壁式鉄筋コンクリート構造は，集合住宅によく用いられる．
(5) シェル構造は，一般に大スパン構造には適していない．

問題 94 建築物の基礎構造と地盤に関する次の記述のうち，最も不適当なものはどれか．
(1) 沖積層は，一般に軟弱な地盤である．
(2) 洪積層は，台地などに分布する良好な地盤である．
(3) べた基礎は，地耐力が小さい地盤に用いられることが多い．
(4) 第三紀層は，地耐力が小さい．
(5) 液状化現象は，埋立地や砂質地盤等で起こりやすい．

問題 95 構造力学と荷重に関する次の記述のうち，最も不適当なものはどれか．
(1) 応力には，曲げモーメント，せん断力及び軸方向力がある．
(2) 支点には，固定端，回転端及び移動端の3種がある．
(3) 支持形式には，片持支持，単純支持及び三ピン支持がある．
(4) 風圧力は，時間とともに変化する動的な荷重である．
(5) 積載荷重には，人間の重量は含まれない．

問題 96 鉄筋コンクリート構造に関する次の組合せのうち，最も関係の薄いものはどれか．
(1) 梁————主筋　　(2) 壁————筋かい
(3) 床————水平ブレース　　(4) 柱————あばら筋
(5) 基礎————つなぎ梁

問題 97 コンクリートに関する次の記述のうち，最も不適当なものはどれか．
(1) コンクリートのひび割れは，鉄筋の腐食と関係しない．
(2) コンクリートの中性化は，耐久性と関係する．
(3) コンクリートの引張強度は，圧縮強度と比較して小さい．
(4) コンクリートの熱膨張係数は，鉄筋とほぼ等しい．
(5) コンクリートの水セメント比は，強度に影響する．

問題 98 建築材料の熱伝導率が，大きい順に並んでいるものは次のうちどれか．

	熱伝導率が大きい				熱伝導率が小さい
(1)	板ガラス	>	コンクリート	>	木材
(2)	板ガラス	>	木材	>	コンクリート
(3)	コンクリート	>	木材	>	板ガラス
(4)	コンクリート	>	板ガラス	>	木材
(5)	木材	>	板ガラス	>	コンクリート

問題 99 建築物の環境と設備に関する用語の組合せとして，最も不適当なものは次のうちどれか．
(1) 遮へい係数————日射熱取得
(2) ライトシェルフ————反射光利用

(3) 変圧器　　　　　　　　　　電気設備
(4) バキュームブレーカ　　　　　ガス設備
(5) 成績係数　　　　　　　　　　冷凍機

問題100 消防法に定める「消防の用に供する設備」に該当しないものは，次のうちどれか．
(1) 屋外消火栓設備　(2) 連結送水管　(3) 屋内消火栓設備
(4) 漏電火災警報器　(5) 避難はしご

問題101 防煙・排煙方式と排煙設備等に関する次の記述のうち，最も不適当なものはどれか．
(1) 自然排煙方式は，直接外気に面する窓や排煙口より煙を排出させる方法である．
(2) 機械排煙方式は，排煙機を用いることにより強制的に排煙する方式である．
(3) 給気・排煙を機械で行う方式は，長時間安全性を確保する必要のある場所に適している．
(4) 排煙計画に際しては，排煙が達成できるように横引きダクトを長くとる．
(5) 防煙・排煙設備は，火災時に避難経路へ煙が流れ出ることを防ぐ設備である．

問題102 次の用語と，それを規定する法律の組合せとして，最も不適当なものはどれか．
(1) 特定行政庁　　　　建築基準法
(2) 特定施設　　　　　高齢者，身体障害者等が円滑に利用できる特定建築物の建築の促進に関する法律
(3) 耐火構造　　　　　建築物における衛生的環境の確保に関する法律
(4) 工事監理　　　　　建築士法
(5) 特定工作物　　　　都市計画法

問題103 建築基準法に定める「主要構造部」に該当しないものは，次のうちどれか．
(1) 間仕切壁　(2) 屋根　(3) 階段　(4) 柱　(5) はり

問題104 建設工事に係る資材の再資源化等に関する法律の第一条で述べられている次の条文の　　　内に入る語句として，誤っているものはどれか．
　この法律は，特定の (1) 建設資材 について，その (2) 分別解体 等及び再資源化等を促進するための措置を講ずるとともに，解体工事業者について (3) 登録制度 を実施すること等により，再生資源の十分な利用及び (4) 廃棄物の減量 等を通じて， (5) 都市の健全な発達 及び廃棄物の適正な処理を図り，もって生活環境の保全及び国民経済の健全な発展に寄与することを目的とする．

問題105 ファシリティマネジメント（FM）に関する次の記述のうち，最も不適当なものはどれか．
(1) FMにおけるファシリティとは，企業や組織がもつすべての施設，人材である．
(2) FMとは，組織運営や企業経営，業務遂行等において，ファシリティの最大効率化を目指そうとする考え，手法である．
(3) FM業務を支援するための専用の情報技術として，コンピュータ支援FM（CAFM）が発達してきている．
(4) FMは，IAQ評価とはかかわり合いがない．
(5) FMにおいては，ライフサイクルマネジメント（LCM）とライフサイクルコスト（LCC）を考慮することが望ましい．

問題 106 給排水衛生設備に関する用語の説明として，最も不適当なものは次のうちどれか．
(1) 自己サイホン作用————器具排水管を満流で流れるような場合に，サイホンの原理によってトラップ内の封水が引かれ，残留封水が少なくなることをいう．
(2) 逆サイホン作用————水受け容器に吐き出された水などが，給水管内に生じた負圧による吸引作用のため，給水管内に逆流することをいう．
(3) クロスコネクション————上水・給湯系統とその他の系統が，配管・装置により直接接続されることをいう．
(4) 活性汚泥————主に嫌気性条件下で生息する各種細菌や原生動物等の微生物の集合体をいう．
(5) オフセット————配管経路を平行移動する目的で，エルボ又はベンド継手で構成されている移行部分をいう．

問題 107 給排水衛生設備に関する用語の説明として，最も不適当なものは次のうちどれか．
(1) メカニカル型接合————ねじ込み，接着などによる接合方法である．
(2) 差込ろう接合————継手の受口に管を差し込んで，その部分を加熱し，受口と管の隙間にろう材を流し込んで接合する方法である．
(3) 酸化保護被膜————酸化によってできる金属表面の薄い被膜のことである．
(4) 合成樹脂管のクリープ劣化————熱応力が長時間継続してかかる場合，材料変形が時間とともに進んでいく現象のことである．
(5) エコマテリアル————製造時，建設時，使用時，廃棄時に環境負荷が少なく，耐久性・リサイクル性の高い機器・材料のことである．

問題 108 給水配管に関する次の記述のうち，最も不適当なものはどれか．
(1) 揚水管の横管の部分は，高置水槽に向かって上りこう配で配管する．
(2) 枝管の分岐は，上方に給水する場合には上取り出しとする．
(3) 飲料水用配管は，他の配管系統と識別するため，管材質を変える．
(4) 水槽との接続部に設ける配管には，可とう継手を使用する．
(5) 建築物の導入部の配管は，建築物の不同沈下による変位を吸収させるため，防振継手を設ける．

問題 109 貯水槽に関する次の記述のうち，最も不適当なものはどれか．
(1) 木製貯水槽は，現場での組み立ては容易であるが，堅ろう性に劣る．
(2) FRP製高置水槽は，水槽照度率を0.1%以下とする．
(3) FRP製貯水槽は，機械的強度が低い．
(4) ステンレス鋼板製貯水槽は，塩素に弱く気相部に腐食が発生することがある．
(5) 鋼板製貯水槽は，防錆処理被膜が破壊されると本体の鉄の腐食が進行する．

問題 110 給水配管に関する次の記述のうち，最も不適当なものはどれか．
(1) 合成樹脂ライニング鋼管は，接合部分で管の切断面が水に接すると腐食を起こすことが

ある．
(2) 銅管は，耐食性管材として給水配管にも使用されている．
(3) ステンレス鋼管は，内面に酸化保護被膜が形成されず青水を起こすことがある．
(4) 合成樹脂管は，線膨張係数が大きいため，温度変化による伸縮に留意する必要がある．
(5) 亜鉛めっき鋼管は，腐食による赤水の発生などにより，飲料水用配管には使用されなくなっている．

問題111 建築物における衛生的環境の確保に関する法律に基づく特定建築物の貯水槽の清掃に関する次の記述のうち，誤っているものはどれか．
(1) 貯水槽の清掃終了後は，DPDを用いて2回以上貯水槽内の消毒を行うこと．
(2) 貯水槽の清掃は，1年以内ごとに1回，定期に行うこと．
(3) 貯水槽清掃後の水質は，遊離残留塩素の含有率が100万分の0.2以上であること．
(4) 貯水槽清掃後の水質は，色度が5度以下であること．
(5) 貯水槽清掃後の水質は，濁度が2度以下であること．

問題112 給水設備の保守管理などに関する次の記述のうち，最も不適当なものはどれか．
(1) 給水系統の配管は，管の損傷，さび，腐食及び水漏れの有無を点検して，必要に応じて補修を行う．
(2) 給水ポンプの保守管理として，運転時の吸い込み側及び吐き出し側の圧力や，電流値等を運転日誌に記録する．
(3) 給水栓における残留塩素の測定は，7日以内ごとに1回，定期的に行う．
(4) 貯水槽の点検は，1カ月に1回程度，定期的に行うことが望ましい．
(5) 定水位弁は，ウォータハンマが発生しやすい器具である．

問題113 給湯設備に関する次の記述のうち，最も不適当なものはどれか．
(1) 循環ポンプの循環水量は，循環配管系からの放散熱量より求める．
(2) 貯湯槽の容量は，ピーク使用時における設計用給湯量と，加熱装置の能力より求める．
(3) 逃し管の立上げ高さは，補給水槽の水面より高く設定する．
(4) 返湯管に銅管を用いた場合には，他の配管材料を用いた場合と比較して流速は速く設定できる．
(5) 逃し弁には，加熱時に膨張した湯を逃すための排水管を設ける．

問題114 給湯設備に使用する機器・材料に関する次の記述のうち，最も不適当なものはどれか．
(1) 無圧式温水発生機は，労働安全衛生法の規定によるボイラに該当しない．
(2) 密閉式膨張水槽は，密閉された水槽内の気体を圧縮して湯の膨張量を吸収する構造となっている．
(3) 自動空気抜き弁は，水中から分離した空気が弁箱内に入ることによりフロートが上って弁が開き，空気が外部に抜ける構造をもっている．
(4) 循環ポンプの脈動による騒音・振動が発生する場合には，ポンプの吸込み側にサイレンサを設置する．
(5) ベローズ型伸縮管継手は，スリーブ型と比較して伸縮吸収量が小さい．

問題115 次に示す建築物のうち，1人1日当たりの設計用給湯量が一般的に最も少ないも

のはどれか．
(1) 戸建住宅　(2) 事務所　(3) ホテル　(4) 病院　(5) 集合住宅

問題 116 中央式給湯設備に関する次の記述のうち，最も不適当なものはどれか．
(1) レジオネラ症の発生を防止するために，返湯温度は40℃以上に保つ．
(2) 打たせ湯，シャワー等には，循環式浴槽水を使用しない．
(3) シャワーやスプレーノズル水栓の湯から生じるエアロゾルは，レジオネラ症の原因となることがある．
(4) 貯湯槽に流電陽極式電気防食が施されている場合には，性能検査の際に犠牲陽極の状態などを調査し，必要に応じて補修・交換する．
(5) 器具のワッシャには，細菌の栄養源となる天然ゴムは使用しない．

問題 117 排水通気系統に用いられる用語の組合せとして，最も不適当なものは次のうちどれか．
(1) 誘導サイホン作用————封水損失————圧力変動
(2) 間接排水————排水口空間————貯水槽のオーバフロー管
(3) 通気口————ベントキャップ————頂部通気
(4) 合流式————汚水・雨水————下水道
(5) インバートます————汚水————屋外

問題 118 排水槽に関する次の記述のうち，最も不適当なものはどれか．
(1) 厨房排水と汚水は，同一の排水槽に導くことが望ましい．
(2) 排水槽の底には吸込みピットを設け，かつ吸込みピットに向かって1/15以上1/10以下のこう配を設ける．
(3) 排水槽の通気管は単独で設け，衛生上有効に外気に開放する．
(4) 通気管以外の部分から，臭気が漏れない構造とする．
(5) マンホールは，直径60cm以上の円が内接できるものとし，かつ2個以上設けることが望ましい．

問題 119 排水槽及び排水ポンプに関する次の記述のうち，最も不適当なものはどれか．
(1) 排水ポンプの発停に用いる汚水槽の水位センサには，電極棒を使用する．
(2) 汚物ポンプのボルテックス型は，口径の100％までの異物の通過が可能である．
(3) 排水槽のマンホールは，水中ポンプの直上に設置する．
(4) 水中ポンプの電動機は，焼損防止のため，常時水没させる．
(5) 汚水ポンプは，原則として固形物を含まない排水に使用する．

問題 120 排水トラップに関する次の記述のうち，最も不適当なものはどれか．
(1) トラップの取り外しのために水封部に継手を用いる場合は，金属すり合わせ継手を使用する．
(2) 自己サイホン作用による封水損失を防止するため，各個通気管を設ける．
(3) 脚断面積比の大きいトラップは，自己サイホン作用を起こしやすい．
(4) 誘導サイホン作用による封水損失を防止するため，ループ通気方式とする．
(5) 毛管現象による封水の減少を防止するため，排水口で毛髪などの流出を阻止する．

問題 121　排水通気設備に関する次の記述のうち，最も不適当なものはどれか．
(1) 排水を重力式で排除できない場合は，最下階に排水槽を設ける．
(2) 伸頂通気方式の排水立て管には，オフセットを設けない．
(3) 通気立て管の下部は，最低位の排水横枝管と接続する．
(4) 敷地排水管を埋設する場合は，凍結深度以下にする．
(5) 通気弁を天井内に設置する場合は，点検口を設ける．

問題 122　下の図に示すトラップの封水深として，正しいものは次のうちどれか．

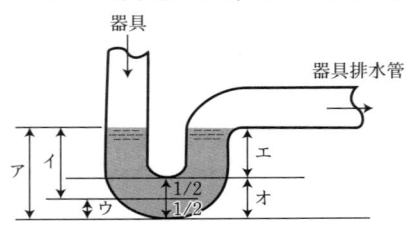

(1) ア　(2) イ　(3) ウ　(4) エ　(5) オ

問題 123　排水管の清掃及び維持管理に関する次の記述のうち，最も不適当なものはどれか．
(1) 厨房用の排水管の詰まりは，油脂類が配管内に固着して発生する場合が多い．
(2) グリースなどの固い付着物の除去には，スネークワイヤを通す方法は適さない．
(3) 排水管の清掃に使用される高圧洗浄法は，5～30MPaの高圧の水を噴射して排水管内を洗浄する．
(4) 掃除口は，定期的に点検し，必要に応じて，ネジ部にグリースなどを塗布する．
(5) 屋上やベランダのルーフドレン回りは，落葉やごみで塞がりやすいため，定期的な清掃を実施する．

問題 124　グリース阻集器の維持管理に関する次の文章の　　　　内に入る語句の組合せとして，最も適当なものはどれか．
　　グリース阻集器の厨芥は　ア　に1回，グリースは　イ　に1回程度の間隔で除去・清掃し，また，槽内の底，壁面，トラップ等に付着したグリースや沈積物を　ウ　に1回程度清掃する．

	ア	イ	ウ
(1)	7～10日	1日	1～2カ月
(2)	1～2カ月	1日	7～10日
(3)	1～2カ月	7～10日	1日
(4)	1日	7～10日	1～2カ月
(5)	1日	1～2カ月	7～10日

問題 125　排水槽の悪臭対策に関する次の記述のうち，最も不適当なものはどれか．
(1) 排水槽上部室の換気回数を増やした．
(2) 排水槽のマンホールふたをパッキン付き密閉型とした．
(3) 排水槽にばっ気撹拌装置を設けた．

(4) ポンプの運転停止水位を排水ピットの上端よりも低い位置に設定した．
(5) 排水槽における排水貯留時間を長くした．

問題 126 次に示す便所のうち，最も集中利用形態となりやすいものはどれか．
(1) 事務所建築物の一般用便所　　(2) 中学校の生徒用便所
(3) 飲食店の客用便所　　(4) 劇場の職員用便所
(5) ホテルのロビーの便所

問題 127 水使用機器に関する次の記述のうち，最も不適当なものはどれか．
(1) ディスポーザを設置する場合には，事前に下水道事業者に設置の可否を確認する．
(2) 再利用水が供給されている施設に設置する温水洗浄式便座への給水は，再利用水を用いてよい．
(3) 上質水供給設備では，末端水栓で規定の残留塩素を確保するために，最小限の塩素注入を行う．
(4) 浄水器には，ろ材の取替え時期の目安が製品に明示してある．
(5) 節水を目的とする機器は，排水管内の流下特性に配慮する．

問題 128 給排水衛生設備に使用する機器に関する次の記述のうち，最も不適当なものはどれか．
(1) 複合板構造の FRP 製貯水槽及び木製貯水槽は，結露による問題はほとんど起こらない．
(2) 衛生器具などのユニット化は，工事の能率が上がり，工期の短縮が可能である．
(3) 雨水ますには，150mm 以上の泥だめを設ける．
(4) 揚水ポンプは，高置水槽の水位によって起動・停止する．
(5) 給湯設備においては，密閉式膨張水槽を設置すれば逃し弁を設ける必要はない．

問題 129 建築物における衛生的環境の確保に関する法律に基づく特定建築物の雑用水に関する次の記述のうち，誤っているものはどれか．
(1) 給水栓における水に含まれる遊離残留塩素の含有率を 100 万分の 0.1（結合残留塩素の場合は 100 万分の 0.4）以上含まれるようにすること．
(2) 散水，修景，清掃の用に供する場合は，し尿を含む水を原水として用いないこと．
(3) 水洗便所の用に供する雑用水にあっては，大腸菌は 10 個/mL 以下とすること．
(4) 散水，修景，清掃の用に供する雑用水の濁度は，2 度以下であること．
(5) 水洗便所の用に供する雑用水にあっては，外観はほとんど無色透明であること．

問題 130 雑用水設備及び除害施設などに関する次の記述のうち，最も不適当なものはどれか．
(1) 比較的きれいな雨水を利用する場合には，スクリーンと沈砂槽で処理する．
(2) 厨房排水除害施設では，浮上分離法は生物処理法と比べて発生汚泥量は比較的少ない．
(3) 低濃度の放射性排水の場合には，貯留槽に滞留させた後，排水中の濃度限度以下であることを確認してから放流する．
(4) ディスポーザ排水は，専用配管で排水処理装置に導かれて処理される．
(5) 排水の再利用において，色度や臭気が問題となる場合には，活性炭処理やオゾン処理を行う．

問題 131 雑用水供給設備の維持管理に関する次の記述のうち，最も不適当なものはどれか．

(1) 上水系統と比較して，スライムの付着量は多い傾向がある．
(2) スライムの付着は，水中の残留塩素を増加させる．
(3) 防錆の目的で薬品添加もされるため，スケールの発生も見られる．
(4) 配管の材質により，スライムの付着に差異がある．
(5) スケールの付着により，管内を閉塞させるおそれがある．

問題132 排水処理における高度処理で除去対象とする物質とその除去法に関する次の組合せのうち，最も不適当なものはどれか．
(1) 浮遊性の残存有機物質――――――急速砂ろ過法
(2) アンモニア――――――――――イオン交換法
(3) 溶解性の残存有機物質――――――活性炭吸着法
(4) リン化合物――――――――――凝集沈殿法
(5) ウイルス――――――――――――生物学的硝化脱窒法

問題133 活性汚泥法を用いた浄化槽について，流入汚水量 $100m^3$/日，流入 BOD200mg/L，BOD除去率 90%，汚泥転換率 60%，汚泥の含水率 98% の条件下における汚泥発生量として，正しい数値は次のうちどれか．
ただし，汚泥の密度は $1,000kg/m^3$ とし，汚泥発生量を計算する場合，次の式を用いるものとする．

$$汚泥発生量 = 流入BOD量 \times \frac{BOD除去率（\%）}{100} \times \frac{汚泥転換率（\%）}{100} \times \frac{100}{(100 - 含水率（\%）)}$$

(1) $0.06m^3$/日　(2) $0.17m^3$/日　(3) $0.54m^3$/日
(4) $0.67m^3$/日　(5) $1.50m^3$/日

問題134 浄化槽法で規定する浄化槽管理者の義務に関する次の記述のうち，最も不適当なものはどれか．
(1) 処理対象人員が 51 人以上の規模の浄化槽管理者は，環境省令で定める資格を有する技術管理者を置かなければならない．
(2) 清掃については，市町村長の許可を受けた浄化槽清掃業者に委託することができる．
(3) 保守点検については，登録を受けた浄化槽保守点検業者（登録制度が設けられていない場合は浄化槽管理士）に委託することができる．
(4) 毎年 1 回，指定検査機関の行う水質検査を受けなければならない．
(5) 保守点検と清掃の作業内容の記録を作成し，3 年間保存しなければならない．

問題135 消火設備の維持管理などに関する次の記述のうち，最も不適当なものはどれか．
(1) 特定防火対象物で一定規模以上のものは，消防設備士又は消防設備点検資格者が点検する．
(2) 一定規模以上の建築物における定期点検の結果は，特定防火対象物で 1 年に 1 回，非特定防火対象物で 3 年に 1 回報告する．
(3) 法定定期点検の内容は，作動点検，外観点検，機能点検，総合点検である．
(4) 日常点検として，消火水槽の状態，配管の支持状態や漏水の有無等がある．

(5) 消防法で規定する特定防火対象物は，建築物における衛生的環境の確保に関する法律で規定する特定建築物を全て含む．

問題136 都市ガスに関する次の記述のうち，最も不適当なものはどれか．
(1) 低圧供給方式は，比較的ガス使用量の少ない家庭用，業務用及び空気調和用のガス機器等を対象としている．
(2) 中圧供給方式は，一般的に大型のガス機器を対象としている．
(3) 緊急ガス遮断装置は，緊急時に遠隔操作で，又は自動的にガスを遮断する装置である．
(4) ヒューズガス栓は，火災が発生すると温度を感知して，自動的にガスの流れを停止させるものである．
(5) 高圧供給方式は，発電所などのごく一部の例外を除いて，需要家に供給されることはない．

問題137 下水道法に定める「下水」の定義において，下水に含まれない水は次のうちどれか．
(1) 家庭汚水　　(2) 農業廃水　　(3) 工場廃水
(4) 雪どけ水　　(5) 雨水

問題138 水質の衛生管理において実施する塩素消毒に関する次の記述のうち，最も不適当なものはどれか．
(1) 消毒効果が残留する．
(2) 消毒効果が多種類の微生物に対して期待できる．
(3) 災害など緊急時の使用には適さない．
(4) 刺激臭を有する．
(5) 有害な有機塩素化合物が副生成される場合がある．

問題139 塩素消毒に対する耐性の強さの順として，最も適当なものは次のうちどれか．

	耐性が強い			耐性が弱い
(1)	ウイルス	＞　細菌	＞	原虫のシスト
(2)	ウイルス	＞　原虫のシスト	＞	細菌
(3)	原虫のシスト	＞　細菌	＞	ウイルス
(4)	細菌	＞　原虫のシスト	＞	ウイルス
(5)	原虫のシスト	＞　ウイルス	＞	細菌

問題140 溶存酸素に関する次の文章の　　　　内に入る語句の組合せとして，最も適当なものはどれか．

溶存酸素は，水中に溶解している　ア　の酸素をいい，その濃度は圧力，水温，　イ　等に影響される．清澄な水の飽和溶存酸素の濃度は，20℃，1気圧で8.84mg/Lである．　ウ　工程の管理や放流水の評価の際，重要な指標となる．

	ア	イ	ウ
(1)	イオン状	塩分	生物処理
(2)	分子状	pH	汚泥貯留
(3)	化合物状	pH	生物処理
(4)	イオン状	pH	汚泥貯留
(5)	分子状	塩分	生物処理

問題141 建築物清掃において除去対象となる異物に関する次の記述のうち，最も不適当なものはどれか．
(1) 一般に床や調度品などに付着する粒子は，空気調和設備によって除去される．
(2) ごみは，衛生害虫の発生源や悪臭の原因となる．
(3) 汚れは，人間の生活や生産活動に伴って発生したものが多い．
(4) 汚れは，ネズミ，ゴキブリ，クモ等の屋内に生息する動物によるものもある．
(5) ほこりは，屋外から屋内に侵入したものと，屋内で発生したものとが混合したものである．

問題142 清掃の作業計画作成手順に関する次の文章の 内に入る語句として，最も適当なものはどれか．

作業計画の作成に当たっては，仕様書を理解して作業量の要因数（床であれば面積，ドアであれば枚数など）を調査し， に基づいて，個々の作業時間を算出する．これを時間帯別に集計し，必要人員を割り出して作業の編成を行う．

(1) 時間帯別作業時間 (2) 作業標準時間 (3) 作業種別回数
(4) 部位別作業回数 (5) 作業基準回数

問題143 清掃作業の管理に関する次の記述のうち，最も不適当なものはどれか．
(1) 作業手順書は，一度決めたら変更することはできない．
(2) 清掃作業のスケジュール管理は，時間管理に重点がおかれている．
(3) 作業手順書は，従事者に対する教育指導のために使用するものである．
(4) 月間作業の実施記録は，作業に関する分析資料となる．
(5) 作業の管理は，一つ一つの作業のやりやすさが確保されるだけでは充分ではない．

問題144 予防清掃に関する次の文章の 内に入る語句の組合せとして，最も適当なものは次のうちどれか．

予防清掃とは，汚れを付きにくく，付いた汚れを ア しやすくすることにより， イ や美観という品質を向上し，作業の ウ を図ることである．

　　　　ア　　　　　　イ　　　　　　ウ
(1) 吸着────────機能────────効率化
(2) 除去────────機能────────安全化
(3) 吸着────────衛生────────安全化
(4) 除去────────衛生────────効率化
(5) 吸着────────機能────────安全化

問題145 清掃作業における環境対策に関する次の記述のうち，最も不適当なものはどれか．
(1) 洗剤は，できるだけ高濃度で使用する．
(2) 床維持剤を用いるときは，剥離作業により廃液となったときの汚水処理を考慮する．
(3) 洗剤を選定するときは，廃液の分解性を考慮する．
(4) MSDS（化学物質等安全データシート）を活用して洗剤を選定する．
(5) 酸性又はアルカリ性の洗剤は，中和してから排出する．

問題146 カーペットクリーニング用洗浄機械として，最も不適当なものは次のうちどれか．
(1) 洗剤供給式床磨き機 (2) 高圧洗浄機

(3) 噴射吸引式機械　　　(4) スチーム洗浄機
(5) ローラブラシ方式の機械

問題147 洗剤に関する次の記述のうち，最も不適当なものはどれか．
(1) 酸性洗剤には，無機酸が配合されているものがある．
(2) 剥離剤は，低級アミンやアンモニアを主剤としたものに界面活性剤が添加されている．
(3) 合成洗剤には，汚れの再付着を防止する効果がある．
(4) 一般用洗剤には，助剤の添加を控えて，有機溶剤を加えたものがある．
(5) 合成洗剤は，硬水中では洗浄効果が著しく低下する．

問題148 床維持剤に関する次の記述のうち，最も不適当なものはどれか．
(1) ポリマタイプは，不揮発性成分として，合成樹脂などのポリマを主原料としたものをいう．
(2) 油性フロアーポリッシュは，ろう状物質，合成樹脂等の不揮発性成分を揮発性溶剤に溶解又は分散させたものをいう．
(3) フロアーシーラは，乾燥後に形成される被膜が物理的・化学的方法により，容易に除去できないものをいう．
(4) フロアーオイルは，鉱油を水に乳化させたものをいう．
(5) ワックスタイプは，不揮発性成分として，ろう類，ろう状物質を主原料としたものをいう．

問題149 タイルカーペット床の維持管理に関する次の記述のうち，最も不適当なものはどれか．
(1) パイル表面の粗ごみは，カーペットスイーパで除去する．
(2) しみ取り作業は，年に1～2回行う．
(3) 汚れが集中するところは，スポットクリーニングを行う．
(4) 除じんには，アップライト型真空掃除機を使用する．
(5) ウールは，アクリルと比較して染着しやすい．

問題150 弾性床材のドライメンテナンス作業法に関する次の記述のうち，最も不適当なものはどれか．
(1) 単独作業が可能である．　　(2) 床材への熱影響は，考慮する必要はない．
(3) 使用する資機材が少ない．　　(4) 作業の標準化・システム化がしやすい．
(5) 技能の向上により作業能率が上がる．

問題151 建築物内の清掃に関する次の記述のうち，最も不適当なものはどれか．
(1) 階段の壁面は，他の共用区域の壁面と比較してほこりの付着する度合が低い．
(2) 玄関ホールは，屋外との境界となるため，季節や天候の影響を受けやすい．
(3) 便器と洗面器に使用する用具は，区別する必要がある．
(4) 半乾きのタオルに，ほこりを付着させて除去する清掃方法もある．
(5) エスカレータの手すりベルトは，手あかなどの汚れが付きやすい．

問題152 建築物の外装清掃に関する次の記述のうち，最も不適当なものはどれか．
(1) 遮光や飛散防止のため，ガラスにフィルムが貼ってある場合には，作業時にフィルムを傷つけないよう留意する．
(2) ブランコ方式は，ブランコに腰かけたような姿勢で作業を行うところから名付けられた．

(3) 自動窓拭き設備には，スチーム洗浄機が組み込まれている．
  (4) 窓ガラスのクリーニングには，スクイジー法が用いられる．
  (5) ゴンドラ設備を使用して作業を行う場合には，ゴンドラ安全規則を厳守する．

問題153 清掃作業の衛生管理に関する次の記述のうち，最も不適当なものはどれか．
  (1) 平常時の消毒は，おおむね清掃作業のなかに組み込まれ実施されている．
  (2) 使用後のモップは，水洗いした後，直ちに収納箱に重ねて保管する．
  (3) 事務室は一般区域，トイレは汚染区域として区別し，それぞれ専用の清掃用具で作業を行う．
  (4) 衛生管理に関するマニュアルを作成し，作業者に訓練を行う．
  (5) 清掃時に用いられる消毒薬は，エタノールや界面活性剤系のものが頻用されている．

問題154 廃棄物に関する次の記述のうち，最も不適当なものはどれか．
  (1) 廃棄物の安全化とは，最終処分を行う前に廃棄物を物理的に安定な状態にしておくことである．
  (2) 廃棄物処理は，一般に減量化，安定化，安全化が原則とされている．
  (3) 一般に廃棄物は，生産過程・流通過程・消費過程のそれぞれの段階で排出される不要物である．
  (4) 廃棄物の適正な処理は，生活環境の保全及び公衆衛生の向上にとって不可欠なものである．
  (5) 廃棄物は，化学的・物理的・生物化学的な性質が多様である．

問題155 廃棄物の減量化に関する次の記述のうち，最も不適当なものはどれか．
  (1) 廃棄物の排出量が少なくなるような工程を採用する．
  (2) 廃棄物の発生量をできるだけ減らす．
  (3) 廃棄物から有害な重金属などが溶出しないよう措置する．
  (4) 廃棄物を焼却する．
  (5) 廃棄物の再生利用により資源化を進める．

問題156 一般廃棄物処理の現状に関する次の記述のうち，最も適当なものはどれか．
  (1) 我が国における廃棄物の排出量は，1人1日当たり約2,500gである．
  (2) 市町村などの関与した集団回収による資源回収量は，年々増加している．
  (3) 中間処理を行わず直接埋め立てられる割合は，廃棄物収集量の50％を上回っている．
  (4) 廃棄物の減量処理率は，50％に満たない．
  (5) 廃棄物の総排出量は，年々増加している．

問題157 容器包装リサイクルに関する次の文章の[　　　]内に入る語句として，最も適当なものはどれか．
  「容器包装に係る分別収集及び[　　　]の促進等に関する法律」に基づいて，容器包装リサイクルシステムが導入，整備されているため，建築物環境衛生管理技術者は，今まで以上に廃棄物の分別収集に注意を払う必要がある．
  (1) 適正処理　　(2) 減量化　　(3) 再商品化　　(4) 運搬　　(5) 効率化

問題158 廃棄物の処理及び清掃に関する法律に基づく事業者の責務に関する次の記述のうち，最も不適当なものはどれか．
  (1) 事業活動に伴って生じた廃棄物を自らの責任において適正に処理しなければならない．

(2) 廃棄物の減量その他適正な処理の確保等に関して，国及び地方公共団体の施策に協力しなければならない．
(3) 物の製造，加工，販売等に際して，その製品，容器等が廃棄物になった場合における処理の困難性について，あらかじめ自ら評価しなければならない．
(4) 事業活動に伴って生じた廃棄物の再生利用等を行うことにより，その減量に努めなければならない．
(5) 産業廃棄物を自ら運搬し，処分することはできない．

問題159 次の廃棄物のうち，廃棄物の処理及び清掃に関する法律に基づく特別管理産業廃棄物に指定されていないものはどれか．
(1) 著しい腐食性を有する廃酸，廃アルカリ
(2) 廃PCB及びPCB汚染物
(3) 畜産農場から排出される牛・馬・豚等のふん尿
(4) 病院，診療所等から生じる感染性産業廃棄物
(5) 燃焼しやすい廃油

問題160 廃棄物の発生量を表す原単位として，最も不適当なものは次のうちどれか．
(1) kg/(m²·年)　(2) kg/(m²·人)　(3) kg/(人·日)
(4) kg/(m²·月)　(5) kg/(m²·日)

問題161 建築物内廃棄物に関する次の文章の　　　内に入る語句として，最も適当なものはどれか．
　建築物内廃棄物の排出抑制，減量化，リサイクルを促進するためには，発生時点で　　　を行う必要がある．これは，廃棄物を発生させた者が自ら行うことが基本である．
(1) 分別　(2) 混合　(3) 梱包　(4) 破砕　(5) 運搬

問題162 容積質量値 150kg/m³ の廃棄物が，5日間で6t排出されている場合，1日当たりの排出量として，正しいものは次のうちどれか．
(1) 0.8m³/日　(2) 5m³/日　(3) 8m³/日　(4) 40m³/日　(5) 200m³/日

問題163 建築物内廃棄物の種類と中間処理方法の組合せとして，最も不適当なものは次のうちどれか．

廃棄物の種類　　　　中間処理方法
(1) プラスチック――――焼却
(2) 厨芥　――――――冷蔵，粉砕，脱水
(3) ビン――――――――破砕
(4) 缶――――――――圧縮，破砕
(5) 紙類――――――――圧縮，切断，梱包

問題164 建築物内廃棄物の貯留・搬出方式に関する次の記述のうち，最も不適当なものはどれか．
(1) 容器方式は，小規模建築物に適用される．
(2) コンパクタ・コンテナ方式は，大規模建築物に適用される．
(3) 容器方式は，作業性に優れている．

(4) 真空輸送方式は，衛生性に優れている．
(5) コンパクタ・コンテナ方式は，防災性に優れている．

問題165 建築物内廃棄物の中央集積室に関する次の記述のうち，最も不適当なものはどれか．
(1) 生ごみが大量に発生する建築物では，冷房設備又は保管用の冷蔵庫を設置する．
(2) 両手がふさがっていても出入りできるよう，出入口には自動ドアを設置する．
(3) 悪臭の影響を抑制するため，第1種換気設備を設ける．
(4) 排水の拡散を防ぐため，通路に段差を設ける．
(5) 衛生害虫の発生を抑制するため，清掃しやすい構造とする．

問題166 蚊の生態に関する次の記述のうち，最も不適当なものはどれか．
(1) チカイエカは，交尾のために広い空間が必要である．
(2) アカイエカは，人以外にニワトリや野鳥等からも吸血する．
(3) アカイエカとチカイエカは，外部形態での区別は困難である．
(4) ヒトスジシマカの幼虫は，雨水ますなどの人工的にできた狭い水域に発生する場合が多い．
(5) コガタアカイエカの幼虫は，水田などの水域に発生する．

問題167 チカイエカの防除に関する次の記述のうち，最も不適当なものはどれか．
(1) 乳剤に含まれる界面活性剤や有機溶剤は，浄化槽の浄化微生物に影響を及ぼすおそれがある．
(2) 殺虫剤による防除効果が得られない場合は，殺虫剤感受性に対する調査を実施する．
(3) 排水槽内における煙霧処理は，1カ月程度の残効性が得られる．
(4) 昆虫成長制御剤（IGR）の使用により，成虫密度を速やかに低下させる効果は期待できない．
(5) 排水槽内などにおける成虫の発生状況は，粘着トラップなどによる捕獲数により調査する．

問題168 チャバネゴキブリに関する次の記述のうち，最も不適当なものはどれか．
(1) 雌成虫は，卵鞘を孵化直前まで尾端に付着させている．
(2) 孵化した幼虫が成虫になるまでの期間は，25℃で約60日である．
(3) 体全体が，黄褐色で，前胸背板には2本の黒い斑紋がある．
(4) 飲食店，病院等に多く，都市環境における代表的な害虫である．
(5) 一般に低温に強く，我が国では，屋外で越冬することが多い．

問題169 ゴキブリの防除に関する次の記述のうち，最も不適当なものはどれか．
(1) 食物管理などの環境的対策の重要性は低い．
(2) 潜伏場所の近辺には糞などの汚れが多く見られ，殺虫剤を処理する場所の目安になる．
(3) 発育期間が長いため，ハエや蚊と比較して徹底駆除後における生息密度の回復にかかる時間も長い．
(4) 駆除率の算出には，1日，1トラップ当たりのゴキブリ捕獲数であるゴキブリ指数を用いる．
(5) ULV処理による殺虫剤の残効性は期待できない．

問題170 ダニに関する次の記述のうち，最も不適当なものはどれか．
(1) イエダニやサシダニ類の被害が発生した場合には，本来の宿主に対する対策が必要となる．

(2) タカラダニ類は，室内に侵入してはい回ることがあるが，人への直接的な被害は及ぼさない．
(3) ハダニ類は，鉢植の花などとともに建築物内に持ち込まれることがある．
(4) ツメダニ類は，人から吸血する．
(5) ヒョウヒダニ類は，人の垢やふけを食べて成長する．

問題171 次の害虫と発生場所の組合せのうち，最も不適当なものはどれか．
(1) ヤケヒョウヒダニ————————居室の畳
(2) アカイエカ————————————下水溝
(3) オオチョウバエ—————————浄化槽のスカム
(4) タバコシバンムシ————————調理室の生ごみ
(5) ヒメマルカツオブシムシ—————応接室のじゅうたん

問題172 殺虫剤に関する次の記述のうち，最も適当なものはどれか．
(1) 対称型有機リン剤に抵抗性を獲得した害虫は，非対称型有機リン剤に対しても同程度の抵抗性を示す．
(2) 昆虫成長制御剤（IGR）の中には，昆虫の幼若ホルモン様化合物もある．
(3) 殺虫剤の速効性は，LC_{50}値により判断できる．
(4) 有機リン剤は，ゴキブリなどを潜み場所から追い出す効果（フラッシング効果）をもつ．
(5) ゴキブリ用食毒剤の有効成分には，速効性を有するピレスロイド剤が用いられる．

問題173 殺虫剤の剤型とその特徴に関する次の記述のうち，最も不適当なものはどれか
(1) 乳剤は，有効成分をケロシン（精製灯油）などに溶かして乳化剤を加えたもので，使用時には希釈をせずにそのまま使用する．
(2) 油剤は，有効成分をケロシン（精製灯油）などに溶かしたもので，引火性があるため，火気に注意が必要である．
(3) 粒剤には，有効成分が粒子から徐放的に放出されるものもあり，残効性が期待できる．
(4) 燻煙剤は，有効成分を助燃剤の燃焼によって，煙とともに室内に飛散させる．
(5) 懸濁剤は，有効成分を特殊な物質で被覆したり，炭末などに吸着させたもので，水で薄めて使用する．

問題174 ネズミに関する次の記述のうち，最も不適当なものはどれか．
(1) 最近の都市部における大規模な建築物では，クマネズミが優占種となっている．
(2) ハツカネズミはドブネズミと比較して，水気のない環境下でも長期間生存できる．
(3) ドブネズミは，運動能力に優れ，電線などを渡ることが得意である．
(4) ドブネズミは，雑食性であるが，クマネズミは植物嗜好性が高い．
(5) ハツカネズミは，畑地やその周辺に生息しているが，農家や一般家屋に侵入することもある．

問題175 ネズミの防除に関する次の記述のうち，最も不適当なものはどれか．
(1) 防除の基本は，餌を断つこと，巣を作らせないこと及び通路を遮断することである．
(2) 殺鼠剤抵抗性を示すクマネズミの防除には，粘着トラップが多用される．
(3) 忌避剤は，ケーブルのかじり防止などの目的で使用される．
(4) 抗凝血性殺鼠剤を用いた防除では，毒餌を連続して喫食させる必要がある．

(5) ドブネズミはクマネズミと比較して，毒餌の喫食性は悪い傾向がある．

問題176 衛生動物と疾病に関する次の記述のうち，最も不適当なものはどれか．
(1) レプトスピラ症の媒介動物は，ネズミ類である．
(2) デング熱の主要な媒介蚊は，チカイエカである．
(3) つつがむし病は，ツツガムシが媒介する．
(4) ウエストナイル熱の媒介には，イエカ類などが関係する．
(5) ユスリカの死骸などが，アレルゲンとなることがある．

問題177 殺虫剤や殺鼠剤に関する次の記述のうち，最も不適当なものはどれか．
(1) 防除の対象種と比較して，ヒトに対する LD_{50} 値が大きいほど安全性は確保されやすい．
(2) 衛生害虫用の殺虫製剤や殺鼠製剤における毒性の格付けは，すべて劇薬に該当する．
(3) 建築物における衛生的環境の確保に関する法律に基づく特定建築物内において，ネズミや害虫を対象に薬剤処理を行う場合には，医薬品又は医薬部外品を用いなければならない．
(4) 殺鼠剤は，製剤中の有効成分の濃度が低いこと，ヒトとネズミでは体重差が大きいこと等により，誤食による人体への影響は少ない．
(5) 薬剤のヒトや動物に対する毒性や安全性は，有効成分の毒性，摂取量，摂取期間等によって決まる．

問題178 殺虫剤などによる防除作業に関する次の記述のうち，最も不適当なものはどれか．
(1) 油剤や乳剤は，消防法で定める危険物として取り扱われる．
(2) エアポンプが使用されている水槽がある場所では，空間処理は控える．
(3) 配電盤に殺虫剤を処理する場合には，水和剤を用いる．
(4) 燻煙剤を使用する場合には，煙感知器を切ってから処理をする．
(5) 屋外に毒餌を配置する場合には，毒餌箱に入れて配置する．

問題179 建築物内におけるネズミ及び害虫類の調査に関する次の組合せのうち，最も不適当なものはどれか．
(1) 屋内塵性ダニ ──────── ライトトラップ法
(2) 蚊の幼虫 ──────── 柄杓すくい取り法
(3) ハエ類 ──────── リボン法
(4) ネコノミ ──────── 粘着トラップ法
(5) ネズミ ──────── 証跡調査法

問題180 ネズミ及び害虫の防除と対策に関する次の記述のうち，最も不適当なものはどれか．
(1) IPM（総合防除）とは，異なる防除法の組合せにより，ネズミや害虫類を許容水準以下に維持することである．
(2) 換気口には，ネズミの侵入の防止のために隙間1cm以下の金属格子や金網を取り付ける．
(3) 自動開閉式ドアの設置は，昆虫やネズミの侵入の防止に有効である．
(4) 建築物の窓に設置されたブラインドは，防虫構造として有効である．
(5) 建築物内へ侵入したネズミの繁殖阻止には，側壁や天井裏の空間を多くするとよい．

平成16年度【午前】

建築物衛生行政概論
建築構造の概要
室内環境の衛生
給水及び排水の管理

問題1 建築物における衛生的環境の確保に関する法律の目的に関する次の文章の 内の語句のうち，誤っているものはどれか．

　この法律は，多数の者が (1) 使用 し，又は利用する建築物の (2) 構造設備 に関し (3) 環境衛生 上必要な事項等を定めることにより，その建築物における (4) 衛生的な環境 の確保を図り，もって (5) 公衆衛生 の向上及び増進に資することを目的とする．

問題2 建築物における衛生的環境の確保に関する法律に基づく特定建築物としての用途に該当するものは，次のうちどれか．
(1) 企業の自社職員対象の事務系研修所
(2) 地方公共団体が設置する病院
(3) 事務所に併設する独立棟の立体駐車場
(4) 礼拝堂のある教会
(5) 従事者の多い精密機器の組立工場

問題3 建築物における衛生的環境の確保に関する法律に基づく特定建築物の届出に関する次の記述のうち，誤っているものはどれか．
(1) 届出は，建築物の所在場所を管轄する保健所を経由して厚生労働大臣に提出する．
(2) 届出者は，所有者など特定建築物の全部の管理について権原を有する者である．
(3) 特定建築物の共有者は，連名で1通の届出を提出することが望ましい．
(4) 届出事項には，所在場所，用途，延べ面積，構造設備の概要が含まれる．
(5) 特定建築物が使用されるに至ったときは，1カ月以内に届け出なければならない．

問題4 建築物における衛生的環境の確保に関する法律に基づく特定建築物が備え付けておかなければならない帳簿書類とその保存期間に関する次の組合せのうち，正しいものはどれか．
(1) 特定建築物の平面図及び断面図────────永久
(2) 維持管理に関する設備の配置図及び系統図────10年間
(3) 給水・排水設備の点検及び整備状況の記録────3年間
(4) 廃棄物の処理状況を記載した書類────────1年間
(5) 空気環境の測定結果を記載した書類──────3年間

問題5 建築物環境衛生管理基準に関する次の記述のうち，誤っているものはどれか．
(1) 貯水槽の清掃は，1年以内ごとに1回行うこと．
(2) 飲料水の遊離残留塩素の検査は，7日以内ごとに1回行うこと．
(3) 大掃除は，6カ月以内ごとに1回，定期に，統一的に行うこと．
(4) 空気環境の測定（ホルムアルデヒドの量は除く．）は，2カ月以内ごとに1回，定期に行うこと．

(5) 排水設備の清掃は，1年以内ごとに1回行うこと．

問題6 建築物における衛生的環境の確保に関する法律に基づく飲料水の水質検査項目として，6カ月に1回検査する必要のある対象物質は，次のうちどれか．
(1) 総トリハロメタン　　(2) クロロホルム　　(3) 臭素酸
(4) 亜鉛及びその化合物　(5) トリクロロ酢酸

問題7 建築物環境衛生管理基準に定められている「ねずみ等」の防除に関する次の記述のうち，誤っているものはどれか．
(1) 「ねずみ等」には，建築物に食害を及ぼすシロアリは含まれない．
(2) 「ねずみ等」の発生場所，生息場所及び侵入経路並びに被害の状況についての統一的調査は，6カ月以内ごとに1回とする．
(3) 食料を取扱う区域等，特に「ねずみ等」が発生しやすい箇所について，2カ月以内ごとに1回，その生息状況等を調査する．
(4) 防そ防虫網，その他の防そ防虫設備の機能点検の他，「ねずみ等」の侵入を防止するための措置についても講じる．
(5) 「ねずみ等」の発生防止のため，6カ月以内ごとに1回，殺そ剤や殺虫剤を定期に使用する．

問題8 建築物における衛生的環境の確保に関する法律に基づく登録制度の対象となっていないものは，次のうちどれか．
(1) 建築物における空気環境の測定を行う事業（建築物空気環境測定業）
(2) 建築物の空気調和用ダクトの清掃を行う事業（建築物空気調和用ダクト清掃業）
(3) 建築物の廃棄物処理を行う事業（建築物廃棄物処理業）
(4) 建築物の飲料水の貯水槽の清掃を行う事業（建築物飲料水貯水槽清掃業）
(5) 建築物の排水管の清掃を行う事業（建築物排水管清掃業）

問題9 建築物における衛生的環境の確保に関する法律に基づく事業の登録に関する次の記述のうち，誤っているものはどれか．
(1) 登録制度は，事業者の資質向上を図るために設けられた．
(2) 登録は，営業所ごとに所在地を管轄する都道府県知事に登録する．
(3) 登録基準として，財務管理基準が定められている．
(4) 登録の有効期間は，6年間である．
(5) 事業の登録を受けないで，登録の表示及び類似の表示はできない．

問題10 建築物における衛生的環境の確保に関する法律に基づく罰則が適用される者として，誤っているものは次のうちどれか．
(1) 建築物環境衛生管理技術者の選任を行わなかった者
(2) 特定建築物でありながら帳簿書類の備付けをしていない特定建築物所有者等
(3) 特定建築物に対する都道府県知事の立入検査を拒んだ者
(4) 事業の登録をしている営業所に対する都道府県知事の立入検査を拒んだ者
(5) 改善命令を受けた特定建築物に選任されている建築物環境衛生管理技術者

問題11 現在の衛生行政組織に関する次の記述のうち，最も不適当なものはどれか．

(1) 学校保健の地域行政事務を所管するのは，教育委員会である．
(2) 下水道法を所管する官庁は，厚生労働省である．
(3) 各都道府県の労働局の第一線機関として，労働基準監督署が設置されている．
(4) 建築基準法を所管する官庁は，国土交通省である．
(5) 水質汚濁防止法を所管する官庁は，環境省である．

問題12 感染症の予防及び感染症の患者に対する医療に関する法律に基づく一類感染症に該当する疾患は，次のうちどれか．
(1) ペスト　　　　(2) 腸管出血性大腸菌感染症　　　(3) コレラ
(4) インフルエンザ　(5) 麻しん

問題13 学校保健法に関する次の文章の□内に入る語句の組合せとして，正しいものはどれか．

学校においては，［ア］，採光，照明及び［イ］を適切に行い，清潔を保つ等［ウ］の維持に努め，必要に応じてその改善を図らなければならない．

	ア	イ	ウ
(1)	水質検査	保温	公衆衛生
(2)	換気	室内環境管理	公衆衛生
(3)	水質検査	保温	環境衛生
(4)	換気	保温	環境衛生
(5)	水質検査	室内環境管理	環境衛生

問題14 下水道法に関する次の記述のうち，誤っているものはどれか．
(1) 公共下水道に流入させるための排水設備は，原則として公共下水道管理者が設置する．
(2) 下水とは，生活若しくは事業に起因し，若しくは付随する廃水又は雨水をいう．
(3) 公共下水道の設置，改築，修繕，維持その他の管理は，市町村が行う．
(4) 公共下水道の構造は，政令で定める技術上の基準に適合しなければならない．
(5) 継続して公共下水道を使用しようとする者は，使用開始の時期などをあらかじめ公共下水道管理者に届け出なければならない．

問題15 生活衛生関係営業について，当該事業の開設又は営業に当たって，許可を要しないものは次のうちどれか．
(1) 興行場　　(2) クリーニング業　　(3) 公衆浴場
(4) 旅館業　　(5) 飲食店

問題16 環境基本法に関する次の文章の□内に入る語句の組合せとして，正しいものはどれか．

環境基本法において「公害」とは，事業活動その他の人の活動に伴って生ずる相当範囲にわたる大気の汚染，［ア］，土壌の汚染，騒音，［イ］，地盤の沈下及び［ウ］によって，人の健康又は生活環境に係る被害が生ずることをいう．

	ア	イ	ウ
(1)	海洋の汚染	振動	電波障害
(2)	海洋の汚染	電波障害	悪臭

(3) 日照権の侵害————光化学スモッグ————電波障害
(4) 水質の汚濁————振動————悪臭
(5) 水質の汚濁————放射能障害————電波障害

問題17 環境基本法により，大気の汚染に係る環境基準に定められていない物質は，次のうちどれか．
(1) 光化学オキシダント　　(2) 二酸化炭素　　(3) 二酸化いおう
(4) 一酸化炭素　　(5) 浮遊粒子状物質

問題18 悪臭防止法により，特定悪臭物質として定められていないものは，次のうちどれか．
(1) アンモニア　　(2) アセトアルデヒド　　(3) メタン
(4) メチルメルカプタン　　(5) 硫化水素

問題19 水質汚濁防止法により，人の健康に係る被害を生ずるおそれがある物質として定められていないものは，次のうちどれか．
(1) カドミウム及びその化合物　　(2) 鉛及びその化合物　　(3) 錫
(4) 六価クロム化合物　　(5) シアン化合物

問題20 労働安全衛生法の目的に関する次の文章の　　　内に入る語句の組合せとして，正しいものはどれか．

　　労働安全衛生法は，労働基準法と相まって，　ア　のための危害防止基準の確立，責任体制の明確化及び自主的活動の促進の措置を講ずる等その防止に関する総合的計画的な対策を推進することにより職場における　イ　を確保するとともに，　ウ　を促進することを目的とする．

　　　　　　　　ア　　　　　　　　　　　イ　　　　　　　　　　　ウ
(1) 労働災害の防止————労働者の安全と健康————快適な職場環境の形成
(2) 労働者の安全と健康————快適な職場環境の形成————労働災害の防止
(3) 快適な職場環境の形成————労働災害の防止————労働者の安全と健康
(4) 労働災害の防止————快適な職場環境の形成————労働者の安全と健康
(5) 快適な職場環境の形成————労働者の安全と健康————労働災害の防止

問題21 建築物の設計又は建築士に関する次の記述のうち，最も不適当なものはどれか．
(1) 建築物の設計図書には，現寸図は含まれない．
(2) 建築士法による設計とは，建築士の責任において設計図書を作成することをいう．
(3) 建築士法の定義による建築士には，木造建築士は含まれない．
(4) 設計競技（コンペティション）とは，複数の設計者に案を求め，審査によって適切な設計案を選ぶことをいう．
(5) 建築物の設計は，一人の設計者が全体の設計を行うこともあるが，意匠設計，構造設計，設備設計等を分担して行ってもよい．

問題22 荷重に関する次の記述のうち，最も不適当なものはどれか．
(1) 水平荷重は，風圧力，地震力等が挙げられる．
(2) 鉛直荷重は，積載荷重，積雪荷重等が挙げられる．
(3) 風圧力は，通常，速度圧に風力係数を乗じて計算する．

(4) 固定荷重には，家具，物品等の重量が含まれる．
(5) 地震力は，建築物の地上部分の場合，各部分の高さに応じて，その高さの部分が支えている所に作用する全体の地震力として計算する．

問題 23 耐震設計に関する次の記述のうち，最も不適当なものはどれか．
(1) 筋かい（ブレース）は，骨組の垂直構面に入れる斜材で，地震力などに抵抗させる．
(2) 偏心率は，立面的なバランスに対する規定である．
(3) 剛性率は，水平荷重の作用によるねじれに対する耐力要素のバランスの規定である．
(4) 層間変形角は，扉や窓等に対する変形を制限する規定である．
(5) 水平筋かい（水平ブレース）は，床などの水平構面に入れる斜材である．

問題 24 建築物の構造に関する次の記述のうち，最も不適当なものはどれか．
(1) トラス構造は，面板の組合せによる筒状あるいは多面体状の架構を形成する構造である．
(2) 骨組構造は，一般にラーメン構造と呼ばれ，応力としては，曲げモーメント，せん断力，軸方向力が生じる．
(3) アーチ構造は，アーチ状の形態で，応力は曲げモーメント，せん断力，軸方向力が生じる．
(4) シェル構造は，大スパンをもたせるのに適した構造である．
(5) 壁式鉄筋コンクリート構造は，集合住宅によく用いられる．

問題 25 建築構造に関する次の記述のうち，不適当なものはどれか．
(1) 鉄筋コンクリート構造の建築物（事務所）の法定耐用年数は，100 年である．
(2) 鉄筋コンクリートの中性化は，構造体の寿命に影響する．
(3) SI 建築物は，構造躯体と内装・設備等とを分離した工法による建築物である．
(4) 既存不適格建築物は，現行の建築基準法の規定に適合しないが，既得権として存在が許される．
(5) 鉄筋コンクリート構造の帯筋間隔は，10cm 以下である．

問題 26 次に示す支点と支持形式の名称の組合せのうち，誤っているものはどれか．

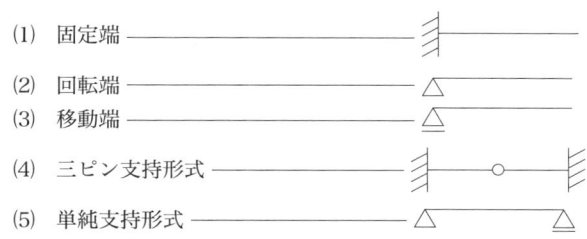

(1) 固定端
(2) 回転端
(3) 移動端
(4) 三ピン支持形式
(5) 単純支持形式

問題 27 建築物の構造に関する次の記述のうち，最も不適当なものはどれか．
(1) 鉄骨構造は，耐食性に富んでいる．
(2) 鉄筋コンクリート構造は，耐火性，耐久性に富んでいる．
(3) 鉄骨鉄筋コンクリート構造は，鉄筋コンクリート構造より耐震性を強化したものである．
(4) 集成材構造（木造大断面集成材構造）は，酸・塩分等に対する抵抗性があり，耐久性にも富んでいる．
(5) プレストレストコンクリート構造は，引張力に弱いコンクリートのひび割れやクリープ

が発生しないようにした構造である．

問題 28 鉄筋コンクリート構造に関する次の記述のうち，最も不適当なものはどれか．
(1) はりのあばら筋は，曲げモーメントに対して配筋される．
(2) 柱の帯筋は，せん断力に対して配筋される．
(3) 床のコンクリートの厚さは，一般に 13〜20cm 程度である．
(4) 耐震壁のコンクリートの厚さは，約 20cm 程度である．
(5) 鉄筋に対するコンクリートのかぶり厚さは，耐久性上重要である．

問題 29 建築材料に関する次の記述のうち，最も不適当なものはどれか．
(1) クロルピリホスを添加した建築材料は，居室を有する建築物では使用できない．
(2) コンクリートの圧縮強度は，水セメント比に左右されない．
(3) モルタルとは，水とセメントと砂の混合物である．
(4) レイタンスとは，コンクリートの表面にごみ，空気等が浮上して層状になったものをいう．
(5) 鉄鋼の熱膨張係数は，コンクリートとほぼ等しい．

問題 30 我が国における建築物の日射受熱と建築計画に関する次の文章の [   ] 内に入る語句の組合せとして，最も適当なものはどれか．
　　建築物の夏季における日射受熱を抑制するためには， ア の壁面・窓面が小さく， イ の壁面・窓面が大きい方が有利である．また，夏季において， ウ 側の諸室は温熱環境的に問題とされやすいため，日射遮蔽対策を重点的に講ずる必要がある．

	ア	イ	ウ
(1)	南	東西	東
(2)	南	東西	西
(3)	東西	南	東
(4)	東西	南	西
(5)	東	西	南

問題 31 自動火災報知設備で用いられる煙感知器の方式として，最も適当なものは次のうちどれか．
(1) 差動式　　(2) 光電式　　(3) 補償式
(4) 紫外線式　(5) 赤外線式

問題 32 輸送設備に関する次の文章の [   ] 内に入る数字の組合せとして，最も適当なものはどれか．
　　積載量が 900kg の規格型エレベータの定員は ア 人である．また，こう配が 30 度を超え 35 度以下のエスカレータの定格速度は， イ m/min 以下とされている．

	ア	イ
(1)	15	40
(2)	15	30
(3)	15	20
(4)	13	40
(5)	13	30

問題 33 建築基準法に定める「建築」の定義に該当しないものは，次のうちどれか．
(1) 建築物の改築　　(2) 建築物の増築　　(3) 建築物の新築
(4) 建築物の移転　　(5) 建築物の修繕

問題 34 建築基準法の用語に関する次の記述のうち，誤っているものはどれか．
(1) 住宅に附属する門若しくは塀は，「建築物」である．
(2) 「耐火性能」とは，通常の火災が終了するまでの間，当該火災による建築物の倒壊及び延焼を防止するために，当該建築物の部分に必要とされる性能をいう．
(3) 建築物に設ける消火の設備は，「建築設備」である．
(4) 地下の工作物内に設ける倉庫は，「特殊建築物」である．
(5) 階段室は，「居室」である．

問題 35 オゾン層破壊及び地球温暖化に関する次の記述のうち，最も不適当なものはどれか．
(1) 我が国では，クロロフルオロカーボン（CFC）は，1995年末で製造が全面的に中止された．
(2) 業務用冷凍空気調和機器の廃棄時には，冷媒として存在しているフロン類の回収が業務付けられている．
(3) オゾン層破壊係数の基準とされているのは，CFC-11である．
(4) 地球温暖化係数の基準とされているのは，二酸化炭素である．
(5) 人工的に開発された冷媒ガスの地球温暖化係数は，ほとんどが1以下である．

問題 36 健康影響因子と環境要因に関する次の組合せのうち，最も不適当なものはどれか．
(1) 気候 ──────── 物理的要因
(2) ウイルス ─────── 生物的要因
(3) 硫黄酸化物 ────── 化学的要因
(4) 交通 ──────── 社会的要因
(5) オゾン ──────── 生物的要因

問題 37 人体の組織と機能に関する次の記述のうち，最も不適当なものはどれか．
(1) 消化器系は，消化管と肝臓，膵臓等からなる．
(2) 免疫系は，脾臓，胸腺，リンパ節等からなる．
(3) 感覚器系は，聴覚，視覚，味覚等の受容をつかさどる器官からなる．
(4) 呼吸器系は，気道と肺からなる．
(5) 神経系は，下垂体，副腎，甲状腺等からなる．

問題 38 冷房障害に関する次の記述のうち，最も不適当なものはどれか．
(1) 体が長時間冷やされると起きやすい．
(2) 体がだるくなる．
(3) 女性より男性に多い．
(4) 短時間の激しい温度変化により起きやすい．
(5) 気流についても注意を払う必要がある．

問題 39 シックビル症候群の症状として，最も不適当なものは次のうちどれか．
(1) 眼，鼻，喉の粘膜刺激症状
(2) 狭心症，心筋梗塞等の循環器症状

(3) 咳，息切れ等の呼吸器症状
  (4) 乾燥，掻痒感等の皮膚症状
  (5) 頭痛，疲労，倦怠感等の中枢神経系症状

問題 40 シックビル症候群の発生要因として，最も不適当なものは次のうちどれか．
  (1) 室内を過度に明るくしている．
  (2) 屋外空気の導入量を低減させている．
  (3) 気密性が高すぎる．
  (4) 室内がカーペット仕上げになっている．
  (5) 室内の空気を循環させている．

問題 41 ホルムアルデヒドに関する次の記述のうち，最も適当なものはどれか．
  (1) 可燃性でない．　(2) たばこ煙に存在する．　(3) 還元性は弱い．
  (4) 刺激性は弱い．　(5) 水に溶けにくい．

問題 42 エアロゾルの種類とその生成要因に関する次の組合せのうち，最も適当なものはどれか．
  (1) ミスト————————耐火物剥離
  (2) 煙——————————加湿器
  (3) ヒューム————————溶接
  (4) 煙——————————切削油の飛沫
  (5) ミスト————————高分子材料の燃焼

問題 43 たばこに関する次の記述のうち，最も適当なものはどれか．
  (1) 受動喫煙により，低出生体重児の出産リスクが増加すると言われている．
  (2) 主流煙と副流煙の組成は，同じである．
  (3) たばこが燃えている部分から直接発生する煙を，主流煙という．
  (4) 健康増進法は，住宅での喫煙を禁止している．
  (5) 分煙の効果判定には，二酸化炭素濃度を指標に用いる．

問題 44 オゾンの発生源又は発生機構として，最も不適当なものは次のうちどれか．
  (1) 白熱電球　　(2) 落雷の際の放電　　(3) コピー機
  (4) レーザプリンタ　　(5) 紫外線による光化学反応

問題 45 振動に関する次の記述のうち，最も不適当なものはどれか．
  (1) 全身振動は，鉛直振動と水平振動に分けて評価される．
  (2) 振動感覚は，周波数によって異なる．
  (3) 全身振動の大きさの感覚は，振動継続時間によって異なる．
  (4) 振動レベルとは，聴感補正した加速度レベルのことである．
  (5) 振動レベルが高くなると，不安感や疲労感を覚える．

問題 46 VDT作業の光環境に関する次の文章の 内に入る数値の組合せとして，適当なものはどれか．
　　厚生労働省のガイドラインでは，ディスプレイを用いる場合のディスプレイ画面上における照度は ア 以下，書類上及びキーボード上における照度は イ 以上

とすることが推奨されている．

	ア	イ
(1)	1,000 lx	500 lx
(2)	1,000 lx	300 lx
(3)	500 lx	300 lx
(4)	500 lx	100 lx
(5)	300 lx	100 lx

問題 47 事務所の照度基準（JIS）によるオフィスビル等における人工照明の照度基準のレベルを低い順に並べた組合せとして，最も適当なものは次のうちどれか．
(1) 屋内非常階段―倉庫―会議室―エレベータ―玄関ホール（昼間）
(2) 屋内非常階段―倉庫―エレベータ―会議室―玄関ホール（昼間）
(3) 倉庫―屋内非常階段―エレベータ―玄関ホール（昼間）―会議室
(4) 倉庫―屋内非常階段―玄関ホール（昼間）―エレベータ―会議室
(5) 倉庫―屋内非常階段―エレベータ―会議室―玄関ホール（昼間）

問題 48 電磁波に関する次の組合せのうち，不適当なものはどれか．
(1) 静電場――――――――V/m
(2) UV-B――――――――ビタミン D 形成作用
(3) 赤外線――――――――白内障
(4) マイクロ波周波数―――300MHz ～ 300GHz
(5) 電離放射線―――――――T（テスラ）

問題 49 人と水に関する次の記述のうち，最も不適当なものはどれか．
(1) 小児が生理的に必要とする水分量は，体重当たりに換算すると成人の半分以下である．
(2) 成人が生理的に必要とする水分量は，普通，1 日約 1.5L である．
(3) 一般に，男性より女性の方が体内の水分量は少ない．
(4) 加齢とともに，体内の水分量は少なくなる．
(5) 体内の水分量は，体重の 50 ～ 70％である．

問題 50 水分の体重当たり欠乏率と脱水症状の組合せのうち，最も不適当なものは次のどれか．
(1) 2％――――――――浮腫，尿生成の停止
(2) 4％――――――――動きのにぶり，いらいらする
(3) 6％――――――――手足のふるえ，頭痛
(4) 8％――――――――呼吸困難，チアノーゼ
(5) 10％―――――――筋けいれん，失神

問題 51 高齢者の視力・聴力に関する次の記述のうち，最も不適当なものはどれか．
(1) 白内障をもつ人の割合が高くなる．
(2) 一般に 40 歳代で老眼が始まる．
(3) 周囲の急速な明るさの変化がストレスとなる．
(4) 聴力低下は，低い周波数の音から始まる．
(5) 聴力低下の度合は，通常，女性より男性の方が大きい．

問題52 感染症とその病原体に関する次の組合せのうち，最も不適当なものはどれか．
(1) 麻しん──────────ウイルス
(2) つつが虫病────────リケッチア
(3) マラリア──────────原虫
(4) 白癬症──────────真菌
(5) インフルエンザ──────細菌

問題53 水系感染症の特徴に関する次の記述のうち，最も不適当なものはどれか．
(1) 患者の性別及び職業に関係がある．
(2) 初発患者の発生から数日で，爆発的に発生する．
(3) 一般に軽症例が多い．
(4) 同じ貯水槽からの給水域や，同じ水源池を使用した地域に発生する．
(5) 一般に水で薄められるため，潜伏期間が長い．

問題54 レジオネラ症に関する次の記述のうち，最も不適当なものはどれか．
(1) レジオネラ属菌は，一般に20～50℃で繁殖し，36℃前後で最も繁殖する．
(2) レジオネラ症は，感染症の予防及び感染症の患者に対する医療に関する法律において，五類感染症に分類されている．
(3) レジオネラ症の感染経路として，汚染水のエアロゾルの吸入がある．
(4) レジオネラ属菌は，自然界の土壌と淡水に生息するグラム陰性の桿菌である．
(5) レジオネラ症は，主として冷却塔，循環式浴槽に供した水を介して感染する．

問題55 クリプトスポリジウム症に関する次の記述のうち，最も不適当なものはどれか．
(1) クリプトスポリジウムによる汚染のおそれがあるときは，指標菌の検査を実施する．
(2) クリプトスポリジウム症は，主として水道を介して発生する．
(3) クリプトスポリジウム症は，人畜共通性である．
(4) クリプトスポリジウムは，塩素による消毒が有効である．
(5) クリプトスポリジウム症の潜伏期間は，約1週間である．

問題56 給水及び排水の管理に関する次の用語と単位の組合せのうち，最も不適当なものはどれか．
(1) DO ──────────── mg/L
(2) 総アルカリ度────────mg/L
(3) 放射性排水────────Bq/cm^2
(4) 線膨張係数────────1/℃
(5) 熱損失──────────W

問題57 給水及び排水の管理に関する次の語句の組合せのうち，最も不適当なものはどれか．
(1) 給水の水質検査────────────大腸菌
(2) 圧力水槽方式──────────── 受水槽
(3) 給湯における省エネルギー基準────エネルギー消費係数
(4) 水質汚濁──────────────富栄養化
(5) バキュームブレーカ───────── 逆圧の防止

問題 58 水道法に関する次の用語とその説明の組合せのうち,最も不適当なものはどれか.
(1) 水道施設 ──────── 水道のための貯水施設,取水施設,導水施設,浄水施設,送水施設及び配水施設をいう.
(2) 簡易専用水道 ────── 水道事業の用に供する水道から供給を受ける水のみを水源とするもので,水槽の有効容量の合計が $10m^3$ 以下のものをいう.
(3) 専用水道 ──────── 寄宿舎等の自家用水道等で,100人を超える者にその居住に必要な水を供給するもの,又は人の生活の用に供する1日最大給水量が $20m^3$ を超えるものをいう.
(4) 貯水槽水道 ─────── 受水槽方式の水道で,水道事業の用に供する水道から供給を受ける水のみを水源とするものをいう.
(5) 給水装置 ──────── 需要者に水を供給するために水道事業者の施設した配水管から分岐して設けられた給水管及びこれに直結する給水用具をいう.

問題 59 給水方式に関する次の記述のうち,最も不適当なものはどれか.
(1) 直結直圧方式は,配水管の水圧により揚水できる高さが決定される.
(2) 直結増圧方式は,増圧ポンプを設け,水圧を高くして中高層の建築物に適用できるようにした方法である.
(3) ポンプ直送方式は,受水槽に貯留した水を給水ポンプで必要箇所に直接給水する方式である.
(4) 圧力水槽方式のポンプは,水の使用により圧力水槽の水圧が低下すると起動し,一定水圧になると停止するように制御されている.
(5) 高置水槽方式の揚水ポンプは,受水槽の水位の低下により起動するように制御されている.

問題 60 給水設備に関する次の記述のうち,最も不適当なものはどれか.
(1) 大便器洗浄弁を使用する場合の最低必要水圧は,70kPa である.
(2) 給水管と排水管が平行して埋設される場合は,両配管の水平距離を 500mm 以上とる.
(3) 事務所建築物における最大給水圧は,400～500kPa 程度とする.
(4) 給水系統と屋内消火栓の系統は,逆止弁を介して接続すれば,クロスコネクションとはならない.
(5) 揚水管は,高置水槽に向かって上がりこう配で配管する.

問題 61 ウォータハンマの防止に関する次の記述のうち,最も不適当なものはどれか.
(1) 配管は,極力まっすぐとし,むやみに曲折させない.
(2) ゾーニングは,適切に行い,管内水圧を下げる.
(3) 管内流速は,最大 2m/s 以下とする.
(4) 水柱分離が生じやすい配管とする.
(5) ポンプの吐出管（デリベリ）に,衝撃吸収式逆止弁を取り付ける.

問題 62 給水配管に関する次の記述のうち,最も不適当なものはどれか.
(1) 下向き配管方式の場合は,先下がり配管とする.
(2) 配管と貯水槽との接続は,堅固に固定する.
(3) 飲料水用配管は,他の配管系統と識別できるようにする.
(4) 銅管は,異物の付着による孔食の恐れがあるので,配管完了後の管内清掃は十分に行う.

(5) ポンプに弁及び配管を取り付ける際は、その荷重が直接ポンプにかからないように支持する．

問題63 給水設備に使用される配管材料として、飲用に最も適さないものは次のうちどれか．
(1) ステンレス鋼管　　(2) 水道用硬質塩化ビニルライニング鋼管
(3) 銅管　　　　　　　(4) 亜鉛めっき鋼管
(5) 架橋ポリエチレン管

問題64 給水の塩素消毒の特徴に関する次の記述のうち、最も不適当なものはどれか．
(1) 消毒効果が残留する．
(2) 有害な有機塩素化合物が副生成される場合がある．
(3) 塩素剤の残留の確認と濃度の定量が簡単にできる．
(4) 酸性側で消毒効果が急減する．
(5) 窒素化合物と反応すると、消毒効果が減少する．

問題65 給湯に関する次の記述のうち、最も不適当なものはどれか．
(1) ホテルの客室の設計給湯使用量は、100L/（人・日）程度とする．
(2) 厨房の皿洗い機のすすぎ温度は50℃とする．
(3) 屋内プールの使用温度は、一般に夏期では25～28℃である．
(4) 事務所の設計給湯使用量は、10L/（人・日）程度とする．
(5) 耐熱性硬質塩化ビニルライニング鋼管の使用温度は、85℃以下とする．

問題66 給湯設備に関する次の記述のうち、最も不適当なものはどれか．
(1) 給湯機の能力で1号数とは、流量1L/minを25℃上昇させる能力である．
(2) 給湯配管は、管内の空気や水が抜けやすいように凹凸配管としない．
(3) 給湯用銅管の管内流速は、返湯管の場合1.2m/s以下とする．
(4) 単式の伸縮管継手の設置間隔は、銅管の場合40m程度である．
(5) 循環ポンプの循環流量は、配管系の熱損失などから求める．

問題67 給湯設備に関する次の記述のうち、最も不適当なものはどれか．
(1) ステンレス鋼管では、溶接等施工上の原因以外の腐食事例は少ないが、すきま腐食、もらいさびなどによる腐食等が生じる可能性がある．
(2) 逃し管（膨張管）は、給湯設備の安全装置である．
(3) 樹脂管は、使用温度が高くなると許容圧力は低下する．
(4) ベローズ型伸縮管継手は、スリーブ型伸縮管継手に比べて伸縮吸収量が小さい．
(5) 銅管の腐食として、残留応力腐食がある．

問題68 給湯設備の維持管理に関する次の記述のうち、最も不適当なものはどれか．
(1) 貯湯槽の給湯温度は、60℃以上とし、ピーク使用時においても55℃を確保する．
(2) 給湯設備における防錆剤については、使用上の制約はない．
(3) 貯湯槽は、定期的に底部の滞留水の排出を行う．
(4) 貯湯槽は、循環ポンプによる槽内の水の攪拌を行って、槽内を一定温度に保つ．
(5) 浴槽循環ろ過装置は、消毒を十分行う．

問題69 給湯設備に関する次の記述のうち、最も不適当なものはどれか．
(1) 小型圧力容器は、1年以内ごとに定期自主検査を行う．

(2) 休止中の貯湯槽を運転・再開するときは，点検・清掃を行い，設定温度に2時間以上加熱してから使用する．
(3) 第一種圧力容器は，6カ月以内ごとに1回定期自主検査を行う．
(4) 貯湯槽に流電陽極式電気防食が施されている場合には，清掃の際に犠牲陽極の状態などを確認する．
(5) 逃し弁は，1カ月に1回程度，レバーハンドルを操作して作動を確認する．

問題 70 排水の種類に関する次の記述のうち，最も不適当なものはどれか．
(1) 給排水衛生設備規準においては，大小便器，ビデ等の排水を汚水という．
(2) 給排水衛生設備規準においては，汚水を除く厨房排水等の生活系排水及び機械室排水は，雑排水である．
(3) 下水道法でいう汚水には，雨水が含まれる．
(4) 屋根面から採取される雨水は，比較的良好な水質である．
(5) 給排水衛生設備規準においては，化学系排水，放射性排水等を特殊排水という．

問題 71 排水トラップに関する次の記述のうち，最も不適当なものはどれか．
(1) 排水の流下水勢によって，トラップの封水部に付着するおそれのある小雑物を押し流す作用を，自掃作用という．
(2) 排水管内に正圧又は負圧が生じたときの封水保持能力を，封水強度という．
(3) トラップの流出脚断面積と流入脚断面積の比を，脚断面積比という．
(4) 阻集器のトラップの封水深は，100mm以上としてよい．
(5) Pトラップ，Sトラップ，Uトラップ等は非サイホン式トラップといわれ，サイホン現象が起きにくく封水強度の大きいトラップである．

問題 72 排水通気方式に関する次の組合せのうち，最も不適当なものはどれか．
(1) 各個通気方式 ──────────── 通気立て管を設ける．
(2) 特殊継手排水方式（システム） ─── 伸頂通気方式を改良したものが多い．
(3) 各個通気方式 ──────────── 自己サイホン作用の防止に有効である．
(4) 伸頂通気方式 ──────────── 原則として，オフセットを設けない．
(5) ループ通気方式 ────────── 排水許容流量は，各個通気方式より多い．

問題 73 排水通気設備に関する次の記述のうち，最も不適当なものはどれか．
(1) 伸頂通気方式の排水横主管の水平曲がりは，排水立て管の底部より3m以内には設けない．
(2) 通気管の末端は，屋上を庭園・運動場・物干し場等に使用する場合は，屋上から2m以上立ち上げて大気中に開口する．
(3) ループ通気管は，同一排水横枝管に接続される最高位の器具のあふれ縁より100mm以上の高さで横走させる．
(4) 管径100mmの排水横管のこう配は，最小1/100とする．
(5) ブランチ間隔が3以上の排水立て管でループ通気管を設ける場合は，通気立て管を設ける．

問題 74 雨水排水設備に関する次の記述のうち，最も不適当なものはどれか．
(1) 雨水立て管は，雨水専用の管とする．

(2) 雨水浸透式を採用する場合の目的の一つに，地下水の涵養がある．
(3) ルーフドレンは，平型よりドーム型の方が詰まりにくい．
(4) 雨水ますには，泥だめを設ける．
(5) 雨水排水管を合流式の敷地排水管に接続する場合は，トラップを設けてはならない．

問題75 排水槽及び排水ポンプの維持管理に関する次の記述のうち，最も不適当なものはどれか．
(1) 排水槽の清掃を行う場合には，作業を行う前に資格を有する者が酸素濃度などを測定する．
(2) ポンプの定期点検では，1カ月に1回絶縁抵抗を測定し1kΩ以上であることを確認する．
(3) 排水槽内の排水は12時間を超えて貯留しないように，タイマーで強制排水することが望ましい．
(4) 電極棒による水位制御は，汚水槽や厨房排水槽では誤作動を起こしやすい．
(5) 排水槽の清掃は，法令に基づき定期的に行う．

問題76 排水通気設備に発生する障害とその原因の組合せとして，最も不適当なものは次のうちどれか．
(1) 厨房内の悪臭 ──────── グリース阻集器の清掃不良
(2) 便所の下水臭 ──────── 床排水トラップの封水の蒸発
(3) チカイエカの発生 ──────── 二重スラブ内の水溜り
(4) 排水槽の漏水 ──────── メタンの発生
(5) 排水ポンプの作動不良 ──────── フロートスイッチの故障

問題77 排水槽における悪臭発生の防止対策に関する次の記述のうち，最も不適当なものはどれか．
(1) ポンプの運転停止水位を，排水ピットよりも高い位置に設定する．
(2) マンホールには，パッキン付きの密閉ふたを使用する．
(3) 排水槽を貫通している配管回りの穴埋めを確実に行う．
(4) 厨房排水を汚水と分けて排水槽を設ける．
(5) 排水槽内にばっ気撹拌装置を設ける．

問題78 衛生器具に関する次の記述のうち，最も不適当なものはどれか．
(1) 大便器洗浄弁には，バキュームブレーカを取り付ける．
(2) トラップ着脱式のストール型小便器は，公衆用には適さない．
(3) 浴室用のハンドシャワーには，バキュームブレーカを取り付ける．
(4) 水飲み器の噴水頭は，斜角吹上式とする．
(5) 小便器洗浄弁は，公衆用には適さない．

問題79 大便器回りの故障の現象とその原因の組合せのうち，最も不適当なものは次のうちどれか．
(1) 便器と床面の間がぬれる．──────── フランジ部シール材の取り付け不良
(2) 洗浄力が弱く汚物が流れない．──────── トラップ部や排水路における異物の詰まり
(3) 吐水時間が長い．──────── 洗浄弁の開閉ネジの開けすぎ
(4) 洗浄弁のハンドル部から漏水する．──────── ハンドル押し棒部の取り付けナットの緩み

(5) 少量の水が流れ放しである．————洗浄弁のシートとシートパッキンの間における異物の付着

問題 80 給水・給湯設備に使用する弁類に関する次の記述のうち，最も不適当なものはどれか．
(1) 仕切弁は，開閉のみの目的で使用する．
(2) 玉形弁は，流量調整用に適している．
(3) ボール弁は，抵抗が少なく，流量調整ができる．
(4) バタフライ弁は，小口径の配管に適している．
(5) リフト式逆止弁は，水平方向に設置する．

問題 81 雑用水及び雑用水設備に関する次の記述のうち，最も不適当なものはどれか．
(1) 雑用水系統の配管では，上水系統に比べてスライムの付着が多い．
(2) 雑用水は，洗面器，手洗い器等，誤飲・誤用のおそれのある器具に供給しない．
(3) 散水用水，修景（水景）用水，清掃用水における雑用水では，塩素消毒は行わなくてもよい．
(4) 上水給水管と誤接合されていないことを確認するため，竣工時に着色水で検査する．
(5) 散水用水，修景（水景）用水，清掃用水における雑用水の濁度は，2度以下とする．

問題 82 厨房排水除害施設及びその処理法に関する次の記述のうち，最も不適当なものはどれか．
(1) 厨房排水除害施設は，動植物油の除去が主である．
(2) 浮上分離法では，排水の密度と油分の密度との差が大きく，油分の直径が小さいほど浮上速度が速くなる．
(3) 生物処理法は，酵母菌や油分解菌等を用いた処理方法である．
(4) 生物処理法は，添加する菌種によって運転条件に違いがある．
(5) 生物処理法は，浮上分離法に比べて発生汚泥量が少ない傾向がある．

問題 83 浄化槽の定義に関する次の文章の[　　]内に入る語句の組合せとして，最も適当なものはどれか．

　浄化槽とは，便所と連結して尿及びこれと併せて[　ア　]を処理し，下水道法第2条第六号に規定する[　イ　]を有する公共下水道以外に放流するための設備又は施設であって，同法に規定する公共下水道及び流域下水道並びに廃棄物の処理及び清掃に関する法律第6条第1項の規定により定められた計画に従って市町村が設置した[　ウ　]以外のものをいう．

　　　　ア　　　　　　　イ　　　　　　　ウ
(1) 雨水　　　　　　終末処理場　　　　コミュニティ・プラント
(2) 雑排水　　　　　除害施設　　　　　し尿処理施設
(3) 雨水　　　　　　除害施設　　　　　農業集落排水施設
(4) 雑排水　　　　　終末処理場　　　　農業集落排水施設
(5) 雑排水　　　　　終末処理場　　　　し尿処理施設

問題 84 浄化槽の単位装置と主な点検項目に関する次の組合せのうち，最も不適当なものはどれか．
(1) 流量調整槽————————分水計量装置の作動状況

(2) 嫌気ろ床槽————————目詰まりの状況
(3) 沈殿槽——————————ポンプの作動水位
(4) ばっ気槽—————————溶存酸素濃度
(5) 消毒槽——————————沈殿物の生成状況

問題85 消火設備に関する次の記述のうち，最も不適当なものはどれか．
(1) 燃焼の三要素として可燃物，酸素及び点火エネルギーがあり，消火するためには燃焼の要素を取り除くことが必要である．
(2) 2号消火栓は，1人でも容易に操作ができるように開発されたものである．
(3) 消防法による連結送水管，連結散水設備は，消防の用に供する設備である．
(4) 補助散水栓は，スプリンクラヘッドの未警戒部分を補完するために設置する．
(5) 泡消火設備は，飛行機の格納庫や駐車場などに設置される．

問題86 スプリンクラ設備に関する次の記述のうち，最も不適当なものはどれか．
(1) 閉鎖型湿式スプリンクラ設備は，最も一般的で，配管内は常時水で加圧されている．
(2) 開放型スプリンクラ設備は，舞台部などに設けられ，一斉開放弁の作動で散水する．
(3) 閉鎖型予作動式スプリンクラ設備は，ヘッドの誤損傷による水損事故を防止するために設け，ヘッドの開放と火災報知器の両方の作動により散水される．
(4) 閉鎖型乾式スプリンクラ設備は，寒冷地などで採用され，アラーム弁の二次側が大気圧となっている．
(5) 放水型スプリンクラ設備は，大空間部やアトリウムに特殊な放水型ヘッド（放水銃等）を設けた設備である．

問題87 ガス設備に関する次の記述のうち，最も不適当なものはどれか．
(1) 液化石油ガスの発熱量は，都市ガスに比較して高い．
(2) ガス漏れ警報器は，液化石油ガスでは天井付近に設置する．
(3) マイコンメータは，ある程度の規模の地震が発生すると，ガスを遮断する機能を有している．
(4) ガスメータは，検針者が立ち入って検針することが容易な場所に設置する．
(5) 液化石油ガスの容器（ボンベ）は，常時40℃以下を保てる場所に設置する．

問題88 給排水衛生設備システムに関する次の文章の｜　　　｜内に入る語句の組合せとして，最も適当なものはどれか．

　　給排水衛生設備システムには，水や湯を｜ ア ｜する系統，使用した水や廃棄物を｜ イ ｜する系統があり，その接点に衛生器具設備や特殊設備がある．給水と給湯の｜ ウ ｜バランスや，供給系と排出系の｜ エ ｜バランスなど，相互に密接な関連性が存在する．

　　　　　ア　　　　イ　　　　ウ　　　　エ
(1) 排出————供給————水温————水量
(2) 供給————排出————水温————水質
(3) 供給————排出————水質————圧力
(4) 排出————供給————圧力————水質
(5) 供給————排出————圧力————水量

問題89 閉鎖性水域の富栄養化に関する次の文章の　　　内に入る語句の組合せとして，最も適当なものはどれか．

　富栄養化とは，閉鎖性水域において，窒素やリン等の　ア　の流入により植物プランクトンなどが増大し，生物量が　イ　なる現象である．その結果，藻類の異常増殖（海域では　ウ　），臭気の発生などの水道水源，水浴等への利水上の障害や，貧酸素水塊の生成による魚介類への被害などが生じることもある．

	ア	イ	ウ
(1)	栄養塩類	多く	赤潮
(2)	有機物質	多く	赤潮
(3)	栄養塩類	多く	水の華
(4)	有機物質	少なく	水の華
(5)	無機物質	少なく	青潮

問題90 BODの定義に関する次の文章の　　　内に入る語句の組合せとして，最も適当なものはどれか．

　BODとは，水の汚濁状態を表す　ア　の一つで，水中の酸化可能性物質，主として　イ　によって分解される際に消費される酸素量のことであり，通常　ウ　で消費された溶存酸素量を（mg/L）で表したものである．

	ア	イ	ウ
(1)	有機汚濁指標	有機物質が酸化剤	0℃，5日間
(2)	無機汚濁指標	無機物質が酸化剤	20℃，5日間
(3)	有機汚濁指標	有機物質が好気性微生物	20℃，5日間
(4)	無機汚濁指標	無機物質が好気性微生物	30℃，5日間
(5)	有機汚濁指標	有機物質が好気性微生物	30℃，5日間

平成16年度【午後】

室内環境の管理
清掃
ねずみ，昆虫等の防除

問題91 次の用語と単位の組合せのうち，不適当なものはどれか．
(1) 熱伝導率―――――― W/(m・K)
(2) 熱貫流抵抗―――――― m^2・K/W
(3) 輝度―――――― cd
(4) 水蒸気圧―――――― kPa
(5) 音の強さ―――――― W/m^2

問題92 次の略号とその意味の組合せのうち，最も不適当なものはどれか．

(1) PAL ———————— 年間熱負荷係数
(2) ODS ———————— オゾン層破壊物質
(3) SHF ———————— 顕熱比
(4) COP ———————— 成績係数
(5) CET ———————— エネルギー消費係数

問題93 熱移動に関する次の記述のうち，最も不適当なものはどれか．
(1) 対流熱伝導率は，壁表面の粗度の影響を受ける．
(2) 一般に固体の熱伝導率は，温度が高いほど大きくなる．
(3) 同一温度の物体間では，放射に関し，放射率と吸収率は等しい．
(4) 中空層の熱抵抗は，厚さが増せば増すほど小さくなる．
(5) アルミ箔の放射率は，白紙の放射率より小さい．

問題94 湿り空気に関する次の記述のうち，最も不適当なものはどれか．
(1) 絶対湿度が一定の状態で，気温が上昇すると相対湿度は低下する．
(2) 絶対湿度が増加すると，露点温度は低下する．
(3) エンタルピーが同じ場合，温度が低い湿り空気の絶対湿度は，温度が高い湿り空気のそれより多い．
(4) 水蒸気圧が増加すると，絶対湿度は増加する．
(5) 絶対湿度が一定の状態で，気温が上昇するとエンタルピーが増加する．

問題95 流体の基礎に関する次の文章の □ 内に入る語句の組合せとして，正しいものはどれか．

摩擦のないダクト中の流れを考える．流れの上流側にA断面，下流側にB断面をとると，AB断面間に，単位時間に流入する流れと流出する流れの ア は等しい．この関係を示す数式を イ という．

また，流れの運動エネルギーの保存を仮定すると，次のような ウ を表す式が得られる．

$$\frac{1}{2}\rho U^2 + P + \rho gh = 一定$$

この式の各項の単位は圧力であり，第一項を エ ，第二項を オ ，第三項を位置圧と呼び，摩擦のない理想流体の流れでは，その合計値は一定値となる．

	ア	イ	ウ	エ	オ
(1)	質量	流れの式	ベルヌーイの定理	動圧	静圧
(2)	質量	連続の式	ベルヌーイの定理	動圧	静圧
(3)	速度	流れの式	ウェーバー・フェヒナーの法則	静圧	動圧
(4)	速度	連続の式	ベルヌーイの定理	静圧	動圧
(5)	速度	連続の式	ウェーバー・フェヒナーの法則	動圧	静圧

問題96 下の図は，暖房を行っている室内の上下に換気口を設け，床付近に排気ファンを設けて換気を行っている室の垂直断面図とその圧力分布を示したものである．室温は一様とした場合，室内の高さ方向の圧力分布として，最も適当なものは次のうちどれか．

換気口

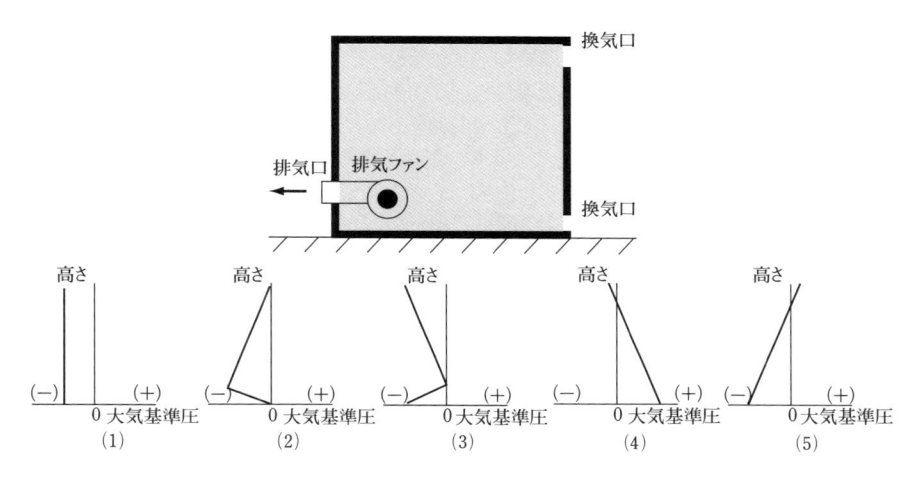

排気口 ← 排気ファン ●

換気口

高さ | 高さ | 高さ | 高さ | 高さ
(−) 0 (+) 大気基準圧
(1)   (2)   (3)   (4)   (5)

問題 97 室内の温熱環境管理に関する次の記述のうち，最も不適当なものはどれか．
(1) 特定建築物室内の温度の不適率は，最近では高まる傾向にある．
(2) 室内の上下温度差により，不快感や生理的障害を起こさないように管理することが望ましい．
(3) 冷房期に床面に沿うような気流を生じている場合は，苦情が起きやすい．
(4) 暖房期に室内温度が上がりすぎ，相対湿度が低くなることがある．
(5) 室内の気流速度が極度に低いのは好ましくない．

問題 98 放射冷暖房方式に関する次の記述のうち，最も不適当なものはどれか．
(1) 床・壁・天井に冷温水配管を埋設することが多い．
(2) 床・壁・天井の表面を冷却・加熱して，人体との間で，熱放射により直接冷暖房するものである．
(3) 最近では放射面積を大規模にして，冷暖房を行う事例も見受けられる．
(4) 従来は冬期の床暖房として採用されてきた．
(5) 室内空気の換気も行えるので，室内空気環境が良好になる．

問題 99 冬期暖房時の結露に関する次の記述のうち，最も不適当なものはどれか．
(1) 建築物の隅角部の室内側は，結露しやすい．
(2) 二重サッシの間の結露防止のために，室内側サッシの気密性能を高くする．
(3) 熱回収用熱交換器型換気装置を用いる場合は，全熱交換型より，顕熱交換型を用いた方が結露しにくい．
(4) 壁の内部結露を防ぐため，壁の室内側を断熱する．
(5) 気密性が高く，自然換気の少ない建築物は，結露しやすい．

問題 100 次の空気汚染物質とその濃度を表す単位の組合せのうち，最も不適当なものはどれか．
(1) 浮遊粉じん ———— cpm
(2) アスベスト ———— 繊維数/mL
(3) ラドンガス ———— Bq/m^3
(4) 浮遊真菌 ———— mg/m^3
(5) 二酸化硫黄 ———— ppm

問題101 次の室内空気汚染物質とその発生源の組合せのうち，最も不適当なものはどれか．
(1) 微生物―――――――超音波加湿器　　(2) アスベスト―――――耐火被覆材
(3) 窒素酸化物―――――開放型燃焼器具　(4) トルエン―――――――白熱電球
(5) ラドンガス―――――コンクリート

問題102 空気環境に関する次の記述のうち，最も不適当なものはどれか．
(1) 室内における二酸化炭素の主要発生源の一つは，在室者である．
(2) 二酸化炭素濃度の変化から，空気調和システムの異常を発見できることが多い．
(3) 二酸化炭素濃度は，建築物環境衛生管理基準項目の中では，湿度に次いで不適率の高い項目である．
(4) 実測例から見ると，ある箇所の一酸化炭素濃度が高い場合には，建築物内で一様にその濃度が高い場合が多い．
(5) 室内における一酸化炭素濃度が高くなる原因の一つに，外気取入口由来の駐車場からの自動車排ガスがある．

問題103 室内における有害物質に関する次の記述のうち，最も不適当なものはどれか．
(1) 窒素酸化物が人体に及ぼす影響の大部分は，一酸化窒素によるものである．
(2) ダニアレルゲンは，畳やカーペット等に存在することが多い．
(3) ホルムアルデヒドは，接着剤の原料として用いられる．
(4) たばこ煙は，揮発性有機化合物を含んでいる．
(5) 硫黄酸化物濃度は，一般に室内より外気の方が高い．

問題104 換気及び空気清浄に関する次の記述のうち，最も不適当なものはどれか．
(1) 換気効率とは，室内にある空気がいかに効果的に新鮮空気と入れ替わるかを示す尺度である．
(2) 換気の目的の一つは，室内にある燃焼器具のために必要とする酸素を，室外から供給することである．
(3) 一般の事務室で広く用いられている換気方式は，整流方式である．
(4) ガス状汚染物質の除去には，ケミカルエアフィルタやエアワッシャが用いられる．
(5) 汚染物質の発生箇所が固定されている場合，局所換気が有効である．

問題105 一酸化炭素濃度が1ppmということは，一酸化炭素が空気1L中に何ミリグラム含まれていることになるか．次に挙げた数値のうち，最も適当なものはどれか．
ただし，ppmで表した体積濃度（c'）と，mg/m^3 で示した質量濃度（C）の間には，次の関係式が成り立つ．

$$C\,[mg/m^3] = c'\,[ppm] \times \frac{M}{24}$$

C：質量濃度 $[mg/m^3]$
c'：体積濃度 $[ppm]$
M：分子量（一酸化炭素の分子量は28とする．）

(1) 1.2×10^{-3} mg/L　　(2) 1.2×10^{-2} mg/L　　(3) 1.2 mg/L
(4) 1.2×10^{2} mg/L　　(5) 1.2×10^{3} mg/L

問題106 浮遊粉じんに関する次の記述のうち,最も不適当なものはどれか.
(1) 建築物における衛生的環境の確保に関する法律に基づく浮遊粉じんの量の不適率は,30年前に比べて著しく減少している.
(2) 喫煙コーナーにおいて空気清浄機を適切に使用すれば,粉じん対策として効果がある.
(3) 自由喫煙を認める部屋の空気調和システムは,独立したものとすることが望ましい.
(4) 空気浄化装置の粉じん保持容量とは,圧力損失が初期値の5倍となるまでに捕集される粉じんの量である.
(5) 建築物環境衛生管理基準により,測定の対象としている粒子は,相対沈降径がおおむね10μm以下のものである.

問題107 ホルムアルデヒドに関する次の文章の   内に入る語句の組合せとして,最も適当なものはどれか.
　　ホルムアルデヒドは, ア 系や,フェノール系の イ の生産に用いられる化学物質で,建築物環境衛生管理基準においては ウ とされている.

　　　　ア　　　　　　イ　　　　　　ウ
(1) 無機————合成樹脂————0.1g/m³ 以下
(2) 無機————溶剤　————0.1g/m³ 以下
(3) 無機————溶剤　————0.1mg/m³ 以下
(4) 尿素————合成樹脂————0.1mg/m³ 以下
(5) 尿素————溶剤　————0.1g/m³ 以下

問題108 VOCsに関する次の記述のうち,最も不適当なものはどれか.
(1) 狭義のVOCsは,沸点が50〜100℃から240〜260℃の揮発性有機化合物である.
(2) TVOCは,VOCsの健康影響を直接評価するための指標である.
(3) ワックスは,VOCsの発生源の一つである.
(4) TenaxTAとは,VOCsを捕集する吸着剤である.
(5) 溶媒抽出法は,加熱脱着法と比べ測定感度が落ちる.

問題109 熱負荷計算に関する次の記述のうち,最も不適当なものはどれか.
(1) 熱には,温度を上昇させる顕熱と相変化に伴う潜熱があり,それぞれが顕熱負荷・潜熱負荷となる.
(2) 暖房負荷計算では,日射や室内発熱をマイナス側の負荷とする場合が多い.
(3) 負荷計算のための必要条件として,建築物条件・空気調和条件・換気条件等がある.
(4) TAC温度とは,危険率(設計値を超える確率)を設定して求めた外気温度である.
(5) 水蒸気の除去は,一般に空気調和機の中で結露現象を起こさせて行う.

問題110 室内の二酸化窒素濃度を0.2mg/m³以下に保つために,取り入れるべき外気量として,最も適当なものは次のうちどれか.
　　ただし,外気中の二酸化窒素濃度は0.05mg/m³,室内における二酸化窒素発生量を6mg/hとし,汚染発生前の二酸化窒素濃度は,外気と同一とする.
(1) 4 m³/h　　(2) 24 m³/h　　(3) 30 m³/h
(4) 40 m³/h　　(5) 120 m³/h

問題111 空気調和設備系統の外気導入率として，適当な数値は次のうちどれか．
　　　　ただし，二酸化炭素の外気濃度400ppm，吹出口濃度600ppm，還気濃度800ppmとする．
(1) 100 %　　(2) 75 %　　(3) 50 %
(4) 25 %　　(5) 0 %

問題112 ある室内汚染化学物質の濃度半減期が100分のとき，この化学物質の室内濃度が40ppmから5ppmにまで減少するのに要する時間として，最も適当なものは次のうちどれか．
　　　　ただし，外気の汚染濃度は0ppmとする．
(1) 200分　　(2) 300分　　(3) 400分
(4) 800分　　(5) 1,600分

問題113 吸収冷温水機に関する次の記述のうち，最も不適当なものはどれか．
(1) ガス又は油を直接燃焼させて，1台の機器で冷水，温水，又は冷温水の同時取出しを行うものがある．
(2) 運転時の機内圧力は高い．
(3) 冷暖房兼用機のため機器設置スペースが少ない．
(4) 小規模から大規模まで多くの建築物で採用される．
(5) 小容量のものに屋外設置型があり，機械室が不要になる．

問題114 蓄熱槽に関する次の記述のうち，最も不適当なものはどれか．
(1) ピークカットにより，熱源装置容量を小さくできる．
(2) 開放式水槽の場合は，ポンプの動力が減少する．
(3) 部分負荷運転の対処が容易にできる．
(4) 安価な深夜電力の使用が可能である．
(5) 熱源機器を高負荷で運転し，効率を向上できる．

問題115 ボイラに関する次の文章の　　　内に入る語句の組合せとして，最も適当なものはどれか．
　　　ア　は，横型鋼板製の胴内に燃焼室と多数の直管煙管を設けたものであり，　イ　は，水管壁に囲まれた燃焼室と水管で構成され，大きな水室がないことが特徴であり，　ウ　は，蒸気室を大気に開放したものである．

　　　　　　ア　　　　　　　　　イ　　　　　　　　　ウ
(1) 無圧温水器　　　　　　炉筒煙管ボイラ　　　　貫流ボイラ
(2) 貫流ボイラ　　　　　　無圧温水器　　　　　　炉筒煙管ボイラ
(3) 炉筒煙管ボイラ　　　　貫流ボイラ　　　　　　無圧温水器
(4) 炉筒煙管ボイラ　　　　無圧温水器　　　　　　貫流ボイラ
(5) 貫流ボイラ　　　　　　炉筒煙管ボイラ　　　　無圧温水器

問題116 図-1は，図-2の蒸気圧縮サイクルを圧力-エンタルピー線図上に表したものである．次の記述のうち，最も不適当なものはどれか．

飽和液線 飽和蒸気線

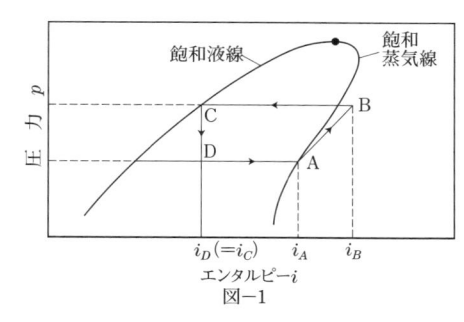

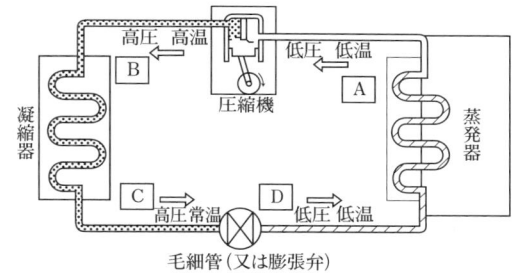

図−1

圧力 p / エンタルピー i

$i_D(=i_C)$ i_A i_B

図−2 （圧縮機、凝縮器、蒸発器、毛細管（又は膨張弁））

(1) 図−1に示すエンタルピーと圧力の関係を示す図をモリエール線図と呼ぶ．
(2) A→Bでは液化した冷媒を圧縮機にて，圧縮加圧している．
(3) B→Cでは凝縮器で高圧・高温の蒸気を冷却・液化し，外部へ熱を放出している．
(4) C→Dでは凝縮器で液化され受液器に貯められた液冷媒を膨張弁で絞って減圧し，低圧・低温の湿り蒸気状態にしている．
(5) D→Aでは蒸発器で湿り蒸気状態の冷媒を蒸発し，外部より熱を除去している．

問題117 吸収冷凍サイクルの原理に関する次の記述のうち，最も不適当なものはどれか．
(1) 冷媒としては，イソブタンが用いられる．
(2) 再生器で蒸発した蒸気は，凝縮器で冷却・凝縮し，水になる．
(3) 凝縮器で凝縮した水は，蒸発器に戻される．
(4) 蒸発器で水が蒸発することにより，冷水配管内の水を冷却する．
(5) 吸収器には，リチウムブロマイドなどが吸収剤として用いられる．

問題118 ビル用マルチエアコンのヒートポンプシステムに関する次の記述のうち，最も不適当なものはどれか．
(1) 十分な換気の能力を単独で有している．
(2) 個別冷暖房が可能であり，運転時間の制約が少ない．
(3) 個別冷暖房が可能であり，運転費の分担が明確である．
(4) 空気熱源ヒートポンプであり，電力を供給することで冷暖房が可能である．
(5) 熱源が複数台に分割されており，機器の故障の波及する範囲が小さい．

問題119 空気調和設備の吹出口に関する次の記述のうち,最も不適当なものはどれか.
(1) アネモ型はふく流吹出口である.
(2) ノズルは軸流吹出口である.
(3) スロット型はふく流吹出口である.
(4) ラインディフューザは線状吹出口である.
(5) 天井パネルは面状吹出口である.

問題120 エアフィルタの性能に関する次の記述のうち,最も不適当なものはどれか.
(1) 性能は,定格風量時における汚染除去率・圧力損失・汚染除去容量で示される.
(2) 汚染除去率は,空気浄化装置の上流側に流入する汚染物質が,空気浄化装置により除去される割合であり,パーセントで表示される.
(3) 圧力損失は,空気浄化装置に定格流量の空気が流れるときの,空気浄化装置上流側と下流側の全圧差で表示される.
(4) 粉じん捕集率の測定方法には,質量法・比色法・計数法(個数法)がある.
(5) ガス除去容量は,ガス除去率が規定値の半分に低下するまでに捕集される有害ガスの重量として示される.

問題121 換気に関する次の記述のうち,最も不適当なものはどれか.
(1) 第三種換気方式は,汚染室の換気に適する.
(2) 置換換気方式では,室温よりやや低温の新鮮空気を床面下部より供給し,室上部から排出する.
(3) ハイブリッド換気とは,自然換気と機械換気を組み合わせた換気方式をいう.
(4) 汚染発生量が同一とすれば,定常状態の室内汚染濃度は室容積が小さいほど大きくなる.
(5) 局所平均空気齢とは,新鮮空気の給気口から任意の点に移動するのにかかる平均時間をいう.

問題122 送風機に関する次の語句の組合せのうち,最も不適当なものはどれか.
(1) シロッコファン ――――――― 遠心送風機
(2) 後向き送風機 ――――――― 遠心送風機
(3) ベーン型 ――――――― 横流送風機
(4) 翼型送風機 ――――――― 遠心送風機
(5) プロペラ型 ――――――― 軸流送風機

問題123 建築物環境衛生管理基準の空気環境の調整に関する事項に基づいた測定結果として,基準に適合しない測定項目は次のうちどれか.

室名	測定	浮遊粉じんの量	一酸化炭素の含有率	二酸化炭素の含有率	相対湿度	気流
	単位	mg/m³	ppm	ppm	%	m/s
A室	1回目	0.18	5.1	840	47	0.2
	2回目	0.09	12.0	1,120	35	0.1

(1) 浮遊粉じんの量　　(2) 一酸化炭素の含有率　　(3) 二酸化炭素の含有率
(4) 相対湿度　　(5) 気流

問題124 空気環境の測定に関する次の組合せのうち,最も不適当なものはどれか.
(1) 酸素 ――――――――― ポーラログラフ方式

(2) 平均放射温度————————グローブ温度計
(3) 微生物——————————アンダーセンサンプラ
(4) 窒素酸化物————————ザルツマン法
(5) 臭気——————————ガルバニ電池方式

問題 125 各種空気汚染物質の濃度測定法に関する次の記述のうち，最も不適当なものはどれか．
(1) アスベスト濃度は，位相差顕微鏡で計数できる．
(2) 硫黄酸化物は，溶液導電率法で測定できる．
(3) オゾンは，ヨウ素法で測定できる．
(4) ラドンは，サンドイッチイライザ法で測定できる．
(5) 一酸化炭素は，定電位電解法で測定できる．

問題 126 温湿度測定に関する次の記述のうち，最も不適当なものはどれか．
(1) ガラス管温度計は，気象庁の検定済みのものが望ましい．
(2) グローブ温度計の示度が安定するまで，15〜20分間を要する．
(3) アスマン通風乾湿計の湿球を湿潤させる水は，蒸留水など清純な水を用いる．
(4) 毛髪湿度計を極端な低湿環境や高湿環境で用いるのは，避けるべきである．
(5) 温度受感部にサーミスタを用いたサーミスタ温度計は，熱電対温度計の一つである．

問題 127 アスマン通風乾湿計に関する次の文章の□□□内に入る語句の組合せとして，最も適当なものはどれか．

アスマン通風乾湿計の測定原理は，□ア□と同様であるが，□イ□及び気流の影響を防ぐ構造となっている．

通風□ウ□後に乾球及び湿球温度の示度を読み，さらに□エ□後に両温度計の示度を読み取る．両時刻の示度に変化がなければ，その示度を用いて，□オ□から相対湿度を求める．

	ア	イ	ウ	エ	オ
(1)	アウグスト乾湿計	熱放射	3分	1分	スプルングの式
(2)	アウグスト乾湿計	熱対流	5分	3分	ザイデルの式
(3)	アウグスト乾湿計	熱放射	10分	5分	ザイデルの式
(4)	毛髪湿度計	熱放射	3分	1分	ザイデルの式
(5)	毛髪湿度計	熱対流	5分	3分	スプルングの式

問題 128 加湿装置に関する次の文章の□□□内に入る語句の組合せとして，最も適当なものはどれか．

□ア□加湿器は，水の入った皿にシーズヒータを挿入したものであり，□イ□加湿器は，不織布・セラミックスペーパ等の加湿材に上部より給水する方式である．また，□ウ□加湿器は，□ア□加湿器と同じ原理であるが，蒸発槽内部が洗浄できる構造となっている．

	ア	イ	ウ
(1)	パン型	電熱式ユニット型	滴下式
(2)	滴下式	電熱式ユニット型	パン型

(3) 電熱式ユニット型————————パン型————————滴下式
(4) パン型————————滴下式————————電熱式ユニット型
(5) 滴下式————————パン型————————電熱式ユニット型

問題129 冷却塔の冷却水管理に関する次の記述のうち，最も不適当なものはどれか．
(1) スライムやレジオネラ属菌の増殖を抑制するために，殺菌剤を添加する．
(2) 冷却水管理に使用する薬剤（化学薬品）を取り扱うときには，薬剤の特性を理解したうえで作業を行う．
(3) スケール防止及び腐食防止効果を高め，節水に寄与するために，防スケール・防食剤を添加する．
(4) 冷却水は，冷却塔で接する大気の状態により，汚染の程度が異なる．
(5) 冷却水のpHを連続的に測定して，補給水量を調整する濃縮管理方法が普及している．

問題130 重量床衝撃音に関する次の記述のうち，最も不適当なものはどれか．
(1) 重量床衝撃音は軽量床衝撃音に比べて低周波数域の成分を多く含む．
(2) 重量床衝撃音に対する遮断性能を上げるための一つの方策は，床の躯体構造の曲げ剛性を増加させることである．
(3) 重量床衝撃音は人間が飛び跳ねたり，走ったりした場合に発生する．
(4) 同じ厚さのスラブであれば，一般に質量の大きい方が重量床衝撃音の遮断性能は優れている．
(5) 重量床衝撃音に対する遮断性能は，床の仕上げ材の弾性も大きく関係している．

問題131 超低周波音に関する次の記述のうち，最も不適当なものはどれか．
(1) 超低周波音は，ボイラ，コンプレッサ，送風機等の大型機器から発生する．
(2) 超低周波音の存在は，通常，家具，建具や室内の置物等の振動や，がたつき音の発生により検知できることが多い．
(3) 超低周波音の感覚閾値や被害は，個人差が大きい．
(4) 超低周波音は，可聴音域の周波数の音を伴うことがほとんどない．
(5) 超低周波音の程度を表す単位は，dBである．

問題132 騒音に関する次の記述のうち，最も不適当なものはどれか．
(1) 会話妨害レベル（dB）は，距離に比例して大きくなる．
(2) 設備機器等の騒音は，室内での音圧分布が不均一になりがちである．
(3) バックグラウンドミュージック（BGM）は，騒音レベルの比較的高いところにおいては，快い音環境としては逆効果の場合もある．
(4) 1日8時間の騒音暴露レベルが75dB以下の場合には，職業性の永久性難聴は起こりにくい．
(5) 強大な騒音の存在する職場では，聴力保護のため，その騒音レベルの程度により1日の労働の許容時間が示されている．

問題133 昼光に関する次の記述のうち，最も不適当なものはどれか．
(1) 大気透過率が高いほど直射日光による法線照度が大きい．
(2) 間接昼光率は，窓面積に影響されない．
(3) 一般に天窓は，同じ面積の側窓に比べて多くの光を得ることができる．
(4) 直接昼光率は，室内表面の反射率に影響されない．

(5) 昼光率は，屋外の天候に影響されない．

問題 134 ランプ1灯当たりの光束が 3,000 lm のランプが 20 灯ついた部屋の作業面照度として，最も近いものは次のうちどれか．
ただし，床面積 60m^2，照明率 0.6，保守率 0.7 とする．
(1) 420 lx (2) 600 lx (3) 860 lx (4) 1,200 lx (5) 2,400 lx

問題 135 光源に関する次の記述のうち，最も不適当なものはどれか．
(1) 蛍光ランプは，白熱電球より周囲温度による光束変動が大きい．
(2) メタルハライドランプは，ハロゲン電球より点灯姿勢による光束への影響を受けやすい．
(3) 白熱電球の発光効率は，蛍光ランプのそれより低い．
(4) 高輝度放電ランプ (HID ランプ) は，一般に効率は高く寿命も長いが，点灯に数分要する．
(5) ハロゲン電球は，放電発光を利用している．

問題 136 清掃用資機材及び清掃方法の発達に関する次の記述のうち，最も不適当なものはどれか．
(1) ほうきから真空掃除機へ
(2) ウエットメンテナンスからドライメンテナンスへ
(3) ウエット式真空掃除機から床用スクイジーへ
(4) 床磨き機とブラシから床磨き機とパッドへ
(5) 水性ワックスから樹脂ワックスへ

問題 137 作業計画の作成に用いる標準作業時間に関する次の文章の ☐ 内の語句のうち，最も不適当なものはどれか．
標準作業時間とは， (1) 所定の作業環境条件 の下で， (2) 一定の資機材 を使用して (3) 一定の作業 方法で， (4) 初心者 が， (5) 適正な 努力で行う条件下における作業時間をいう．

問題 138 床の洗浄作業における安全に関する次の記述のうち，最も不適当なものはどれか．
(1) 事前に作業表示板を立て，第三者の立ち入りを防止する．
(2) ローリングタワーを用いて，作業範囲を確保する．
(3) 出入口やコーナーでは，対面者との接触に注意する．
(4) 作業の際は，走ったり，ポケットに手を入れないように注意する．
(5) 作業者は，滑りにくい作業靴を着用する．

問題 139 ほこりを除去するために用いる資機材として，最も不適当なものは次のうちどれか．
(1) 化繊製パッド (2) 半乾き状態のタオル (3) 水分を含ませたおがくず
(4) ダストクロス (5) 超極細繊維のクロス

問題 140 予防清掃に関する次の記述のうち，最も不適当なものはどれか．
(1) 床材にシール剤などを塗布する．
(2) 定期的に除じん作業を行う．
(3) 吸水性のある建材を選択する．
(4) 内装材・家具は，摩耗しにくいものを使用する．
(5) 建築物の入口にマット類を敷く．

問題 141 界面活性剤に関する次の文章の[　]内に入る語句の組合せとして，最も適当なものはどれか．

界面活性剤は，[ア]液体中に溶かすことにより，その液体の[イ]における挙動を著しく変化させ，表面張力を[ウ]させる働きをもっている．

	ア	イ	ウ
(1)	大量に	内部	低下
(2)	少量	界面	低下
(3)	大量に	界面	向上
(4)	少量	界面	向上
(5)	少量	内部	低下

問題 142 カーペット床の清掃に用いる資機材として，最も適当なものは次のうちどれか．
(1) 洗剤供給式高速床磨き機　(2) 床用黒パッド　(3) 床用スクイジー
(4) スチーム洗浄機　(5) 乾式モップ

問題 143 繊維床材パイルの種類と特性に関する次の組合せのうち，最も不適当なものはどれか．
(1) ウール ――――――― 親水性の汚れは取れにくい．
(2) アクリル ―――――― 耐久性が乏しい．
(3) ポリエステル ―――― 親水性の汚れは比較的取れやすい．
(4) ナイロン ―――――― 耐久性が優れている．
(5) ポリプロピレン ――― 復元力に富んでいる．

問題 144 床以外の部位の汚れに関する次の記述のうち，最も不適当なものはどれか．
(1) 空気調和機の吹出口は，気流の動きが速いためほこりが付きにくい．
(2) カウンタの汚れは，主としてほこりの沈降と手の接触によるものである．
(3) 室内高所の汚れは，炭素粒子・たばこタール質等によるものである．
(4) アネモスタット型吹出口の汚れは，真空掃除機による除じんと拭き取りを併用するとよい．
(5) 人の手による汚れは，化学繊維を使った製品を用いると除去しやすい．

問題 145 エレベータの汚れに関する次の記述のうち，最も不適当なものはどれか．
(1) インジケータや扉は，手あかが付着し汚れやすい．
(2) エレベータは，利用密度が高いので，土砂などの持ち込みが多い．
(3) エレベータの汚れは，季節や天候の影響を受けにくい．
(4) エレベータは，扉溝が詰まりやすい．
(5) 利用者は，エレベータの内外で立ち止るため，床面が摩耗しやすい．

問題 146 建築物外壁の汚れと清掃に関する次の記述のうち，最も不適当なものはどれか．
(1) アルミニウム板は，通常表面に保護処理が施されているが，徐々に汚れが付着する．
(2) 金属材の清掃は，汚れが比較的軽微なうちに行うとよい．
(3) 汚れの著しい石材は，強い酸やアルカリを使って洗浄することもある．
(4) 陶磁器タイルは，汚れが目立ちやすいので，清掃回数を多くする必要がある．
(5) 光触媒酸化チタンコーティングは，清掃回数を減らす効果が期待されている．

問題147 建築物の外装清掃に関する次の記述のうち，最も不適当なものはどれか．
(1) 外装は，水や洗剤を使って定期的にクリーニングを行う．
(2) ゴンドラを用いる清掃には，ゴンドラ構造規格に合格したものを使用しなければならない．
(3) 窓ガラスのクリーニングでは，スクイジー法が用いられる．
(4) 窓ガラスの汚れは，空気中のほこりが付着し，雨水がかかって乾燥固着したものである．
(5) 自動窓拭き設備は，作業能率がよく，人の作業に比べて仕上がりがよい．

問題148 感染症の予防対策に関する次の文章の[　　]内に入る語句の組合せとして，最も適当なものはどれか．
　感染症の感染源及び[　ア　]対策として行う方法のうち，ある環境中のすべての微生物を死滅させることを[　イ　]と呼び，その中の病原体のみを死滅させることを[　ウ　]と呼ぶ．

　　　　ア　　　　　　イ　　　　　　ウ
(1) 感染経路――――消毒――――滅菌
(2) 感受性――――――消毒――――滅菌
(3) 感染経路――――滅菌――――消毒
(4) 感受性――――――滅菌――――免疫
(5) 感染経路――――免疫――――消毒

問題149 薬液消毒剤に関する次の記述のうち，最も不適当なものはどれか．
(1) 逆性石鹸は，ガラス器の消毒に用いられる．
(2) 次亜塩素酸ナトリウムは，貯水槽の消毒に用いられる．
(3) 次亜塩素酸ナトリウムは，細菌，ウイルスに有効である．
(4) 逆性石鹸は，結核菌，ウイルスに有効である．
(5) クレゾールは，芽胞，ウイルスには無効である．

問題150 有効塩素濃度5%の次亜塩素酸ナトリウム溶液60mLを，水100Lに加えた場合，この溶液の濃度として，最も適当な数値は次のうちどれか．
(1) 10 mg/L　　(2) 20 mg/L　　(3) 30 mg/L　　(4) 40 mg/L　　(5) 50 mg/L

問題151 廃棄物の処理及び清掃に関する法律の目的に関する次の記述のうち，最も不適当なものはどれか．
(1) 廃棄物の排出抑制　　(2) 廃棄物の適正処理　　(3) 生活環境の清潔保持
(4) 公衆衛生の向上　　(5) 社会福祉の向上

問題152 廃棄物処理の原則に関する次の組合せのうち，最も適当なものはどれか．
(1) 分別――――――回収――――――資源化
(2) 焼却――――――最終処分――――環境保全
(3) 収集――――――中間処理――――処理処分
(4) 減量化――――――安定化――――――無害化
(5) 排出抑制――――リサイクル――――資源保護

問題153 廃棄物の処理及び清掃に関する法律に基づく産業廃棄物の処理に関する次の記述のうち，最も不適当なものはどれか．

(1) 市町村は，一般廃棄物と併せて処理できる産業廃棄物の処理を，事務として行うことができる．
(2) 排出事業者は，自ら処理を行うことはできない．
(3) 都道府県は，都道府県が処理することが必要であると認める産業廃棄物の処理を，事務として行うことができる．
(4) 事業者は，運搬のみを業として行うことができる者に対して，処分を併せて委託することはできない．
(5) 委託基準に違反して運搬又は処分を他人に委託した場合には，懲役又は罰金が科せられる．

問題154 次の廃棄物のうち，一般廃棄物として扱われるものはどれか．
(1) パルプ廃液汚泥
(2) 食品製造業から排出される魚のあら
(3) 畜産農場から排出される家畜糞尿
(4) レストランから排出される生ごみ
(5) 印刷物加工業から排出される紙くず

問題155 一般廃棄物の焼却に関する次の記述のうち，最も不適当なものはどれか．
(1) 焼却施設において生じたばいじんは，産業廃棄物である．
(2) 中間処理される廃棄物のなかでは，直接焼却される量が最も多い．
(3) 処理能力が1日5t以上の一般廃棄物処理施設は，廃棄物の処理及び清掃に関する法律の規制を受ける．
(4) 廃棄物の安定化に有効である．
(5) 全連続炉により処理される割合が最も高い．

問題156 くみ取りし尿と浄化槽汚泥に関する次の記述のうち，最も不適当なものはどれか．
(1) くみ取りし尿量は，年々減少する傾向にある．
(2) 浄化槽汚泥量は，年々増加する傾向にある．
(3) くみ取りし尿の多くは，し尿処理施設で処理されている．
(4) 海洋投入されるくみ取りし尿量は，年々減少する傾向にある．
(5) 浄化槽汚泥の多くは，下水道投入で処分されている．

問題157 一般廃棄物の処理に関する次の文章の [　　] 内に入る語句の組合せとして，最も適当なものはどれか．
　　平成12年度では，廃棄物の [ア] は年々増加して94.1%になり，[イ] は5.9%で年々減少している．また，処理に伴う [ウ] は9.8%であり年々増加している．

　　　　　　ア　　　　　　　イ　　　　　　　ウ
(1) 資源化率――――減量処理率――――直接埋立率
(2) 減量処理率―――直接埋立率―――資源化率
(3) 資源化率――――直接埋立率―――減量処理率
(4) 減量処理率―――資源化率――――直接埋立率
(5) 直接埋立率―――減量処理率―――資源化率

問題 158 容器包装リサイクルに関する次の文章の 内に入る共通の語句として，最も適当なものはどれか．

平成7年6月に成立した「容器包装に係る 及び再商品化の促進等に関する法律」に基づいて，容器包装リサイクルシステムが導入，整備されているので，建築物環境衛生管理技術者は，今まで以上に廃棄物の に注意を払う必要がある．

(1) 減量化　　(2) 分別収集　　(3) 保管　　(4) 資源化　　(5) 収集運搬

問題 159 廃棄物の減量処理率について説明した次の記述のうち，最も適当なものはどれか．
(1) 総処理量のうち，焼却などの中間処理を行った量の割合
(2) 総排出量のうち，最終処分により減量化した量の割合
(3) 総排出量のうち，資源化した量の割合
(4) 総排出量のうち，リサイクルを行うために分別した量の割合
(5) 総処理量のうち，リサイクルを行った量の割合

問題 160 建築物内より排出される廃棄物に対する関係者の役割に関する次の記述のうち，最も不適当なものはどれか．
(1) 発生時点における廃棄物の分別は，発生させた者が自ら行う．
(2) 建築物内における廃棄物の収集，運搬，集積，保管等は，主にビルメンテナンス業者が行う．
(3) 建築物内における事後分別は，必要に応じてビルメンテナンス業者が行う．
(4) 建築物内における中間処理は，主に廃棄物処理専門業者が行う．
(5) 建築物外における収集，運搬，処理，処分は，廃棄物処理専門業者が行う．

問題 161 建築物内廃棄物の管理上の問題点に関する次の記述のうち，最も不適当なものはどれか．
(1) 排出時点で廃棄物の分別がされていない場合が多い．
(2) 処理に必要なスペースが確保されていない場合がある．
(3) 廃棄物の種類が限定されている．
(4) 一括して排出される廃棄物を，分別することは難しい．
(5) 分別しても，建築物外に一括して排出される場合がある．

問題 162 建築物内廃棄物の貯留・搬出方式として，不適当なものは次のうちどれか．
(1) クレーン搬送方式　　(2) 貯留・排出機方式　　(3) コンパクタ・コンテナ方式
(4) 真空輸送方式　　(5) 容器方式

問題 163 廃棄物の保管場所に設ける設備として，最も不適当なものは次のうちどれか．
(1) 換気設備　　(2) 給水設備　　(3) 防音設備
(4) 防虫網　　(5) 冷蔵・冷房設備

問題 164 事務所建築物から厨芥が1日当たり$0.2m^3$排出されており，その質量は全廃棄物質量の5%を占めていた．いま，全廃棄物の質量を1日当たり2.4tとすれば，厨芥の単位容積質量値（kg/m^3）として，正しいものは次のうちどれか．
(1) $96\ kg/m^3$　　(2) $400\ kg/m^3$　　(3) $480\ kg/m^3$
(4) $600\ kg/m^3$　　(5) $960\ kg/m^3$

問題 165 地球環境問題とその対策に関する次の組合せのうち，最も不適当なものはどれか．

(1) 海洋汚染　――――――――土壌流出防止
(2) 野生生物種減少　――――――生態系保全
(3) 砂漠化　――――――――――森林保護
(4) 酸性雨　――――――――――紫外線防護
(5) 資源枯渇　――――――――――未利用エネルギーの活用

問題166 チカイエカに関する次の記述のうち，最も不適当なものはどれか．
(1) 羽化後，最初の産卵は無吸血でも行う．
(2) 短日条件下でも休眠しない．
(3) 暗黒条件下でも交尾し産卵する．
(4) 狭い空間でも交尾活動する．
(5) 外部形態によりアカイエカと区別できる．

問題167 蚊の吸血に関する次の記述のうち，最も不適当なものはどれか．
(1) コガタアカイエカは，もっぱら夜間に吸血活動をする．
(2) ヒトスジシマカは，公園，墓地，竹やぶ等で，昼間激しく人から吸血する．
(3) アカイエカは，ニワトリや野鳥から吸血することはない．
(4) 蚊は，吸血によって病原体を取り込むと，それらが増殖，発育して感染蚊となることがある．
(5) 蚊が吸血する目的は，雌が卵を産むためである．

問題168 蚊の防除に関する次の記述のうち，最も不適当なものはどれか．
(1) 昆虫成長制御剤（IGR）は，成虫に対する致死効力はない．
(2) 成虫に対するULV処理は，高い残効性が期待できる．
(3) 排水槽内の幼虫の生息状況は，柄杓などによりすくい取られた数により調査するとよい．
(4) 殺虫剤処理の効果に疑問がもたれる場合，殺虫剤抵抗性の発達状況を調査することも必要となる．
(5) 排水槽内の成虫の発生状態は，ハエ取りリボンなどの粘着トラップによる捕獲数により調査する．

問題169 ゴキブリに関する次の記述のうち，最も不適当なものはどれか．
(1) チャバネゴキブリは，大型のゴキブリで，全世界に分布している．
(2) 我が国で屋内に定着している種数は，5～6種ほどである．
(3) クロゴキブリの生息域は，建築物周辺や下水道，側溝等まで広がっている．
(4) ワモンゴキブリは，前胸背板に黄白色の斑紋がある．
(5) チャバネゴキブリは，飲食店，病院等に多く，都市環境における代表的な害虫である．

問題170 ゴキブリに関する次の記述のうち，最も適当なものはどれか．
(1) ヤマトゴキブリは，屋外にはほとんど生息していない．
(2) ゴキブリ類は，完全変態を行う昆虫である．
(3) チャバネゴキブリは，孵化直前まで尾端に卵鞘を保持している．
(4) クロゴキブリの卵から成虫までの期間は，約3ヵ月である．
(5) ゴキブリ類は，ホルモンにより集合する性質をもつ．

問題171 建築物内に生息するゴキブリ類の生態に関する次の記述のうち，最も不適当なも

のはどれか．
(1) 活動する際は，壁の縁や隅を好む傾向がある．
(2) 潜伏場所として，暖かくて湿気が多い，狭く暗い，餌や水場に近い場所等を好む．
(3) 夜間活動性で，潜伏場所から出現し，摂食，摂水行動を起こす．
(4) 雑食性で，食品類，汚物など様々なものを餌とする．
(5) ゴキブリが集合するのは，体節から分泌される誘引物質の作用である．

問題172 建築物内に生息するゴキブリ類の防除に関する次の記述のうち，最も不適当なものはどれか．
(1) 残留処理は，ゴキブリのよく活動する通路などに，残効性の高い有機リン剤などを処理する方法である．
(2) 毒餌処理は，中毒死させる方法で，速効性の製剤がよく用いられている．
(3) ULV処理専用のピレスロイド乳剤がある．
(4) 燻煙などの空間処理を行う場合には，薬剤がすみずみにまで到達するように気密性を高める必要がある．
(5) 殺虫剤や毒餌に頼らず，ゴキブリの発生源を無くす環境整備も重要である．

問題173 ダニに関する次の記述のうち，最も不適当なものはどれか．
(1) ダニの歩脚は，成虫が4対，幼虫は3対である．
(2) 国内に生息するダニの大部分は，吸血性である．
(3) 屋内塵中のダニ類の糞や脱皮殻が，喘息やアトピー性皮膚炎の原因になることがある．
(4) ダニには，人の皮膚内に寄生する種がある．
(5) スズメサシダニは，軒下などに営巣した野鳥の巣から室内に入り，人を刺すことがある．

問題174 ハエに関する次の記述のうち，最も不適当なものはどれか．
(1) ノミバエ類は，浄化槽の表面に浮いているスカムから発生することがある．
(2) イエバエは，腸管出血性大腸菌O157の運搬者になるといわれている．
(3) 殺鼠対策を実施すると，その死骸からハエ類が発生することがあるので，注意が必要である．
(4) チョウバエ類の幼虫は，水中深くに潜ることはないので，水面近くに重点的に殺虫剤を散布すると効果的である．
(5) ショウジョウバエ類が多く見られる場合は，腐敗した動物質に対する対策を実施する必要がある．

問題175 殺虫剤の剤型と処理方法に関する次の記述のうち，最も不適当なものはどれか．
(1) 油剤は，有効成分をケロシン（精製灯油）などに溶かしたもので，空間処理，残留処理や煙霧処理ができる．
(2) 乳剤は，原体をケロシン（精製灯油）などの溶剤に溶かし，さらに乳化剤を加えたもので水で薄めて使用できる．
(3) 粉剤は，有効成分をタルクなど鉱物性微粉末に混ぜたもので，そのまま使用できる．
(4) 懸濁剤は，有効成分を特殊な物質で被覆したり，炭末などに吸着させた製剤で，水で薄めて使用する．
(5) 水和剤は，粉剤に乳化剤を加え，水で希釈して使用する製剤で，室内でよく使用される．

問題176 ネズミに関する次の記述のうち，最も適当なものはどれか．
(1) 都心の大型建築物内では，ドブネズミが優占種になっている．
(2) 建築物内に定着するネズミは，ハツカネズミ，ハタネズミ，クマネズミ，ドブネズミの4種である．
(3) クマネズミは，警戒心が弱く，防除が比較的やりやすい．
(4) ネズミは，高圧変電所には警戒して近寄らない．
(5) ネズミの通路に見られる体の脂と汚れによるこすり跡をラブサインという．

問題177 建築物内に定着するネズミの防除に関する次の記述のうち，最も不適当なものはどれか．
(1) ネズミの防除は，食物残滓管理，防鼠構造などを基本に行うべきである．
(2) 殺鼠剤に抵抗性を獲得したクマネズミの対策には，粘着トラップが多用されている．
(3) 殺鼠剤は，経口的にネズミの体内に取り込ませるものなので，毒餌を食べざるを得ないような環境にしなければならない．
(4) 急性殺鼠剤を使用する場合には2～3日，抗凝血性殺鼠剤では，通常1週間以上の毒餌配置を必要とする．
(5) クマネズミの防除には，クマリン系殺鼠剤が特に有効である．

問題178 蚊と疾病に関する次の記述のうち，最も不適当なものはどれか．
(1) チカイエカは，多くのウイルス性感染症の媒介蚊である．
(2) コガタアカイエカは，我が国の日本脳炎の重要な媒介蚊である．
(3) アカイエカは，ウエストナイル熱の媒介蚊である．
(4) ヒトスジシマカは，以前，我が国で流行したデング熱の媒介蚊である．
(5) シナハマダラカは，三日熱マラリアの媒介蚊である．

問題179 殺虫・殺鼠剤の安全性に関する次の記述のうち，最も適当なものはどれか．
(1) 殺鼠剤の多くは選択毒性を示さず，ヒトに対しても強い毒性を示す．
(2) 殺虫・殺鼠製剤は，毒薬や劇薬に該当する．
(3) 殺虫・殺鼠剤の薬事法承認にかかわる毒性試験は，原体（有効成分）に対して実施されていれば，製剤に対しては実施しなくてもよいことになっている．
(4) KT_{50}とは，ヒトの50％致死薬量を示す．
(5) 市販の製剤は安全性が確認されているので，用法・用量に従って使用する必要はない．

問題180 ねずみ・害虫の防除や薬剤に関する次の記述のうち，最も適当なものはどれか．
(1) 建築物内に生息している害虫等による被害を軽減するために，発生源対策は必要ない．
(2) IPM（総合防除）の考え方により建築物内で防除を実施する際，発生状況調査は重要視されない．
(3) ハエ，蚊，シラミ用の殺虫剤は，薬事法による承認が必要である．
(4) 防除実施後の効果判定は，居住者に対する聞き取り調査により実施すると正しい評価ができる．
(5) 特定建築物内でねずみや害虫を対象に薬剤処理を行う場合は，医薬部外品のみの使用が認められている．

平成15年度【午前】

建築物衛生行政概論
建築構造の概要
室内環境の衛生
給水及び排水の管理

問題1 世界保健機関（WHO）憲章の前文に述べられている健康の定義に関する次の文章の□□内に入る語句の組合せのうち，正しいものはどれか．

健康とは身体的，精神的および ア 的に完全に良好な状態にあることであり，単に病気または病弱でないということではない．

到達し得る最高標準の健康を享受することは， イ ・宗教・政治的信念・経済的ないし社会的地位の如何にかかわらず，何人もが有する ウ のうちの一つである．

	ア	イ	ウ
(1)	経済	国家	基本的権利
(2)	社会	国家	健康権
(3)	経済	思想	基本的権利
(4)	福祉	人種	健康権
(5)	社会	人種	基本的権利

問題2 建築物における衛生的環境の確保に関する法律の目的に関する次の文章の□□内に入る語句の組合せのうち，正しいものはどれか．

この法律は，多数の者が ア し，又は利用する建築物の イ に関し環境衛生上必要な事項等を定めることにより，その建築物における衛生的な環境の確保を図り，もって ウ の向上及び増進に資することを目的とする．

	ア	イ	ウ
(1)	使　用	維持管理	公衆衛生
(2)	居　住	構造設備	資産形成
(3)	使　用	構造設備	環境保全
(4)	居　住	維持管理	建築技術
(5)	居　住	構造設備	公衆衛生

問題3 建築物における衛生的環境の確保に関する法律に基づく特定建築物としての用途に該当しないものは，次のうちどれか．

(1) 専修学校　　　(2) 病院等の医療機関　　　(3) ダンスホール
(4) 地方公共団体の職員研修所　　(5) 地下街の店舗

問題4 建築物における衛生的環境の確保に関する法律に基づく特定建築物の延べ面積の考え方に関する次の記述のうち，正しいものはどれか．

(1) 建築物内の公共駐車場の面積は，常に特定建築物の延べ面積に含める．

(2) 特定建築物の延べ面積は，一棟の建築物ごとに算出することを基本としている．
(3) 特定建築物の延べ面積は，常に廊下，洗面所，階段などの共用部分の面積を除いて算出する．
(4) 特定建築物の延べ面積は，特定用途にかかわらず，すべて一棟 3,000 m² 以上としている．
(5) 特定建築物の延べ面積は，建築基準法で定める床面積と常に算出方法が同じである．

問題5 建築物における衛生的環境の確保に関する法律に基づく特定建築物の届出義務のある者として，誤っているものは次のうちどれか．
(1) 所有者　　(2) 占有者　　(3) 丸借り人
(4) 維持管理業者　　(5) 破産管財人

問題6 建築物における衛生的環境の確保に関する法律に基づき備え付けるべき帳簿書類の内容として，最も不適当なものは次のうちどれか．
(1) 消火設備の点検整備計画　　(2) 空気調和設備の年間の点検整備計画
(3) 給水設備の管理計画　　(4) 清掃・廃棄物処理の実施計画
(5) 年間管理計画

問題7 建築物における衛生的環境の確保に関する法律に基づく空気環境の測定方法に関する次の文章の　　　内に入る数値と語句の組合せのうち，正しいものはどれか．
　空気環境の測定のうち，浮遊粉じんの量，一酸化炭素の含有率，二酸化炭素の含有率，温度，相対湿度及び気流は， ア ヵ月以内ごとに1回，定期に，実施することが定められている．また，当該測定については，通常の使用時間帯中に， イ の居室の中央部の床上 ウ cm 以上 エ cm 以下の位置で測定することとされている．

	ア	イ	ウ	エ
(1)	2	各階ごと	75	120
(2)	1	任意の階	75	120
(3)	1	各階ごと	75	150
(4)	2	任意の階	60	150
(5)	3	任意の階	60	150

（本問題は法改正により正解がなくなりました）

問題8 下の表は，ある特定建築物における空気環境の測定結果である．建築物環境衛生管理基準に適合しない測定項目の組合せは，次のうちどれか．

測定項目	浮遊粉じんの量	一酸化炭素の含有率	二酸化炭素の含有率	温度	相対湿度	気流
単位	mg/m³	ppm	ppm	℃	%	m/s
A室 1回目	0.16	5	1,200	26	38	0.1
A室 2回目	0.10	2	900	24	43	0.2

(1) 浮遊粉じんの量と気流
(2) 浮遊粉じんの量と相対湿度
(3) 二酸化炭素の含有率と浮遊粉じんの量
(4) 二酸化炭素の含有率と相対湿度

(5) 温度と一酸化炭素

問題9 建築物における衛生的環境の確保に関する法律に基づき選任された建築物環境衛生管理技術者に関する次の記述のうち，正しいものはどれか．
(1) 選任された特定建築物に常駐する必要がある．
(2) 選任された特定建築物の空気環境の測定を自ら行わなければならない．
(3) 複数の特定建築物の兼務は全く認められない．
(4) 選任された特定建築物の維持管理業務に従事する者の雇用管理を行う必要がある．
(5) 必要があるときは特定建築物の維持管理権原者に対し意見を述べることができる．

問題10 建築物における衛生的環境の確保に関する法律に基づく登録制度の対象となっていないものは，次のうちどれか．
(1) 清掃を行う事業（建築物清掃業）
(2) 空気環境の測定を行う事業（建築物空気環境測定業）
(3) 飲料水の水質検査を行う事業（建築物飲料水水質検査業）
(4) 飲料水貯水槽の清掃を行う事業（建築物飲料水貯水槽清掃業）
(5) 外壁の清掃を行う事業（建築物外壁清掃業）

問題11 建築物における衛生的環境の確保に関する法律に基づく事業の登録に関する次の記述のうち，正しいものはどれか．
(1) 事業の登録は，都道府県知事を経由して厚生労働大臣に申請する．
(2) 事業の登録の有効期間は，3年間である．
(3) 登録を受けるには，機械器具（物的要件）のみが一定の基準を満たしていればよい．
(4) 都道府県知事は，登録業者に対して必要な報告をさせることができる．
(5) 事業の登録は，複数の営業所があっても本社所在地で行わなければならない．

問題12 建築物における衛生的環境の確保に関する法律に基づく罰則が適用される場合で，誤っているものは次のうちどれか．
(1) 特定建築物の届出を行わなかった場合
(2) 建築物環境衛生管理技術者の選任を行わなかった場合
(3) 特定建築物に対する都道府県知事の立入検査を拒んだ場合
(4) 建築物における衛生的環境の確保に関する事業の登録を受けないで，登録業としての表示を行った場合
(5) 空気環境の測定の結果が建築物環境衛生管理基準に適合しなかった場合

問題13 感染症の予防及び感染症の患者に対する医療に関する法律に基づく三類感染症に該当する疾患は，次のうちどれか．
(1) クリプトスポリジウム症
(2) ウイルス性肝炎
(3) 性器クラミジア感染症
(4) 後天性免疫不全症候群
(5) 腸管出血性大腸菌感染症

問題14 浄化槽法に関する次の記述のうち，誤っているものはどれか．
(1) 浄化槽管理者は，年2回水質に関する定期検査を受けなければならない．
(2) 浄化槽清掃業を営もうとする者は，市町村長の許可を得なければならない．

(3) 浄化槽の保守点検は，浄化槽管理士のいる保守点検業者に委託することができる．
(4) 処理対象人数が501人以上の浄化槽の浄化槽管理者は，技術管理者を置かなければならない．
(5) 浄化槽管理者は，保守点検の記録を3年間保存しなければならない．

問題15 廃棄物の処理及び清掃に関する法律に基づく次の記述のうち，誤っているものはどれか．
(1) 市町村長は，その区域内の建築物の占有者に対し，一般廃棄物の減量に関する計画の作成を指示することができる．
(2) 市町村は，一般廃棄物を生活環境の保全上支障が生じないうちに収集，運搬，処分しなければならない．
(3) 建築物の占有者は，管理する建築物の清潔を保つように努めなければならない．
(4) 都道府県は，当該地域内の一般廃棄物処理計画を策定しなければならない．
(5) 一般廃棄物の処理業者は，市町村長の許可を受けなければならない．

問題16 廃棄物の処理及び清掃に関する法律の条文に述べられている法律の目的に関する次の文章の　　　　内に入る語句の組合せのうち，正しいものはどれか．
　この法律は，廃棄物の排出を抑制し，及び廃棄物の適正な　ア　，保管，収集，運搬，再生，処分等の処理をし，並びに　イ　を清潔にすることにより，　イ　の保全及び　ウ　の向上を図ることを目的とする．

　　　　　ア　　　　　　　イ　　　　　　　ウ
(1) 埋立て──────国民生活──────公衆衛生
(2) 焼却───────生活環境──────公衆衛生
(3) 分別───────生活環境──────社会福祉
(4) 埋立て──────国民生活──────社会福祉
(5) 分別───────生活環境──────公衆衛生

問題17 保健所の業務に関する事項として，誤っているものは次のうちどれか．
(1) 人口動態統計に関すること　　(2) 歯科保健に関すること
(3) 国民健康保険に関すること　　(4) 精神保健に関すること
(5) 母性及び乳幼児並びに老人の保健に関すること

問題18 次の法律のうち，生活衛生関係営業の施設に対する衛生上の直接的な規制を行っていないものはどれか．
(1) 環境基本法　　(2) 興行場法　　(3) 食品衛生法
(4) 公衆浴場法　　(5) 旅館業法

問題19 労働安全衛生法及びそれに基づく事務所衛生基準規則に関する次の記述のうち，最も不適当なものはどれか．
(1) 労働者を常時就業させる室の気温が10℃以下の場合は，適当な温度調節の措置を講ずること．
(2) 労働者を常時就業させる室のうち，普通の作業を行う作業面の照度は，100 lx以上とすること．

(3) 労働者を常時就業させる室の気積は，設備の占める容積及び床面から4mを超える高さにある空間を除き，労働者1人について，10m^{3}以上であること．
(4) 労働者を常時就業させる室においては，窓その他の直接外気に向かって開放できる部分の面積が，常時床面積の20分の1以上となるようにするか，有効な換気設備を設けること．
(5) 労働安全衛生法は，職場における労働者の安全と健康を確保するとともに，快適な職場環境の形成を促進することを目的としている．

問題20 学校保健法に関する次の記述のうち，誤っているものはどれか．
(1) 学校における保健管理に関与する技術的な担当者として，学校保健技師，学校医，学校歯科医及び学校栄養士を任命し，又は委嘱することを義務付けている．
(2) 学校が，児童や生徒の健康診断の計画を立て，かつ，実施することを義務付けている．
(3) 学校における換気，採光，照明及び保温を適切に行うよう定めている．
(4) 学校における保健管理及び安全管理に関して必要な事項を定めている．
(5) 生徒，児童，教職員などの特定の集団を対象としている．

問題21 建築の計画に関する次の用語の組合せのうち，相互に関係のないものはどれか．
(1) コアプラン————————レンタブル比
(2) インテリジェントビル————フリーアクセスフロア
(3) シックビル症候群——————ホルムアルデヒド
(4) フラッシュオーバ——————年間熱負荷係数
(5) ユニバーサルデザイン————誘導ブロック

問題22 建築物の耐震設計に関する次の用語の組合せのうち，最も関係の薄いものはどれか．
(1) 一次設計——————終局強度設計法
(2) 二次設計——————保有水平耐力
(3) 偏心率————————平面的バランス
(4) 剛性率————————立体的バランス
(5) 層間変形角—————二次部材

問題23 近年の建築構造に関する次の記述のうち，最も不適当なものはどれか．
(1) 免震構造は，積層ゴムなどにより揺れを減じる構造である．
(2) シェル構造は，曲板の持つ力学的特性を利用した板で構成された構造である．
(3) 高強度コンクリート構造は，コンクリートの圧縮強度が20N/mm^{2}程度のものである．
(4) 木造大断面集成材構造は，断面の形状と寸法を自由に作り出すことができる構造である．
(5) ハイブリッド構造は，鉄骨構造と鉄筋コンクリート構造など，異なった構造を混合した構造である．

問題24 建築構造に関する次の記述のうち，最も不適当なものはどれか．
(1) 鉄骨構造は，粘り強く，耐震性がある．
(2) 異形棒鋼は，普通棒鋼より付着性能が高い．
(3) 鉄筋コンクリート用棒鋼のSDの記号は，異形棒鋼を示す．
(4) 鉄骨構造は，耐火性に優れている．
(5) 鋼材は，炭素量を増すと強度が高くなるが，靭性は低下する．

問題 25 建築の構造形式に関する次の記述のうち，最も不適当なものはどれか．
(1) 筋違は，地震力や風圧力に抵抗するため軸組の構面に入れる斜材である．
(2) トラス構造は，ピン接合の三角面を基本単位として構成される．
(3) 火打梁は，壁構面において，隅角部を固める部材である．
(4) 在来木造での床組は，大引と根太で構成される．
(5) 鉄骨造の床は，デッキプレートなどで構成される．

問題 26 鉄筋コンクリート構造に関する次の記述のうち，最も不適当なものはどれか．
(1) 鉄筋とコンクリートの線膨張係数は，ほぼ等しい．
(2) 普通コンクリートの質量は，2.3 t/m^3 程度である．
(3) 柱の帯筋は，せん断力に対して配置される．
(4) 耐震壁は，地震力に抵抗する壁である．
(5) 梁のあばら筋は，曲げモーメントに対して配置される．

問題 27 ダクトと吹出口に関する次の記述のうち，最も不適当なものはどれか．
(1) ダクト内風速が15m/s以下の低速ダクトは，一般に空気調和や換気用として使用される．
(2) 水蒸気や腐食性のある系統には，ステンレスダクトなどが使用される．
(3) ノズル型吹出口は到達距離が大きく，大空間の壁面に使用される．
(4) エアカーテンは到達距離が大きく，出入口の天井に使用される．
(5) アネモスタット型吹出口は，天井高の高い室に適している．

問題 28 空気調和方式の分類に関する次の用語の組合せのうち，最も不適当なものはどれか．
(1) インダクションユニット方式————————全空気方式
(2) 変風量単一ダクト方式————————全空気方式
(3) ファンコイルユニット方式————————全水方式
(4) ダクト併用ふく射冷暖房方式————————空気・水方式
(5) ダクト併用ファンコイルユニット方式————————空気・水方式

問題 29 冷凍機に関する次の記述のうち，誤っているものはどれか．
(1) 往復動式の空冷式冷凍機は，比較的小規模な建物における適用例が多い．
(2) ヒートポンプは，圧縮機の動力源として消費する電気熱量換算値の数倍の熱量を取り出すことができる．
(3) 冷温水発生機は，据付面積の面で有利である．
(4) 吸収式冷凍機は，スクリュー式冷凍機と比較して静粛性に優れる．
(5) 吸収式冷凍機の冷媒には，臭化リチウムが使用される．

問題 30 換気方式に関する次の記述のうち，最も不適当なものはどれか．
(1) 第1種換気方式は，室内を正圧，負圧のどちらにも保つことができる．
(2) 第1種換気方式は，地下駐車場や劇場等に使用される．
(3) 第2種換気方式は，室内を正圧に保つことができる．
(4) 第2種換気方式は，厨房，便所，浴室，車庫等に使用される．
(5) 第3種換気方式は，排気に機械ファンを使用しており，室内を負圧に保つことができる．

問題・午前   221

問題 31 自動火災報知設備に関する次の記述のうち，最も不適当なものはどれか．
(1) 差動式熱感知器は，温度上昇率が一定以上になったときに作動する．
(2) 非蓄積型煙感知器は，たばこの煙のように一時的に発生する煙による非火災報を防止するのに有効である．
(3) 炎感知器は，炎から放射される紫外線や赤外線の強度が一定以上になったときに作動する．
(4) 定温式熱感知器は，一定の温度以上になったときに作動する．
(5) 煙感知器は，熱感知器に比べて，火災の初期におけるくん焼状態の火災の感知に適している．

問題 32 建築設備の省エネルギーに関する次の記述のうち，最も不適当なものはどれか．
(1) 給水方式のうち，水道直結直圧方式は，揚水などのポンプ動力を必要としない．
(2) 給水方式のうち，ポンプ直送方式は，一般的に他の方式に比べてエネルギー消費量が小さい．
(3) 高圧受電設備を有する建築物では，進相コンデンサを設置し力率を改善する．
(4) CEC/L は，照明設備に係るエネルギーの効率的利用の指標であり，算定に当たり標準照明消費電力が用いられる．
(5) CEC の数値と実際のエネルギー消費を照合・検証することが，建築物のエネルギー管理を行う上で重要である．

問題 33 建築基準法に基づく特殊建築物の定期調査・報告に関する次の組合せのうち，誤っているものはどれか．
(1) 報告者————————建築物の所有者又は管理者
(2) 報告先————————特定行政庁
(3) 調査内容————————建築物の敷地，構造及び建築設備に関する状況
(4) 報告間隔————————5 年
(5) 調査資格者————————一級建築士，二級建築士又は特殊建築物等調査資格者

問題 34 建築物内の廃棄物貯留・搬出方式に関する次の文章の[　　]内に入る語句の組合せのうち，最も適当なものはどれか．
　　[ア]は大規模建築物に適しており，[イ]は広域大規模開発地域の建築物に適している．

　　　　　　ア　　　　　　　　　　　　　　イ
(1) 容器方式————————————貯留排出機方式
(2) 貯留排出機方式————————コンパクタ・コンテナ方式
(3) 真空輸送方式————————コンパクタ・コンテナ方式
(4) 真空輸送方式————————容器方式
(5) コンパクタ・コンテナ方式————真空輸送方式

問題 35 次のア〜エに示すものの組合せ(1)〜(5)のうち，建築基準法の建築物に該当するものをすべて含んでいる組合せはどれか．
　　ア　屋根のないサッカースタジアム

イ　プラットホームの上家(うわや)
ウ　事務室と店舗をもつ駅ビル
エ　共同住宅の昇降機

(1) ア────ウ
(2) ウ────エ
(3) ア────イ────ウ
(4) ア────ウ────エ
(5) ア────イ────ウ────エ

問題36　次の文章の　　　　　内に入る語句の組合せのうち，最も適当なものはどれか．

　近年，大型ビルなどの人工環境下において，　ア　，　イ　などの健康被害が取りざたされ，また，一般家庭やマンションにおいて，　ウ　などが問題になってきた．

	ア	イ	ウ
(1)	冷房病	シックビル症候群	ダニアレルギー
(2)	熱射病	シックビル症候群	光化学スモッグ
(3)	凍傷	花粉症	ダニアレルギー
(4)	冷房病	花粉症	ダニアレルギー
(5)	冷房病	シックビル症候群	光化学スモッグ

問題37　日本産業衛生学会の「許容濃度等の勧告」に規定されている許容濃度の値に関する次の記述のうち，最も適当なものはどれか．
(1) 労働者全員に悪影響が起きない値である．
(2) 安全と危険の境界を示した値である．
(3) 労働者が行う労働が激しい場合でも当てはまる許容の限界値である．
(4) 1日8時間，週40時間程度の労働に当てはまる値である．
(5) 一般の室内汚染の許容の限界値として用いられる値である．

問題38　人体の体温調節に関する次の記述のうち，最も不適当なものはどれか．
(1) 暑い時の汗は，エクリン腺(せん)から分泌される．
(2) 気温が35℃を超えると，伝導，対流，放射による放熱は望めない．
(3) 常温で安静の場合，人体からの放熱量の約55%は，蒸発によるものである．
(4) 人体からの水分蒸発には，不感蒸泄(せつ)と発汗とがある．
(5) 自律神経とホルモンは，体温調節に関与している．

問題39　深部体温の変動に関する次の記述のうち，最も不適当なものはどれか．
(1) 1日周期で変動する．
(2) 最低値は早朝睡眠時に得られる．
(3) 変動幅は口腔(くう)温で0.7〜1.2℃程度である．
(4) 最高値は正午に得られる．
(5) 女性では，性周期により0.5℃程度の変動がある．

問題40　人間のみに見られる体温調節として，最も適当なものは次のどれか．

(1) 文化的体温調節　　(2) 不随意性体温調節　　(3) 生理的体温調節
(4) 行動性体温調節　　(5) 自律性体温調節

問題 41　快適温度に関する次の記述のうち，最も不適当なものはどれか．
(1) 一般に女性の快適温度は，男性の快適温度より高い．
(2) 一般に夏の快適温度は，冬の快適温度より高い．
(3) 一般に床暖房を用いた居室では，上下の室温の差が大きく，快適な室温分布とはならない．
(4) 一般に冷房時に比べて，暖房時の室温による身体の不調の訴えは少ない．
(5) 温熱条件の快適性は，時代の因子によっても影響を受ける．

問題 42　快適温度等について，若年者と比べた場合の高齢者の一般的な特徴を述べた次の記述のうち，最も不適当なものはどれか．
(1) 皮膚の痛点，冷点が多いと言われている．
(2) 低体温症になりやすい．
(3) 寒さを感じにくい．
(4) 暖かい室温を好む．
(5) 寒冷による血圧上昇が顕著である．

問題 43　冷房病対策として，適当なものの組合せは次のうちどれか．
　　ア　室の内外温度差を少なくする．
　　イ　室内気流を減らす
　　ウ　着衣量を増やす．
(1) アとイとウ　　(2) アとイのみ　　(3) イとウのみ
(4) アとウのみ　　(5) アのみ

問題 44　揮発性有機化合物に関する次の記述のうち，最も不適当なものはどれか．
(1) シックビル症候群の要因の一つと考えられている．
(2) たばこの煙は発生源の一つである．
(3) 発がん性は確認されていない．
(4) 開放型燃焼器具からも発生する．
(5) 英語では VOC と略されることがある．

問題 45　アレルギーに関する次の記述のうち，最も不適当なものはどれか．
(1) アレルゲンは，気管支喘息やアトピー性皮膚炎の原因となる．
(2) アレルギー反応は，抗原抗体反応の一種である．
(3) アレルギー反応の発現には，体内の肥満細胞の働きが関係する．
(4) 花粉やソバガラは，アレルゲンとなる．
(5) 各種のアレルゲンについて，アレルギー反応の「量―応答関係」の存在が確立されている．

問題 46　レジオネラ感染症に関する次の記述のうち，最も不適当なものはどれか．
(1) 肺炎型と非肺炎型の二つの病型がある．
(2) 対策の一つは，空気調和設備の冷却塔の清掃である．
(3) 病原体は真菌である．
(4) 間接伝播する感染症である．

(5) 病原体は，河川や土壌中などの自然環境に生息している．

問題 47 室内の二酸化炭素に関する次の記述のうち，最も不適当なものはどれか．
(1) 人の代謝作用により生産される．
(2) 事務所衛生基準規則では，中央管理方式の空気調和設備を設けている場合の基準値は，0.05％以下と定められている．
(3) 居室における濃度が，20％を超えると生命が危険となる．
(4) 直接的な汚染質としてだけでなく，全般的な空気の汚れの指標に使われる．
(5) 通常の事務作業に従事する大人からは，おおよそ 200mL/min が吐き出される．

問題 48 音圧レベル 60dB の音の音圧（単位 Pa）は，20dB の音の音圧の何倍か．次の数値のうち正しいものはどれか．

(1) 5 倍
(2) 10 倍
(3) 20 倍
(4) 50 倍
(5) 100 倍

音圧（実効値）と音圧レベルの関係

音圧（実効値）[Pa]	音圧レベル [dB]
2×10^2	140
2×10^1	120
2×10^0	100
2×10^{-1}	80
2×10^{-2}	60
2×10^{-3}	40
2×10^{-4}	20
2×10^{-5}	0

問題 49 下の図は，音の可聴範囲を示したものである．図中の　　　内のアとイに入る数値の組合せのうち，正しいものは次のどれか．

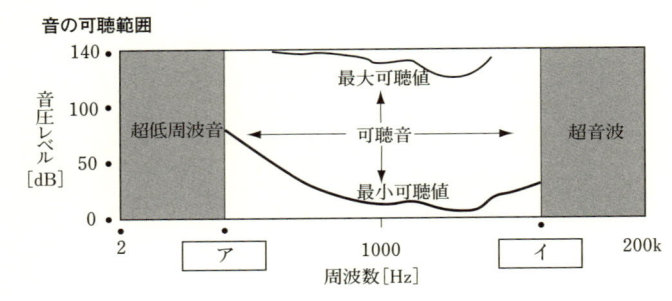

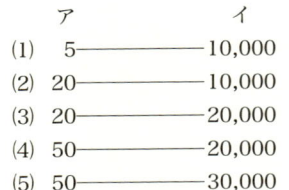

	ア	イ
(1)	5	10,000
(2)	20	10,000
(3)	20	20,000
(4)	50	20,000
(5)	50	30,000

問題 50 音に関する次の記述のうち，最も不適当なものはどれか．

(1) 音の大きさのレベルの単位は，sone（ソーン）である．
(2) 騒音レベルは，一般にA特性の音圧レベルのことである．
(3) 音の高さは，音の周波数に対する感覚である．
(4) 音色は，音の周波数とその強弱などに関係する．
(5) 一つの音により，他の音が遮へいされて聞こえなくなる現象を，音のマスキング効果という．

問題51 光に関する単位として，不適当なものは次のうちどれか．
(1) 光度――――――――1m/m^2
(2) 光束――――――――1m
(3) 輝度――――――――cd/m^2
(4) 光の波長――――――nm
(5) 色温度――――――――K

問題52 色に関する次の記述のうち，最も適当なものはどれか．
(1) xyz表色系は，色の三属性を用いて色を表示する．
(2) 演色性を改良した昼白色蛍光ランプは，赤みがさえないで青色がさえて見える．
(3) 自ら色の光を出して発色するものを表面色という．
(4) 色温度が高いことは，青みを帯びた光色であることを意味する．
(5) マンセル表色系では，灰色は色相と彩度を用いて表示する．

問題53 電磁場の単位に関して正しいもののみの組合せは次のうちどれか．
　　　　ア　磁場――――――――――ボルト／メートル
　　　　イ　静磁場―――――――――ガウス
　　　　ウ　電場――――――――――テスラ
　　　　エ　電磁波の伝わる速さ―――メートル／秒
(1) アとイ　(2) アとウ　(3) イとウ　(4) イとエ　(5) ウとエ

問題54 非電離放射線に関する次の記述のうち，最も適当なものはどれか．
(1) UV-Cの発生源は，地球上に存在しない．
(2) 紫外線は，赤外線より皮膚透過性が大きい．
(3) 紫外線は，電気溶接の際に起こる電気性眼炎の原因となる．
(4) 赤外線は，長期間暴露すると網膜火傷を起こす．
(5) マイクロ波による熱作用は，周波数や組織の性質が異なっても一定である．

問題55 次の感染症のうち，直接接触によって伝播する疾病の組合せのうち，最も適当なものはどれか．
　　　　ア　性感染症　　イ　狂犬病　　ウ　疥癬（かいせん）　　エ　結核　　オ　赤痢
(1) ア――――――イ――――――ウ
(2) ア――――――イ――――――エ
(3) ア――――――ウ――――――エ
(4) ア――――――ウ――――――オ
(5) イ――――――ウ――――――エ

問題56 給水及び排水に関する項目と単位の組合せのうち，誤っているものは次のどれか．
(1) 色度─────────％
(2) 線膨張係数─────1/℃
(3) DO ─────────mg/L
(4) 塩素イオン─────mg/L
(5) 大腸菌群──────個/mL

問題57 給水及び排水に関する次の用語の説明として，最も不適当なものはどれか．
(1) 吐水口空間───給水栓または給水管の吐水口端とあふれ縁との垂直距離をいう．
(2) あふれ─────衛生器具またはその他の水使用機器の場合はその上縁から，タンク類の場合はオーバーフロー口から水が流れ出す現象をいう．
(3) 間接排水────排水系統をいったん大気中で縁を切り，一般の排水系統へ直結している水受け容器または排水器具の中へ排水することをいう．
(4) メッシュ────ふるいの目の寸法の呼称で，25.4mmの長さの間に含まれる網の目の数で表し，小さい数値ほどふるいの目の開きは小さい．
(5) 排水口空間───排水系統に直結している器具もしくは水受け容器のあふれ縁，または排水を受ける床面と間接排水管端との間の垂直距離をいう．

問題58 貯水槽に関する次の記述のうち，最も不適当なものはどれか．
(1) 通気管に防虫網を取り付ける．
(2) 給水管の流入口端とオーバーフロー管の間に，吐水口空間を確保する．
(3) 貯水槽の下部に水抜き管を設け，排水管に直接接続する．
(4) オーバーフロー管の途中に，排水口空間を確保する．
(5) 貯水槽の点検・清掃用に，マンホールを設置する．

問題59 給水設備に関する次の記述のうち，最も不適当なものはどれか．
(1) 事務所の設計対象給水量は，一般に60～100L/(人・日)程度とされている．
(2) 共同住宅の設計対象給水量は，一般に200～350L/(人・日)程度とされている．
(3) ホテル・共同住宅の最高使用水圧は，一般に400～500kPa程度とされている．
(4) 一般水栓の必要最低水圧は，一般に30kPa程度とされている．
(5) 管内流速は，一般に0.9～1.2m/s，最高流速は2.0m/s程度とされている．

問題60 内径100mmの給水管内を平均流速1.9m/sで水が流れている．このとき10分間に流れる管内水量(L)として，最も近いものは次のうちどれか．
(1) 150L　(2) 900L　(3) 9,000L　(4) 11,400L　(5) 35,800L

問題61 給水に関する次の記述のうち，最も不適当なものはどれか．
(1) 過度な水圧にならないように，部分的には負圧となってもよい．
(2) 上水系統を流れる水は，飲用に供さない用途に使用する場合でも，飲料水と同等の水質を確保する必要がある．
(3) 同一の建物であっても，使用水量は季節により異なる．
(4) 地下水は，必要に応じて水処理を行わなければならない．
(5) 再利用水を直接飲用することは好ましくない．

問題 62 給水方式に関する次の記述のうち，最も不適当なものはどれか．
(1) 受水槽方式は，過度の水使用にも対応でき，また，断水時や災害時にも多少給水を継続できる利点がある．
(2) 水道直結給水方式には，水道直結直圧方式と水道直結増圧方式がある．
(3) ポンプ直送方式の制御方式には，推定末端圧力制御方式と吐出圧力可変制御方式がある．
(4) 高置水槽方式は，機構が簡単であり，使用箇所での水圧が安定している．
(5) 水道直結増圧方式は，水道引込み管に直接増圧ポンプユニットを接続する．

問題 63 給水用弁の形状とその名称に関する次の組合せのうち，最も適当なものはどれか．

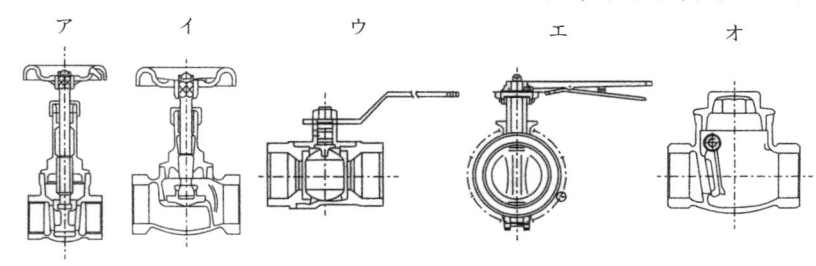

	ア	イ	ウ	エ	オ
(1)	仕切弁	玉形弁	ボール弁	バタフライ弁	スイング式逆止弁
(2)	仕切弁	ボール弁	玉形弁	バタフライ弁	リフト逆止弁
(3)	バタフライ弁	仕切弁	玉形弁	ボール弁	スイング式逆止弁
(4)	バタフライ弁	玉形弁	ボール弁	仕切弁	スイング式逆止弁
(5)	仕切弁	玉形弁	バタフライ弁	ボール弁	リフト逆止弁

問題 64 建築物における衛生的環境の確保に関する法律に基づく特定建築物の貯水槽の清掃に関する次の記述のうち，誤っているものはどれか．
(1) 水質検査項目は，残留塩素の含有率，色度，濁度，臭気及び有機物等（過マンガン酸カリウム消費量）である．
(2) 貯水槽の清掃終了後，塩素剤を用いて2回以上貯水槽内の消毒を行い，消毒排水は完全に排除するとともに，消毒後は貯水槽内に立ち入ってはならない．
(3) 貯水槽の水張り終了後，給水栓及び貯水槽内における水について，水質検査を行う．
(4) 貯水槽内の清掃では，沈殿物質及び浮遊物質並びに壁面等の付着物質を除去し，洗浄に用いた水は，貯水槽から完全に排除する．
(5) 清掃によって生じた汚泥等の廃棄物は，廃棄物の処理及び清掃に関する法律，下水道法などの規定に基づき，適切に処理する．

問題 65 地下水を水源とする場合の給水設備の維持管理等に関する次の記述のうち，最も不適当なものはどれか．
(1) 浅層地下水の方が深層地下水よりも鉄やマンガンを含むことが多く，赤水，黒水障害などの問題を生じることがある．

(2) 深層地下水の方が浅層地下水よりも地表からの汚染を受けにくく，水質が安定している．
(3) 浅井戸の場合，揚水量が著しく減少したときには，井戸の掃除等を行う．
(4) 深井戸の場合，揚水中に砂の混入が多いときには，混入しない程度に揚水量を減らす．
(5) 井戸の日常管理として，地表の汚水等が井戸ケーシングの外周やポンプ吸込管の周辺などから侵入しないようにする．

問題 66 次の用途別の給湯温度又は使用温度に関する組合せのうち，最も不適当なものはどれか．
(1) 中央式給湯設備の給湯温度―――――50℃程度
(2) 飲用の使用温度―――――――――85～96℃（飲む温度は 50～55℃）程度
(3) 厨房の皿洗い機の使用温度　―――60℃程度
(4) 皿洗いすすぎ機の使用温度―――――80℃程度
(5) 屋内プールの使用温度―――――――25～28℃（冬季は 30℃）程度

問題 67 水の性質に関する次の記述のうち，最も不適当なものはどれか．
(1) 水は温度が高くなると密度が小さくなり，比体積は大きくなる．
(2) 水の比熱は，給湯設備で扱う温度範囲では，4,186 [J/(kg・℃)] を使用して差し支えない．
(3) ゲージ圧力 0 kPa における水の沸点は，約 100℃である．
(4) 水の体積弾性率は，給水・給湯設備で扱う範囲では，ほとんど非圧縮性である．
(5) 水中の気体の溶解度は，気体の圧力があまり大きくない範囲では，絶対圧力に反比例する．

問題 68 給湯設備に関する次の記述のうち，最も不適当なものはどれか．
(1) 給湯設備における金属材料の腐食は，給水設備における同じ金属材料の腐食と比較して，早期に発生し，その腐食速度も速い．
(2) 中央式給湯設備における循環ポンプは，省エネルギーのために連続運転とせず，返湯管の温度が低下したら運転することが望ましい．
(3) 給湯設備において，湯を均等に循環させることを目的とした，リバースリターン方式の採用は有効でない．
(4) 給湯循環ポンプの循環量が多いと，返湯管において管内流速が速くなり，腐食の原因となる．
(5) 給湯循環において障害となる溶存空気の分離は，配管系の水圧が高い部分で行うのが有効である．

問題 69 給湯設備に関する次の記述のうち，最も不適当なものはどれか．
(1) 電気防食の方法には，外部電源を用いた流電陽極式がある．
(2) 開放式膨張水槽には，膨張管，オーバーフロー管，排水管，給湯管，給水管が配管される．
(3) ポンプ直送方式における逃し弁の設定圧力には，ポンプの締切運転時の圧力を考慮する．
(4) スリーブ型伸縮管継手は，伸縮の吸収量が大きい．
(5) 逃し管の立上げ高さは，水の密度，湯の密度及び膨張水槽の設置高さで決まる．

問題 70 排水に関する次の記述のうち，最も不適当なものはどれか．
(1) 空気調和機の排水は，間接排水とする．
(2) 排水管内は，管と継手の内面がほぼ平滑となる構造となっている．

(3) 延長が長い排水横管の途中には，掃除口を設ける．
(4) 自然流下で流れる管径100mmの排水横管のこう配は，1/200とする．
(5) 排水立て管は，最下部から最頂部まで同一管径とする．

問題71 排水・通気設備に関する次の記述のうち，最も不適当なものはどれか．
(1) 排水立て管のオフセット下部には逃し通気管を設け，排水立て管のオフセット上部には結合通気管を設ける．
(2) 通気立て管の上部は，排水横枝管を通じて排水立て管に接続されている最高位の衛生器具のあふれ縁から150mm以上高い位置で，伸頂通気管に接続する．
(3) 高層建築物の排水立て管で，ループ通気方式又は各個通気方式を採用する場合は，通気立て管を設ける．
(4) 排水立て管の上部は，伸頂通気管として延長し，その末端を大気中に開口する．
(5) 通気立て管の下部は，排水立て管に接続されている最低位の排水横枝管より高い位置で，排水立て管から取り出す．

問題72 排水槽に関する次の語句の組合せのうち，最も不適当なものはどれか．
(1) マンホール ──────────── 密閉式で直径60cm以上
(2) 床こう配 ──────────── 1/15以上1/10以下
(3) 排水ポンプの設置位置 ──────────── 槽の床面
(4) 通気管 ──────────── 直接外気に開放
(5) マンホールの位置 ──────────── 排水水中ポンプの直上

問題73 排水の種類とそれに適した排水ポンプに関する次の組合せのうち，最も不適当なものはどれか．
(1) 浄化槽排水 ──────────── 汚水ポンプ
(2) 雨水 ──────────── 雑排水ポンプ
(3) 湧水 ──────────── 汚水ポンプ
(4) 産業排水 ──────────── 汚物ポンプ
(5) 厨房排水 ──────────── 雑排水ポンプ

問題74 排水トラップに関する次の記述のうち，最も不適当なものはどれか．
(1) 封水深は，50mm以上100mm以下とする．
(2) 構成材として可動部分がないことが望ましい．
(3) 排水管内のガスの逆流を防止する．
(4) 排水管内の過度な圧力変動を吸収する．
(5) 衛生害虫の室内への侵入を防止する．

問題75 排水・通気設備に発生した障害とその対策の組合せのうち，最も不適当なものは次のどれか．
(1) 屋上雨水排水の不良 ──────────── ルーフドレンの清掃
(2) 営業用冷蔵庫への汚水の侵入 ──────────── 排水口空間の確保
(3) 洗面器Pトラップの封水の吹出し現象 ──── Uトラップに交換
(4) 排水槽からの悪臭の発生 ──────────── 排水槽の清掃

(5) 厨房排水の不良 ──────────── 排水管及びグリストラップの清掃

問題76 便所における節水対策に関する次の記述のうち，最も効果が期待できないものはどれか．
(1) 設置されている大便器コンパートメント（ブース）のうちの一部を閉鎖し，利用可能な個数を減らした．
(2) 小便器の洗浄方式を，洗浄弁式から赤外線感知式の洗浄方式に変えた．
(3) 大便器の洗浄方式を，洗浄弁式から容量8Lのロータンク式に変えた．
(4) 洗面器の水栓に赤外線感知式の開閉装置を取り付けた．
(5) 夜間に小便器の自動洗浄の間隔を空けるようにした．

問題77 衛生器具に関する次の文章の ☐ 内に入る語句の組合せのうち，最も適当なものはどれか．

　　サイホンゼット式大便器は，吸引・排出能力が強力なため，広い ア が確保でき， イ も一番深く取ることができる． ウ や汚物の付着がほとんどなく優れた便器である．

　　　　　ア　　　　　　　イ　　　　　　　ウ
(1) 排水路──────水封──────臭気の発散
(2) 排水路──────排水経路────はね返り
(3) 留水面──────水封──────臭気の発散
(4) 留水路──────排水経路────洗浄音
(5) 留水面──────水封──────洗浄音

問題78 排水トラップに関する次の記述のうち，最も不適当なものはどれか．
(1) 管トラップは，自浄作用のあるトラップである．
(2) ドラムトラップは，ごみや小雑物片が排出されるおそれがある箇所に用いられる．
(3) わんトラップは，わんの取り外しが容易であるため，清掃後の戻し忘れにより，衛生上危険な事態を招くおそれがある．
(4) つくり付けトラップは，大便器，小便器のように陶器製の水受け容器と一体として作られたトラップをいう．
(5) Sトラップは，器具自身の排水によって生じる誘導サイホン作用により封水が破られやすい管トラップである．

問題79 給水及び排水設備の配管材料に関する次の記述のうち，最も不適当なものはどれか．
(1) 鉛管を給水用に使用する場合は，水道用ポリエチレンライニング鉛管とし，接続は，はんだ接合とする．
(2) 硬質塩化ビニルライニング鋼管の接合には，管端防食形継手を使用する．
(3) 耐熱性硬質塩化ビニル管及びポリブテン管の最大使用温度は約90℃であるが，使用温度が高くなると許容使用圧力は小さくなる．
(4) 銅管を循環式給湯に使用する場合は，潰食や孔食を受けやすい．
(5) 給水・給湯用ステンレス鋼管の接合は，細い管ではメカニカル接合が，太い管ではティグ溶接又はフランジ接合が行われる．

問題 80　排水の再利用に関する次の記述のうち，最も不適当なものはどれか．
(1) 上水給水管と誤接合されていないことを確認するため，着色水で検査する．
(2) 手洗い付洗浄タンクには，排水の再利用水は使用しない．
(3) 散水，修景及び清掃用に使用する排水の再利用水の水質は，水洗便所用水の水質と同じでよい．
(4) 水栓などには，排水の再利用水を使用していることを示すステッカーなどをはる．
(5) 排水の再利用水系統の配管であることを，容易に判別できる色又は文字で表示する．

問題 81　排水処理施設を構成する単位装置として，化学的作用を主な原理とするものは，次のうちどれか．
(1) 膜分離装置　　(2) 接触ばっ気装置　　(3) 活性炭吸着装置
(4) オゾン酸化装置　　(5) 沈殿装置

問題 82　排水中の固形物の分類に関する下の図の　　内に入る語句の組合せのうち，最も適当なものは次のどれか．

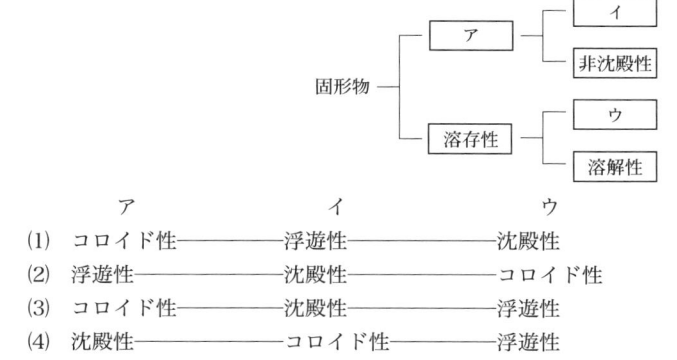

　　　　　ア　　　　　　　　イ　　　　　　　　ウ
(1) コロイド性――――――浮遊性――――――沈殿性
(2) 浮遊性――――――――沈殿性――――――コロイド性
(3) コロイド性――――――沈殿性――――――浮遊性
(4) 沈殿性――――――――コロイド性――――浮遊性
(5) 浮遊性――――――――コロイド性――――沈殿性

問題 83　排水再利用施設の計画・設計上の留意事項に関する次の記述のうち，最も不適当なものはどれか．
(1) 地下室内に設けられることが多いので，悪臭と温度対策のため室内換気を十分に行うなど，作業環境に十分に配慮する．
(2) 単位装置の組合せは，原水の種類や再利用水の用途，施設設置に必要な面積，運転管理費などによって決定される．
(3) 油分を多量に含む排水系は，別途配管系統で油分を分離除去した後，流量調整装置で他の排水と混合して処理する．
(4) 排水再利用施設から生じる汚泥は，浄化槽から生じる汚泥と同様，一般廃棄物として扱われる．
(5) 雨水は，砂ろ過による浮遊物質の除去等を行い再利用水として利用される．

問題 84　大規模な合併処理浄化槽に関する下記のフローシートの　　内に入る単位装置の組合せのうち，最も適当なものは次のどれか．

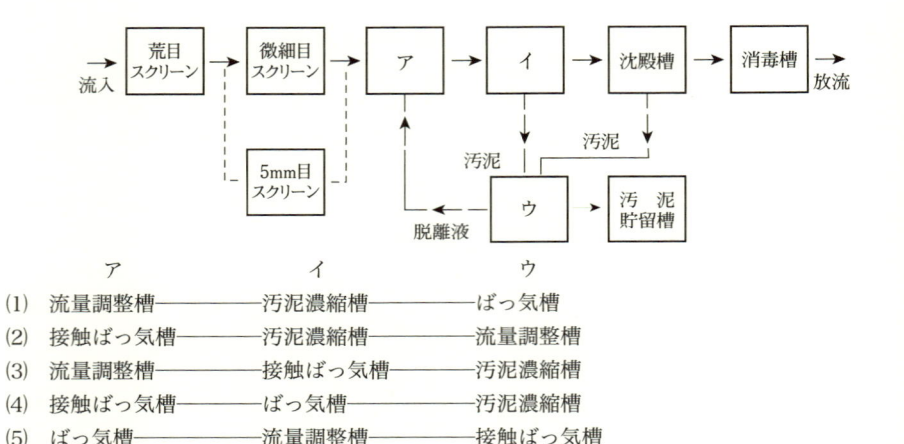

```
流入 → 荒目スクリーン → 微細目スクリーン → ア → イ → 沈殿槽 → 消毒槽 → 放流
                          ↕                   ↑     ↓汚泥  ↓汚泥
                      5mm目スクリーン          ←── ウ ──→ 汚泥貯留槽
                                          脱離液
```

	ア	イ	ウ
(1)	流量調整槽	汚泥濃縮槽	ばっ気槽
(2)	接触ばっ気槽	汚泥濃縮槽	流量調整槽
(3)	流量調整槽	接触ばっ気槽	汚泥濃縮槽
(4)	接触ばっ気槽	ばっ気槽	汚泥濃縮槽
(5)	ばっ気槽	流量調整槽	接触ばっ気槽

問題 85 活性汚泥法を用いた浄化槽において，ばっ気槽の MLSS 濃度を 3,000mg/L に調整する場合，汚泥返送率として最も適当な数値は，次のうちどれか．
ただし，流入汚水と返送汚泥の SS 濃度は 200mg/L と 8,000mg/L とし，ばっ気槽の MLSS 濃度と汚泥返送率との間には次の式が成り立つものとする．

$$ばっ気槽の MLSS = \frac{[100 \times (流入汚水の SS)] + [(汚泥返送率) \times (返送汚泥の SS)]}{100 + (汚泥返送率)}$$

(1) 25%　　(2) 29%　　(3) 35%　　(4) 56%　　(5) 64%

問題 86 浄化槽法第 2 条第 4 号に規定されている浄化槽の清掃に関する次の条文の 内に入る語句の組合せのうち，正しいものはどれか．
浄化槽の清掃は，浄化槽内に生じた汚泥， ア 等の引出し，その引出し後の槽内の汚泥等の イ 並びにこれらに伴う単位装置及び付属機器類の ウ ，掃除等を行う作業をいう．

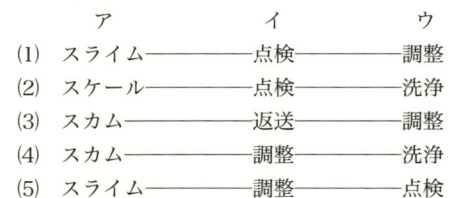

	ア	イ	ウ
(1)	スライム	点検	調整
(2)	スケール	点検	洗浄
(3)	スカム	返送	調整
(4)	スカム	調整	洗浄
(5)	スライム	調整	点検

問題 87 屋内消火栓設備に関する次の記述のうち，誤っているものはどれか．
(1) 1 号消火栓の開閉弁の呼び径は 40mm で，ノズル放水圧力は 0.17MPa 以上 0.7MPa を超えないこと．
(2) 2 号消火栓の開閉弁の呼び径は 25mm で，ノズル放水圧力は 0.25MPa 以上 0.7MPa を超えないこと．
(3) 2 号消火栓のポンプの遠隔起動は，屋内消火栓箱の起動スイッチを投入して行う．
(4) 屋内消火栓の設置位置は，1 つの消火栓のホース接続口を中心にして，1 号消火栓では

25m，2号消火栓では15mの半径の円で防火対象物が包含されるように配置する．
(5) 屋内消火栓ポンプの停止は，ポンプ制御盤の制止スイッチの投入により行う．

問題88 給水及び排水設備に関する次の語句の組合せのうち，最も不適当なものはどれか．
(1) モノクロラミン —————— 塩素消毒
(2) ウォータハンマ —————— ショックアブソーバ
(3) 誘導サイホン作用 ————— 排水ポンプ
(4) ホース接続散水栓 ————— バキュームブレーカ
(5) 敷地排水 ————————— 排水ます

問題89 排水管清掃に用いる機械器具として，最も不適当なものは次のうちどれか．
(1) 内視鏡　　　　(2) 濁度計　　　　(3) 高圧ホース
(4) ワイヤ式管清掃機　　(5) 空圧式管清掃機

問題90 水道法に基づく水質基準に関する省令（平成4年厚生省令第69号）に規定する基準として，誤っているものは次のうちどれか．
(1) 一般細菌 ——————— 1mLの検水で形成される集落数が100以下であること
(2) 総トリハロメタン ———— 0.1mg/L以下であること
(3) 鉄 —————————— 0.3mg/L以下であること
(4) 濁度 ————————— 5度以下であること
(5) pH値 ————————— 5.8以上8.6以下であること

平成15年度【午後】
室内環境の管理／清掃／ねずみ，昆虫等の防除

問題91 空気の組成と物理的特性に関する次の数値のうち，最も不適当なものはどれか．
(1) 1気圧は，約 1.0×10^5 Pa である．
(2) 空気中の酸素の体積比率は，約21%である．
(3) 常温空気の密度は，約 1.2kg/m^3 である．
(4) 空気の定圧比熱は，約 1.0J/(kg·K) である．
(5) 10m/sの気流の動圧は，約600Paである．

問題92 室内空気汚染物質に関する次の記述のうち，最も不適当なものはどれか．
(1) 開放型燃焼器具がない居室内における，二酸化炭素の最大の発生源は人である．
(2) 窒素酸化物の汚染源は，主に大気汚染による室内への侵入とたばこの煙である．
(3) 一酸化炭素は吸着されやすい物質なので，室内で発生した量だけ室内の濃度を押し上げるとは限らない．
(4) 二酸化硫黄は吸着性の強い物質なので，その室内濃度は，室内に発生源がないときには

外気濃度の数分の1になることがある．
(5) 室内で発生したり，外部から侵入する細菌や真菌粒子による汚染は，感染症やアレルギーの原因となる．

問題93 次の空気汚染物質のうち，大気汚染にかかわる環境基準が設定されていないものはどれか．
(1) 二酸化窒素　　　　　(2) 一酸化炭素　　　　(3) 浮遊粒子状物質
(4) 光化学オキシダント　(5) 二酸化炭素

問題94 換気又は空気質に関する次の記述のうち，最も不適当なものはどれか．
(1) 空気調和設備を有していない居室には，小型空気清浄器を設置することも有効である．
(2) 室内の汚染物質の許容濃度が決められている場合，発生した汚染物質を許容濃度まで希釈するために，取り入れる換気量のことを必要換気量という．
(3) 換気を行うことにより，良好な空気環境を確保することが可能であるが，これはすべての場合に当てはまるとは限らない．
(4) 建築物における衛生的環境の確保に関する法律における二酸化炭素の基準は，室内からの体臭除去などにも考慮して決められている．
(5) 室内の空気質を低下させないために，室内に取り入れるべき必要最小限の換気量（外気量）を一般に換気効率という．

問題95 室内の空気質と健康影響に関する次の記述のうち，最も不適当なものはどれか．
(1) 一酸化炭素の主な影響は，腎臓障害である．
(2) 浮遊粉じんの主な影響は，呼吸器障害である．
(3) ホルムアルデヒドは，鼻咽頭粘膜へ影響を与える．
(4) トルエンは，神経行動機能及び生殖発生への影響がある．
(5) オゾンは，喘息の症状に悪影響を及ぼす．

問題96 室内空気汚染物質に関する次の記述のうち，最も不適当なものはどれか．
(1) 一酸化窒素は，空気中では直ちに酸化され，二酸化窒素となる．
(2) 二酸化炭素は，血液中のヘモグロビンと結合し，酸素の運搬能力を低下させる．
(3) 二酸化硫黄は，水溶性が高い．
(4) ラドンは，土壌が主な発生源の一つである．
(5) ホルムアルデヒドは建材のほか，たばこの煙にも含まれる．

問題97 温度計測に関する次の記述のうち，最も不適当なものはどれか．
(1) 最高最低温度計は，ある時間内での気温の最高値と最低値を測るときに用いられる．
(2) アスマン通風乾湿計は，銅製の黒球に温度計を入れて測定するものである．
(3) 抵抗温度計は，導体の電気抵抗が温度によって変化する性質を利用するものである．
(4) オーガスト乾湿計は，乾球，湿球の2本の温度計を用いたものである．
(5) 熱電対温度計は，熱電対に生じる熱起電力の大きさによって温度を測るものである．

問題98 気流測定法及び風量測定法に関する次の記述のうち，最も不適当なものはどれか．
(1) ダクト内の風量は，管路の途中に管内オリフィス，又は口金を設けたノズルを入れて測定することができる．

(2) ピトー管による風速測定では，ストークスの定理を用いている．
(3) 熱線風速計には，定電圧式や定温度式などのものがある．
(4) カタ計は，球部の大きいアルコール温度計の一種で，微風速計としても用いられる．
(5) 熱線風速計により風速を測定する場合は，検出部の指向特性に注意する必要がある．

問題99 窒素化合物に関する次の文章の ◻ 内に入る語句の組合せのうち，正しいものはどれか．

　　　 ア 法は，一酸化窒素をオゾンと反応させた際に生じる ア の強度を測定する．フィルタバッジ法は イ 法で，一般に ウ の測定に適している．

	ア	イ	ウ
(1)	化学発光	パッシブ	短時間の瞬間的濃度
(2)	化学発光	アクティブ	短時間の瞬間的濃度
(3)	化学発光	パッシブ	長時間の平均的濃度
(4)	紫外線蛍光	パッシブ	長時間の平均的濃度
(5)	紫外線蛍光	アクティブ	短時間の瞬間的濃度

問題100 粉じん測定法に関する次の文章の ◻ 内に入る語句の組合せのうち，正しいものはどれか．

　　　圧電天秤法（ピエゾバランス法）は，一定の条件で振動している ア の表面に粉じんが一様に付着した場合，その イ に比例して ウ が減少することを利用して粉じん濃度を求めるものである．

	ア	イ	ウ
(1)	グラスファイバーろ紙	質量の対数	振動周波数
(2)	水晶板	質量	透過光波長
(3)	グラスファイバーろ紙	質量	透過光量
(4)	水晶板	質量	振動周波数
(5)	グラスファイバーろ紙	質量の対数	透過光波長

問題101 室内空気汚染物質の測定法に関する次の記述のうち，最も不適当なものはどれか．
(1) 硫黄酸化物は，定電位電解法で測定することができる．
(2) 浮遊粉じんは，ローボリウム・エアサンプラを用いて測定することができる．
(3) 窒素酸化物は，ザルツマン法で測定することができる．
(4) 二酸化炭素は，非分散型赤外線吸収法で測定することができる．
(5) ホルムアルデヒドは，AHMT法で測定することができる．

問題102 光散乱式の粉じん計を用いて室内の浮遊粉じんの相対濃度を測定したところ，3分間当たり120カウントであった．この粉じん計のバックグランド（ダークカウント）は10分間当たり80カウントで，標準粒子に対する感度が1カウント／分当たり$0.001 mg/m^3$，室内の浮遊粉じんに対する較正係数が1.3であるとすると，室内の粉じんの濃度として最も近い数値は次のうちどれか．

(1) $0.03 mg/m^3$　　(2) $0.04 mg/m^3$　　(3) $0.05 mg/m^3$
(4) $0.06 mg/m^3$　　(5) $0.11 mg/m^3$

問題 103 浮遊粉じん及び浮遊微生物に関する次の記述のうち，最も不適当なものはどれか．
(1) 室内の浮遊粉じんの多くは，たばこの煙によるものであると言われている．
(2) 建築物における衛生的環境の確保に関する法律に基づく浮遊粉じんの量の基準の遵守率は，20年前に比べて著しく上昇している．
(3) 室内の浮遊粉じん濃度は時間的に変動するため，ある程度の長さの平均濃度を考える必要がある．
(4) 咳によって発生する浮遊微生物の量は，くしゃみによるものよりはるかに多い．
(5) 浮遊粉じん中のアレルゲン量は，サンドイッチ・イライザ法で測定することができる．

問題 104 空気調和の室内負荷を求める際の室固有の負荷として，最も不適当なものは次のうちどれか．
(1) 外壁貫流熱量　(2) すきま風　(3) 室内発熱量
(4) 取入外気量　(5) 日射量

問題 105 熱の伝わり方に関する次の文章の□に入る語句の組合せとして，最も適当なものはどれか．

　　熱は固体，液体，気体の中を三つの態様で伝わる．固体内は，□ア□，液体や気体中は主として□イ□，気体中におかれた物体どうしの間では，主として□ウ□で伝わる．

	ア	イ	ウ
(1)	伝導	熱放射	対流
(2)	対流	熱放射	伝導
(3)	熱放射	伝導	対流
(4)	伝導	対流	熱放射
(5)	熱放射	対流	伝導

問題 106 局所不快感に関する次の記述のうち，最も不適当なものはどれか．
(1) 冷たい窓・壁面に対する不均一性の限界温度差は，10℃以内である．
(2) 局部気流は，乱れの強さが大きければ，低い平均風速でも不快を生じる．
(3) 局所不快感を防ぐには，足部及び頭部の周辺の温度差を10℃以内にする必要がある．
(4) 局部気流の許容限界値は，通常の室内の乱れの強さでは，暖房期より冷房期の方が大きい．
(5) 冬季，床暖房をしていない室内の床温度は，19～26℃が望ましい．

問題 107 室内の視環境に関する次の記述のうち，最も不適当なものはどれか．
(1) 照明がVDT作業面に映り込むのは，グレアの一種である．
(2) モデリングには，光の方向性の強さが影響する．
(3) 不快グレアの程度には，光源を見た場合の立体角が影響する．
(4) 平均演色評価数は，高いほど演色性が良い．
(5) 照明器具のグレア規制のG分類（G0～G3）では，G3が最もグレアが少ない．

問題 108 人工光源に関する次の記述のうち，最も不適当なものはどれか．
(1) 色温度とは，ある光にほぼ等しい色度を持つ完全放射体の温度である．
(2) 蛍光灯の分光分布には，輝線スペクトルが見られる．

(3) 放射ランプは，安定器を必要とする．
(4) 昼光色蛍光ランプは，白色蛍光ランプより色温度が低い．
(5) ランプ効率を示す単位は，Lm/W である．

問題 109 振動防止に関する次の記述のうち，最も不適当なものはどれか．
(1) 振動防止の方法は，振動源，伝搬系，受振側に分けて考えることができる．
(2) 振動防止によく用いられる技術に弾性支持がある．
(3) 金属バネや空気バネなどは，防振材料としてよく用いられる．
(4) 建築構造体にいったん伝わった振動は，途中で遮断することが難しい．
(5) 空気バネは，固有振動数を高く取れる利点がある．

問題 110 室内の騒音防止対策に関する次の記述のうち，最も不適当なものはどれか．
(1) 上階で書類の入った重い箱を床に置く音が響くので，天井に吸音材を張った．
(2) 上階のフローリング床の上を硬い靴底の靴で歩く足音がうるさいので，フローリングの上に厚いカーペットを敷いた．
(3) 事務室内の執務者が互いに話す話し声がうるさいので，室内の天井と壁に吸音材を張った．
(4) 空気調和設備の吹出音がうるさいので，吹出風速を下げた．
(5) 屋外の交通騒音がうるさいので，窓のサッシを二重にした．

問題 111 材料の遮音・吸音等に関する次の記述のうち，最も不適当なものはどれか．
(1) 吸音性能の高い材料は，遮音性能も高い．
(2) グラスウールやロックウールなどの多孔質の材料は，吸音材として用いられる．
(3) 質量の大きい材料は，一般に遮音性能が高い．
(4) 透過損失値の高い材料は，遮音性能が優れている．
(5) 孔あき板は，一般に吸音材として用いられる．

問題 112 騒音・振動に関する次の記述のうち，最も不適当なものはどれか．
(1) 1台で70dBの騒音を出す機械を2台同時に運転したところ，約73dBの騒音になった．
(2) 強大な騒音による聴力低下は，通常，低周波域から現れる．
(3) 作業環境の騒音に対する聴力保護のための基準は，暴露時間と周波数ごとのオクターブバンドレベルとを対応させて決められている．
(4) 超低周波空気振動は，聴覚で感じられない場合でも，頭痛や吐き気などの症状として現れることがある．
(5) 超低周波空気振動は，ボイラや送風機などから発生することが多い．

問題 113 湿り空気の性質に関する次の記述のうち，最も不適当なものはどれか．
(1) 露点温度とは，湿り空気を冷却していく際に結露が始まる温度のことである．
(2) 水蒸気分圧とは，湿り空気を理想気体と考えたときの水蒸気の分圧のことである．
(3) 相対湿度とは，ある湿り空気の水蒸気分圧と，その空気と等しい温度の飽和湿り空気の水蒸気分圧の比である．
(4) エンタルピーとは，0℃の乾燥空気と0℃の水の持つエネルギーを基準とした熱量のことである．
(5) 絶対湿度とは，湿り空気1kg当たりの水蒸気量（kg）のことである．

問題114 湿り空気線図上に示す3つの線分と，加湿プロセスの組合せのうち，正しいものは次のどれか．

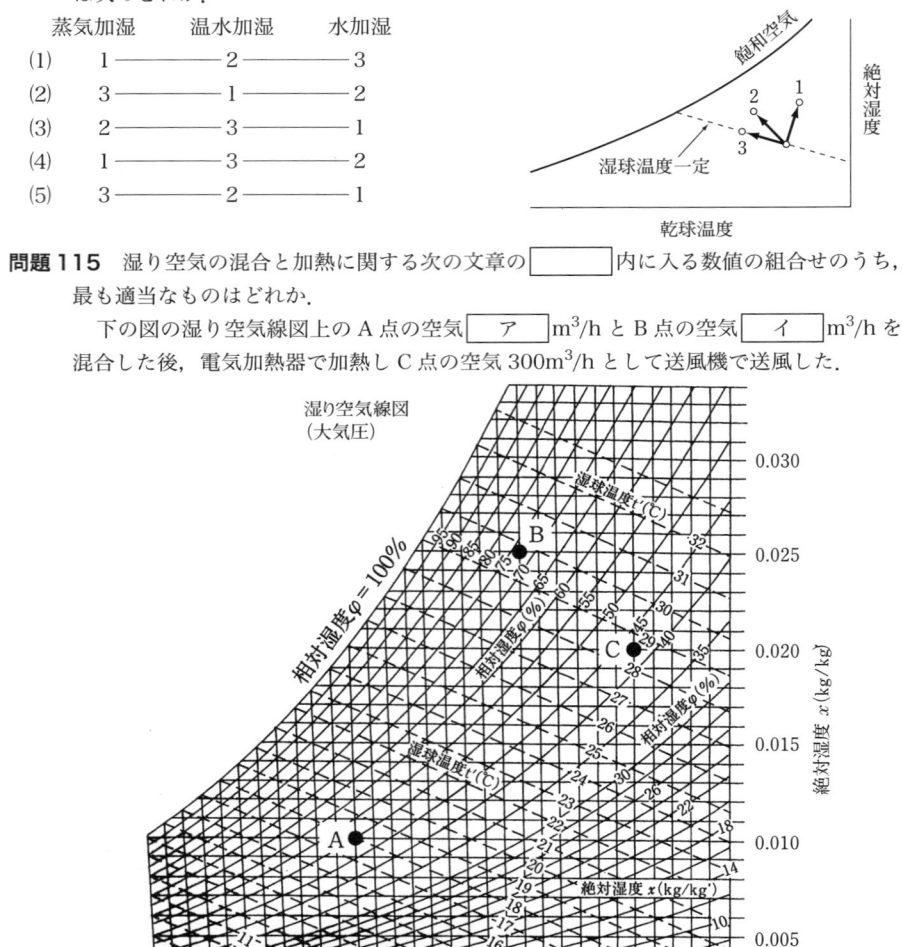

	蒸気加湿	温水加湿	水加湿
(1)	1	2	3
(2)	3	1	2
(3)	2	3	1
(4)	1	3	2
(5)	3	2	1

問題115 湿り空気の混合と加熱に関する次の文章の [　　] 内に入る数値の組合せのうち，最も適当なものはどれか．

下の図の湿り空気線図上のA点の空気 [ア] m³/h とB点の空気 [イ] m³/h を混合した後，電気加熱器で加熱しC点の空気 300m³/h として送風機で送風した．

	ア	イ		ア	イ
(1)	50	250	(2)	100	200
(3)	150	150	(4)	200	100
(5)	250	50			

問題 116 ホテルの客室系統における空気調和設備を計画する場合，配慮すべきこととして，最も不適当なものは次のうちどれか．
(1) 各室ごとの温湿度制御が可能なこと．
(2) ダクト騒音に注意すること．
(3) 空気調和方式は外気併用二重ダクト方式を用いること．
(4) 喫煙も考慮して外気を取り入れること．
(5) 空気調和機器の納まりに注意すること．

問題 117 空気調和設備において，定風量単一ダクト方式と比較した場合のマルチパッケージ方式の利点に関する次の記述のうち，最も不適当なものはどれか．
(1) 個別室温制御が容易である．
(2) 外気冷房が容易である．
(3) 冷房・暖房の運転切替えが容易である．
(4) 残業時の運転が容易である．
(5) 設備スペースが小さい．

問題 118 冷却水用ポンプの直列運転に関する次の文章の ▢ 内に入る記号の組合せのうち，正しいものはどれか．

下の図は，同じ特性（図中Ⅰの曲線）の2台の渦巻きポンプを密閉配管内で直列に運転したときの連合特性を示す特性曲線（図中Ⅱの曲線）であり，図中Ⅲの曲線は配管系の抵抗曲線である．

直列運転時のポンプの運転点は ア であり，このときの各ポンプの運転点は イ である．もし，ポンプを単独で運転した場合の運転点は ウ となる．

	ア	イ	ウ
(1)	a	b	c
(2)	d	a	b
(3)	c	d	a
(4)	a	d	c
(5)	b	c	d

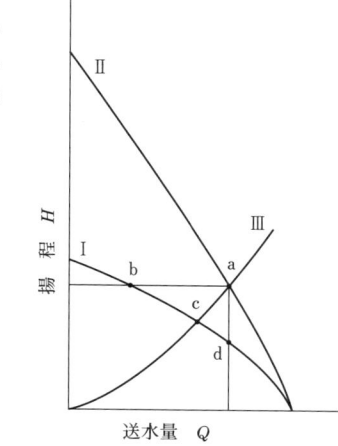

問題 119 2kWの暖房用電熱器を直列に2台接続して使用した場合の総消費電力として，最も適当なものは次のうちどれか．ただし，電圧は一定とする．
(1) 0.5kW　(2) 1kW　(3) 2kW　(4) 4kW　(5) 8kW

問題 120 換気計画に関する次の記述のうち，最も不適当なものはどれか．
(1) 局所排気装置について，排気フードの設計と運転方式を適切に行えば，室内の局所汚染をほぼゼロとすることができる．

(2) 外気による汚染を防止するためには，室内を正圧に保つことが効果的である．
(3) 排気ガス等による取入れ外気の汚染を避けるためには，外気取入口を屋上付近に設けることが効果的である．
(4) 湯沸器・コンロ等の燃焼器具から発生する汚染には，希釈換気を行うことが省エネルギー面で有利である．
(5) 高層建築物の冬季における冷たい外気の侵入を防止するためには，二重ドア等によってドアの開放を防ぐことが効果的である．

問題121 吹出噴流の挙動に関する次の記述のうち，最も不適当なものはどれか．
(1) 自由噴流は，吹出口付近では吹出風速がそのまま維持される．
(2) 吹出口から離れた自由噴流の中心線速度は，距離に反比例して低下する．
(3) 天井面に沿った噴流の到達距離は，自由噴流よりも短くなる．
(4) 中心線速度が一定速度まで低下する距離を，到達距離と呼ぶ．
(5) アネモスタット形吹出口では，放射状に空気が吹き出される．

問題122 次の図に示す風圧係数分布のある建物に，2つの開口面積の等しい開口部を設けたA，B，Cの場合について，通風量の大小関係として，正しいものは次のうちどれか．ただし，建物内外の温度差は無視でき，開口部の流量係数は等しいものとする．

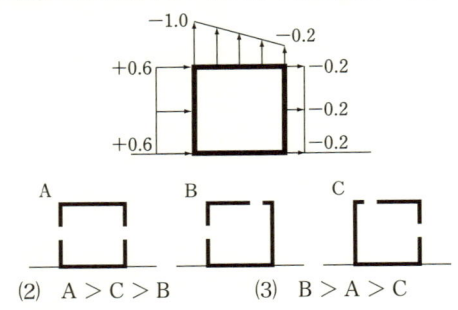

(1) A＞B＞C   (2) A＞C＞B   (3) B＞A＞C
(4) B＞C＞A   (5) C＞A＞B

問題123 室容積30m³の居室に3人の在室者が居るとき，換気によって室内の二酸化炭素濃度が0.09％に維持されていたとする．この室の換気回数として，最も近いものは次のうちどれか．ただし，外気濃度は0.04％，一人当たりの二酸化炭素発生量は0.02m³/hとする．

(1) 0.5回/h   (2) 1.3回/h   (3) 2回/h   (4) 4回/h   (5) 5回/h

問題124 暖房時において，ヒートポンプチラーの蒸発器能力が300kWの場合，その消費電力が100kWであった．暖房時の成績係数として，最も適当なものは次のうちどれか．ただし，暖房時成績係数は凝縮器の放熱量を圧縮機の仕事量の熱量換算値で割った値である．

(1) 0.33   (2) 1.33   (3) 2.0   (4) 3.0   (5) 4.0

問題125 冷凍能力10kWで運転されている冷凍機で，入口水温13℃，出口水温7℃であった．冷凍機内を流れる冷水流量として，最も近い数値は次のうちどれか．ただし，水の

比熱を 4.2kJ/(kg・K) とする．
(1) 660L/h　(2) 1,230L/s　(3) 1,230L/h
(4) 1,430L/s　(5) 1,430L/h

問題126 空気調和設備の熱源設備における蓄熱方式の利点に関する次の記述のうち，最も不適当なものはどれか．
(1) 最大電力を削減できる．
(2) 割安な深夜電力が利用できる．
(3) 開放型の蓄熱の場合，熱搬送動力が小さくなる．
(4) 熱源機器が高負荷運転され，高効率となる．
(5) 熱源機器の容量を小さくできる．

問題127 冷却塔に関する次の記述のうち，最も不適当なものはどれか．
(1) 冷却塔は，風向や障害物を考慮して設置する．
(2) 冷却塔の強度部材に鉄鋼材を用いる場合は，溶融亜鉛めっきで表面処理を行うことが多い．
(3) 密閉型冷却塔は開放型冷却塔に比べて効率が良く，小型化できる．
(4) 冷却塔には，冷却塔内における水と空気の接触方向により，向流型と直交流型がある．
(5) スケールやスライムは，冷却塔の充てん材の目詰りの原因となる．

問題128 冬季における結露に関する次の記述のうち，最も不適当なものはどれか．
(1) 外断熱を施すと内部結露が発生しにくい．
(2) 適当量の換気を行い，室内の絶対湿度を下げると結露が発生しにくい．
(3) 家具の後ろや押入れは，結露が発生しやすい．
(4) 窓ガラスを複層ガラスにすると，表面結露が発生しやすい．
(5) 断熱材の高温側に防湿層を設けると，内部結露が発生しにくい．

問題129 地域冷暖房における未利用エネルギーの有効活用に関する次の記述のうち，最も不適当なものはどれか．
(1) ごみ清掃工場からの排熱は，ヒートポンプによる昇温を必要とせず，暖房設備や給湯設備へ直接利用できる．
(2) 地下鉄からの排熱は，ヒートポンプのヒートソースとしての利用に限定される．
(3) 変電所からの排熱は都市部に賦存するため，その大部分が活用されている．
(4) 河川水は冷房時における有効なヒートシンクとして，冷凍機の成績係数を向上させる働きがある．
(5) 工場排熱は吸収式冷凍機による冷水発生，あるいは蒸気タービンによる発電に利用可能なエネルギーである．

問題130 地域冷暖房に関する次の記述のうち，最も不適当なものはどれか．
(1) ボイラの集中化により危険物の貯蔵及び取扱い場所が集中化し，リスクは高まる．
(2) 供給対象が広範囲であるため，平均的負荷運転が行われ，効率低下が軽減できる．
(3) 設備の運転・保守要員の削減が行われ，人件費の節約が図られる．
(4) 大気汚染・騒音・振動などへの対策を集中的に管理することが可能である．
(5) 地域配管敷設のための公共スペースが必要となる．

問題131 冷凍機などで使用されるフロン類に関する次の記述のうち，最も不適当なものはどれか．ただし，CFCはクロロフルオロカーボン，HFCはハイドロフルオロカーボン，HCFCはハイドロクロロフルオロカーボンの略記号とする．
(1) CFCは，オゾン層破壊及び地球温暖化に影響を与える物質である．
(2) 我が国ではCFCは，1995年末で製造が全面的に中止された．
(3) HCFCは，CFCに比べてオゾン層破壊係数及び地球温暖化係数が相対的に小さい．
(4) 我が国においてHCFCを今後とも製造をし続けることが，国際的に承認されている．
(5) HFCは，オゾン層破壊係数はゼロであるが，地球温暖化に影響を与える物質である．

問題132 地球環境問題に関する現象とそれによる影響の組合せのうち，最も不適当なものは次のうちどれか．

　　　現　象　　　　　　　　　影　響
(1) 酸性雨――――――――――土壌中の重金属の溶出
(2) オゾン層の破壊――――――紫外線量の増加
(3) 地球温暖化――――――――海面上昇
(4) 熱帯雨林の減少――――――大気中の二酸化炭素濃度の上昇
(5) 外来種の繁殖―――――――ヒートアイランド

問題133 ファシリティマネジメントに関連する用語として，最も不適当なものは次のうちどれか．
(1) CI（コーポレイトアイデンティティ）
(2) CAFM（コンピュータ支援FM）
(3) PDCA（Plan-Do-Check-Actionサイクル）
(4) BEMS（ビル・エネルギー管理システム）
(5) CM（コンストラクションマネジメント）

問題134 次の燃焼器具に関する一般的な記述のうち，最も不適当なものはどれか．
(1) BF型器具は密閉型燃焼器具である．
(2) ファンヒータは密閉型燃焼器具である．
(3) 煙突付き器具は半密閉型燃焼器具である．
(4) 石油ストーブは開放型燃焼器具である．
(5) ガスコンロは開放型燃焼器具である．

問題135 燃焼器具による室内空気汚染に関する次の文章の　　　　内に入る語句の組合せのうち，最も適当なものはどれか．
　開放型燃焼器具の使用時で，あまり酸素濃度が低下しない範囲での室内の一酸化炭素濃度の推定式に基づけば，一酸化炭素濃度は，燃料消費量の　ア　に　イ　し，換気量の　ウ　に　エ　する．

　　　ア　　　　　イ　　　　　ウ　　　　　エ
(1) 1乗――――比例――――1乗――――比例
(2) 1乗――――反比例―――1乗――――比例
(3) 2乗――――比例――――1乗――――反比例

(4) 2乗————反比例————2乗————反比例
(5) 2乗————比例————2乗————反比例

問題136 廃棄物に関する次の記述のうち，誤っているものはどれか．
(1) 一般に廃棄物は，生産過程・流通過程・消費過程のそれぞれの段階で排出される不要物である．
(2) 廃棄物は，排出される過程や組成が様々であるため，化学的・物理的・生物化学的な性質も多様である．
(3) 廃棄物処理は，廃棄物を自然の受容能力に見合う形で，できるだけ速やかに自然に還元することが基本である．
(4) 廃棄物の安定化とは，最終処分を行う前に廃棄物を化学的・物理的・生物化学的な方法で，安定な状態にしておくことである．
(5) 廃棄物の減量化とは，廃棄物の再生利用による資源化を進めること，及び最終処分の後に容量を減少させることである．

問題137 廃棄物の可燃分に関する次の記述のうち，最も不適当なものはどれか．
(1) 廃棄物の可燃分は，熱灼減量とも呼ばれる．
(2) 廃棄物の可燃分は，百分率で表すことができる．
(3) 紙くずは，厨芥より可燃分の割合が多い．
(4) 廃棄物の可燃分は，発熱量に関係する．
(5) 廃棄物の可燃分は，固形分，灰分と合わせて，ごみの3成分という．

問題138 廃棄物処理の現状に関する次の記述のうち，最も不適当なものはどれか．
(1) 中間処理される廃棄物の中では，直接焼却される廃棄物の割合が最も高い．
(2) 廃棄物の減量処理率は，年々増加している．
(3) 廃棄物の総排出量の増加に伴い，最終処分量が年々増加する傾向にある．
(4) 中間処理を行わず直接埋め立てされる廃棄物の割合は，収集量の10%を下回る．
(5) 市町村が関与した資源回収量は，年々増加している．

問題139 プラスチック類の処理，特性に関する次の記述のうち，最も不適当なものはどれか．
(1) 埋立処分する場合は，安定型処分場で処分する．
(2) 破砕したプラスチック容器は，一般に占有体積が増大するため，埋立てには適さない．
(3) 発熱量が高いため，燃焼すると高温となり，焼却炉を損傷するおそれがある．
(4) 廃棄物にプラスチック類が混入している割合は，大都市では質量比で8～12%に達している．
(5) ポリ塩化ビニルが燃焼すると，塩化水素が発生する．

問題140 廃棄物の埋立てに関する次の記述のうち，最も不適当なものはどれか．
(1) 廃棄物の処理及び清掃に関する法律で定める特定有害産業廃棄物は，遮断型処分場に埋め立てる．
(2) 一般廃棄物の最終処分場の構造基準は，産業廃棄物の管理型処分場の構造基準と異なっている．
(3) 廃酸や廃アルカリは，埋立処分が禁止されている．

(4) 廃棄物の埋立ての方法には，陸上埋立てと水面埋立てがある．
(5) 最終処分場には，維持管理の技術上の基準が定められている．

問題141 廃棄物の発熱量に関する次の記述のうち，最も不適当なものはどれか．
(1) 廃棄物の成分の元素分析を行うことにより，発熱量の値を推計できる．
(2) 燃焼ガス中の水分が，液体で存在する場合の発熱量を高位発熱量という．
(3) 燃焼ガス中の水分が，水蒸気で存在する場合の発熱量を低位発熱量という．
(4) 廃棄物の含水率が高くなると，低位発熱量が低くなる．
(5) 廃棄物の発熱量には，一般に高位発熱量の値が用いられる．

問題142 廃棄物の再資源化に関する次の語句の組合せのうち，最も不適当なものはどれか．
(1) スチール缶――――――鋼材
(2) 厨芥（ちゅうかい）――――――堆肥
(3) 廃プラスチック――――燃料油
(4) 焼却灰――――――――路盤材
(5) 鉱さい――――――――燃料ガス

問題143 産業廃棄物に関する次の記述のうち，最も不適当なものはどれか．
(1) 産業廃棄物のうち，種類別排出量が最も多いのは汚泥である．
(2) 一般廃棄物の廃エアコンや廃テレビなどから取り出されたPCB使用部品は，産業廃棄物である．
(3) 病院や診療所から生じる感染性病原体を含むおそれのある産業廃棄物は，特別管理産業廃棄物である．
(4) 産業廃棄物以外の廃棄物は，一般廃棄物である．
(5) 近年の我が国における産業廃棄物の総排出量は，一般廃棄物の約8倍である．

問題144 建築物内から排出される廃棄物のうち，産業廃棄物として扱われるものは次のどれか．
(1) し尿　　(2) 雑排水槽の汚泥　　(3) 浄化槽の汚泥
(4) 事務所から排出される紙ごみ　　(5) レストランから排出される生ごみ

問題145 廃棄物処理に関する次の記述のうち，最も不適当なものはどれか．
(1) 一般廃棄物中に混入するプラスチック類は，大部分が分別回収され，再資源化されている．
(2) 感染性病原体を含む廃棄物は，焼却，溶融，滅菌などを行い処分される．
(3) 排水処理過程から発生する汚泥は，濃縮や脱水を行い，その後埋立て又は焼却することが比較的多い．
(4) 建設廃棄物は，産業廃棄物に属するものが大部分を占め，多くは埋立て等の最終処分が行われている．
(5) 一般のごみ焼却灰は，通常の埋立てなどで処分されることが多い．

問題146 し尿処理に関する次の記述のうち，最も不適当なものはどれか．
(1) し尿や浄化槽汚泥のほか，生ごみ等を併せて処理し，再資源化する施設を汚泥再生処理センターと呼んでいる．
(2) 下水道のない地域では，廃棄物処理及び清掃に関する法律に基づくコミュニティ・プラ

ント等により水洗化が行われている．
(3) し尿処理施設における放流水のBODの基準は，日間平均値で20mg/L以下とされている．
(4) し尿の高度処理法には，活性汚泥法や活性炭吸着法がある．
(5) し尿処理技術の一つとして，古くからメタン発酵法（嫌気性消化法）が用いられている．

問題147 建築物内の廃棄物の減量化，再資源化に関する次の記述のうち，最も不適当なものはどれか．
(1) ダンボールや新聞などの紙類の分別率は，缶類に比べて高い．
(2) 廃棄物を再資源化するためには，できる限り排出源で再利用を考慮した分別収集を行う必要がある．
(3) 事務所ビルにおける廃棄物の再資源化の割合は，一般に店舗や百貨店に比べて高い．
(4) 分別作業上の問題点として，廃棄物の発生から系外への搬出・処分までの一貫したシステムが組めないことが挙げられる．
(5) 自動販売機の普及に伴い，廃棄物の種類が増え，分別しにくくなっている．

問題148 廃棄物の種類と中間処理設備の組合せのうち，最も不適当なものは次のどれか．
(1) ビン ―――――――― 炭化装置
(2) プラスチック ―――― 溶融固化装置
(3) 注射針 ―――――――― 滅菌装置
(4) 缶 ――――――――――― 圧縮装置
(5) OA紙 ――――――――― シュレッダ

問題149 建築物内における廃棄物の処理に関する次の記述のうち，最も不適当なものはどれか．
(1) 建築物内で使用される破砕機は，ビン，缶，プラスチック容器の破砕には適さない．
(2) 梱包機は，紙製品などを梱包する機械であり，資源回収に有効である．
(3) 保管室には，厨芥類のような変質しやすいごみも持ち込まれる．
(4) パッカ車は，収集運搬作業に広く使用されている．
(5) コンパクタとコンテナを組み合わせた装置には，厨芥類を投入することは好ましくない．

問題150 合成洗剤を界面活性剤の種類によって分類した名称として，次のうち最も不適当なものはどれか．
(1) 陰イオン系活性剤　　(2) 非イオン系活性剤　　(3) 錯イオン系活性剤
(4) 両性系活性剤　　(5) 陽イオン系活性剤

問題151 清掃用洗剤と溶剤に関する次の記述のうち，最も不適当なものはどれか．
(1) 酸性洗剤と塩素系漂白剤の混合は，危険なガスを発生するおそれがある．
(2) 界面活性剤は，汚れの再付着を防止する作用がある．
(3) 塩素系溶剤は，引火の危険性のないものが多い．
(4) 有機溶剤は，油汚れの除去に効果がある．
(5) 合成洗剤は，植物性油脂を主原料として合成する．

問題152 逆性石けんに関する次の記述のうち，誤っているものはどれか．
(1) 有機物が混入すると，効力が低下する．

(2) 無色無臭であり，毒性や刺激性も低い．
(3) 手指や食器等の消毒には，通常 0.1 〜 1.0%程度の濃度が用いられる．
(4) 一般に 10%溶液として，市販されている．
(5) 石けん類と混合しても，効力が低下しない．

問題153 床みがき機に関する次の記述のうち，最も不適当なものはどれか．
(1) タンク式スクラバーマシンは，床洗浄時の洗剤塗布作業を省くことができる．
(2) ブラシの回転数は，毎分 150 〜 300 回転が一般的である．
(3) 電動機は，直流電源を使用するものが大部分である．
(4) タンク式スクラバーマシンは，カーペットのシャンプークリーニングを行うことができる．
(5) ブラシの直径は，20 〜 50cm のものが多く使われている．

問題154 清掃用機械に関する次の記述のうち，最も適当なものはどれか．
(1) エクストラクタは，カーペットのシャンプークリーニング後のすすぎ洗いにも使用される．
(2) 吸水式の真空掃除機の排気は，モータの冷却のため，モータ内部を通って排出される．
(3) 自動床洗浄機は，後進しながら作業をする構造となっている．
(4) ドライ式の真空掃除機で水の吸引を行っても，機械に悪影響はない．
(5) 真空掃除機の集じん部の気圧は，外部の気圧に比べて高い．

問題155 清掃作業計画に関する次の記述のうち，最も不適当なものはどれか．
(1) 作業頻度による清掃の分類は，日常清掃，定期清掃，臨時清掃の三つに分けられる．
(2) 床面の洗浄仕上げは，定期清掃で行う．
(3) 清掃作業計画により，業務を手落ちなく実施することができる．
(4) 床面積が同一の建築物であれば，使用用途が異なっていても作業人員は変化しない．
(5) 清掃作業計画は，業務の再検討や改善にも役立つ．

問題156 高圧蒸気滅菌法に関する次の記述のうち，最も不適当なものはどれか．
(1) 高圧下で沸点が上昇することを利用している．
(2) 操作上，安全性の高い装置が必要である．
(3) 通常 180℃で 1 時間加熱する．
(4) 物理学的滅菌方法の一つである．
(5) 最も確実な滅菌方法の一つである．

問題157 消毒用エチルアルコールに関する次の記述のうち，誤っているものはどれか．
(1) 人体に対する毒性が低いため，手指や医療器具などの消毒に用いられている．
(2) 小型ウイルスにも，滅菌効果を示す．
(3) 容器の開放状態での使用は，濃度低下を招く．
(4) 細胞膜への透過性が高く，殺菌速度が速い．
(5) 使用濃度が 90%以上で，最も殺菌効果が高い．

問題158 紫外線の殺菌作用に関する次の記述のうち，最も不適当なものはどれか．
(1) 照射時間が長いほど有効である． (2) 室温が高いほど有効である．
(3) 照射距離が近いほど有効である． (4) 室内空気の細菌等に有効である．
(5) 波長が 250 〜 280nm の範囲で強い殺菌効果を示す．

問題 159　10％溶液として市販されている次亜塩素酸ナトリウムを50mg/Lにして使用する場合，水で薄める倍率として，正しいものは次のうちどれか．
(1) 10倍　　(2) 20倍　　(3) 100倍　　(4) 1,000倍　　(5) 2,000倍

問題 160　感染症対策は，感染源対策，感染経路対策，感受性対策に分けられる．次の感染症対策のうち，感受性対策に当たるものはどれか．
(1) 保菌者の管理　　(2) 予防接種　　(3) 食品の衛生管理
(4) 水や空気の浄化　　(5) 患者の入院措置

問題 161　次の感染症のうち，水やし尿を介して感染しないものはどれか．
(1) ジフテリア　　(2) パラチフス　　(3) A型肝炎
(4) 赤痢　　(5) 急性灰白髄炎（ポリオ）

問題 162　次の文章の　　　　内の語句のうち，不適当なものはどれか．
「環境影響評価」（環境アセスメント）の目的は，(1) 計画した 事業の実施に伴って環境に及ぼす影響を (2) 事業の実施後 に評価し，結果を公表して (3) 地域住民等 の意見を聞き，十分に (4) 環境保全 の観点から検討し，必要な対策を講じることにある．現在の制度では，(5) 地方公共団体 等の許認可等の申請手続きに際しての条件として実施される場合が多い．

問題 163　廃棄物処理に関する次の語句の組合せのうち，最も不適当なものはどれか．
(1) コンポスト────────────C/N
(2) 焼却時の排ガス中のばいじん量────g/Nm^3
(3) ダイオキシン類──────────TEQ
(4) 廃棄物の固形化燃料────────RDF
(5) 廃棄物の単位容積質量値─────L/kg

問題 164　大気汚染防止法に関する次の文章の　　　　に入る語句のうち，最も適当なものはどれか．
　焼却能力が1時間当たり200kg以上の廃棄物焼却炉は，大気汚染防止法に基づく　　　　として定められ，排出ガスの規制が行われている．
(1) ばい煙発生施設　　(2) 特定物質発生施設　　(3) 有害物質発生施設
(4) 排ガス発生施設　　(5) 粉じん発生施設

問題 165　廃棄物に関する条約について述べた次の文章の　　　　内に入る語句として，最も適当なものはどれか．
　「有害廃棄物の国境を越える移動及びその処分の規制に関する　　　　」に基づいて，特定の有害廃棄物等の輸出入が適正に管理されている．
(1) ハーグ条約　　(2) ワシントン条約　　(3) ワルシャワ条約
(4) バーゼル条約　　(5) ラムサール条約

問題 166　建築物内の蚊の防除対策に関する次の記述のうち，最も不適当なものはどれか．
(1) 浄化槽は，微生物の浄化作用で処理しているので，防除を行う際は殺菌作用のあるオルソ剤を使用してはならない．
(2) 高層建築物内は限られた空間なので，発生源や対象種の特定の必要はない．

(3) 幼虫の発生している浄化槽内の防除を行う際は，有機リン剤の乳剤や浮遊粉剤を所定の濃度になるように散布する．
(4) 防除を行う際に樹脂蒸散剤を使用する場合には，10m^3 当たり1本の割合にする．
(5) 建築物内への成虫の侵入を防ぐには，窓への網戸の取付けや，自動ドアの採用を考慮する．

問題167 建築物内で発生するチカイエカに関する次の記述のうち，最も不適当なものはどれか．
(1) 形態的にアカイエカとの区別は難しい．
(2) 羽化後，最初の産卵は無吸血で行うことができる．
(3) 発生源は，主に地下の浄化槽，汚水槽，湧水槽などである．
(4) 交尾は，他の蚊と同様に広い空間が必要である．
(5) 冬季には休眠せず，暖房された建築物内では盛んに吸血する．

問題168 ゴキブリの防除に関する次の記述のうち，最も適当なものはどれか．
(1) 食性が広いので，餌となる物の管理は重要ではない．
(2) 残留処理とは，主として経口的に殺虫剤を取り込ませることを狙った方法である．
(3) 煙霧やULV処理では，殺虫効力の持続性は期待できない．
(4) 毒餌は，主たる活動場所である部屋の中央部に配置すると良い．
(5) 駆除率を算出する際に用いるゴキブリ指数とは，1部屋当たり目視で確認できるゴキブリの数のことを示す．

問題169 ダニの防除に関する次の記述のうち，最も不適当なものはどれか．
(1) 屋内塵性ダニの殺虫剤感受性は，一般に極めて高く，薬剤処理により十分な防除効果が上げられる．
(2) 屋内塵性ダニの防除においては，室内の乾燥や清掃が重要である．
(3) イエダニの防除においては，本来の吸血源であるネズミの対策も重要である．
(4) 観葉植物にダニの発生が認められた場合には，園芸用の殺ダニ剤を用いる．
(5) アレルゲン対策を行うためには，ヒョウヒダニを殺すだけでは不十分である．

問題170 害虫とアレルギーに関する次の記述のうち，最も不適当なものはどれか．
(1) 屋内塵中に生息するヒョウヒダニによって，喘息などを起こすことがある．
(2) ユスリカは，アレルギー性疾患の原因とは考えられていない．
(3) 屋内塵中にはチャタテムシが多数生息し，アレルゲンとなることが疑われている．
(4) ゴキブリの糞や死骸の破片等によって，喘息などを起こすことがある．
(5) 1匹のスズメバチやアシナガバチに刺されて死亡する場合があるが，これもアレルギー反応である．

問題171 薬事法の規制を受けない薬剤によって防除される害虫等は，次のうちどれか．
(1) ナメクジ　(2) ゴキブリ　(3) ノミ　(4) 屋内塵性ダニ　(5) ネズミ

問題172 防虫に関する次の記述のうち，最も不適当なものはどれか．
(1) 外気温が低下すると，建築物内に昆虫類が侵入する傾向がある．
(2) 黄色灯は昆虫類を誘引しやすいので，水銀灯に変えると良い．
(3) 窓や通風口には，通常16メッシュ以下の網戸を取り付けると良い．

(4) 厨房からの汚水が排水溝に停滞すると，チョウバエなどが発生する．
(5) 夜間照明は昆虫類を誘引するので，ブラインドで遮光すると良い．

問題173 害虫に関する次の記述のうち，最も不適当なものはどれか．
(1) チョウバエの幼虫の防除には，フェンチオンなどの有機リン剤が有効である．
(2) トコジラミ（ナンキンムシ）は夜行性で，潜み場所には糞による黒っぽいシミが見られることが多い．
(3) ネズミの死骸が，カツオブシムシの発生源になることがある．
(4) 近年，我が国では，ヒトノミによる被害はほとんど無くなり，ネコノミによる被害が多い．
(5) シバンムシアリガタバチは，イガの寄生蜂である．

問題174 殺虫剤に関する次の記述のうち，最も適当なものはどれか．
(1) 速効性が高い薬剤は致死効力も高い．
(2) 除虫菊の殺虫成分であるピレトリンやその類似物質のことをピレスロイドと呼ぶ．
(3) 有機リン剤は，ゴキブリなどを潜み場所から追い出す効果を持つ．
(4) 昆虫成長制御剤（IGR）は幼虫だけでなく，成虫に対しても防除効果が高い．
(5) ピレスロイド剤は魚毒性が低いので，水域でよく使用される．

問題175 ネズミに関する次の記述のうち，最も不適当なものはどれか．
(1) ドブネズミは，ロープのような細いものを渡るのが得意である．
(2) 建築物内に定着が見られるネズミは，主にドブネズミ，クマネズミ，ハツカネズミの3種である．
(3) ネズミは一般に雑食性であるが，クマネズミは植食性，ハツカネズミは種子食性の傾向がある．
(4) ネズミの移動経路は一定しているので，体の汚れが通路となる壁やパイプに付着する．
(5) ドブネズミの建築物への侵入場所としては，排水溝が最も考えられる．

問題176 ネズミの防除に関する次の記述のうち，最も不適当なものはどれか．
(1) 殺そ剤を用いて毒餌を作る場合は，薬剤の選択のみならず，餌材の選択が重要となる．
(2) 金属ネットを用いてネズミの進入口を塞ぐ場合は，その網目は1cm未満にすると良い．
(3) 殺そ剤抵抗性のクマネズミの防除手段としては，粘着シートが多用されている．
(4) ネズミの防除は「餌を絶つこと」のみを基本として進めればよい．
(5) クマリン系薬剤を有効成分とする殺そ剤を使用する場合，一般に1日のみの使用では効果が現れない．

問題177 媒介動物と疾病に関する次の組合せのうち，不適当なものはどれか．
(1) コガタアカイエカ――――日本脳炎
(2) アカイエカ―――――――デング熱
(3) ハマダラカ―――――――マラリア
(4) マダニ――――――――――ライム病
(5) イエバエ――――――――消化器系感染症

問題178 建築物内のネズミや昆虫等が引き起こす害に関する次の記述のうち，最も適当なものはどれか．

(1) ネズミの糞や尿は，サルモネラ症の原因となる．
(2) レプトスピラ症（ワイル病）は，ゴキブリの糞中の病原菌によって汚染された水から経口感染する．
(3) ゴキブリは，食中毒などの消化器系感染症の発生原因とはならない．
(4) イエダニやトリサシダニは，動物のみを吸血しヒトからは吸血しない．
(5) 食品害虫は，食品の品質を低下させるだけでなく，衛生的に重大な影響を及ぼす．

問題179 建築物における害虫等の防除に関する次の記述のうち，最も不適当なものはどれか．
(1) 害虫の防除作業の効果判定は，一般には防除作業終了後の死虫数の確認により行う．
(2) 害虫などの防除は，それらによる被害がほとんど起こらない程度か，我慢できる程度まで押さえるのが理想的である．
(3) 蚊やハエの防除は，成虫の駆除も重要であるが，発生源対策はより一層重要である．
(4) 防除計画を立案するためには，居住者の聞き取りに加えて，建築物内の状況調査が必要である．
(5) ネズミや害虫を建築物内から全滅させようとすると，薬剤の撒き過ぎなどによる悪影響が懸念される．

問題180 建築物内で使用される散布機器類とその使用方法に関する次の記述のうち，最も不適当なものはどれか．
(1) 噴霧器は，ゴキブリ駆除等の目的で使用され，粒径が $100 \sim 400 \mu m$ の粒子を作り出す．
(2) ミスト機は，室内空間で使用され，粒径が $20 \sim 100 \mu m$ の粒子を作り出す．
(3) 煙霧機は，室内空間を飛翔する害虫を駆除する目的で使用され，粒径が $0.1 \sim 50 \mu m$ の粒子を作り出す．
(4) 散粉機は，粉剤の散布に使用され，床下など，ある程度の到達距離が必要な場合には，電動散粉機を用いる．
(5) ULV機は，低濃度の薬剤を多量散布するために使用され，粒径が $5 \sim 20 \mu m$ の粒子を作り出す．

平成14年度【午前】

建築物衛生行政概論
建築構造の概要
室内環境の衛生
給水及び排水の管理

問題1 日本国憲法第25条に規定されている次の条文の◯◯◯内に入る語句の組合せのうち，正しいものはどれか．

すべて国民は，健康で文化的な最低限度の生活を営む権利を有する．
国は，すべての生活部面について，ア ，イ 及び ウ の向上及び増進に努めなければならない．

	ア	イ	ウ
(1)	労働福祉	保健医療	公衆衛生
(2)	厚生福祉	医療	環境衛生
(3)	社会福祉	社会保障	公衆衛生
(4)	社会福祉	医療	地域保健
(5)	厚生福祉	社会保障	環境衛生

問題2 次に掲げる法律とその法律を所管する行政機関の組合せのうち，誤っているものはどれか．
(1) 労働安全衛生法――――――――――厚生労働省
(2) 地域保健法――――――――――――内閣府
(3) 学校保健法――――――――――――文部科学省
(4) 建築基準法――――――――――――国土交通省
(5) 廃棄物の処理及び清掃に関する法律――環境省

問題3 建築物における衛生的環境の確保に関する法律の目的に関する次の文章の◯◯◯内に入る語句の組合せのうち，正しいものはどれか．

この法律は，多数の者が使用し，又は利用する建築物の維持管理に関し ア 必要な事項等を定めることにより，その建築物における イ な環境の確保を図り，もって ウ の向上及び増進に資することを目的とする．

	ア	イ	ウ
(1)	居住環境上	適切	経営管理
(2)	環境衛生上	衛生的	公衆衛生
(3)	労働衛生上	良好	雇用確保
(4)	感染防止上	適正	健康管理
(5)	建築構造上	安全	建築物管理

問題4 建築物における衛生的環境の確保に関する法律に基づく建築物環境衛生管理技術者に関する次の記述のうち，最も不適当なものはどれか．
(1) 建築物環境衛生管理技術者は，特定建築物の維持管理が環境衛生上適正に行われるよう

に監督をする．
(2) 建築物環境衛生管理技術者は，建築物環境衛生管理技術者免状の記載事項に変更を生じたときは免状の書換え交付を申請できる．
(3) 建築物環境衛生管理技術者は，特定建築物の維持管理に関し必要な事項を記載した帳簿書類を備えておく義務はない．
(4) 建築物環境衛生管理技術者は，建築物環境衛生管理基準に基づいた維持管理を行うため，自ら測定，検査，管理等を行わなければならない．
(5) 建築物環境衛生管理技術者は，建築物環境衛生管理基準に従った維持管理をするため，特定建築物の維持管理について権原を有する者に対して，意見を述べることができる．

問題5 一定規模以上の延べ面積を有する次の建築物で，建築物における衛生的環境の確保に関する法律に基づく特定建築物に該当するものはどれか．
(1) 披露宴会場を併設した結婚式場
(2) 看護師宿舎を併設した病院
(3) 自然科学系の研究所
(4) 礼拝堂のある教会
(5) 倉庫を併設した工場

問題6 建築物における衛生的環境の確保に関する法律に基づく特定建築物の延べ面積の考え方に関する次の記述のうち，正しいものはどれか．
(1) 百貨店に付属する倉庫は，延べ面積に含める．
(2) 同一所有者が管理する地下街の店舗で，中央が地下道で分断される場合は，別棟の建築物として取扱い，延べ面積を算定する．
(3) 建築物の廊下，階段，便所等の共用部分は，延べ面積に含めない．
(4) 渡廊下で連結されている2棟の建築物は，合算した延べ面積とする．
(5) 建築物の地下に設置されている公共駐車場は，延べ面積に含める．

問題7 建築物における衛生的環境の確保に関する法律に基づく建築物環境衛生管理基準の給水の管理に関する次の記述のうち，誤っているものはどれか．
(1) 飲料水を供給する場合は，水道法第4条に定められた水質基準に適合する水を供給しなければならない．
(2) 給水栓における水に含まれる遊離残留塩素の検査を，7日以内ごとに1回，定期に行わなければならない．
(3) 供給する水に異常を認めたときは，水質基準に関する省令に掲げる事項のうち，必要なものについて検査を行わなければならない．
(4) 貯水槽の掃除は，6カ月以内ごとに1回，定期に行わなければならない．
(5) 供給する水が人の健康を害するおそれがあることを知ったときは，直ちに給水を停止しなければならない．

問題8 建築物における衛生的環境の確保に関する法律に基づく特定建築物の届出に関する次の記述のうち，正しいものはどれか．
(1) 届出に際しては，選任された建築物環境衛生管理技術者の免状の原本を添付する必要がある．
(2) 届出は，所在地を管轄する保健所を経由して厚生労働大臣に対して行う．

(3) 届出に際しては，所定の手数料が必要となる．
(4) 届出に際しては，土地建物の登記簿の謄本を添付する必要がある．
(5) 届出義務者は，原則として特定建築物の所有者である．

問題9 建築物における衛生的環境の確保に関する法律に基づく特定建築物に対する都道府県知事による報告，検査，改善命令等に関する次の記述のうち，正しいものはどれか．
(1) 国又は地方公共団体の特定建築物について必要な説明又は資料の提出を求めることができる．
(2) 特定建築物内の住居に立ち入る場合は，その居住者の承諾を得る必要はない．
(3) 維持管理が建築物環境衛生管理基準に従って行われていないときは，直ちに改善命令を出さなければならない．
(4) 特定建築物の所有者等は，都道府県知事から改善命令を受けたときは，選任されている建築物環境衛生管理技術者を解任しなければならない．
(5) 特定建築物に立ち入る場合は，当該特定建築物の建築物環境衛生管理技術者に立会を求めなければならない．

問題10 建築物における衛生的環境の確保に関する法律に基づく事業の登録に関する次の記述のうち，正しいものはどれか．
(1) 事業の登録を受けた者は，営業所の名称，所在地等に変更があったときは，その日から60日以内に届け出なければならない．
(2) 事業の登録の申請は，厚生労働大臣に対して行う．
(3) 事業の登録は，複数の営業所があっても本社の所在地で行う．
(4) 事業の登録を受けるには，機械器具その他の設備の基準のみを満たしていればよい．
(5) 事業の登録の有効期間は，6年である．

問題11 浄化槽法に関する次の記述のうち，誤っているものはどれか．
(1) 浄化槽の保守点検は，その技術上の基準に従って行わなければならない．
(2) 浄化槽設備士及び浄化槽管理士について定めている．
(3) 浄化槽清掃業を営もうとする者は，業を行おうとする区域を管轄する都道府県知事の許可を受けなければならない．
(4) 浄化槽法での浄化槽は，合併処理浄化槽のみとなっている．
(5) 浄化槽の定期的な水質検査について定めている．

問題12 廃棄物の処理及び清掃に関する法律に規定する廃棄物に該当しないものは，次のうちどれか．
(1) ふん尿　　(2) 燃え殻　　(3) 汚泥
(4) 動物の死体　　(5) 放射性廃棄物

問題13 環境基本法に規定する公害に該当しないものは，次のうちどれか．
(1) 地盤の沈下　　(2) 騒音　　(3) 悪臭
(4) 土壌の汚染　　(5) 日照の阻害

問題14 建築基準法の目的に関する次の文章の ☐ 内に入る語句の組合せのうち，正しいものはどれか．

この法律は，建築物の敷地，構造， ア 及び用途に関する イ 基準を定めて，国民の生命， ウ 及び財産の保護を図り，もって エ の福祉の増進に資することを目的とする．

	ア	イ	ウ	エ
(1)	機能	最低の	安全	生活
(2)	設備	最低の	健康	公共
(3)	設備	望ましい	健康	高齢者
(4)	機能	望ましい	健康	公共
(5)	設備	望ましい	安全	高齢者

問題15 悪臭防止法に規定する特定悪臭物質に該当しないものは，次のうちどれか．
(1) アンモニア　　(2) 二酸化硫黄　　(3) アセトアルデヒド
(4) 硫化水素　　　(5) 二硫化メチル

問題16 水質汚濁防止法により，人の健康に係る被害を生ずるおそれがある物質として，定められていないものは，次のうちどれか．
(1) 亜鉛　　　　　　(2) シアン化合物　　(3) トリクロロエチレン
(4) 鉛及びその化合物　(5) カドミウム及びその化合物

問題17 感染症の予防及び感染症の患者に対する医療に関する法律に規定する四類感染症に該当しないものは，次のうちどれか．
(1) クリプトスポリジウム症　(2) インフルエンザ　(3) 麻しん
(4) レジオネラ症　　　　　　(5) ペスト
（この問題は法改正により正解が複数となりました）

問題18 学校保健法の目的に関する次の文章の　　　に入る語句の組合せのうち，正しいものはどれか．

この法律は，学校における ア 管理及び イ 管理に関し必要な事項を定め，児童，生徒，学生及び幼児並びに職員の ウ 保持増進を図り，もって学校教育の円滑な実施とその成果の確保に資することを目的とする．

	ア	イ	ウ
(1)	環境	安全	清潔
(2)	保健	安全	健康
(3)	環境	安全	健康
(4)	環境	衛生	健康
(5)	保健	衛生	清潔

問題19 水道法及び水質基準に関する省令に定める基準として誤っているものは，次のうちどれか．
(1) 外観は，ほとんど無色透明であること．
(2) 一般細菌は，検出されないこと．
(3) 異常な臭味がないこと．ただし，消毒による臭味を除く．
(4) pH値は，5.8以上8.6以下であること．

(5) 大腸菌群は，検出されないこと．
（この問題は法改正により語句が不正確となりました．大腸菌群→大腸菌）

問題 20 地域保健法に関する次の文章の 〔　　　〕 内に入る語句のうち，正しいものはどれか．
　　平成 6 年に成立した地域保健法は，それまでの 〔　　　〕 を名称変更し，内容を大幅に改正したものである．
(1) 公害対策基本法　　(2) 結核予防法　　(3) 伝染病予防法
(4) 母子保健法　　(5) 保健所法

問題 21 建築の企画，設計等に関する次の記述のうち，最も不適当なものはどれか．
(1) 建築の設計者は，競争入札によって選定しなければならない．
(2) 建築士には，一級建築士，二級建築士及び木造建築士がある．
(3) 建築の設計には，意匠設計だけでなく構造設計や設備設計も含まれる．
(4) 実施設計では，具体的な施工を考慮して，細部まで詳細な図面を描く．
(5) 建築の企画では，建築主の利益とともに社会性を考慮する必要がある．

問題 22 レンタブル比に関する次の文章の 〔　　　〕 内に入る語句の組合せのうち，最も適当なものはどれか．
　　貸オフィスビルにおけるレンタブル比とは，建物の総床面積（延べ床面積）に対する 〔 ア 〕 の床面積の割合のことをいい，一般に，基準階で 〔 イ 〕 ％，オフィスビル全体で 〔 ウ 〕 ％程度となるように計画される．

	ア	イ	ウ
(1)	共用部分	15～25	20～30
(2)	共用部分	35～45	40～60
(3)	収益部分	55～65	65～75
(4)	収益部分	65～75	55～65
(5)	収益部分	75～85	65～75

問題 23 建築物の荷重あるいは外力に関する次の記述のうち，誤っているものはどれか．
(1) 固定荷重とは，建物自身の重量のことである．
(2) 積載荷重には，家具，物品の重量が含まれる．
(3) 風圧力における風力係数は，建物の形状にかかわらず一定である．
(4) 地震力は，地盤の種類によって異なる．
(5) 積雪荷重は，屋根勾配に影響される．

問題 24 建築構造に関する次の記述のうち，最も不適当なものはどれか．
(1) 壁式鉄筋コンクリート構造は，集合住宅に適している．
(2) 鉄筋コンクリート構造は，自重が大きい．
(3) 鉄骨鉄筋コンクリート構造は，鉄筋コンクリート構造より耐震性を強化したものである．
(4) 鉄骨構造は，靱性に富み，耐火性がある．
(5) プレストレストコンクリート構造は，大スパン構造に用いられる．

問題 25 等分布荷重を受ける片持ばりの曲げモーメント図として，正しいものは次のうちどれか．

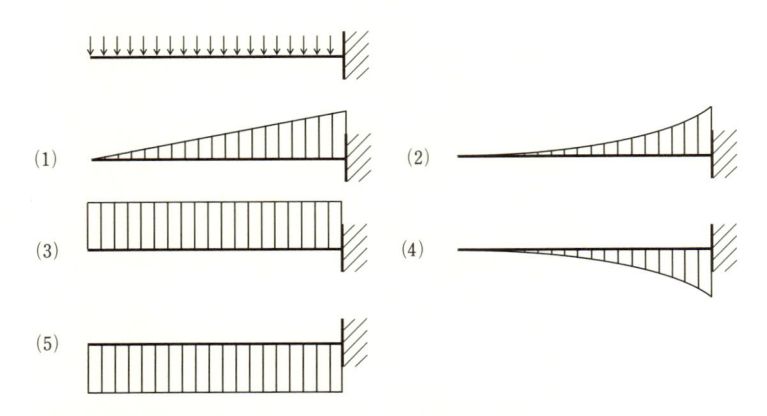

問題 26 次の建築用語の組合せのうち，相互に関係のないものはどれか．
(1) 梁――――折り曲げ筋　　(2) 床――――火打梁
(3) 壁――――筋違　　　　　(4) 柱――――あばら筋
(5) 基礎――――つなぎ梁

問題 27 コンクリートに関する次の記述のうち，最も不適当なものはどれか．
(1) コンクリートの中性化深さは，フェノールフタレイン溶液の呈色反応によって調べる．
(2) コンクリートはアルカリ性であるから，コンクリートで被覆された鉄筋は錆びにくい．
(3) コンクリートの塩分の量は，コンクリートで被覆された鉄筋の腐食とは特に関係がない．
(4) コンクリートは不燃材料であるが，長時間の火災により強度は低下する．
(5) コンクリートの熱伝導率は，木材よりも大きい．

問題 28 送風機に関する次の記述のうち，最も不適当なものはどれか．
(1) 横流送風機は，エアカーテンに用いられる．
(2) 軸流送風機は，遠心送風機に比較して一般に低静圧下で用いられるものが多い．
(3) 比騒音とは，風圧 9.8Pa で $1m^3/s$ を送風する送風機の騒音値に換算したものである．
(4) 遠心送風機は，通常，ダクト空調用に用いられる．
(5) 送風機の圧力が 9.8kPa 以上であるものをファンと呼ぶ．

問題 29 空気調和設備を構成するサブシステムとそのサブシステムを構成する機器の次の組合せのうち，最も不適当なものはどれか．
(1) 熱交換設備――――温水循環ポンプ　　(2) 一次熱媒搬送設備――――温水管
(3) 熱源設備――――冷却塔　　　　　　　(4) 二次熱媒搬送設備――――給気ダクト
(5) 端末設備――――VAV ユニット

問題 30 消火設備に関する次の記述のうち，最も不適当なものはどれか．
(1) スプリンクラ設備は，火災を小規模のうちに消火させる散水式の自動消火設備である．
(2) 泡消火設備は，可燃性液体の火災など，水による消火方法では消火効果が少ないか，あるいは逆に火災を拡大させるおそれがある場合に用いられる．
(3) ハロゲン化物消火設備は，ハロゲン元素の化合物を消化剤として放出することにより，

空気中の酸素濃度を下げて窒息作用で消火を行うものである．
(4) 粉末消火設備は，引火性液体またはガス，電気機器類の油火災に対して，粉末消火薬剤を噴射して消火を行うものである．
(5) 屋内消火栓設備は，水以外の消化剤を用い，火災が建物の内部構造に及んだ段階で，消火を行うものである．

問題 31 単位体積当たりの平均発熱量の高い順に並べたものとして，最も適当なものはどれか．
(1) 灯油────────A 重油────────C 重油────────ガソリン
(2) C 重油────────A 重油────────ガソリン────────灯油
(3) ガソリン────────A 重油────────C 重油────────灯油
(4) ガソリン────────灯油────────A 重油────────C 重油
(5) C 重油────────A 重油────────灯油────────ガソリン

問題 32 建築物内のごみ縦搬送方式に関する次の文章の　　　　内に入る語句の組合せのうち，最も適当なものはどれか．
　　　ア　は超高層建築物に適しており，　イ　は床面積の大きい大規模建築物に適している．
　　　　　　ア　　　　　　　　　　　　　イ
(1) エレベータ方式────────────ダストシュート方式
(2) ダストシュート方式──────────自動縦搬送方式
(3) 自動縦搬送方式────────────小口径管空気方式
(4) 小口径管空気方式───────────エレベータ方式
(5) 小口径管空気方式───────────ダストシュート方式

問題 33 建築基準法に規定する居室に該当しないものは，次のうちどれか．
(1) 事務所ビルの管理人事務室　　(2) レストランの調理室　　(3) 病院の待合室
(4) 店舗の屋内駐車場　　　　　　(5) ホテルの宴会場

問題 34 建築基準法及び建築物に関する次の記述のうち，誤っているものはどれか．
(1) 建築とは，建築物を新築し，増築し，改築し，または移転することをいう．
(2) 新築とは，建築物が存在しない土地の部分に建築物をつくることをいう．
(3) 増築とは，既存の建築物の床面積を増加させることをいう．
(4) 大規模な修繕とは，建築物の主要構造部の一種以上について行う過半の修繕をいう．
(5) 大規模な模様替とは，建築物の主要構造部の一種以上について行う 3 分の 2 以上の模様替をいう．

問題 35 土地に定着する工作物で，建築基準法に規定する建築物に該当しないものは，次のうちどれか．
(1) 屋根及び柱若しくは壁を有するもの　　(2) 観覧のための工作物
(3) 高架の工作物内に設ける事務所　　　　(4) プラットホームの上家
(5) 地下に設ける店舗

問題 36 シックビル症候群に関する次の記述のうち，最も不適当なものはどれか．
(1) 省エネルギー対策に関連が深い．　　　　(2) ビル内の昆虫の異常発生を伴う．

(3) ビル内で身体異常を訴える人が多発する．　(4) 気密ビル症候群ともいわれる．
(5) 第1次オイルショックの時期に発生した．

問題 37 日本産業衛生学会が勧告を行っている「許容濃度等の勧告」に規定する許容濃度に関する次の記述のうち，最も適当なものはどれか．
(1) 学校保健法により定められている学校環境衛生の基準として準用されている．
(2) 感受性における個人差を考慮して，1物質について複数の許容濃度が示されている．
(3) 安全と危険の明らかな境界を示したものである．
(4) 許容濃度以下の曝露でも，職業病の発生を防止できない場合もあり得る．
(5) 一般の室内汚染の許容の限界値として用いられる．

問題 38 ヒトの体温調節に関する次の記述のうち，最も不適当なものはどれか．
(1) 常温で安静の場合における人体からの放熱量は，蒸発によるものが最も多い．
(2) 人体からの水分蒸発には，不感蒸泄と発汗とがある．
(3) ヒトの汗腺には，アポクリン腺とエクリン腺の2種がある．
(4) 基礎代謝量は，睡眠時のエネルギー代謝量より大きい．
(5) 南方の民族は，一般に能動汗腺の数が多い．

問題 39 深部体温に関する次の記述のうち，最も不適当なものはどれか．
(1) 一般に早朝睡眠時に最低値を示す．
(2) 長時間運動を行うことで上昇する．
(3) 1日周期のリズムで変動する．
(4) 手掌皮膚温は，深部体温の代表値として用いられる．
(5) 女性の場合は，性周期により変動する．

問題 40 温度環境に関する次の記述のうち，最も不適当なものはどれか．
(1) 一般に男性の快適温度は，女性よりも1〜2℃高い．
(2) 一般に夏の快適温度は，冬に比べて2〜3℃高い．
(3) 冬の快適温度は，1950年代よりも1970年代の方が高い．
(4) 高齢者は，低体温症に陥りやすい．
(5) 暖かい部屋から寒い部屋へ行く際の大きな温度差は，脳卒中を起こす原因となりやすい．

問題 41 不快指数に関する次の文章の　　　内に入る語句の組合せのうち，適当なものはどれか．
　　不快指数は，次式，0.72(Ta + Tw) + 40.6 で求められる．ただし Ta は　ア　，Tw は　イ　である．

	ア	イ		ア	イ
(1)	黒球温度	有効温度	(2)	湿球温度	有効温度
(3)	湿球温度	黒球温度	(4)	乾球温度	黒球温度
(5)	乾球温度	湿球温度			

問題 42 温熱環境指数としての新有効温度 ET* と標準新有効温度 SET* に関する次の記述のうち，不適当なものの組合せはどれか．
　ア　ET* は，基準湿度を相対湿度50%としている．

イ　ET*は，発汗も含めた快適方程式を基礎としている．
　　ウ　SET*は，着衣量0cloを標準状態としている．
　　エ　米国空気調和冷凍工学会（ASHRAE）では80％の人々が快適と感じるSET*の温度範囲を基準温度としている．
(1)　アとイ　　(2)　アとウ　　(3)　アとエ　　(4)　イとウ　　(5)　ウとエ

問題43　外気の二酸化炭素濃度が0.04％の場合，室内の二酸化炭素濃度を定常的に0.1％に保つための1人当たりの必要換気量は，次のどれか．ただし，在室者1人当たりの二酸化炭素発生量を$0.018 m^3/h$とする．
(1)　$25 m^3/h$　　(2)　$30 m^3/h$　　(3)　$35 m^3/h$　　(4)　$40 m^3/h$　　(5)　$45 m^3/h$

問題44　室内空気汚染物質とその発生源として適当なものの組合せは，次のどれか．
　　ア　ホルムアルデヒド ―――――――合板
　　イ　オゾン ―――――――――――開放型燃焼器具
　　ウ　VOC（揮発性有機化合物）―――ワックス
　　エ　アスベスト ―――――――――コピー機
(1)　アとイ　　(2)　アとウ　　(3)　イとウ　　(4)　イとエ　　(5)　ウとエ

問題45　音圧レベル20dBの音が，音圧で1000倍に変化した場合，その音の音圧レベルは，次のうちどれか．ただし，音圧と音圧レベルの関係は，表に示すとおりとする．
(1)　40dB
(2)　60dB
(3)　80dB
(4)　100dB
(5)　120dB

表　音圧と音圧レベルの関係

音圧 [Pa]	音圧レベル [dB]
20	120
2	100
200×10^{-3}	80
20×10^{-3}	60
2×10^{-3}	40
200×10^{-6}	20
20×10^{-6}	0

問題46　ヒトの聞こえる音の周波数範囲として最も適当なものは，次のうちどれか．
(1)　$0 \sim 10,000 Hz$　　(2)　$20 \sim 10,000 Hz$　　(3)　$20 \sim 20,000 Hz$
(4)　$100 \sim 20,000 Hz$　　(5)　$100 \sim 30,000 Hz$

問題47　音に関する次の記述のうち，最も不適当なものはどれか．
(1)　ヒトの音の大きさの感覚に近似した周波数特性をA特性という．
(2)　音として聞こえる最小の音圧レベルを最小可聴値という．
(3)　ヒトの耳は4kHz付近の音に対して最も鋭敏である．
(4)　騒音による一時的な聴力低下を一過性閾値変化という．
(5)　加齢に伴い高い周波数域よりも低い周波数域で聴力低下が起こりやすい．

問題48　光源の性質に関する次の記述のうち，不適当なものの組合せはどれか．
　　ア　色温度が高いということは，赤みを帯びた光であることを意味する．
　　イ　演色性の良し悪しは，光源の分光分布よりも光源の光色に関係する．
　　ウ　蛍光ランプは，同じ電力量で電球の約4倍の照度が得られる．

エ　白熱電球は，蛍光ランプと比較して小型で軽量の器具をつくることができる．
(1)　アとイ　　(2)　アとウ　　(3)　アとエ　　(4)　イとウ　　(5)　ウとエ

問題49　点光源と受照面の関係を示した次の図のうち，受照面の照度を高い順に並べたものはどれか．

```
         ア              イ                ウ
      5m            10m                20m
   ┌─────┐      ┌──────────┐      ┌────────────────────┐
    ☀    ▮       ☀       ▮        ☀              ▮
   光源  受照面    光源    受照面     光源            受照面
   50cd           100cd              200cd
```

(1)　ア────イ────ウ　　　(2)　ア────ウ────イ
(3)　イ────ア────ウ　　　(4)　イ────ウ────ア
(5)　ウ────イ────ア

問題50　照度と視力に関する次の文章の ☐ 内に入る数値として最も適当なものはどれか．
　　　ヒトが色を識別できる照度は，約 ☐ ルクス〔lx〕以上である．
(1)　0.01　　(2)　0.03　　(3)　0.1　　(4)　0.3　　(5)　3

問題51　紫外線の作用として最も不適当なものは，次のどれか．
(1)　体内のビタミンDの生成　　　(2)　皮膚がんの発生
(3)　眼の充血，浮腫　　　　　　　(4)　皮膚へのメラニンの沈着
(5)　グレアの発生

問題52　糞口感染症の原因とならないものは，次のどれか．
(1)　コレラ菌　　　　　　(2)　A型肝炎ウイルス　　　(3)　病原性大腸菌
(4)　インフルエンザウイルス　　(5)　腸チフス菌

問題53　地下空間に関する次の記述のうち，最も不適当なものはどれか．
(1)　地下空間では，地上階に比べて地震の揺れを強く感じやすい．
(2)　地下空間では，年間を通じて一定した温度環境が得られやすい．
(3)　地下空間では外部からの音が遮断されるが，地下空間において発生する音は騒音としてこもりやすい．
(4)　地下空間では自然換気は限られており，室内空気汚染が起こりやすい．
(5)　日本では地下空間において湿度が高くなりやすく，結露やカビが発生しやすい．

問題54　人体の産熱と放熱に関する次の記述のうち，最も不適当なものはどれか．
(1)　伝導による放熱は，人体をとりまく空気の温度によって決定される．
(2)　対流による放熱は，人体が動いたり風がある時に促進される．
(3)　放射による放熱は，電磁波としての熱の流れである．
(4)　蒸発による放熱は，蒸発面から気化熱を奪うものである．
(5)　産熱としてのエネルギー代謝量は，成長に伴って変化する．

問題55　アスベストに関する次の記述のうち，最も不適当なものはどれか．
(1)　呼吸器系疾患の原因となる．　　(2)　人工物である．

(3) 耐火性に優れている．　　(4) 発がん物質となりうる．
(5) 室内環境で観察されうる．

問題 56 給排水衛生設備に関する用語の説明として，最も不適当なものは次のうちどれか．
(1) 水槽照度率――――――水槽内照度と水槽外照度との比をいう．
(2) 死水――――――――――水槽，配管内などに長期間移動することなく停滞する水をいう．
(3) 封水強度――――――――排水管内に正圧または負圧が生じたときのトラップの封水保持能力をいう．
(4) メカニカル接合――――ねじ込み接合のことをいう．
(5) 生物膜――――――――――接触材や汚染した川の底石の表面などに生じるゼラチン状の薄膜をいう．

問題 57 配管に関する用語の説明として，最も不適当なものは次のどれか．
(1) 赤水とは，配管などに使用されている鉄が酸化して生じる赤さびに起因する赤褐色の水をいう．
(2) 摩擦損失圧力とは，配管内に水や湯が流れるときに，管の内面との摩擦によって減少した圧力のことをいう．
(3) インコアとは，管と継手の接続の際に外部からの力によって管がつぶれないように，接合部の管の内部に挿入するものをいう．
(4) ティーエス接合とは，溶接接合の一種で，接合部を加熱し，溶融面を圧着して接続する方法をいう．
(5) 一過式配管とは，水や湯が通り過ぎるだけで循環しない配管方式や，そのような配管の部分をいう．

問題 58 次の用語と単位の組合せのうち，誤っているものはどれか．
(1) 吐水口空間――――――mm　　(2) 湯の比重――――――kg/m^3
(3) 水の硬度――――――mg/L　　(4) 絶縁抵抗―――――Ω
(5) 溶存酸素――――――mg/L

問題 59 感染症と病原微生物の組合せのうち，最も不適当なものは次のどれか．
(1) 日本脳炎――――――ウイルス　　(2) アメーバ赤痢――――原虫
(3) 放線菌症――――――真菌　　(4) 梅毒――――――――スピロヘータ
(5) 発疹チフス――――――細菌

問題 60 建築物における衛生的環境の確保に関する法律に基づく飲料水の水質検査で，水源として地下水を使用した場合に，定期検査が義務付けられていない項目は次のどれか．
(1) 陰イオン界面活性剤　　(2) トリクロロエチレン　　(3) ベンゼン
(4) 四塩化炭素　　(5) フェノール類

問題 61 排水の水質に関する次の記述のうち，最も不適当なものはどれか．
(1) BODの値が高いと，有機物が多く，腐敗性が強くなる．
(2) ノルマルヘキサン抽出物質の値が高いと，管きょ，排水処理装置に障害を与えることがある．
(3) 窒素化合物は，閉鎖性水域に放流される際の水質項目として用いられている．
(4) CODとは，還元剤を用いて水中の有機物などを還元する際に消費される還元剤の量を，

酸素量に換算して示した値である．
(5) 大腸菌群数は，衛生面における安全性を確保するための重要な指標である．

問題 62 衛生器具に関する次の記述のうち，最も不適当なものはどれか．
(1) 洋風大便器には，サイホンゼット式，サイホン式，洗落し式等があるが，洗落し式は留水面が狭く，汚物が付着しやすい．
(2) 大便器洗浄弁の吐水量は，給水圧力が 100kPa の場合に，15L の水を 10 秒間吐出させるのが標準である．
(3) 節水型大便器用洗浄弁は，ハンドルを押しつづけていると洗浄が継続し，節水にはならない．
(4) わんトラップのわんは，トラップを形成するために不可欠であり，トラップ清掃後は必ずわんをもとに戻す．
(5) 便所等に設ける床排水には，トラップの封水切れを防ぐため，補給水用の配管を接続しておくことが望ましい．

問題 63 貯水槽に関する次の記述のうち，最も不適当なものはどれか．
(1) 貯水槽のオーバフロー管には，防虫網を設ける．
(2) 貯水槽の容量が大きい場合には，迂回壁を設ける．
(3) 貯水槽に設けるマンホールは，直径 60cm 以上の円が内接することができるものとする．
(4) 貯水槽の天井には，1/100 以上のこう配をつける．
(5) 貯水槽の上部，側部および下部には 60cm 以上の保守点検のための空間を設ける．

問題 64 給水設備に関する次の記述のうち，最も不適当なものはどれか．
(1) 一般水栓の必要水圧は，10kPa である．
(2) 事務所建築における 1 人 1 日当たりの設計給水量は，60～100L である．
(3) 給水管における設計上の流速の上限は，2.0m/s である．
(4) 配管内の水圧が高い場合には，ウォータハンマが発生しやすい．
(5) 上向き配管方式の給水配管は，1/300 程度のこう配で，上りこう配に配管する．

問題 65 給水設備に関する次の記述のうち，最も不適当なものはどれか．
(1) 給水装置を除く建物内の給水施設の構造については，建築基準法の適用を受ける．
(2) 屋内に設置する貯水槽の天井，底または壁は，建築物の構造体と兼用してはならない．
(3) 給水配管の横主管から枝管を分岐する場合には，上方への枝管は下取りとし，下方への枝管は上取りとする．
(4) 集合住宅における最高水圧は，250～300kPa である．
(5) 貯水槽のオーバフロー管は，排水の逆流を防止するため，排水口空間を確保して間接排水とする．

問題 66 給水設備に関する次の記述のうち，最も適当なものはどれか．
(1) 貯水槽の内部には，飲料水の配管設備以外の配管設備を設けてもよい．
(2) 水栓や弁を急に閉めると，流れが阻止されて急激な圧力上昇を生じ，圧力波が上流側へ伝搬する．
(3) 配水管から分岐される給水管には分水栓，量水器および止水栓が，水の流れ方向に，この順序で設置される．

(4) 1m³ 以上の貯水槽には，通気管または通気笠を設置しなければならない．
(5) 貯水槽と給水タンク等は，異なるものである．

問題 67 高置水槽に関する次の文章の ☐ 内に入る語句の組合せのうち，最も適当なものはどれか．

　　高置水槽には，揚水ポンプ ア 用および槽内の満水・減水警報用の イ が設けられ，槽内の ウ の上下によって，揚水ポンプが発停する．

	ア	イ	ウ
(1)	発停	電極棒	水位
(2)	発停	定水位弁	水圧
(3)	空転防止	定水位弁	水位
(4)	空転防止	定水位弁	水圧
(5)	空転防止	電極棒	水位

問題 68 給水設備に関する次の記述のうち，最も不適当なものはどれか．
(1) 給水系統で逆流による汚染の生じる原因として，クロスコネクションと逆サイホン作用がある．
(2) バキュームブレーカには，圧力式と大気圧式とがあり，大便器洗浄弁には大気圧式を取り付ける．
(3) 逆流を防止するためには，吐水口空間の確保が有効であるが，構造上やむを得ない場合はバキュームブレーカを設ける．
(4) 大便器洗浄弁，ハンドシャワー，ホース接続口付き散水栓などには，バキュームブレーカを取り付ける．
(5) 給水系統と屋内消火栓の系統は，逆止弁を介して接続すれば，クロスコネクションとはならない．

問題 69 給水用止水弁の取り付けに関する次の記述のうち，最も不適当なものはどれか．
(1) 立て主管からの各階への分岐管に止水弁を設ける．
(2) 横主管からの枝管の分岐管に止水弁を設ける．
(3) 各階の便所などへの給水枝管の止水弁は，下の階の天井内やパイプシャフト内に設けてはならない．
(4) 保守管理上必要な箇所に止水弁を設ける．
(5) 止水弁をパイプシャフトや天井内に設ける場合は，点検口を設ける．

問題 70 給湯設備に関する次の記述のうち，最も不適当なものはどれか．
(1) 中央式給湯設備に設ける循環ポンプは，返湯管に水用サーモスタットを設け，返湯管の温度が低下したら運転するようにする．
(2) 住宅における1人1日当たりの設計用給湯量は，75～150Lである．
(3) 加熱装置の容量は，加熱能力を大きくすれば，貯湯容量を小さくすることができる．
(4) 中央式給湯設備の配管をリバースリターン方式とすると，湯が配管内を均等に循環する．
(5) 長い直線配管には伸縮管継手を使用して，管の伸縮量を吸収する．

問題 71 中央式給湯設備と安全装置の次の組合せのうち，最も不適当なものはどれか．

(1) 給水方式が高置水槽方式————————逃し管
(2) 給水方式が圧力水槽方式————————逃し弁
(3) 給水方式がポンプ直送方式———————逃し管
(4) 密閉式膨張水槽の設置————————逃し弁
(5) 開放式膨張水槽の設置————————逃し管

問題 72 トラップの形状とその名称に関する次の組合せのうち，正しいものはどれか

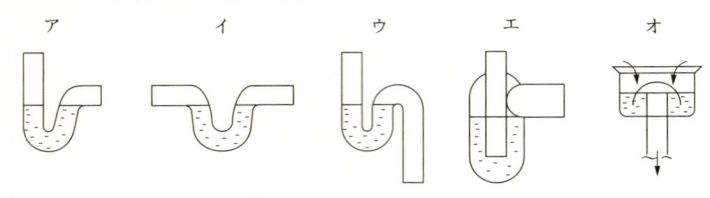

	ア	イ	ウ	エ	オ
(1)	P形トラップ	U形トラップ	S形トラップ	ボトルトラップ	ベルトラップ
(2)	U形トラップ	S形トラップ	P形トラップ	ボトルトラップ	ベルトラップ
(3)	S形トラップ	U形トラップ	P形トラップ	ベルトラップ	ボトルトラップ
(4)	P形トラップ	U形トラップ	S形トラップ	ベルトラップ	ボトルトラップ
(5)	P形トラップ	S形トラップ	U形トラップ	ベルトラップ	ボトルトラップ

問題 73 衛生器具に関する次の記述のうち，最も不適当なものはどれか．
(1) 大便器洗浄弁に必要な水圧は，70kPa である．
(2) サイホンボルテックス式の大便器は，洗浄にあたって空気が流入しないので，洗浄音が静かである．
(3) 小便器における個別感知洗浄方式と集合感知洗浄方式は，節水洗浄方式である．
(4) 直上吹上式の水飲み器は，便利で，衛生的である．
(5) 小便器洗浄弁では，5Lの水を10秒間で吐出させるのが標準である．

問題 74 排水槽および排水ポンプの維持管理に関する次の記述のうち，最も不適当なものはどれか．
(1) 排水槽の清掃後，水張りを行い，排水水中ポンプは低水位に達する前に運転して，ポンプの作動状況を確認する．
(2) 排水槽の清掃で生じる汚泥などの廃棄物は，関係法令の規定に基づいて処理する．
(3) 排水槽の清掃を6カ月以内ごとに1回行う．
(4) 排水槽の清掃後，ポンプの絶縁抵抗の測定，アース線の接続を確認してから運転し，ポンプの逆回転・過電流の有無をチェックする．
(5) 排水槽内の点検の結果，フロートスイッチの回りに布切れなどの異物が付着している場合には，それらを除去する．

問題 75 排水槽の主な障害の原因とその防止対策に関する次の組合せのうち，最も不適当なものはどれか．

(1) 水槽上部室の換気の不良─────送風機等の不良箇所を修理または交換する．
(2) 通気設備の不良─────────適切な通気管径を選定し，外部に単独に開放する．
(3) 槽内汚物の腐敗の進行──────マンホール蓋は，パッキン付き密閉型とする．
(4) スカムの多量な発生───────ばっ気攪拌装置を設ける．
(5) 電極棒の付着物による誤作動───フロートスイッチに切り替える．

問題76 排水水中ポンプに関する次の記述のうち，最も不適当なものはどれか．
(1) マンホールは，ポンプの直上に設置する．
(2) 床置き型のポンプは，十分な支持を行う．
(3) 流入部に近い位置に設置する．
(4) ポンプ本体を，槽外で操作して，着脱できるようにしたものもある．
(5) 周囲の壁などから200mm以上離して設置する．

問題77 排水設備に関する次の記述のうち，最も不適当なものはどれか．
(1) 排水横管からの通気の取出しは，排水管断面の水平中心線よりも上部から取り出す．
(2) ブランチ間隔が3以上の排水立て管でループ通気方式または各個通気方式を用いる場合は，通気立て管を設ける．
(3) 排水立て管に垂直に対して45°を超えるオフセットを設ける場合は，オフセットの上下600mm以内に排水枝管を接続してはならない．
(4) 湿り通気管とは，2個以上のトラップを保護するため，器具排水管と通気管を兼ねる部分をいう．
(5) 自然流下式の排水管の横管における流速は，0.6～1.5m/sとする．

問題78 通気設備に関する次の記述のうち，最も不適当なものはどれか．
(1) 屋上を利用しない場合は，通気管は200mm以上立ち上げて開口する．
(2) ループ通気管とは，最上流の器具排水管が排水横枝管に接続する点のすぐ下流から立ち上げて，通気立て管または伸頂通気管に接続するまでの通気管をいう．
(3) 通気弁は，排水管内の負圧と正圧を緩和することができるので，集合住宅などで使用されている．
(4) 床下で通気管どうしを接続してはならない．
(5) 通気管は，管内の水滴が自然流下で排水管へ流れるようにこう配を設ける．

問題79 排水通気設備に発生する障害とその対策に関する次の組合せのうち，最も不適当なものはどれか．
(1) 自己サイホン作用による封水損失───伸頂通気管の設置
(2) 排水の不良─────────────排水管の清掃
(3) 排水トラップ回りからの悪臭─────封水の補給
(4) 敷地雨水排水の不良─────────雨水ますおよび雨水排水管の清掃
(5) 誘導サイホン作用による封水損失───通気口および通気管の点検と清掃

問題80 ルーフドレンに関する次の記述のうち，最も不適当なものはどれか．
(1) ルーフドレンとは，屋根面やバルコニーに降る雨水を受けて雨水立て管に導くものである．
(2) 設置場所により，陸屋根用，バルコニー中継用，ひさし用などがある．

(3) ストレーナは，木の葉やゴミでつまらないように，できるだけ屋根より引っ込んだ形状が望ましい．
(4) 陸屋根用は，ストレーナの形状によってドーム型，平型，コーナー型などのものがある．
(5) ストレーナの開口面積は，接続する雨水管の管径の2倍程度が必要である．

問題81 雨水貯留槽における雨水の水質とその標準的な値に関する次の組合せのうち，最も不適当なものはどれか．
(1) pH ——————— 7.3～8.3
(2) 色度（度）——— 5～13
(3) 濁度（度）——— 10～15
(4) COD（mg/L）— 2.0～5.8
(5) 大腸菌群数（個/mL）—— 3～29

問題82 建築物の用途別による屎尿浄化槽の処理対象人員算定基準（JIS A 3302-2000）による処理対象人員の算定に関する次の記述のうち，最も不適当なものはどれか．
(1) 共同住宅には，延べ面積が用いられる．
(2) 病院には，ベッド数が用いられる．
(3) 高等学校には，延べ面積が用いられる．
(4) 百貨店には，延べ面積が用いられる．
(5) 作業所には，定員が用いられる．

問題83 水質汚濁防止法によって指定される地域において，指定地域特定施設となる浄化槽の最低の処理対象人員は次のどれか．
(1) 51人　(2) 101人　(3) 201人　(4) 301人　(5) 401人

問題84 活性汚泥法に関する次の記述のうち，最も不適当なものはどれか．
(1) 活性汚泥法では，ばっ気槽において汚水をばっ気撹拌することによって，凝集性を有する生物性汚泥を浮遊状態で生成する．
(2) 汚水中の汚泥物質は，活性汚泥に吸着・分解される．
(3) ばっ気槽混合液は，沈殿槽において沈降分離させて，上澄水は消毒後放流される．
(4) 活性汚泥法には，標準活性汚泥方式，長時間ばっ気方式あるいはオキシデーションディッチ方式など各種の処理方式がある．
(5) 沈殿槽で沈降分離された汚泥は，再び流量調整槽に返送される．

問題85 廃水処理施設の各処理工程におけるCOD除去率は，二次処理工程までが80％，三次処理工程が50％であった．この施設全体のCOD除去率として正しいものは次のどれか．
(1) 80％　(2) 85％　(3) 90％　(4) 95％　(5) 100％

問題86 浄化槽の維持管理上の安全管理に関する次の記述のうち，最も不適当なものはどれか．
(1) マンホールの蓋類は，維持管理がしやすいように子供でも容易に持ち上げられるようにする．
(2) 汚泥貯留槽は，有害ガスなどが発生していたり，酸欠状態になっていることがあるので，中に入るときは特に注意を要する．
(3) 電気機器は，発生ガスや湿気により腐食しやすいので，漏電・感電に注意が必要である．
(4) 維持管理のための作業空間を，十分にとり，足場の補強，駆動部への巻き込み防護など，必要な措置を施す．
(5) 安全管理のための備品は，必要時にすぐに使用できるよう常に整備されていることが必要である．

問題87 設備ユニットの分類に関する下図の　　　　内に入る次の語句の組合せのうち，最

も適当なものはどれか．

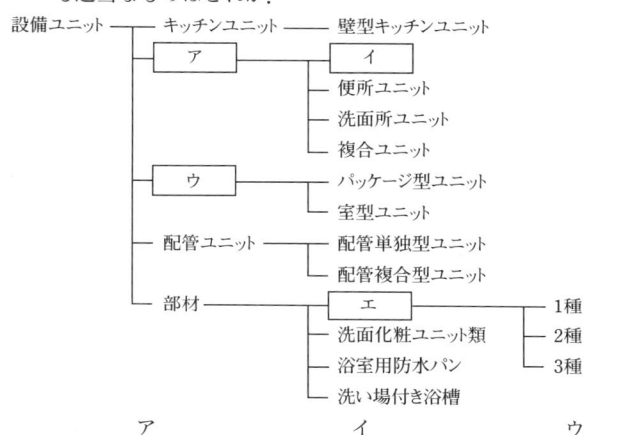

```
設備ユニット ── キッチンユニット ── 壁型キッチンユニット
              │  [ア]           │ [イ]
              │                  ├─ 便所ユニット
              │                  ├─ 洗面所ユニット
              │                  └─ 複合ユニット
              │
              ├─ [ウ] ── パッケージ型ユニット
              │          └─ 室型ユニット
              │
              ├─ 配管ユニット ── 配管単独型ユニット
              │                  └─ 配管複合型ユニット
              │
              └─ 部材 ── [エ] ── 1種
                          ├─ 洗面化粧ユニット類 ── 2種
                          ├─ 浴室用防水パン ── 3種
                          └─ 洗い場付き浴槽
```

	ア	イ	ウ	エ
(1)	サニタリーユニット	浴室ユニット	冷暖房ユニット	システムキッチン
(2)	冷暖房ユニット	サニタリーユニット	浴室ユニット	システムキッチン
(3)	冷暖房ユニット	システムキッチン	サニタリーユニット	浴室ユニット
(4)	浴室ユニット	サニタリーユニット	システムキッチン	冷暖房ユニット
(5)	サニタリーユニット	浴室ユニット	システムキッチン	冷暖房ユニット

問題 88 給排水衛生設備に使用する機器および配管材料に関する次の記述のうち，最も不適当なものはどれか．

(1) 受水槽や高置水槽を室内に設置する場合には，その部屋の換気を十分に行わないと，鋼製やステンレス鋼製のボルトなどが腐食する．
(2) 一般配管用ステンレス鋼管の溶接接合は，ティグ溶接による．
(3) 樹脂管は，使用温度が高くなると許容使用圧力は低くなる．
(4) 排水継手は方向性を有しており，排水立て管から横管を分岐する継手は，横管にこう配がつくようになっている．
(5) 銅管の腐食には，潰食（かいしょく）とすきま腐食とがある．

問題 89 連結送水管に関する次の記述のうち，最も不適当なものはどれか．

(1) 一般の建築物における放水口は，1つの放水口を中心に半径50mの円で対象床面全部が包含されるように配置する．
(2) アーケードにおける放水口は，1つの放水口を中心に半径25mの円で対象床面全部が包含されるように配置する．
(3) 放水口は，一般の建築物では5階以上の階ごとに，地下街では地階ごとに設置する．
(4) 放水用器具付き放水口は地上11階以上の階ごとに設置する．
(5) 送水口は，建物の外部に設けるが，動力消防ポンプ車の到着経路，消防隊の進入経路を考慮して配置する．

問題 90 建築物における衛生的環境の確保に関する法律に基づく特定建築物において，特定

建築物維持管理権原者が行うべき給水および排水に関する設備の維持管理に関する次の記述のうち，誤っているものはどれか．
(1) 貯水槽の掃除終了後，塩素剤を用いて2回以上貯水槽内の消毒を行い，消毒排水を完全に排除するとともに，消毒終了後は，貯水槽内に立ち入らないこと．
(2) 排水槽の流入管，排水ポンプ等については，付着した物質を除去すること．
(3) 衛生器具の吐水口空間の保持状況等クロスコネクションおよび逆サイホン作用等による汚水等の逆流または吸入のおそれの有無を点検し，必要に応じ，適切な措置をとること．
(4) 貯水槽の水張り終了後に行うべき水質検査項目は，大腸菌群，色度および味とすること．
(5) 排水管，通気管および阻集器については，内部の異物を除去すること．
(この問題は法改正により語句が不正確となりました．大腸菌群→大腸菌)

平成14年度【午後】
室内環境の管理／清掃／ねずみ，昆虫等の防除

問題91 次の物質のうち，VOC（揮発性有機化合物）に分類されていないものはどれか．
(1) パラジクロロベンゼン　(2) 酢酸エチル　(3) クリソタイル
(4) 塩化ビニルモノマー　(5) フタル酸ジブチル

問題92 熱線風速計の取扱い方法として，最も不適当なものは，次のうちどれか．
(1) 気流の流れの向きを確認し，エレメント（受感部）の指向指示マークを風上に向けて測定した．
(2) 電池式の測定器では，バッテリーチェックを頻繁に行い，電圧が低下していないことを確認した．
(3) 電源を入れた直後に測定を開始した．
(4) アナログ式の測定器では，風速の変動幅の中間点の値を読みとって測定値とした．
(5) 電池式の測定器では，長い間使用しないときは電池を本体から抜き取って保管した．

問題93 光散乱式の粉じん計を用いて室内の浮遊粉じんの相対濃度を測定したところ，2分間当たり210カウントであった．この粉じん計のダークカウントは10分間当たり50カウントで，標準粒子に対する感度が1カウント／分当たり$0.001\,\mathrm{mg/m^3}$，室内の浮遊粉じんに対する較正係数が1.3であるとすると，室内の粉じんの濃度として最も近い数値は次のうちどれか．
(1) $0.08\,\mathrm{mg/m^3}$　(2) $0.13\,\mathrm{mg/m^3}$　(3) $0.20\,\mathrm{mg/m^3}$
(4) $0.26\,\mathrm{mg/m^3}$　(5) $0.34\,\mathrm{mg/m^3}$

問題94 喫煙による室内空気汚染に関する次の記述のうち，最も不適当なものはどれか．
(1) たばこ煙の粒子相は，タール，ニコチンおよび水分である．

(2) 主流煙の成分組成で，粒子相の占める割合は質量比で約30％である．
(3) たばこ1本当たりのアンモニア発生量は，主流煙からのものが副流煙からのものより少ない．
(4) 主流煙中の成分は質量比で約75％が，たばこの先端から入り込む空気である．
(5) たばこ1本当たりの一酸化炭素発生量は，主流煙からのものが副流煙からのものより少ない．

問題95 浮遊粉じんの測定に関する次の文章の[　　]内に入る語句のうち，最も不適当なものはどれか．

室内空気中の浮遊粉じん濃度は，粉じんの[(1) 化学的組成]を考慮せずに，[(2) 光学的粒径]が[(3) 10μm]以下の粒子状物質を対象として，[(4) 質量濃度]で規定されている．標準となる測定法は[(5) ローボリウムエアサンプラ]による方法である．

問題96 分煙機器（たばこ煙用の空気清浄機）の種類・用途・性能試験項目に関する次の組合せのうち，正しいものはどれか．

	種　類	用　　途	分煙性能試験項目
(1)	局所型	喫煙場所で発生したたばこ煙を吸引し，空気を清浄化して室内に再循環する．	吸煙範囲
(2)	局所型	限定した空間を構成し，その空間内のたばこ煙の除去と，空間外へのたばこ煙の漏れを防ぐ．	吸煙範囲
(3)	局所型	限定した空間を構成し，その空間内のたばこ煙の除去と，空間外へのたばこ煙の漏れを防ぐ．	平均漏えい率
(4)	エリア型	喫煙場所で発生したたばこ煙を吸引し，空気を清浄化して室内に再循環する．	平均漏えい率
(5)	エリア型	限定した空間を構成し，その空間内のたばこ煙の除去と，空間外へのたばこ煙の漏れを防ぐ．	吸煙範囲

問題97 建築材料に関する次の記述のうち，最も不適当なものはどれか．
(1) アルミニウムの熱伝導率は，鋼材のそれより大きい．
(2) ウレタンフォームの密度は，木材のそれより大きい．
(3) 合板の熱伝導率は，グラスウールのそれより大きい．
(4) プレキャストコンクリートの熱伝導率は，軽量コンクリートのそれより大きい．
(5) 軽量コンクリートの密度は，合板のそれより大きい．

問題98 居室の冷房負荷に関する次の記述のうち，最も不適当なものはどれか．
(1) すきま風の熱負荷は，顕熱負荷と潜熱負荷である．
(2) 壁，床，天井，窓の貫流熱負荷は，顕熱負荷である．
(3) 照明，OA機器からの室内発熱負荷は，顕熱負荷である．
(4) 窓からの日射負荷は，潜熱負荷である．
(5) 人体からの室内発熱負荷は，顕熱負荷と潜熱負荷である．

問題99 アスマン通風乾湿計に関する次の文章の[　　]内に入る語句のうち，最も不適当なものはどれか．

アスマン通風乾湿計の原理は，[(1) アウグスト乾湿計]と同様であるが，湿球に

おける水の [(2) 蒸発量] は [(3) 空気の流速] により異なるので，湿球に空気を送る [(4) 風車] の回転数を [(5) ピストン機構] で一定になるように調節している．

問題100 いわゆる冷房病に関する次の記述のうち，最も不適当なものはどれか．
(1) 冷房病対策として，冷房時の室内温度を24℃以下にしないようにする．
(2) 冷房病対策として，外気温と室温との温度差を10K程度に保つ．
(3) 冷房病対策として，衣服を重ねることによる調整を行う．
(4) 冷房病対策として，軽い運動，ぬるめのお湯への入浴，マッサージなどが有効である．
(5) 冷房病の訴えは，男性に比べて女性に多い．

問題101 温冷環境指標に関する次の文章の 内に入る語句の組合せのうち，最も適当なものはどれか．

　人間の暑さ寒さの感覚には，環境物理要素である気温，湿度，気流， ア と人体要素である イ と着衣量が影響するが，1970年代には，これら6因子を組合せてコンピュータで計算する温熱指数が開発され，利用されている．代表的なものの一つにPMVがあるが，PMV＝0では ウ ％の人々が暑くも寒くもない状態となり，−0.5＜PMV＜＋0.5の範囲では， エ ％の人々が暑くも寒くもない状態となることが実証されている．

	ア	イ	ウ	エ
(1)	表面温度	作業強度	100	80
(2)	放射熱	性別	100	90
(3)	表面温度	性別	95	90
(4)	放射熱	作業強度	95	90
(5)	表面温度	性別	100	80

問題102 昼光照明に関する次の記述のうち，最も不適当なものはどれか．
(1) 野外の昼光照度が変動すると，室内の照度もそれに応じて変動する．
(2) 昼光率は，雨天の暗い日と晴天の明るい日では異なる．
(3) 片側一面採光の部屋では，均斉度は1/10以上あればよい．
(4) 昼光率の計算に用いる全天空照度は，直射日光照度を除いて測定する．
(5) 昼光率を表す単位は％である．

問題103 視環境に関する次の記述のうち，最も不適当なものはどれか．
(1) VDT作業を行なう室で必要な水平面照度は，100ルクス〔lx〕程度である．
(2) JISの安全色彩使用通則では，赤（5R4/13）は防火，禁止，消火器などに用いられることになっている．
(3) JISの安全色彩使用通則では，緑（5G5.5/6）は安全，進行，救急などに用いられることになっている．
(4) 光の量を表す光束の単位は，ルーメン〔lm〕である．
(5) 室内の内装仕上の色の明度は，照明の効果に関係する．

問題104 室内の光環境に関する状態とその名称に関する次の組合せのうち，最も不適当なものはどれか．

(1) 白熱電球に手をかざすと、床にシャープな影が映った。――――シルエット現象
(2) 方向性を高めた光を当てて写真を撮ったところ、目やあごの下に
   影ができて立体的に見えた。――――――――――――――モデリング
(3) 窓を背にした席にいる人の背後窓からの昼光が明るか
   ったため、その人の輪郭が見えただけだった。――――――シルエット現象
(4) 建材の展示を行ったところ、材料表面に照明が程よく当たり、
   凹凸や滑らかさがよくわかった。――――――――――――モデリング
(5) 白熱電球で見たら、人の顔に赤みがさして見えた。――――演色性

問題105 騒音対策に関する次の記述のうち、最も不適当なものはどれか。
(1) 隣室に話し声が聞こえないように、壁に吸音材を張った。
(2) 下階にコツコツという足音が聞こえないようにするために、床にカーペットを敷いた。
(3) 空調の吹出音を軽減するため、吹出し流速を下げた。
(4) 上階における重量物の落下音が聞こえないようにするため、コンクリートスラブを厚くした。
(5) 屋外騒音を遮断するため、窓を二重にした。

問題106 80dB(A)の騒音を発する機械を8台同時に稼働させた場合の騒音レベルとして、最も近いものは次のどれか。ただし、$\log_{10}2 = 0.3010$ とする。
(1) 83dB(A)　　(2) 86dB(A)　　(3) 89dB(A)
(4) 104dB(A)　　(5) 640dB(A)

問題107 騒音・振動に関する次の記述のうち、最も不適当なものはどれか。
(1) 変動騒音を積分機能付の騒音計で測定した。
(2) 空調騒音をNC曲線で評価した。
(3) 透過損失値が高いということは、遮音性能が悪いということである。
(4) 人間が感じる全身振動の範囲は、およそ1～100Hzの範囲である。
(5) 遮音材と吸音材は、その物理特性が全く異なる。

問題108 湿り空気線図に関する次の記述のうち、最も不適当なものはどれか。
(1) 湿球温度と絶対湿度がわかれば、乾球温度を求められる。
(2) 比容積と乾球温度がわかれば、相対湿度を求められる。
(3) 露点温度と湿球温度がわかれば、水蒸気分圧を求められる。
(4) 水蒸気分圧と絶対湿度がわかれば、相対湿度を求められる。
(5) 相対湿度と湿球温度がわかれば、絶対湿度を求められる。

問題109 湿り空気に関する次の記述のうち、最も不適当なものはどれか。
(1) 湿り空気から水蒸気を除いたものを、乾き空気という。
(2) ある温度の湿り空気を冷却し温度を下げると、飽和空気となる。
(3) 湿り空気を単純に加熱すると、相対湿度は高くなる。
(4) 湿り空気の比エンタルピーは、同温でも絶対湿度が大きいほど大きな値となる。
(5) 顕熱と潜熱の関係した状態変化を表す量として、顕熱比がある。

問題110 気化式水加湿器方式の空調機において、暖房時に室内相対湿度が低いとのクレームに対処する次の方法のうち、最も不適当なものはどれか。

(1) 湿度調節器の設定湿度を上げる．
(2) 水加湿器へ水が補給されているかを確認する．
(3) 水加湿器の加湿材や透過膜を清掃する．
(4) 外気取入風量を多くする．
(5) 設定室温を下げる．

問題111 ウォールスルーパッケージ方式の空調に関する次の記述のうち，最も不適当なものはどれか．
(1) 設備スペースは，機器設置スペースのみである．
(2) 配管はドレン配管のみで，水損事故のおそれが少ない．
(3) 外壁面と直接接続されることから，防水性能が要求される．
(4) 床置きタイプのものは，天井付近に滞留したタバコ排煙等の換気能力が低い．
(5) システムが簡単であるが，個別運転や残業時の対応ができない．

問題112 ファンコイルユニットの腐食・劣化とそれに伴う現象に関する次の記述のうち，最も不適当なものはどれか．
(1) 送風機ランナは，じんあいの付着により動的つりあいが崩れ，振動増大や騒音増加を引き起こす．
(2) 冷温水コイルは，フィンの目詰まりにより冷暖房能力の低下を生じる．
(3) 送風機ランナは，じんあいの付着により送風能力の低下を生じる．
(4) 冷温水コイルは，管内へのスケールの付着により熱交換性能の低下を生じる場合がある．
(5) 冷温水コイルは，管内へのスケールの付着により空気側圧力損失の増大を生じる場合がある．

問題113 バルブに関する次の記述のうち，最も不適当なものはどれか．
(1) バルブは流体の流量，圧力を調整したり，遮断する目的で設置される．
(2) 配管系の圧力により，バルブの耐圧仕様が決められている．
(3) 仕切弁は，円筒形の流路を円盤状の弁体で堰のように仕切る．
(4) バタフライ弁は，構造が複雑で，コストも高い．
(5) 玉形弁は，弁体と弁座のすきまを変えて流量を調整する．

問題114 エアフィルタに関する次の文章の ◯ 内に入る語句の組合せのうち，最も適当なものはどれか．

　エアフィルタの捕集効率の測定方法には，重量法，計数法，比色法があり，フィルタの性能で使い分けている．　ア　は粗じん用フィルタ，　イ　は中性能フィルタ，　ウ　は高性能フィルタの性能表示に使用される．

　　　　ア　　　　　　イ　　　　　　ウ
(1) 重量法————計数法————比色法
(2) 比色法————計数法————重量法
(3) 重量法————比色法————計数法
(4) 計数法————重量法————比色法
(5) 計数法————比色法————重量法

問題115 事務所ビルにおける換気設備に関する次の記述のうち，最も不適当なものはどれか．

(1) 冷却塔に隣接して，居室系統の外気取入れ口を設置した．
(2) 居室の余剰排気をアトリウムに排出し，その排気を更に駐車場の給気に用いた．
(3) ボイラ室および電気室に，第1種機械換気方式を採用した．
(4) 地上10m以上の位置に，居室系統の外気取入れ口を設置した．
(5) 厨房排気に調理用グリースフィルタ設置フードを採用した．

問題116 吹出口に関する次の文章の〔　〕内に入る語句の組合せのうち，最も適当なものはどれか．

吹出し口にはスロット型，アネモスタット型，パンカールーバ型などがあるが，〔　ア　〕は数層に分かれたコーンから放射状に吹出し，〔　イ　〕は縦横比が大きく帯状の形をしており，〔　ウ　〕は首が振れるようになっており吹出し気流の方向を変えられる．

　　　　ア　　　　　　　　　　イ　　　　　　　　　　ウ
(1) パンカールーバ型————アネモスタット型————スロット型
(2) スロット型————パンカールーバ型————アネモスタット型
(3) アネモスタット型————スロット型————パンカールーバ型
(4) アネモスタット型————パンカールーバ型————スロット型
(5) パンカールーバ型————スロット型————アネモスタット型

問題117 換気に関する次の記述のうち，最も不適当なものはどれか．
(1) 中間期における自然換気は，省エネルギー対策の一つの方法である．
(2) 自然換気の駆動力は，風圧力と内外温度差による浮力である．
(3) 夏季におけるナイトパージは，省エネルギー対策となる．
(4) 自然換気を行うには，給気口を高く，排気口を低くする必要がある．
(5) 自然換気は開口部が大きくとれて，比較的天井の高い建物に用いられる．

問題118 電動圧縮式空冷ヒートポンプチラーの運転時の冷媒圧力に関する次の記述のうち，最も不適当なものはどれか．
(1) 冷房運転時において冷水熱交換器が汚れていると，高圧側が高くなる．
(2) 冷房運転時において空冷コイルが汚れていると，高圧側が高くなる．
(3) 冷房運転時において外気温度が高いと，高圧側が高くなる．
(4) 暖房運転時において外気温度が低いと，低圧側が低くなる．
(5) 暖房運転時において空冷コイルに霜が着くと，低圧側が低くなる．

問題119 冷温水配管系の配管用炭素鋼鋼管（白ガス管）の腐食に関する次の記述のうち，最も不適当なものはどれか．
(1) 水の溶存酸素が少ないほど腐食しやすい．
(2) 軟水を用いると腐食しやすい．
(3) 樹脂ライニング鋼管より腐食しやすい．
(4) 密閉系回路の水を頻繁に新しい水と交換すると，腐食しやすい．
(5) 開放系回路の場合ステンレス鋼継手と接続すると電位差が大きいので，異種金属接触腐食が起きやすい．

問題120 夏期に室内相対湿度が過度に高くなる原因として，最も不適当なものは次のどれか．

(1) 乾球温度の下がりすぎ (2) 顕熱負荷の一時的減少
(3) 室内での過大な水蒸気発生 (4) 空調の制御方法や設備上の不備
(5) 室内空気の露点温度より低い壁などの表面温度

問題121 地域冷暖房に関する次の記述のうち，最も不適当なものはどれか．
(1) 冷水，温水，蒸気，高温水などを地域配管を通じて集中供給する方式である．
(2) 各建物では，熱源設備が不要となる方式である．
(3) 熱源を集中することから，高効率の大型機器が使用できる．
(4) センタープラントの設備容量は，各建物の最大負荷の合計に等しい．
(5) ゴミ焼却廃熱や，未利用エネルギーの活用による，省エネルギーが図れる．

問題122 地球環境・都市環境に関する現象とその対策に関する次の組合せのうち，最も不適当なものはどれか．
(1) 都市河川の氾濫――――――二酸化炭素の海洋貯留
(2) オゾン層の破壊――――――代替フロンの使用
(3) 地球温暖化――――――省エネルギーの推進
(4) ヒートアイランド――――――屋上緑化の推進
(5) 酸性雨――――――脱硫装置の使用

問題123 建物のLCC（ライフサイクルコスト）に関連して使われた費用とその予算費目分類に関する次の組合せのうち，最も不適当なものはどれか．
(1) 現地調査のための費用――――――企画設計費
(2) 用地取得のための費用――――――初期建設費
(3) 修繕のための費用――――――運用管理費
(4) 技術研究のための費用――――――運用支援費
(5) 解体処分のための費用――――――廃棄処分費

問題124 未利用熱および排熱の利用に関する次の文章の   内に入る語句の組合せのうち，最も適当なものはどれか．

冷凍機の ア からの排熱利用や，ディーゼルエンジン，ガスエンジンなど イ 機関からの冷却水の排熱を利用することは，エネルギー総合効率を高める．特に後者はトータルエネルギーあるいは ウ エネルギーなどと呼ばれている．

	ア	イ	ウ
(1)	凝縮器	外燃	オフサイト
(2)	蒸発器	内燃	オフサイト
(3)	凝縮器	内燃	オンサイト
(4)	蒸発器	外燃	オンサイト
(5)	凝縮器	内燃	オフサイト

問題125 電磁場および静電気に関する次の記述のうち，最も不適当なものはどれか．
(1) ほとんどの人が感知できる静電気は，200V以上であるとされている．
(2) 電子レンジは，電磁場を形成する．
(3) 静電気は，相対湿度が65%以上のときは，人体に感知されにくい．

(4) VDT は，電磁場を形成する．
(5) 紫外線は皮膚に強い紅斑や水疱をつくることがある．

問題126 伝熱に関する次の記述のうち，最も不適当なものはどれか．
(1) 熱は，固体内では伝導により伝わる．
(2) 熱は，液体や気体中では，主として対流で伝わる．
(3) 対流と熱放射が物体表面で起こっているとき，これをまとめて熱貫流という．
(4) 熱は，気体中に置かれた物体の表面どうしの間では，主として熱放射で伝わる．
(5) 2つの面の間に温度差があると，熱は温度の高いほうから低いほうへ流れる．

問題127 換気に関する次の記述のうち，最も不適当なものはどれか．
(1) 安定した換気量の確保には，機械換気が適している．
(2) 第1種機械換気方式の場合，室内を正圧や負圧にすることができない．
(3) 第2種機械換気方式の場合，室内を負圧にすることができない．
(4) 第3種機械換気方式の場合，室内を正圧にすることができない．
(5) 屋内大駐車場に用いられる誘引方式は，設備費の点でメリットがある．

問題128 ポンプに関する次の文章の　　　内に入る語句の組合せのうち，最も適当なものはどれか．

　　ポンプは水量，揚程，流体の種類，温度，設置場所などで仕様が決まるが，高層ビルなどでは　ア　による耐圧も問題となる．ポンプが常温の水面より上にある場合は，理論的には　イ　まで吸上げが可能であるが，配管抵抗などで，実際はその　ウ　程度が吸上げ限度高さとなる．

	ア	イ	ウ
(1)	吸込み圧力	約20m	90%
(2)	吸込み圧力	約10m	20%
(3)	押込み圧力	約20m	60%
(4)	押込み圧力	約10m	60%
(5)	押込み圧力	約1m	20%

問題129 ファンコイルユニットに関する次の文章の　　　内に入る語句の組合せのうち，最も適当なものはどれか．

　　ファンコイルユニットは，　ア　，冷温水コイル，送風機などで構成された　イ　設置型小型空調機で，加湿器は一般に　ウ　．

	ア	イ	ウ
(1)	エアフィルタ	室内	内蔵される
(2)	全熱交換器	室内	内蔵されない
(3)	エアフィルタ	屋外	内蔵される
(4)	エアフィルタ	室内	内蔵されない
(5)	全熱交換器	屋外	内蔵される

問題130 変風量単一ダクト方式に関する次の記述のうち，最も不適当なものはどれか．
(1) 変風量ユニットをゾーンごとに配置することにより，ゾーン制御が可能である．

(2) 負荷変動を的確にとらえて室温を維持するため,熱源設備用エネルギーの浪費が生じない.
(3) 送風機の風量制御を行うことにより,部分負荷時の搬送エネルギー消費量が軽減できる.
(4) 全閉型VAVユニットを使用しても,エネルギーの浪費は防止できない.
(5) 変風量ユニットの風量調節機構により,試運転時の風量調整が行いやすい.

問題131 空気調和設備の吹出口の種類とそれに関連する語句の次の組合せのうち,最も不適当なものはどれか.
(1) アネモスタット型吹出口―――――誘引作用
(2) アネモスタット型吹出口―――――アンチスマッジリング
(3) ノズル型吹出口―――――噴流の四領域
(4) ノズル型吹出口―――――最小拡散半径
(5) スロット型吹出口―――――低騒音

問題132 室内の二酸化炭素濃度が高い原因として,最も不適当なものは次のどれか.
(1) 空調機の再循環率が低下している.　(2) 外気量が不足している.
(3) 送風量が低下している.　(4) 在室人員が過大である.
(5) 燃焼廃気が存在する.

問題133 室内汚染物質に関する次の記述のうち,最も不適当なものはどれか.
(1) 事務室内での大人1人当たりの発じん量は,10mg/h程度である.
(2) 事務作業に従事する大人1人当たりの二酸化炭素発生量は,およそ200ml/minである.
(3) 一酸化炭素は吸着しやすいので,室内濃度上昇に影響する量は,実際の発生量より少ない.
(4) 二酸化硫黄は吸着性が強いので,室内濃度は外気濃度の数分の1以下である.
(5) ヘアスプレーからVOC(揮発性有機化合物)が発生する.

問題134 居室外壁の内表面結露を防止する方策に関する次の記述のうち,最も不適当なものはどれか.
(1) 絶対湿度の低い外気を導入した.　(2) 外壁の断熱性能を向上させた.
(3) 室温を上げた.　(4) 室内側の壁の前に家具を置いた.
(5) 室内の水蒸気発生を少なくした.

問題135 蓄熱槽の特徴を述べた次の記述のうち,最も不適当なものはどれか.
(1) 開放式蓄熱槽の場合は,ポンプの運転動力を削減できる.
(2) 蓄熱槽の水を火災時に消火用水として利用できる.
(3) 熱源機器を高負荷で運転するので,効率を向上できる.
(4) 空調機の入口冷水温度を高くすると,蓄熱槽の利用温度差を広げることができる.
(5) 開放式蓄熱槽の場合,水質が悪化するので水質管理が必要となる.

問題136 廃棄物の処理及び清掃に関する法律に基づく廃棄物の定義に関する次の記述のうち,正しいものはどれか.
(1) 建設業から排出される繊維くずは,一般廃棄物である.
(2) 汚水槽(し尿と雑排水を併せて貯留する槽)から除去される泥状物は,産業廃棄物である.
(3) 事務所から排出された紙くずは,一般廃棄物である.
(4) 家庭から排出される廃家電製品に含まれるPCB使用部品は,産業廃棄物である.

(5) 家庭から排出される粗大ごみは，産業廃棄物である．

問題137 廃棄物処理に関する次の組合せのうち，最も不適当なものはどれか．
(1) 環境影響評価────────────地域住民の意見
(2) 再利用および再資源化──────分別収集
(3) 産業廃棄物の資源化施設─────汚泥再生処理センター
(4) 廃棄物排出量の推定───────原単位による把握
(5) 特別管理産業廃棄物───────マニフェスト制度

問題138 一般廃棄物の排出に関する次の記述のうち，最も不適当なものはどれか．
(1) 年間の排出量は，近年横ばい傾向にある．
(2) 排出量は，1人1日当たり約1kgである．
(3) 排出量は，生活水準の向上，収集の形態や頻度などに支配される．
(4) ごみの質は，地域，季節，天候などによって異なる．
(5) 年間の排出量は，産業廃棄物の排出量とほぼ同量である．

問題139 ごみの質に関する次の記述のうち，最も適当なものはどれか．
(1) 熱灼減量は，固形分を意味する．
(2) 熱灼残留物は，可燃分を意味する．
(3) 灰分の多少は，ごみの質とは無関係であることが多い．
(4) 単位容積質量は，見かけ比重の逆数で表される．
(5) 水分は，ごみの3成分の一つである．

問題140 プラスチックごみの処理に関する次の記述のうち，最も不適当なものはどれか．
(1) プラスチック類は低位発熱量が高いので，焼却炉内が高温となる．
(2) ポリ塩化ビニルが燃焼すると，塩化水素を発生する．
(3) 大都市のごみには，質量比で約30％のプラスチック類が混入している．
(4) ごみに混在する発泡スチロールは，見かけやすく選別しやすい．
(5) ごみに混在するプラスチック類は多種多様であるため，そのままでは再利用するのは困難である．

問題141 近年の産業廃棄物の排出量に関する次の文章の　　　　に入る語句として，最も適当なものはどれか．

　　排出量を種類別にみると　　　　の排出量が最も多く，全排出量の約47％を占め，次いで動物のふん尿，がれき類の順となっており，この3品で全排出量の約84％を占めている．

(1) 廃プラスチック類　　(2) 金属くず　　(3) 木くず　　(4) 鉱さい　　(5) 汚泥

問題142 ダイオキシン類の発生削減対策に関する次の記述のうち，最も不適当なものはどれか．
(1) ごみの排出抑制・リサイクル等による焼却量の削減
(2) 間欠運転炉の設置
(3) 高温焼却による排ガス対策
(4) 溶融固化による焼却灰・飛灰の処理
(5) 最終処分場からのダストの飛散防止

問題143 ごみ処理に関する次の記述のうち，最も不適当なものはどれか．
(1) ごみの焼却は，最終処分量の減容化に効果がある．
(2) ごみの堆肥化は，資源化の一方策である．
(3) プラスチック容器の破砕は，一般に占有体積を増大させるため埋立には適さない．
(4) ごみの直接埋立は，各種の環境汚染を伴いやすい．
(5) ごみの圧縮は，占有体積を減少させ，単位容積質量値を増大させる．

問題144 し尿の処理体系に関する次の文章の ┌──┐ 内に入る語句の組合せのうち，正しいものはどれか．
　都市のし尿は，便所を水洗化してこれを下水に排出し，終末処理場で処理して放流するのが基本と考えられている．下水道のない地域では，│ ア │に基づく浄化槽あるいは│ イ │に基づくコミニティ・プラント等により処理し，収集し尿については，廃棄物の処理及び清掃に関する法律に基づくし尿処理施設により処理が行われている．

　　　　　　ア　　　　　　　　　　　　イ
(1) 浄化槽法――――――――――浄化槽法
(2) 水質汚濁防止法―――――――浄化槽法
(3) 浄化槽法――――――――――水質汚濁防止法
(4) 浄化槽法――――――――――廃棄物の処理及び清掃に関する法律
(5) 水質汚濁防止法―――――――廃棄物の処理及び清掃に関する法律

問題145 一般廃棄物の最終処分場に関する次の記述のうち，最も不適当なものはどれか．
(1) 最終処分場の維持管理は，技術上の基準が定められている．
(2) 埋立完了後も長期にわたって浸出水が流出するので，処理が必要である．
(3) 埋立が終了して表面が十分安定すれば，衛生害虫，ネズミ，臭気の発生はほとんど問題にならない．
(4) 埋立方式は，陸上埋立と水面埋立に大別される．
(5) 最終処分場は安定後であっても，公園や住宅地として跡地利用されることは少ない．

問題146 産業廃棄物と最終処分場の次の組合せのうち，最も不適当なものはどれか．
(1) ガラスくず――――――――安定型処分場
(2) 焼却施設の焼却灰―――――管理型処分場
(3) 廃プラスチック――――――安定型処分場
(4) 廃酸―――――――――――遮断型処分場
(5) 紙くず――――――――――管理型処分場

問題147 ごみの堆肥化に関する次の文章の ┌──┐ に入る語句の組合せとして，最も適当なものはどれか．
　発酵槽の中に有機物を多く含む廃棄物を投入し，│ ア │して│ イ │すると，通常2～3日で温度が│ ウ │に上昇し，粗堆肥ができる．

　　　　ア　　　　　　　　　イ　　　　　　　　　ウ
(1) 空気を遮断――――機械的にすき返し――――50℃以上
(2) 適度に通気――――機械的にすき返し――――50℃以上

(3) 適度に加湿　　　　　十分に乾燥　　　　　　　70℃以上
(4) 適度に通気　　　　　十分に乾燥　　　　　　　70℃以上
(5) 空気を遮断　　　　　適度に加温　　　　　　　70℃以上

問題148 悪臭防止法において，複合臭等の測定に対応する規制基準として適用されている項目は次のうちどれか．
(1) 6段階臭気　　　(2) 特定臭気　　　(3) 臭気濃度
(4) 臭気強度　　　(5) 臭気指数

問題149 建築物から排出されるごみに関する次の記述のうち，最も不適当なものはどれか．
(1) 厨芥は，雑芥，雑誌，紙くずに比べて単位容積質量値が小さい．
(2) 厨芥類は，ホテル，病院などから比較的多く排出される．
(3) 事務所ビルは，12月にごみの排出量が最も多い．
(4) 建物の延べ床面積と用途をもとに，ごみの排出量を推定できる．
(5) 事務所ビルや百貨店は，紙類の排出割合（質量比）が50％以上を占めている．

問題150 150Lのごみ容器がある．ごみ1m^{3}当たりの質量を200kgとするとき，これに収容できるごみの量として最も適当なものは，次のうちどれか．
(1) 20kg　　(2) 30kg　　(3) 40kg　　(4) 50kg　　(5) 60kg

問題151 建築物から排出されるごみの処理に用いられる機材の説明として最も不適当なものは次のどれか．
(1) コンパクタ―――紙類，雑芥類などの圧縮に使用される．
(2) 貯留排出機―――貯留したごみを搬出車両に自動的に積み替えることができる．
(3) 破砕機―――――ビン，缶，プラスチック容器以外のごみを破砕するのに有効である．
(4) 梱包機―――――かさばるごみを圧縮，梱包する装置である．
(5) パッカ車――――般廃棄物の収集輸送作業において広く使用されている．

問題152 建築物におけるごみの収集・運搬機材の使用に関する次の記述のうち，最も不適当なものはどれか．
(1) 飛散しやすいごみを運搬するときは，容器に覆いをかける．
(2) 収集・運搬の効率化を図るため，ごみを種類別に分別収集することは避ける．
(3) たばこの吸殻と紙類は，防火上，混合収集しない．
(4) 収集・運搬機材は定期的に点検し，必要に応じて補修・更新する．
(5) 収集容器は専用のものを用い，手元にある代替物は使用してはならない．

問題153 清掃用機械に関する次の記述のうち，最も不適当なものはどれか．
(1) 自動床洗浄機は，床面を自動的に洗浄する機械で，洗剤供給式床磨き機と吸水式真空掃除機とを結合したものである．
(2) 床磨き機は，床面をこすって洗浄したり，艶出しなどに使用される．
(3) 真空掃除機は，電気ファンによって機械内部に空気の高圧域をつくり，ほこりと空気を吸い込んで捕捉する機械である．
(4) ドライフォーム方式のカーペット洗浄機は，洗剤を泡にし，縦回転ブラシで洗浄する機械である．

(5) 噴射吸引式のカーペット洗浄機は,洗剤を直接噴射し洗浄した後,直ちに吸引する機械である.

問題154 室内清掃に関する次の記述のうち,最も不適当なものはどれか.
(1) 半乾きのタオルに付着させて,ほこりを除去する方法は適切である.
(2) 空調吹出口のアネモスタットなどは,真空掃除機による吸じんとふき取りを併用すると効果がある.
(3) 土砂の侵入防止のため,出入口にマットを敷く.
(4) 密閉構造のビルでは,はたき掛けによりほこりを除去する.
(5) 適当に水分を含ませたおがくずに付着させて,ほこりを除去する.

問題155 床維持剤の使用目的に関する次の記述のうち,最も不適当なものはどれか.
(1) 床の美観の向上 (2) 床の表面の平滑化 (3) 床の耐水性の向上
(4) 床の耐火性の向上 (5) 床の保全性の向上

問題156 床維持剤に関する次の記述のうち,最も不適当なものはどれか.
(1) ワックスタイプは,不揮発性成分として,ろう類,ろう状物質を主原料としたものをいう.
(2) 油性フロアーポリッシュは,ろう状物質,合成樹脂などの不揮発性成分を揮発性溶剤に溶解または分散させたものをいう.
(3) フロアーシーラーは,乾燥後の皮膜が物理的・化学的方法により,容易に除去されるものをいう.
(4) ポリマータイプは,不揮発性成分として合成樹脂などのポリマーを主原料としたものをいう.
(5) フロアーオイルは,鉱油を主体とし,常温で液体のものをいう.

問題157 洗剤に関する次の文章の ☐ 内に入る語句の組合せのうち,最も適当なものはどれか.

洗剤の ア として用いられた イ が,湖沼などの富栄養化の原因となり,業務用・家庭用の清掃洗剤の イ の使用は自粛されている.

　　　　ア　　　　　　イ　　　　　　　　　ア　　　　　　イ
(1) 助剤――――――ケイ酸塩　　(2) 界面活性剤――――シュウ酸塩
(3) 界面活性剤―――ケイ酸塩　　(4) 助剤――――――リン酸塩
(5) 界面活性剤―――リン酸塩

問題158 清掃対象と洗剤に関する次の組合せのうち,最も不適当なものはどれか.
(1) エレベータ扉の手あか――――――中性洗剤
(2) 小便器の尿石―――――――――酸性洗剤
(3) ウールカーペットの洗浄―――――高級アルコール系洗剤
(4) 大理石の洗浄―――――――――中性洗剤
(5) リノリウムの洗浄――――――――強アルカリ洗剤

問題159 清掃作業計画に関する次の記述のうち,最も適当なものはどれか.
(1) 事務所内のブラインド清掃は,日常清掃で行う必要がある.
(2) 標準作業時間の設定は,特に優れた従業員の作業時間を基準とする.
(3) エレベータロビーなどの清掃は,日常頻繁に行う必要がある.
(4) 作業頻度による分類は,日常清掃と定期清掃の2つに分けられる.

(5) 同一面積の建築物であれば，利用目的が異っても作業人員は変化しない．

問題160 清掃作業と使用する用具に関する次の組合せのうち，最も不適当なものはどれか．
(1) 小ぼうき————————————ソファのほこり払い
(2) フロアブラシ————————カーペットのしみ取り
(3) 三つ手ちり取り————————建物外周のごみ取り
(4) T字モップ————————————玄関ホールの水拭き
(5) 手動スイーパ————————廊下の掃き掃除

問題161 洗面器と給水栓の清掃に関する次の文章の[   ]内に入る語句の組合せのうち，最も適当なものはどれか．

　　洗面器の清掃は，洗剤を使って[ア]で洗う．ただし，給水栓の清掃には[イ]は使用してはならない．

　　　　ア　　　　　　　　イ
(1) 白パッド————————クレンザー
(2) 白パッド————————弱アルカリ性洗剤
(3) 黒パッド————————クレンザー
(4) 茶パッド————————弱アルカリ性洗剤
(5) 黒パッド————————弱アルカリ性洗剤

問題162 消毒，滅菌および殺菌に関する次の記述のうち，最も不適当なものはどれか．
(1) 実験などにおいて，滅菌状態であることを確認するための方法として日本薬局方で無菌試験法を定めている．
(2) 消毒とは，環境において病原体を化学的，あるいは物理的手段で殺すことである．
(3) 滅菌とは，病原体，非病原体を問わず，すべての微生物を死滅させることである．
(4) 感染者から排出される汚染物は，すべて速やかに滅菌する必要がある．
(5) 殺菌は，滅菌と同義語であるが，滅菌は物品を対象とするのに対し殺菌は微生物自身を直接の対象とする用語として使われることが多い．

問題163 紫外線殺菌に関する次の文章の[   ]内に入る語句の組合せのうち，最も適当なものはどれか．

　　紫外線による殺菌作用は，一般に照射時間が[ア]ほど，照射距離が[イ]ほど，また温度は[ウ]℃前後が最も有効である．

　　　　ア　　　　　イ　　　　ウ
(1) 長い————近い————20
(2) 短い————遠い————40
(3) 短い————近い————20
(4) 長い————近い————40
(5) 長い————遠い————30

問題164 便所の消毒に使用する次の消毒剤のうち，最も不適当なものはどれか．
(1) 両性石けん　　(2) フェノール　　(3) 逆性石けん
(4) ホルマリン　　(5) クレゾール石けん

問題165 逆性石けんに関する次の記述のうち,最も不適当なものはどれか.
(1) 10％溶液として市販されている.
(2) 水に溶けると,陰イオンに荷電する.
(3) 無色無臭で毒性,刺激性も弱い.
(4) 通常0.1～1.0％水溶液として消毒に用いられる.
(5) 石けん類と混合すると,沈殿が生じ消毒の効力を失う.

問題166 ビル内の事務室等に発生する害虫類に関する次の記述のうち,最も不適当なものはどれか.
(1) 昆虫類によって,多くの感染症が発生している.
(2) 昆虫の中には,糞や脱皮殻がアレルゲンとなる種類がいる.
(3) すべての昆虫が,害虫として扱われる傾向がある.
(4) どのビルにも共通的に発生する種類がいる.
(5) 特定の昆虫が多数発生しやすい傾向がある.

問題167 疾病と媒介動物に関する次の組合せのうち,不適当なものはどれか.
(1) サルモネラ症――――――コロモジラミ
(2) つつがむし病――――――フトゲツツガムシ
(3) レプトスピラ症―――――ドブネズミ
(4) 小児喘息――――――――コナヒョウヒダニ
(5) デング熱――――――――ヒトスジシマカ

問題168 蚊の生態に関する次の記述のうち,最も不適当なものはどれか.
(1) コガタアカイエカは,もっぱら夜間に吸血活動をする.
(2) ヒトスジシマカの主要な発生源は,池沼である.
(3) アカイエカは,どぶ川のよどみなどからよく発生する.
(4) チカイエカは,吸血しなくても産卵する.
(5) シナハマダラカの主要な発生源は,水田である.

問題169 下の図は建築物内でよく見られる昆虫を示している.この昆虫の成虫の体長として最も近いものは,次のどれか.
(1) 0.5cm
(2) 1.5cm
(3) 2.5cm
(4) 3.5cm
(5) 4.5cm

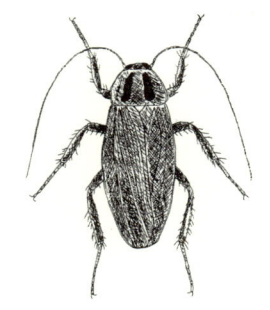

問題170 ゴキブリの防除に関する次の記述のうち,最も不適当なものはどれか.
(1) ゴキブリの潜み場所付近は,糞などで汚れているので,防除対象場所の目安になる.

(2) ゴキブリの生息を確認する方法の一つに，ピレスロイド剤をすきまに撒く方法がある．
(3) 生息調査を行うために用いる粘着トラップの配置場所は，できるだけ変更した方がよい．
(4) 粘着トラップは，捕獲効率に限界があるので，防除に用いる場合には他の方法と併用するのがよい．
(5) ゴキブリは，ハエや蚊に比べ発育期間が長いので，徹底した駆除を行えば個体群密度の回復に時間がかかる．

問題 171 屋内のダニに関する次の記述のうち，最も不適当なものはどれか．
(1) イエダニ防除の目的で殺虫剤を散布する時は，ネズミの良く出る場所に殺虫剤の残留処理をする．
(2) ハマベアナタカラダニは，屋上などで発生し屋内に入り込むことがある．
(3) 人の垢やふけ等は屋内塵性ダニの餌となるので，床面やカーペットの清掃を十分に行う．
(4) 屋内塵性ダニを駆除した後のダニアレルゲン対策には，布団やカーペットの乾燥を十分に行う．
(5) 屋内塵性ダニの発生予防には，除湿器等を利用して乾燥に心がける．

問題 172 ノミに関する次の記述のうち，最も不適当なものはどれか．
(1) 人やペットが被害を受けるノミを調べると，ほとんどがネコノミである．
(2) ノミは飢餓に弱く，ほとんど毎日，吸血することが必要である．
(3) ネコノミの幼虫は，床のすきまやじゅうたんの下などで発育する．
(4) 人が歩行中に受けるノミの被害は，膝から下に集中することが多い．
(5) ノミは人が出す二酸化炭素に反応して，跳びついてくる．

問題 173 建築物内に生息するネズミに関する次の記述のうち，最も不適当なものはどれか．
(1) ネズミの生息場所は多彩で，ソファや観葉植物の鉢の内部にも生息する．
(2) 建築物周辺の植込みに巣が多く，そこから屋内に侵入する．
(3) 餌に対する嗜好性は，ネズミの種類によって固定的である．
(4) 残されたラットサイン（こすり跡）などを調べることで，種類の鑑別が可能である．
(5) ネズミの活動状況を知るうえで，糞の状態を見るのも重要である．

問題 174 害虫に関する次の記述のうち，最も不適当なものはどれか．
(1) ショウジョウバエは，厨芥からよく発生する．
(2) チョウバエは，浄化槽のろ床や汚泥からよく発生する．
(3) イガやカツオブシムシは，化学繊維からよく発生する．
(4) ヒラタキクイムシは，ラワン材からよく発生する．
(5) タバコシバンムシの幼虫は，畳などからよく発生する．

問題 175 殺虫剤の剤型と処理法に関する次の記述のうち，最も不適当なものはどれか．
(1) 可溶化型乳剤は，使用時に水で希釈しても白濁しない．
(2) 油剤は，希釈して散布するが，煙霧散布にも使える．
(3) 粉剤には，水面に浮遊させて水域で使用できるものがある．
(4) 粒剤は，水中に処理すると徐々に有効成分が溶けだす．
(5) 樹脂蒸散剤は，使用場所につるしておくだけで効果が期待できる．

問題 176　殺虫剤とその有効成分の次の組合せのうち，不適当なものはどれか．
(1)　ピレスロイド剤————————フタルスリン
(2)　有機りん剤——————————ジクロルボス
(3)　食毒剤————————————ヒドラメチルノン
(4)　昆虫成長制御剤————————フェノトリン
(5)　塩素系殺虫剤——————————オルトジクロロベンゼン

問題 177　チカイエカの成虫の発生が多い建築物で，成虫対策は行わずに，殺虫剤を用いて発生源となっていた浄化槽の対策のみを行った．数日後から，幼虫の密度はそれほど減少しないのに，成虫の発生が次第に減少していった．この時使用した薬剤として最も可能性が高いものは次のうちのどのグループに属する薬剤か．
(1)　昆虫成長制御剤　　(2)　カーバメート剤　　(3)　ピレスロイド剤
(4)　有機りん剤　　　　(5)　有機塩素剤

問題 178　殺虫剤を処理するための機器の使用法として，最も不適当なものは次のどれか．
(1)　全自動噴霧器で，乳剤を壁面に残留処理する．
(2)　ULV機で，低濃度の薬剤を室内空間に多めに処理する．
(3)　煙霧機で，殺虫剤の油剤を気化させて室内空間に処理する．
(4)　ミスト機で，殺虫剤を微粒子にして室内空間に処理する．
(5)　三兼機で，殺虫剤の粒剤を室内に処理する．

問題 179　建築物内のネズミ防除に用いる殺そ剤に関する次の記述のうち，最も不適当なものはどれか．
(1)　抗凝血性の殺そ剤は，2～3日間を目安に配置する．
(2)　喫食性は，最も必要とされる条件である．
(3)　抗凝血性の殺そ剤は，中毒が徐々に進行する．
(4)　ネズミの通路などに撒くための粉剤がある．
(5)　殺そ剤は，薬事法対象の薬剤である．

問題 180　防虫対策に関する次の記述のうち，最も不適当なものはどれか．
(1)　害虫の発生を防止するため，厨芥の処分を速やかに行う．
(2)　地下の湧水槽は蚊の発生を招きやすいので，通気管に防虫網を設置したり，清掃がしやすい構造にする．
(3)　夜間の照明は外部の昆虫を誘引しやすいので，高圧ナトリウム灯よりも白熱電球を使うほうがよい．
(4)　外気温が低くなると建築物内に昆虫が侵入しやすくなるので，すきまなどから熱が外部に漏れにくい構造にする．
(5)　窓や通気口に設置する防虫網の網目の大きさは，通常16メッシュ以下にする．

平成13年度【午前】

建築物衛生行政概論
建築構造の概要
室内環境の衛生
給水及び排水の管理

問題1 世界保健機関（WHO）憲章の前文に述べられている健康の定義に関する次の文章の◻◻◻内に入る語句の組合せのうち，最も適当なものはどれか．

健康とは，◻ア◻，◻イ◻および◻ウ◻に完全に良好な状態にあることであり，単に病気または病弱でないということではない．

　　　ア　　　　　　　イ　　　　　　　ウ
(1) 体力的　　　　　精神的　　　　　宗教的
(2) 身体的　　　　　精神的　　　　　社会的
(3) 体力的　　　　　心理的　　　　　経済的
(4) 身体的　　　　　心理的　　　　　社会医学的
(5) 体格的　　　　　心理的　　　　　福祉的

問題2 建築物における衛生的環境の確保に関する法律に基づく特定建築物所有者等が備え付けておかなければならない帳簿書類に関する次の記述のうち，誤っているものはどれか．
(1) 特定建築物の維持管理に関する帳簿書類を備えていない場合は，1万円以下の罰金に処せられる．
(2) 建築物環境衛生管理の担当者の勤務実績を記載した帳簿書類を備えておかなければならない．
(3) 都道府県職員は，特定建築物の立入検査に際して，帳簿書類を検査し，関係者に質問することができる．
(4) 特定建築物の平面図及び断面図を備えておかなければならない．
(5) 特定建築物の維持管理に関し，環境衛生上必要な事項を記載した帳簿書類を備えておかなければならない．
（この問題は法改正により正解が複数になりました）

問題3 建築物環境衛生管理基準に関する次の記述で，正しいものはどれか．
(1) 特定建築物以外の建築物であっても，多数の者が使用する場合は，管理基準に従った維持管理に努めなければならない．
(2) 管理基準に従って行われていない場合には，直ちに改善命令が出される．
(3) 管理基準には，音や振動の基準値が示されている．
(4) 管理基準は，施設設備の設置状況にかかわらず，すべての特定建築物に適用される．
(5) 管理基準は，人為的に制御できない項目も定められている．

問題4 建築物環境衛生管理基準に関する次の記述の◻◻◻内に入る正しいものはどれか．
建築物環境衛生管理基準は，空気環境の調整，給水及び排水の管理，清掃，ねずみ，こん虫

等の防除その他環境衛生上 [　　] について定めるものとする．
(1) 設計上の必要な目標値
(2) 衛生管理を維持する必要経費
(3) 最も望ましい理想となる値
(4) 許容できる最低の値
(5) 良好な状態を維持するのに必要な措置

問題 5 建築物環境衛生管理基準の空気環境の測定方法に関する次の文章の [　　] 内に入るものの組合せのうち，正しいものはどれか．

浮遊粉じんの量，一酸化炭素および炭酸ガスの含有率は，通常の使用時間中に居室の中央部の床上 [ア] の位置において測定し，その測定値は一日の使用時間中の [イ] とする．

	ア	イ
(1)	60cm 以上 150cm 以下	中央値
(2)	60cm 以上 150cm 以下	最大値
(3)	75cm 以上 120cm 以下	平均値
(4)	75cm 以上 120cm 以下	最大値
(5)	75cm 以上 150cm 以下	平均値

（この問題は，法改正により正解が変更になりました）

問題 6 建築物環境衛生管理基準の空気環境の調整に関する事項に基づいた測定結果で，基準に適合しない測定項目は，次のどれか．

室名	回	浮遊粉じんの量	一酸化炭素の含有率	炭酸ガスの含有率	温度	相対湿度	気流
単位		mg/m^3	ppm	ppm	℃	%	m/s
A室	1回目	0.16	2.1	360	25	42	0.2
	2回目	0.15	4.0	430	27	35	0.3

(1) 浮遊粉じんの量と相対湿度　　(2) 一酸化炭素の含有率と気流
(3) 浮遊粉じんの量と炭酸ガスの含有率　　(4) 炭酸ガスの含有率と温度
(5) 温度と相対湿度

問題 7 建築物における衛生的環境の確保に関する法律に基づく特定建築物に選任された建築物環境衛生管理技術者に関する次の記述のうち，正しいものはどれか．
(1) 建築物環境衛生管理技術者は，当該特定建築物に常駐しなければならない．
(2) 建築物環境衛生管理技術者は，必要があると認めるときは当該特定建築物の維持管理について権原を有する者に対し，意見を述べることができる．
(3) 建築物環境衛生管理技術者は，用途の変更等により特定建築物に該当しないことになったときは，その旨を都道府県知事に届け出なければならない．
(4) 建築物環境衛生管理技術者が退職した場合は，建築物環境衛生管理技術者自らが，都道府県知事にその旨を届け出なければならない．

(5) 建築物環境衛生管理技術者は，当該特定建築物の維持管理に関し必要な事項を記載した帳簿書類を備えておかなければならない．

問題8 建築物における衛生的環境の確保に関する法律に基づく事業の登録基準に関する必要な機械器具の次の組合せのうち，誤っているものはどれか．
(1) 建築物清掃業―――――――――――真空掃除機，床みがき機
(2) 建築物空気環境測定業―――――――炭酸ガス検定器，温度計
(3) 建築物ねずみこん虫等防除業―――噴霧機，防毒マスク
(4) 建築物環境衛生一般管理業―――――掃除用具一式，残留塩素測定器
(5) 建築物飲料水貯水槽清掃業―――――原子吸光光度計，化学天びん

問題9 一棟で延べ面積 $4,000m^2$ である次の建築物のうち，建築物における衛生的環境の確保に関する法律に基づく特定建築物に該当するものはどれか．
(1) 店舗ビルの中に，延べ面積 $1,500m^2$ の診療所がある建築物
(2) 駅ビルの中に，延べ面積 $1,500m^2$ の駅のプラットホームがある建築物
(3) 事務所ビルの中に，延べ面積 $1,500m^2$ の公共駐車場がある建築物
(4) 新聞社自社ビルで，延べ面積 $1,500m^2$ の印刷工場と延べ面積 $2,500m^2$ の事務室の建築物
(5) 学校の校舎で，延べ面積 $1,500m^2$ の幼稚園と延べ面積 $2,500m^2$ の小学校の建築物

問題10 一定規模以上の延べ面積を有する建築物であっても，特定建築物に該当しないものは，次のどれか．
(1) 興行場法の適用を受ける演芸場
(2) ボーリング場
(3) 地下街の店舗
(4) 鉄道の線路敷地内の運転保安に関する施設
(5) 専修学校

問題11 建築物環境衛生管理基準に関する次の組合せのうち，誤っているものはどれか．
(1) 遊離残留塩素の検査――――――7日以内ごとに1回
(2) 空気環境の測定――――――――2カ月以内ごとに1回
(3) ねずみ，こん虫等の防除―――6カ月以内ごとに1回
(4) 貯水槽の掃除―――――――――1年以内ごとに1回
(5) 排水槽の掃除―――――――――1年以内ごとに1回

問題12 建築物環境衛生管理技術者免状に関する次の記述のうち，正しいものはどれか．
(1) 建築物環境衛生管理技術者免状を受けている者は，免状を破り，よごし，又は失ったときは，免状の再交付を申請することができる．
(2) 建築物環境衛生管理技術者免状は，建築物環境衛生管理技術者試験に合格した者にのみ交付される．
(3) 都道府県知事は，建築物環境衛生管理技術者免状の交付を受けている者が，この法律に違反したときは，その免状の返納を命ずることができる．
(4) 建築物環境衛生管理技術者免状の返納を命ぜられ，5年を経過しない者には，交付され

ないことがある．
(5) 建築物環境衛生管理技術者免状を受けている者が死亡したときは，戸籍法に規定する届出義務者は，1年以内に免状を返還するものとする．

問題13 感染症の予防及び感染症の患者に対する医療に関する法律で一類感染症に規定されているものは，次のどれか．
(1) レジオネラ症　(2) 腸管出血性大腸菌感染症　(3) コレラ
(4) ラッサ熱　(5) 後天性免疫不全症候群

問題14 保健所において，建築物における衛生的環境の確保に関する法律の施行に関することを担当する専門の職員は，次のどれか．
(1) 環境衛生指導員　(2) 衛生検査技師　(3) 臨床検査技師
(4) 環境衛生監視員　(5) 食品衛生監視員

問題15 環境基本法に基づく大気の汚染に係る環境基準に定められていない物質は，次のどれか．
(1) 二酸化いおう　(2) 一酸化炭素　(3) 二酸化窒素
(4) 浮遊粒子状物質　(5) 二酸化炭素

問題16 環境基本法に関する次の条文の　　　内に入る語句の組合せのうち，正しいものはどれか．

「公害」とは，事業活動その他の人の活動に伴って生ずる相当範囲にわたる大気の汚染，　ア　，　イ　，　ウ　，振動，地盤の沈下及び悪臭によって，人の健康又は生活環境に係る被害が生ずることをいう．

	ア	イ	ウ
(1)	水質の汚濁	土壌の汚染	騒音
(2)	水質の汚濁	土壌の汚染	電波障害
(3)	河川の汚濁	海洋の汚染	土壌の汚染
(4)	河川の汚濁	放射能汚染	騒音
(5)	日照権の侵害	海洋の汚染	放射能汚染

問題17 大気汚染防止法に関する次の文章の　　　に入る語句の組合せのうち，正しいものはどれか．

大気汚染防止法では，工場及び事業場における事業活動に伴って発生する　ア　の排出などを規制し，また，自動車排出ガスに係る　イ　を定め，併せて大気汚染によって健康　ウ　を生じた場合の　ウ　者の保護を図ることを目的としている．

	ア	イ	ウ
(1)	廃熱	基準値	被害
(2)	ばい煙	許容限度	障害
(3)	ばい煙	基準値	被害
(4)	ばい煙	許容限度	被害
(5)	廃熱	許容限度	障害

問題18 労働安全衛生法の目的に関する次の文章の　　　に入る語句の組合せのうち，正

しいものはどれか．

労働安全衛生法は，労働基準法と相まって，　ア　の防止のための危害防止基準の確立，責任体制の明確化及び　イ　の促進の措置を講ずる等その防止に関する総合的計画的な対策を推進することにより職場における労働者の安全と健康を確保するとともに，快適な　ウ　の形成を促進することを目的とする．

　　　　　　ア　　　　　　　　　イ　　　　　　　　　ウ
(1)　労働災害――――――自主的活動――――――職場環境
(2)　労働災害――――――予防的活動――――――職場環境
(3)　事故　――――――自主的活動――――――作業環境
(4)　事故　――――――予防的活動――――――作業環境
(5)　事故　――――――予防的活動――――――職場環境

問題19　労働安全衛生法に基づく事務所衛生基準規則に規定されている事項として，最も不適当なものは次のどれか．

(1)　労働者1人当たりの気積は，10m³以上であること．
(2)　一酸化炭素の含有率は500ppm以下とすること．
(3)　炭酸ガスの含有率は5,000ppm以下とすること．
(4)　室の気温が10℃以下の場合は，適当な温度調節をすること．
(5)　精密な作業を行う室の作業面の照度は，300lx以上とすること．

問題20　学校保健法に基づく学校薬剤師の職務として，最も不適当なものは次のどれか．

(1)　健康診断の実施
(2)　飲料水及び水泳プールの水の検査
(3)　教室等の空気，暖房，換気方法等の検査
(4)　学校で使用する毒物，劇物の管理の指導，助言
(5)　学校保健計画の立案への参与

問題21　建築基準法に基づく設計図書に該当しないものは，次のどれか．

(1)　仕上表　　　(2)　仕様書　　　(3)　工事概要書
(4)　現寸図　　　(5)　構造計算書

問題22　建築基準法に基づく特殊建築物に該当しないものは，次のどれか．

(1)　消防署　　　(2)　共同住宅　　　(3)　寄宿舎
(4)　公衆浴場　　(5)　病院

問題23　一般に建築物の容積率（％）といわれているものは，次のどれか．

(1)　$\dfrac{建築物の容積}{敷地面積} \times 100$　　　(2)　$\dfrac{建築物の容積}{建築面積} \times 100$

(3)　$\dfrac{建築物の延べ面積}{敷地面積} \times 100$　　　(4)　$\dfrac{建築物の延べ面積}{建築面積} \times 100$

(5)　$\dfrac{建築物の容積}{建築物の延べ面積} \times 100$

問題24　建築物の荷重あるいは外力に関する次の記述のうち，誤っているものはどれか．

(1) 高層部分では，低層部分よりも風圧力が小さい．
(2) 積雪荷重の積雪の単位荷重は，積雪量1cmごとに1m^{2}につき20N以上とする．
(3) 地震力には，建物質量が影響する．
(4) 風圧力は，風の速度圧に風力係数を乗じて計算する．
(5) 積載荷重は，建築物内の通常定置されている物品による荷重である．

問題 25 建築物の構造に関する次の記述のうち，誤っているものはどれか．
(1) シェル構造とは，一般に大スパンをもたせるには不適当な構造である．
(2) トラス構造とは，ピン接合とし，三角構面を基本単位として構成する構造である．
(3) ラーメン構造とは，柱，梁等の骨組部材を曲げ材で構成する構造である．
(4) アーチ構造とは，全体をアーチ状に構成する構造である．
(5) 壁式構造は，梁・柱なしで壁により構造体を構成する構造である．

問題 26 等分布荷重を受ける単純ばりの曲げモーメント図として，正しいものは次のどれか．

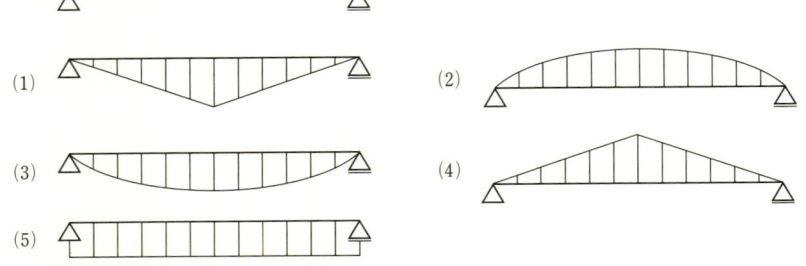

問題 27 鉄骨構造に関する次の記述のうち，最も不適当なものはどれか．
(1) 大スパン構造や高層建築物に適している．
(2) 粘りがあり，耐震性がある．
(3) 溶接接合では，一般にアーク溶接が用いられる．
(4) 中空断面の鋼管は，形鋼に比べて力学的利点がある．
(5) 耐火，耐食性に優れている．

問題 28 鉄筋コンクリート構造に関する次の記述のうち，誤っているものはどれか．
(1) 鉄筋とコンクリートの線膨張係数は，ほぼ等しい．
(2) スターラップ（あばら筋）とは，梁のせん断力に対する補強筋である．
(3) フープ（帯筋）とは，柱のせん断力に対する補強筋である．
(4) 異形鉄筋は，丸鋼よりも付着力が小さい．
(5) コンクリートと鉄筋の付着は，大事な要素である．

問題 29 建築材料と用途に関する次の組合せのうち，最も不適当なものはどれか．
(1) グラスウール—————————耐火被覆材
(2) プラスターボード———————遮音材
(3) ロックウール—————————吸音材
(4) ストレッチルーフィング————防水材

(5) ポリスチレンフォーム————————断熱材

問題30 建築設備に関する次の用語の組合せのうち，最も関連の薄いものはどれか．
(1) 換気設備————————IAQ
(2) 空気調和設備————————VAV ユニット
(3) 給排水衛生設備————————フラッシュオーバ
(4) 搬送設備————————ダムウェータ
(5) 廃棄物処理設備————————コンパクタ

問題31 空気調和設備の騒音・消音に関する次の記述のうち，最も不適当なものはどれか．
(1) 吹出風速を同一とした場合の発生騒音は，アネモスタット型よりもノズル型吹出口の方が大きい．
(2) スクリュー式冷凍機は，吸収式冷凍機に比べて騒音レベルが高い．
(3) 遠心送風機の中では，翼型送風機は騒音レベルが低い．
(4) グラスウールダクトには，吸音性がある．
(5) 内貼りダクトの消音量は，周波数の高い領域で大きい．

問題32 空気調和の熱源方式と建築物との関係に関する次の記述のうち，最も不適当なものはどれか．
(1) 吸収冷温水機方式は，冷暖兼用機のため設置スペースが少なくてすむ．
(2) 水熱源のヒートポンプ方式は，地盤沈下防止のため地域によって採用できない場合がある．
(3) コージェネレーション方式は，建築物の電力需要と熱需要の組合せによって省エネルギー効果は相違する．
(4) 地域冷暖房方式では，受け入れ側の建築物において，熱交換設備などが不要となる．
(5) 蓄熱方式では，熱負荷の平準化により熱源設備の容量を小さくできる．

問題33 壁体の伝熱に関する次の記述のうち，最も不適当なものはどれか．
(1) 壁体は熱容量が大きくなると，暖まりにくくなる反面，冷めにくくなる．
(2) 壁体の熱伝達抵抗は，壁体に当たる風速が大きくなるほど小さくなる．
(3) 外壁の隅角部の熱貫流率は，一般に他の部分の熱貫流率より大きい．
(4) 断熱材は，一般に見かけ比重が大きいほど断熱効果がある．
(5) 外断熱では，壁体の蓄熱効果を期待できる．

問題34 建築物のエネルギー消費に関する次の記述のうち，最も不適当なものはどれか．
(1) 業務用建築物では，電力消費の占める割合が増大する傾向にある．
(2) ホテルや病院のエネルギー消費原単位は，事務所ビルよりも大きい．
(3) 冷房用エネルギー消費のエネルギー源は，電力に限られる．
(4) 年間を通じて消費のある照明用電力の管理が，省エネルギーに重要である．
(5) ビルのエネルギー管理データの一つに，設備負荷率がある．

問題35 地球環境を配慮した建築物の計画に関して最も関連の薄いものは次のどれか．
(1) 建築物の室内環境の快適性を優先させる．
(2) 建築物の長寿命化を考慮する．
(3) 建築物のメンテナンスのしやすさを考慮する．

(4) 建築物のライフサイクルを考える．
(5) 建築部材のリサイクル化，建築物の省エネルギー化を図る．

問題36 次の文章の □ 内に入る語句の組合せのうち，最も適当なものはどれか．

産熱と放熱の関係は，安静時には次のような熱収支式により表される．

$$M - (R + C + K + E) = \pm S$$

ここでMは ア ，Rは放射による放熱量，Cは対流による放熱量，Kは伝導による放熱量，Eは蒸発による放熱量である．この場合のSは イ を示している．

	ア	イ
(1)	身体貯熱	産熱量
(2)	吸収熱	産熱量
(3)	吸収熱	身体貯熱
(4)	身体貯熱	吸収熱
(5)	産熱量	身体貯熱

問題37 人の体温調節に関する次の記述のうち，最も不適当なものはどれか．
(1) 欧米諸国では，深部体温として口腔温が用いられる場合が多い．
(2) 暑い時の発汗は，一般にアポクリン腺から分泌される．
(3) 南方の民族は，発汗能力が高く，汗腺の数が多い．
(4) 汗腺には，汗を出すことのできる能動汗腺と，汗を出さない不能汗腺とがある．
(5) 深部体温は，一般に早朝に最低値を示し，最高値は夕方に見られる．

問題38 冷暖房に関する次の記述のうち，適当なもののみの組合せはどれか．
ア 床暖房では，気温の上下温度差がつきやすい．
イ 空気調和による暖房は，室内に温度差ができにくい．
ウ 冷房時には，外気温との温度差が7℃以上にならないようにすべきである．
エ 冬季の相対湿度が40％以下となっているビルが半数を超えているという調査例がある．

(1) アとイ　　(2) アとウ　　(3) アとエ　　(4) イとウ　　(5) ウとエ

問題39 人体の基礎代謝に関する次の記述のうち，最も不適当なものはどれか．
(1) 基礎代謝は，睡眠時のエネルギー代謝より小さい．
(2) 安静時のエネルギー代謝は，基礎代謝より大きい．
(3) 体表面積当たりの基礎代謝は，幼少期で最大となる．
(4) 成人において女性の基礎代謝は，男性より小さい．
(5) 幼児や高齢者では，基礎代謝の性による差違は少ない．

問題40 WBGT指数に関する次の文章の □ 内に入る語句の組合せのうち，適当なものはどれか．

WBGT指数は，屋外で太陽直射のある場合，次式，0.7Tw + 0.2Tg + 0.1Ta で求められる．ただし，Twは ア ，Tgは イ ，Taは ウ である．

	ア	イ	ウ
(1)	湿球温度	乾球温度	黒球温度

(2) 黒球温度―――――乾球温度―――――湿球温度
(3) 乾球温度―――――湿球温度―――――黒球温度
(4) 乾球温度―――――黒球温度―――――湿球温度
(5) 湿球温度―――――黒球温度―――――乾球温度

問題41 温熱条件の快適性に関する次の文章の [　　] 内に入る数値のうち，最も適当なものはどれか．

　　性，季節および着衣状態にかかわらず，暑くも寒くもない状態のとき，平均皮膚温は [　　] °Cの範囲にある．

(1) 25〜26　　(2) 28〜29　　(3) 30〜31
(4) 33〜34　　(5) 36〜37

問題42 ホルムアルデヒドとVOC（揮発性有機化合物）に関する次の記述のうち，最も不適当なものはどれか．

(1) ホルムアルデヒドは，光化学反応によっても生成される．
(2) ホルムアルデヒドは，発泡断熱材の製造過程で用いられることがある．
(3) ニコチンを含めなければ，タバコ煙はVOC発生源として無視できる．
(4) VOCは，開放型燃焼器具からも発生する．
(5) 多くの種類のVOCが室内空気中に確認されている．

問題43 空気質に関する次の記述のうち，最も不適当なものはどれか．

(1) 一酸化炭素と赤血球のヘモグロビンとの親和力は，酸素と赤血球のヘモグロビンとの親和力の約250倍である．
(2) 一酸化窒素ガスは，血液中のヘモグロビンと結びついて一酸化窒素ヘモグロビンを形成する．
(3) 血液中の一酸化炭素ヘモグロビン（COHb）の濃度は，一酸化炭素摂取量の目安として用いられる．
(4) 二酸化硫黄は水溶性が強く，硫酸となり，眼や喉の粘膜を刺激する．
(5) 一酸化炭素は，一般的な室内空気の汚れの指標としてしばしば用いられる．

問題44 外気の二酸化炭素濃度が0.04％の場合，室内の二酸化炭素濃度を定常的に0.1％に保つための1人当たりの必要換気量は次のどれか．ただし，在室者1人当たりの二酸化炭素発生量を$0.027m^3/h$とする．

(1) $25m^3/h$　　(2) $30m^3/h$　　(3) $35m^3/h$
(4) $40m^3/h$　　(5) $45m^3/h$

問題45 いわゆるビル病が起こりやすいビルの特徴に関する次の記述のうち，最も不適当なものはどれか．

(1) 一部再循環空気を利用する全館空調システムを採用している．
(2) 比較的軽量構造の建物である．
(3) 室内にテクスタイルやカーペットを多く使用している．
(4) 開放性の高いビルである．
(5) 省エネルギー対策のため換気量を少なくしている．

問題46 室内環境における微生物に関する次の記述のうち，最も不適当なものはどれか．
(1) 空中浮遊微生物のうち，室内空気の汚染と最も関係が深いのはウイルスである．
(2) 室内に存在する細菌や真菌は多種多様であり，それらの中には極めて毒性の強いものもあるが，量的には少ないのが普通である．
(3) 細菌は一定単位時間で分裂して増殖するのに対し，真菌は菌糸をのばし，胞子を出して増殖する．
(4) 室内環境汚染の原因となった細菌の例としては，レジオネラ属菌が知られている．
(5) 真菌が人体に及ぼす健康影響として注目されるものにアレルゲン作用があり，エアロゾルや結露に伴って人体に侵入する．

問題47 音圧レベルと周波数の組合せのうち，音の可聴範囲として，最も適当なものは次のどれか．
　　　ア　音圧レベル　――――――0～90dB
　　　イ　音圧レベル　――――――0～130dB
　　　ウ　音圧レベル　――――――0～170dB
　　　エ　周波数　　　――――――20～20,000Hz
　　　オ　周波数　　　――――――20～40,000Hz
　　　カ　周波数　　　――――――100～20,000Hz
(1) アとエ　　(2) イとエ　　(3) イとカ　　(4) ウとオ　　(5) ウとカ

問題48 音に関する事項の次の組合せのうち，誤っているものはどれか．
(1) 等価騒音レベル――――――――――騒音エネルギーの平均値
(2) 超音波――――――――――――――20kHz 以上
(3) 音の大きさの心理感覚―――――――A 特性
(4) 騒音による聴取妨害――――――――S/N 比
(5) 騒音性聴力低下――――――――――C^5 ディップ

問題49 音圧レベルに関する次の文章の　　　内に入る数値のうち，正しいものはどれか．
　　　音圧レベル 50dB の音の音圧（単位 Pa）は，30dB の音の音圧の　　　倍である．
(1) 1.67　　(2) 5　　(3) 10　　(4) 20　　(5) 100

問題50 振動に関する次の記述のうち，最も不適当なものはどれか．
(1) 局所振動の人体影響として，レイノー症候群（白ろう病）がある．
(2) 振動レベルの単位は，Hz である．
(3) 全身振動の場合，身体の姿勢によって，振動の大きさの感覚は異なる．
(4) 振動の大きさの知覚は，皮膚や内臓，関節などにある知覚神経末端受容器による．
(5) 振動による人の感覚は，周波数によっても異なる．

問題51 人間の眼が感じる明るさに関する次の記述のうち，最も適当なものはどれか．
(1) 暗所では，感光度の低い杆体視細胞が働きやすい．
(2) 照度は照明の質を表し，輝度は快適性を表す指標である．
(3) 照度が低下すると，瞳孔の大きさが縮小する．
(4) 照度が高くなると，細かい物を識別しやすくなる．

(5) 快適な照明にはグレアが必要である．

問題 52 VDT (visual display terminal) 作業者の健康管理に関する次の記述のうち，最も不適当なものはどれか．
(1) VDT作業者は，他の視作業者に比べ，目に関する訴えが多い．
(2) VDT作業者は，環境のハイテク化に伴う変化に適応できず，不安神経症に陥ることもある．
(3) VDT作業者の中には，手や腕のしびれ，さらには腰痛などを訴える者がいる．
(4) VDT作業者の労働管理で必要なことは，一定時間ごとの小休止や視環境の改善である．
(5) VDT作業者の視環境にとって重要なことは，室内の照明の量であり，光の色や色彩の影響はほとんどみられない．

問題 53 事務所の照度基準（JIS Z 9110-1979）によるオフィスビル等における人工照明の照度基準のレベルを高い順に並べた組合せとして，最も適当なものは次のどれか．
(1) 玄関ホール（昼間）――会議室――講堂――休養室――非常階段
(2) 会議室――玄関ホール（昼間）――講堂――休養室――非常階段
(3) 玄関ホール（昼間）――会議室――講堂――非常階段――休養室
(4) 会議室――玄関ホール（昼間）――講堂――非常階段――休養室
(5) 会議室――講堂――玄関ホール（昼間）――非常階段――休養室

問題 54 地下空間に関する次の記述のうち，最も不適当なものはどれか．
(1) 地下空間での人工照明は不可欠であるが，人の健康維持に必要な自然光線の役割を補うことはできない．
(2) 地下空間は，地上に比べ温度の変化が大きく，年間を通じて一定した温度環境が得られにくい．
(3) 地下空間は，外部からの音が遮断されて静かさを得ることができる反面，地下空間内部で発生した音は騒音としてこもりやすい．
(4) 日本では，地下空間で湿度が高くなる傾向がみられ，結露やカビが発生しやすい．
(5) 地下空間は，自然換気が限られており，室内空気汚染が生じやすいため，換気を励行して空気清浄に努める必要がある．

問題 55 高齢者のためのビル環境に関する次の記述のうち，最も不適当なものはどれか．
(1) ビル内の光環境は，平面的な光の分布のほかに垂直的な分布にも留意し，階段の足元などの照明に配慮する必要がある．
(2) 高齢者は急速な明るさの変化がストレスとなって事故につながりやすい．
(3) 高齢者は一般に視力が低下しており，居住環境全体の明るさを増すほか局所照明を有効に活用する必要がある．
(4) ビル環境では，白と黄色又は黒と青色を組合せた標識は，高齢者にとって見やすい．
(5) 高齢者にとって，ビル内の垂直方向の移動にはエレベータやエスカレータが，また，水平方向の移動には車いすや手すりが有効である．

問題 56 水道水の汚染が原因である感染症の集団発生に関する次の記述のうち，最も不適当なものはどれか．

(1) 同時に多数の患者が発生する．
(2) 給水地域に一致して発生する．
(3) 患者は，給水栓からの生水飲用者に多い．
(4) 死亡率は，極めて高い．
(5) 消化器系の感染症である．

問題57 建築物内の給水設備における病原性微生物による汚染の原因として，最も不適当なものは次のどれか．
(1) 工事中の事故や過誤などによる排水の給水系統への流入
(2) 貯水槽への動植物の侵入
(3) 経年などによる設備の劣化に対する予防保全の実施
(4) 断水時における一部の給水管内の負圧による非清浄水の逆流
(5) 貯水槽内の藻類の繁茂による消毒用塩素の無効化

問題58 給水および排水に関する次の記述のうち，最も不適当なものはどれか．
(1) 掃除口は，敷地内排水配管の方向変換箇所，掃除・点検が必要な箇所などに設け，汚水・雑排水用と雨水用とがある．
(2) 水道直結方式は，給水方式の一つで，管理された水質の水を密閉管路で使用箇所まで供給できるため，衛生上の問題を生じにくい．
(3) 残留塩素は，消毒効果の評価の指標で，遊離型と結合型とがある．
(4) 間接排水は，排水口空間を設けて，一般排水系統に接続されたトラップを有する水受け容器へ開口することをいう．
(5) 一過式配管は，水や湯が通り過ぎるだけで循環しない配管方式や，そのような配管の部分をいう．

問題59 建築物における衛生的環境の確保に関する法律に基づく飲料水の水質検査で，定期的検査が義務付けられていない項目は，次のどれか．
(1) 鉛　　(2) 亜鉛　　(3) ヒ素　　(4) 鉄　　(5) 銅

問題60 水道水の水質に関する次の記述のうち，最も不適当なものはどれか．
(1) 水質基準項目は，健康に関する項目と水道水が有すべき性状に関する項目とから構成されている．
(2) 水道における塩素消毒の際に生成されるトリハロメタンは，総トリハロメタンとともに，個々のトリハロメタン4物質についても基準値が定められている．
(3) 農薬については，シマジン，チウラム，1,3-ジクロロプロペン，チオベンカルブの4種類の水質基準項目が定められている．
(4) 監視項目は，将来にわたって水道水の安全性が確保できるよう，その検出状況を把握し，水道水質管理に活用することが望ましい項目である．
(5) ナトリウムは，快適水質項目として定められている．
（この問題は法改正により題意が不適当になりました）

問題61 飲料水の塩素消毒における不連続点曲線と主な生成物の概念図について，次の各領域の化合物の組合せとして，正しいものはどれか．

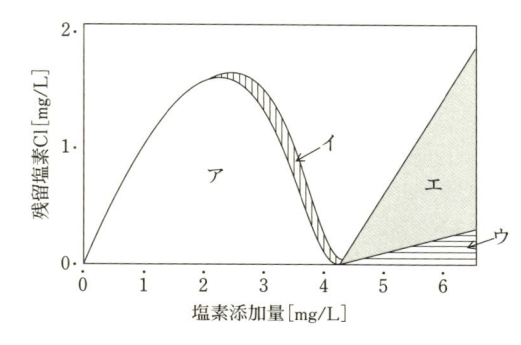

(1) モノクロラミン（NH$_2$Cl）—ジクロラミン（NHCl$_2$）—次亜塩素酸（HOCl）—トリクロラミン（NCl$_3$）
(2) ジクロラミン（NHCl$_2$）—モノクロラミン（NH$_2$Cl）—トリクロラミン（NCl$_3$）—次亜塩素酸（HOCl）
(3) ジクロラミン（NHCl$_2$）—トリクロラミン（NCl$_3$）—モノクロラミン（NH$_2$Cl）—次亜塩素酸（HOCl）
(4) モノクロラミン（NH$_2$Cl）—トリクロラミン（NCl$_3$）—次亜塩素酸（HOCl）—ジクロラミン（NHCl$_2$）
(5) モノクロラミン（NH$_2$Cl）—ジクロラミン（NHCl$_2$）—トリクロラミン（NCl$_3$）—次亜塩素酸（HOCl）

問題62 建築物における衛生的環境の確保に関する法律に基づく特定建築物における貯水槽等給水に関する設備の点検および補修等に関する次の記述のうち，誤っているものはどれか．

(1) 貯水槽の掃除終了後，塩素剤を用いて2回以上貯水槽内の消毒を行い，消毒排水を完全に排除するとともに，消毒終了後は，貯水槽内に立ち入らない．
(2) 管の損傷，さび，腐食および水漏れの有無を点検し，必要に応じ，補修等を行う．
(3) 管洗浄の終了後，給水を開始しようとするときは，給水栓における水について定められた基準に従い，水質検査および残留塩素の測定を行う．
(4) 防錆剤を使用する場合には，定められた品質規格に適合するものを使用する．
(5) 高置水槽または圧力水槽の掃除は，受水槽の掃除の前に行う．

問題63 貯水槽に関する次の記述のうち，最も不適当なものはどれか．

(1) ある時期水の使用量が極端に少なくなる施設に設ける貯水槽は，貯水槽内の水位を下げることができるようにしておく．
(2) 貯水槽の下部，周囲および上部には，450mm以上の保守点検のためのスペースを確保する．
(3) 高置水槽は，地震時には大きな地震力を受けるので，十分な耐震措置を講じておく必要がある．
(4) FRP製の水槽を使用する場合には，水槽照度率が0.1％以下である製品を使用する．
(5) 容量の比較的大きい貯水槽には，木製の水槽が使用されることもある．

問題64 給水方式の特徴に関する次の記述のうち，最も不適当なものはどれか．

(1) 水道直結直圧方式は，水道本管の水圧が高い場合には高層の建物まで給水でき，建物所有者は設備費が節約できる．

(2) 高置水槽方式は，圧力水槽方式に比較して，使用箇所での給水圧力が大きく変動する．
(3) 圧力水槽方式は，圧縮された空気の反力で水を供給する．
(4) ポンプ直送方式は，圧力または流量を検出してポンプの運転台数又は回転数を制御し，安定した給水ができる．
(5) 水道直結増圧方式は受水槽をなくし，配水管に増圧ポンプユニットを設置する方式である．

問題 65 給水設備に関する次の記述のうち，最も不適当なものはどれか．
(1) クロスコネクションとは，上水給水・給湯系統とその他の系統が，配管・装置により直接接続されることをいう．
(2) 受水槽には，揚水ポンプ発停用および満減水警報用の電極棒が設けられる．
(3) 貯水槽の天井には，水はけがよいように，1/100以上のこう配を設ける．
(4) 大便器洗浄弁に必要な水圧は，70kPa である．
(5) 事務所建築における最高水圧は，400kPa～500kPa 程度である．

問題 66 給水設備に関する次の記述のうち，最も不適当なものはどれか．
(1) 給水管における逆サイホン作用による逆流を防止するには，吐水口空間を確保するか，バキュームブレーカを設置する．
(2) 一般の逆止弁は，弁座にごみなどをかむと逆流防止はできないので，飲料水の逆流防止のためには使用できない．
(3) シングルレバー水栓を使用すると，逆流が生じやすい．
(4) 使用水量の削減は，省エネルギーにつながる．
(5) 事務所建築における設計対象給水量は，1人1日当たり 60～100L である．

問題 67 水撃作用の発生または防止に関する次の記述のうち，最も不適当なものはどれか．
(1) 水柱分離が生じやすいところでは，揚水ポンプ起動時に発生しやすい．
(2) 管路途中および末端の開閉弁で，急閉または急開した場合に発生しやすい．
(3) 揚水ポンプ吐出し側の逆止弁で発生しやすい．
(4) 水撃防止器は，水撃作用による圧力上昇を気体の圧縮力または弾性力によって吸収する装置である．
(5) 流速が過大であると水撃が発生しやすいので，設計上の最高流速は 2.0m/s である．

問題 68 給湯設備に関する次の記述のうち，最も不適当なものはどれか．
(1) 中央式給湯設備の場合の給湯温度は，レジオネラ症患者の発生を防ぐために，55℃以下にしないほうがよい．
(2) 住宅における1人1日当たりの設計給湯量は，7.5～11.5L である．
(3) 給湯管の管径はピーク時の湯の使用流量により決定し，返湯管の管径は必要循環流量で決定する．
(4) 加熱装置の加熱能力と貯湯容量との関係は，一方を大きくすれば他方を小さくできる．
(5) 中央式給湯設備の場合でも，一度湯を使用しはじめた後は湯を連続して使用するような枝管には，返湯管を設けない場合が多い．

問題 69 給湯設備に関する次の記述のうち，最も不適当なものはどれか．
(1) 逃し管（膨張管）は，補給水槽の水面まで立ち上げればよい．

(2) 湯の乱費によるエネルギーと水の節約を図るためには，水と湯とは別々の水栓から出さないで，湯水混合水栓を使用する．
(3) 循環ポンプは，返湯管に設置する．
(4) 循環ポンプは，背圧に耐えることのできるポンプを選定する．
(5) 中央給湯方式におけるリバースリターン方式は，湯の均等な循環に有効でない．

問題70 給湯設備に使用する機器・材料に関する次の記述のうち，最も不適当なものはどれか．
(1) 真空式温水発生機および無圧式温水発生機は，労働安全衛生法の規定によるボイラに該当しない．
(2) 逃し弁は，スプリングによって弁体を弁座に押さえつけている弁である．
(3) 自動空気抜き弁は，負圧になるようなところに設置しても，空気を管内に吸入するようなことはない．
(4) ベローズ型伸縮管継手は，ベローズが腐食や疲労破壊して漏ることがある．
(5) 密閉式膨張水槽に設ける逃し弁の作動圧力の設定は，膨張水槽にかかる給水圧力よりも高く設定する．

問題71 水使用機器の分類に関する下図の□内に入る次の語句の組合せのうち，最も適当なものはどれか．

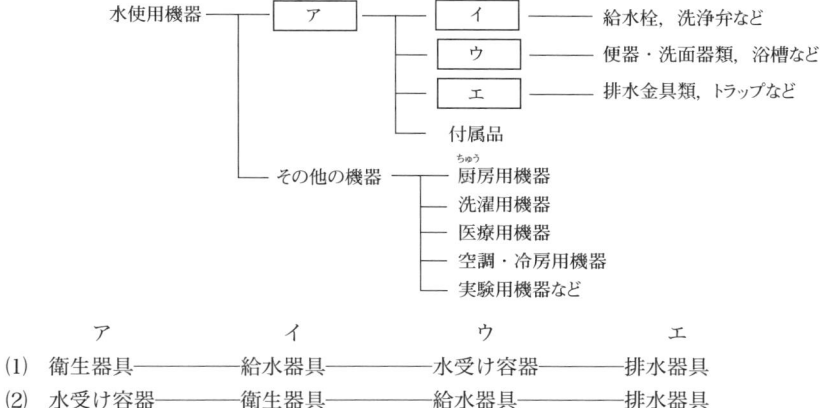

```
水使用機器 ─┬─ ア ─┬─ イ ──── 給水栓，洗浄弁など
            │      ├─ ウ ──── 便器・洗面器類，浴槽など
            │      ├─ エ ──── 排水金具類，トラップなど
            │      └─ 付属品
            └─ その他の機器 ─┬─ 厨房用機器
                              ├─ 洗濯用機器
                              ├─ 医療用機器
                              ├─ 空調・冷房用機器
                              └─ 実験用機器など
```

	ア	イ	ウ	エ
(1)	衛生器具	給水器具	水受け容器	排水器具
(2)	水受け容器	衛生器具	給水器具	排水器具
(3)	衛生器具	水受け容器	排水器具	給水器具
(4)	衛生器具	給水器具	排水器具	水受け容器
(5)	給水器具	衛生器具	水受け容器	排水器具

問題72 衛生器具の手入れ・清掃に関する次の記述のうち，最も不適当なものはどれか．
(1) 陶器の垢，脂等の汚れは，柔らかい布かスポンジに中性洗剤をつけて洗う．
(2) 金具は定期的に水分をふきとった後，ミシン油，自動車のワックス等を含ませた柔らかい布でふく．
(3) 陶器製大便器の底にこびりついた汚れは，塩酸系の洗剤で落とす．

(4) 人工大理石の汚れは，柔らかい布かスポンジに中性洗剤をつけて洗う．
(5) ほうろう，プラスチック及びステンレス鋼製の衛生器具は，酸性系洗剤をつけて洗う．

問題 73 トラップの封水損失の防止に関する次の記述のうち，最も不適当なものはどれか．
(1) 誘導サイホン作用を防止するために，排水管に通気管を設ける．
(2) 自己サイホン作用を防止するために，器具排水管に各個通気管を設ける．
(3) 封水深の大きなトラップを使用する．
(4) 流入脚断面積／流出脚断面積比の大きいトラップを使用する．
(5) 長い期間使用しない床排水口には，プラグ（栓）をする．

問題 74 間接排水としなくてもよい排水は，次のどれか．
(1) 冷蔵庫からの排水
(2) 水飲み器からの排水
(3) 給茶器からの排水
(4) グリース阻集器からの排水
(5) 洗米機からの排水

問題 75 阻集器に関する次の記述のうち，最も不適当なものはどれか．
(1) 阻集器に設けるトラップの封水深は，50mm 以上 100mm 以下とする．
(2) 阻集器は，排水管に有害な物質を阻集・分離するだけでなく，排水中に含まれている貴金属等の分離・回収にも利用される．
(3) グリース阻集器は，排水中に含まれる油脂分が流出して管が閉塞することを防止する．
(4) オイル阻集器は，ガソリン等が排水管内に流入して引火・爆発することを防止する．
(5) 砂阻集器は，土砂等が排水管内に流入し，沈積して閉塞することを防止する．

問題 76 排水ますの設置箇所として，最も不適当なものは次のどれか．
(1) 敷地排水管の直管で，管内径の 200 倍を超えない範囲内
(2) 敷地排水管の起点
(3) 排水管の合流箇所および敷地排水管の方向変換箇所
(4) こう配が著しく変化する箇所
(5) その他，清掃・点検上必要な箇所

問題 77 通気配管に関する次の記述のうち，最も不適当なものはどれか．
(1) 排水立て管の頂部は，伸頂通気管として延長し，大気中に開口する．
(2) 通気管は，管内を空気が流通するだけなのでこう配を必要としない．
(3) 通気立て管の上部は，管径を縮小せずに延長し，最高位の衛生器具のあふれ縁から 150mm 以上高い位置で伸頂通気管に接続する．
(4) 通気立て管の下部は，通気立て管と同一の管径で最低位の排水横枝管より低い位置で排水立て管から取り出す．
(5) 低位通気管どうしを床下で接続してはならない．

問題 78 通気設備に関する次の記述のうち，最も不適当なものはどれか．
(1) 屋上を物干し場等に使用する場合は，通気管は屋上から 2m 以上立ち上げた位置で開口する．
(2) 通気管の末端は，建物の張出しの下部に開口する．
(3) 屋上を物干し場等に使用しない場合は，通気管は屋上から 200mm 以上立ち上げて開

口する．
(4) 積雪地では，通気管の末端が閉ざされないように積雪深度以上に立ち上げる．
(5) 通気管の末端の有効開口面積は，管内断面積以上とする．

問題 79 排水槽に関する次の記述のうち，最も不適当なものはどれか．
(1) マンホールの直径は，原則として 60cm 以上とし，水中ポンプが引き出せる大きさとする．
(2) 排水槽は，通気管以外の部分から臭気が漏れない構造とする．
(3) 排水槽の底のこう配は，1/15 以上 1/10 以下とする．
(4) 厨房排水槽の水位制御には，電極棒でなくフロートスイッチ等を用いる．
(5) 排水槽の通気管は，排水管の伸頂通気管に接続する．

問題 80 排水再利用施設の処理水の管理に関する次の項目のうち，毎月 1 回以上検査することがよいとされている項目はどれか．
(1) 再生水量　(2) 透視度　(3) 大腸菌群数　(4) pH　(5) 残留塩素
（この問題は法改正により語句が不正確になりました．大腸菌群数→大腸菌数）

問題 81 雨水利用施設に関する次のフローシートの　　　　内に入る単位装置の組合せのうち，最も適当なものはどれか．

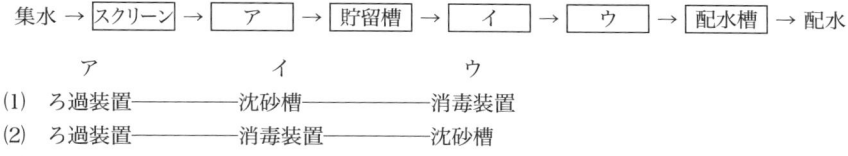

集水 → スクリーン → ア → 貯留槽 → イ → ウ → 配水槽 → 配水

	ア	イ	ウ
(1)	ろ過装置	沈砂槽	消毒装置
(2)	ろ過装置	消毒装置	沈砂槽
(3)	沈砂槽	ろ過装置	消毒装置
(4)	沈砂槽	消毒装置	ろ過装置
(5)	消毒装置	ろ過装置	沈砂槽

問題 82 給排水衛生設備に使用する配管に関する次の記述のうち，最も不適当なものはどれか．
(1) 一般配管用ステンレス鋼管は，細い管はメカニカル接合によって，太い管はティグ溶接かフランジ接合で接続する．
(2) 銅管は，管を差し込んだ継手の受け口と管との透間に，はんだあるいはろうを吸い込ませて接続する差込接合で接続する．
(3) 架橋ポリエチレン管の 1 種管は，融着継手によって接続する．
(4) 樹脂管は，温度が高くなると強度が極端に落ちる．
(5) 排水管用の継手は，管と接続した場合に，管の内面と継手の内面とがほぼ平滑になるようになっている．

問題 83 消火設備に関する次の記述のうち，最も不適当なものはどれか．
(1) 消防法によって，消防用設備等は，消防の用に供する設備，消防用水および消火活動上必要な施設に分類されている．
(2) 1 号消火栓は，消火能力に重点を置き，その操作を 2 人以上で行う消火栓である．
(3) 2 号消火栓は，操作性を考慮して，その操作を 1 人で行うことができる消火栓である．
(4) スプリンクラ設備は，使用されるヘッドによって，閉鎖式と開放式に大別される．

(5) 湿式のスプリンクラ設備は，配管の途中に弁を設けて弁のポンプ側には加圧水を，弁のヘッド側には圧縮空気を充塡している設備である．

問題84 消火設備に関する次の記述のうち，最も不適当なものはどれか．
(1) 連結散水設備は，煙やガスの充満や停電等で，内部の状況が正確に把握できず，消防隊による消火活動が困難な高層階の火災の消火を効率よく行うためのものである．
(2) 屋内消火栓設備は，消火剤に水だけを使用し，中期火災での消火を目的としている．
(3) スプリンクラ設備は，火災を小規模のうちに消火させる散水式の自動消火設備で，初期消火には最も有効な設備である．
(4) 泡消火設備は，燃焼物に泡を放射して消火する設備で，可燃性液体の火災のように，水による消火方法では消火効果が少ないか，あるいは逆に火災を拡大させるおそれのある火災に用いられる．
(5) 連結送水管は，公設の消防隊の動力消防ポンプ車を使って外部の水を建物内部に送水するもので，消防隊員によって消火活動が行われる．

問題85 JIS A 3302-2000 による建築物の用途別による屎尿浄化槽の処理対象人員算定基準に関する次の記述のうち，最も不適当なものはどれか．
(1) 建築物の使用状況により，算定基準表が明らかに実情に沿わないと考えられる場合は，増減することができる．
(2) 事務所における算定基準表による処理対象人員は，便器の個数から求める．
(3) 特殊の建築用途の建築物又は定員未定の建築物については，算定基準表に準じて算定する．
(4) 同一建築物が2以上の異なった建築用途に供される場合は，それぞれの建築用途の項を適用加算する．
(5) 2以上の建築物が共同で屎尿浄化槽を設ける場合は，それぞれの建築用途の項を適用加算する．

問題86 浄化槽における高度処理で除去対象とする物質とその除去法に関する次の組合せのうち，最も不適当なものはどれか．

　　　　除去対象物質　　　　　　　　　除去法
(1) 浮遊性の残存有機物質――――― 凝集沈殿法
(2) 窒素化合物――――――――― 生物学的硝化脱窒法
(3) 溶解性の残存有機物質――――― 活性炭吸着法
(4) リン化合物――――――――― オゾン酸化法
(5) アンモニア――――――――― イオン交換法

問題87 流入汚水量が157m^3/日，流入BODが200mg/Lの流入条件下の回転板接触槽において，BOD面積負荷を5g-BOD/m^2・日で処理する場合，回転板の必要枚数に最も近い数値は次のどれか．
　　　ただし，回転板は片側の面積が3.14m^{2}の円板で，厚さは無視するものとする．
(1) 500枚　(2) 1,000枚　(3) 1,500枚　(4) 3,000枚　(5) 3,500枚

問題88 活性汚泥法を用いた浄化槽について，流入汚水量200m^3/日，流入BOD200mg/L，BOD除去率90％，汚泥転換率70％，汚泥の含水率98％の条件下における汚泥発生量

として，正しい数値は次のどれか．

ただし，汚泥の密度は $1,000kg/m^3$ とし，汚泥発生量を計算する場合，次の式を用いるものとする．

$$汚泥発生量 = 流入BOD量 \times \frac{BOD除去率(\%)}{100} \times \frac{汚泥転換率(\%)}{100} \times \frac{100}{(100-含水率(\%))}$$

(1) $0.63m^3/日$　　(2) $1.00m^3/日$　　(3) $1.26m^3/日$
(4) $2.00m^3/日$　　(5) $2.52m^3/日$

問題89 浄化槽法で定められている浄化槽管理者の義務に関する次の記述のうち，最も不適当なものはどれか．
(1) 保守点検の実務については，浄化槽管理士の資格を有する人が直接行うか，浄化槽管理士のいる登録された保守点検業者に委託することができる．
(2) 清掃については，市町村長の許可を受けた浄化槽清掃業者に委託することができる．
(3) 処理対象人員が51人以上の規模の浄化槽管理者は，省令で定める資格を有する技術管理者を置かなければならない．
(4) 毎年1回，指定検査機関の行う水質検査を受けなければならない．
(5) 保守点検または清掃の記録を作成し，3年間保存しなければならない．

問題90 給排水衛生設備に関する次の記述のうち，最も不適当なものはどれか．
(1) 水を止める目的だけの場合には玉形弁が，流量調整も必要とする場合には仕切弁が使用される．
(2) 給水設備において逆流の生じる原因の一つとして，クロスコネクションがある．
(3) 給湯配管に伸縮管継手を使用する場合には，配管は要所で固定支持する．
(4) 湿り通気管とは，2個以上のトラップを保護するため，器具排水管と通気管とを兼ねる部分をいう．
(5) 浄化槽の性能，構造に関しては建築基準法により，施工，保守点検および清掃に関しては浄化槽法により定められている．

平成13年度【午後】

室内環境の管理
清掃
ねずみ，昆虫等の防除

問題91 空調方式の一つである，定風量単一ダクト方式の省エネルギー手法として，最も不適当なものは次のどれか．
(1) ダクトのサイズを大きくする．
(2) 冷房時における室の温度差を解消するために，ターミナルレヒート方式を採用する．
(3) 多翼送風機ではなく，翼形送風機を採用する．

(4) 全熱交換器を採用する．
(5) 低速ダクトを採用する．

問題 92 熱源設備に関する次の記述のうち，最も不適当なものはどれか．
(1) 未利用エネルギーには，地下水，河川水，下水，ごみ焼却余熱等がある．
(2) 吸収式冷凍機の蒸発器内の圧力は，大気圧より高い．
(3) 一般に普及している冷凍機には，蒸気圧縮式と吸収式がある．
(4) 冷水と温水を同時に供給できる冷凍機もヒートポンプである．
(5) アンモニアガスやプロパンガスは非フロン系の冷媒である．

問題 93 冷却塔の管理作業内容として，最も不適当なものは次のどれか．
(1) 散水状態，充填材の点検
(2) 油冷却器の分解・清掃
(3) 補給水フロート弁の点検
(4) 送風機の点検
(5) シーズンオフの点検

問題 94 パッケージ型空調機マルチタイプを使用している室の冷房効果が低下している．その原因と思われる次の記述のうち，最も不適当なものはどれか．
(1) ほとんどのパソコンのモニターをブラウン管型から液晶型に替えた．
(2) 冷媒配管内に空気が混入している．
(3) 屋外ユニットのコイルに枯葉等のごみが付着している．
(4) 屋外機が隣接して増設されている．
(5) 室内機のサーモスタットの温度設定が高めになっている．

問題 95 建築物の窓ガラスを通しての熱負荷に関する次の記述のうち，最も不適当なものはどれか．
(1) 東京における垂直南面窓の正午の日射量は，8月より10月の方が大きい．
(2) 窓からの日射熱は床や家具に蓄熱されるため，時間遅れで負荷となる．
(3) 窓の日射熱を遮るブラインドは，外側より内側に設ける方が効果が大きい．
(4) 一般的な複層ガラスの断熱性能を向上させるには，ガラスの厚さを増すより，空気層を増す方が効果が大きい．
(5) エアフローウィンドウ（空気流通窓）には，直達日射を遮へいするとともに，日射熱を軽減する効果がある．

問題 96 エアフィルタに関する次の記述のうち，最も不適当なものはどれか．
(1) 捕集効率の測定方法には，重量法，比色法，計数法（個数法）がある．
(2) 重量法はプレフィルタなどの粗じん用フィルタの性能表示に使用される．
(3) フィルタの取替えは，圧力損失が初期損失の2倍になった時期に行うのが一般的である．
(4) 中性能フィルタでは，通過風速を遅くして圧力損失を大きくするため，ろ材を折り込んでいる．
(5) 粉じん保持容量が大きいほど長寿命である．

問題 97 蓄熱方式に関する次の記述のうち，最も不適当なものはどれか．
(1) 蓄熱方式には，水蓄熱，氷蓄熱，化学蓄熱等がある．
(2) 昼間の電力のピークを抑えることができる．

(3) 開放式水槽のポンプ必要揚程は，密閉式に比べて小さくなる．
(4) 割安な深夜電力を利用できる．
(5) 熱回収システムの場合，熱回収時間と熱利用時間のずれを吸収できる．

問題 98 オフィス内の照明に関する次の記述のうち，最も不適当なものはどれか．
(1) タスク・アンビエント照明とは，周辺部と別に作業面の照明をすることである．
(2) OA 化の進んでいるオフィスでは，VDT 画面に照明などの映り込みがないようにする必要がある．
(3) オフィスにおける机上面照度は，200 lx 程度がよい．
(4) 照明には不快なグレアがあまりないのが望ましい．
(5) 人の表情等に影響するモデリングを考慮すべきである．

問題 99 室内の騒音・振動対策に関する次の記述のうち，最も不適当なものはどれか．
(1) 室内で発生する騒音がうるさいので，室内の仕上げ材を吸音率の高いものに替えた．
(2) 空調の吹出口からの発生音がうるさいので，吹出口を小さくして吹き出し流速を速くした．
(3) 階下の室にハイヒールの足音が聞こえるので，床材をプラスチックタイルからカーペットに替えた．
(4) 機械室の機械の振動は，建築物の構造体に伝わってしまうと防振しにくいので，発生源の防振を心がけた．
(5) 館内放送が響き過ぎて不明瞭にしか聞こえないので，天井材を吸音率の高いものに替えた．

問題 100 騒音・振動に関する次の記述のうち，最も不適当なものはどれか．
(1) 隣室との遮音壁（一重壁）の性能は，一般に単位面積当たりの質量が大きい方がよい．
(2) 音源の音圧レベルが 80dB の機械をもう 1 台入れた時の合計の音圧レベルは約 83dB である．
(3) 吸音性能の良い材料は，一般に遮音性能もよい．
(4) 防振材には，ゴム，金属バネ，空気バネなどがある．
(5) 重量床衝撃音の伝達は，仕上げ材より躯体構造が大きく影響する．

問題 101 点光源の直下 1m の水平面照度が 1,000 lx である場合，直下 2m の水平面照度として最も近いものは次のどれか．
(1) 100 lx (2) 250 lx (3) 500 lx (4) 750 lx (5) 1,000 lx

問題 102 超低周波音に関する次の記述のうち，最も不適当なものはどれか．
(1) 超低周波音は，高速道路高架橋が発生源となることがある．
(2) 超低周波音は，通常，音として聞こえない．
(3) 超低周波音は，ボイラが発生源となることがある．
(4) 超低周波音の発生により，建具が振動してガタガタと騒音を発することがある．
(5) 超低周波音は，室内に吸音率の高い仕上げ材を用いることにより，軽減させることができる．

問題 103 オフィスの光環境に関する次の記述のうち，最も不適当なものはどれか．

(1) 高齢者には，一般に高い照度が必要である．
(2) 昼光を利用する場合には，直射日光を除いてその照度を考える．
(3) 光の来る方向を考えて，影のできる位置に注意を払う．
(4) 展示場などでは，材質感を出すような照明を考える．
(5) 作業面の照度が十分であれば，周囲の照度は低くする．

問題104 次の組合せのうち，誤っているものはどれか．
(1) 1ppm ＝ 0.01％　　(2) 1ng ＝ 10^{-9}g
(3) 0℃ ＝ 273.15K　　(4) 1μm ＝ 10^{-6}m
(5) 1L ＝ 1,000cm^3

問題105 建築物の省エネルギー計画で用いられる指標に関する次の記述のうち，誤っているものはどれか．
(1) PAL とは，年間熱負荷係数のことである．
(2) PAL とは，建築物の外壁，窓等を通しての熱の損失防止のための装置に関する指標である．
(3) CEC とは，エネルギー消費係数のことである．
(4) CEC を用いて，照明設備，昇降機のエネルギー消費の値を評価することはできない．
(5) PAL，CEC は，エネルギーの使用の合理化に関する法律に基づく指標として採用されている．

問題106 省エネルギー設計に関する次の記述のうち，最も不適当なものはどれか．
(1) 自然エネルギーを利用する．
(2) エネルギーのリサイクル利用を図る．
(3) 熱，空気，水，ガス等エネルギーの搬送経路を短くする．
(4) 全外気取入れの空調システムを導入する．
(5) 維持管理上，運転効率の低下を招かないシステム設計を行う．

問題107 ファシリティマネージメント（FM）に関する次の記述のうち，最も不適当なものはどれか．
(1) ファシリティとは土地，建物，建築設備，OA機器，情報ネットワーク，家具什器など職場や利用環境を形作るものをいう．
(2) FM とは，職場をその組織体の人々およびその業務に最も適するものにするための実務である．
(3) FM は，経営学，建築学，行動科学，工学の理論を統合的に活用するものである．
(4) 情報化は，FM が経営上重要なテーマとなることとは無関係である．
(5) FM は，コーポレイトアイデンティティ（CI）とも深くかかわっている．

問題108 換気に関する次の記述のうち，最も不適当なものはどれか．
(1) 換気回数とは，1時間に行われる換気量を室容積で除した値である．
(2) 自然換気は，風力と室内外の温度差により行われる．
(3) 自然換気を行う場合には，床近くに給気口，天井近くに排気口を設ける．
(4) 機械換気は，事務所ビルや工場で行うもので，独立住宅では一般に行わない．

(5) 換気の良否は，一般に室内の二酸化炭素濃度により評価される．

問題109 乾球温度30℃・湿球温度28℃の空気と，乾球温度10℃・湿球温度5℃の空気を等量ずつ混合した．この混合した空気に関する次の記述のうち，誤っているものはどれか．下の湿り空気線図を用いて答えよ．

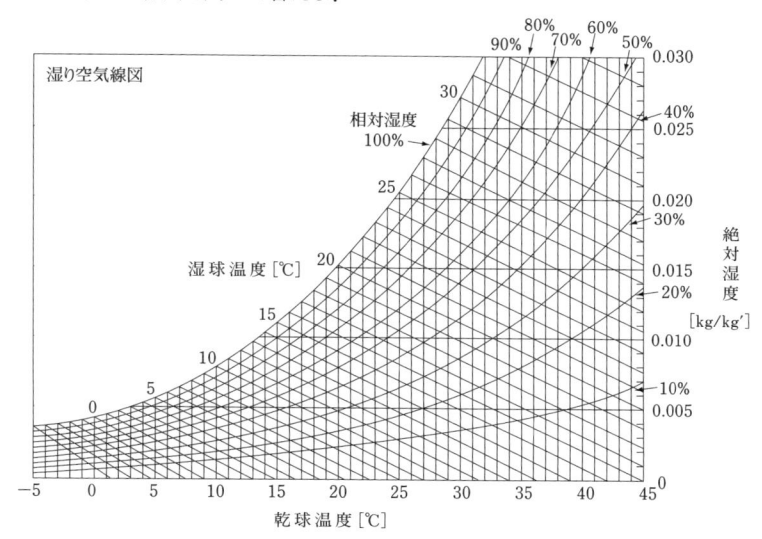

(1) およそ乾球温度20℃・絶対湿度0.003kg/kg'となる．
(2) およそ乾球温度20℃・湿球温度19℃となる．
(3) およそ乾球温度20℃・露点温度18.5℃となる．
(4) およそ湿球温度19℃・相対湿度90%となる．
(5) およそ相対湿度90%・露点温度18.5℃となる．

問題110 温熱条件に関する次の記述のうち，最も不適当なものはどれか．
(1) 有効温度 (ET) はヤグローらによって発表された指標で，感覚温度，実効温度ともいう．
(2) 修正有効温度 (CET) とは，有効温度に放射熱の影響が考慮されていない欠点を補ったものである．
(3) 新有効温度 (ET*) とは，発汗も含めた熱平衡式を基礎とする温熱指標であり，旧来の有効温度とは本質的に異なる．
(4) 予測平均温熱感 (PMV) は，特殊環境，特に暑熱環境の評価に適している．
(5) Met (メット) とは，身体活動量を表す単位である．

問題111 湿り空気線図を用いて絶対湿度を求める場合に必要となる項目の組合せのうち，誤っているものは次のどれか．
(1) 風速と相対湿度
(2) 乾球温度と湿球温度
(3) 湿球温度と相対湿度
(4) 水蒸気分圧と乾球温度
(5) エンタルピーと乾球温度

問題112 冷水蓄熱槽の特徴を述べた次の記述のうち，最も不適当なものはどれか．
(1) 開放式蓄熱槽の場合，水質が悪化するので水質管理が必要となる．
(2) 空調設備の延長運転が行いにくくなる．
(3) 熱源機器を高負荷で運転するので，効率を向上できる．
(4) 空調機の入口冷水温度を高くすると，蓄熱槽の利用温度差を広げることができる．
(5) 蓄熱槽の水を火災時に消火用水として利用できる．

問題113 次の文章の［　　　］内の用語として最も不適当なものはどれか．
　　　アスマン通風乾湿計では，(1) 湿球 における (2) 水の蒸発量 は (3) 空気の静圧 により異なるので，一定速度で回転する風車と，それを駆動するゼンマイ機構またはモータが内蔵されている．また，(4) 放射熱 を防ぐため，温度計を挿入した金属筒はクロムメッキされている．2本の温度計は一方を乾球，他方の球部にはガーゼを巻いて湿球としてある．
　　　湿度の求め方は，湿度表または (5) 空気線図 より読み取る．

問題114 浮遊粉じん濃度測定用ピエゾバランス粉じん計に関する次の記述のうち，最も不適当なものはどれか．
(1) 振動している水晶板の表面に捕集された粉じんの量に比例して振動数が減少することを利用している．
(2) 試料空気の吸引流量は 1.0L/min である．
(3) 水晶板上に粒径 10μm 以下の粉じんを捕集するため，あらかじめ 10μm 以上の粉じんを除去している．
(4) 振動数の減少が 2,000Hz を超えると測定値の誤差が大きくなるため，水晶板上の粉じんを除去して初期の状態に戻す．
(5) 水晶板上への粉じんの捕集は慣性衝突法により行われる．

問題115 室内の空気汚染物質の測定方法に関する次の記述のうち，最も不適当なものはどれか．
(1) 一酸化炭素の濃度は，直読式の検知管で測定できる．
(2) 浮遊粉じんの質量濃度は，光散乱式のパーティクルカウンタで直接測定することができる．
(3) 二酸化炭素の濃度は，赤外線分析計で測定できる．
(4) 揮発性有機化合物（VOC）は，捕集管に捕集したのち，脱着させてガスクロマトグラフで分析できる．
(5) 細菌や真菌は，寒天培地上に捕集したのち培養を経て，培地上のコロニーの数を計数して，その濃度を求める．

問題116 室内の一酸化炭素濃度が高くなった理由として，最も不適当なものは次のどれか．
(1) タバコ煙の過大な発生
(2) 石油ストーブの不完全燃焼
(3) 集会者数の増大
(4) 車道に面した空気取入口からの外気の侵入

(5) 地下ガレージにつながるダクトからの空気の侵入

問題117 室内の空気における有害物質の挙動に関する次の記述のうち，最も不適当なものはどれか．
(1) 一酸化炭素は，発生後，容易に酸化が進み，二酸化炭素に変化する．
(2) タバコ煙は長い時間滞留したのち，天井，壁，床等に付着する．
(3) 土ぼこりは室内に持ち込まれても，ほとんどのものが床に沈着する．
(4) 粉じんやガス状有害物質の濃度は，室内において時間的に変動している場合が多い．
(5) 室内の気流の速度が小さいと，空間的な濃度分布の幅は大きくなりやすい．

問題118 大気中に存在するガス状物質のうち，常温で水によく溶けて弱アルカリ性を示すものは次のどれか．
(1) 酸素　　(2) 一酸化炭素　　(3) 二酸化炭素
(4) アンモニア　　(5) アルゴン

問題119 空気環境測定法に関する次の記述のうち，最も不適当なものはどれか．
(1) 温度計で湿球温度や乾球温度を読み取る場合は，目盛と目の高さを合わせて読み取る．
(2) 定電位電解式の一酸化炭素測定機は，センサを定期的に交換する．
(3) 熱線風速計で気流を測定するときは，あらかじめ気流の向きを調べておかなくては正しい計測ができない．
(4) 光散乱式の浮遊粉じん測定機を使用する際は，作動状況をチェックするため定期的にタバコの煙を吹きかける．
(5) 二酸化炭素や一酸化炭素を検知管で測定するときは，検知管とポンプのつなぎ目の漏れに十分注意する．

問題120 燃焼器具の排気ガス汚染対策に関する次の記述のうち，最も不適当なものはどれか．
(1) 暖房，給湯用にはできるだけ開放型の燃焼器具を使用しない．
(2) 排気筒を用いる半密閉型の燃焼器具を使用する場合には，室内外の圧力の関係に注意する．
(3) ガス事業法で定められている定期点検を必ず受け，改善の指示に従う．
(4) やむを得ず開放型燃焼器具を使用する場合には，建築基準法で定められている換気量を確保する．
(5) 開放型燃焼器具を使用するときには，空気清浄機を併用する．

問題121 室内の結露対策として最も不適当なものは次のどれか．
(1) 室内に露点温度以下の場所を作らない．
(2) ストーブにより室温を上げ，室の相対湿度を下げる．
(3) 室内に過度の水蒸気発生がないようにする．
(4) 外壁に接した押入の壁の近くや，家具と壁の間などの風通しを良くする．
(5) 内断熱の部分には，断熱材の高温側に防湿層を設ける．

問題122 湿り空気に関する次の記述のうち，最も不適当なものはどれか．
(1) 湿り空気を加熱すると，絶対湿度が低下する．

(2) 湿り空気を冷却すると，やがて水蒸気が凝縮し水滴となる．
(3) 湿り空気のエンタルピーは，乾き空気が持つ熱量と水蒸気が持つ熱量の和である．
(4) 湿り空気内に含むことができる最大水蒸気量は，温度と大気圧に関係する．
(5) 一般に用いる湿度の表示には，相対湿度，絶対湿度，飽和度がある．

問題123 ターボ冷凍機と比較した場合における，吸収式冷凍機の特徴を示す次の記述のうち，最も不適当なものはどれか．
(1) 使用する電力量が少ない．
(2) 真空で運転され，高圧ガス保安法の適用を受けない．
(3) 排熱量が少なく，冷却塔を小型化できる．
(4) 負荷変動に対し，容量制御性に優れている．
(5) 振動や騒音が少ない．

問題124 ファンコイルユニットに関する次の記述のうち，最も不適当なものはどれか．
(1) 吹出し口風向ベーンを，冷風・温風にかかわらず常に一定方向に調整した．
(2) ファンが回っているのに所定の風量が出なかったので，フィルタの清掃を行った．
(3) 空気抜き弁を閉め忘れたため，機外に水が漏れた．
(4) 内部の保温材が破損したため，ケーシングに結露した．
(5) 回転部分が周囲に当たったため，異常振動が発生した．

問題125 次の文章の　　　内に入る語句の組合せのうち，最も適当なものはどれか．
フロート式蒸気トラップの　ア　が損傷し，内部に　イ　が入り浮力を失ったため，　ウ　が排出できなくなった．

	ア	イ	ウ
(1)	バケット	水	凝縮水
(2)	バケット	空気	蒸気
(3)	フロート	水	空気
(4)	フロート	空気	蒸気
(5)	フロート	水	凝縮水

問題126 空気の浄化に関する次の記述のうち，最も不適当なものはどれか．
(1) 空気浄化装置は，室内空気の清浄度を確保する上で，基本的なものの一つである．
(2) 空気浄化装置の性能は，一般的には実験室的方法によって測定されている．
(3) 空気浄化装置の性能は，それぞれ目的とする粉じん濃度によって異なる．
(4) 空気浄化装置は，一般に $10\mu m$ 以下の比較的小形粒子に対する性能の良さが重要である．
(5) 建築環境では，$10\mu m$ を超える砂じん類，繊維，微生物粒子などは汚染因子とはならない．

問題127 冷却塔に関する次の記述のうち，最も不適当なものはどれか．
(1) 冷却塔では，水と空気の接触により一部の水が蒸発し，残りの水から熱を奪って冷却する．
(2) 冷却塔には，開放型と密閉型などがある．

(3) 密閉型の冷却水は大気と直接接触するため，大気中の汚染物質により汚染されやすい．
(4) 冷却塔は，微生物の繁殖に好適な場所となることがある．
(5) 冷却塔には蒸発と気流によって飛散する水のほか，水質を維持するためのブロー水分の補給が必要である．

問題128 建築物の維持保全の実施方式を示す下の図中の ┌──┐ 内に入る語句の組合せのうち，正しいものは次のどれか．

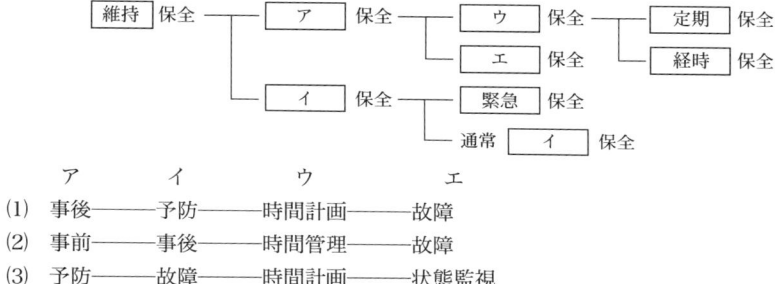

```
維持 保全 ─┬─ ア 保全 ─┬─ ウ 保全 ─┬─ 定期 保全
            │            │            └─ 経時 保全
            │            └─ エ 保全
            └─ イ 保全 ─┬─ 緊急 保全
                         └─ 通常 イ 保全
```

	ア	イ	ウ	エ
(1)	事後	予防	時間計画	故障
(2)	事前	事後	時間管理	故障
(3)	予防	故障	時間計画	状態監視
(4)	予防	事後	時間計画	状態監視
(5)	事前	事後	時間管理	状態監視

問題129 次の図は，単一ダクト方式空調設備の冷房運転時における各点の空気の状態点を示したものである．

図中の数字とカタカナの対応関係を示す次の組合せのうち，正しいものはどれか．

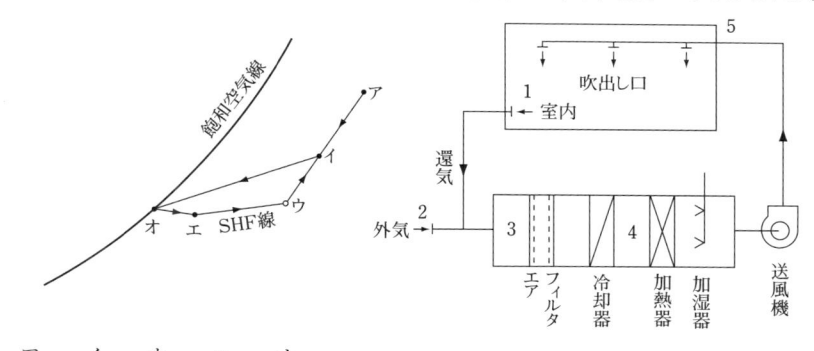

	ア	イ	ウ	エ	オ
(1)	1	2	3	4	5
(2)	1	2	4	3	5
(3)	2	1	3	4	5
(4)	2	3	1	5	4
(5)	2	3	4	5	1

問題130 ビル用マルチエアコンの暖房能力が低下する原因に関する次の記述のうち，最も不適当なものはどれか．

(1) 吸込み外気温度が低くて，屋外機の熱交換コイルが結氷してしまう．
(2) 屋外機の設置場所の風通しが悪い．
(3) 室内機のフィルタが目詰まりしている．
(4) 屋上にある屋外機への照り返しが強い．
(5) 室内機の熱交換フィンがタバコのヤニで汚れている．

問題131 空気調和設備や換気設備における省エネルギー対策として，最も不適当なものは次のどれか．
(1) 室内の二酸化炭素濃度が常時 600ppm 以下であったので，導入外気量を10%削減した．
(2) 予熱・予冷時には，外気取り入れをカットして空調設備を運転した．
(3) 人感センサを取り付け，湯沸室，便所の給排気ファンを，実際の使用時だけ稼働させた．
(4) 蛍光灯を白熱電球に替えて，内部発熱負荷を削減した．
(5) 冷房時に快適環境を保持できる範囲で，従来の室内設定温度を上げた．

問題132 下記の条件の場合に，建築物環境衛生管理基準に基づく室内浮遊粉じん濃度を保つための必要換気量として正しいものは次のどれか．
〔条件〕喫煙により発生する浮遊粉じん量 15mg/本，外気中の浮遊粉じん濃度 0mg/m^3 とした場合，1時間当たりタバコ3本の喫煙がある部屋の必要換気量
(1) 3m^3/h　(2) 10m^3/h　(3) 30m^3/h　(4) 100m^3/h　(5) 300m^3/h

問題133 次の用語と SI 単位との組合せのうち，誤っているものはどれか．
(1) 圧力・応力————————Pa
(2) エネルギー・仕事・熱量————J
(3) 電位・電圧・起電力————V
(4) 電気抵抗————————Ω
(5) 電気量————————W

問題134 空気調和設備に関する次の項目と設計値の組合せのうち，最も不適当なものはどれか．
(1) 空調機冷却コイル通過風速————————2.0m/s
(2) 吹出し風速（一般事務室）————————5.0m/s
(3) 吸収式冷凍機の冷水出口温度————————7℃
(4) 遠心冷凍機用冷却塔の入口冷却水温度————37℃
(5) ラインディフューザの吹出し温度差————20K

問題135 地球環境・都市環境に関する語句の次の組合せのうち，最も関係の薄いものはどれか．
(1) 緑被率————————ヒートアイランド
(2) フロン————————オゾン層の破壊
(3) PCB————————海洋汚染
(4) アンモニア————————地球温暖化
(5) 二酸化硫黄————————酸性雨

問題136 廃棄物の処理及び清掃に関する法律に基づく廃棄物の定義に関する次の記述のう

ち，最も不適当なものはどれか．
(1) 廃棄物は，ごみ，汚泥，動物の死体その他の汚物又は不要物であって，固形状，液状又はガス状のものをいう．
(2) 一般廃棄物は，産業廃棄物以外の廃棄物をいう．
(3) 産業廃棄物は，事業活動に伴って生じた廃棄物のうち，政令で指定する廃棄物をいう．
(4) 公共的事業に伴って排出された廃棄物も，産業廃棄物として扱われる場合がある．
(5) 特別管理産業廃棄物は，産業廃棄物のうち，人の健康又は生活環境に被害を生じるおそれのある性状を有するものとして政令で指定する廃棄物をいう．

問題137 廃棄物とその分類を示した次の組合せのうち，最も不適当なものはどれか．
(1) 事務所ビルの厨房から排出される動植物性残渣 ———————— 一般廃棄物
(2) バキューム車で搬出されるくみ取りし尿 ———————— 一般廃棄物
(3) 浄化槽の清掃に伴って排出される汚泥 ———————— 産業廃棄物
(4) 事務所ビルから排出される紙くず ———————— 一般廃棄物
(5) 雑排水槽から除去される汚泥 ———————— 産業廃棄物

問題138 都市ごみの質および排出量に関する次の記述のうち，最も適当なものはどれか．
(1) ごみの水分は，質量比で約30%である．
(2) ごみの発熱量は，可燃分と灰分から推定することができる．
(3) ごみには，質量比で約40%のプラスチック類が混入している．
(4) 単位容積質量は，単位質量当たりのごみの体積を表す数値である．
(5) 1人1日当たりのごみの排出量は，一般に約1kgである．

問題139 廃棄物処理に関する次の語句の組合せのうち，最も不適当なものはどれか．
(1) RDF ———————— ごみ固形化燃料
(2) m^3/kg ———————— 見かけ比重
(3) C/N ———————— コンポスト
(4) TEQ ———————— ダイオキシン類
(5) kJ/kg ———————— 低位発熱量

問題140 ごみ処理の現状に関する次の記述のうち，最も適当なものはどれか．
(1) 中間処理されるごみのうちでは，直接焼却される割合が最も高い．
(2) ごみの減量処理率は，年々増加しているが，まだ50%に満たない．
(3) 市町村が関与した資源回収量は，年々減少している．
(4) 中間処理を行わず直接埋立てされる割合は，ごみ収集量の50%を上回る．
(5) ごみの総排出量の増加に伴って，最終処分量も増加する傾向である．

問題141 ごみ質に関して述べた次の文章の ☐ 内に入る語句として，最も適当なものはどれか．
☐ は，熱灼減量と同義であり，ごみ質を判断する重要な尺度である．
(1) 可燃分　(2) 水分　(3) 灰分　(4) 固形分　(5) 発熱量

問題142 廃棄物の埋立処分に関する次の記述のうち，最も適当なものはどれか．
(1) 排水処理過程から発生する汚泥は，そのまま埋立処分する．

(2) 廃酸，廃アルカリは，管理型処分場に埋立処分する．
(3) 金属くず，ゴムくず，陶器くずは，遮断型処分場に埋立処分する．
(4) 一般廃棄物の最終処分場は，安定型処分場と同義である．
(5) 埋立処分の方式には，陸上埋立てと水面埋立てがある．

問題143 ごみの焼却施設に関する次の記述のうち，最も不適当なものはどれか．
(1) 大規模な廃棄物焼却炉は，大気汚染防止法によりばい煙発生施設に指定されている．
(2) 一般廃棄物中に混入するプラスチック類は，他のごみとともに焼却されているのが現状である．
(3) ポリ塩化ビニルを含むごみが燃焼すると，塩化水素が発生する．
(4) 大規模な焼却施設では，蒸気による熱利用で発電している事例がある．
(5) 焼却排ガスのダイオキシン類濃度は，連続運転炉の方が間欠運転炉より高い．

問題144 産業廃棄物のマニフェスト制度に関する次の語句のうち，最も不適当なものはどれか．
(1) 廃棄物の移動管理　(2) 廃棄物の輸出入規制　(3) 積荷目録の伝達
(4) 不法投棄の防止　(5) 有害廃棄物のチェック方式

問題145 し尿処理に関する次の記述のうち，最も不適当なものはどれか．
(1) し尿処理施設における放流水のBODの基準は，日間平均値20mg/L以下である．
(2) 汚泥再生処理センターでは，し尿と生ごみ等の有機性廃棄物は一緒に処理することはできない．
(3) し尿処理方式には，脱窒素，高負荷，低希釈などの処理技術が導入されている．
(4) 浄化槽の清掃時に排出する汚泥は，一般にし尿処理施設で処理されている．
(5) し尿は，浄化槽汚泥と比べて窒素，リンの含有量が多い．

問題146 し尿処理施設に関する次の記述のうち，最も不適当なものはどれか．
(1) 有機物除去により安定化を行う．
(2) 病原体や寄生虫卵を除去し，安全化を行う．
(3) 二次処理に活性汚泥法が用いられている．
(4) コミュニティ・プラントは，くみ取りし尿を処理する施設である．
(5) くみ取りし尿は，し尿処理施設で処理すれば下水道へ流すことができる．

問題147 ごみの保管室に関する次の記述のうち，最も不適当なものはどれか．
(1) 保管室には，厨芥類のような変質しやすいごみも持ち込まれる．
(2) 保管室の床は，防水構造にする必要がある．
(3) 保管室には，第2種換気設備を設ける必要がある．
(4) 保管室では，定期的に消毒や殺虫剤の散布を行う必要がある．
(5) 保管室には，ごみの分別整理を行うためのスペースをとることが望ましい．

問題148 建築物におけるごみの搬送システムとして，最も不適当なものは次のどれか．
(1) 空気搬送システム　(2) 水搬送システム　(3) ダストシュートシステム
(4) 破砕溶融システム　(5) 自動縦搬送システム

問題149 建築物におけるごみの中間処理に用いる機材に関する次の記述のうち，最も不適

当なものはどれか．
(1) コンパクタとコンテナを組合せた装置に，厨芥類を投入することは好ましくない．
(2) 建築物内で使用される破砕機は，ビン，缶，プラスチックの破砕には適さない．
(3) 梱包機は，紙製品などを圧縮，梱包する装置で，資源回収に有効である．
(4) パッカ車は，一般廃棄物の収集輸送作業に広く使用されている．
(5) 建築物の焼却設備は，現在では使用される例が少ない．

問題150 大気汚染防止法に基づく排出規制について述べた次の文章の ☐ 内に入る語句として，正しいものはどれか．
　　　☐ は大気汚染防止法においてばい煙に指定されており，その排出規制値は，排出施設の排出口の高さ及びそれぞれの地域ごとに定められた係数（K値）により算出される量で定められている．
(1) ダイオキシン類　　(2) ばいじん　　(3) 塩化水素
(4) 窒素酸化物　　　　(5) いおう酸化物

問題151 悪臭防止法に関する次の記述のうち，最も不適当なものはどれか．
(1) アンモニアや硫化水素など22物質が，特定悪臭物質に指定されている．
(2) 6段階臭気強度表示法では，数値が大きいほど臭気が強い．
(3) 三点比較式臭袋法による臭気濃度は，ppmで表される．
(4) 臭気指数は人間の嗅覚を活用した指標で，三点比較式臭袋法の測定値をもとに算出する．
(5) 都道府県知事は，悪臭原因物の排出を規制する地域を指定する．

問題152 カーペット床の維持管理に関する次の記述のうち，最も適当なものはどれか．
(1) 汚れやすい部分にマットを敷くことは，現在あまり行われていない．
(2) パイルの奥の土砂は，カーペットスイーパで除去する．
(3) 汚れが目立つところは，スポットクリーニングを行う．
(4) しみ取り作業は，年に1～2回行う．
(5) 帯電現象が冬期に多いのは，温度が低いからである．

問題153 清掃作業に関する次の記述のうち，最も不適当なものはどれか．
(1) 布張りの壁は，洗剤ぶきで汚れを除去することが可能である．
(2) 洗面用陶器の清掃に，クレンザを常用してはならない．
(3) 自在ぼうきは，通常のほうきに比べてほこりを舞い上げることが少ない．
(4) カーペット床は，敷き込みの状態のままでも洗浄が可能である．
(5) 乾式モップは，床の表面のほこりの除去に使われる．

問題154 次の文章の ☐ 内に入る語句の組合せのうち，最も適当なものはどれか．
　　　床を洗浄する方法は，通常，洗浄液を塗布し，直ちに ア でこすり イ や吸水式真空掃除機で水を回収し，モップでふき上げて乾かす．
　　　　　　　ア　　　　　　　　　　　イ
(1) 床磨き機————————エクストラクタ
(2) 噴射吸引式機械————————タオル
(3) 噴射吸引式機械————————フロアブラシ

(4) 床磨き機————————スクイジー
(5) 床磨き機————————デッキブラシ

問題155 清掃作業と用具に関する次の組合せのうち，最も不適当なものはどれか．
(1) 階段の清掃————————自在ぼうき
(2) ビニルタイル床の清掃————自動床洗浄機
(3) 便所の清掃————————ゴム手袋
(4) タイルカーペット床の清掃———床用パッド
(5) 外壁の清掃————————高圧洗浄機

問題156 清掃用洗剤に関する次の記述のうち，最も適当なものはどれか．
(1) 洗剤は，陰イオン系と陽イオン系の2種類に大別される．
(2) 洗剤は，使用する濃度に比例して洗浄効果が高まる．
(3) 一般用洗剤（万能洗剤）は，弱アルカリ性のものが多い．
(4) 合成洗剤は，天然油脂を主剤としている．
(5) 業務用洗剤では，助剤としてリン酸塩が一般的に使用されている．

問題157 建材と洗剤に関する次の組合せのうち，最も不適当なものはどれか．
(1) コンクリートの床————強アルカリ性洗剤
(2) カーペット——————中性洗剤
(3) ゴム系タイル—————強アルカリ性洗剤
(4) ビニルタイル—————弱アルカリ性洗剤
(5) 真鍮（しんちゅう）——————研磨剤入り洗剤

問題158 真空掃除機に関する次の記述のうち，最も不適当なものはどれか．
(1) コード方式が主なので，電源を必要とする．
(2) カーペット床の増加に伴い，掃除機械として重要な位置を占めるようになった．
(3) アップライト型は吸込風量が多く，かつ，フィルタバッグが大きい．
(4) 携帯型は，狭い場所や階段で使用される．
(5) アップライト型は，カットパイルには適さない．

問題159 作業場所に関する次の記述のうち，最も不適当なものはどれか．
(1) 同じ建築物であれば，汚れの程度や状況は場所によって大きな違いはない．
(2) 玄関などの共用区域は，汚れやすいので，常に清潔維持に努める必要がある．
(3) 事務室のような専用区域は，毎日清掃を行って清潔維持に努める必要がある．
(4) 中央監視室などの管理用区域は，汚れは少ないが日常の整理整頓・清掃が重要である．
(5) 建築物の外面を形成している外装区域は，定期的な清掃が必要である．

問題160 消毒方法に関する次の組合せのうち，最も不適当なものはどれか．
(1) プラスチック製品————フェノール
(2) 陶器製食器——————ホルマリン
(3) 金属製品———————エチルアルコール
(4) 手指—————————逆性石けん
(5) 水——————————紫外線

問題 161　消毒の定義に関する次の記述のうち，最も不適当なものはどれか．
(1) 身体外において病原微生物を殺滅する．
(2) 病原微生物の発育能力を失わせる．
(3) 消毒と滅菌は，同じ意味である．
(4) 人に疾病を起こさない程度に病原微生物の生存数を減少させる．
(5) 病原性のない微生物の残存については考慮していない．

問題 162　高圧蒸気滅菌法に関する次の記述のうち，最も不適当なものはどれか．
(1) 最も確実な滅菌法の一つである．
(2) 高圧下で沸点が上昇することを利用している．
(3) ガラス製品，漆器，ゴム製品などに広く利用される．
(4) 圧力容器中の空気を排除し，飽和水蒸気で満たす．
(5) 通常 121℃，20 分間加熱する．

問題 163　消毒用エチルアルコールに関する次の記述のうち，最も不適当なものはどれか．
(1) 残留物がなく，消毒対象物を汚染しない．
(2) 開放状態で使用すると，蒸発して濃度が低下する．
(3) 比較的即効性がある．
(4) 殺菌力が強く，芽胞に対しても有効である．
(5) 毒性が低く，殺菌の対象範囲が広い．

問題 164　10％液として市販されている次亜塩素酸ナトリウムを 100mg/L にして使用する場合，水で薄める倍率として正しいものは次のどれか．
(1) 10 倍　(2) 50 倍　(3) 100 倍　(4) 500 倍　(5) 1,000 倍

問題 165　感染症予防対策には，感染源対策，感染経路対策，感受性対策がある．次の組合せのうち，両者とも感染経路対策であるものはどれか．
(1) 健康保菌者の発見　————————　衛生教育の普及
(2) ネズミ・害虫の防除　————————　患者の隔離
(3) 室内外の清潔の保持　————————　予防接種
(4) 手指の消毒　————————　保菌者の管理
(5) 水や空気の浄化　————————　食品の衛生管理

問題 166　都市建築物とネズミや害虫に関する次の記述のうち，最も不適当なものはどれか．
(1) 廃棄物の処理体制の整備によって，狭い範囲で発生可能なコバエ類が減少した．
(2) ネズミや害虫の発生状況は，建築物の状況によって異なっている．
(3) 都心部ではネズミ，ゴキブリ，カ，ダニ，ハエが共通種として発生することが多い．
(4) ゴキブリの生息分布の拡大原因の一つに，建築物の蓄熱構造化が指摘されている．
(5) ネズミや害虫の有害性に関する考え方に，個人差が生じるようになってきている．

問題 167　チャバネゴキブリの特徴として，最も不適当なものは次のどれか．
(1) 孵化から成虫になるまでの期間は，温度によって異なり，25℃で約 60 日である．
(2) 1 匹の雌は，平均して一生に 20 個以上の卵鞘を産み出す．
(3) 卵鞘中には，30 〜 40 個の卵が入っている．

(4) 黄褐色で背面に2本の細長い黒斑がある．
(5) 飲食店やビルに多く定着している．

問題168 建築物内に生息するネズミに関する次の記述のうち，最も不適当なものはどれか．
(1) ラットサイン（こすり跡など）によって，生息する種類をある程度判断できる．
(2) ドブネズミは垂直行動をするので，ビルの上層階に多い．
(3) クマネズミは，植物質を好んで食べる性質を持つ．
(4) ネズミの糞は，彼らの活動を知るうえで有力な情報になる．
(5) ハツカネズミは局在的に分布し，生息数もドブネズミ，クマネズミに比べて少ない．

問題169 室内塵中のダニ類に関する次の記述のうち，最も不適当なものはどれか．
(1) ヒョウヒダニ類が増えると，イエダニも増える．
(2) 生息しているダニの種類は多いが，一般にヒョウヒダニが優占する．
(3) ヒョウヒダニ類の死骸や糞が，喘息のアレルゲンとなる．
(4) ヒョウヒダニ類の発育最適条件は，温度25℃，湿度60％以上である．
(5) ヒョウヒダニ類は，ヒトやペットの垢やふけを食べて成長する．

問題170 害虫に関する次の記述のうち，最も不適当なものはどれか．
(1) イエバエは，病原性大腸菌O-157を伝播することがある．
(2) シバンムシアリガタバチは，シバンムシ類に寄生するハチである．
(3) カツオブシムシは，化学繊維を食害しない．
(4) クサギカメムシは，越冬のために家屋内に侵入する不快害虫である．
(5) ヒラタキクイムシは建築材の害虫で，木材以外もよく食害する．

問題171 次の害虫のうち一般に食品を食害しないものはどれか．
(1) ゴキブリ　　(2) カツオブシムシ　　(3) シバンムシ
(4) チョウバエ　(5) チャタテムシ

問題172 建築物内のネズミおよび害虫防除に関する次の記述のうち，最も不適当なものはどれか．
(1) 害虫の防除に当たっては，事前の予備調査が重要である．
(2) 害虫に対する不快感は，感じ方に個人差があるので，全ての虫を防除する必要はない．
(3) 地域によって発生する種類や時期が毎年同じなので，記録しておく必要はない．
(4) 常に発生環境をチェックし，発生防止に努めるべきである．
(5) 建築物自体が一つの生態系であるので，環境を把握し定期点検を怠ってはならない．

問題173 チカイエカに関する次の記述のうち，最も不適当なものはどれか．
(1) 冬期でも休眠しない．
(2) 暗黒条件でも交尾，産卵する．
(3) 最初の産卵には吸血し，その後は吸血しなくてもよい．
(4) 主な発生源は，地下の浄化槽や排水槽である．
(5) 防除対策として，浄化槽内などの密閉空間に樹脂蒸散剤をつるす．

問題174 ゴキブリの防除法に関する次の記述のうち，最も適当なものはどれか．
(1) 粘着トラップは，他の防除法と併用するか，補助的に使用するとよい．

(2) 毒餌剤は，使用法が簡便であり，速効性に優れている．
(3) 残留処理法は，塗布より散布のほうがより効果が期待できる．
(4) 煙霧処理法は，残効性に重点を置いて薬剤を選択する必要がある．
(5) 燻煙処理法は，部屋や戸棚はできるだけ密閉して行う．

問題 175 ダニ類の防除対策に関する次の記述のうち，最も不適当なものはどれか．
(1) ツツガムシ対策の一つとして，忌避剤は効果的である．
(2) イエダニ対策の一つとして，畳の乾燥は効果的である．
(3) ヒョウヒダニ対策の一つとして，除塵は効果的である．
(4) ケナガコナダニ対策の一つとして，除湿は効果的である．
(5) トリサシダニ対策の一つとして，家屋に営巣する野鳥の巣の除去は効果的である．

問題 176 ネズミの防除に関する次の記述のうち，最も不適当なものはどれか．
(1) 毒餌中の殺そ剤の量は少なすぎても，多すぎても喫食性が低下して効果が落ちる．
(2) クマネズミ防除には，粘着シートが多用されているが，捕獲効率はあまり良くない．
(3) 死んだネズミからイエダニが離散することがあるので，殺虫剤散布も考えておく必要がある．
(4) 毒餌の基材に対する選択性は，ドブネズミはあまりないが，クマネズミは強い．
(5) 壁際などに置く毒餌は，板などを立てかけて見えなくした方が喫食性は良くなる．

問題 177 殺虫剤の製剤の使用に関する次の記述のうち，最も適当なものはどれか．
(1) 毒餌の主剤には，現在ではホウ酸だけが使用されている．
(2) 水和剤は水に懸濁させて使用する．
(3) エアゾール剤は，空間に撒くことだけを目的に使用する．
(4) 粒剤は，通常は水に溶かしてから使用する．
(5) 油剤は，通常は石油で希釈して使用する．

問題 178 殺虫剤の効力に関する次の記述のうち，最も適当なものはどれか．
(1) LC_{50} 値は，LC_{90} 値のほぼ2倍の値に相当する．
(2) KT_{50} は，50%の個体がノックダウンするまでの時間を示し，この値から速効性の程度を知ることができる．
(3) LC_{50} 値と LD_{50} 値の両方の値を組合せると，残効性の程度がわかる．
(4) LD_{50} は，50%致死濃度のことで，通常は ppm の単位で表される．
(5) IC_{50} 値は，羽化阻害濃度を表し，ピレスロイド剤の効力試験などで使われる．

問題 179 害虫の殺虫剤抵抗性に関する次の記述のうち，最も不適当なものはどれか．
(1) ある昆虫で殺虫剤抵抗性が発達すると，それまで使用されたことのない殺虫剤も効かなくなることがある．
(2) ある殺虫剤に対して抵抗性が発達すると，その薬剤の使用を中止しても，抵抗性の程度は下がることはない．
(3) 年間の発生回数が多い害虫種では，同じ殺虫剤の繰り返し使用により，急速に抵抗性が発達する．
(4) 殺虫剤抵抗性の発達は，害虫が殺虫剤に度々さらされることが原因であり，この性質は

遺伝する．
(5) 殺虫剤抵抗性の発達の防止対策としては，作用の異なる殺虫剤をローテーションで使用することが効果的である．

問題180 防除作業上の注意事項に関する次の記述のうち，誤っているものはどれか．
(1) 油剤は，引火点が低いので，使用にあたっては消火器を用意しておくとよい．
(2) 乳剤の中には，消防法で定める第4類第2石油類に該当するものがある．
(3) 煙霧，ULVなどの作業中は，室内への出入りを禁止する．
(4) 油剤や乳剤の中には，調度品などにシミをつけるものがある．
(5) 消防法で定める油剤保管の指定数量は，100Lである．

平成12年度【午前】

建築物衛生行政概論
建築構造の概要
室内環境の衛生
給水及び排水の管理

問題1 日本国憲法第25条に規定された国の責務に関する次の記述で，[   ]内に入る語句の組合せのうち，正しいものはどれか．

　　すべての国民は，健康で文化的な最低限度の生活を営む権利を有する．
　　国は，すべての［ ア ］について，社会福祉，［ イ ］及び［ ウ ］の向上及び増進に努めなければならない．

	ア	イ	ウ
(1)	国民生活	公共福祉	生活水準
(2)	国民	社会保障	生活環境
(3)	生活部面	公共福祉	生活水準
(4)	国民生活	公共福祉	公衆衛生
(5)	生活部面	社会保障	公衆衛生

問題2 建築物における衛生的環境の確保に関する法律の特徴及び内容に関する次の記述のうち，誤っているものはどれか．
(1) 建築物の環境衛生上の維持管理に関する一般的な規制を行うものである．
(2) 特定建築物所有者等による自主的な衛生管理を期待するものである．
(3) 建築物環境衛生管理基準は，実現可能な望ましい基準である．
(4) 建築物環境衛生管理基準違反だけでは，改善命令等の対象とならない．
(5) 特定建築物は，都道府県知事の使用許可を受けなければならない．

問題3 建築物における衛生的環境の確保に関する法律に基づく建築物環境衛生管理技術者に関する記述で，[   ]内に入る語句の組合せのうち，正しいものはどれか．

　　建築物環境衛生管理技術者は，当該特定建築物の維持管理が建築物環境衛生管理基準に従って行われるようにするため必要があると認めるときは，当該特定建築物の所有者等に対し，［ ア ］．この場合においては，当該権原を有する者は，その［ イ ］しなければならない．

	ア	イ
(1)	勧告することができる	勧告を履行
(2)	注意することができる	注意を遵守
(3)	意見を述べることができる	意見を厳守
(4)	警告することができる	警告を尊重
(5)	意見を述べることができる	意見を尊重

問題4 建築物環境衛生管理技術者の職務に関する次の記述のうち，最も不適当なものはどれか．

(1) 建築物の環境衛生管理業務計画の立案
(2) 建築物の環境衛生管理業務の指揮監督
(3) 建築物環境衛生管理基準に関する測定または検査の評価
(4) 建築物の環境衛生上の維持管理に必要な技術者の雇用
(5) 建築物の環境衛生上の維持管理に必要な各種調査の実施

問題5 建築物における衛生的環境の確保に関する法律に基づく建築物環境衛生管理技術者の職務に関する次の記述のうち，最も適当なものはどれか．
(1) 建築物環境衛生管理技術者の職務には，光環境，悪臭の防止，騒音の防止等の維持管理は含まれない．
(2) 建築物環境衛生管理技術者は，建築物環境衛生管理基準に従った設備改修のための経費を，ビル所有者等に請求しなければならない．
(3) 建築物環境衛生管理技術者は，建築物の維持管理に関する記録を都道府県知事に提出しなければならない．
(4) 建築物環境衛生管理技術者は，選任された特定建築物に常駐しなければならない．
(5) 建築物環境衛生管理技術者は，維持管理が環境衛生上適正に行われるように監督しなければならない．

問題6 建築物における衛生的環境の確保に関する法律に基づく特定建築物に関する記述で，□内に入る数字の組合せのうち，正しいものはどれか．
　　特定建築物は，特定用途に供される部分の延べ面積が，□ア□平方メートル以上の建築物（もっぱらこれらの用途以外の用途に供される部分の延べ面積が，これらの用途に供される部分の延べ面積の□イ□パーセントをこえるものを除く．）とする．

　　　　ア　　　　　イ
(1) 3,000 ―――― 5
(2) 3,000 ―――― 10
(3) 3,000 ―――― 90
(4) 8,000 ―――― 5
(5) 8,000 ―――― 10

（この問題は法改正により題意が不適当となりました）

問題7 建築物における衛生的環境の確保に関する法律に基づく空気環境の測定に関する次の記述のうち，誤っているものはどれか．
(1) 通常の使用時間中に測定する．
(2) 各階ごとに1カ所以上，居室の中央で測定する．
(3) 気流は，一日の使用時間中の算術平均をもって測定値とする．
(4) 床上75センチメートル以上120センチメートル以下の位置で測定する．
(5) 測定に用いる浮遊粉じん計は，年1回較正する．

（この問題は法改正により正解が複数となりました）

問題8 建築物環境衛生管理基準の空気環境に関する管理基準についての次の組合せのうち，誤っているものはどれか．

(1) 相対湿度————————————30%以上70%以下
(2) 浮遊粉じんの量——————1立方メートルにつき0.15ミリグラム以下
(3) 一酸化炭素の含有率—————100万分の10以下
(4) 炭酸ガスの含有率——————100万分の1000以下
(5) 気流——————————————0.5メートル毎秒以下

問題9 建築物における衛生的環境の確保に関する法律に基づく給水管理に関する次の記述のうち，誤っているものはどれか．
(1) 給水栓での遊離残留塩素の含有率を100万分の0.1以上に保持する．
(2) 貯水槽の掃除を1年以内ごとに1回，定期に行う．
(3) 供給する水が病原生物に著しく汚染されるおそれがある場合は，給水栓での遊離残留塩素の含有率を100万分の0.2以上とする．
(4) 供給する水が人の健康を害するおそれがあることを知ったときは，直ちに給水を停止する．
(5) 遊離残留塩素の検査を，1月以内に1回，定期に行う．

問題10 建築物における衛生的環境の確保に関する法律で，「国又は地方公共団体の用に供する特定建築物に関する特例」に関する次の記述のうち，正しいものはどれか．
(1) 特定建築物の届出に関して適用されない．
(2) 建築物環境衛生管理技術者の選任に関して適用されない．
(3) 建築物環境衛生管理基準に関して適用されない．
(4) 都道府県知事の立入検査に関して適用されない．
(5) 帳簿書類の備付けに関して適用されない．

問題11 建築物における衛生的環境の確保に関する法律に基づく都道府県知事の登録制度の対象となっていないものは，次のうちどれか．
(1) 建築物の排水槽の清掃を行う事業
(2) 建築物における清掃を行う事業
(3) 建築物における空気環境の測定を行う事業
(4) 建築物における飲料水の水質検査を行う事業
(5) 建築物の飲料水の貯水槽の清掃を行う事業

問題12 建築物における衛生的環境の確保に関する法律における届出事項に関する次の記述のうち，誤っているものはどれか．
(1) 特定建築物の名称   (2) 特定建築物の維持管理業者の名称
(3) 特定建築物の所在場所   (4) 特定建築物の用途
(5) 特定建築物の構造設備の概要

問題13 建築物における衛生的環境の確保に関する法律に基づく特定建築物の届出義務者が備え付けるべき，帳簿書類の保存期間に関する次の組合せのうち，誤っているものはどれか．
(1) 維持管理に関する設備の配置及び系統を明らかにした図面————10年
(2) 空気環境の調整の状況を記載した帳簿書類————————————5年
(3) 特定建築物の平面図及び断面図————————————————永久
(4) 給水及び排水の管理の状況を記載した帳簿書類—————————5年

(5) ねずみ・こん虫などの防除の状況を記載した帳簿書類――――――5年

問題14 浄化槽法に関する次の記述のうち，誤っているものはどれか．
(1) 浄化槽管理士について定めている．
(2) 浄化槽設備士について定めている．
(3) 浄化槽の設置について国民の責務を定めている．
(4) 浄化槽の保守点検について定めている．
(5) 浄化槽の清掃について定めている．

問題15 水道法に規定する簡易専用水道に関する次の記述のうち，誤っているものはどれか．
(1) 簡易専用水道の設置者は，定期に，地方公共団体の機関又は厚生大臣の指定する者の検査を受けなければならない．
(2) 簡易専用水道で飲料水を供給する場合，給水栓における水質検査を2年以内ごとに1回，定期に行わなければならない．
(3) 特定建築物であっても，水道事業の用に供する水道から供給を受ける水のみを水源とし，その水槽の有効容量が10立方メートルを超えれば，簡易専用水道として水道法の適用を受ける．
(4) 簡易専用水道の設置者は，水槽の掃除を1年以内ごとに1回，定期に，行わなければならない．
(5) 簡易専用水道の設置者は，人の健康を害する恐れがあることを知ったときは，給水を停止しなければならない．

問題16 感染症の予防及び感染症の患者に対する医療に関する法律に基づく一類感染症に該当する疾病は，次のうちどれか．
(1) ペスト　　(2) 急性灰白髄炎　　(3) コレラ
(4) 細菌性赤痢　　(5) ジフテリア

問題17 レジオネラ症に関する次の記述のうち，誤っているものはどれか．
(1) 空気調和設備の冷却塔が原因となって感染することがある．
(2) 我が国では，レジオネラ症患者の発生が報告されている．
(3) レジオネラ症は，肺炎型と非肺炎型の2つの病型がある．
(4) ウイルスによる感染症である．
(5) 感染症の予防及び感染症の患者に対する医療に関する法律に規定されている感染症である．

問題18 保健所に関する次の記述のうち，最も不適当なものはどれか．
(1) 保健所は，地域保健法により，その設置が定められている．
(2) 保健所は，人口動態統計に関する業務を行う．
(3) 保健所は，住宅，水道，廃棄物の処理等環境の衛生に関する業務を行う．
(4) 保健所は，すべての市町村に設置されている．
(5) 保健所は，地域保健に関する思想の普及及び向上に関する業務を行う．

問題19 労働安全衛生法に規定されていないものは，次のうちどれか．
(1) 職場における労働者の安全の確保

(2) 一定の事業場における作業主任者の選任
(3) 安全衛生委員会の設置
(4) 総括安全衛生管理者の職務
(5) 環境衛生指導員の職務

問題20 学校保健法に関する次の記述のうち，誤っているものはどれか．
(1) 学校栄養士に関する規定がある．
(2) 学校保健技師に関する規定がある．
(3) 学校薬剤師に関する規定がある．
(4) 学校の環境衛生に関する規定がある．
(5) 学校医に関する規定がある．

問題21 建築基準法の用語に関する次の記述のうち，最も不適当なものはどれか．
(1) 建築には，建築物の増築が含まれる．
(2) 地下街に設ける店舗は，建築物である．
(3) 避難階とは，直接地上へ通ずる出入口のある階をいう．
(4) 建築物に設けるエレベータは，建築設備である．
(5) 設計図書とは，建築物とその敷地に関する工事用の図面をいう．

問題22 建物のライフサイクルコスト（LCC）に含まれないものは，次のうちどれか．
(1) 企画設計費　(2) 建設費　(3) 運用管理費
(4) 共益費　(5) 廃棄処分費

問題23 オフィスビルの計画に関する次の記述のうち，最も不適当なものはどれか．
(1) 地下階の貸店舗には，オフィスビルとは別の出入口を設置した．
(2) 柱間や窓の寸法などを，モデュール（基準寸法）割りに基づいて決定した．
(3) 非常時の避難経路を確保するため，事務室の廊下に面する扉を外開きにした．
(4) OA機器の配線を考え，フリーアクセスフロアを採用した．
(5) 事務室の間仕切り壁を，可動型にした．

問題24 建築構造に関する次の記述のうち，最も不適当なものはどれか．
(1) トラス構造とは，一般に三角形を構成する骨組部材の接合部（節点）がピン接合となっているものをいう．
(2) ラーメン構造とは，一般に柱，梁から構成される骨組部材の接合部（節点）が剛接合となっているものをいう．
(3) トラス構造の接合部（節点）に荷重が作用すると，各部材には一般に軸方向力と曲げモーメントが生じる．
(4) ラーメン構造に荷重が作用すると，柱材には一般に軸方向力，曲げモーメント，せん断力が生じる．
(5) ラーメン構造に荷重が作用すると，梁材には一般に曲げモーメントとせん断力が生じる．

問題25 構造物に矢印の集中荷重が作用した場合の変形（点線）を示す次の図のうち，誤っているものはどれか．

(1) ↓|　　　(2) ↓　　　(3) ↓

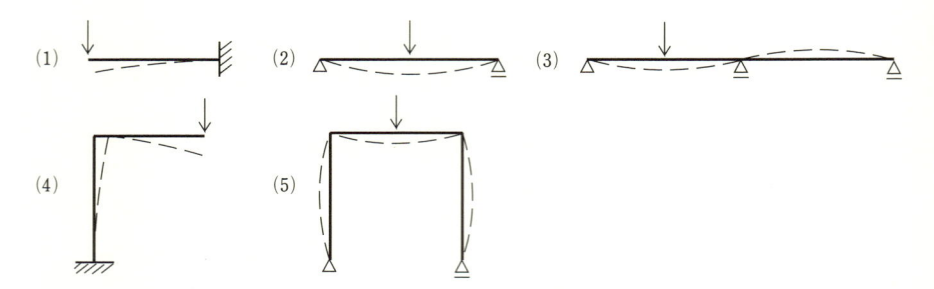

(4)　　　(5)

問題26 コンクリートで被覆された鉄筋が錆びない理由として，正しいものは次のどれか．
(1) コンクリートがアルカリ性であるから．
(2) コンクリートが酸性であるから．
(3) コンクリートが無機質であるから．
(4) コンクリートが中性であるから．
(5) コンクリートが有機質であるから．

問題27 鉄筋コンクリート構造に関する次の記述のうち，最も適当なものはどれか．
(1) 梁にあける設備用の貫通孔の直径を，梁せいの2/3とした．
(2) コンクリートの引張強度は，圧縮強度の約1/3である．
(3) 鉄筋の線膨張係数は，コンクリートの線膨張係数の約3倍である．
(4) 耐力壁の厚さを，6cmとした．
(5) 柱の鉄筋に対するコンクリートのかぶり厚さを，4cmとした．

問題28 既存鉄筋コンクリート造建築物の耐震補強に関する次の記述のうち，最も不適当なものはどれか．
(1) 鉄筋コンクリート造の無開口耐震壁を増設した．
(2) 鉄骨造枠付きブレース（筋かい）を増設した．
(3) 柱に炭素繊維を巻き付けて補強した．
(4) 鉄筋コンクリート造の腰壁とたれ壁を増設した．
(5) 柱に鉄板を巻いて補強した．

問題29 セメント，コンクリートに関する次の記述のうち，誤っているものはどれか．
(1) コンクリートの圧縮強度は，セメントと砂の混合割合により左右される．
(2) コンクリートは，セメント，水，砂，砂利の4種の原料を適当な割合に調合し，練り混ぜたものである．
(3) セメントペーストは，水とセメントを練り混ぜたものである．
(4) モルタルは，水とセメント，砂を練り混ぜたものである．
(5) 一般の鉄筋コンクリート工事に最も多く使用されるセメントは，ポルトランドセメントである．

問題30 鉄骨構造に関する次の記述のうち，最も不適当なものはどれか．
(1) 構造用鋼材の耐火被覆の方法の一つに，軽量プレキャスト板（ALC板）による被覆がある．

(2) 高力ボルト接合による摩擦接合面には，錆の発生を防ぐための塗装を行う．
(3) 構造用鋼材には，炭素が0.2〜0.3%程度含まれる．
(4) ラーメン構造の梁継手の現場接合には，主として高力ボルト摩擦接合が用いられる．
(5) 構造用鋼材は，その温度が500℃に達すると，強度が約1/2に低下する．

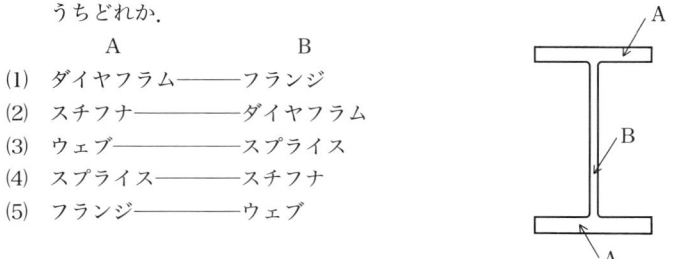

問題31 下図のようなH型鋼の矢印をつけた部分の名称の組合せとして，正しいものは次のうちどれか．

      A   B
(1) ダイヤフラム————フランジ
(2) スチフナ——————ダイヤフラム
(3) ウェブ————————スプライス
(4) スプライス—————スチフナ
(5) フランジ——————ウェブ

問題32 機械換気方式に関する次の文章の 　　　 内に入る語句の組合せのうち，正しいものはどれか．

　　ア　は，　イ　と　ウ　を有する換気方式であり，室内が負圧となり外部に空気が漏れないため，便所や浴室に用いられる．

          ア   イ   ウ
(1) 第1種換気方式————給気機————排気機
(2) 第1種換気方式————給気機————排気口
(3) 第2種換気方式————給気口————排気機
(4) 第3種換気方式————給気機————排気口
(5) 第3種換気方式————給気口————排気機

問題33 建築物の防火・避難に関する次の記述のうち，誤っているものはどれか．
(1) 特殊建築物は，その用途・規模によって，耐火建築物または準耐火建築物にしなければならない．
(2) テナント等の間仕切区画は，防災的配慮を必要としない．
(3) 建築物の内部の火災の延焼を防止するため，防火上の区画を設ける．
(4) 建築物の火災時に避難経路へ煙が流れるのを防ぐため，防煙壁，排煙口，排煙ダクト，排煙機などを設ける．
(5) 主要構造部が不燃，耐火の構造であっても，内装に関する制限がある．

問題34 防災に関する次の記述のうち，最も不適当なものはどれか．
(1) バルコニーは，上階への延焼防止にも有効である．
(2) センターコアシステムは，避難計画上有利である．
(3) 病院の病室には，非常用の照明装置を設けなくてもよい．
(4) 内装材料を不燃化すると，フラッシュオーバ現象が発生しにくくなる．
(5) 一般に避難路の計画は，通常使用する動線を利用したほうがよい．

問題 35 建築設備に関する次の用語の組合せのうち，最も不適当なものはどれか．
(1) 防火設備　————————　ドレンチャ
(2) 消火設備　————————　サイアミーズコネクション
(3) 電気設備　————————　バスダクト
(4) 排煙設備　————————　エアメータ
(5) 空調設備　————————　ファンコイルユニット

問題 36 温熱条件の快適性について，次の記述で　　　　内に入る数値のうち，最も適当なものはどれか．
　　安静にして椅子に座っている状態で，暑くも寒くもないときの平均皮膚温は，季節や着衣条件にかかわらず　　　　℃である．
(1) 23～24　　(2) 26～27　　(3) 30～31
(4) 33～34　　(5) 36～37

問題 37 ヒトの発汗に関与する能動汗腺の数は，暑熱に曝露される機会の多い地域の民族の方が，寒冷地に居住する民族より多いとされている．この現象を説明する語句として，最も適当なものは次のうちどれか．
(1) 行動性体温調節　　(2) 不感蒸泄　　(3) 恒常性
(4) 適応　　　　　　　(5) 条件反射

問題 38 体温の低下を防ぐ反応として，誤っているものは次のうちどれか．
(1) 皮膚血流量減少　　(2) 震え　　(3) 唾液の分泌増大
(4) 非震え産熱　　　　(5) 立毛

問題 39 体温調節に関する次の記述のうち，誤っているものはどれか．
(1) 放熱に際して，発汗に関与する汗腺は，主としてアポクリン腺である．
(2) 人体からの放熱は，伝導，対流，放射および蒸発の4つの経路により行われる．
(3) 人体の深部体温は，産熱量と放熱量を等しくして体熱平衡を保つことによって，恒温性が維持される．
(4) 産熱量は，呼気の分析によるエネルギー代謝の間接的測定法で求めるのが一般的である．
(5) 体表面積当たりの基礎代謝は，幼少時が最大で，以後20歳代までは急速に低下する．

問題 40 次式で表される温熱環境指数は，次のうちどれか．
　　　　$0.7Tw + 0.2Tg + 0.1Ta$
　　　　Tw：湿球温度［℃］　Tg：黒球温度［℃］　Ta：乾球温度［℃］
(1) WBGT指数　　(2) 有効温度　　(3) 修正有効温度
(4) 不快指数　　　(5) 新有効温度

問題 41 いわゆる冷房病に関連した次の記述のうち，最も不適当なものはどれか．
(1) 室内外の温度差を7℃以内にすることは，冷房病の予防に有効である．
(2) 高齢者は，若年者に比べ寒さを感じやすい．
(3) 冷房病の症状のうち，「足が冷える」，「体が冷える」などの訴えは，女性に多くみられる．
(4) 局所温冷感として，手の皮膚温が20℃以下になると不快な冷たさを感ずる．
(5) 冷房には，温度のみでなく，湿度，風速についても注意しなければならない．

問題42 外気のCO₂濃度が300ppmの場合,室内CO₂濃度を定常的に1,000ppmに保つための1人当たりの必要換気量は,次のうちどれか.ただし,在室者1人当たりのCO₂発生量を0.028m³/時とする.
(1) 25m³/時　(2) 30m³/時　(3) 35m³/時
(4) 40m³/時　(5) 45m³/時

問題43 清浄空気中の酸素および二酸化炭素の濃度（容積比）に関する次の組合せのうち,最も適当なものはどれか.
　酸素（％）　　二酸化炭素（％）
(1)　19　――――0.03
(2)　19　――――0.3
(3)　21　――――0.03
(4)　21　――――0.3
(5)　23　――――0.03

問題44 COに関する次の記述のうち,誤っているものはどれか.
(1) COは低濃度であっても,長期曝露によって慢性中毒を起こすことがある.
(2) COの人体への影響は,一般に空気中のCO濃度と曝露時間の積に依存する.
(3) COのヘモグロビン（Hb）に対する親和力は,酸素の約100倍である.
(4) 血液中の一酸化炭素ヘモグロビン（COHb）濃度は,喫煙者の方が非喫煙者より高い.
(5) 狭心症などの心臓病の患者では,比較的低い血液中COHb濃度であっても悪影響を生ずることがある.

問題45 CO₂に関する次の記述のうち,最も不適当なものはどれか.
(1) CO₂は,生体内で代謝作用によって産生される生理的なガスであり,空気中の濃度が高くなっても安全である.
(2) 通常の事務作業時に,成人が吐き出す空気（呼気）中のCO2量は,約200mL/分である.
(3) CO₂は,全般的な室内空気の汚染度の指標として取り扱われる.
(4) 身体運動によって,呼気中のCO₂排出量は増加する.
(5) CO₂の体内での産生量は,食べ物の組成とも関係する.

問題46 窒素酸化物（NOₓ）と空気汚染に関する次の記述のうち,誤っているものはどれか.
(1) NOₓによる室内空気汚染の大部分は,二酸化窒素（NO₂）が占めている.
(2) 石油燃料の燃焼によって発生した一酸化窒素（NO）の血液中ヘモグロビンに対する親和力は,一酸化炭素の場合より大きい.
(3) NO₂の大気汚染にかかわる環境基準は,0.04ppm～0.06ppm（1時間値の日平均）またはそれ以下である.
(4) NOₓは,一般的に高濃度になってもにおわない.
(5) 高濃度のNOₓ汚染空気の長期にわたる吸入は,慢性呼吸器疾患の原因となる.

問題47 喫煙に関する次の記述のうち,最も不適当なものはどれか.
(1) タバコ煙の粒子相中には,ベンツピレンのほかカドミウムなどの多種類の発がん性物質が含まれている.

(2) タバコ煙の気相中には，アルデヒド類のほか窒素酸化物やアンモニアなどの多種類の刺激性物質が含まれている．
(3) 労働環境においては，能動喫煙とその環境に特有な発がん性物質への曝露との相互作用が起こることが知られている．
(4) 家庭内の受動喫煙により肺がん罹患率は上昇するが，厨房などからの室内空気汚染物質が関与する場合もある．
(5) タバコ煙は VOC（揮発性有機化合物）の発生源としては，無視することができる．

問題 48 次の語句の組合せのうち，誤っているものはどれか．
(1) VOC（揮発性有機化合物）――――塗料――――シックビル症候群
(2) ホルムアルデヒド――――接着剤――――目・鼻・のどの刺激
(3) ラドン――――地下室――――肺がん
(4) アスベスト――――断熱材――――喘息
(5) オゾン――――静電気空気清浄器――――気道粘膜への刺激

問題 49 音圧レベル 40dB の音の音圧（単位 Pa）は，20dB の音の音圧の何倍か．次の数値のうち，正しいものはどれか．
(1) 2倍　　(2) 5倍　　(3) 10倍　　(4) 50倍　　(5) 100倍

問題 50 音に関する次の記述のうち，誤っているものの組合せはどれか．
　ア　騒音に関する基準は，住民の心理的影響に関する反応を参考につくられている．
　イ　可聴範囲の上限周波数は，約 20kHz である．
　ウ　音色は，周波数毎の音の大きさのレベルだけに依存する．
　エ　人の聴力は，1,000Hz 付近の音に対して最も敏感である．
(1) アとイ　　(2) イとウ　　(3) イとエ　　(4) アとウ　　(5) ウとエ

問題 51 労働環境における騒音測定で，各バンドのオクターブバンド音圧レベルが，下図の点線のようであった．この場合の騒音の許容時間として，最も近いものは次のうちどれか．

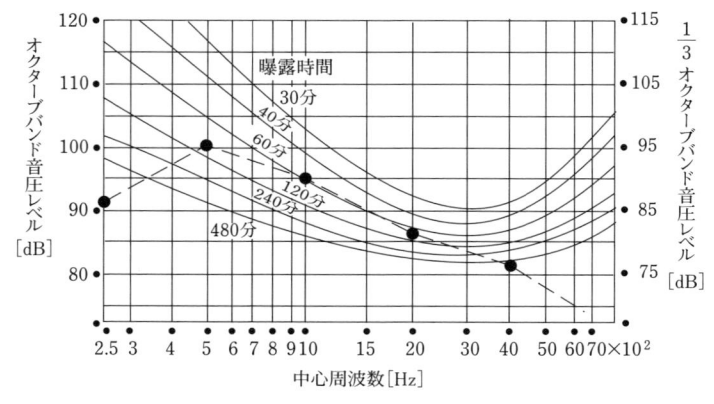

(1) 60分　　(2) 60〜120分　　(3) 240分　　(4) 480分　　(5) 480分以上

問題52 振動に関する次の記述のうち，最も不適当なものはどれか．
(1) 局所振動の影響として，レイノー症候群（白ろう病）が生ずる場合もある．
(2) 振動レベルの単位は，dB である．
(3) 振動の知覚は，皮膚にある感覚器のみにより行われる．
(4) 全身振動の場合，身体の姿勢によって，振動の大きさの感覚は異なる．
(5) 振動による人の感覚は，周波数によって異なる．

問題53 人間の目の明るさの感じ方に関する次の文章の □ に入る語句の組合せのうち，最も適当なものはどれか．

人間が明るさを感じるのは，眼球内の網膜を構成する視細胞による．視細胞には2種類あり，ア の高い イ と，ウ の優れた エ にわけられる．暗い所で色が見えないのは エ が働かないからである．

	ア	イ	ウ	エ
(1)	解像力	錐体	感光度	杆体
(2)	感光度	杆体	解像力	錐体
(3)	感光度	杆体	視力	錐体
(4)	視力	杆体	感光度	錐体
(5)	感光度	錐体	視力	杆体

問題54 点光源ランプから水平に 10m 離れた，点光源ランプに向いた鉛直面照度が 100 lx である場合，点光源ランプより水平に 5m の位置での鉛直面照度として，正しいものは次のうちどれか．
(1) 150 lx　(2) 200 lx　(3) 300 lx　(4) 400 lx　(5) 500 lx

問題55 紫外線の人体への作用に関する次の記述のうち，誤っているものはどれか．
(1) 皮膚がんの発生　(2) ビタミン E の生成　(3) 眼の充血
(4) 角膜炎の発生　(5) 皮膚へのメラニンの沈着

問題56 建築物における衛生的環境の確保に関する法律に基づく特定建築物における貯水槽等給水に関する設備の点検及び補修等に関する次の記述のうち，誤っているものはどれか．
(1) 定期的に貯水槽の水漏れ並びに外壁の損傷，さび及び腐食の有無並びにマンホールの密閉状態を点検し，必要に応じて，補修等を行う．
(2) 給水系統の管洗浄後，給水を開始しようとするときは，貯水槽における水について厚生省局長通知で定められた基準に従い，水質検査及び残留塩素の測定を行う．
(3) 定期的に水抜管及びオーバーフロー管の排水口空間並びに水抜管，オーバーフロー管，通気管等に取り付けられた防虫網を点検し，必要に応じ，補修等を行う．
(4) 管洗浄を行う場合には，洗浄に用いた水，砂等を完全に排除し，かつ，これらを関係法令の規定に基づき，適切に処理する．
(5) 防錆剤の使用は，赤水対策として給水系統配管の布設替え等が行われるまでの応急対策とする．

問題57 貯水槽に関する次の記述のうち，最も不適当なものはどれか．
(1) 貯水槽の清掃は，2年以内ごとに1回定期に行う．

(2)　水の使用量がある時期極端に少なくなる施設に設ける貯水槽は，貯水槽内の水位を下げることができるようにしておく．
(3)　高置水槽は，地震時には大きな地震力を受けるので，十分な耐震措置を講じておく必要がある．
(4)　FRP 製の水槽を使用する場合には，水槽照度率が 0.1% 以下である製品を使用する．
(5)　圧力水槽には，空気あるいは窒素を封入・加圧した隔膜式及びブラダ式のものがある．

問題 58　貯水槽の清掃・水張り終了後における水質検査の基準のうち，誤っているものは次のどれか．

　　　　項目　　　　　　　　　基準
(1)　色　度―――――――――5 度以下
(2)　濁　度―――――――――2 度以下
(3)　臭　気―――――――――異常でないこと（ただし，消毒によるものは除く）
(4)　味――――――――――――異常でないこと（ただし，消毒によるものは除く）
(5)　残留塩素濃度―――――――結合残留塩素が 0.2mg/L 以上

問題 59　建築物における衛生的環境の確保に関する法律に基づく特定建築物維持管理権原者が講じなければならない給水に関する衛生上必要な次の措置のうち，誤っているものはどれか．
(1)　給水栓における水に含まれる残留塩素の適切な保持
(2)　貯水槽の水が有害物，汚水等によって汚染されることを防止するために必要な措置
(3)　給水栓における水の色，濁り，臭い，味その他の状態により供給する水に異常を認めたときの必要な事項に関する水質検査
(4)　水道水のみを水源とする給水設備から供給される飲料水について，2 年ごとに 1 回定期に行う水質検査
(5)　供給する水が人の健康を害するおそれがあることを知ったときの給水停止及びその水を使用することが危険である旨の関係者への周知

問題 60　給水管理に関する次の記述のうち，最も不適当なものはどれか．
(1)　水質，特に飲料水の水質については，水使用者の健康や生命と密接な関係があることを念頭におくこと．
(2)　設備の概要，機器の構造・機能・管理方法については，書類や図面により熟知するとともに，整理・保管しておくこと．
(3)　常に設備・機器の異常に注意し，水使用者の状況にも留意すること．
(4)　設備・機器の整備状況，運転状況ならびに水質検査結果の記録をし，これを整理・保管しておくこと．
(5)　設備・機器に故障のあった場合は，直ちに専門の業者に修理等を依頼すること．

問題 61　給水および排水に関する用語の定義として，最も不適当なものは次のうちどれか．
(1)　封水強度―――――――排水管内に正圧または負圧が生じた時のトラップの封水保持能力をいう．
(2)　自己サイホン作用――器具排水管を満流で流れるような場合に，サイホンの原理によってトラップ内の封水が引かれ，残留封水が少なくなることをいう．

(3) あふれ縁────────衛生器具またはその他の水使用機器の上縁において、水があふれ出る部分の最下端をいう．
(4) 衛生器具────────水を供給するために、液体もしくは洗浄されるべき汚物を受け入れるために、またはそれを排出するために設けられた給水器具・水受け容器・排水器具および付属品をいう．
(5) 逃し通気管────排水系統内の下水ガスによる臭気を逃がすために設ける通気管をいう．

問題 62 水道法に基づく水質基準に関する次の記述のうち、誤っているものはどれか．
(1) フッ素は、0.8mg/L 以下であること．
(2) 四塩化炭素は、0.002mg/L 以下であること．
(3) シアンは、検出されないこと．
(4) シマジンは、0.003mg/L 以下であること．
(5) 塩素イオンは、200mg/L 以下であること．
（この問題は法改正により正解が複数となりました）

問題 63 水道水に含まれるフミン質が消毒用塩素と反応して生成される物質として、最も適当なものは次のうちどれか．
(1) ホルムアルデヒド　　(2) シマジン　　(3) クロロホルム
(4) ジェオスミン　　(5) フェノール

問題 64 水道法に基づく水質基準のうち、し尿汚染を推定するための項目として、最も不適当なものは次のどれか．
(1) 蒸発残留物　　(2) 一般細菌　　(3) 大腸菌群
(4) 有機物等（過マンガン酸カリウム消費量）
(5) 硝酸性窒素及び亜硝酸性窒素

問題 65 水源として水道水のみを使用する場合、建築物における衛生的環境の確保に関する法律に基づく水質検査項目と検査期間に関する次の組合せのうち、誤っているものはどれか．
(1) 一般細菌────────6カ月以内ごとに1回定期に
(2) クロロホルム────────毎年6月1日から9月30日までの間に1回
(3) 遊離残留塩素────────7日以内ごとに1回定期に
(4) テトラクロロエチレン────6カ月以内ごとに1回定期に
(5) 有機物等────────6カ月以内ごとに1回定期に
（この問題は法改正により語句が不正確となりました．有機物等→有機物）

問題 66 給水設備に関する次の組合せのうち、最も不適当なものはどれか．
(1) 事務所の1人1日当たり給水量　────60～100L
(2) 給水管内最高流速────────3m/s
(3) 大便器洗浄弁の必要水圧────70kPa（0.7kgf/cm^2）
(4) 一般水栓の必要水圧────────30kPa（0.3kgf/cm^2）
(5) ホテル・アパートにおける最高水圧───250～300kPa（2.5～3.0kgf/cm^2）

問題 67 給水方式とその特徴に関する次の組合せのうち、最も不適当なものはどれか．

(1) 水道直結方式────────使用箇所まで密閉された管路で供給されるため,最も衛生的である.
(2) 高置水槽方式────────使用箇所での給水圧は安定しているが,上階では水圧不足を,下階では過大水圧を生じやすい.
(3) ブラダを有する圧力水槽────ブラダを用いているため,空気の混入がない.
(4) ポンプ直送方式───────給水管の圧力または流量を検出してポンプの運転台数または回転数を制御し,安定した給水ができる.
(5) 圧力水槽方式────────圧縮された空気の反力で水を高所へ供給するので,高圧が容易に得られ,安定した水圧が得られる.

問題 68 ウォータハンマの防止方法に関する次の記述のうち,最も不適当なものはどれか.
(1) 水栓類や弁類は,急閉止するものをなるべく使用するようにする.
(2) 常用圧力を過度に高くしない.
(3) 流速を過度に大きくしない.
(4) ポンプと高置水槽の位置が平面的に離れている場合には,揚水管はなるべく低い階で横走させる.
(5) 配管内に不適当な逆流や空気だまりを発生させない.

問題 69 一般に行われている給水ポンプの点検項目と点検頻度に関する次の組合せのうち,最も不適当なものはどれか.
(1) 吐き出し側の圧力────────毎日
(2) 軸受部と軸受温度────────毎日
(3) 電動機の絶縁抵抗────────月1回
(4) ポンプと電動機の芯狂い─────6カ月に1回
(5) 基礎──────────────3年に1回

問題 70 給湯設備や空調設備の熱源に熱回収を利用する場合,次の熱源水の温度の目安のうち,最も不適当なものはどれか.
(1) 地下水──────────11〜25℃ (2) ホテル浴室排水──────10〜32℃
(3) 住宅団地排水──────28〜35℃ (4) 排水再利用水───────20〜30℃
(5) 厨房排水除害施設処理水──25〜35℃

問題 71 給湯設備に関する次の記述のうち,最も不適当なものはどれか.
(1) 開放式の貯湯槽には,耐熱性FRP製のタンクも使用される.
(2) 中央式給湯方式に設置する循環ポンプは,一般に,末端の給湯栓を開いた場合にすぐに熱い湯が出るようにするために設ける.
(3) 中央式給湯方式に設置する循環ポンプは,連続運転させず,水用サーモスタットによって発停させる.
(4) 加熱装置から膨張管(逃し管)を補給水槽へ開放する場合,膨張管は補給水槽の水面の高さまで立ち上げる.
(5) 給湯管に使用する銅管の腐食には,潰食と孔食とがある.

問題 72 給湯設備の保守管理に関する次の記述のうち,最も不適当なものはどれか.

(1) 中央式給湯設備では，常時給湯温度を60℃程度に維持する．
(2) 給湯ボイラは，1年以内ごとに1回労働基準監督署の性能検査を受けなければならない．
(3) 小型圧力容器は，労働安全衛生法により1年以内ごとに定期自主検査を行わなければならない．
(4) 逃し弁は，1カ月に1回，レバーハンドルを操作して作動を確認する．
(5) 真空式温水発生機は，労働安全衛生法により1年以内ごとに定期検査を行わなければならない．

問題73 建築物における衛生的環境の確保に関する法律に基づく特定建築物における排水の管理に関する次の記述のうち，最も不適当なものはどれか．
(1) 排水槽の掃除に用いる照明器具は防水型で，作業に十分な照度が確保できるものとする．
(2) 排水の質と量および排水槽の容量等に応じて掃除の頻度を増す．
(3) 除去物質の飛散防止，悪臭発散の防止，消毒等に配慮するとともに，作業中の事故防止に留意する．
(4) 排水に関する設備の掃除に薬品を用いる場合には，終末処理場あるいはし尿浄化槽の機能を阻害することのないよう留意する．
(5) 阻集器にあっては，油脂分，汚泥等を除去するとともに，掃除後は仕切板等を正しく装着し，機能の維持を図る．

問題74 排水設備の維持管理に関する次の記述のうち，最も不適当なものはどれか．
(1) 排水槽の清掃にあたっては，清掃作業が終了するまで槽内の換気を十分に行う．
(2) グリース阻集器は，20〜30日ごとにグリースを除去する．
(3) 排水槽の清掃後やポンプ修理後は，ポンプの絶縁抵抗の測定，アース線接続等の確認をしてから運転する．
(4) 排水ポンプの吐出し圧力，揚水量，電流値，騒音等は，日常点検することが望ましい．
(5) グリース阻集器のバスケット内の厨芥は，毎日除去する．

問題75 次表は排水の平均的な水質を示している．ア〜ウに入る排水の種類として，最も適当なものはどれか．

排水の種類 水質項目	ア	イ	ウ
SS [mg/L]	163〜315	77〜131	31〜39
BOD [mg/L]	392〜607	194〜436	18〜114
T-N [mg/L]	17〜19	55〜57	−
ノルマルヘキサン抽出物質 [mg/L]	76〜148	34〜46	−

　　　　ア　　　　　　　　　　　イ　　　　　　　　　　ウ
(1) 便所・洗面流し排水――――厨房排水――――――――洗面流し排水
(2) 便所・洗面流し排水――――洗面流し排水――――――厨房排水
(3) 厨房排水――――――――――洗面流し排水――――――便所・洗面流し排水
(4) 厨房排水――――――――――便所・洗面流し排水――――洗面流し排水
(5) 洗面流し排水――――――――厨房排水――――――――便所・洗面流し排水

問題76 排水管に関する次の記述のうち，誤っているものはどれか．
(1) 自然流下式の排水横管における流速は，0.6～1.5m/s とする．
(2) 排水立て管に垂直に対して45を超えるオフセットを設ける場合は，オフセット部の上下450mm 以内に排水枝管を接続してはならない．
(3) 管径が 125mm である排水管の最小こう配は，1/150 である．
(4) 管径が 125mm である排水管に設ける掃除口の大きさは，100mm でよい．
(5) 排水管用の継手は方向性を有し，管と接続した場合に，内面がほぼ平滑になるような構造となっている．

問題77 間接排水に関する次の記述のうち，最も不適当なものはどれか．
(1) 飲食物を貯蔵または取り扱う機器・装置等で排水口を有するものは，間接排水として汚染を防止する．
(2) 間接排水を受ける水受け容器には，手洗器，洗面器，料理場流しなどが含まれる．
(3) 飲料用貯水槽の間接排水管の排水口空間は，最小 150mm としなければならない．
(4) 間接排水を受ける水受け容器は，容易に接近できるところに設け，トラップを取り付ける．
(5) 間接排水管の長さが 500mm を超える場合には，機器・装置等に近接してトラップを取り付けなければならない．

問題78 トラップに関する次の記述のうち，誤っているものはどれか．
(1) トラップは，水封式でなければならない．
(2) つくり付けトラップとは，水受け容器と一体としてつくられたトラップをいう．
(3) 阻集器を兼ねるトラップ以外のトラップの封水深は，50mm 以上 100mm 以下である．
(4) 誘導サイホン作用による封水の損失は，他の器具の排水によって生じる．
(5) 封水の保持を確実にするために，トラップは二重に設ける．

問題79 排水管の掃除口の設置位置として，最も不適当なものは次のうちどれか．
(1) 排水横主管および排水横枝管の起点
(2) 延長が長い排水横管の途中
(3) 排水立て管の横枝管接続箇所
(4) 排水管が45を超える角度で方向を変える箇所
(5) 排水横主管と敷地排水管の接続箇所に近い所

問題80 通気設備に関する次の記述のうち，最も不適当なものはどれか．
(1) 伸頂通気方式は，排水立て管の頂部をそのまま延長し，大気に開放する．
(2) 各個通気方式は，各トラップごとに通気管を設ける方式で，自己サイホンの防止に有効である．
(3) 特殊継手排水方式は，伸頂通気方式の1種で集合住宅等に採用されている．
(4) 結合通気管は，高層建築物におけるブランチ間隔 10 以上の排水立て管において，最上階から数えてブランチ間隔 10 以内ごとに設ける．
(5) ループ通気方式は，排水横枝管の最上流の器具排水管の排水横枝管接続点のすぐ上流から通気管を立ちあげて，通気立て管等に接続する方式である．

問題81 通気管に関する次の記述のうち，最も不適当なものはどれか．

(1) 排水横管からの通気の取り出しは，排水管断面の垂直中心線上部から60°以内の角度で取り出す．
(2) 通気管の末端は，建物の張出しの下部に開口してはならない．
(3) 横走通気管は，その階の最高位の器具のあふれ縁より150mm以上上方で横走させることを原則とする．
(4) 屋上を庭園，物干し場等に使用する場合は，通気管は2m以上立ち上げた位置で開口する．
(5) 通気管の末端を，窓・換気口などの付近に設ける場合は，それらの上端から600mm以上立ち上げて開口するか，開口部から水平に3m以上離して開口する．

問題82 排水再利用設備の処理装置に関する次の組合せのうち，最も不適当なものはどれか．
(1) オゾン処理————処理水を脱色，脱臭し殺菌するが，有機物の分解はできない．
(2) 生物処理————汚濁物質を吸着・酸化分解したり，フロック化して排水と分離しやすくする．
(3) 凝集沈殿————排水中の浮遊物の除去，あるいは固形物やリン等を除去する．
(4) 膜処理————浮遊物，コロイド粒子，高分子の有機物等を排水と分離する．
(5) 活性炭吸着————処理水中の溶解性有機物を除去し脱色，脱臭するが，有機物の分解はできない．

問題83 次の機器の組合せのうち，最も不適当なものはどれか．
(1) 排水槽————————吸い込みピット————マンホール
(2) 給湯配管————————自動空気抜き弁————伸縮管継手
(3) ポンプユニット————インバータ————台数制御
(4) ハンドシャワー————大便器洗浄弁————バキュームブレーカ
(5) 管トラップ————————ウェア————インバート

問題84 給排水衛生設備に使用する機器および配管材料に関する次の記述のうち，最も不適当なものはどれか．
(1) 一般配管用ステンレス鋼管を溶接接合する場合には，アーク溶接によって行う．
(2) 容量の大きい貯水槽には，木製水槽が使用されることもある．
(3) 給水ポンプには，ケーシングの鋳鉄にナイロンコーティングしたもの，羽根車やケーシングにステンレス鋼を使用したものなどが最近使用されている．
(4) 排水ポンプには，水中ポンプが多用されている．
(5) 小管径のポリブテン管は，さや管ヘッダ工法に使用される．

問題85 消防用設備等に関する次の記述のうち，最も不適当なものはどれか．
(1) 屋内消火栓設備は，消火剤に水だけを使用し，火災が建物の内部構造に及んだ段階での消火を目的としている．
(2) スプリンクラ設備は，火災を小規模のうちに消火させる散水式の自動消火設備で，特に初期消火には有効な設備である．
(3) 泡消火設備は，可燃性液体の火災のように，水による消火方法では消火効果が少ないか，あるいは逆に火災を拡大させるおそれのある火災に用いられる．
(4) 二酸化炭素消火設備は，消火剤として二酸化炭素を放出し，空気中の酸素濃度を下げて

窒息消火を行うものである．
(5) 連結散水設備は，消防隊による消火活動が困難な高層建築物の火災の消火を効率よく行うためのものである．

問題86 屋内消火栓設備に関する次の記述のうち，誤っているものはどれか．
(1) 1号消火栓の開閉弁の呼び径は40mmで，ノズル放水圧力は0.17MPa（1.7kgf/cm^2）以上0.7MPa（7kgf/cm^2）を超えないこと．
(2) 2号消火栓の開閉弁の呼び径は25mmで，ノズル放水圧力は0.25MPa（2.5kgf/cm^2）以上0.7MPa（7kgf/cm^2）を超えないこと．
(3) 屋内消火栓の設置位置は，1つの消火栓のホース接続口を中心にして，1号消火栓では35m，2号消火栓では15mの半径の円で防火対象物が包含されるように配置する．
(4) 1号消火栓のポンプの遠隔起動は，屋内消火栓箱の起動スイッチを投入して行う．
(5) 屋内消火栓ポンプの停止は，ポンプ制御盤の制止スイッチの投入により行う．

問題87 沈殿分離槽の保守点検に関する記述のうち，最も不適当なものは次のどれか．
(1) 固液分離機能を点検するため，流出水の透視度を測定する．
(2) 汚泥の貯留状況を点検するため，各部位のスカム厚を測定する．
(3) 嫌気性処理機能を点検するため，流出水の溶存酸素濃度を測定する．
(4) 汚泥の貯留状況を点検するため，各部位の堆積汚泥厚を測定する．
(5) 前回の点検結果との比較を行い，清掃の必要性を検討する．

問題88 排水の水質項目に関する次の記述のうち，最も不適当なものはどれか．
(1) 強熱残留物とは，蒸発残留物を600℃で強熱して残留した灰分をいい，汚泥などに含まれる有機物質のことをいう．
(2) BODとは，水中の好気性微生物の増殖あるいは呼吸作用によって，消費される溶存酸素量のことをいう．
(3) ノルマルヘキサン抽出物質には，主として水中に含まれる比較的揮発しにくい炭化水素誘導体，グリース，油状物質等が含まれる．
(4) CODとは，水中の被酸化性物質が酸化剤によって酸化される際に消費される酸素量のことをいう．
(5) DOとは，水中に溶存する分子状の酸素のことをいう．

問題89 流入汚水量が200m^3/日，流入BODが200mg/L，ばっ気槽の容量が200m^{3}の施設においてBOD-MLSS負荷（ばっ気槽におけるMLSS当たりのBOD負荷）を0.05kg-BOD/(kg-MLSS・日)で運転しようとした場合，ばっ気槽のMLSS濃度として，最も適当なものは次のうちどれか．

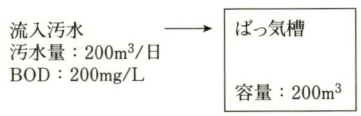

```
流入汚水          ばっ気槽
汚水量：200m³/日
BOD：200mg/L     容量：200m³

BOD-MLSS負荷：0.05kg-BOD/(kg-MLSS・日)
```

(1) 1,000mg/L   (2) 2,000mg/L   (3) 4,000mg/L

(4) 6,000mg/L　　　(5) 8,000mg/L

問題90 SS濃度が8,000mg/Lの余剰汚泥60m³を汚泥濃縮槽で濃縮したところ，含水率98.0％の濃縮汚泥となった．この濃縮汚泥の量として，最も適当なものは次のうちどれか．ただし，汚泥の比重は1とする．

(1) 12m³　　(2) 24m³　　(3) 36m³　　(4) 48m³　　(5) 60m³

平成12年度【午後】

室内環境の管理
清掃
ねずみ，昆虫等の防除

問題91 倍数を示す接頭語の組合せで，誤っているものは次のうちどれか．
(1) k（キロ）――――10^3　　(2) d（デシ）――――10^{-1}
(3) m（ミリ）――――10^{-3}　　(4) μ（マイクロ）――――10^{-6}
(5) p（ピコ）――――10^{-9}

問題92 次の大気汚染物質のうち，悪臭のある物質はどれか．
(1) 一酸化窒素　(2) メタン　(3) 硫化水素　(4) 硫酸　(5) 一酸化炭素

問題93 一般の建築物室内で発生する汚染物質とその発生源との組合せとして，最も不適当なものは次のうちどれか．
(1) 二酸化窒素――――ガスストーブ　　(2) 一酸化炭素――――タバコ
(3) トルエン――――塗料　　(4) 炭酸ガス――――人の呼気
(5) オゾン――――白熱灯

問題94 室内における有害物質の挙動等に関する次の記述のうち，最も不適当なものはどれか．
(1) 喫煙によって発生したタバコの煙は，拡散作用によって壁面にも付着する．
(2) 一酸化炭素は，室内において時間的な濃度変動がほとんどない物質である．
(3) 給気の吹出口から放出される粒径の大きな粉じんは，慣性衝突作用によってグリルに付着しやすい．
(4) ホルムアルデヒドは，主として建材や壁材の接着面から発生する．
(5) 気流の速度が小さいと，室内空間における粉じん濃度の分布の幅は，大きくなりやすい．

問題95 VOC（揮発性有機化合物）汚染に関する次の記述のうち，最も不適当なものはどれか．
(1) 一般に夏季の方が冬季より放出量が多い．
(2) 同一材料を使っても，一般に大きい部屋の方が濃度が低い．
(3) 人工建材を使わない木造住宅では，VOCの発生はない．
(4) ベークアウトは，意図的に温度を上げ早期にVOCを放出させる手段である．
(5) 活性炭（ガスフィルタ）を用いた空気清浄機でも，全てのVOCを浄化できるわけではない．

問題96 人工建材でできた壁から室内に放出されるある種のガスがある。このガスは壁の表面から放出されるものと，内部から徐々に放出されるものとからなり，ガスの室内濃度の減衰状況は半減期で表すと，表面からのものが1年，内部からのものが2年である。
　住み始めのとき，表面，内部それぞれから出るガスの室内濃度が8ppm，4ppm（合計12ppm）であったとすると，2年後のこの部屋のガス濃度として，最も適当なものは次のうちどれか．
(1) 6ppm　(2) 5ppm　(3) 4ppm　(4) 3ppm　(5) 2ppm

問題97 気積50m³の密閉された病室で消毒のためホルマリン燻蒸を行い，25LのHCHO（ホルムアルデヒド）を発生させた．この部屋のHCHO濃度として，正しいものは次のうちどれか．
(1) 25ppm　(2) 200ppm　(3) 500ppm
(4) 1,000ppm　(5) 2,000ppm

問題98 空気汚染質の測定法に関する次の記述のうち，誤っているものはどれか．
(1) CO，CO_2，トルエンなどは，検知管で測定することができる．
(2) 浮遊粉じんは，光散乱法で測定することが多いが超音波を用いることもある．
(3) 揮発性有機化合物（VOC）は，ガスクロマトグラフやガスクロマトグラフ質量分析器で分析する．
(4) 放射性の汚染物質であるラドンは，半導体を利用した測定器で測定することができる場合がある．
(5) 微生物の測定は，基本的には捕集→培養→計数の手順を踏まねばならず，リアルタイム（実時間）測定が難しい．

問題99 炭酸ガス（二酸化炭素）濃度が1,000ppmということは，二酸化炭素が空気1L中に何ミリグラム含まれていることを意味するか．次に挙げた数値のうち最も適当なものはどれか．ただし，ppmで示した濃度とmg/m³で示した質量濃度との間には次の関係式がなり立ち，二酸化炭素の分子量Mは44とする．

$$[\text{mg/m}^3] = [\text{ppm}] \times \frac{M}{24.47}$$

(1) 0.18mg/L　(2) 1.8mg/L　(3) 18mg/L　(4) 180mg/L　(5) 1,800mg/L

問題100 光散乱式の粉じん計を用いて室内粉じんを測定したところ，5分間の計数が415カウントであった．この粉じん計のダークカウントが1分間当たり6カウントで，標準粒子に対する感度が1カウント/分当たり0.001mg/m³，室内粉じんに対する較正係数が1.3であるとすると，室内粉じん濃度として，最も近い数値は次のうちどれか．
(1) 0.08mg/m³　(2) 0.10mg/m³　(3) 0.12mg/m³
(4) 0.14mg/m³　(5) 0.16mg/m³

問題101 光散乱型の粉じん計の測定原理に関する次の記述のうち，最も不適当なものはどれか．
(1) 粉じんに光を照射した際の散乱光の強度は，粉じんの粒径によって変動する．
(2) 色相が同じ粒子では，比重が異なっても散乱光の強度に差がない．
(3) 白い粉じんの散乱光の強度は，同じ粒径の黒い粉じんの散乱光強度よりも数倍大きい．

(4) 散乱光の量は，受光した光電子増倍管によって電気信号に変換される．
(5) 散乱光の強度のみからは，粉じんの質量濃度は直接求められない．

問題 102 検知管による一酸化炭素濃度の測定に関する次の記述のうち，最も不適当なものはどれか．
(1) 検知試薬は，シリカゲルに添着させてある．
(2) 検知管の指示値は，共存する炭酸ガス濃度の影響を受けない．
(3) 測定値の相対湿度による補正は，不要である．
(4) 一酸化炭素の濃度が3倍になれば，検知剤の変色層の長さは3倍になる．
(5) 使用前の検知管は，冷暗所に保管しておく．

問題 103 次の文章の_____内の用語として，最も不適当なものはどれか．
　　　定電圧式熱線風速計は，熱線に (1) 白金ロジウム ， (2) タングステン 等を用い，熱線を一定電圧で加熱すると， (3) 風速 に (4) 反比例 して (5) 不平衡電流 が生ずることを利用したものである．

問題 104 アスマン通風乾湿計に関する次の記述のうち，最も不適当なものはどれか．
(1) 湿球には，のりや油気のないガーゼを一重又は二重に巻きつける．
(2) 湿球における水の蒸発量は，通風速度に影響される．
(3) 通風状態で測定点に移動し，到着後1分経過したら乾球と湿球の温度を読み取る．
(4) 湿球への通風速度は3m/s以上必要である．
(5) 相対湿度は，通常，スプルングの式に基づく湿度表から読み取って求める．

問題 105 正しい計測値を求めるのに，サンプリング空気量の計測が必要なものは，次のうちどれか．
(1) 定電位電解式一酸化炭素濃度計　　(2) 熱線風速計
(3) アスマン通風乾湿計　　(4) サーミスタ式温度計
(5) ピエゾバランス粉じん計

問題 106 次の室内環境における測定対象項目とその測定器との組合せのうち，最も不適当なものはどれか．
(1) ホルムアルデヒド────────検知管
(2) 机上面の明るさ────────照度計
(3) 室内の風速────────ピトー管
(4) フィルタの粉じん捕集率────────デジタル粉じん計
(5) 吸込み口の風切り音────────騒音計

問題 107 室内のCO濃度が高くなった理由として，最も不適当なものは次のうちどれか．
(1) タバコ煙の過大な発生　　(2) 床の不注意な掃除
(3) 湯沸し器などの燃焼排気の漏出　　(4) 汚染した外気の侵入
(5) 駐車場の自動車排気ガスの侵入

問題 108 次の単位記号に関する表現のうち，誤っているものはどれか．
(1) 熱貫流率の単位記号はW/(m²·K)で示される．
(2) 比熱容量の単位記号はJ/(kg·K)で示される．

(3) 熱量の単位記号はW・sで示される．
(4) エントロピーの単位記号はJ/Kで示される．
(5) 熱伝導率の単位記号はW/(m・h)で示される．

問題109 外壁の熱貫流率に関する次の記述のうち，最も不適当なものはどれか．
(1) 外気側の風速が速いと，熱貫流率は大きくなる．
(2) 室内側の壁に空調の風があたっていると，熱貫流率は大きくなる．
(3) 外壁を構成する建築材料の熱伝導率が大きくなると，熱貫流率は大きくなる．
(4) 外壁を構成する建築材料が厚くなると，熱貫流率は大きくなる．
(5) 熱貫流率は，熱貫流抵抗の逆数である．

問題110 冬季室内が暑いとのクレームが発生した．その原因として挙げた次の記述のうち，最も不適当なものはどれか．
(1) 日射量が多い． (2) 在室人員が多い． (3) OA機器が多い．
(4) 空調送風温度が高い． (5) すきま風が多い．

問題111 温熱条件の管理に関する次の記述のうち，最も不適当なものはどれか．
(1) ヒートショックとは，空調時に生じる室内外の温度差を原因とする，生理上不快な熱ストレスのことである．
(2) 自動制御用のセンサーは，家具や間仕切りなどで遮へいしないようにし，できるだけ開放された位置に置く必要がある．
(3) 暖房時の室内温度は，外気温が低いほど高めに設定する必要がある．
(4) 中間期とは，冷房が必要な夏季と暖房の冬季との中間に当たる時期のことで，通常は冷暖房の不要な期間である．
(5) 着衣量によって温冷感は大きく変化するので，着衣量に応じて温湿度条件に注意しなければならない．

問題112 騒音・振動に関する次の記述のうち，最も不適当なものはどれか．
(1) 遮音性能が高い材料は，透過損失値が大きい．
(2) 単位面積当たりの質量が大きい材料ほど，一般に遮音性能が高い．
(3) 室内に騒音源があるとき，内装材の吸音率が高いほど，騒音レベルは低くなる．
(4) 遮音材と吸音材は，密度や通気性などの物理的性状が似ている．
(5) 振動防止には，振動源において防振ゴムや金属バネなどを用いるのがよい．

問題113 オフィス内の照明に関する次の記述のうち，最も不適当なものはどれか．
(1) インバータ利用蛍光灯を用いると省エネルギーになる．
(2) 照明の演色性によって，物体の見え方は変わる．
(3) グレアとは，高輝度の光源や反射などにより，目に不快感がもたらされることをいう．
(4) ダウンライト照明は，下面開放なので省エネルギーになる．
(5) 同じ明るさを得るなら，白熱灯より蛍光灯のほうが省エネルギーになる．

問題114 次の記述の　　　　に入る語句として，最も適当なものはどれか．
ベルヌーイの式は流管内の圧力，運動及び　　　　のエネルギーが保存されることを示している．

(1) 熱　　(2) 電気　　(3) 力　　(4) 位置　　(5) 粘性

問題 115 室内気流に関する次の記述のうち，最も不適当なものはどれか．
(1) ノズルから吹き出した自由噴流の到達距離は，その中心風速が 0.25m/s 以下になるまでの距離をいう．
(2) アネモスタット型の吹出口から吹き出した気流は四方に広がる．
(3) 自由噴流は，吹き出した位置の近くに吹き出し方向と平行な天井や壁などがあると，到達距離が短くなる．
(4) アネモスタット型の吹出口から吹き出した空気が到達する最大距離を最大拡散半径という．
(5) 2つ以上のアネモスタット型吹出口が隣り合っている場合，両方の吹出口から吹き出した空気がぶつかり合い，下降気流を生じることがある．

問題 116 夏季の冷房時，室内の乾球温度を 27℃，相対湿度 60％ に設定したところ，吹出口に結露が生じた．結露させないように，送風温度を上昇させる必要があるが，その場合の吹き出し空気の最低温度として，最も適当なものは次のうちどれか．下の湿り空気線図を用いて求めよ．

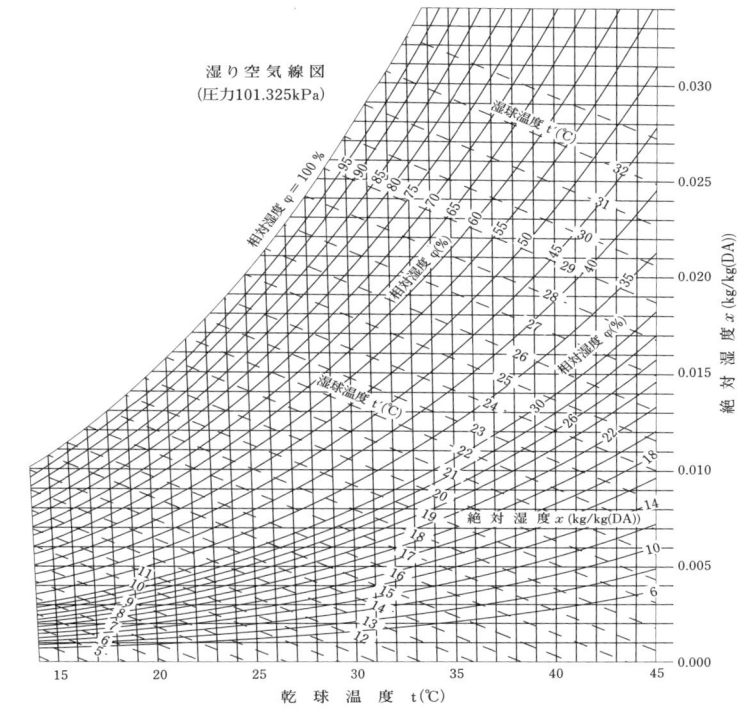

(1) 15℃　　(2) 17℃　　(3) 19℃　　(4) 21℃　　(5) 23℃

問題 117 図Aは，空気調和装置（図B）内の空気の状態変化を湿り空気線図上に表したも

のである．

図Aの⑦点は，図Bの外気ⓐに相当する．

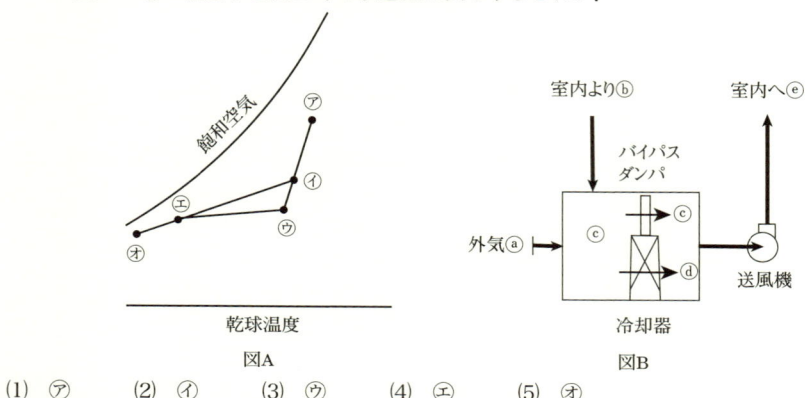

図Bのⓓに相当する図A中の状態点は次のうちどれか．

乾球温度
図A

図B

(1) ⑦　(2) ④　(3) ⑦　(4) ④　(5) ⑦

問題118　ガス燃焼器具の使用に関する次の記述のうち，最も不適当なものはどれか．
(1) 暖房，給湯用にはできるだけ，密閉型の燃焼器具を使用する．
(2) ガス燃焼器具を使用する場合には，建築基準法で定められている換気量を確保する．
(3) 排気筒を備えた半密閉タイプの燃焼器具を用いる場合は，室内外の圧力の関係に注意する．
(4) 密閉型の燃焼器具には，BF型やFF型などがある．
(5) 一般に空気清浄機は，燃焼時の燃焼器具からの廃ガスによる空気汚染防止に有効である．

問題119　空気調和方式に関する次の記述のうち，最も不適当なものはどれか．
(1) 定風量単一ダクト方式は，代表点の温湿度によって制御される．
(2) ふく射暖房は，天井の高いロビーやアトリウムなどに多く採用されている．
(3) 変風量単一ダクト方式は，定風量方式に比較して搬送動力が大きい．
(4) ふく射冷房は，他に除湿制御装置を併用しないと結露の危険がある．
(5) ビル用マルチパッケージ方式は，何らかの換気方式と組合せる必要がある．

問題120　自然換気に関する次の記述のうち，最も不適当なものはどれか．
(1) 一般に換気扇などの動力による駆動力がないときには，常に内外温度差による駆動力が卓越する．
(2) 自然換気量は，風圧力と内外温度差が関係する．
(3) 一般に風圧係数は，実験的に求める．
(4) 換気量は，流入口から流出口までの全ての抵抗を考慮した等価な開口面積に比例する．
(5) 動力による駆動力や内外温度差がないときは，換気量は外部風速に比例する．

問題121　空気調和設備の空気吹出口に関する次の記述のうち，最も適当なものはどれか．
(1) ライン型吹出口は，ペリメータ部の熱負荷処理に多く用いられる．
(2) 吹出口が同じ場合，天井から吹き出す冷風は，温風に比べて床に到達しにくい．
(3) 変風量方式は，定風量方式に比べ，一般に気流分布がよい．

(4) アネモスタット型吹出口は，ノズル型吹出口より到達距離が大きい．
(5) パンカ型吹出口は，風量調整ができない．

問題 122 空調熱源設備に関する次の記述のうち，最も不適当なものはどれか．
(1) 二重効用吸収式冷凍機は，一重効用吸収式冷凍機よりも熱効率がよい．
(2) コージェネレーション方式は，電気と発熱の両方を利用する．
(3) 蓄熱方式は，安価な深夜電力を活用できる．
(4) 熱回収ヒートポンプ方式は，冷水と温水を同時に利用することができる．
(5) 冷媒として使われるフロン R22 は，オゾン層保護のための法規制対象外である．

問題 123 ボイラ缶体内に混入した物質とその作用に関する次の組合せのうち，最も不適当なものはどれか．
(1) 硫酸カルシウム――――缶内に硬いスケールを発生させる．
(2) 珪酸マグネシウム――――缶内に硬いスケールを発生させる．
(3) 塩化ナトリウム――――缶体の腐食を増大させる．
(4) 溶解酸素――――缶体の腐食を増大させる．
(5) 残留塩素――――缶体の腐食を減少させる．

問題 124 冷凍機に関する次の記述のうち，最も不適当なものはどれか．
(1) 蒸気圧縮式冷凍機では，冷媒は圧縮機で加圧され凝縮器で液化される．
(2) 吸収式冷凍機では，冷媒に水，吸収液に臭化リチウムが一般的に用いられる．
(3) 冷凍機に用いる冷媒は，オゾン層を破壊しないものが望ましい．
(4) ヒートポンプは，圧縮機消費動力の数倍の熱量を取り出すことができる．
(5) 蒸気圧縮式冷凍機の動力源として，蒸気タービンが用いられることはない．

問題 125 空気調和機のエアフィルタに関する次の記述のうち，最も不適当なものはどれか．
(1) 圧力損失は，フィルタの性能表示項目の一つである．
(2) 一般に時間が経過すると，フィルタの抵抗が増え，送風量が減ってくる．
(3) ろ過式フィルタは，プレフィルタ，中性能フィルタ，高性能フィルタのどれにも用いられる．
(4) 一般にろ材の捕集効率が高いものほど圧力損失が高くなる．
(5) フィルタが目詰まりを起こすと，一般に室内の粉じん濃度は減ってくる．

問題 126 捕集効率 60％のエアフィルタを通過した空気の粉じん濃度が 0.06 mg/m^3 であった．このとき上流側の粉じん濃度として正しいものはどれか．
(1) 0.36 mg/m^3 (2) 0.15 mg/m^3 (3) 0.12 mg/m^3
(4) 0.10 mg/m^3 (5) 0.09 mg/m^3

問題 127 送風機に関する次の記述のうち，最も不適当なものはどれか．
(1) 多翼送風機（シロッコファン）のサージングは，風量が絞られた時に起きやすい．
(2) 翼型送風機は，多翼送風機よりも騒音レベルが小さい．
(3) リミットロード送風機は，サージングが起きにくい．
(4) 軸流送風機は，多翼送風機よりも効率がよい．
(5) 軸動力は，回転数の 2 乗に比例する．

問題 128 定風量方式の室内給気量が減少する原因として，最も不適当なものは次のうちどれか．

(1) 送風機のベルトが滑り，回転数が低下している．
(2) 送風機の吸込側のダンパが所定値より閉じられている．
(3) 給気ダクトのフランジがゆるみ，空気の漏れが増加している．
(4) 送風機がサージングを起こしている．
(5) 空調機内部のフィルタがとりはずされたままになっている．

問題 129 次の語句の組合せのうち，最も不適当なものはどれか．
(1) 超音波加湿器―――――微生物
(2) 開放型燃焼器具―――――水蒸気
(3) 温水暖房―――――膨張タンク
(4) 石膏ボード―――――ラドン
(5) 不快指数―――――気流

問題 130 冷却塔の性能が不十分となる原因として，最も不適当なものは次のうちどれか．
(1) 散水装置からの水量が不均一となったとき
(2) 充填物が破損したとき
(3) 外気の湿球温度が設計値を下回ったとき
(4) 冷却塔用送風装置に不具合が発生したとき
(5) 冷却水ポンプに不具合が発生したとき

問題 131 冬季の結露に関する次の記述のうち，最も不適当なものはどれか．
(1) 外断熱は，結露に対して最も望ましい方法である．
(2) 壁体表面結露防止には，断熱材を入れて表面温度を上げるとよい．
(3) 壁体内部結露防止には，断熱材より室内側に防湿層を設けるとよい．
(4) ガラス面の結露は，カーテンを用いることにより緩和される．
(5) 外気取入れダクトは，ダクト外断熱より内断熱のほうがよい．

問題 132 省資源・省エネルギー対策に関する次の記述のうち，最も不適当なものはどれか．
(1) 室内の冷房温度を高く設定する．
(2) 空調により一年中一定の温湿度に保つ．
(3) 外気冷房を多用する．
(4) 全熱交換器を採用する．
(5) 窓に熱線吸収ガラスを用いる．

問題 133 機材の寿命に関する次の記述のうち，最も不適当なものはどれか．
(1) 鋼管による搬送配管の寿命は，一般的に 10～15 年とされている．
(2) 業務用冷暖房設備の法定耐用年数は，一般的に 15 年である．
(3) 冷温水の溶存酸素量が多いと，配管は腐食しやすい．
(4) 良好な保全は，耐用年数を長くする．
(5) 配管類の長寿命化は，一般的にライフサイクルコストの値を大きくする．

問題 134 1997 年 12 月に京都で開催された「気候変動枠組条約第 3 回締約国会議」において，いわゆる「京都議定書」が採択された．これによると 2008 年から 2012 年までを目標期間として，CO_2，メタン，フロン等の排出を削減することとなった．次に挙げた基準年と削減目標の組合せのうち，日本についてあてはまるものはどれか．

	基準年	削減目標
(1)	1985 年	98％（2％削減）
(2)	1985 年	96％（4％削減）
(3)	1990 年	94％（6％削減）
(4)	1990 年	92％（8％削減）
(5)	1995 年	90％（10％削減）

問題 135 次の文章の[　　]内に入る語句の組合せのうち，適当なものはどれか．

空調の自動制御とは，温度，湿度などの現状の値を検出し，これを[ア]と比較して，その差に応じた調節信号を出し，[イ]を動かす一連の動作を自動的に行うことである．

	ア	イ
(1)	規制値	操作部
(2)	目標値	操作部
(3)	目標値	検出部
(4)	許容値	検出部
(5)	許容値	計測部

問題 136 ごみの質に関する次の記述のうち，最も適当なものはどれか．
(1) 熱灼減量は，水分量を意味する．
(2) 水分，可燃分，固形分は，一般にごみの3成分と呼ばれる．
(3) 高位発熱量は，真発熱量とも呼ばれる．
(4) 単位容積質量は，見かけ比重と同義である．
(5) 熱灼残留物は，可燃分を意味する．

問題 137 収集浄化槽汚泥に関する次の記述のうち，最も適当なものはどれか．
(1) 収集し尿に比べて，BOD濃度が高い．
(2) 収集し尿に比べて，窒素及びリンの濃度が高い．
(3) 全国的にみると，収集量は年々減少している．
(4) し尿処理施設で処理することができる．
(5) 堆肥化（コンポスト化）処理には適していない．

問題 138 ごみの最終処分に関する次の記述のうち，最も不適当なものはどれか．
(1) 埋立処分は，陸上埋立てと水面埋立てに大別される．
(2) 一般廃棄物の最終処分場は，構造指針が定められている．
(3) 最終処分場の浸出水は，水量，水質が均一ではない．
(4) 最終処分場は安定後，公園，遊園地，住宅地などに利用されることはない．
(5) 最終処分場の浸出水は，埋立て完了後も長期にわたって流出する．

問題 139 ごみの堆肥化に関する次の文章の[　　]内に入る語句の組合せとして，最も適当なものはどれか．

発酵槽の中に[ア]を多く含むごみを投入し，[イ]しながら[ウ]すると，通常2〜3日で温度が50〜60℃以上に上昇し，粗堆肥ができる．

	ア	イ	ウ
(1)	有機物	適度に通気	機械的にすき返し
(2)	水分	適度に通気	静置
(3)	有機物	空気を遮断	適度に加温
(4)	水分	適度に加温	機械的にすき返し
(5)	有機物	空気を遮断	静置

問題140 廃棄物の処理及び清掃に関する法律に基づく廃棄物の分類に関する次の組合せのうち，最も不適当なものはどれか．

(1) 汚水槽（し尿と雑排水を併せて貯留する槽）から除去される
　　泥状物――――――――――――――――――――――一般廃棄物
(2) 畜産農家から排出される豚の糞――――――――――産業廃棄物
(3) 廃家電製品に含まれるPCB使用部品――――――――特別管理一般廃棄物
(4) 病院から排出される感染性病原体を含む廃棄物―――特定有害産業廃棄物
(5) 工場・事業場から排出される揮発油類―――――――特別管理産業廃棄物

問題141 廃棄物に関する条約について述べた次の文章の　　　　内に入る語句として，最も適当なものはどれか．

「有害廃棄物の国境を越える移動及びその処分の規制に関する　　　　」に基づいて，特定の有害廃棄物等の輸出入が適正に管理されている．

(1) ワシントン条約　　(2) ラムサール条約　　(3) バーゼル条約
(4) モントリオール条約　　(5) ロンドン条約

問題142 産業廃棄物と最終処分場の次の組合せのうち，最も不適当なものはどれか．

(1) 金属くず――――――――――――安定型処分場
(2) 紙くず―――――――――――――管理型処分場
(3) 有害物質を含むばいじん――――――遮断型処分場
(4) 廃プラスチック類――――――――安定型処分場
(5) 廃アルカリ液――――――――――管理型処分場

問題143 廃棄物の焼却に関する次の記述のうち，最も不適当なものはどれか．

(1) 一般廃棄物は，焼却により処理される量が最も多い．
(2) 焼却能力が1時間あたり200kg以上の廃棄物焼却炉は，大気汚染防止法に基づいてばい煙発生施設に指定されている．
(3) 廃棄物の焼却設備の構造は，空気取入口及び煙突の先端以外に，焼却設備内と外気とが接することなく廃棄物を焼却できるものでなければならない．
(4) 廃棄物焼却炉から出たもえがら（焼却灰）は，一般廃棄物として埋立て処分されている．
(5) 破砕処理は，焼却や埋立て処分の前処理として採用されることが多い．

問題144 廃棄物最終処分場の環境影響評価（アセスメント）に関する次の記述のうち，最も適当なものはどれか．

(1) 一定規模以下の最終処分場は，環境影響評価を行わなくてもよい．
(2) 最終処分場は，建設後ただちに環境影響評価を行う必要がある．

(3) 環境影響評価の結果は，地域住民に公開する必要はない．
(4) 環境影響評価の目的は，処分場が環境に及ぼす影響を事前に予測し，評価することである．
(5) 国または地方公共団体の許認可等の条件として，環境影響評価を行う必要はない．

問題 145 建築物におけるごみ処理計画に必要な事項に関する次の記述のうち，最も不適当なものはどれか．
(1) ごみの管理にかかわる防犯および防災設備の設置
(2) 自治体における最終処分場の受入れ容量の確認
(3) 再利用可能なごみと廃棄するごみの区分およびその量，質等の把握
(4) 建築物内の集積場所のスペースと設備の確保
(5) 建築物の用途および規模別に応じたごみ発生量の実態把握

問題 146 建築物からの1日あたりのごみ排出量について，原単位として［kg/(m^2・日)］および［kg/(人・日)］で表示する場合，建築物の延べ面積，定員数のほか，把握すべき事項として最も適当なものは，次のうちどれか．
(1) ごみの成分割合
(2) ごみの占有体積
(3) ごみ収集容器の容積と収集容器数
(4) ごみの総質量
(5) ごみ搬出車両の最大積載量と車両数

問題 147 ごみ焼却に伴うダイオキシン類発生の削減対策に関する次の記述のうち，最も不適当なものはどれか．
(1) ごみの排出抑制・リサイクル等による焼却量の削減
(2) 高温焼却と適切な排ガス対策
(3) ごみ焼却炉の間欠運転による排ガス量の削減
(4) 溶融固化等による焼却灰・飛灰の処理
(5) 最終処分場からのダスト等の飛散防止，浸出水対策

問題 148 プラスチック類を含むごみの焼却において，環境保全上および焼却設備保全上，次にあげたガスのうち，最も問題となるものはどれか．
(1) 塩化水素　　(2) 一酸化炭素　　(3) 二酸化炭素
(4) 窒素酸化物　　(5) 硫黄酸化物

問題 149 建築物のごみ処理室に関する次の記述のうち，最も不適当なものはどれか．
(1) 衛生，防火の観点から，車両搬入出口にはシャッタを設ける．
(2) 第3種換気設備等を設けて，室内を負圧に保つ．
(3) 室内で中間処理作業を行う場合は，約200 lx以上の照明が必要である．
(4) 必要な分別ごみ置き場の面積を確保しなければならない．
(5) 床面は防水構造とし，傾きのないように水平にする．

問題 150 建築物内のごみ貯留・搬出方式に関する次の記述のうち，不適当なものはどれか．
(1) 容器方式　　(2) 貯留排出機方式　　(3) コンパクタ・コンテナ方式
(4) クレーン搬送方式　　(5) 真空輸送方式

問題151 建築物内の廃棄物処理に関する次の記述のうち，最も不適当なものはどれか．
(1) ダストシュートに投入するごみは，紙類や水分の少ない雑芥類とする．
(2) ごみの破砕機による破砕は，一般にそのごみの体積を減少させる．
(3) 収集運搬用コレクタは，ごみの一時貯留と移動のために多く使われる．
(4) 梱包機は，かさばるごみを圧縮・梱包する装置で，資源回収に有効である．
(5) 厨芥類など変質しやすいものは，ごみ処理室に搬入しない．

問題152 ごみの空気搬送システムに関する次の文章の □ 内の語句のうち，最も不適当なものはどれか．

　　ごみの空気搬送システムとは，配管内に |(1) 空気流| を発生させてごみを搬送するもので，配管中でごみを |(2) 破砕して| 搬送する方法と，|(3) カプセルに封じ込めて| 搬送する方法がある．このシステムは，ごみを |(4) 多地点から1地点に| 収集するのに適しているが，搬送時の輸送管や収集センターからの |(5) 騒音や粉じん等| の対策が必要である．

問題153 1カ月間にごみを60トン排出する建築物における1日のごみ排出量のうち，正しいものは次のうちどれか．
　　ただし，建築物の稼働日数を30日/月，ごみの容積質量値を200kg/m^{3}とする．
(1) 5m^3/日　　(2) 10m^3/日　　(3) 20m^3/日
(4) 30m^3/日　　(5) 40m^3/日

問題154 清掃作業に関する次の記述のうち，日常清掃でないものはどれか．
(1) 出入口マットの清掃　　(2) 窓ガラスの清掃
(3) 便所や洗面所の清掃　　(4) 壁面や柱などの低い部分の清掃
(5) 建物外周の掃き掃除

問題155 床清掃におけるダストコントロール法に関する次の記述のうち，最も不適当なものはどれか．
(1) 油汚れに対しては，効果がない．
(2) ほこりの飛散が少ないので，密閉構造の建物にも適する．
(3) 房糸に含まれる油剤は，粘性の高い不乾性の鉱油がよい．
(4) ほこりは房糸に付着するので，軽く押して歩くだけでよい．
(5) 微量ながら油が床などに付着する．

問題156 清掃すべき対象と清掃に用いる器具に関する次の組合せのうち，最も不適当なものはどれか．
(1) カーペット ────── カーペットスイーパ
(2) ビニルタイル ────── 自動床洗浄機
(3) 便器 ────── プランジャ
(4) 階段 ────── デッキブラシ
(5) 洗面用陶器 ────── 白パッド

問題157 ドライメンテナンス作業法のメリットに関する次の記述のうち，最も不適当なものはどれか．
(1) 作業上の安全性が高い．

(2) きれいな状態が維持できる．
(3) 作業の標準化・システム化がしやすい．
(4) 単独作業が可能である．
(5) 初期費用が安い．

問題 158 樹脂系床維持剤の皮膜に関する次の記述のうち，正しいものはどれか．
(1) 時間経過とともに粉化する．　(2) 中性洗剤によって簡単に溶解する．
(3) 磨かなければ光沢がない．　(4) 耐久性に優れている．
(5) 表面は滑りやすく，歩行に注意を要する．

問題 159 ゴンドラ設備に関する次の文章の ☐ 内に入る語句の組合せのうち，最も適当なものはどれか．

　　ゴンドラ設備の構造には，各種の形式のものがあるが，屋上に ア の台車を設け，そのアームから イ で作業床をつり下ろすものが普通である．ゴンドラ設備による作業は，高所の危険作業であるから，使用ゴンドラはゴンドラ ウ に合格したものを使用する．

	ア	イ	ウ
(1)	固定式	繊維ロープ	安全規則
(2)	移動式	繊維ロープ	安全規則
(3)	固定式	ワイヤロープ	構造規格
(4)	移動式	ワイヤロープ	構造規格
(5)	固定式	ワイヤロープ	安全規則

問題 160 ガラスクリーニングに関する次の文章の ☐ 内に入る語句の組合せのうち，最も適当なものはどれか．

　　窓ガラスクリーニングは，タオル，又は ア と呼ばれる器具で，ガラス面に イ を塗布し，スクイジーで汚れを ウ 方法で行う．

	ア	イ	ウ
(1)	ポリッシャー	洗剤	吹き飛ばす
(2)	ポリッシャー	洗剤	拭き取る
(3)	ウォッシャー	洗剤	拭き取る
(4)	ポリッシャー	水	かき取る
(5)	ウォッシャー	水	かき取る

問題 161 ビルの清掃作業計画に関する次の記述のうち，最も適当なものはどれか．
(1) 作業頻度による分類は，日常清掃と定期清掃の2つに分けられる．
(2) 事務所内の照明器具清掃は，日常清掃で行う．
(3) 標準作業時間の設定は，特に優れた労働者の作業時間を基準とする．
(4) 面積が同一の建物であれば，用途が異なっても作業人員は変化しない．
(5) 作業場所による分類は，共用区域，専用区域，管理用区域，外装・外周区域の4つに分けられる．

問題 162 病院等の待合室に使用する消毒剤として，最も不適当なものは次のうちどれか．

(1) フェノール　　　(2) クレゾール石けん　　　(3) 逆性石けん
(4) 両性石けん　　　(5) ホルマリン

問題163 紫外線に関する次の記述のうち，最も不適当なものはどれか．
(1) 殺菌作用は，照射時間が長いほど有効である．
(2) 殺菌作用は，照射距離が近いほど有効である．
(3) 波長250〜260nmの紫外線は，強い殺菌力を持っている．
(4) 殺菌効果は，細菌の種類による差はない．
(5) 皮膚に照射すると，紅斑を起こすことがある．

問題164 次の感染症のうち，病原体がウイルスであるものはどれか．
(1) マラリア　　　(2) クリプトスポリジウム症　　　(3) 日本脳炎
(4) 発疹チフス　　　(5) ペスト

問題165 消毒に使用する次亜塩素酸ナトリウムに関する次の記述のうち，最も不適当なものはどれか．
(1) 腸管系病原菌の殺菌に長時間を必要としない．
(2) 低濃度で消毒の目的を達することができる．
(3) 強い酸化力のため，野菜や果実類の消毒には適さない．
(4) 濃度測定が容易で，消毒の確認がしやすい．
(5) 一般に液状で販売されているため，取扱いが容易である．

問題166 次の組合せのうち，分類学的に最も近縁でないものはどれか．
(1) イエダニ――――――――――セアカゴケグモ
(2) イエバエ――――――――――アカイエカ
(3) シバンムシアリガタバチ――――イエヒメアリ
(4) ヒラタキクイムシ――――――タバコシバンムシ
(5) トコジラミ―――――――――クサギカメムシ

問題167 我が国に生息するゴキブリ類に関する次の記述のうち，最も不適当なものはどれか．
(1) クロゴキブリは，本来は関東以北に多く，一般住宅にも進出している．
(2) 熱帯性のワモンゴキブリでも，暖房が完備していれば寒冷地のビル内でも越冬可能である．
(3) ヤマトゴキブリは，もともと農村地区や郊外に多いが，最近は市街地でも見られる．
(4) チャバネゴキブリは，ビル内に普通にみられる種である．
(5) キョウトゴキブリが，最近屋内にも多数生息し，害虫化している．

問題168 衛生害虫に関する次の記述のうち，最も不適当なものはどれか．
(1) チョウバエの幼虫は，し尿浄化槽のろ床やスカム中から発生する．
(2) ショウジョウバエは，腐敗した果物などを好む．
(3) 最近のノミ刺症のほとんどは，ネコノミによるもので，ネコの常在場所などが発生源となる．
(4) シバンムシアリガタバチは，シバンムシの老齢幼虫に外部寄生する．
(5) イガやカツオブシムシは，動物性繊維の他，化学繊維も食害する．

問題169 蚊の発生源に関する次の記述のうち，最も不適当なものはどれか．

(1) ヒトスジシマカは，空き缶などに溜まった水からよく発生する．
(2) アカイエカは，どぶ川のよどみなどからよく発生する．
(3) コガタアカイエカは，雨水溝などからよく発生する．
(4) チカイエカは，ビルの地下排水槽からよく発生する．
(5) シナハマダラカは，水田からよく発生する．

問題170 建築物内に生息するネズミに関する次の記述のうち，最も適当なものはどれか．
(1) ドブネズミは，垂直行動を得意とし，パイプを上下して活動する．
(2) ハツカネズミは，ビル内にも生息する．
(3) クマネズミは，垂直行動が不得意なので，もっぱら地表近くに生息する．
(4) クマネズミは，動物性の餌を摂取しない．
(5) ハツカネズミの行動圏は，ドブネズミよりも広い．

問題171 屋内に生息するダニ類に関する次の記述のうち，最も適当なものはどれか．
(1) ケナガコナダニは，人の垢やふけを食べて増え，人から吸血しない．
(2) イエダニは，ネズミ類に寄生するダニなので，人から吸血しない．
(3) シラミダニは，昆虫類に寄生するダニであり，人から吸血しない．
(4) ヒョウヒダニ類は，他のダニ類を餌として繁殖し，人から吸血しない．
(5) ツメダニ類は，人を刺したり咬んだりし，人から吸血する．

問題172 疾病と媒介動物に関する次の組合せのうち，最も不適当なものはどれか．
(1) つつがむし病　──────── マダニ
(2) 消化器系感染症　──────── イエバエ
(3) 小児喘息　──────────── コナヒョウヒダニ
(4) サルモネラ症　────────── ドブネズミ
(5) 疥癬　──────────────── ヒゼンダニ

問題173 都市化と害虫に関する次の記述のうち，最も不適当なものはどれか．
(1) 都市化によって特定の種が大量に増えることがある．
(2) ビル内の環境は，害虫の生息環境として不安定である．
(3) 都市化の過程では，自然型環境と都市型環境の害虫が混在する．
(4) 都市環境に適応できる種のみが残存する．
(5) 人の生活様式が変わると，害虫の種類も変遷する．

問題174 建築設備・構造と害虫類に関する次の記述のうち，最も不適当なものはどれか．
(1) 室内の温度が高くなると，ゴキブリの増殖が促進される．
(2) 厨房の排水溝に残飯が溜まると，小ばえ類が発生しやすくなる．
(3) 黄色灯は害虫を誘引しやすい．
(4) 加湿を行いすぎると，ダニが発生しやすくなる．
(5) 自動開閉式ドアーは，害虫対策によい．

問題175 浄化槽のチカイエカ駆除のための薬剤処理の方法として，最も不適当なものは次のうちどれか．
(1) 乳剤を水で薄めて水中に投入する．

(2) 少量の粒剤を水面一面にばらまく．
(3) 油剤を水中に投入する．
(4) 樹脂蒸散剤を空間につるす．
(5) 油剤を煙霧機で槽内に吹き込む．

問題176 殺そ剤を用いたネズミ駆除に関する次の記述のうち，最も適当なものはどれか．
(1) 殺そ剤の効果は，ネズミの種類に関係しない．
(2) 粉剤は，ネズミの体表から薬剤が徐々に浸透して効果を発揮する．
(3) 配置した毒餌をトンネルのような箱で覆うと，喫食を低下させる．
(4) 有効成分含量が高すぎると，喫食性が低下して効果が落ちる．
(5) 薬剤の種類にかかわらず，毒餌を3日以上置き続けるのは好ましくない．

問題177 通常，清掃・整理整頓や温湿度管理が根本的な防除対策とはならない害虫は，次のうちどれか．
(1) ケナガコナダニ　　(2) ヒゼンダニ　　(3) ネコノミ
(4) チャバネゴキブリ　　(5) イエバエ

問題178 室内のダニ防除対策に関する次の記述のうち，最も不適当なものはどれか．
(1) 動物寄生性のダニ駆除では，宿主対策が重要である．
(2) 観葉植物にダニの発生が認められた場合には，園芸用の殺ダニ剤を用いる．
(3) 室内塵中のダニ対策として，餌となるふけや垢を掃除するのがよい．
(4) ヒョウヒダニ対策には，室内を乾燥させて，高温にしないことも必要である．
(5) 室内塵性のダニは，一般に殺虫剤処理で十分な駆除が可能である．

問題179 ゴキブリ駆除に関する次の記述のうち，最も不適当なものはどれか．
(1) 生息場所をなくしたり，餌になるものを始末するなどの処置は有効である．
(2) ベイト剤は，簡便さと速効性に特徴がある．
(3) 殺虫剤の煙霧は，ゴキブリの生息密度が高く，室内全般にわたって速効性を期待する場合に用いる．
(4) 粘着トラップは，生息密度がそれほど高くない時に有効に利用できる．
(5) 殺虫剤の残留処理法は，ゴキブリの行動習性を利用した基本的駆除法である．

問題180 殺虫剤による中毒の予防と応急処置に関する次の記述のうち，最も不適当なものはどれか．
(1) 吸入による中毒の場合には，その場に安静に寝かせ，呼吸が楽にできるようにする．
(2) 散布時には風上に位置し，連続して作業しないようにする．
(3) 誤って皮膚に付着した場合，水や石けんでよく洗う．
(4) 散布時には作業服，手袋，防護マスクなどで体を保護する．
(5) 口から入ったときは，水を飲ませて，繰り返し吐き出させる．

平成21年度 解答・解説

合格率18.4%

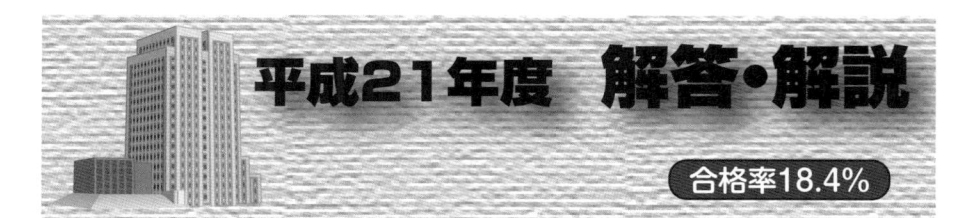

●午 前●

問題1 正解(5) 頻出度AAA
健康 — 最低限度の — 社会保障 — 公衆衛生，と正確に覚える．
平成8, 10, 12, 14, 17, 19年に続いて出題．

問題2 正解(5) 頻出度AAA
下水道法は国土交通省の所管であるが，そのうち終末処理場の維持管理は環境省，国土交通省の共管である．
(1)保健所は地域保健法に基づいて設置される．(2)地域行政事務を所管するのは，都道府県ならびに市町村の教育委員会．(3)特定行政庁とは，建築主事を置く市町村の区域については当該市町村の長をいい，その他の市町村の区域については都道府県知事をいう．(4)地方レベルとして都道府県労働局および労働基準監督署が設けられているが，これらは地方自治体の機関ではなく国の機関である．

問題3 正解(3) 頻出度AAA
ビル管理法はもっぱらソフトウェアに当たる「維持管理」の規制を定めている．空調設備や給排水設備の設計指針などハードウェアについては，建築基準法等が定めている．

問題4 正解(1) 頻出度AAA
旧厚生省の通達により，銀行は店舗＋事務所となって特定建築物の用途（特定用途）となる．

問題5 正解(1) 頻出度AAA
ビル管理法の特定建築物の要件は，建築基準法の定める建築物であって，特定用途の面積が3,000 m² 以上（学校教育法第1条に規定する学校の場合は 8,000 m² 以上）である．
(1)は特定用途（店舗）の面積がすでに3,000 m² 以上なので特定建築物となる．ただし，共同住宅部分にビル管理法は適用されない．

問題6 正解(2) 頻出度AAA
届出時期は，使用開始から，変更があったときから，該当しなくなったときから，いずれも1ヶ月以内に届け出る．

問題7 正解(4) 頻出度AAA
維持管理に関し環境衛生上必要な事項を記載した帳簿書類は，(4)だけである．

問題8 正解(4) 頻出度AAA
温度，相対湿度，気流は個々の測定値が基準を満たす必要がある．物質の濃度に関わる項目は平均値でよい（ただし，ホルムアルデヒドは個々の測定値）．

問題9 正解(3) 頻出度AAA
二酸化炭素の含有率の管理基準は，100万分の 1,000（1,000 ppm）以下．

問題10 正解(3) 頻出度AAA
ビル管理法の定めるところによれば，「建築物環境衛生管理技術者は，当該特定建築物の維持管理が建築物環境衛生管理基準に従って行われるようにするため必要があると認めるときは，当該特定建築物の所有者，占有者その他の者で当該特定建築物の維持管理について権原を有するものに対し，意見を述べる

ことができる．この場合においては，当該権原有する者は，その意見を尊重しなければならない」．命令はできない．

問題11　正解(1)　　　　　頻出度AAA
正しくは，「免状の返納を命ぜられ，その日から起算して1年を経過しない者に対して厚生労働大臣は免状の交付を行わないことができる」．3年ではない．

問題12　正解(5)　　　　　頻出度AAA
登録は営業所ごとに行う．
(1)登録は，都道府県知事に申請する．(2)登録基準に財務管理基準は定められていない．(3)有効期間は6年間．(4)登録を受けなくても維持管理業務を行うことは一向に構わない．登録を受けたかのような表示ができないだけである（表示違反は10万円以下の過料に処される）．

問題13　正解(2)　　　　　頻出度AA
ビル管理法によれば，「都道府県知事は，厚生労働省令で定める場合において，この法律の施行に関し必要があると認めるときは，特定建築物所有者等に対し，必要な報告をさせ，又はその職員に，特定建築物に立ち入り，その設備，帳簿書類その他の物件若しくはその維持管理の状況を検査させ，若しくは関係者に質問させることができる」．

問題14　正解(5)　　　　　頻出度AAA
一類感染症はエボラ出血熱，クリミア・コンゴ出血熱，痘そう，南米出血熱，ペスト，マールブルグ病，ラッサ熱の七つ．
鳥インフルエンザ（H5N1）は二類感染症（H5N1以外は四類感染症）．

問題15　正解(5)　　　　　頻出度AA
浄化槽の保守点検の記録の保存期間は3年である．

問題16　正解(4)　　　　　頻出度AAA
クリーニング店の営業は届出制である（ただし営業前の検査はある）．

（都道府県知事の許可）興行場法，旅館業法，公衆浴場法，食品衛生法
（都道府県知事へ届出）理容師法，美容師法，クリーニング業法

問題17　正解(1)　　　　　頻出度AA
旅館業法によれば，「営業者は，営業の施設について，換気，採光，照明，防湿及び清潔その他宿泊者の衛生に必要な措置を講じなければならない」．

問題18　正解(2)　　　　　頻出度AAA
廃棄物処理法によれば，廃棄物からは，放射性物質およびこれによって汚染された物は除かれる．
では，放射性廃棄物の処理を定めた法律は…複雑でよく分からない．

問題19　正解(4)　　　　　頻出度AAA
ビル管理法試験では，『人の健康に係る被害を生ずるおそれがある物質として定められていないものはどれか』と出題され，今までその答は亜鉛か錫に限られていたが，今回「鉄及びその化合物」が加わった．

問題20　正解(2)　　　　　頻出度A
(2)の正しい組合わせは，
　　毒物及び劇物取締法 ── 毒物劇物取扱責任者 ── 毒物劇物監視員
環境衛生監視員は，ビル管理法，理容師法，美容師法，クリーニング業法，公衆浴場法，旅館業法，興行場法等の立入検査などの職権を行う保健所の吏員．

問題21　正解(5)　　　　　頻出度AA
呼吸器系が体外に排出するのは二酸化炭素である．

問題22　正解(1)　　　　　頻出度AA
オゾンは，健康に影響を与える化学的要因に分類される．

問題23　正解(4)　　　　　頻出度AAA
日本産業衛生学会の許容濃度等の勧告の前文によれば，「人の有害物質への感受性は個

解答・午前

人毎に異なるので，許容濃度等以下の曝露であっても，不快，既存の健康異常の悪化，あるいは職業病の発生を防止できない場合がありうる」．

問題24　正解(4)　　　　　頻出度A A A
事務所衛生基準規則に限らず，一酸化窒素は空気中ですぐに酸化され二酸化窒素になってしまうため，基準値が定められることはない．

問題25　正解(5)　　　　　頻出度A A A
人体からの放熱は，伝導，対流，放射，蒸発によって行われ，蒸発には発汗と不感蒸泄がある．皮膚血管の収縮，ふるえ，運動はいずれも寒さに対する体温調節作用あるいは行動である．

問題26　正解(4)　　　　　　頻出度A
アスベストは肺の線維化（じん肺），肺癌および胸膜や腹膜の悪性中皮腫の原因物質であるが，喘息の原因物質とはされていない．

問題27　正解(1)　　　　　頻出度A A A
室外空気の供給はシックビル症候群の危険因子ではなく，反対に発生を抑制する因子である．

問題28　正解(5)　　　　　　頻出度A A
環境基本法の定める，二酸化硫黄を含む大気の汚染にかかわる環境基準はもっとずっと厳しく，1時間値の1日平均値が0.04 ppm以下であり，かつ，1時間値が0.1 ppm以下である．

問題29　正解(1)　　　　　頻出度A A A
ホルムアルデヒドは還元性が強く，人間にとって毒性，刺激性が強い．濃度0.01 ppmで，結膜を刺激するようになる．

問題30　正解(1)　　　　　頻出度A A
結核に感染しても多くの人は治癒し発病に至らないが，菌は体内で数年から数十年生存する．平成25年度の統計では，わが国の罹患率（人口10万人対）は16.1であり，2,084人が亡くなっている．欧米の罹患率は，アメリカ3.1，ドイツ4.9であり，わが国で結核が制圧されたとはいえない状態である．

問題31　正解(2)　　　　　頻出度A A
健康増進法　第25条　学校，体育館，病院，劇場，観覧場，集会場，展示場，百貨店，事務所，官公庁施設，飲食店その他の多数の者が利用する施設を管理する者は，これらを利用する者について，受動喫煙（室内又はこれに準ずる環境において，他人のたばこの煙を吸わされることをいう．）を防止するために必要な措置を講ずるように努めなければならない．

問題32　正解(1)　　　　　頻出度A A A
室内空気の汚染や換気の総合指標は，二酸化炭素濃度である．

問題33　正解(3)　　　　　頻出度A A A
人間の耳の可聴範囲は，周波数で20 Hz～20 kHzの約10オクターブ，音圧レベルで0～140 dBである．

問題34　正解(2)　　　　　頻出度A A A
人間の振動に対する感受性にも聴覚と同じように周波数特性がある．鉛直振動では4～8 Hzの振動に最も感じやすく，水平振動では1～2 Hzである．

問題35　正解(3)　　　　　頻出度A A A
視細胞には杆体細胞と錐体細胞があり，暗いときに働きやすいのは，解像度よりも感光度の高い杆体細胞である．錐体細胞は感光度よりも解像力に優れ，色を感じ取ることができる．照度0.1 Lx辺りで，杆体細胞と錐体細胞の働きが切り替わり，その結果視力は大きく変化する．

問題36　正解(5)　　　　　頻出度A A A
色の性質を決める要素は，色合いを表す色相，明るさを表す明度，鮮やかさを表す彩度である．これを色の3属性という．輝度は関係ない．

問題37　正解(2)　　　　　頻出度A A A
白血病は造血作用のある骨髄が冒される病

気であるが，紫外線は皮膚表層（1 mm 以内）で吸収されてしまい骨髄まで達することがないので，白血病の原因とはなり得ない．

問題 38　正解(2)　　　　　　　　頻出度ＡＡＡ

電離放射線に最も感受性の高いのはリンパ球である．神経細胞の感受性は最も低い．

物質の原子，分子から電子を弾き飛ばし，イオン化する作用を有する高エネルギー放射線を電離放射線といい，粒子線（α 線，β 線，中性子線）と電磁線（波）（ガンマ線，X 線）がある．

問題 39　正解(3)　　　　　　　　頻出度ＡＡＡ

マイクロ波（周波数 300 MHz ～ 300 GHz）は赤外線以上に生体組織の深部に達し，特に水分の多い組織の方が，熱の発生が大きい．強いマイクロ波が目に当たると，水晶体に吸収され熱作用で白内障を起こす．

問題 40　正解(5)　　　　　　　　頻出度ＡＡ

代謝水とは，体内での食物の代謝過程において，水素が燃焼し酸素と結びついて体内で生成される水分のこと．燃焼水ともいう．成人が普通の食事をして生成される代謝水は 1 日に約 0.3 L（食事の内容によって異なる）．

問題 41　正解(2)　　　　　　　　頻出度Ａ

消毒副生成物は，水質基準のうち，1 年に 1 回，測定期間（6 月 1 日〜 9 月 30 日）中に測定することとされている 12 項目であるが，トリクロロエチレンはその中に含まれていない．

問題 42　正解(3)　　　　　　　　頻出度ＡＡＡ

水系感染症の発生は，季節によって左右されることは少ない．

問題 43　正解(1)　　　　　　　　頻出度ＡＡＡ

麻しんとインフルエンザの病原体はウイルスである．

問題 44　正解(3)　　　　　　　　頻出度ＡＡＡ

クリプトスポリジウムによる汚染の恐れがある場合は，指標菌（大腸菌，嫌気性芽胞菌）の検査を実施する．クリプトスポリジウムは塩素消毒が効かないので厄介である．クリプトスポリジウム症は飲料水による消化器感染症で，人畜共通性である．

問題 45　正解(4)　　　　　　　　頻出度ＡＡ

乾熱滅菌は高熱空気による滅菌法．高圧蒸気による滅菌は湿熱滅菌法の一つである．

問題 46　正解(4)　　　　　　　　頻出度Ａ

動粘性係数は流体の粘度を密度で割った値で動粘度ともいう．単位は m^2/s である．

問題 47　正解(2)　　　　　　　　頻出度ＡＡＡ

定常状態では，途中で熱が突然発生したり，消滅することがない限り，熱流の大きさは，A 部材の中も B 部材の中も等しくなる．

問題 48　正解(3)　　　　　　　　頻出度ＡＡＡ

石こう板の熱伝導率が 0.22 W/(m・K) に対して，断熱材として使われる硬質ウレタンフォームは 0.028 と，けた違いに小さい．

問題 49　正解(1)　　　　　　　　頻出度ＡＡＡ

乾球温度 17 ℃，相対湿度 50 ％の湿り空気の露点温度は，空気線図上でその状態点から水平に左側に線を引いて，飽和線との交点の温度であるから，おおよそ 7 ℃である．10 ℃の窓ガラスに触れても結露しない．

問題 50　正解(3)　　　　　　　　頻出度ＡＡＡ

水蒸気圧の高い室内側に防湿層を設けるのは壁の内部結露防止策である．水蒸気圧が高いとは，絶対湿度が高く，露点温度が高いということである．壁内の温度が露点温度以下になると内部結露が始まる．室内側に防湿層を設けて壁内空気の露点温度を下げることが内部結露防止の原則である．表面結露の防止には，室内の水蒸気量を必要以上に多くしない，室内の表面温度を一定に保つことが重要である．

問題 51　正解(1)　　　　　　　　頻出度Ａ

冷風は室の低所に向かうので，天井から水平に吹き出せば室中によく行き渡りやすい．

解答・午前　　　359

問題52　正解(5)　　　　　　　　頻出度AA

温度差による換気力は高低差に比例し，換気量は換気力の平方に比例するので，温度差による換気量は開口高さの差の「平方に比例」する．

問題53　正解(2)　　　　　　　　頻出度AA

加湿をしたときの湿り空気線図上の変化（勾配）は，加湿水の比エンタルピーに等しい熱水分比 u [kJ/kg] で求めることができる．30 ℃の水の比エンタルピー i_W は，

i_W ＝水の比熱 × 温度
　　＝ 4.178 kJ/(kg·℃) × 30 ℃
　　＝ 125.34 kJ/kg

である．湿り空気線図で勾配を確かめると，ほぼ湿球温度一定の線に沿って状態点が移動し，そのとき，乾球温度は下がり，相対湿度は上がる．

問題54　正解(4)　　　　　　　　頻出度AA

オゾンは空気中での紫外線照射に伴って酸素分子から生成される．一部の空気清浄機はオゾンを発生させて除菌・消臭効果を得ている．また，コピー機は内部でトナーの蒸着焼き付けに高圧放電を用いるため，その際の紫外線によってオゾンが発生する．

問題55　正解(3)　　　　　　　　頻出度AAA

燃焼温度が低く，フィルタも通らない副流煙の方が有害物質を多く含む場合が多い．ニコチンもその例に漏れない（調査例：主流煙100～2,500 μg/本，副流煙2,700～6,750 μg/本）．

問題56　正解(5)　　　　　　　　頻出度AAA

粒子の拡散係数は粒径に反比例する．エアロゾル粒子は，空気の気体分子の衝突を受けブラウン運動をする．ブラウン運動をする粒子は，フィックの法則に従い流体中に拡散していく．フィックの法則中の拡散係数は粒径に反比例し，結果として，拡散の速度は粒径に反比例する．すなわち，小さな粒子ほどブラウン運動による移動量が大きい．

問題57　正解(2)　　　　　　　　頻出度AAA

結露した壁表面で増殖するのは真菌（カビの仲間）である．その一種がペニシリウムである．

問題58　正解(5)　　　　　　　　頻出度AAA

加熱コイルの負荷はaである．

この空気線図によれば，外気Aと還気Bは混合された後，加熱コイルでDまで加熱され，蒸気吹出しによってEまで加湿され，ダクト負荷によって（少し冷やされて）Fとなって部屋に吹出している．

問題59　正解(1)　　　　　　　　頻出度AAA

空気は送風機を通る際エネルギーを受け取り，最終的にそのエネルギーは熱となる．暖房時は安全側なので無視しても良い（冷房時は無視できない）．同じことはポンプでも言える．

問題60　正解(4)　　　　　　　　頻出度AAA

取入外気負荷は室内に吹出す前に空調機で処理されなければならないので，室内負荷ではない．室内負荷は，壁の透過熱や窓を通しての日射熱，室内の照明，人体からの熱である．

問題61　正解(1)　　　　　　　　頻出度AA

寒冷地では冷却コイルの凍結を防止するために加熱コイルを上流側に置く場合もあるが，一般的には冷却コイル，加熱コイルの順番に設置して，梅雨時等顕熱比が小さくSHF線が飽和空気線に交わらない場合に，冷却コイルで冷却減湿したのち，加熱コイルで再熱して必要な吹出し空気を得ることが行われている．

問題62　正解(2)　　　　　　　　頻出度AAA

変風量単一ダクト方式で用いられるのはVAV（可変風量）ユニットである．天井放射パネルは放射冷暖房方式に用いられる．

問題63　正解(2)　　　　　　　　頻出度AAA

変風量単一ダクト方式では，空調機からは

一定の温度で送風し，VAVを用いて各室の負荷量に応じた送風量により個別制御を行う．負荷に合わせて給気温度を変化させる定風量単一ダクト方式では個別制御はできない．

問題 64　正解(5)･･････････････････頻出度ＡＡＡ
　高温，低温の再生器，溶液熱交換器を持つのは二重効用吸収式冷凍機である．同冷凍機では熱源の熱を高温，低温再生器で2段階に利用し熱効率を上げている．

問題 65　正解(3)･･････････････････頻出度ＡＡＡ
　吸収式冷凍機は成績係数が低く排熱量が大きいので，冷却塔が大型となる．

問題 66　正解(3)･･････････････････頻出度ＡＡ
　現在では圧縮機の制御（容量制御）は，省エネ性に優れるPAM方式のインバータによる直流モータの回転数制御が一般的である．

問題 67　正解(1)･･････････････････頻出度ＡＡＡ
　ファンコイルユニットは一般に加湿機能を有しない．

問題 68　正解(1)･･････････････････頻出度ＡＡＡ
　全熱交換器は顕熱，潜熱（合わせて全熱）を交換するので全熱交換器と呼ばれる．顕熱だけを交換する顕熱交換器も利用される．

問題 69　正解(5)･･････････････････頻出度ＡＡＡ
　軸流送風機は，空気が軸方向から入り軸方向に通り抜ける．軸に対し傾斜して通り抜けるのは斜流送風機である（斜流送風機も，ケーシングにより送風機全体としては風向を軸流方向とする）．斜流送風機は風量風圧特性上，遠心と軸流の中間の性質を持つ．

問題 70　正解(1)･･････････････････頻出度ＡＡＡ
　軸流吹出し口は，誘引比が小さいため拡散角度が小さく，到達距離が長い．天井・壁あるいは床面に設置され，一定の軸方向に気流を吹き出す．ノズル型やグリル型などがこの型式に含まれる．

問題 71　正解(3)･･････････････････頻出度ＡＡＡ
　比色法の50%フィルタは計数法では20%強，質量法では約90%の粉じん捕集率となる．これは各試験方法の試験粒子の径の違いによる．

問題 72　正解(2)･･････････････････頻出度ＡＡ
　返り管をポンプに近い機器から順に遠い機器に接続するのはリバースリターン方式である．

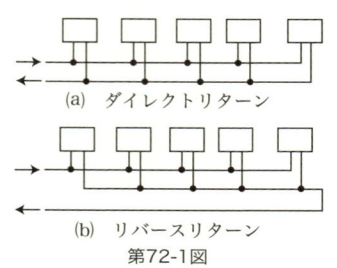

(a)　ダイレクトリターン

(b)　リバースリターン
第72-1図

問題 73　正解(4)･･････････････････頻出度ＡＡＡ
　換気回数［回/h］は，換気量［m^3/h］を室容積［m^3］で除したものである．

問題 74　正解(1)･･････････････････頻出度ＡＡＡ
　問題の在室密度×必要換気量＝1人当たりの必要換気量となる．これがビル管理法の二酸化炭素濃度の管理基準を満たす30 m^3/(h・人)になれば，適正な換気量といえる．(1)は，4.2×4.0＝16.8 m^3/(h・人)で換気不足である．

問題 75　正解(2)･･････････････････頻出度ＡＡＡ
　相対湿度100%の空気（飽和空気という）では湿球温度＝乾球温度となるが，それ以外では，湿球を取り巻くガーゼからの水の蒸発による潜熱によって冷やされるため，常に湿球温度は乾球温度より低い値となる．

問題 76　正解(4)･･････････････････頻出度ＡＡＡ
　ピエゾバランス粉じん計は，圧電素子の振動数が，2,000 Hz以内では集じんの増加1 μgにつきおよそ180 Hz減少することが測定原理である．

問題 77　正解(5)･･････････････････頻出度ＡＡＡ
　加熱脱着法では，TenaxGRなどの吸着剤

解答・午前　　　　　　　　　　　　　　　　　　　　　　　　　　　　361

でVOCsを捕集し，そのあと加熱してVOCsを脱着する．捕集したVOCsを全量ガスクロマトグラフ質量分析器（GC/MS）に送って分析する．溶媒抽出法では，活性炭に吸着したVOCsを溶媒の二硫化炭素で抽出する．加熱脱着装置など特殊な装置は不要で簡便だが，抽出液の一部しかGC/MSに導入できないので測定感度は落ちる．

問題78　正解(2) ……………… 頻出度ＡＡＡ
光電光度法はホルムアルデヒド（HCHO）に反応して発色した試験紙の反射光強度からHCHOの濃度を計測する．妨害ガスの影響を受けにくい．

問題79　正解(3) ……………… 頻出度ＡＡＡ
相対濃度［mg/m³］＝（粉じん計測定値cpm－バックグランド値cpm）×感度（0.001）×較正係数
＝（120/3分－0）×0.001×1.3
＝0.052

問題80　正解(4) ……………… 頻出度ＡＡＡ
エライザ法はアレルゲンの測定法である．硫黄酸化物の測定法は，溶液導電率法，紫外線蛍光法など．

問題81　正解(4) ……………… 頻出度ＡＡＡ
密閉コイルにより通風抵抗が増えるためファンが大型になり，それに伴って冷却塔も大きくなる．

問題82　正解(4) ……………… 頻出度ＡＡＡ
冷却塔は1ヵ月以内ごとに1回定期に汚れの状況を点検する（ビル管理法施行規則第3条の18）．

問題83　正解(3) ……………… 頻出度ＡＡＡ
音を含めて，波の速さ＝波長×周波数である．
音速は空気の密度の平方根に反比例する．気温が高くなると空気の密度は小さくなるので，温度の上昇とともに音速は大きくなる．気温をt［℃］として音速$c ≒ 331.5 +$ $0.6t$と表される．0℃で331.5 m/s，20℃で343.5 m/sである．

問題84　正解(4) ……………… 頻出度ＡＡＡ
以下のように点音源からの距離が2倍になると6 dB減衰し，線音源からの距離が2倍になると3 dB減衰する．
点音源からの音の強さは距離の2乗に反比例する．したがって，最初の位置での音の強さをIとすると，距離が2倍になったときの音の強さは，$1/2^2$倍となる．これを音の強さのレベルの定義式に当てはめて，

$$10 \log_{10}\left(I \times \frac{1}{2^2}\right) = 10 \log_{10} I + 10 \log_{10} \frac{1}{2^2}$$
$$= 80 + 10 \log_{10} 2^{-2}$$
$$= 80 - 2 \times 10 \log_{10} 2$$
$$= 80 - 6 = 74 \text{ dB}$$
$$(\because \log_{10} 2 ≒ 0.3)$$

線音源からの音の強さは距離に反比例する．したがって，最初の位置での音の強さをIとすると，距離が2倍になったときの音の強さは，1/2倍となる．これを音の強さのレベルの定義式に当てはめて，

$$10 \log_{10}\left(I \times \frac{1}{2}\right) = 10 \log_{10} I + 10 \log_{10} \frac{1}{2}$$
$$= 80 + 10 \log_{10} 2^{-1}$$
$$= 80 - 1 \times 10 \log_{10} 2$$
$$= 80 - 3 = 77 \text{ dB}$$

問題85　正解(5) ……………… 頻出度ＡＡＡ
防振系の基本固有周波数を，機器等の設置床の固有周波数に近く設定すると，共振を起こして防振効果を損なう場合もあるので，互いの固有周波数を離すようにする．
合わせガラスは，遮音性能の低下は生じず，高音域における単層ガラス特有のコインシデンス効果による落ち込み度合いが改善される．

問題86　正解(2) ……………… 頻出度ＡＡＡ
太陽高度がh度のときの，水平面照度は，

法線照度×sin h となるので，
$$60,000 \times \sin 30° = 60,000 \times 1/2 = 30,000 \text{ Lx}$$

問題 87　正解(4)　　　　　　　　頻出度AA

昼光率＝直接昼光率＋間接昼光率であり，室内で反射した光による間接昼光率は室内表面の反射率が低いほど小さいので，それに連れて昼光率も小さくなる．

問題 88　正解(4)　　　　　　　　頻出度AA

コーニス照明とは，天井と壁のコーナーに光源を遮蔽する回り縁を付け，壁面を間接照明で照らす方法．似たような建築化照明にコーブ照明がある．

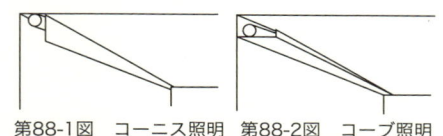

第88-1図　コーニス照明　　第88-2図　コーブ照明

問題 89　正解(5)　　　　　　　　頻出度AA

ハロゲン電球の寿命は 2,000 ～ 3,000 時間なのに対して蛍光ランプの寿命は 8,000 時間と数倍長い．

問題 90　正解(5)　　　　　　　　頻出度AA

加湿方式は大別すると蒸気吹出し方式，水噴霧方式，気化方式に分類される．エアワッシャは大量の水を加湿エレメントに滴下する気化式に分類される．高速空気流により霧化するのは水噴霧方式である．

●午　後●

問題 91　正解(4)　　　　　　　　頻出度A

(4)は引違い戸である．引違い窓は第 91-1 図のとおり．

第91-1図

問題 92　正解(2)　　　　　　　　頻出度AAA

トラス構造では，部材を三角形状にピン接合することによって，応力は軸方向力のみ生じる．

問題 93　正解(2)　　　　　　　　頻出度AAA

単純支持形式（単純ばり）は回転端と移動端で支えられている．

第93-1図　単純ばり

問題 94　正解(3)　　　　　　　　頻出度AAA

筋かいは，骨組の壁面の垂直構面に入れる斜材．構面の変形を防ぎ，剛性を高め地震力や風圧力などの水平力に抵抗する．

問題 95　正解(3)　　　　　　　　頻出度AAA

コンクリートはもともとアルカリ性で，鉄筋の防錆効果も高いが，時間とともに空気中の二酸化炭素などの影響で中性化が進み，防錆効果も次第に失われる．

問題 96　正解(5)　　　　　　　　頻出度AA

モルタルは水と砂とセメントを混ぜたものである．砂利ではない．

問題 97　正解(1)　　　　　　　　頻出度AAA

鋼材の容積比熱（熱容量）は木材のそれより数倍大きい．鋼材＝ 3,600 kJ/(m³・K)，木材＝ 700 ～ 1000 kJ/(m³・K)．一般に，比重の大きいものは，熱容量，熱伝導率とも大きい．

問題 98　正解(5)　　　　　　　　頻出度AAA

夏至では太陽高度が高く南向き垂直面への日射の入射角が大きい．逆に冬至では入射角が小さい．日射量は入射角余弦の法則により cos（入射角）に比例するので，1 日の日射受熱量は冬至の方が多い．

問題 99　正解(1)　　　　　　　　頻出度AAA

LP ガスの比重（空気＝ 1.0）は 1.55 で空気より重い（都市ガスは 0.655 で空気より軽い）．

問題100　正解(5)　頻出度AAA

劇場，映画館，演芸場，観覧場，公会堂または集会場の客用に供する屋外への出口の戸は，内開きとしてはならない．（建築基準法施行令第125条）

問題101　正解(5)　頻出度AAA

非常用エレベータは，平常時には最大17人乗りの通常のエレベータとして使用できるが，火災時には消防隊の使用が優先される．一次消防・二次消防切り替えスイッチがあり，一次消防運転では乗場呼びが無効になり，一種の専用運転となる．二次消防運転では乗場の戸閉検出装置が無効となり，かごまたは乗場の扉が閉まらない状態であっても走行可能になる．

問題102　正解(4)　頻出度AAA

建築基準法第1条には次のように書かれている．

第1条(目的)　この法律は，建築物の敷地，構造，設備及び用途に関する最低の基準を定めて，国民の生命，健康及び財産の保護を図り，もって公共の福祉の増進に資することを目的とする．

問題103　正解(3)　頻出度AAA

特殊建築物とは，学校（専修学校および各種学校を含む．以下同様とする．），体育館，病院，劇場，観覧場，集会場，展示場，百貨店，市場，ダンスホール，遊技場，公衆浴場，旅館，共同住宅，寄宿舎，下宿，工場，倉庫，自動車車庫，危険物の貯蔵場，と畜場，火葬場，汚物処理場その他これらに類する用途に供する建築物をいう（建築基準法第2条の2）．事務所は入っていない．

問題104　正解(4)　頻出度AAA

建築基準法第52条により容積率は(4)である．(5)を建ぺい率という（同53条）．いずれも，都市計画法第8条の定める12の用途地域と関連して，敷地に対する建築物の規模を規制している．

問題105　正解(2)　頻出度AAA

メガ（M）は10^6である．

問題106　正解(1)　頻出度AAA

密度とは，単位体積当たりの質量で，単位はkg/m^3．m^3/kgはその逆数で比容積の単位である．

問題107　正解(5)　頻出度AA

バルキング（Bulking：膨化）とは，活性汚泥の単位重量当たりの体積が増加して，沈降しにくくなる現象．著しくなると沈殿槽において固液分離が困難となり，上澄水が得られず処理水質が悪化する．

問題108　正解(3)　頻出度AAA

毒性の高い鉛およびその化合物の水質基準は0.01 mg/L以下である．水銀はさらに毒性が高いので，0.0005 mg/L以下．一番厳しい基準値は0.00001 mg/L以下（2物質）．

問題109　正解(2)　頻出度AAA

塩素消毒の効果はpH値で大きく変化する．酸性側で大きく，アルカリ側で小さい．これは酸性側で，遊離残留塩素のうち，殺菌力の強い次亜塩素酸（HOCl）が多く存在するからである（アルカリ側では次亜塩素酸イオン（OCl⁻）が多くなる）．

問題110　正解(2)　頻出度AAA

水受け容器中に吐き出された水，使用された水，またはその他の液体が給水管内に生じた負圧による吸引作用のため，給水管内に逆流することは逆サイホン作用という．クロスコネクションとは，上水の給水・給湯系統とその他の系統が，配管・装置により直接接続されることをいう．いずれも給水の汚染の原因となる．

問題111　正解(5)　頻出度AAA

FRP（ガラス繊維強化プラスチック）製貯水槽は機械的強度が低い．そのため，十分な耐震補強が必要である．

問題112　正解(2)　頻出度A|A|A
弁箱（ボディ）が丸いのが玉形弁，スマートなのが仕切弁，円板状なのがバタフライ弁，弁体（ディスク）がボール状なのがボール弁，弁体が軸を中心にスイングするのがスイング式逆止弁である．

問題113　正解(4)　頻出度A|A
普通，定水位弁ならびにその作動用電極は，高置水槽ではなくて受水槽に設けられる．

問題114　正解(3)　頻出度A|A|A
遊離残留塩素の測定は，7日以内に1回定期に行うこと．

問題115　正解(5)　頻出度A|A|A
防錆剤の使用は，赤水等の対策として飲料水系統配管の布設替え等が行われるまでの応急対策とし，使用する場合は，適切な品質規格および使用方法等に基づき行うこと．（厚生労働省告示第119号空気調和設備等の維持管理及び清掃等に係る技術上の基準）

問題116　正解(1)　頻出度A|A|A
水中の気体の溶解度は，気体の圧力があまり大きくない範囲で，ヘンリーの法則に従い絶対圧力（混合気体の場合には，その分圧）に比例するが，ヘンリーの法則における比例係数は温度が高くなると小さくなるので，溶解度は，水温の上昇により減少する．

問題117　正解(3)　頻出度A|A
エネルギー消費係数（CEC/HW）＝（年間給湯消費エネルギー量）／（年間仮想給湯負荷）である．意味は，（年間の実績）／（ロスがないと仮定した必要エネルギー量）である．省エネ法で，建築主の判断の基準値としてCEC/HW＝1.5（ホテル・旅館）などと定められている．

問題118　正解(5)　頻出度A|A|A
スリーブ型伸縮管継手の方が伸縮吸収量は大きい．

問題119　正解(4)　頻出度A|A
貫流ボイラは，炉筒煙管ボイラのような大きなドラムがない構造なので，缶水量が少なく負荷変動に弱い．温度条件の厳しい大型のシャワー設備の給湯には向かない．

問題120　正解(4)　頻出度A|A|A
レジオネラ症防止のためには，ピーク使用時においても返湯温度50 ℃以上を保つ必要がある．

問題121　正解(4)　頻出度A|A|A
湧水槽は，二重ピットに発生する湧水を排出するもので，湧水槽のポンプ起動水位（HWL）は二重スラブ底面の床面以下とすることによって頻繁に排水し，水の腐敗，蚊などの衛生害虫の発生を抑える．

問題122　正解(1)　頻出度A|A|A
排水槽のマンホールは内部の保守点検が容易な位置（排水ポンプの真上）に有効内径60 cm（直径が60 cm以上の円が内接することができるもの）以上の密閉型マンホールを設ける．マンホールは2個以上設けることが望ましい．

問題123　正解(1)　頻出度A|A|A
Sトラップの方がPトラップよりも封水を失いやすい．
Sトラップ，Pトラップ，Uトラップは管トラップ，サイホントラップといわれ，封水を失いやすいが自掃作用がある．

問題124　正解(3)　頻出度A|A|A
雨水排水系統は，単独排水として屋外へ排出することを原則とする．大雨の際に屋内に雨水が溢れる危険があるので屋内で排水立て管や通気立て管と兼用したり，連結してはならない．

問題125　正解(3)　頻出度A|A|A
排水槽の排水ポンプの運転制御にはフロートスイッチが適している（電極棒は汚物が絡んで導通し誤動作する）．

解答・午後   365

問題126　正解(4)　　頻出度ＡＡＡ
　排水槽（排水設備）の清掃は6ヵ月以内に1回，定期に行う．作業前には，槽内の酸素濃度が18％以上，硫化水素濃度が10ppm以下であることを確認する．
　ビル管理法施行規則ならびに厚生労働省の「建築物における維持管理マニュアル」からの出題．

問題127　正解(2)　　頻出度ＡＡＡ
　ちゅう房排水槽の排水貯留時間が数時間を超えると腐敗による悪臭が強くなるので，悪臭対策上，運転水位をできるだけ低くする．東京都の指導は2時間以内である．

問題128　正解(5)　　頻出度ＡＡＡ
　サイホンゼット式はゼット穴構造から吹出す水が強いサイホン作用を起こし，汚物を吸込むように排出する．水の落差による流水作用で汚物を押し流す方式は，洗落とし式の大便器である．

問題129　正解(3)　　頻出度ＡＡＡ
　給水器具とは，衛生器具のうち特に水および湯を供給するために設けられる給水栓・洗浄弁・ボールタップ等の器具をいう（給排水衛生設備基準（SHASE – S206）．

問題130　正解(1)　　頻出度ＡＡＡ
　ボール弁は抵抗が少なく，流量調整が容易にできる．

問題131　正解(5)　　頻出度ＡＡＡ
　水洗便所の用に供する雑用水では，濁度の規定はない．水洗便所の用に供する水以外（散水，修景または清掃の用に供する水）の場合は，濁度2度以下であること．

問題132　正解(3)　　頻出度ＡＡＡ
　浮上分離法の主流である加圧浮上法では，排水の密度と油分の密度の差が大きく，凝集した油分の直径が大きいほど浮上速度が速くなり，油分の除去率がよくなる．また，浮上速度は粘性に比例して遅くなるので，油分の粘性が高いと除去率は悪くなる．

問題133　正解(4)　　頻出度ＡＡＡ
　pH，臭気，外観および遊離残留塩素の測定は，7日以内ごとに1回行う．

問題134　正解(4)　　頻出度ＡＡ
　リン化合物の処理方法は，凝集沈殿法，嫌気・好気活性汚泥法など．

問題135　正解(3)　　頻出度ＡＡ
　工程Ａで残量は70％，処理量は30％，工程Ｂでは工程Ａの残量70％の70％＝49％を処理．工程Ａの処理量30％と加えて，一次処理の合計の処理量は79％．残量は21％．工程Ｃでは一次処理の残量21％の30％＝6.2％を処理．合計の処理量は79％＋6.2％＝85.2％となる．

問題136　正解(5)　　頻出度Ａ
　溶解速度は無機系の方が速い．平成9年以来12年ぶりの出題．

問題137　正解(4)　　頻出度Ａ
　金属火災とは，マグネシウム，ナトリウム等の反応性の高い金属の火災をいう．一般の消火器では消火が難しい．

問題138　正解(2)　　頻出度Ａ
　自家発電装置は6ヵ月に1回作動点検を行う．

問題139　正解(1)　　頻出度ＡＡ
　ガバナ（整圧器）は高圧で供給されたガスを低圧に調整する装置．消費量の増減があっても供給圧力を一定範囲内に保つ機能を持つ．緊急時に，遠隔操作または自動的にガスを遮断し，大規模な地下街，超高層建築物，中圧ガス設備のある建築物等に設置が義務付けられているのは緊急ガス遮断装置．

問題140　正解(2)　　頻出度ＡＡＡ
　濁度の基準は2度以下である．ダクニ，シキゴ（色度は5度以下）である．

問題141　正解(3)　　頻出度ＡＡＡ
　スプレークリーニングは洗浄作用のあるス

プレー液を用いた弾性床（塩ビシート等）のドライメンテナンスの一技法であって，カーペットクリーニングとは関係ない．

問題142　正解(2) …………… 頻出度ＡＡＡ
換気口の除じんは定期清掃で行う．毎日やる必要はないし，できない．

問題143　正解(5) …………… 頻出度ＡＡＡ
スケジュール管理は，マスタとなる作業計画に従い作成された日々の日常あるいは定期作業の予定を時間内に消化するように，時間管理にウエイトがおかれている．品質管理に重点を置くのは「狭義の作業管理」である．

問題144　正解(3) …………… 頻出度ＡＡ
品質許価の範囲は，汚染度の激しい箇所等に重点を絞って決定する．

問題145　正解(4) …………… 頻出度ＡＡＡ
改善には，例えば部分的な汚れは臨時清掃など応急処置で済むが，全体的な品質の低下などは人員の拡充や清掃方法の変更，社内教育の徹底など根本処置を要するものとがある．

問題146　正解(1) …………… 頻出度ＡＡＡ
親水性の建材には水溶性物質が付着しやすく，逆に疎水性の建材には油溶性物質が付着しやすい．

問題147　正解(2) …………… 頻出度ＡＡＡ
ダストコントロール法は，微量ながら油が床等に付着するのが欠点であり，油汚れなどのほこり以外のものは除去できない．

問題148　正解(3) …………… 頻出度ＡＡＡ
アップライト型真空掃除機は立て型真空掃除機とも呼ばれ，床を回転ブラシで掃きながら，ごみやほこりを機内に吸い込む構造になっていて，吸込み風量が多く，かつフィルタバッグが大きく，フィルタバッグ全面から排気される．カーペットのほこりを取るのに適する構造であるために，近年，カーペットタイル床の増加につれてその使用が増加しているる．

問題149　正解(2) …………… 頻出度ＡＡＡ
カーペットの繊維の抵抗により，回転数の大きな床磨き機では反動が強すぎるので，シャンプークリーニングにはカーペット洗浄専用の低速回転タンク式スクラバーマシン（洗剤供給式床磨き機）を使用する．

問題150　正解(2) …………… 頻出度ＡＡＡ
一般用洗剤とそれほど変わらないが，皮膜に影響を与えずに表面の汚れだけを除去するために，弱アルカリ性で，泡立ちが少ないようにしてある．また，有機溶剤を配合してあるものが多い．

問題151　正解(4) …………… 頻出度ＡＡＡ
不揮発性分が合成樹脂などのポリマーが主原料のポリマータイプには，水性，乳化性，油性とあるが，一般に市販されているのは水性ポリマータイプである．

問題152　正解(5) …………… 頻出度ＡＡ
パイル（pile）とは，下地から出ている繊維のことである．ループパイルとカットパイルがある．ナイロンは耐久性に富んでいる．

問題153　正解(4) …………… 頻出度ＡＡＡ
スポットクリーニングは，除じんで除去できない汚れがパイルの上部にあるうちに行う洗浄のことである．パウダー方式，拭き取り方式，エクストラクション方式がある．

問題154　正解(3) …………… 頻出度ＡＡ
手あかや飲食物による汚れは，水または洗剤液で絞ったタオルで拭き取る．机，キャビネットの間仕切りの角等の人の接触による汚れは，洗剤を用いないと十分に取れないことが多い．

問題155　正解(5) …………… 頻出度ＡＡＡ
昇降路を上下する際の気流は想像以上で，かごのすき間など気流の通り道付近にほこりが付着する．

解答・午後　　367

問題156　正解(1) ……………… 頻出度AAA
窓ガラス清掃はゴンドラまたはブランコに人が乗ってスクイジー法によって行うのが一般的である．

問題157　正解(2) ……………… 頻出度AA
ごみの排出量を排出形態別で見ると，平成17年度において，生活系ごみが3,347万t，事業系ごみが1,625万tであり，ビル等から排出される事業系ごみの占める割合は約31％である．

問題158　正解(1) ……………… 頻出度AAA
汚泥44.5％，動物のふん尿20.7％，がれき類14.4％，合計79.6％である．

問題159　正解(5) ……………… 頻出度AAA
一般廃棄物の処理を委託する場合は，その区域を管轄する市町村長の許可を受けた業者に委託する（産業廃棄物の場合は都道府県知事の許可を受けた業者）．

問題160　正解(3) ……………… 頻出度A
法律の名称は「特定家庭用機器再商品化法」である．この法律によってエアコン，テレビ，冷蔵庫，洗濯機等の特定家庭用機器の廃棄にはリサイクル料金が必要となり，販売店には廃棄品の引取り義務が課せられた．なお，パソコン，ディスプレイは「資源の有効な利用の促進に関する法律」によって回収と再資源化がメーカに義務付けられている．

問題161　正解(1) ……………… 頻出度A
建築物内での収集・運搬作業は建築物内の清掃業務の一環として行われ，廃棄物処理法上の許可は不要である．

問題162　正解(5) ……………… 頻出度AA
(5) kg/(人・m^2)だけは時間の概念を含んでいないが，廃棄物の処理に関して原単位による分析を利用してコスト等を計算するには，単位時間（期間）当たりの数値が必要である．

問題163　正解(4) ……………… 頻出度AAA
(4)「収集時点」は，「発生時点」が適当である．

問題164　正解(4) ……………… 頻出度AAA
新聞紙はそのまま梱包が適当．

問題165　正解(3) ……………… 頻出度AAA
第2種換気（送風をファン，排気は排気口）では室内が正圧になって臭気・粉じんが周囲に漏洩・飛散しかねない．建築物内に設置する場合は，第1種換気設備を設け確実な換気を行う．屋外に設置する場合は，有効な通気口か，排気出口に関して近隣等の影響を配慮した適正な第3種換気設備，もしくはこれ以上の設備を設ける．

問題166　正解(1) ……………… 頻出度AAA
日本脳炎を媒介するコガタアカイエカは水田から発生する．屋外の空き缶などにたまった水からよく発生するのはヒトスジシマカ．

問題167　正解(1) ……………… 頻出度AAA
ULV処理では残効性は期待できない．
ULV（Ultra Low Volume）処理はULV機を用いて，殺虫剤を霧状にして処理する空間処理である．成虫の生息数を速やかに低下させたい場合に効果的である．

問題168　正解(5) ……………… 頻出度AAA
ダニの害は刺咬，吸血，寄生，アレルゲンとなってアレルギーを引起す等であるが，日本国内で知られる3,000種のダニのうち，屋内に居て，さらに吸血する種はごくわずかである．

問題169　正解(2) ……………… 頻出度AAA
チャタテムシ類は高温，多湿の状態が持続すると大発生する場合があるので，温度25℃以上，湿度80％以上の環境を継続させないようにする．

問題170　正解(1) ……………… 頻出度AAA
幼若ホルモン様化合物としてメトプレン・ピリプロキシフェン，表皮形成阻害剤としてジフルベンズロンがある．

問題171　正解(4) ……………… 頻出度A
ダイアジノンのマイクロカプセル剤（MC

剤）は，日本で最初に開発された．

問題 172　正解(3) ……………… 頻出度 A A A

致死効力は LD_{50}（50％致死薬量），LC_{50}（50％致死濃度）で表される．KT_{50}（50％ Knockdown Time, 50％仰転時間）は速効性を表す指標で，害虫を仰転させる時間を表す（単位は分）．仰転した害虫が生き返ることがあり，この値が小さくとも必ずしも致死効力が高いとはいえない．添え字の 50 はある集団の 50％が仰転するという意味である．

問題 173　正解(1) ……………… 頻出度 A A A

ネズミは，活動にあたってさまざまな証拠を残す．糞，尿，臭い，毛，足跡，かじり跡などである．これらをラットサインという．ネズミは多くの場合同じ場所を通り移動するので，身体の脂，汚れが壁面，パイプなどにこすり跡を残す．これをラブ（rub；こする）サインという．これらから種類，行動範囲を判断することができる（証跡調査法）．

問題 174　正解(3) ……………… 頻出度 A A A

忌避剤には，シクロヘキシミドもしくはカプサイシンを含有する液剤，エアゾール，防鼠パテ等がある．ケーブル等のかじり防止や，侵入防止の目的で使用される．効果は味覚によるのでネズミを追い出す効果は期待できない．

問題 175　正解(4) ……………… 頻出度 A A A

デング熱はヒトスジシマカが媒介する．

問題 176　正解(5) ……………… 頻出度 A A A

害虫やネズミに対して毒性が高く，人に対して低い場合を選択毒性が高いといい，安全性が確保しやすい．言い換えると，ある薬剤の LD_{50} や LC_{50} が害虫・ネズミに対して小さく，人に対して大きい場合，その薬剤は選択毒性が高く安全性が確保しやすい．

問題 177　正解(5) ……………… 頻出度 A A A

外気温が低くなると，外壁に内部から伝わる熱や，隙間から漏れる熱を感じて，越冬等の目的で昆虫等が侵入しやすくなる．そのような場所では熱が伝わりにくい素材を用いる等の工夫をする．

問題 178　正解(2) ……………… 頻出度 A A A

油剤・乳剤は消防法で定める危険物の「第 4 類第 2 石油類（灯油・軽油・その他）」に該当するものが多く，保管量が指定数量（非水溶性 1,000 L, 水溶性 2,000 L）以上の場合，危険物施設となり市町村長（あるいは都道府県知事）の許可，指定数量の 1/5 以上になると届出が必要となる．

問題 179　正解(5) ……………… 頻出度 A A A

発疹チフスはコロモジラミが病原体のリケッチアを媒介する．ネズミは，レプトスピラ症（ワイル病），ペスト，ラッサ熱，サルモネラ症などを媒介する．

問題 180　正解(4) ……………… 頻出度 A A A

ノミが吸血するのは成虫に限られる．幼虫（うじ）は宿主の寝床や巣の周辺にいてゴミの中の成虫の糞やフケなどの有機物を食べて成長する．

平成20年度 解答・解説

合格率17.9%

●午　前●

問題1　正解(1) ……………… 頻出度AAA
精神的 ― 社会的 ― 宗教，と正確に覚える．

問題2　正解(4) ……………… 頻出度AAA
利用 ― 環境衛生 ― 公衆衛生の向上，と正確に覚える．

問題3　正解(5) ……………… 頻出度AAA
興行場，百貨店，集会場，図書館，博物館，美術館または遊技場は特定建築物の用途に該当する．

問題4　正解(3) ……………… 頻出度AAA
店舗，ボーリング場（遊技場に該当）とも特定用途なので，合わせて3,500 m² 以上のこの建築物は特定建築物に該当する．

問題5　正解(1) ……………… 頻出度AAA
使用開始から，変更があったときから，該当しなくなったときから，いずれも1ヵ月以内に届け出る．

問題6　正解(2) ……………… 頻出度AAA
防火，防災に関する記録は，環境衛生上必要な事項を記載した帳簿書類に該当しない．

問題7　正解(1) ……………… 頻出度A
「空気調和設備等の維持管理及び清掃等に係る技術上の基準」では雑用水の設備の維持管理について定めているが，電気，駐車場，ボイラ，ガス設備等については触れていない．

問題8　正解(1) ……………… 頻出度AAA
冷却塔，冷却水の水管および加湿装置の清掃を，それぞれ1年以内ごとに1回，定期に，行うこと．（ビル管理法施行規則第3条の18）

問題9　正解(2) ……………… 頻出度AAA
浮遊粉じんの平均値 $(0.13 + 0.21)/2 = 0.17$ mg/m³，二酸化炭素の平均値 $(900 + 1,500)/2 = 1,200$ ppm が基準（浮遊粉じん量 0.15 mg/m³ 以下，二酸化炭素 $1,000$ ppm以下）を満たしていない．

問題10　正解(4) ……………… 頻出度AAA
ビル管理法第6条（建築物環境衛生管理技術者の選任）から．
占有者 ― 意見 ― 尊重，と正確に覚える．

問題11　正解(5) ……………… 頻出度AAA
給水管の清掃は，汚染事故でもない限り行われない．

問題12　正解(5) ……………… 頻出度AAA
改善命令，立入検査は適用されない．改善命令に代わって勧告，立入検査に代わって必要な説明または資料の提出を求めることができると規定されている（ビル管理法第13条）．

問題13　正解(5) ……………… 頻出度AAA
登録事業については，何人も登録を受けないで登録業のような表示をしてはならない（違反すると10万円の過料）だけで，登録をしなくとも業務を行うことは何ら構わない．

問題14　正解(3) ……………… 頻出度AA
入院を勧告できるのは一類感染症，二類感

染症，新型インフルエンザ等感染症に限られる．問題の中では(3)のペストだけが一類感染症として該当する．

問題15　正解(2)　　頻出度AA

一般細菌の水質基準は「1 mLの検水で形成される集落数が100以下であること」．

問題16　正解(3)　　頻出度AAA

一般廃棄物の収集または運搬を業として行おうとする者は，当該業を行おうとする区域を管轄する<u>市町村長の許可</u>を受けなければならない．都道府県知事の許可が要るのは産業廃棄物の収集，運搬．

問題17　正解(3)　　頻出度AA

一酸化窒素は発生してもすぐに空気中の酸素と結合して二酸化窒素に変化してしまうので，基準を定めても意味がない．

問題18　正解(4)　　頻出度AAA

メタンは無臭である．

問題19　正解(4)　　頻出度AAA

環境衛生監視員は，ビル管理法，理容師法，旅館業法など．労働安全衛生法では，その職権を行う者として労働基準監督官，産業安全専門官，労働衛生専門官などが定められている．

問題20　正解(2)　　頻出度AA

指定確認検査機関 ― 保健所長 ― 意見を述べる，と正確に覚える．

問題21　正解(4)　　頻出度A

フィードバック（feedback）とは，ある系の出力（結果）を入力（原因）側に戻すことをいう．特にフィードバックが出力の変化を元に戻す作用をする場合を負のフィードバックという．生体の恒常性は負のフィードバック作用により保たれている．

問題22　正解(3)　　頻出度AA

呼吸器系は，体内への酸素の摂取と体外への二酸化炭素の排出を行う．

問題23　正解(5)　　頻出度AAA

体表面積当たり基礎代謝量は，成長に関わる反応が多い幼少期が最大で，成人の約1.6倍，以後20歳代までに急速に低下し，その後は大きな変化は示さない．

問題24　正解(5)　　頻出度AAA

グローブ温度計は，直径15 cmの銅製の黒球の中心温を測定するもので，熱放射と対流に関わる温度（気温）を測定する．

問題25　正解(2)　　頻出度AAA

女性の快適温度は男性よりも1～2℃高い．

問題26　正解(1)　　頻出度AAA

冷房には，温度のみでなく，湿度，気流についても注意しなければならない．直接冷房の冷気が身体に当らないよう，風向き，風速に注意が必要である．特に床付近の風速が大きいと，寒過ぎると感じる人が多くなる．

問題27　正解(5)　　頻出度AA

パラチフスは，パラチフス菌に汚染された飲食物の経口感染によって起こる消化管感染症で，空気汚染（空気感染）によるものではない．

問題28　正解(2)　　頻出度AA

シックビル症候群の症状には，幻覚や，心筋梗塞，狭心症などの深刻な症状はない．

問題29　正解(4)　　頻出度AA

抗体は免疫グロブリンと呼ばれる蛋白質である．抗体が肥満細胞に結合することによって放出されるのがヒスタミンなどの攻撃物質である．

問題30　正解(3)　　頻出度AAA

ホルムアルデヒドは引火点：50～85℃，発火点：424℃，爆発限界：7.0～73.0 %の可燃性物質である．

問題31　正解(5)　　頻出度AA

垂直感染とは，子供が母親のお腹にいる時期に起こる子宮内感染（胎盤感染）を指す．

風疹，エイズが垂直感染することが知られている．結核菌は飛沫あるいは飛沫核感染である．

問題 32　正解(1) .... 頻出度 A A
一酸化炭素ヘモグロビンの血中濃度 1 ～ 5 ％では無症状である．

問題 33　正解(3) .... 頻出度 A A
二酸化炭素濃度 4 ％では，呼吸中枢が刺激されて呼吸の増加，脈拍・血圧の上昇，頭痛，めまい等の症状が現れる．濃度が 7 ～ 10 ％になると数分間で意識不明となり，チアノーゼが起こり死亡する．

問題 34　正解(3) .... 頻出度 A A A
人の可聴範囲は，周波数で 20 ～ 20,000 Hz の約 10 オクターブ，音圧レベルでおおよそ 0 ～ 120 dB（周波数による）．

問題 35　正解(4) .... 頻出度 A A A
騒音性難聴の初期では，縦軸に聴力レベル，横軸に周波数を取ってグラフで聴力を調べると，5 番目のｃの音（4,186 Hz，日本式の音階でいうと 5 点ハの音）付近の聴力が低下し，グラフにくぼみ（ディップ）ができることから，騒音性難聴の初期の特徴を c^5 ディップの発生という．

問題 36　正解(1) .... 頻出度 A A
全身振動による人の感覚は，周波数によって異なる．鉛直振動では 4 ～ 8 Hz の振動に最も感じやすい．水平振動では 1 ～ 2 Hz である．

問題 37　正解(1) .... 頻出度 A A A
約 0.001 Lx から視力が現れ 0.1 Lx まで照度の上昇とともに少しずつ視力は上昇し，0.1 Lx から約 10,000 Lx まで直線的に視力は向上する（明るいほど物がはっきり見える）．

問題 38　正解(4) .... 頻出度 A A A
ディスプレイを用いる場合の<u>ディスプレイ画面上における照度は 500 Lx 以下</u>，書類上およびキーボード上における照度は 300 Lx 以上とすること．（厚生労働省「VDT 作業における労働衛生管理のためのガイドライン」）

問題 39　正解(2) .... 頻出度 A A A
静電場（静電界）の単位はボルト／メートル（V/m）．アンペアは電流の単位で SI 基本単位の一つ．

問題 40　正解(2) .... 頻出度 A A A
皮膚透過性の大きい赤外線と違って，波長の短い紫外線の人体への影響は体表面に限られる．紫外線によって障害が出るのは眼の奥の網膜ではなくて表層の角膜である．雪盲，溶接の電気性眼炎などの角膜炎がその例．

問題 41　正解(3) .... 頻出度 A A A
水質基準に関する省令で定められた 51 項目のうち，検出されないこととされているのは大腸菌だけである．

問題 42　正解(5) .... 頻出度 A A A
病原体に感染しても，免疫力が十分あれば感染症の発症を防ぐことができるが，この場合を感染症に対して感受性が低いという．予防接種は免疫力を高める有効な手段である．

問題 43　正解(5) .... 頻出度 A A A
麻しんの病原体は麻しんウイルスである．リケッチアは，発疹チフス，つつが虫病の病原体が分類される．

問題 44　正解(2) .... 頻出度 A A A
レジオネラ症は，レジオネラ属菌に汚染された空気が媒介物となる間接伝播の感染症である．

問題 45　正解(2) .... 頻出度 A A A
次亜塩素酸ナトリウムの正味の量を計算する．5 ％とは 50 g/L = 50×10^3 mg/L である．100 mL は 100×10^{-3} L であるから，5 ％溶液 100 mL に含まれる次亜塩素酸ナトリウムの正味の量は，50×10^3 mg/L × 100×10^{-3} L = 5,000 mg となる．これに水 100 L を加えたときの濃度は，5,000 mg/100 L =

50 mg/L．

問題46　正解(1)　頻出度AAA

熱伝導抵抗とは，物質の熱伝導率でその厚さmを除した値である．熱伝導率は物質の熱の伝わりやすさを示す量で，物質の1 mの間隔を持つ二つの面の間に1 Kの温度差があったとき，1 m^{2}当たり1秒間に流れる熱量を表し，単位はW/(m・K)であるから，熱伝導抵抗の単位は，

m÷W/(m・K)＝m^2・K/W

となる．m・K/Wは熱伝導率の逆数の熱抵抗率の単位である．

問題47　正解(5)　頻出度AAA

物体表面から射出される単位面積当たりの放射熱流は次式で表され，それによれば，放射熱流は放射率とシュテファン・ボルツマン定数と物体表面の温度の4乗との積で表される．

$$q = \varepsilon\sigma T^4$$

ε：物体表面の特性で決まる放射率，σ：シュテファン・ボルツマン定数

問題48　正解(1)　頻出度AA

白色ペイントの長波長放射率は0.9である（0.2は日射（太陽光）吸収率）．

問題49　正解(4)　頻出度AA

この壁1m^{2}当たりの貫流熱量は，

熱貫流率 × 内外温度差 ＝ 5.0×(20−0)
＝ 100 W/m^2

同じ熱量が室内空気と，壁の室内側表面1m^{2}との間で伝達されなければならない．すなわち，

室内側熱伝達率×(室内温度と壁の表面温度の差)＝ 100 W/m^2

これから，

壁の表面温度＝室内温度−(100/室内側熱伝達率)
＝ 20−(100/9)
＝ 8.888… ℃

問題50　正解(2)　頻出度AAA

質量 m，圧力 P，体積 V，高さ h，速度 U の流体の持つ運動エネルギーは次式で表される．

$$\frac{1}{2}mU^2 + PV + mgh = 一定$$

理想的な状態の流体を考えると，エネルギーの保存の法則から，流れのどこをとってもその値は一定となる（gは重力加速度）．

流体の密度を ρ とすると，$m = \rho V$ であるから，上の式を書き改めると，

$$\frac{1}{2}\rho VU^2 + PV + \rho Vgh = 一定$$

この式の両辺をVで割って問題の式が得られる．

$$\frac{1}{2}\rho U^2 + P + \rho gh = 一定$$

左辺の三つの項はいずれも圧力の次元を持ち，第1項を流速に由来する圧力なので動圧，第2項をもともと持っている圧力という意味で静圧，第3項を高さに由来するので位置圧と呼ぶ．すなわち，動圧＋静圧＋位置圧＝一定（H）となる．これをベルヌーイの法則という．またHを全圧と称している．

問題51　正解(4)　頻出度AA

第三種換気を設けた部屋は陰圧になるので，周囲から汚染物質が吸い込まれる可能性がある．したがって，クリーンルームや手術室に第三種換気を用いることは好ましくない．

問題52　正解(3)　頻出度AAA

必要換気量を求める公式から，

$$Q = \frac{M}{C - C_0} = \frac{5 \times 10}{0.1 - 0.05} = 1{,}000 \text{ m}^3/\text{h}$$

ただし Q：必要換気量 m^3/h，M：粉じん発生量 mg/h，C：基準濃度 mg/m^3，C_o：取り入れ外気の濃度 mg/m^3．

換気回数＝換気量÷室容積

解答・午前　373

= 1,000 ÷ (20 × 2.5)
= 20 回/h

問題 53　正解(4) ……………… 頻出度ＡＡＡ
現在でも不適合率の高いものは，まず湿度，次に二酸化炭素濃度で，他はいずれも不適合率が5％に満たない．二酸化炭素の不適合率は，建物の気密化，省エネ（外気取り入れ量の削減）の進行に伴って微増の傾向にある．

問題 54　正解(1) ……………… 頻出度ＡＡＡ
加湿して絶対湿度を上げない限り，室温が上昇すると室内相対湿度は低下する．

問題 55　正解(3) ……………… 頻出度ＡＡＡ
壁などに結露するのは，壁の温度が周囲空気の露点温度より低くなった場合，同じことだが，周囲空気の絶対湿度が上昇して露点温度が壁の温度より高くなった場合である．壁内の金属製下地など熱が伝って逃げやすい熱橋があるとその周囲の温度が低下し，結露しやすくなる．

問題 56　正解(2) ……………… 頻出度ＡＡＡ
一人当たりの必要換気量は，呼吸による二酸化炭素の排出量を基準として求める．

問題 57　正解(3) ……………… 頻出度ＡＡ
ラドンはラジウムの崩壊によって生じる原子番号86の原子で，α線を放出して壊変する放射性の希ガスとして存在する．多くの土壌，石の建材が発生源である．燃焼器具とは特に関係がない．

問題 58　正解(2) ……………… 頻出度Ａ
たばこ煙には多種多様の汚染物質が含まれるがオゾンは含まれていない．

問題 59　正解(1) ……………… 頻出度ＡＡＡ
図－Bで絶対湿度が顕著に増加しているのはイ→アの過程で，加湿器による加湿を表している．④は加湿器の下流に位置するのでその状態点はアである．

問題 60　正解(2) ……………… 頻出度ＡＡＡ
飽和度とは，ある湿り空気の絶対湿度と，同じ温度の飽和湿り空気の絶対湿度の比をいう．単位は％．

問題 61　正解(5) ……………… 頻出度ＡＡＡ
ダクトや配管でロスする熱負荷は大きいので冷房，暖房時いずれも無視できない．無視できるものとして，暖房時の送風機，ポンプの動力負荷がある．

問題 62　正解(4) ……………… 頻出度ＡＡＡ
人体表面からの対流および放射によっての放熱は，水蒸気の出入りを伴わないので顕熱負荷となる．潜熱負荷となるのは蒸発（発汗と不感蒸泄）である．

問題 63　正解(2) ……………… 頻出度ＡＡＡ
壁の貫流熱量は，熱貫流率×内外空気温度差で計算する．

問題 64　正解(1) ……………… 頻出度ＡＡＡ
混合ユニットは，二重ダクト方式において冷風と温風を室の負荷に合わせて混合する装置である．

問題 65　正解(2) ……………… 頻出度Ａ
地域冷暖房では，熱源を集中することから高効率の大型機器が使用でき，環境負荷の低減となる．

問題 66　正解(1) ……………… 頻出度ＡＡ
圧縮機に液体のままの冷媒が戻ることを液バックといい，液体は圧縮し難いので，圧縮機の破壊につながる危険な状態である．実際の冷凍サイクルでは，液バックを防ぐために冷媒蒸気が過熱蒸気になって圧縮機に吸い込まれるように，循環冷媒量を膨張弁で調節している．

問題 67　正解(3) ……………… 頻出度ＡＡ
エアハンドリングユニットは独自の熱源装置を持たず，冷凍機やボイラ等の別熱源により製造された冷水あるいは温水または蒸気を内部のコイルに受けて熱交換を行う．

問題 68　正解(4) ……………… 頻出度Ａ
空気抜きは冷却器の上部に設ける．下部に

設けるのはドレン抜きである．

問題69　正解(5) ………………頻出度AA

横流送風機は羽根車の軸方向の長さを長くすることによって風量を増加でき，線状の気流が得られるので，ファンコイルユニットやエアーカーテン等に使用される．小風量・低圧力で効率も悪い．

問題70　正解(2) ………………頻出度AA

多翼送風機（シロッコファン）は，構造上高速回転には適さないことから，空気調和用としては800 Pa程度以下で使用されている．

問題71　正解(5) ………………頻出度A

必要箇所に必要風量を送るためのダクトの寸法と送風機の必要圧力を求めるダクト設計法には，等摩擦法，静圧再取得法，等速法などの方法がある．問題のダクトの単位長さ当たりの摩擦損失が一定となるようにサイズを決める方法は等摩擦法（定圧法）である．等速法は，ダクト内の風速が一定（許容範囲内）になるようサイズを決める方法である．

問題72　正解(5) ………………頻出度AAA

質量法は粗じん用フィルタ，比色法は中性能フィルタ，計数法は高性能フィルタの性能表示に使用される．

問題73　正解(1) ………………頻出度AAA

静電式は高電圧（10〜12 kV）で粉じんを正に荷電し，後段の負に荷電されたろ材に粉じんを静電力で吸引吸着させる方式である．粘着材を塗布した金属フィルタへ粉じんを衝突させて除じんする方法は，粘着式という．

問題74　正解(1) ………………頻出度AAA

歯車ポンプは容積型に分類されるポンプで，容積型ポンプは吐出圧力が変わっても吐出し量（流量）はほぼ一定に保たれるという性質を持つ．燃料油や潤滑油などの油類の移送・圧送に広く使われている．

問題75　正解(5) ………………頻出度AAA

逆止弁にはリフト式とスウィング式がある．リフト式は水平配管にのみ使用可能であるが，スウィング式は垂直配管にも使用可能である．

問題76　正解(3) ………………頻出度AAA

湿球温度とは，ある湿り空気の中で水が蒸発してその水と同じ温度の飽和空気となる温度のことである．清浄な水で浸された湿球温度計の湿球は，その状態とほぼ同じと見なすことができる．蒸発状態の異なるアルコール水溶液などで浸しては正確な湿球温度は測れない．

問題77　正解(5) ………………頻出度AA

トレーサガス減衰法は換気量の間接的な測定方法である．よく行われるのは二酸化炭素をトレーサガスとして利用する方法で，時間を置いて測定した二酸化炭素の濃度から，簡単な数式で換気量（換気回数）を推定することができる．

問題78　正解(5) ………………頻出度AA

光学密度を表すOD値は透過光法の出力値である．光散乱法の相対濃度出力値はcpm値として出力される．

問題79　正解(2) ………………頻出度AA

DNPHカートリッジ捕集・溶媒抽出－高速液体クロマトグラフ（HPLC）法ではオゾンによって負の妨害を受けるので，オゾンの存在が予想される場合は，オゾン除去管（粒状よう化カリウム充填管）を用いる．

問題80　正解(3) ………………頻出度AAA

ザルツマン法は窒素酸化物の濃度測定法である．硫黄酸化物の濃度測定法には，溶液導電率法，紫外線蛍光法などがある．

問題81　正解(4) ………………頻出度AA

ブロー後，配管用炭素鋼管（黒管）では管内に水を張って錆びの発生を抑える．

問題 82　正解(5)　頻出度 A A A

加湿装置について，当該加湿装置の使用開始時および使用を開始した後，1月以内ごとに1回，定期に，その汚れの状況を点検し，必要に応じ，その清掃等を行うこと．（ビル管理法施行規則第3条の18の3）

問題 83　正解(1)　頻出度 A A A

コインシデンス効果が生じると壁体の透過損失が著しく減少するので，遮音上は不都合な現象である．

問題 84　正解(2)　頻出度 A A A

騒音レベルの定義から，

$$L_1 = 10 \log_{10} \frac{I}{I_0} = 80$$

（Iは騒音機械1台の騒音の強さ，I_0は音の強さの基準値）

8台運転したときは，

$$\begin{aligned} L_8 &= 10 \log_{10} \frac{I \times 8}{I_0} \\ &= 10 \log_{10} \frac{I}{I_0} + 10 \log_{10} 8 \\ &= 80 + 10 \log_{10} 2^3 \\ &= 80 + 3 \times 10 \log_{10} 2 \\ &\fallingdotseq 80 + 3 \times 3 \\ &= 89 \text{ dB} \end{aligned}$$

（∵ $\log_{10} 2 \fallingdotseq 0.3$）

問題 85　正解(3)　頻出度 A A

マンションなどで上階の床衝撃音が下階に伝わることを重量床衝撃音という．重量床衝撃音は振動に近い低周波音がおもな成分なので，その遮音は振動の伝播を抑える方法と共通する．すなわち，床躯体構造の質量を大きくすることや曲げ剛性の強化である．

問題 86　正解(2)　頻出度 A A

理論的に防振効果を得るには，防振系の固有周波数を振動の原因となっている機器の加振周波数の$1/\sqrt{2}$よりも低くする必要がある．

問題 87　正解(5)　頻出度 A A A

照度に関する距離の逆2乗の法則から，

$$\begin{aligned} E_{0.5} &= E_{2.0} \times \left(\frac{2.0}{0.5}\right)^2 \\ &= 200 \times 4^2 \\ &= 200 \times 16 \\ &= 3{,}200 \text{ Lx} \end{aligned}$$

問題 88　正解(3)　頻出度 A A

ブラケット照明とは，壁に取り付ける露出型照明をいう．

問題 89　正解(4)　頻出度 A A

作業面照度を求めるときに利用する保守率Mは，光源の設計光束維持率M_L，照明器具の設計光束維持率M_dとの積で表される．すなわち，$M = M_L \cdot M_d$．光源の設計光束維持率は，点灯時間の経過に伴う，光源自体の光束減退等による照度低下を補償するための係数であり，使用する光源の初期光束（100時間値）と光源を交換する直前の光束との比，と定義される．

問題 90　正解(4)　頻出度 A A A

湿り空気が加湿されるとき，その状態点は熱水分比u（＝熱量の増加分/絶対湿度の増加分）の傾きに平行に，絶対湿度が上昇する方向に移動する．熱水分比は加湿水もしくは加湿蒸気の比エンタルピーであるから，水加湿の場合の熱水分比は水温が20 ℃とすると$u = 83$ kJ/kg（4.187 kJ/(kg・℃)×20 ℃）で，これは湿球温度一定の変化と見なせる．蒸気の比エンタルピーは2,674 kJ/kg（温度100℃の場合）であるからuは上に向かってほぼ垂直な線になる．パン型加湿器の場合は，空調機の中に置かれた電熱器の熱量により，熱水分比は蒸気の場合よりも大きな値となる（さらに右に傾く）．

●午後●

問題91　正解(4)　……………　頻出度 A A A
建築士法第2条第7項において、「工事監理」とは、その者の責任において、工事を設計図書と照合し、それが設計図書のとおりに実施されているかいないかを確認することをいう、と定義されているように、現場で工事を指導監督することではない。

問題92　正解(3)　……………　頻出度 A A
この建物の基準階は建築基準法施行令第121条の次の規定に当てはまるので、直通階段を二つ以上設けなければならない（このままでは違法建築）。
5階以下の階でその階における居室の床面積の合計が避難階の直上階にあっては200 m^2 を、その他の階にあっては100 m^2 を超えるもの。

問題93　正解(3)　……………　頻出度 A A A
(3)の説明は壁式構造の説明である。ラーメン構造は、柱とはりが剛接合された骨組である。

問題94　正解(5)　……………　頻出度 A A A
鋼材の性質は、炭素量が増すと強度は高まるが、じん性、溶接性は低下する。

問題95　正解(5)　……………　頻出度 A A A
はりのあばら筋はせん断力に抵抗する。曲げモーメントには主筋が抵抗する。

問題96　正解(3)　……………　頻出度 A A A
「せん断力」とは、はりの断面に沿って滑りを生じさせようとする応力である。部材を湾曲させようとする応力は、曲げモーメントである。

問題97　正解(4)　……………　頻出度 A A A
コンクリートは耐火性が高い。長所としては、他に、耐久性がある、形状を自由にできる、鋼材の防錆力が大きい、経済的であるなど。

問題98　正解(2)　……………　頻出度 A A A
熱伝導率［W/(m·K)］は、それぞれ次のとおり。コンクリート1.4、ガラス0.78、せっこうボード0.17。一般的に密度の大きい（重い）物質の方が熱伝導率も大きい。

問題99　正解(1)　……………　頻出度 A A
油圧式エレベータは、低速エレベータが適当な共同住宅、あるいは大規模な事務所建築物の1階と地下駐車場を連絡する箇所等、比較的昇降行程の短い場所で使用される。高層建築物の一般のエレベータは、例外なくロープ式である。

問題100　正解(2)　……………　頻出度 A A A
1 m^3 を燃焼するのに必要な空気量は、都市ガスに比べLPガスの方が多い。このため、燃焼に必要な空気をガス機器で取り込みやすくするよう、LPガスの方が高い圧力で供給されている。

問題101　正解(4)　……………　頻出度 A A A
マグニチュードは地震の大きさを表す。マグニチュードMの値が1だけ大きくなると、エネルギーで30倍になるとされている。地震の揺れの強さを表すのは、日本では震度階級である。

問題102　正解(1)　……………　頻出度 A A
煙を感知する煙感知器の方が、火災をくん焼状態（くすぶっている状態）で発見できるので、熱感知器よりも火災の早期発見に有利である。

問題103　正解(5)　……………　頻出度 A A
避難計画は、階段等の避難施設に人が集中して混乱すること、また高齢者、身体障害者、病人、幼児等の、自力で避難することが困難な災害弱者を含めて確実な避難を確保するため、平常時より遅い歩行速度を想定して策定する。

解答・午後　377

問題 104　正解(1)　頻出度 A A A
建築とは，建築物を新築し，増築し，改築し，または移転することをいう（建築基準法第2条第1項第十三号）．修繕は，法律上は「建築」と区別されている．

問題 105　正解(1)　頻出度 A A
調査資格者は，一級建築士もしくは二級建築士または国土交通大臣が定める資格を有する者と定められ，木造建築士は含まれない（国土交通大臣が定める資格を有する者とは，特殊建築物等調査資格者講習を修了した特殊建築物等調査資格者）．

問題 106　正解(2)　頻出度 A A A
加熱能力はパワーであるから，単位はW（ワット）（＝ J/s）である．

問題 107　正解(4)　頻出度 A A
活性汚泥とは，おもに好気的条件下で生息する各種細菌や原生動物等の微生物の集合体，である．
好気的あるいは好気性とは，酸素の存在下でないと生育できない生物の性質を指す．ほとんどの高等生物は好気性である．反対語は嫌気性．酸素の存在なしで生育を示す．メタン菌は完全無酸素状態でないと生育できない（偏性嫌気性という）．

問題 108　正解(1)　頻出度 A A A
水撃（ウォータハンマ）とは水栓や弁等を急激に閉じると，管内の水の流れが阻止されて閉じた点の上流側の水圧が急激に上昇し，そのとき生じる圧力波が，配管系内を一定の速度で伝わる現象をいう．

問題 109　正解(2)　頻出度 A A
接着剤が効かないので，ポリエチレン二層管は金属継手によるメカニカル型接合か，熱による融着接合である．

問題 110　正解(1)　頻出度 A A A
貯水槽水道のうち，貯水槽の有効容量が10 m³を超えるものを簡易専用水道という．

直結増圧給水方式は貯水槽を持たないので，簡易専用水道に該当することはない．

問題 111　正解(1)　頻出度 A A A
一般的に，給水配管の適正流速は0.9～1.2 m/s，設計上の最高流速は，ウォータハンマを考慮して2.0 m/sとされている．

問題 112　正解(1)　頻出度 A A A
貯水槽の清掃は，通常の水の流れに沿って，受水槽の清掃を行った後，高置水槽，圧力水槽等の清掃を行うこと．

問題 113　正解(2)　頻出度 A A A
貯水槽の清掃終了後の水質検査基準として，濁度は2度以下である．

問題 114　正解(3)　頻出度 A A
硫酸バンドとは硫酸アルミニウムの通称で，水に入っている懸濁物質や浮遊物を凝集沈殿させるために使用される．塩素，硫酸バンド，塩化物はいずれも水の腐食性を増加させる．

問題 115　正解(3)　頻出度 A A A
腐食は化学反応なので，温度の高い給湯設備の方が反応速度が高く，腐食が早まる．

問題 116　正解(4)　頻出度 A A A
循環流量は次式で算定する．循環量は給湯温度と返湯温度の差に反比例する．

$$Q = 0.0143 \frac{H_L}{\triangle t}$$

ただし，Q：循環流量 L/min，H_L：循環配管からの熱損失 W，$\triangle t$：加熱装置における給湯温度と返湯温度の差（一般に5℃程度）

問題 117　正解(2)　頻出度 A A A
給湯配管も給水配管と同じく，空気や水が容易に抜けるように，上向き配管方式における横管は上りこう配に，下向き配管方式における横管は下りこう配に配管する．

問題 118　正解(5)　頻出度 A A A
事務所の使用湯量（設計湯量）は7.5～11.5 L/(人・日)である．

問題119　正解(5)　頻出度 A A A
　器具のワッシャに使用される天然ゴムは，主成分であるポリイソプレンの他に微量のタンパク質や脂肪酸を含むため，レジオネラ属菌に限らず細菌の格好の栄養源となるので，合成ゴム（クロロプレン系等）のものに交換する．

問題120　正解(5)　頻出度 A A A
　真空式温水発生機，無圧式温水発生機等は，労働安全衛生法の規定による性能検査を受けなければならない特定機械に該当せず，また政令で定める定期自主検査を行うべき機械等にも該当しない（しかし毎日外観検査を行い，1年以内ごとに1回定期的に検査をすることが望ましい）．

問題121　正解(3)　頻出度 A A A
　二重トラップになって排水が阻害される．いかなる場合でも二重トラップになるような施工はしてはならない．

問題122　正解(3)　頻出度 A A A
　グリス阻集器の上流側にトラップを設けたら，排水の油分や厨芥ですぐ詰まってしまう．グリス阻集器にトラップを設ける場合は，必ずその出口側に設ける．

問題123　正解(2)　頻出度 A A A
　排水立て管の頂部は，管径を縮小せずに伸頂通気管として延長し，大気中に開口しなければならない．

問題124　正解(3)　頻出度 A A A
　蛇腹管は変形しやすく，ループ状に1回転させると排水の流れも悪くなるので，トラップの代用としてはならない．

問題125　正解(5)　頻出度 A A
　ルーフドレンは，屋外にあるため木の葉や土砂で詰まりやすいので，ストレーナの面積は接続する雨水管の断面積の倍以上とする．

問題126　正解(2)　頻出度 A A A
　排水ポンプの絶縁抵抗値が1MΩ（=1,000kΩ）以下の場合は，絶縁劣化が考えられるのでそのまま使用してはならない．

問題127　正解(3)　頻出度 A A A
　排水槽の清掃は，ビル管理法施行規則により6ヵ月以内に1回定期的に行うこと．

問題128　正解(4)　頻出度 A A
　固着したグリースは，圧縮空気による方法では十分に除去できない．スネークワイヤを通す方法が有効である．

問題129　正解(1)　頻出度 A A A
　洗面器のあふれ縁は，オーバフロー口の最下端をいう．

問題130　正解(4)　頻出度 A A A
　公衆用では，詰まり対策のためトラップ脱着式が適している．

問題131　正解(3)　頻出度 A A A
　流量調整に適しているのは，玉型弁，バタフライ弁，ボール弁．仕切弁（ゲート弁とも言う）は開閉のみの目的で使用される．

問題132　正解(4)　頻出度 A A
　膜分離装置は臭気，色度除去のために活性炭処理装置と組み合わせて，原水が比較的低負荷で，間欠的に流入するような排水に適される．

問題133　正解(2)　頻出度 A A
　油分の浮上速度は次のストークスの式で表され，排水の粘性に反比例する．すなわち，粘性が大きくなると浮上しにくくなる．

$$v = \frac{1}{18} \cdot g \cdot \frac{\rho_L - \rho_S}{\mu} \cdot d^2$$

ただし，v：浮上速度，g：重力加速度，ρ_L：排水の密度，ρ_S：油分の密度，μ：排水の粘性

問題134　正解(4)　頻出度 A A A
　散水，修景または清掃の用に供する水にあっては，し尿を含む水を原水として用いないこと（ビル管理法施行規則第4条の2第1項第三号）．

解答・午後

問題135　正解(2)　頻出度AAA
し尿およびし尿浄化槽から生じる汚泥以外の汚泥は、産業廃棄物として処理することとなっているので、雑用水設備から生じる汚泥は産業廃棄物として処理しなければならない。

問題136　正解(1)　頻出度AAA
活性汚泥方式の保守点検の回数は、1週間に1回以上と規定されている。

問題137　正解(5)　頻出度AAA
負触媒作用とは燃焼の酸化反応を抑制する作用のことで、負触媒作用による消火設備としてハロゲン化物消火設備がある。泡消火設備は、窒息作用と冷却作用によって消火する。

問題138　正解(4)　頻出度AAA
都市ガス（13Aガス）の比重は空気を1.0とした場合0.655で、空気より軽いので天井付近に、LPガス（プロパンガス）は1.55と重いので床付近に滞留する。

問題139　正解(4)　頻出度AAA
簡易専用水道は、水道事業の用に供する水道から供給を受ける水のみを水源とするもので、水槽の有効容量の合計が10 m³を超えるもの、である。

問題140　正解(5)　頻出度AAA
(5)はBOD（生物化学的酸素要求量）の説明である。COD（化学的酸素要求量）は、「水中の被酸化性物質（有機物）を酸化剤で化学的に酸化したときに消費される酸化剤の量を酸素に換算したもの」。

問題141　正解(1)　頻出度AA
空気調和設備等の維持管理及び清掃等に係る技術上の基準における、カーペット類の清掃についての規定は次のとおり。「日常における除じん作業のほか、汚れの状況を点検し、必要に応じ、シャンプークリーニング、しみ抜き等を行うこと。洗剤を使用したときは、洗剤分がカーペット類に残留しないようにすること。」防汚剤を散布する、といった規定はない。

問題142　正解(1)　頻出度AAA
建築物清掃の作業計画を作成することによる利点の一つは、記憶や経験をもとにした個人的な管理ではないので、従事者にも理解しやすく、作業の指示や消化が円滑になる、ことである。

問題143　正解(1)　頻出度A
管理用区域とは、電気室や機械室等、中央監視室、守衛室、管理事務室等の区域や、作業員休憩室、更衣室等の建築物の運転管理を行うために必要な区域である。この区域は一般の人が立ち入らないため、汚れの量は少ないことが多いが、管理作業を円滑に行うためには、日常的に整理整頓・清掃に努める必要がある。

問題144　正解(2)　頻出度AA
ローリングタワーは高所作業に用いる移動足場のことで、床洗浄に用いることはない。床洗浄では床が非常に滑りやすくなるので、転倒防止のため作業表示板やトラロープ等を用いて作業範囲を確保し、第三者の安全を確保する。

問題145　正解(3)　頻出度AAA
建築物では、人為的な原因による汚れの方が、自然による汚れより量が多く、付着力も強いとされる。

問題146　正解(3)　頻出度AAA
ポット型は建物の清掃で最も多用される掃除機で、回転ブラシなどは持っていない。回転ブラシで掃きながらほこりを吸引するのは、カーペット専用と言ってよいアップライト型掃除機である。

問題147　正解(3)　頻出度AAA
スチーム洗浄機は高温の水蒸気で汚れを分解するため、エクストラクタより水分が少なくて済む。

問題148　正解(2)　　頻出度AAA
ブラシの回転数は毎分150～300回転が一般的である（ドライメンテナンス作業に使われる超高速バフ機では毎分1,000～3,000回転のものもある）．

問題149　正解(1)　　頻出度AAA
花崗岩は耐酸，耐アルカリ性があるが，耐熱性に乏しい．耐酸性，耐アルカリ性に乏しいのは大理石である．

問題150　正解(1)　　頻出度AAA
塩化ビニルタイルは，剥離剤を含めて耐洗剤性が大きく，変色したりすることは少ない．

問題151　正解(2)　　頻出度AAA
業務用として現在最も多く使用されているのは，水性ワックスタイプではなくて，ポリマタイプの水性フロアポリッシュである．

問題152　正解(2)　　頻出度AAA
ケイ酸塩等の助剤（ビルダとも呼ばれる）は，界面活性剤の表面張力を低下させ洗浄力を高める．

問題153　正解(2)　　頻出度AAA
ゴムタイルは，耐摩耗性には優れるが，耐溶剤性・耐アルカリ性に優れるとは言えない．

問題154　正解(1)　　頻出度AAA
ドライメンテナンス法では，汚れがひどくなるにつれて，ドライバフ法，スプレーバフ法，スプレークリーニング法，完全剥離の作業を繰り返す．スプレークリーニング法では，床面に塗布されているフロアポリッシュ皮膜に入った汚れを，洗浄作用のあるスプレー液をかけながら200回転の床磨き機を用いて研磨し，フロアポリッシュ皮膜とともに削り取る．パッドは研磨剤を含む専用のパッド（目の荒い緑・青パッド）を使用する．

問題155　正解(3)　　頻出度AAA
手垢が付きやすくなるのは汗をかく夏期である．冬期は綿ぼこりの発生が多い．

問題156　正解(4)　　頻出度AAA
金属材表面にシリコーンなどを主成分とする保護膜を塗布しておくと，汚れは付きにくくなり，付いても除去しやすくなる．

問題157　(5)　　頻出度AAA
窓ガラスの清掃は，2～3ヵ月に1回は必要である．

問題158　正解(5)　　頻出度AAA
廃棄物の処理及び清掃に関する法律第1条は次のとおり．自然環境云々はない．
　第1条（目的）　この法律は，廃棄物の排出を抑制し，および廃棄物の適正な分別，保管，収集，運搬，再生，処分等の処理をし，並びに生活環境を清潔にすることにより，生活環境の保全および公衆衛生の向上を図ることを目的とする．

問題159　正解(4)　　頻出度AAA
紙くずは特定業種（建設業，パルプ製造業，紙製造業，新聞業，出版業）から出るもの，並びにPCBに汚染された紙くずのみが，産業廃棄物となる．

問題160　正解(4)　　頻出度AAA
事務所建築物の廃棄物は，プラスチック類の比率が多いとは言えない．紙類，厨芥類が多い．

問題161　正解(5)　　頻出度AAA
廃棄物は，混合されてしまうと再利用・資源化は困難になり，処理コストも大きくなってしまう．

問題162　正解(3)　　頻出度AAA
廃棄物の保管場所は，一般に建物の居室部分からは隔離された場所にあるので，特別な場合を除いて防音設備の必要性は低い．

問題163　正解(4)　　頻出度AAA
容積質量値とは単位体積当たりのごみの質量である．
　7.2 t＝7,200 kgであるから，1日当たりでは7,200 kg÷6日間＝1,200 kg/日，容積

解答・午後　　381

質量値は，
　　1,200 kg/日÷8 m³/日＝150 kg/m³
となる．

問題164　正解(5)　　　頻出度AAA
　ダストシュートは，じかにごみを投入するため，粉じん，臭気が周囲に拡散しやすく，ダストシュート内も汚れやすい．自動縦搬送方式の方が衛生性に優れている．

問題165　正解(3)　　　頻出度AAA
　廃棄物保管場所の床は，衛生性確保のため水を使った洗浄が支障なく行えるように，容器の洗浄や床面を清掃した際，汚水が効率よく排水されるよう，適切な排水こう配や側溝を設けなければならない．

問題166　正解(3)　　　頻出度AAA
　チカイエカは，初回の産卵に限って，吸血しなくとも産卵できる．

問題167　正解(5)　　　頻出度AAA
　昆虫成長制御剤（IGR）のうち，メトプレン，ピリプロキシフェンなどの幼若ホルモン様化合物は昆虫の終令幼虫に高活性を示し，イエバエやアカイエカの蛹からの羽化を阻止する．ジフルベンズロンなどの表皮形成阻害剤は正常な脱皮を妨げる．いずれも速効的な作用は持たない．

問題168　正解(4)　　　頻出度AAA
　チャバネゴキブリの雌成虫の産卵回数は約5回である．
　(1)孵化して25℃で約60日で成虫になる．(2)1卵鞘中には30〜40個の卵が入っている（クロゴキブリやワモンゴキブリのような大型種では，1卵鞘中の卵の数は15〜25個と少なく，卵から成虫までに1年またはそれ以上を要する）．(3)ピレスロイド抵抗性を持つチャバネゴキブリには，メトキサジアゾンが有効なことが知られている．(5)チャバネゴキブリは日本の自然環境では越冬できない（年間を通じ，20℃以上の温度が保たれる環境では活動，増殖が可能である）．

問題169　正解(1)　　　頻出度AAA
　ULV（Ultra Low Volume）処理は多用されている空間処理法で，残効性は期待できない．

問題170　正解(2)　　　頻出度AAA
　イエダニやトリサシダニなどの吸血性ダニ類の殺虫剤感受性は高く，有機リン剤やピレスロイド剤のほとんどが有効で残留処理を行う．他のツメダニ，ヒョウヒダニ類は殺虫剤感受性が低く殺虫剤による防除は難しい．

問題171　正解(2)　　　頻出度AAA
　ノミは，幼虫（蛆）の時代は，宿主の体表ではなくて犬や猫の生活場所の近くで生活し，ゴミの中にある成虫の糞やフケなどの有機物を食べて成長する．

問題172　正解(2)　　　頻出度AAA
　ヒトスジシマカは，昼間に激しくヒトを吸血する．空き缶等の狭い水域で発生する．デング熱の媒介蚊である．

問題173　正解(1)　　　頻出度AAA
　ダイアジノンは有機リン剤の一種．

問題174　正解(3)　　　頻出度AA
　フタルスリンはノックダウン効果が高く，蚊取り製剤に多く利用されるピレスロイド剤である．屋内塵性のダニに有効な成分としては，アミドフルメトがある．

問題175　正解(4)　　　頻出度AAA
　ネズミは，いったん隙間等から内部へ侵入すると，床面だけでなく変圧器やアングルなどの上を走り回り，地絡・短絡事故から波及事故につながる場合もあるので，確実に侵入を防止する必要がある．

問題176　正解(2)　　　頻出度AAA
　ねずみ等の防除のため殺そ剤または殺虫剤を使用する場合は，薬事法第14条または第19条の2の規定による承認を受けた医薬品または医薬部外品を用いること．（ビル管理

法施行規則第4条の5)

問題177　正解(1)　················　頻出度 A A A
　現在のノミによる吸血被害は，ネコノミによるものである．

問題178　正解(5)　················　頻出度 A A A
　薬事法の格付けで，殺虫剤，殺そ剤は普通薬（ネズミで測った急性経口 LD_{50} が 300 mg/kg 以上）に該当する（劇薬 30 〜 300，毒薬 30 mg/kg 以下）．

問題179　正解(3)　················　頻出度 A A A
　シバンムシ類には，乾燥食品を発生源とする種と建築材料を発生源とする種があるが，屋内塵性ではない．

問題180　正解(5)　················　頻出度 A A A
　建築物内で発生するのはチカイエカ1種類である．あとの屋内で見つかる蚊は屋外から侵入したものである．

平成19年度 解答・解説

合格率18.4%

●午 前●

問題1 正解(5) 頻出度AAA
水道法を所管するのは,厚生労働省である.

問題2 正解(1) 頻出度AAA
健康—文化—最低限度の—社会保障と,正確に覚える.

問題3 正解(1) 頻出度A
海外の事例であるが,高層マンションやホテルで多数のSARS患者が発生し,空気調和設備や排水設備を介したウイルスの拡散,清掃の不備,ゴキブリやネズミの媒介等,建築物の維持管理要因が関与している可能性が指摘された.
(2)SARSは遺伝子にRNAを持つコロナウイルスによる感染症である(アデノウイルスはDNAウイルスである).(3)SARSは1970年以降新たに発生した新興感染症である.(4)SARSは飛沫感染で,個体から個体に感染する水平感染である.垂直感染とは世代間の感染をいい,狭義では胎盤を通しての母⇒子感染を指す.(5)SARSは感染症法で「重症急性呼吸器症候群(病原体がコロナウイルス属SARSコロナウイルスであるものに限る.)」と定められた二類感染症である.

問題4 正解(3) 頻出度AAA
建築物における衛生的環境の確保に関する法律(以下ビル管理法)施行令第1条によれば,特定建築物の面積の要件は特定用途の面積が3,000 m²以上であるが,学校教育法第1条に規定されている学校に限って,8,000 m²以上とされている.学校教育法第1条に定める学校は下記のとおり.
第1条 この法律で,学校とは,幼稚園,小学校,中学校,高等学校,中等教育学校,特別支援学校,大学及び高等専門学校とする.

問題5 正解(2) 頻出度AAA
病院や診療所,医院,クリニックなど,病院類似の施設は特定建築物の用途から外れる.

問題6 正解(5) 頻出度AAA
特定建築物の届出事項は,特定建築物の名称,所在地,用途,延べ面積,構造設備の概要,特定建築物維持管理権原者の氏名および住所,特定建築物の所有者の氏名および住所,建築物環境衛生管理技術者の氏名,住所および免状番号,特定建築物が使用されるに至った年月日.
(1)届出は当該特定建築物の所在場所を管轄する都道府県知事(保健所を設置する市または特別区にあっては,市長または区長.)に提出して行う.(2),(3),(4)のような規定はない.

問題7 正解(4) 頻出度AAA
改修後の図面を含めて,特定建築物の平面図,断面図,当該特定建築物の維持管理に関する設備の配置および系統を明らかにした図面は,(法に保存期間が定められていないので)永久保存.

問題8 正解(4) 頻出度AAA
ビル管理法ならびにそれに基づく「空気調

和設備等の維持管理及び清掃に係る技術上の基準」では，レジオネラ症等の感染防止を念頭に，加湿装置に供給する水を水道法に規定する水質基準に適合させること，貯湯槽の清掃，空気調和設備の排水受け（ドレンパン）の点検等を定期に行うことを定めている．

問題9 正解(2) ……… 頻出度AAA

浮遊粉じんの量は，測定値の平均値が0.15 mg/m^{3}以下，相対湿度は，測定値全てが40％以上70％以下，である．

問題10 正解(3) ……… 頻出度AAA

ビル管理法の飲料水の残留塩素の基準は，次のとおり（雑用水も全く同じ）．

第10-1表　給水栓における水について

平常時	遊離残留塩素	100万分の0.1以上
	結合残留塩素の場合は	100万分の0.4以上
病原生物に著しく汚染されるおそれがある場合等	遊離残留塩素	100万分の0.2以上
	結合残留塩素の場合は	100万分の1.5以上

問題11 正解(5) ……… 頻出度AAA

ビル管理法施行規則第3条の2（空気環境の測定方法）によれば，浮遊粉じんの量は測定値の平均でよい．

(1)居室の中央部．(2)床上75 cm以上150 cm以下．(3)平均値ではなくて瞬時値．(4)0.5度目盛の温度計．

問題12 正解(2) ……… 頻出度AAA

ビル管理法第7条によれば，厚生労働大臣は，建築物環境衛生管理技術者免状の交付を受けている者が，この法律またはこの法律に基づく処分に違反したときは，その建築物環境衛生管理技術者免状の返納を命ずることができる．

問題13 正解(5) ……… 頻出度AAA

建築物清掃業の登録基準に，外壁清掃のための機械器具は規定されていない（外壁・ガラス清掃を含め，建築物の外装の清掃はビル管理法の対象外である）．

問題14 正解(1) ……… 頻出度AAA

都道府県知事は，厚生労働省令で定める場合において，この法律の施行に関し必要があると認めるときは，特定建築物所有者等に対し，必要な報告をさせ，またはその職員に，特定建築物に立ち入り，その設備，帳簿書類その他の物件もしくはその維持管理の状況を検査させ，もしくは関係者に質問させることができる．ただし，この権限は，犯罪捜査のために認められたものと解してはならない．

(3)住居に立ち入る場合においては，その居住者の承諾を得なければならない．(2)，(4)，(5)のような規定はない．

問題15 正解(2) ……… 頻出度AA

学校環境衛生基準では，運動場については，「運動場，砂場等は，清潔であり，ごみや動物の排泄物等がないこと．」以外の規定はない．

※学校保健法は学校保健安全法に改題・改正されている．

問題16 正解(4) ……… 頻出度AAA

浄化槽の水質検査は年2回ではなくて年1回（環境省令で定める浄化槽については，環境省令で定める回数）．

問題17 正解(4) ……… 頻出度AAA

旅館業法　第4条　営業者は，営業の施設について，換気，採光，照明，防湿および清潔その他宿泊者の衛生に必要な措置を講じなければならない．

2　前項の措置の基準については，都道府県が条例で，これを定める．

問題18 正解(3) ……… 頻出度AAA

第1条（目的）　この法律は，労働基準法と相まって，労働災害の防止のための危害防止基準の確立，責任体制の明確化及び自主的活動の促進の措置を講ずる等その防止に関する総合的計画的な対策を推進することにより

職場における労働者の安全と健康を確保するとともに、快適な職場環境の形成を促進することを目的とする。

問題 19　正解(3)　　　　　　頻出度 A A A

事務所衛生基準規則　第10条（照度等）
事業者は、室の作業面の照度を、次の表の左欄に掲げる作業の区分に応じて、同表の右欄に掲げる基準に適合させなければならない。ただし、感光材料の取扱い等特殊な作業を行なう室については、この限りでない。

作業の区分	基準
精密な作業	300 Lx 以上
普通の作業	150 Lx 以上
粗な作業	70 Lx 以上

問題 20　正解(1)　　　　　　頻出度 A A

環境基本法は、あまねく日本の国土で守られなければならない環境に関する基準を定めている一般法で、立入検査等については何も定めておらず、また罰則に関する条文もない。したがって、ビル管理法の環境衛生監視員のような、検査等の職権を行う職員についても何も定めていない。
環境基本法の定める基準に従って特定の施設等を具体的に規制し、罰則を科す法律として、大気汚染防止法や水質汚濁防止法、騒音規制法などの特別法がある。

問題 21　正解(5)　　　　　　頻出度 A A A

からだ全体への酸素の供給は、循環器系の機能である。消化器系の機能は栄養や水を摂取して、体内で再合成と排泄を行う。

問題 22　正解(5)　　　　　　頻出度 A A

疫学調査結果や動物実験のデータ科学的を根拠として基準が定められ、その基準を基に裁判の判例が出される。判例が科学的根拠になるわけではない。

問題 23　正解(2)　　　　　　頻出度 A A A

アは核心温（およそ37℃に保たれる）に近く、気温の影響も最も少ないので直腸温と考えられる。そうすると、イは足の皮膚温か躯幹の皮膚温ということになるが、気温の影響が大きいのは足の皮膚温と考えられる。

問題 24　正解(3)　　　　　　頻出度 A A A

常温で安静時の放熱量は、対流（伝導含む）によるものが約30％、熱放射によるものが約45％、蒸発が約25％といわれる。

問題 25　正解(1)　　　　　　頻出度 A A A

「足がだるい」、「足が冷える」、「手足のこわばり」等の症状は、血管収縮、血流減少が原因と考えられる。

問題 26　正解(5)　　　　　　頻出度 A A A

コレラは、汚染された飲食物を摂取することによって感染する経口感染症で、飛沫・空気感染症ではない。

問題 27　正解(4)　　　　　　頻出度 A A A

気密性が高いことが、シックビルの発生要因としてあげられている。

問題 28　正解(3)　　　　　　頻出度 A A A

アスベストは、自然界に存在する水和化したケイ酸塩鉱物の総称である。最も一般的なのはクリソタイル（温石綿）である。その他、アモサイト（茶石綿）、クロシドライト（青石綿）等がある。

問題 29　正解(5)　　　　　　頻出度 A A

わが国では、現在（平成12年）でも年間2,600人程度が結核で死亡し、10万人当たりの死亡率は2.1である。新たに結核患者として登録された者の数は年間約4万人であり、罹患率は31.0であって、罹患率10前後の欧米と比較した場合、わが国で結核が制圧されたとはいえない状態である。

問題 30　正解(2)　　　　　　頻出度 A A

アトピー性皮膚炎や気管支喘息の患者では、低湿度が増悪因子となりうるので、適切な温湿度管理が必要である。

問題31　正解(1)・・・・・・・・・・・・・・・・・・**頻出度AA**
二酸化硫黄による目の刺激症状は，20 ppm 程度で発生する．

問題32　正解(4)・・・・・・・・・・・・・・・・・・**頻出度AAA**
周波数 1,000 Hz，音圧レベル 30 dB の音の大きさ（ラウドネス）は 30 phon である．30 phon の等ラウドネス曲線上の音は周波数が違っても同じ大きさに聞こえる．30 phon の等ラウドネス曲線と 125 Hz を表す縦線との交点の音圧レベルを読むと 40 dB である（第 32-1 図参照）．

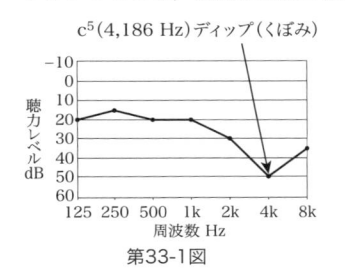

問題33　正解(1)・・・・・・・・・・・・・・・・・・**頻出度AAA**
オージオグラムとは，聴力検査器の結果をグラフにしたもので，横軸が周波数，縦軸の dB が聴力損失値を表している．騒音性難聴の初期の特徴である c^5 ディップは，オージオグラムにおいて c^5 の音（4,186 Hz）でグラフにくぼみ（ディップ）ができることからこう呼ばれる．

問題34　正解(5)・・・・・・・・・・・・・・・・・・**頻出度AAA**
振動加速度レベルを求めるために用いる基準加速度 a_0 は，10^{-5} m/s² である．

$$振動加速度レベル = 10\log_{10}\frac{a^2}{a_0^2}$$

ただし a：計測する振動の加速度実効値．
さらに人間の振動に対する周波数特性により補正した振動加速度レベルを周波数補正加速度レベル，または単に加速度レベルと呼んでいる．振動レベル 55 dB は地震の震度段階 0（無感）に相当し，振動感覚閾（いき）値という．

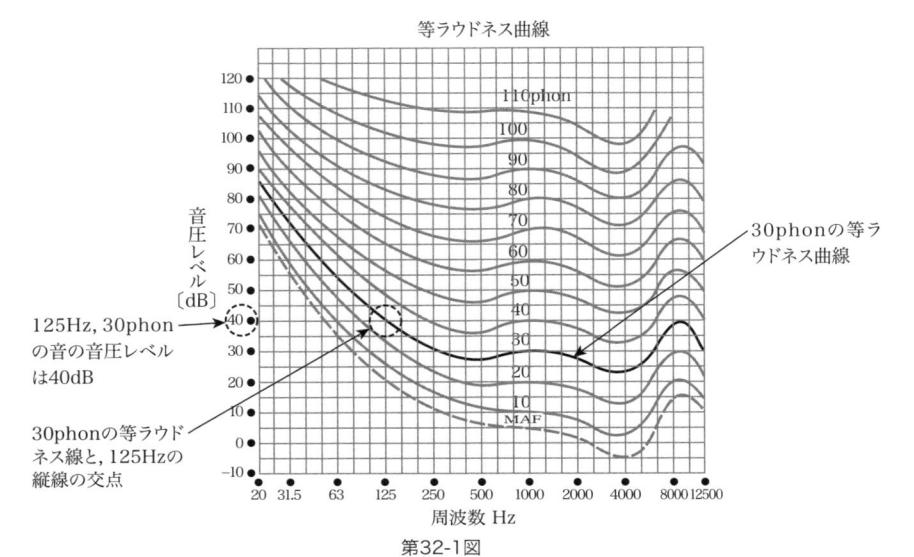

問題35　正解(3)・・・・・・・・・・・・・・・・・・**頻出度AAA**
物体の色を色彩といい，色彩は色相（色合い），明度（明るさ），彩度（鮮やかさ）の，

第33-1図

等ラウドネス曲線

第32-1図

色の三属性で表すことができる．三属性で表した色の体系を，マンセル表色系という．

暖色系，寒色系は彩度ではなくて色相による色の分類であって，赤，黄色などが暖色であり，緑，青などが寒色である．また，暖色は手前に進出して見える進出色であり，寒色は後退色である．

問題 36　正解(4)･･････････････頻出度AAA

点光源による照度は，距離の逆2乗の法則に従うから，

$$100 \text{ Lx} \times \left(\frac{20 \text{ m}}{5 \text{ m}}\right)^2 = 100 \times 4^2 = 1{,}600 \text{ Lx}$$

問題 37　正解(2)･･････････････頻出度AAA

JISの照度基準（事務所）によれば，廊下は100〜200 Lx，昼間の玄関ホールは750 Lx以上である．晴れた日などは屋外が太陽光によって数万Lxとなるので，照度を上げないと玄関ホールの内部が暗く見えて好ましくない．

倉庫（75〜150 Lx）―屋内非常階段（30〜75 Lx），製図室（750〜1,500 Lx）―会議室（300〜750 Lx），診察室（300〜750 Lx）―休養室（75〜150 Lx），書庫（150〜300 Lx）―更衣室（75〜150 Lx）．

問題 38　正解(3)･･････････････頻出度AA

波長1 mm〜1 mのマイクロ波は，レーダや衛星放送，電子レンジに用いられるのに対して，殺菌灯は253.7 nmの紫外線を用いている．

問題 39　正解(1)･･････････････頻出度AAA

電気性眼炎とは，溶接作業に伴って発生する紫外線による角膜炎のことである．

問題 40　正解(4)･･････････････頻出度AA

人が生理的に必要とする水分の量は，普通，1日約1.5 Lである．

問題 41　正解(1)･･････････････頻出度AAA

50歳代で老化による水晶体の黄色変化が生じ始め，これによって物が黄色を帯びて見えてくる．それに伴って黄色と白との区分がやや不鮮明となり，さらに進行すると黄色が判断しにくくなって，青色も不鮮明となるので，白と黄色，または黒と青色等を組み合わせた標識は高齢者の目には不明確となりやすい．

問題 42　正解(2)･･････････････頻出度AAA

レジオネラ属菌は，自然界の土壌と淡水に生息するグラム陰性（紫色素で染色されない）の桿（かん）菌（形態が細長い棒状の細菌）に分類される細菌である．

問題 43　正解(2)･･････････････頻出度AAA

クリプトスポリジウム症の病原体は，原虫である．原虫は細菌（大きさ1 μm）より大きい（20〜500 μm）単細胞生物である．

問題 44　正解(4)･･････････････頻出度AAA

クレゾールは腐食性が強く，飲食物，食器には不適である．

問題 45　正解(3)･･････････････頻出度AAA

10 %は100〔g/L〕=100,000〔mg/L〕であるから，1,000倍に薄めれば100 mg/Lになる．

問題 46　正解(3)･･････････････頻出度AAA

発光効率の単位はLm/W（ルーメン毎ワット）である．白熱電球の発光効率は15 Lm/W（100W電球）と低く，蛍光灯は50〜100 Lm/Wと高い．

問題 47　正解(2)･･････････････頻出度AAA

冬季，外壁の室内側すなわち暖かい方に防湿層を設けるのは，壁内の内部結露の防止対策である．壁の表面結露を防止するには，

① 室内蒸気の発生を極力抑える．
② 押入，家具の裏の通気をよくする．
③ 除湿のための換気を行う．

など．

問題 48　正解(4)･･････････････頻出度AA

常温物体から射出される電磁波は，波長が10 μm付近の赤外線が主体であり，長波長

放射と呼ばれる．一方，太陽放射は可視光である 0.38 ～ 0.78 μm 付近が主体となる．

問題 49　正解(1)　　　　頻出度 A A A

一般的に，ある物体表面の長波長放射率と長波長吸収率は等しいが，日射吸収率は物体表面の色等が関係する．前問にあるとおり，日射は可視光が主体なので白っぽい表面では反射されてしまう．黒っぽい材料では放射率、吸収率ともに 0.9 程度であるが，白っぽい材料では長波長放射率 0.9，日射吸収率 0.1 程度，白色ペイント仕上げでは，放射率 0.9，日射吸収率 0.2 程度，アルミ箔等ではともに 0.1 程度となる．

問題 50　正解(3)　　　　頻出度 A A

熱伝導抵抗は，壁材料などの厚さを熱伝導率で除した値で，単位は m²・K/W．熱伝導率の逆数は熱抵抗率と呼ばれ，単位は m・K/W．

問題 51　正解(1)　　　　頻出度 A A A

直線ダクトの圧力損失 $\triangle p$ は，次式のとおりダクトの直径に反比例する．

$$\triangle p = \lambda \frac{L}{D} \cdot \frac{1}{2} \rho v^2$$

ただし，λ（摩擦抵抗係数），L（ダクトの長さ），D（ダクトの有効直径），ρ（流体の密度），v（流体の速度）である．

問題 52　正解(3)　　　　頻出度 A A A

外部風による換気量を求める式として下記の経験式が知られている．

$$Q = \alpha A \sqrt{C_1 - C_2} \times v$$

Q（風量；m³/s），α（流量係数），A（開口面積；m²），C_1，C_2（風上，風下の風圧係数），v（風速；m/s）

この式から，風量は，風速の平方根ではなくて風速に比例することが分かる．

問題 53　正解(2)　　　　頻出度 A A A

ビル管理法制定時期（昭和 46 年）に不適率が最も高くて，その後フィルタなどの空気清浄装置の採用と高性能化によって急激に不適率が改良されたのは，(2)の浮遊粉じんである．

問題 54　正解(1)　　　　頻出度 A A A

温度が上ると低下するのは相対湿度である．絶対湿度は変化しない．

問題 55　正解(4)　　　　頻出度 A

外気冷房時は，空気清浄度を保つために必要な外気取入れ量より多くの外気を取り入れるので，ふつう二酸化炭素濃度は低くなる．

問題 56　正解(4)　　　　頻出度 A A A

10 μm 以上の大きな粉じんは，発じんしてもすぐに沈降するので，長時間にわたり浮遊して，人の呼吸によって気道内に取り込まれることは少ない．したがって，ビル管理法では，粒径がおおむね 10 μm 以下のものを測定対象としている．また，5 μm 程度のものは，気道の粘液と有毛細胞の線毛に捕捉されて，粘液線毛運動により排出される．したがって，肺に沈着し，人体に有害な影響を及ぼす粉じんは，通常 1 μm 以下の大きさのものとされる．

問題 57　正解(3)　　　　頻出度 A A A

呼気の二酸化炭素発生量 20 L/h = 0.02 m³/h である．濃度が ppm で与えられた場合の換気量 Q [m³/h] を求める公式

$$Q = \frac{M}{C - C_o} \times 10^6$$

から（M；二酸化炭素発生量 m³/h，C；二酸化炭素濃度 ppm，C_o；外気の二酸化炭素濃度 ppm），

$$Q = \frac{0.02 \times 3}{750 - 350} \times 10^6 = \frac{0.06}{400} \times 10^6$$

$$= \frac{6}{4} \times 10^2 = 1.5 \times 100 = 150 \text{ m}^3/\text{h}$$

問題 58　正解(4)　　　　頻出度 A A A

ホルムアルデヒドは還元性（電子を与える性質）が強く，さまざまな物質を共重合させ

る化学的特性が毒性として働き，特に粘膜に対しては強い刺激性がある．

問題 59　正解(3)　　　　　頻出度AA
ラドンは，地殻内のラジウムの原子核崩壊によって生じる希ガス放射性物質であって，有機化合物ではない．

問題 60　正解(5)　　　　　頻出度AA
室内における濃度は，浮遊細菌濃度のほうが高い．

問題 61　正解(2)　　　　頻出度AAA
送風機に入る直前の⒟の状態点は，イである．
外気⒜は室内空気（還気）⒡＝エと混合されて，⒝＝オとなり，冷却コイルにより冷却されて⒞＝アとなる．その後再熱コイルにて加熱されて⒟＝イとなる．送風機では摩擦熱などにより若干温度が高くなり，⒠＝ウとなって室内に吹出される．

問題 62　正解(1)　　　　　頻出度AA
冷房負荷計算においては，照明による顕熱負荷は次式による．
　　（1.2× 蛍光灯の消費電力 × 使用時間率）
　　＋（1.0× 白熱灯 × 使用時間率）
蛍光灯では，蛍光管以外に安定器も発熱源となるため，1.0 より大きい．

問題 63　正解(2)　　　　頻出度AAA
すべての部屋あるいはゾーンの熱負荷のピークは同時には発生しないため，単一ダクト定風量方式の場合と異なり風量は吹出し口個々の吹出し風量を合計した総量より小さく設定して設計できる．

問題 64　正解(2)　　　　頻出度AAA
乾球温度 t [℃]，絶対湿度 X [kg/kg(DA)] の湿り空気が持つエンタルピー h [kJ/kg] は，次式で求めることができる．

$$h = C_P \times t + (C_{PV} \times t + r_0) \times X$$

ただし，C_P（乾燥空気の定圧比熱 kJ/(kg(DA)・K)，C_{PV}（水蒸気の定圧比熱 kJ/(kg・K)，r_0：水蒸気の蒸発潜熱 kJ/kg
したがって，t が同じでも，X が大きいほど比エンタルピー h は大きくなる．

問題 65　正解(5)　　　　　頻出度A
この図で⇒は空気の流れを，→は水（冷水，温水）の流れを示している．ウが（温水）ボイラ，エが冷凍機であることはすぐに分かるであろう．インダクションユニットには冷温水の配管と高圧一次空気が必要であるが，アには高圧一次空気を示す⇒がない．したがって，アはファンコイルユニットである．

問題 66　正解(4)　　　　頻出度AAA
空気熱源式は，冷房時には凝縮器廃熱を大気に放熱し，暖房時には大気より採熱する．暖房負荷が最大となる時期は，外気温度の一番低い時期と重なり，採熱効率が最低となる．

問題 67　正解(2)　　　　頻出度AAA
密閉式回路では，配管の抵抗を若干上回る揚程のポンプで冷温水を循環させることができるのに対して，開放式蓄熱槽では，最下部の蓄熱槽より，最高位の負荷までの実揚程を上回る大きな動力のポンプを必要とする．

問題 68　正解(4)　　　　　頻出度AA
ウォールスルーユニットとは，ユニットを外壁に取り付け，直接外気を取り込み，室内排気でコンデンサの廃熱を処理した後，外気へ排出するようにした，ヒートポンプ空調機の一種である．

問題 69　正解(5)　　　　　頻出度AA
空気調和機に用いられる冷温水コイルはプレートフィン型である．多管式（U字管式）熱交換器は，蒸気を使ったストレージタンクのように，高温で温度差が大きい熱交換に用いられる．

問題 70　正解(1)　　　　　頻出度A
外気冷房中に熱交換すると，外気の温度が上昇しその効果が失われるので，給排気とも全熱交換器をバイパスする回路（ダクト）を

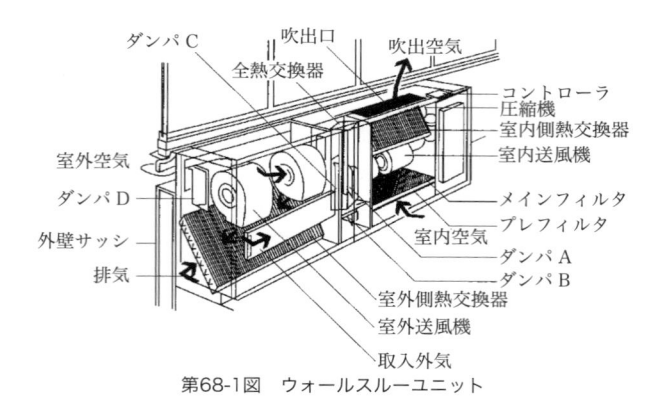

第68-1図　ウォールスルーユニット

設け切り替える方法がとられる．

問題71　正解(5)　　　　　　頻出度AAA
　全圧は回転の遠心力に比例し，遠心力は回転数の2乗に比例するので，全圧は回転数の2乗に比例する．すなわち，回転数が2倍になると全圧は4倍になる．

問題72　正解(5)　　　　　　頻出度AA
　均一で良好な温度分布を得るには，室内温度と吹出し温度差が過大であってはならない．また，吹出し温度が低過ぎると吹出し口に結露する．天井高2.7 mでは温度差16 ℃が限度である．

問題73　正解(4)　　　　　　頻出度AAA
　自動更新型フィルタは，ロール状のろ材を，タイマや差圧スイッチで汚れに応じて自動的に巻き取る方式のフィルタである．捕集効率は高くないが，保守管理が容易であり，広く用いられている．

問題74　正解(5)　　　　　　頻出度AA
　水温が100 ℃以上の場合に開放式膨張水槽を用いると，水が沸騰してしまう．密閉式膨張水槽（＋安全弁）を用いて水の蒸発を防ぐ．

問題75　正解(4)　　　　　　頻出度A
　冷却・潤滑のための微量な漏れが必要なのは，グランドパッキンを使用したポンプである．メカニカルシールでは漏れは必要ない．
　※(2)は出題意図が不明．真偽も確認できない．

問題76　正解(2)　　　　　　頻出度AAA
　ボイラ室を負圧にすると煙突から外気が逆流し，不完全燃焼の原因となるので危険である．

問題77　正解(4)　　　　　　頻出度AAA
　冷却塔から発生したエアロゾルを吸込みレジオネラ属菌などによる汚染の危険性があるので，冷却塔は，風向等を考慮し外気取入口，居室の窓等から10 m以上離す（厚生労働省「レジオネラ症防止指針」）．

問題78　正解(5)　　　　　　頻出度AAA
　グローブ温度計は，熱放射と対流にかかわる温度（乾球温度）を測定する．対流は気流の影響を受ける．

問題79　正解(3)　　　　　　頻出度AAA
　デジタル粉じん計のK値は1.3である．
　粉じん計は，ステアリン酸粒子等の標準粒子を用いて一定の感度に設定されているが，室内の粉じんと標準粒子との間に，化学的，物理的性質に差異があり，そのため，計測された濃度と実際の粉じん濃度に差が生じる．この差を補正するために乗じるものを，較正係数（K）という．ピエゾバランス粉じん計

では 1.0 である．

問題 80　正解(5) 頻出度 A|A

電動ポンプによる検知管法は，簡易測定法の一つである．

問題 81　正解(5) 頻出度 A|A

ピエゾバランス法は別名圧電天秤法と呼ばれる浮遊粉じんの測定法である．

問題 82　正解(1) 頻出度 A|A|A

オルファクトメータ法は臭気の濃度測定法である．被験空気を希釈して，官能試験でその閾値を求める．希釈倍率の変化すなわち被験空気と無臭空気の混合を自動化された機械 (Olfactometer) で行う．

ラドンガスの計測方法は，ラドンが崩壊の際に放出する α 線に感光する特殊フイルムを用いるパッシブ法とラドンガスを含む被験空気をポンプでサンプリングして半導体型の測定器やシンチレーションカウンタに通すアクティブ法とに二分される．

問題 83　正解(3) 頻出度 A|A

空気調和設備の試運転調整では，各機器の回転部分の軸受等に，グリス・潤滑油を供給する．機器を数時間運転した後，油を取り替えておく．

問題 84　正解(1) 頻出度 A|A

月 1 ～ 3 回でなくて週 1 ～ 3 回が適当．

問題 85　正解(4) 頻出度 A|A|A

線音源（道路や鉄道など，幅が高さに比べて十分長い音源）の音の強さは距離に反比例するので，距離が 2 倍になると，$1/2 = 2^{-1}$ になる．音の強さのレベル（数値は音圧レベルと同じになる）の定義から，距離が 2 倍になる前の音の強さのレベルを，

$$L_i = 10 \log_{10} \frac{I}{I_0} \ [\text{dB}]$$

とすれば（I；対象音の強さ，I_0；音の強さの基準値），

$$10 \log_{10} \frac{I \times 2^{-1}}{I_0} = 10 \log_{10} \frac{I}{I_0} + 10 \log_{10} 2^{-1}$$
$$= L_i - 10 \log_{10} 2$$
$$= L_i - 3 \ \text{dB}$$
$$(\because \log_{10} 2 \fallingdotseq 3)$$

と，減衰は 3 dB である．

問題 86　正解(3) 頻出度 A|A

吸音率 = 1 − 反射率
$$= 1 - \frac{I_1}{I_0} = 1 - \frac{I_0 - I_2 - I_3}{I_0}$$
$$= 1 - \frac{I_0 - (I_2 + I_3)}{I_0}$$
$$= 1 - 1 + \frac{I_2 + I_3}{I_0}$$
$$= \frac{I_2 + I_3}{I_0}$$

問題 87　正解(1) 頻出度 A|A

昼光を平均演色評価数で評価するのは，無意味である

平均演色評価数 Ra とは，各種の人工光源について，物の色をどれだけ自然に見せるか（演色性）という観点から評価する場合の指標で，八つの試験色を基準光と試料光源で照らしたときの色ずれの平均値 $\triangle E$ とすれば，$Ra = 100 - 4.6 \triangle E$ である．

問題 88　正解(1) 頻出度 A|A|A

白熱電球の定格寿命は 1,000 h，直管型蛍光ランプは 12,000 h である．

問題 89　正解(2) 頻出度 A|A|A

保守率は照明器具の構造の影響を受ける．

保守率は，光束法によって作業面照度を求める際に用いられ，光源ならびに照明器具の汚損，劣化があっても一定の作業面照度を補償するための数値である．この値は，照明器具の構造が露出型，下面開放，簡易密閉型，完全密閉型かによって異なる．

問題 90　正解(3) 頻出度 A|A

滴下式は，不織布，セラミックペーパーな

どの加湿材に上部から給水する方式で，制御は電磁弁によるON-OFF制御であり応答性は悪い．

ベース負荷をこの滴下式で行い，変化部分を応答性の良い蒸気吹出し式で行うなどの方法もある．

●午　後●

問題91　正解(3)……………頻出度AAA
建築面積は，水平投影面積なので，10 m×10 m＝100 m² である．

問題92　正解(5)……………頻出度AAA
フリーアクセスフロアとは，OA機器配線用の二重床のことで，今や事務所ビルでは標準装備として普及している．
(1) JISの照度基準によれば，事務所の照度は300〜750 Lx（細かい視作業を伴う場合や昼光の影響で室内が暗く感ずる場合は750 Lx以上）である．(4)偏心（重心と剛心が一致しない）が生じやすく，その対策が必要で大規模な建築物には適さない．

問題93　正解(1)……………頻出度AAA
(1)は空気膜構造の説明．
シェル構造は，卵の殻や貝殻のように非常に薄い材料で作られる曲面板状の構造．局部的には曲げ応力も作用するが，ほとんどの力を内面力として伝達させる特徴を持ち，大スパンに適している．シドニーにあるオペラハウスが代表例．

問題94　正解(2)……………頻出度AAA
梁−あばら筋（スターラップ），柱−帯筋（フープ），この組合せをしっかり覚えること．いずれもせん断力に対抗する．

問題95　正解(2)……………頻出度AAA
等分布荷重では，曲げモーメント図は二次曲線（放物線）になる．また，曲げモーメン

ト図は部材の引張り力が働く側，この場合は梁の上側に書くのが構造力学の習わしである．

問題96　正解(5)……………頻出度AAA
固定荷重とは，建築物の自重のことである．人，家具，物品は積載荷重．

問題97　正解(2)……………頻出度AAA
鉄骨構造は，鉄筋コンクリート構造と比べて，耐火性，耐食性に劣るが，じん性に富み，耐震的に有利な構造にしやすく，工期が短期間で済む．

問題98　正解(4)……………頻出度AAA
テラゾとは人造石の一種で，吸音材ではない．
人造石は，コンクリートなどの下地に，着色白セメントと種石を練ったものを塗り，研ぎ出しまたは洗い出して仕上げたもので，種石として大理石を使用したものをテラゾー，その他のものを擬石という．

問題99　正解(4)……………頻出度AAA
コンクリートは，圧縮強度が大きく，引張強度が小さい．

問題100　正解(1)……………頻出度AAA
夏至における東壁面の受熱量は，南壁面の受熱量の約倍である．これは，夏至には太陽高度が高い（太陽光の南壁面への入射角が大きい）ことによる．

問題101　正解(1)……………頻出度AAA
日射遮へい係数＝各種ガラスや窓付属物が付いた場合の日射熱取得÷3 mm厚の透明フロート板ガラスの日射熱取得である．
窓付属物とはひさし，ルーバー，ブラインドなどを指す．

問題102　正解(3)……………頻出度AA
炎感知器には，紫外線式と赤外線式がある．
炎感知器は，アトリウムや大型ドーム等の高天井の場所等，見通しのきく大空間での火災監視に適している．

解答・午後　　　　　　　　　　　　　　　　　　　　　　　　　　　　393

問題103　正解(4)　頻出度AAA
事務所は該当しない．ただし，階数が5以上でかつ延べ面積が1,000 m²を超える事務所建築物は，特殊建築物等の定期調査の対象である．すなわち，事務所は特殊建築物ではないが**特殊建築物等**である．

問題104　正解(5)　頻出度A
建築主−建築主事，もしくは建築主−指定検査機関である．

問題105　正解(3)　頻出度A
駐車場の附置義務を定めているのは，駐車場法である．
地方自治体は，駐車場法に基づき，繁華街などの2,000 m²を超える建築物の新築には，駐車場の附置義務を定めることができる．

問題106　正解(1)　頻出度AAA
水の比体積の単位は，m³/kg である．
水の比体積とは単位質量の水が占める体積のことで，4 ℃で最も小さくおおよそ1.0 m³/kg である．比体積の逆数が水の密度で，4 ℃で最も大きくなりおおよそ1.0 kg/m³ となる．

問題107　正解(2)　頻出度AAA
バキュームブレーカーは，逆サイホン作用による汚水などの逆流を防ぐ装置である．

問題108　正解(4)　頻出度AAA
高置水槽方式は，建築物の高所と低所では給水圧力差が大きくなるが，同一場所での圧力は一定である．

問題109　正解(3)　頻出度AAA
FRP製貯水槽は機械的強度が低いため，耐震補強が必要である．

問題110　正解(5)　頻出度AAA
水柱分離はウォータハンマの原因の一つである．
水柱分離防止＝ウォータハンマ防止のために，揚水管の横引き管はできるだけ低所で横引きするのがよい．

問題111　正解(5)　頻出度AAA
大便器洗浄弁（フラッシュバルブ）の必要水圧は 70 kPa ＝7.138 mH₂Oであるから，5 m では水頭圧不足である．

問題112　正解(3)　頻出度AA
タングステンイナートガス（TIG）溶接は，ステンレス鋼管の接合方法である．銅管は，継手の受口に管を差し込んでその部分を加熱し，受口と管の隙間に毛細管現象でろう材を流し込んで接合する差込ろう接合方法がとられる．

問題113　正解(1)　頻出度AAA
作業者は常に健康状態に留意するとともに，おおむね6か月ごとに，病原体がし尿に排せつされる感染症の罹患の有無（または病原体の保有の有無）に関して，健康診断を受けること．また，健康状態の不良なものは作業に従事しないこと（建築物環境衛生維持管理要領）．

問題114　正解(3)　頻出度AA
圧力水槽方式やポンプ直送方式の場合には，ポンプの停止，ポンプの性能低下時，下階で過大な水量が使用されたとき等には，上方の階の給水管内は負圧になりがちである．給水管が負圧になると逆サイホン作用などによって汚染の危険が大きくなるので，これらの給水方式では注意が必要である．

問題115　正解(5)　頻出度AA
次亜塩素酸（HOCl）は，次亜塩素酸イオン（OCl⁻）より80倍も殺菌力が強い．水のpH値が低いほど（酸性なほど）次亜塩素酸の含まれる量が多く，殺菌効果は高くなる．結合残留塩素では，Clを多く含むジクロラミン（NHCl₂）のほうがモノクロラミン（NH₂Cl）より殺菌力が強い．

問題116　正解(3)　頻出度AA
加熱コイルを使うのは間接加熱方式である．

給湯の加熱方式には，直接加熱方式（燃料や電気によって直接水を加熱する装置からの湯を使用する方式）と間接加熱方式（蒸気や高温の温水を熱源として，加熱コイル等によって給湯用の水を加熱する方式）がある．

問題117　正解(4)·················頻出度ＡＡＡ

普通給湯管の管内流速は 1.5 m/s 以下とするが，柔らかく潰（かい）食を受けやすい銅管では 1.2 m/s 以下とする．

問題118　正解(2)·················頻出度ＡＡＡ

貯蔵式湯沸器は，貯蔵部が大気に開放されていて，本体に給湯栓が取り付けられている．90℃以上の高温湯が得られ，飲用として利用される．(2)は電気温水器の説明である．

問題119　正解(4)·················頻出度ＡＡ

給湯設備内の保有水量が給湯使用量に対して過大であると，停滞水を生み衛生的に好ましくないので，貯湯槽等の運転台数をコントロールし，使用しない貯湯槽の水は抜いておく．

問題120　正解(2)·················頻出度ＡＡＡ

労働安全衛生法・ボイラー及び圧力容器安全規則の規定に基づいて，第一種圧力容器は 1 ヵ月以内ごとに 1 回，定期自主検査を行う．

問題121　正解(4)·················頻出度ＡＡＡ

排水設備のオフセットとは，「配管経路を平行移動する目的で，エルボまたはベンド継手で構成されている移行部分」のことであるが，トラップとは特に関係はない．

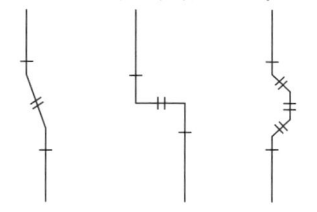

第121-1図　オフセット

問題122　正解(2)·················頻出度ＡＡＡ

ちゅう房排水は，汚水と分けて排水槽を設ける．ちゅう房排水と汚水を一緒にして貯留すると，腐敗の進行が早まり悪臭を発生する．

問題123　正解(4)·················頻出度ＡＡＡ

上の階に行くほど集合する排水は少ないが，排水管内には，排水だけでなく空気も流れ，管内の圧力変動を緩和する必要があるので，排水立て管は最下部から最頂部まで同一管径とする．

問題124　正解(1)·················頻出度ＡＡＡ

脚断面積比が小さいとは，出口側がせまいということである．その場合，流速は速くなり，満流にもなりやすいのでサイホンを起こしやすくなって，破封しやすくなる．トラップは，脚断面積比が大きい方が破封しにくい．

問題125　正解(1)·················頻出度ＡＡ

排水横主管が満流になる場合は，十分な通気が必要であるから，通気量が限られる伸頂通気方式としてはならない．

排水横主管とは，排水系統の最下部にあって，上からの排水を集合して屋外の排水ますなどに導く横引き管である．

問題126　正解(1)·················頻出度ＡＡＡ

ちゅう芥は槽内のバスケットに溜まるようになっているので，原則として毎日取り除く．

あとは，7〜10 日くらいの間隔でグリースの除去をする．1〜2 ヵ月に 1 回程度，槽内の底，壁面，トラップ等に付いたグリースや沈積物を，高圧洗浄等で清掃する．

問題127　正解(2)·················頻出度ＡＡ

SS と臭素酸は関係がない．

SS は Suspended Solids の略で，浮遊物質と訳される．1 µm より大きく 2 mm より小さい物質で，水中に懸濁している物質のこと．

臭素酸（$HBrO_3$）は，消毒用の次亜塩素酸ナトリウムの不純物の一つ．飲料水の水質基準で 0.01 mg/L 以下と定められている．

問題128　正解(5)　頻出度ＡＡ

スネークワイヤのワイヤの長さは25 m以下なので，排水横管では25 mまで，排水立て管ではワイヤの重量から20 m程度が限界である．

第128-1図
スネークワイヤを用いた配管掃除器具の例

問題129　正解(3)　頻出度ＡＡＡ

洗い落とし式の大便器は，水の落差による流水作用で汚物を押し流す方式で，最も構造がシンプルで安価．水溜り面が狭いためボール内乾燥面に汚物が付着しやすく，洗浄時に多少はねが発生する．サイホン作用を利用する大便器は「サイホン式」，「サイホンゼット式」，「サイホンボルテックス式」などがある．

問題130　正解(4)　頻出度ＡＡ

水圧については，最大ではなくて最小動水圧の表示が義務付けられている．

問題131　正解(5)　頻出度Ａ

衛生器具にステンレスやプラスチック素材が増えてきているが，通常の清掃でもこれらの器具には微細な傷がつくことが多いのに対して，衛生陶器に使われる溶化率地の表面は，使用中長いこと初期の光沢を保つことが多い．

問題132　正解(1)　頻出度ＡＡ

無圧式温水発生機と組み合わせる貯湯槽には加熱コイルは必要ない．

問題133　正解(3)　頻出度ＡＡ

雑用水の水質基準は，散水，修景または清掃の用に供する水と水洗便所の用に供する水とでは次の点で異なる．

① 散水，修景または清掃の用に供する水では，し尿を含む水を原水として用いないこと．

② 水洗便所の用に供する水では濁度の基準が適用されない．

問題134　正解(4)　頻出度ＡＡ

雑用水を散水・水景・清掃用水として利用する場合は，雑用水受水槽の設置は飲料水の受水槽に準じて6面点検ができることが望ましい．二重スラブ内に設けるのは，維持管理上好ましくない．

問題135　正解(5)　頻出度ＡＡＡ

大腸菌検査は2ヵ月以内に1回，定期に行う．

遊離残留塩素，pH値，臭気，外観の検査は，7日以内ごとに1回，定期に行う．

大腸菌，濁度の検査は，2ヵ月以内ごとに1回，定期に行う．

ただし，雑用水が水洗便所の用に供する場合，濁度の検査は必要ない．

問題136　正解(3)　頻出度ＡＡ

生物処理槽（本問の場合は接触ばっ気槽）の前段イは流量調整槽，その前は微細目スクリーンが定番である．接触ばっ気槽等の生物膜法では，ウ汚泥濃縮槽の脱離液は流量調整槽に送られる（活性汚泥法では，生物処理槽（ばっ気槽）に送られる）．汚泥濃縮槽の後段エは汚泥貯留槽になる．

問題137　正解(1)　頻出度Ａ

汚泥容量指標（SVI）とは，活性汚泥沈殿率（SV）測定時の沈殿汚泥1 gが占める容積をmLで示したもので，活性汚泥の沈降性を表す指標．一般的にSVIは，沈降性が良好な活性汚泥では50～150 mL/gを示す．

(2)活性汚泥沈殿率（SV）．容量1 Lのメスシリンダを用いて，ばっ気槽混合液の30分間静止沈殿後の沈殿汚泥量を百分率（％）で示したもの．(3)活性汚泥浮遊物質（MLSS）．ばっ気槽混合液の浮遊物質のこと．活性汚泥

中の微生物量の指標．(4)活性汚泥有機性浮遊物質（MLVSS）．MLSS 中の強熱減量（有機物質の量）のことで，これも活性汚泥中の微生物量の指標の一つ．(5)蒸発残留物．試料中の浮遊物質と溶解性物質の和，または強熱残留物と強熱減量の和を表している．下水の性状や固形物濃度の指標．

問題138　正解(2) ·················· 頻出度AA

不活性ガス消火設備は，二酸化炭素，窒素，窒素とアルゴンの混合物などの不活性ガスの放射による希釈作用を主とした消火方法である．負触媒作用（反応速度を減少させる働きをする触媒作用）はハロゲン消火設備である．

問題139　正解(2) ·················· 頻出度AA

理論排ガス量のほうが理論空気量より多い．

例えば，メタンの完全燃焼を考えると，
$$CH_4 + 2O_2 \rightarrow CO_2 + 2H_2O$$

各分子の占める体積は等しいから，燃焼前は O_2 の2，燃焼後は CO_2 の1と $2H_2O$ の2，都合3すなわち酸素の部分の体積は2→3の燃焼ガスになる．空気の10のうち2を占める酸素が燃焼ガス3になるので，全体では 10→11 になる．すなわち，理論排ガス量は理論空気量の 1.1 倍になる．

問題140　正解(5) ·················· 頻出度AAA

二重トラップとなるような配管とすると，トラップ間の配管部分は空気溜まりとなり，

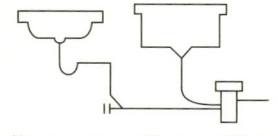

第140-1図　二重トラップ（禁止）

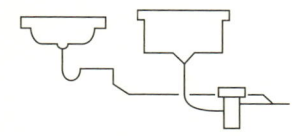

第140-2図　正しい配管方法

管内に圧力変動をもたらし，排水の流れに悪影響を及ぼすので，二重トラップとしてはならない．

問題141　正解(2) ·················· 頻出度AAA

作業計画作成に用いる作業標準時間は，「所定の作業環境条件の下で，一定の資機材を使用して，一定の作業方法で，よく慣れた人が，適正な努力で」という条件下における作業時間をいう．

問題142　正解(5) ·················· 頻出度AA

建物外周の通路などのゴミ拾い，掃き掃除は日常清掃で行うが，洗浄は定期清掃で行う．

問題143　正解(4) ·················· 頻出度AA

踏み面は，作業を安全に行うため必要な面積を有すること（労働安全衛生規則第528条）．

問題144　正解(4) ·················· 頻出度AA

建築物利用者（最終評価者）も，基本的に見た目で評価している以上，目視点検も客観性を持たせれば適切な点検・評価の方法となり得る．

問題145　正解(3) ·················· 頻出度AAA

ダストクロス法は，化学繊維の不織布に，静電気を利用してほこりを付着させたり，繊維の隙間を利用して土砂等を除去する．ダストモップを使うダストコントロール法に比べ，油分による床面への弊害が少ないことから近年多用されてきている．

(1)ほこりの除去以外には不適である．(2)布の重量の20%程度．(4)おがくずは保水力が大きく，表面積も大きいのでほこりの除去に有効である．(5)経時変化により，その他別の付着異物（空気中の水分や油分，VOC など）との混合により，ほこりが別の異物に変化し，除去が難しくなることがある．

問題146　正解(2) ·················· 頻出度AAA

テラゾーは，酸性洗剤に弱く使用すると光沢を失うので，注意が必要である．

テラゾーは人造石の一種で，モルタルまたはコンクリートの下地に，着色した白セメントと種石として大理石を混練したものを塗り，研ぎ出しまたは洗い出しに仕上げたもの．

問題147　正解(5)　頻出度AAA
吸水式（ウエット）掃除機では，吸った汚水は汚水タンクに溜められ，モータ内部に回らない構造である．

問題148　正解(3)　頻出度AAA
シーラ（Sealer）は，固く密閉する（シールする）物という意味で，フロアシーラはJISで「床仕上げ材（床材）の保護と美観の向上に使用される化学製品で，乾燥後に被膜を形成し，物理的・化学的方法により，容易に除去できない製品群をいう」とされている．

問題149　正解(3)　頻出度AAA
表面洗剤とは，床面の樹脂床維持剤の皮膜の手入れ用として作られたもので，一般用洗剤と成分はそれほど変わらないが，表面の汚れだけを除去し皮膜に影響を与えないよう，弱アルカリ性で，泡立ちが少ないようにしてある．有機溶剤を配合してあるものが多い．

問題150　正解(1)　頻出度AAA
河川・湖沼の富栄養化の原因となった洗剤の助剤は，リン酸塩である．現在，助剤にはケイ酸塩等が使われている．

問題151　正解(1)　頻出度AAA
ドライバフ作業法は，樹脂床材が最も汚れ・痛みが少ないときの作業法で，名前のドライのとおり，スプレー液を使用せず，研磨剤を含まない白パッドで研磨する作業である．

問題152　正解(2)　頻出度AAA
色素の染着性はウールが最も大きく，ナイロンが中程度，アクリル，ポリエステル，ポリプロピレンはほとんど染着しない．

問題153　正解(4)　頻出度AAA
密閉性の上がった現在の建築物内では，はたきによる除じんは不適当であったが，近年浮遊粉じん対策として，静電気を利用してほこりを吸いつけて除じんする製品が普及している．
(1)階段の壁面は，建物の中でもほこりの付着が多い場所である．(2)エレベータのインジケータ，扉には，人脂など油溶性の汚れが付きやすい．(3)空気調和機の吹出口・吸込口のアネモやがらり等は，真空掃除機による除じんと拭き取りを併用するとよい．(5)外との境界となる部分なので，季節や天候の影響を受けやすい．

問題154　正解(5)　頻出度AAA
石材や陶磁器タイル等の壁面も，他の部分と同様に，大気や雨水中の汚染物質によって徐々に汚れていくが，目立ちにくいことが一つの特徴である．

問題155　正解(5)　頻出度AAA
廃棄物の減量化とは，その発生時点において，できるだけ廃棄物の排出量が少なくなるような工程を採用することや，廃棄物の再生利用により資源化を進めること，および最終処分の前に，廃棄物を圧縮したり，乾燥・脱水・焼却したりして容量を減少させることである．

問題156　正解(2)　頻出度AAA
市町村による資源化量は，16年648万t，17年703万t，18年715万tと，増加し続けている．

問題157　正解(4)　頻出度AAA
各種汚泥が全体の45.1％を占め最も多い．
(1)約8億トン．(2)微減傾向が続いている．(3)電気・ガス・熱供給・水道業が最も多い．(5)微増傾向である．

問題158　正解(2)　頻出度AAA
廃棄物処理法は，排出事業者責任の原則として，「事業者は，その事業活動に伴って生じた廃棄物を自らの責任において適正に処理しなければならない．一般廃棄物または産業

廃棄物を排出する事業者は，その廃棄物を適正に処理する責任があり，自ら処理を行うか，あるいは処理を適正に行えるものに処理を委ねることにより，排出した廃棄物により生活環境保全上支障が生じることのないようにしなければならない．」と定めている．

問題159　正解(4) ································ 頻出度ＡＡ
法律名は「容器包装に係る分別収集及び再商品化の促進等に関する法律」．

問題160　正解(3) ································ 頻出度ＡＡＡ
60 L は 0.06 m^3 であるから，その質量は，
200 kg/m^3 × 0.06 m^3 ＝ 12.0 kg
である．

問題161　正解(1) ································ 頻出度ＡＡＡ
容積質量値とは，1 m^3 のごみのおおよその質量のことで，見掛比重あるいはかさ比重ともいう．家庭からの廃棄物は水分を多く含むため，容積質量値は 250 ～ 500 kg/m^3 であるのに対して，建築物における廃棄物は紙くずがほとんどであり 100 ～ 150 kg/m^3 程度である．

問題162　正解(1) ································ 頻出度ＡＡＡ
廃棄物をポリバケツ，小型コンテナに貯留する容器方式は，パッカー車への積み替えで人手がかかり作業性は悪い．

問題163　正解(3) ································ 頻出度ＡＡＡ
ビンは炭素を含まないので，炭化するのは不可能である．ビンの中間処理は破砕である．

問題164　正解(5) ································ 頻出度ＡＡ
建築物内で発生する廃棄物の分別，収集，運搬および貯留について，衛生的かつ効率的な方法により速やかに処理すること．

問題165　正解(1) ································ 頻出度Ａ
コンポスト（compost）とは堆肥のことである．生ゴミのコンポスト化は，微生物の働きによって生ゴミを安定化させて堆肥とするもので，通気ならびにすき返すことにより自家発熱し迅速に堆肥化が進む．

問題166　正解(3) ································ 頻出度ＡＡＡ
チカイエカは冬期でも休眠せず，「冬の力」といわれる．

問題167　正解(2) ································ 頻出度ＡＡ
わが国では，チカイエカの殺虫剤抵抗性が報告されている．

問題168　正解(3) ································ 頻出度ＡＡＡ
チャバネゴキブリの成虫になるまでの期間は多分に温度依存的で，27 ℃で 45 日，25 ℃で約 60 日であるが，20 ℃では 220 日と著しく長くなり，それ以下では成虫になれない．

問題169　正解(1) ································ 頻出度ＡＡＡ
ゴキブリの防除に多用される ULV（Ultra Low Volume）処理とは，高濃度の薬品を少量散布するという意味で，ピレスロイドの専用乳剤があり，ペルメトリンでは 1 m^2 当たり 5％水性乳剤を原液として約 1 mL 処理する．
(2)ピレスロイド剤は忌避効果をもつので毒時に近寄らなくなる．(3)餌になるものを放置していては防除の効果は上がらない．(4)フラッシング効果はピレスロイド剤がもつ．(5)抵抗性が報告されている．

問題170　正解(4) ································ 頻出度ＡＡＡ
ダニは，昆虫ではなくクモに近い蛛形綱に属し，ダニの体は，口器がある顎体部と，頭，胸，腹が融合した胴体部の二つに分かれている．

問題171　正解(5) ································ 頻出度ＡＡＡ
アリはほとんど野外性であるが，イエヒメアリは建築物内に生息する代表種である．巣はカーペットの下，机，壁の割れ目等あらゆる場所につくられ，昼夜を問わず活動し，砂糖や菓子等の食品に群がる．

問題172　正解(4) ································ 頻出度ＡＡＡ
ノミの幼虫は宿主のねぐら周辺にいて，その一帯に有機リン系殺虫剤の乳剤または粉剤

を処理すると効果的である.

(1)電撃殺虫機は建築物から離れた場所に設置して,建物への飛来を抑制する.(2)木材を食害するのは,ヒラタキクイムシの幼虫である.針葉樹は好まず発生しない.また広葉樹でも固い心材には発生しない.(3)シバンムシアリガタバチの幼虫は,屋内に生息するシバンムシに寄生する.屋外から飛来するわけではない.(5)イガやカツオブシムシが発生した繊維製品は,加熱乾燥やドライクリーニングにより殺滅したり,除去したりする.

問題173 正解(1) 頻出度AAA

ジフルベンズロンは表皮形成阻害剤で,IGRの一種である.

(2)ある薬剤に対して抵抗性を持つと他の薬剤にも抵抗性を持つ場合がある.これを交差抵抗性と呼ぶが,作用機序のまったく異なる有機リン剤とピレスロイド剤では,交差抵抗性が現れることはない.(3)樹脂蒸散剤には,揮発性が高い(蒸気圧が高い)ジクロルボスなどが使われる.(4)水和剤は,粉剤に乳化剤を加え,水で希釈して使用する製剤.わが国では散布面の汚れが目につくという理由で,室内ではあまり使用されない.(5)薬事法によって承認を受けた「医薬品又は医薬部外品」を用いることが規定されている.

問題174 正解(2) 頻出度AAA

速効性はKT_{50}(50% knockdown timeの略)で表示される.単位は分.

(1)LC_{50}は50% lethal concentrationの略で,50%致死濃度または中央致死濃度を示す.単位はppm.(3)LC_{50},LD_{50}ともこの値が小さいほど殺虫力が強いことを示す.(4)IC_{50}は50% inhibitory concentrationの略で50%阻害濃度のことである.羽化阻害濃度を意味することが多い.(5)LD_{50}は50% lethal doseの略で,50%致死薬量または中央致死薬量のことである.単位はμg/匹.

問題175 正解(5) 頻出度AAA

ドブネズミは,垂直行動や綱渡りは得意ではないが,泳ぎは得意なので,水洗便所の中から侵入することもある.電線などを容易に渡るのはクマネズミ.

問題176 正解(3) 頻出度AAA

ネズミは雑食性であるが,クマネズミは食植性なので,毒餌の基材は,サツマイモや穀類,植物の種子等にする.

問題177 正解(4) 頻出度AAA

日本脳炎は,おもに水田で繁殖したコガタアカイエカによって媒介される.

問題178 正解(2) 頻出度AAA

ULV処理では,高濃度の薬品を少量散布する.

第178-1図 ULV機の例

問題179 正解(5) 頻出度AA

人の健康に害を及ぼすネズミや昆虫等を衛生動物という.この中には感染症を媒介する媒介動物(ベクター:vector),感染性はないがアレルギー性疾患や皮膚炎を引き起こす有害動物,不快感を与える不快動物(ニューサンス:nuisance)が含まれる.

問題180 正解(1) 頻出度AAA

食料を取扱う区域ならびに排水槽,阻集器および廃棄物の保管設備の周辺等特にねずみ等が発生しやすい箇所について,2月以内ごとに1回,その生息状況等を調査し,必要に応じ,発生を防止するための措置を講ずること(空気調和設備等の維持管理及び清掃等に係る技術上の基準 厚生労働省告示第119号).

平成18年度 解答・解説

合格率9.4%

●午　前●

問題1　正解(1)　　頻出度A

公衆衛生学で有名なウィンスローの「公衆衛生」の定義.

ウィンスロー (1877～1957) は近代公衆衛生学の始祖と呼ばれる，アメリカエール大学の元社会衛生科教授.

問題2　正解(1)　　頻出度AAA

建築物における衛生的環境の確保に関する法律（ビル管理法）は，もっぱら維持管理の面に限って規制している．設備・構造等のハードウェアの規制については，建築基準法など他の法令に譲っている．

問題3　正解(5)　　頻出度AAA

ビル管理法第3条から．

第3条（保健所の業務）　保健所は，この法律の施行に関し，次の業務を行なうものとする．

　一　多数の者が使用し，又は利用する建築物の維持管理について，環境衛生上の正しい知識の普及を図ること．

　二　多数の者が使用し，又は利用する建築物の維持管理について，環境衛生上の相談に応じ，及び環境衛生上必要な指導を行なうこと．

問題4　正解(1)　　頻出度AAA

各種学校は，学校教育法第1条に規定する学校以外の学校に当たり，特定用途となる．問題の場合，1,100 m² の事務所（特定用途）と合算して，この建物は特定建築物となる．

各種学校は，教養，料理などの科目で設置されており，予備校や自動車学校も各種学校であることが多い．また，インターナショナルスクール，朝鮮学校などの民族学校も大半は各種学校である．

※現在の学校教育法第83条は大学の目的を定義する条文なので，ここは？である．各種学校については，第134条以下で触れられている．

問題5　正解(5)　　頻出度AAA

結婚式場は集会場に分類され，特定建築物の用途となる．

問題6　正解(3)　　頻出度AAA

特定建築物所有者等は，当該特定建築物が使用されるに至ったときは，その日から1箇月以内に，厚生労働省令の定めるところにより，当該特定建築物の所在場所，用途，延べ面積及び構造設備の概要，建築物環境衛生管理技術者の氏名その他厚生労働省令で定める事項を都道府県知事（保健所を設置する市又は特別区にあっては，市長または区長．）に届け出なければならない．（ビル管理法第5条第1項）

問題7　正解(3)　　頻出度AAA

届出を怠ったり，虚偽の届出をすると，30万円以下の罰金を課せられるが，建築物の使用停止などの規定はない．

問題8　正解(3)　　頻出度AAA

大掃除を，6ヵ月以内ごとに1回，定期に，

統一的に行うものとする．

(1)冷却塔，冷却水の水管及び加湿装置の清掃，1年以内ごとに1回，定期に行う．(2)空気環境測定は2ヵ月以内ごとに1回，定期に行う．(4)遊離残留塩素の検査は7日以内に1回，定期に行う．(5)貯水槽の清掃は1年以内に1回，定期に行う．

問題9　正解(4)　　　　　　頻出度ＡＡ
ビル管理法は，トルエン，キシレンの検査については何も定めていない．

問題10　正解(3)　　　　　　頻出度ＡＡＡ
選任とは，特定建築物所有者等が建築物環境衛生管理技術者を直接雇用することを意味せず，委任契約等何らかの法律上の関係があればよい．

問題11　正解(2)　　　　　　頻出度ＡＡＡ
建築物の排水管の清掃を行う事業（建築物排水管清掃業）が，登録制度の対象である．排水管であって，排水槽，排水設備ではないことに注意．

問題12　正解(2)　　　　　　頻出度ＡＡ
登録業者への改善命令は，都道府県知事の権限である．

問題13　正解(4)　　　　　　頻出度Ａ
特定建築物に対する都道府県知事の行う改善命令には，維持管理の方法の改善，特定建築物の一部の使用もしくは関係設備の使用を停止し，もしくは制限することができる，と定めているが，取り壊しまではない（建築基準法では違法ビルの取り壊しの規定がある）．

問題14　正解(5)　　　　　　頻出度ＡＡＡ
学校における水質検査は，学校保健安全法に環境衛生検査の一つとしてその実施が定められているが，この検査に従事するのは学校薬剤師である．
※学校保健法は，学校保健安全法に改称・改正された．

問題15　正解(3)　　　　　　頻出度ＡＡ
第1条（目的）　この法律は，廃棄物の排出を抑制し，及び廃棄物の適正な分別，保管，収集，運搬，再生，処分等の処理をし，並びに生活環境を清潔にすることにより，生活環境の保全及び公衆衛生の向上を図ることを目的とする．

問題16　正解(1)　　　　　　頻出度ＡＡ
廃棄物からは，放射性物質およびこれによって汚染された物は除かれている．

問題17　正解(2)　　　　　　頻出度ＡＡ
環境基本法に基づく環境基準に定められているのは二酸化いおう，一酸化炭素，浮遊粒子状物質，光化学オキシダントならびに二酸化窒素である．

問題18　正解(4)　　　　　　頻出度ＡＡＡ
水質汚濁防止法施行令では，人の健康に係る被害を生ずる有害物質としてカドミウムおよびその化合物，PCBなど26種の有害物質が定められているが，ビル管理士試験では，『人の健康に係る被害を生ずるおそれがある物質として定められていないものどれか』と出題され，その答は亜鉛か錫（すず）に限られる（これらは有害物質ではない）．

問題19　正解(4)　　　　　　頻出度ＡＡＡ
一酸化炭素は，無味，無臭，無色の窒息性のガスである．

問題20　正解(5)　　　　　　頻出度ＡＡ
第1条（目的）　この法律は，工場及び事業場における事業活動並びに建築物等の解体等に伴うばい煙，揮発性有機化合物及び粉じんの排出等を規制し，有害大気汚染物質対策の実施を推進し，並びに自動車排出ガスに係る許容限度を定めること等により，大気の汚染に関し，国民の健康を保護するとともに生活環境を保全し，並びに大気の汚染に関して人の健康に係る被害が生じた場合における事業者の損害賠償の責任について定めることに

解答・午前

問題 21　正解(1)　頻出度 A A

　加齢に伴い，一般に身体機能は低下し，外部刺激に対する反応にも適切さを欠く場合が見られ，ストレスに対して過剰あるいは過小な反応をする．また，反応が遅くなり，エネルギー等を予備力として備えておく能力も低下し，ストレスに対する耐性も衰える．

問題 22　正解(4)　頻出度 A A A

　循環器系は，心臓，動脈系，静脈系，毛細管系（血液循環系とリンパ管系）など．
　(1)静脈は動脈とともに循環器系に分類される．(2)腎臓は腎臓・泌尿器系．(3)心臓は循環器系．(5)リンパ節は免疫系．

問題 23　正解(2)　頻出度 A A

　日本産業衛生学会の許容濃度等の勧告では，工場，作業場など環境条件が厳しい職場での職業病予防のために有害物質の許容濃度を定めている．この許容濃度を適用するに当たっての前文（注意書き）には，勧告された許容濃度の性格としてこう書かれている．
　「人の有害物質への感受性は個人ごとに異なるので，この値以下でも，不快・既存の健康異常の悪化，あるいは職業病の発生を防止できない場合もあり得る．」

問題 24　正解(3)　頻出度 A A A

　核心温である直腸温が最も高い．外層温のうちでは，顔の皮膚温＞手足の皮膚温である．

問題 25　正解(1)　頻出度 A A A

　風速が大きい，特に床付近の風速が大きいと「寒過ぎる」と感じる人が多くなる．

問題 26　正解(3)　頻出度 A A

　化学物質過敏症とは，非常に微量の薬物や化学物質の摂取によって引き起こされると考えられる健康被害．シックハウス症候群も化学物質過敏症の一つとする考え方もある．化学物質過敏症の症状は，精神神経症状が主体で多様であり，自律神経失調症と一般には診断されうる．WHO は，化学物質過敏症は病名として不適切であるとしている．
　(2)の1秒量とは，慢性気管支炎や肺気腫等の慢性閉塞性肺疾患（COPD）の診断に用いられる検査の数値．思い切り息を吸ってから強く吐き出したときの息の量（努力肺活量）と「最初の1秒間で吐き出せる息の量（1秒量）」を測定し，

$$\frac{1秒量}{努力肺活量} \times 100 \ (=1秒率) < 70\%$$

のとき慢性閉塞性肺疾患と診断される．喫煙者は要注意．

問題 27　正解(3)　頻出度 A A A

　アスベストによる癌は，肺癌および（横隔膜ではなくて）胸膜や腹膜の悪性中皮腫である．

問題 28　正解(3)　頻出度 A A A

　アレルゲン（抗原）は，身体外部から侵入してくる，アレルギーの原因となるハウスダストやダニ，花粉のこと．免疫グロブリンは，抗原に特異的に結合し，免疫反応を発現させる抗体の一種．

問題 29　正解(5)　頻出度 A A A

　オゾン（O_3）は水に溶けにくいので，吸入すると肺の奥まで達し，その強い酸化力で肺気腫等を起こす．

問題 30　正解(2)　頻出度 A A A

　10 μm 以上の大きな粉じんは，発じんしてもすぐに沈降するので，長時間にわたり浮遊して人の気道内に取り込まれることは少ない．5 μm 程度のものは，気道の粘液と有毛細胞の線毛に捕捉されて，粘液線毛運動により排出される．肺に沈着し，人体に有害な影響を及ぼす粉じんは，通常 1 μm 以下の大きさのものである．

問題 31　正解(1)　頻出度 A A A

　タバコの主流煙と副流煙では，第31-1表のようにその組成（のほんの一部．タバコ煙

第31-1表

物質名	主流煙 [μg/本]	副流煙 [μg/本]	副流煙／主流煙の比
総浮遊粒子状物質	36,200	25,800	0.7
タール	<500～29,000	44,100	2.1
ニコチン	100～2,500	2,700～6,750	2.7
一酸化炭素	1,000～20,000	25,000～50,000	2.5
二酸化炭素	20,000～60,000	16,000～480,000	8.1
アンモニア	10～150	980～150,000	98
一酸化窒素	10～570	2,300	4
二酸化窒素	0.5～30	625	20
ホルムアルデヒド	20～90	1,300	15

には数限りない有害物質が含まれる）が異なる．フィルタを通らない副流煙に有害物質が多い．

問題32　正解(1)　……… 頻出度AAA

酸素欠乏症等防止規則の定義によれば，酸素欠乏とは，空気中の酸素の濃度が18パーセント未満である状態をいう．これからも(1)は不適当なことがわかる．

問題33　正解(5)　……… 頻出度AAA

二酸化炭素の事務所衛生基準規則の基準は，100万分の5,000以下，すなわち0.5%まで許容している．国の基準で頭痛や血圧上昇を来しては大問題となる．

問題34　正解(4)　……… 頻出度AA

与えられた表から，60 dBの（音圧）^{2}/（基準音圧）^{2}は 10^6，音圧が100倍になると，（音圧）^{2}/（基準音圧）^{2}の値は $100^2=10,000=10^4$ 倍になるので，$10^6 \times 10^4 = 10^{10}$ となる．同表からそのときの音圧レベルは，100 dBである．

【別解】　音圧レベルの定義から，音圧が100倍になると，

$$20\log_{10}\frac{音圧 \times 100 倍}{基準音圧}$$

$$= 20\log_{10}\frac{音圧}{基準音圧} + 20\log_{10}100$$

$$= 60 + 20\log_{10}10^2$$
$$= 60 + 2 \times 20\log_{10}10$$
$$= 60 + 40$$
$$= 100 \text{ dB}$$

問題35　正解(1)　……… 頻出度AAA

人の聴覚が最も敏感な周波数は，4,000 Hz付近とされる．

問題36　正解(1)　……… 頻出度AAA

青は用心，指示を表し，放射能を表すのは赤紫である．

問題37　正解(5)　……… 頻出度AAA

目と表示画面，および目と書類等との距離の差が大きいと，焦点距離の調節を頻繁に行う必要が生じ，目は疲労する．すなわち「目と表示画面との距離」と「目と書類との距離」との差がなければ，疲労は少ない．

問題38　正解(2)　……… 頻出度AAA

電磁波の波長を λ，周波数を f とすると，$\lambda \times f$ は光速度 c となって一定である．

問題39　正解(4)　……… 頻出度AA

関節リウマチは免疫異常がもたらす疾病で，電離放射線とは関係ない．

問題40　正解(3)　……… 頻出度AA

後天性免疫不全症候群（AIDS）は，直接接触感染または胎盤感染による．

問題 41　正解(2)　頻出度 A A A
原子番号33のヒ素は、無機物としては、原子価3価（金属との化合物）もしくは5価（酸化物）として存在し、亜ヒ酸などの3価化合物の方がヒ酸（5価化合物）より毒性が強い。

問題 42　正解(2)　頻出度 A A A
クリプトスポリジウムの感染は、人畜共通性で、人と人の接触、または水を介した伝染から起こる。

問題 43　正解(1)　頻出度 A A
保菌者の管理とは、保菌者の隔離、治療を意味し、感染源への対策である。
(2)宿主への感受性への対策．(3), (4), (5)感染経路対策．

問題 44　正解(5)　頻出度 A A A
逆性石鹸は結核菌、ウイルスに無効である。

問題 45　正解(4)　頻出度 A A A
5%は50 g/L = 50,000 mg/Lであるから、500倍に薄めれば、100 mg/Lになる。

問題 46　正解(2)　頻出度 A A A
sone は音の大きさ（ラウドネス）の単位．音の大きさのレベル（ラウドネスレベル）の単位は phon．

問題 47　正解(4)　頻出度 A A A
熱伝導率の小さい材料の温度勾配は大きくなる。断熱材の温度勾配が大きいのは、Cとアの組み合わせの(4)となる。
定常温度分布ということは、単位断面積当たりの、コンクリートを通る熱流と断熱材を通る熱量は等しいことを意味する。熱流＝熱伝導率×温度勾配なので、熱伝導率が小さい断熱材の温度勾配は大きくなる。

問題 48　正解(1)　頻出度 A A A
パーティクルボードは木片を接着剤で固めたものなので、熱伝導率は木材とほとんど同じである（$0.11 \sim 0.16$ W/(m·K) 程度）．
代表的建築材料の熱伝導率 W/(m·K) は次のとおり．コンクリート(1.5), 石こうボード(0.17) ガラス(0.78), 鋼(45), アルミ(210), グラスウール(0.04)

問題 49　正解(2)　頻出度 A A A
白色ペイント仕上げの日射吸収率は0.2だが、放射率は0.9である．
すべての物体は、その表面温度と表面特性に応じた大きさと波長の電磁波を射出すると同時に他の物体からの電磁波を吸収している．
物体の表面間を電磁波によって伝わる熱の移動を放射という．長波長の電磁波（赤外線）では、放射率と吸収率は等しくなるが、可視光線が主体の日射の吸収率は、吸収する物体の色が関係する．白っぽい色は可視光を反射してしまうからである．黒っぽい材料ではともに0.9程度であるが、白っぽい材料では長波長放射率0.9, 太陽放射吸収率0.1程度, 白色ペイント仕上げでは、放射率0.9, 太陽放射吸収率0.2程度、アルミ箔等ではともに0.1程度となる．

問題 50　正解(5)　頻出度 A A A
露点温度（と水蒸気分圧）も、湿り空気の絶対湿度を表している．加熱しても絶対湿度が一定なら、露点温度も一定である．

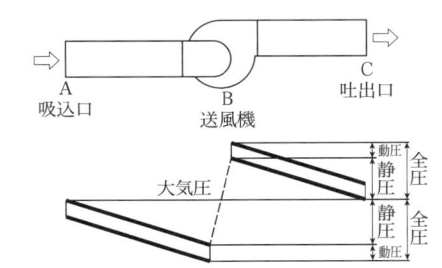

問題 51　正解(1)　頻出度 A A A
第51-1図のとおり、吸込口、吐出口の外では静圧は 0 Pa である．ダクト内では、吸

第51-1図　ダクト内の圧力分布図

込み側では静圧は大気圧よりマイナスで送風機の入口で最低となる．吐出し側では送風機出口で静圧は最大となる．

問題52　正解(4)　　頻出度AAA

湿度が40％未満となり不適となる建物が多いのは，暖房期である．

問題53　正解(3)　　頻出度AA

酸素の200倍以上の結合力でヘモグロビンと結合するのは，一酸化炭素である．

問題54　正解(1)　　頻出度AA

TVOC (Total Volatile Organic Compounds) は，総揮発性有機化合物と訳されている．TVOCは，空気中に存在するすべてのVOCsの総量（質量で表す）であり，VOCsによる濃度レベルの指標であるが，健康への影響を直接的に評価するものではない．

問題55　正解(3)　　頻出度A

ラドンガスは，極めて微量な物質であるため体積濃度や重量濃度で表すのは実用的ではない．ラドンガスにおいて問題となるのは放射能であるので，放射能濃度 Bq/m^3 で表される．Bq（ベクレル）は1秒間に崩壊する原子核の数．

問題56　正解(2)　　頻出度AA

地下街の浮遊微生物濃度は，事務所ビルと比べて桁違いに多い（事務所ビル内で細菌が0.1～0.5個/L，真菌が0.02～0.03個/Lなのに対して，地下街では細菌1.22～4個/L，真菌0.35～0.67個/Lという調査がある）．

問題57　正解(2)　　頻出度AAA

加湿をしないまま温度を上昇させると，相対湿度はさらに低下してしまう．冬場の低湿度対策として，許される範囲で温度を下げるのが有効である．

問題58　正解(3)　　頻出度AAA

「混合」と並んで空気線図上の「加湿」の動きに着目すると，正解に早く行きつく．空気線図上で，イ→ウが蒸気加湿の特徴的な状態点の移動の様子を表す．空調システム図の④点は蒸気スプレーによる加湿の直後であるからウとなる．

問題59　正解(2)　　頻出度AA

人体は，気温が上昇すると対流や放射による放熱の割合は小さくなり，皮膚温よりも気温や平均放射温度が高くなると受熱側になる．室温が25℃で対流・放射による放熱と蒸発による放熱はほぼ等しく，それよりも温度が上がると蒸発による放熱のほうが大きくなっていく．このことから，室温が高い場合は，人体からの発熱量の設計値は潜熱による発熱量を増加させなければならない．

問題60　正解(1)　　頻出度AAA

熱量輸送能力を比較すると，空気1 kg，温度差1 Kで運べる熱量は概略0.28 Wに対し，水の場合概略1.16 Wであり，空気の約4倍の熱量を運ぶことができるため，室内の負荷を室内で水と熱交換する方式は，ダクトで空気を供給する方式に比べ熱媒体の搬送動力を削減できる．

問題61　正解(4)　　頻出度A

ペアダクトシステムとは，定風量の外気処理系空調機（ベース空調機）と変風量の顕熱処理系空調機（OA発熱除去用）の2系統からのダクトの給気を吹出し口の手前で混合する（第61-1図参照）．単純な冷風と温風の二重ダクト方式ではない．

問題62　正解(5)　　頻出度AA

空調では適当な室内空気の混合が必要であり，温度成層の発生は好ましくない．床吹出し空調システムでは，冷房時，冷気が足元に停滞する現象を起こすことがあるので注意が必要である．床吹出し空調システムの吹出し温度は19℃程度で，天井吹出しよりも3℃ほど高い．

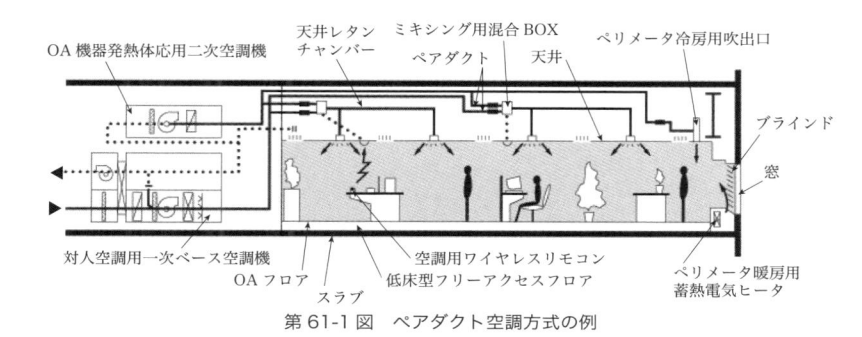

解答・午前　407

第 61-1 図　ペアダクト空調方式の例

問題 63　正解(4)　頻出度 A A A
蓄熱槽があれば部分負荷には蓄熱槽の熱を利用し，熱源を運転する必要がないので対応しやすい．

問題 64　正解(1)　頻出度 A A A
吸収式冷凍サイクルでは，吸収式冷凍機であれ直だき吸収冷温水機であれ，運転缶内圧力は真空に保たれている．運転に資格者は必要ない．

問題 65　正解(4)　頻出度 A A A
冷却塔では，冷却水自らが蒸発することによりその潜熱で自らを冷却するのがその原理である．したがって，冷却塔内の湿球温度（＝冷却水の蒸発温度）以下にはなり得ない．

問題 66　正解(4)　頻出度 A A
近年，空調機械室を設けない壁面設置型や天井隠ぺい型で，センサ・制御盤を内蔵したコンパクト型エアハンドリングユニットが多用されるようになった．
天井カセット型ファンコイルでは，天井面のパネルに吹出し面と吸込み面が設けられている．
変風量ユニット（VAV）には，ダクトの風量の変化しないバイパス式と，風量の変化する絞り式がある．絞り式では，VAV と連動した空調機側での風量制御が必要となる．バイパス式では空調機側での風量制御は必要ないが，変風量による搬送動力の削減はできない．

問題 67　正解(5)　頻出度 A A
水対水の熱交換には，小温度差に有効なプレート式熱交換器が多く用いられる．プレートフィン型コイルは，コンパクトで経済的なためエアコンなどの熱交換に用いられる．U字管式熱交換器は，構造が簡単で熱膨張による応力にも安全であるので，蒸気と水など高温度差の熱交換に用いられる．

第 67-1 図　プレート式熱交換器
第 67-2 図　プレートフィン型コイル
第 67-3 図　U字管式熱交換器 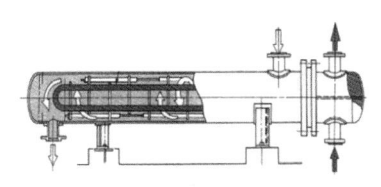

問題 68　正解(4)　頻出度 A A
低圧送風機なので，空気の圧縮や管路の抵

抗は無視できるので，直列運転の場合は，同じ風量に対して静圧が単独運転の倍に，並列運転の場合は同じ静圧に対して風量が単独運転の倍になるとして求めた曲線が，二つの合成特性曲線である．問題では，抵抗曲線が直列運転と並列運転の特性曲線の交点を通る例となっている．この場合は，直列でも並列でも静圧，風量とも同一となる．

問題69　正解(4)　　　頻出度AA

問題のダクト断面は，第69-1図のように推測される．

直管部分の摩擦損失は動圧 P_v に比例することが知られている．したがって，動圧の大きい③〜④部分の摩擦損失は①〜②より大きい．

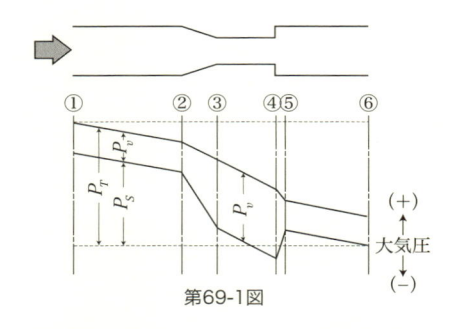

第69-1図

問題70　正解(5)　　　頻出度AA

ダクト内面にグラスウールなどの多孔質吸音材を内張りした吸音内張りダクトの減衰特性は，中高周波数域では大きいが低周波数域ではきわめて小さい．

問題71　正解(5)　　　頻出度AAA

エアフィルタは，捕集する対象粉じんの粒径によって，試験法が質量法（重量法），比色法，計数法に区分されている．簡単に言えば，計数法の試験粒子が最も小さく，質量法が最も大きい．したがって，これらの試験方法は同一のフィルタに対しても異なった捕集率を与えるため，三つの試験方法の間での換算図が作られている．これによれば，比色法50％の捕集率が質量法90％に匹敵する（比色法90％は質量法95％程度）．

問題72　正解(4)　　　頻出度AAA

ポンプが単位時間に流体に与えるエネルギーを水頭で表したものを全揚程といい，次式で表される．

　　　全揚程＝実揚程＋損失水頭＋速度水頭

実際に水をくみ上げる高さに相当する圧力は，実揚程に当たる．

問題73　正解(5)　　　頻出度AAA

第3種換気（給気口＋機械排気）では，室内が負圧になる．ボイラに燃焼空気が十分に供給されなくなる可能性があるので，第3種換気にしてはならない（第2種換気とするか，または第1種換気として室内が負圧にならないように調節する）．

※(1)も若干首を傾げたくなる設問である．

問題74　正解(3)　　　頻出度AAA

換気量を求める公式

$$Q = \frac{M}{C-C_O} \times 10^2$$

ただし Q：必要換気量 m³/h，M：二酸化炭素発生量 m³/h，C：許容濃度 ％，C_O：外気濃度 ％．

より，

$$Q = \frac{0.021 \text{ m}^3/(\text{h}\cdot\text{人}) \times 10\text{人}}{0.1\% - 0.03\%} \times 10^2$$

$$= \frac{0.21}{0.07} \times 100 = 300 \text{ m}^3/\text{h}$$

問題75　正解(3)　　　頻出度AAA

定電位電解法は一酸化炭素測定法の一つである．二酸化炭素測定法は，検知管法の他に，ガス干渉計法，非分散赤外線吸収法など．

問題76　正解(3)　　　頻出度AAA

サーミスタ温度計は，半導体の温度による電気抵抗の変化を測定原理とする温度計である．バイメタル式温度計は，金属の温度上昇

に伴う体積膨張を利用したものである．膨張率が金属の種類によって異なることを利用して，2種類の金属を張り合わせ（バイメタルという），温度によるわん曲度の変化量から温度を求める．

問題77　正解(2) 頻出度AAA

光散乱法は，ろ紙を用いず，取入れた資料空気に直接光を当てその散乱光の強度を光電子増倍管等で電流の強さに変換し，その積算値を相対濃度cpmとして表示する相対濃度測定法である．

問題78　正解(5) 頻出度AAA

ガルバニ電池方式は酸素濃度測定法の一つである．ラドンガスの計測方法は，パッシブ法では被験空気中のラドンが崩壊の際に放出する α 線に感光する特殊フィルムを用いる．アクティブ法の代表的なものには，半導体型の測定器と，シンチレーションカウンタがある．

問題79　正解(1) 頻出度AAA

オリフィスは一種の絞りで，前後の圧力差からダクト内の風量を測定する．吹出口の風量測定は，補助ダクトを吹出口に押し当て熱線風速計で風速を測定し，補助ダクトの断面積との積で求める方法が一般的．

第79-1図　オリフィス

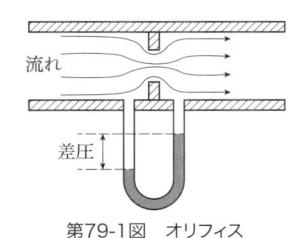

第79-2図　補助ダクトによる風量測定

問題80　正解(5) 頻出度AAA

低圧冷媒を用いている遠心（ターボ）型冷凍機では，運転中に大気圧以下となるのは蒸発器だけであるが，停止中には装置全体が大気圧以下となるので気密性には特に注意が必要である．

問題81　正解(2) 頻出度AAA

壁を重くすると，遮音性能が上がり透過損失は大きくなる．

透過損失の定義式は，

$$10 \log_{10} \frac{入射した音の強さ}{透過した音の強さ}$$

であるから，透過した音の強さが小さくなると透過損失は大きくなる．

問題82　正解(3) 頻出度AA

点音源の音の強さは距離の2乗に反比例するので，2 mでは $(1\ m/2\ m)^2 = 1/2^2 = 2^{-2}$ 倍になる．

音の強さのレベル（数値は音圧レベルと同じになる）の定義から，80 dBの音の強さのレベルを，$10\log_{10}(I/I_0)$ [dB] とすれば，

$$10\log_{10}\frac{I \times 2^{-2}}{I_0} = 10\log_{10}\frac{I}{I_0} + 10\log_{10}2^{-2}$$

$$= 10\log_{10}\frac{I}{I_0} - 2 \times 10\log_{10}2$$

$$= 80 - 20 \times 0.3$$

$$(\because \log_{10}2 \fallingdotseq 0.3)$$

$$= 74\ dB$$

問題83　正解(3) 頻出度AA

環境振動で対象とする周波数範囲（1〜80 Hz）において，人は低周波数域に対して感覚は鋭く，周波数の増加とともに感覚が鈍くなる．

問題84　正解(5) 頻出度AA

合わせガラスは，単層ガラスに比して遮音

性能の低下は生じず，高音域における単層ガラス特有のコインシデンス効果による落ち込み度合いが改善される．

問題85　正解(1)　　　頻出度AAA

第85-1図から，同じ量の直射日光を受ける面積の比は，法線面を1とすれば水平面は$1/\cos\theta$（≧1）である．照度は（光の量／光を受ける面積）に比例するので，水平面の照度は必ず法線面照度以下となる．

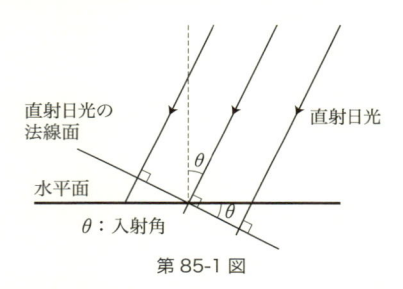

第85-1図

問題86　正解(4)　　　頻出度AA

器具の配光は，第86-1図のとおり，国際分類（CIE）により5種類に分けられている．それによると，全般拡散照明形（拡散グローブ）は上方光束40～60％である．

問題87　正解(5)　　　頻出度AA

作業面照度平均値Eは，光束法により次式で計算される．

$$E = \frac{N \cdot F \cdot U \cdot M}{A}$$

ただし，E：作業面照度 Lx，N：ランプの数，F：ランプ1灯当たりの光束 Lm，U：照明率，M：保守率，A：床面積 m^2

これから，

$$N = \frac{A \cdot E}{F \cdot U \cdot M} = \frac{50 \times 1{,}000}{3{,}000 \times 0.6 \times 0.7}$$

$$\fallingdotseq 39.682$$

したがって，40灯になる．

問題88　正解(2)　　　頻出度AA

蛍光ランプは，周囲温度による光束変動が最も大きい．電源電圧の光束への影響が大きい光源は，白熱電球やハロゲン電球である．水銀ランプは，内部の水銀蒸気の対流に対する重力の影響で，光束の量が水平点灯では鉛直点灯より約5～7％程度低下する．その中でも，メタルハライドランプは点灯姿勢による影響を最も受けやすいので注意を要する．

問題89　正解(1)　　　頻出度AAA

気化式を除く加湿装置から吹出した細かい水滴が，完全に空気に吸収されるのに必要な距離を加湿吸収距離という．この距離内に障害物があると，水滴はこれに触れて結露し無駄になる．水噴霧方式では十分な加湿吸収距離が必要で，加湿効率は一般的に低い．

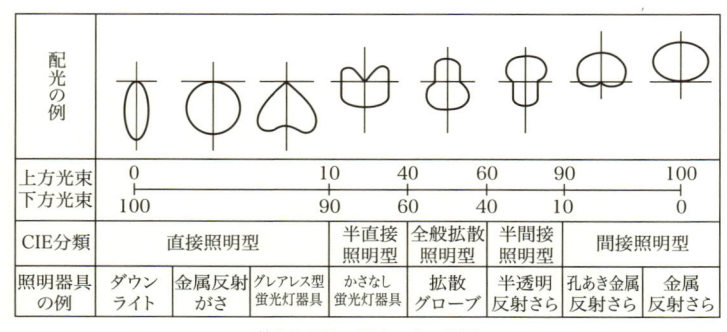

配光の例								
上方光束 下方光束	0 100		10 90	40 60	60 40	90 10		100 0
CIE分類	直接照明型			半直接照明型	全般拡散照明型	半間接照明型	間接照明型	
照明器具の例	ダウンライト	金属反射笠	グレアレス型蛍光灯器具	かさなし蛍光灯器具	拡散グローブ	半透明反射さら	孔あき金属反射さら	金属反射さら

第86-1図　配光による分類

問題90 正解(2) 頻出度AAA

冷凍機の出口側冷水温度を上昇させる，すなわち冷媒の蒸発温度を上げると冷凍機のCOPは上昇する．このことはモリエール線図で確かめることができる．

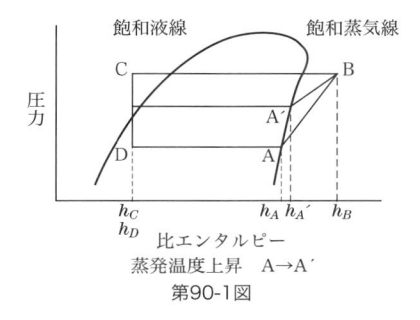

第90-1図
蒸発温度上昇 A→A′

モリエール線図上で，COPは次式で表される．

$$COP = \frac{冷凍効果}{圧縮機の仕事量} = \frac{h_A - h_D}{h_B - h_A}$$

冷媒の蒸発温度を上げるとは，h_A が h_A' に移動することを意味する．そうすると，COPの式の分子である冷凍効果が大きくなり分母の圧縮機の仕事量が小さくなるので，COPは上昇する．

● 午 後 ●

問題91 正解(5) 頻出度A

(1)～(4)の，長寿命化のために「建替」や「解体」は矛盾しているので(5)が適当．

問題92 正解(1) 頻出度AA

一級建築士，二級建築士，木造建築士でなければできない設計または工事監理が，建築士法で定められている．

高さ13 m以下，軒高9 m以下，延べ面積30 m²以下，階数2以下の条件を全て充たすもの等は建築士でなくとも設計監理できる．

問題93 正解(4) 頻出度AAA

立面図は姿図，外観図ともいう．東西南北に面する4面を描く．断面を描くものではない．

問題94 正解(4) 頻出度AAA

プレストレストコンクリート構造は，一般のビルから橋梁，大型の給水塔等に用いられ，大スパン構造に適している．

引張り力に弱いコンクリートに，高張力鋼（PC鋼線）によってあらかじめ圧縮力（プレストレス）をかけ，荷重がかかったときの引張応力を打ち消すようにしたものがプレストレストコンクリート構造である

問題95 正解(1) 頻出度AAA

層間変形角とは，建物が地震などの水平力を受けた際の各階の層間変位をその層の高さで除した値で，直接地盤とは関係がない．建築基準法では，これを1/200以下にするように定めている．

層間変形があまり大きいと，その階から建物は倒壊する危険が大きくなる．また，2次部材（窓・扉等）の変形・脱落等で避難が困難になったり，道路の通行者が危険になる．

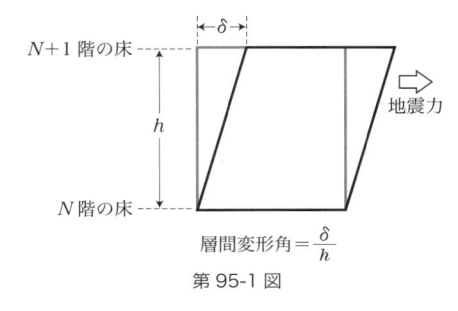

第95-1図　層間変形角 = $\frac{\delta}{h}$

問題96 正解(2) 頻出度AAA

コンクリートのひび割れは，応力が複雑に働く隅角部や開口部に発生しやすい．

問題97　正解(2)　頻出度AAA
階段は，主要構造部ではあるが，構造耐力上主要な部分ではない．
主要構造部は，建物の中で，安全，防火，衛生上最も重要な部分である．

問題98　正解(5)　頻出度AAA
鉄鋼の熱膨張係数は，コンクリートとほぼ等しく（≒1×10^{-5}/℃），この性質が鉄筋コンクリート構造を可能としている．

問題99　正解(1)　頻出度AAA
冬至の日の1日に受ける日射受熱量が最も大きいのは，南向き鉛直壁面である．
逆に夏至では，東西壁面が1日に受ける日射受熱量が最も大きい．これは，1日を通しての太陽高度の関係によるものである．

問題100　正解(1)　頻出度AAA
非常用の昇降機の設置義務は，高さ31 mを超える建築物である．
これは，一般的に製造されている消防はしご車が31 mまでしか届かないためである（すなわち，非常用のエレベータは消防隊の消火活動のためのもので，避難用ではない）．

問題101　正解(3)　頻出度AAA
光電式は煙感知器の種類である．熱感知器には，定温式，差動式などがある．

問題102　正解(3)　頻出度AA
日本の気象庁震度階級は震度0から震度7までの10階級．震度8はない．

問題103　正解(2)　頻出度AAA
誘導標識は「消防の用に供する設備」である．
「消火活動上必要な施設」は官消防隊（プロの消防隊）が使うものである．「消防の用に供する設備」はビルの利用者，自衛消防組織のための設備である．

問題104　正解(2)　頻出度AAA
建築物の主要構造部の一種以上について行う過半の修繕をいう（建築基準法第2条第十四号）．大規模の模様替というのがあって，こちらも，建築物の主要構造部の一種以上について行う過半の模様替をいう（建築基準法第2条第十五号）．

問題105　正解(5)　頻出度AA
$$容積率＝\frac{建築物の延べ面積}{敷地面積}$$
である．
$$建ぺい率＝\frac{建築面積}{敷地面積}$$
であり，建築基準法では，都市計画区域内において，用途地域制や前面道路の幅員と関連させて，安全・防災，日照・環境の面から容積率，建ぺい率を規制している．例えば，商業地域の容積率は200～1,300 %（100 %きざみ）で，都市計画で定めた値以下にしなければならない．

問題106　正解(5)　頻出度AAA
比熱の単位はkJ/(kg·K)である．

問題107　正解(3)　頻出度AAA
逆止弁を入れてもクロスコネクションの定義（SHASE-S206：上水の給水・給湯系統とその他の系統が，配管・装置により直接接続されることをいう）を脱さないのでダメである．実際，逆止弁が，弁座にゴミを嚙み機能しなくなる故障は比較的頻繁に起きるので，逆止弁を設置してもクロスコネクションの対策にはならない．

問題108　正解(4)　頻出度AAA
給水タンク等の内部には，飲料水の配管設備以外の配管設備を設けないこと．（給排水設備技術基準）

問題109　正解(5)　頻出度AAA
このような配管はクロスコネクションとなるので禁止されている．

問題110　正解(5)　頻出度AAA
ウォータハンマ防止器は，発生箇所に近接して設けるのが原則である（第110-1図参

解答・午後　　　　　　　　　　　　　　　　　　413

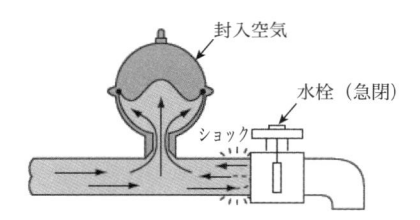

第110-1図　ウォータハンマ防止器の例

照).

問題111　正解(3)　頻出度AAA
貯水槽の周囲に設ける点検のための空間は，側面，下部にあっては600 mm以上，上部にあっては1,000 mm以上とする．

問題112　正解(5)　頻出度AA
アが，「開閉のみ」から仕切弁とわかる．ウが，「円板状の弁体」からバタフライ弁とわかる．その組み合わせは(5)となる．

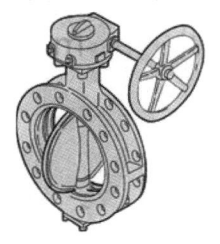

第112-1図　バタフライ弁の例

問題113　正解(4)　頻出度AAA
簡易専用水道は，水槽の有効容量が10 m³を超えるもの，である．

問題114　正解(4)　頻出度AAA
消毒する溶液は，酸性のほうが効果は格段に大きい．

塩素は，水中で次亜塩素酸（HOCl）または次亜塩素酸イオン（OCl⁻）として存在する．これらを遊離残留塩素といい，強い殺菌力（酸化力）があり，対象物を酸化し自らは還元される．次の2式の反応により，溶液が酸性側（H^+が多い）であれば大部分がHOClであり，アルカリ側ではOCl⁻となる．

$Cl_2 + H_2O \Leftrightarrow HOCl + H^+ + Cl^-$
$HOCl \Leftrightarrow OCl^- + H^+$

HOClの殺菌力のほうがOCl⁻より強力である（pHの高いアルカリ側で効果が急減する）．

問題115　正解(3)　頻出度AA
吸込み側圧力計の針が振れている場合には，空気を吸い込んでいるか，吸込配管の詰まりを疑う必要がある．

問題116　正解(3)　頻出度AA
水質汚染によって，塩素や硫酸バンドの投入量の増大に伴い，水のアルカリ度の減少，あるいは塩化物濃度の上昇によって，水の腐食性は増加傾向にある．

硫酸バンドは硫酸アルミニウムの通称で，水に入っている懸濁物質や浮遊物を凝集沈殿させるために使用される．

問題117　正解(5)　頻出度AAA
圧力が高いと，ヘンリーの法則により溶け込んだ空気は気体になりにくいので，自動空気抜き弁は圧力の最も低いところ，すなわち配管の最も高い位置に取付ける．

問題118　正解(4)　頻出度AAA
水中の気体の溶解度は，気体の圧力があまり大きくない場合には，絶対圧力に比例する（ヘンリーの法則という）．

問題119　正解(3)　頻出度AAA
給湯循環ポンプは，返湯管に設置する．

給湯循環ポンプは，配管系の熱損失により給湯温度が低下するのを防ぐため，すなわち蛇口をひねったらいつでもすぐお湯が出るようにするためである．したがって，循環ポンプの循環水量は，循環配管系統からの放散熱量から求める（給湯量ではない）．

配管からの放熱量はわずかであるので，循環ポンプは小さな容量のもので十分である．このような小さい容量のポンプを給湯管に設けると，給湯量によってポンプの羽根車を強

制的に回転させてしまい故障につながる．

問題120　正解(5)　　　　　頻出度ＡＡＡ
　各配管の循環量（＝給湯温度）は，返湯管に弁を設けその開度で調節する．往管で調節すると，給湯負荷が多い時間帯に湯量不足になる．

問題121　正解(2)　　　　　頻出度ＡＡＡ
　トラップウェアから管径の2倍未満の位置から取り出す通気を，頂部通気という（第121-1図参照）．排水のたびに通気管に汚水が浸入しやすく，短期間に詰まる恐れがあるので，各個通気管は頂部通気を避けた位置で排水管から立ち上げなければならない．

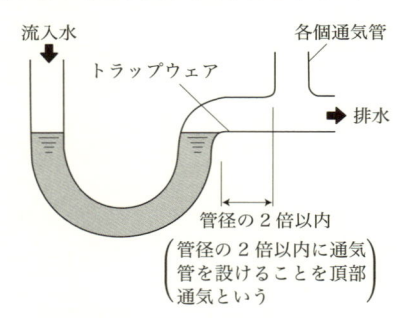

第121-1図　頂部通気の禁止

問題122　正解(5)　　　　　頻出度ＡＡＡ
　間接排水の排水口空間は第122-1表のとおり．ただし，各種飲料水用の給水タンク等の間接排水管の排水口空間は，第122-1表にかかわらず最小150 mmとする．

第122-1表

間接排水管の管径 mm	排水口空間 mm
25以下	30〜50
65以上	最小50
最小100	最小150

問題123　正解(1)　　　　　頻出度ＡＡＡ
　湧水の腐敗，蚊などの発生を防止するため，できるだけ短期間で排水するようにHWLは二重スラブ床面より下げる．
　(2)単独に大気に開放する．(3)壁などから200 mm以上離す．(4)勾配は1/15〜1/10とする．(5)前問にあるとおり150 mm以上とする．

問題124　正解(1)　　　　　頻出度ＡＡＡ
　ループ通気管は，最上流の器具排水管が排水横枝管に接続するすぐ下流から立ち上げる（第124-1図参照）．上流から立ち上げると，普段排水が行かないので，稀に入り込んだ異物が洗い流されることなく固着し，通気管の詰まりの原因となる．

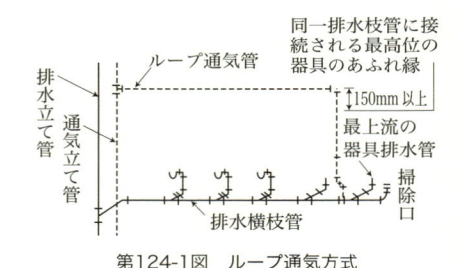

第124-1図　ループ通気方式

第123-1図　湧水槽の例

問題125　正解(2)　　　　　頻出度ＡＡＡ
　排水ポンプの自動運転は普通，水位制御によるが，排水槽内の排水の貯留時間が数時間を超えると腐敗による悪臭が強くなるので，それ以内の貯留時間で起動するようにタイマーによる強制排水を併用する．東京都の指導は2時間以内である．

問題126　正解(3)　　　　　頻出度ＡＡＡ
　清掃に用いる照明器具は，防爆型で作業に

解答・午後

十分な照度が確保できるものであること（維持管理要領）．

排水槽内には，メタンガス等可燃性のガスが充満していることがあるの防爆型とする．

問題 127　正解(4)　　　　　　頻出度A

大腸菌群は，一般的に非病原性（一部には病原性のものもある）で，し尿中には 1 mL 当たり 100 万個以上が存在し，汚水処理の進行に伴いその数は減少することから，各処理工程の機能評価，および処理水の衛生的な安全性を確保するための重要な指標とされている．

問題 128　正解(1)　　　　　　頻出度AAA

排水口が壁面にあって他の便器よりも高いため，連立して設置する場合に適するのは，ブローアウト式大便器である（第128-1図, 2図参照）．

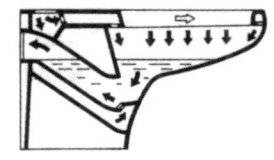

第128-1図　ブローアウト式

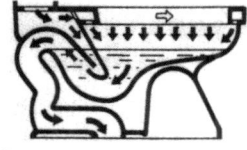

第128-2図　サイホンゼット式

問題 129　正解(4)　　　　　　頻出度AAA

密閉式膨張水槽は，労働安全衛生法に規定する安全装置ではない．

労働安全衛生法によれば，給湯系統の水の膨張量を逃すために逃し管または逃し弁を設ける．逃し弁では膨張量は捨てるだけなので，それを避けるためには，密閉式膨張水槽を設置する．密閉式膨張水槽は給水設備における圧力水槽と同じで，密閉された水槽内の空気を圧縮して膨張量は水槽内にとどまる．ただし，密閉式膨張水槽を設ける場合にも，安全装置として逃し弁を設けなければならない．

問題 130　正解(5)　　　　　　頻出度AA

汚水，雑排水用に使用する排水用硬質塩化ビニルライニング鋼管は，排水鋼管用可とう継手（MDジョイント）と組合せて使用し，ねじ切りは不可である．

問題 131　正解(1)　　　　　　頻出度A

膜分離装置と活性炭処理を組み合わせたシステムは，SS（浮遊物質）の高い排水では活性炭の負荷が大きくなり処理コストが割高になる．原水が比較的低負荷で，間欠的に流入するような排水に適用される．

問題 132　正解(4)　　　　　　頻出度AA

一次処理工程で残った 60 %のさらに 60 %が二次処理工程で除かれる．したがって，全体の SS 除去率は，次のように求まる．
　　40＋60×0.6＝76 %

問題 133　正解(2)　　　　　　頻出度AA

建築物における飲料水の配管設備の構造方法を定める件（平成 12 年建設省告示第 1390 号）からの出題．排水再利用設備の配管は，洗面器，手洗器その他誤飲，誤用のおそれのある衛生器具に連結しないこと，とされている．

問題 134　正解(4)　　　　　　頻出度AA

$$接触ばっ気槽の容積＝\frac{流入 BOD 量}{BOD 容積負荷}$$
$$＝\frac{30}{0.3}＝100 \text{ m}^3$$

この 60 %に接触材を入れるので，
　　100×0.6＝60 m³

問題 135　正解(2)　　　　　　頻出度AA

長時間ばっ気方式は活性汚泥方式に該当するので，保守点検の回数は週に 1 回である．

浄化槽の保守点検の回数についての出題は，活性汚泥方式（長時間ばっ気方式，標準

活性汚泥方式を含む）の週1回を問うものがほとんどである．

問題136　正解(2)　頻出度AA

閉鎖型予作動式スプリンクラ設備は，アラーム弁（予作動弁）の二次側配管内に圧縮空気等が充てんされている．アラーム弁は火災報知器の作動によって開放する仕組みになっているため，スプリンクラヘッドの感熱による差動と両方の作動で初めて散水する．コンピュータ室等の，スプリンクラヘッドの誤損傷による水損事故を防止する目的で開発されたものである．

凍結の恐れのある寒冷地等で採用されることが多いのは，閉鎖型乾式スプリンクラ設備である．アラーム弁（乾式弁）の二次側に水の代わりに圧縮空気が充てんされている．

問題137　正解(2)　頻出度AA

マイコンメータは，震度5強以上の震度を検知すると自動遮断する．

※(3)　都市ガスの低圧供給規定圧力はガスの種類によって異なるが 0.5〜2.5 kPa. 0.1 MPa 未満は，低圧の中間圧供給圧力（不正確・不適切な出題）．

問題138　正解(3)　頻出度AA

水質汚濁防止法に規定する，特定施設に該当する飲食店のちゅう房施設の総床面積は，420 m^2 以上である．

問題139　正解(2)　頻出度AA

環境省関係浄化槽法施行規則
第1条の2（放流水の水質の技術上の基準）
法第4条第1項の規定による浄化槽からの放流水の水質の技術上の基準は，浄化槽からの放流水の生物化学的酸素要求量が<u>1リットルにつき20ミリグラム以下</u>であること及び浄化槽への流入水の生物化学的酸素要求量の数値から浄化槽からの放流水の生物化学的酸素要求量の数値を減じた数値を浄化槽への流入水の生物化学的酸素要求量の数値で除して得た割合が90パーセント以上であることとする．

問題140　正解(1)　頻出度AA

膜ろ過法は，原水中の微細な浮遊物，クリプトスポリジウム等の微生物等の分離除去が可能である．かび臭の除去には，オゾン処理や活性炭処理が必要．

問題141　正解(3)　頻出度AA

清掃の作業計画作成にあたっては，季節や天候，曜日等を考慮した計画を立てることも必要である．

問題142　正解(2)　頻出度AA

建築物清掃業務の改善の着眼点は，単に仕様書や作業基準表に限定せず，建築物全体を対象として，衛生的環境の確保がなされているか，建材の保全性が損なわれていないか，美観は保持されているか，安全性は確保されているか等，一言で言えば，建築物全体が快適環境となっているかに着眼して，改善点を見出す必要がある．

問題143　正解(2)　頻出度AA

タバコ煙の大きさは 0.1〜1 μm である．
沈降性大気じん（1〜100 μm），花粉（10〜100 μm），掃除機の排気中の粉じん（0.2〜10 μm），清掃による発じん（0.5〜10 μm）．

問題144　正解(3)　頻出度AA

汚れは平滑緻密な表面には付着しにくく，付着しても除去しやすいが，隙間や凹凸が多くて粗い表面には付着しやすく，付着すると除去しにくい．

問題145　正解(1)　頻出度AAA

アップライト型真空掃除機は，別名，立て型真空掃除機とも呼ばれている．回転ブラシで床を掃きながら，ごみやほこりを機内に吸い込む構造になっている．吸込み風量が多く，かつフィルタバッグが大きく，その全面から排気ができるのが大きな特徴である．カー

ペットのほこりを取るのに適している．

第145-1図　アップライト型真空掃除機

問題146　正解(3) ……………… 頻出度ＡＡ

自在ぼうきは，馬毛等を植えた薄いブラシに長柄をつけた道具で，通常のほうきのようにほこりを舞い上げることが少ない．また頭部に可動性があるので，机の下等を掃くのに便利である．現在の建築物の床掃きに，最も多く使われているほうきである．

第146-1図　自在ぼうきの例

問題147　正解(2) ……………… 頻出度ＡＡＡ

合成洗剤は，主剤とする界面活性剤の種類によって，陰イオン系活性剤，陽イオン系活性剤，両性系活性剤，非イオン系活性剤等に分けられる．

問題148　正解(5) ……………… 頻出度ＡＡＡ

塩化ビニルシートには，水性ポリマタイプの床維持剤が多く使われている．
(1)フロアオイルが適当．(2)アスファルトタイルは耐溶剤性に乏しいので，フロアオイルは好ましくない．(3)ゴムタイルは溶剤の影響を受けるので，油性のものは好ましくない．(4)繊維床にフロアポリッシュは無用．

問題149　正解(5) ……………… 頻出度ＡＡＡ

リノリウムはアルカリ洗剤に弱く，強アルカリでは変色・ひび割れを生じる．
リノリウムは弾性床材の一種．亜麻仁油を酸化重合させたものにコルク粉等を加え，麻布の上に圧延してつくる．古く英国で開発され，昭和30年代まで建築物の床材としてさかんに使用された．

問題150　正解(4) ……………… 頻出度ＡＡＡ

カーペットスイーパは，パイル表面の粗ごみを除去することに用いる．パイル奥のほこり除去には真空掃除機を用いる．

問題151　正解(1) ……………… 頻出度ＡＡＡ

スプレーバフ法は，細かい傷と軽度の汚れ（ヒールマーク等）を除去する作業で，洗浄つや出し作用と，つや出し作用を持つスプレー液をかけながら微細な研磨剤を少量含む専用フロアーパッド（赤パッド）で磨く作業である．

問題152　正解(5) ……………… 頻出度ＡＡＡ

エレベータのインジケータや扉等は，手あかが付着して汚れやすい．手あかは人間の皮膚から分泌されている皮脂がおもな成分であって，水溶性ではなくて油溶性物質である．

問題153　正解(4) ……………… 頻出度ＡＡ

組織品質（組織管理体制）がしっかりしていれば，作業の進め方や作業技術，作業従事者のモチベーション（仕事に取り組む姿勢）等が違ってくる．その結果,同一の仕様であっても，できあがる品質に相当の違いが出てくる．これは，単に企業の規模や経営状態，あるいは資格者の数等で推し量れるものではない．

問題154　正解(4) ……………… 頻出度ＡＡＡ

環境省の発表によれば，平成12年度の不法投棄の件数および投棄量について，建設廃棄物（がれき類，木くず，その他建設廃棄物）が投棄件数の67％，投棄量の60％を占め

ている．

問題 155　正解(3) ················ 頻出度AAA
「有害廃棄物の国境を越える移動及びその処分の規制に関するバーゼル条約」の国内対応法は，「特定有害廃棄物の輸出入の規制等に関する法律」．

問題 156　正解(5) ················ 頻出度AAA
廃棄物の処理及び清掃に関する法律の廃棄物の定義は次のとおり．ガス状物質は含まれない．
この法律において「廃棄物」とは，ごみ，粗大ごみ，燃え殻，汚泥，ふん尿，廃油，廃酸，廃アルカリ，動物の死体その他の汚物又は不要物であって，固形状又は液状のもの（放射性物質及びこれによって汚染された物を除く．）をいう．

問題 157　正解(3) ················ 頻出度AA
百貨店のビン類，缶類，プラスチック類は他用途のビルと比べて多くはない．紙類が最も多い．

問題 158　正解(1) ················ 頻出度AA
kg/(m^2・日），kg/(人・日），いずれも建築物から出る廃棄物の総質量が分からなければ計算できない．

問題 159　正解(3) ················ 頻出度AAA
資源化のためのゴミの分別も，中間処理の大きな目的である．

問題 160　正解(1) ················ 頻出度AA
収集・運搬用具は，各階の廃棄物の排出量，種類実態に応じて整備する．

問題 161　正解(4) ················ 頻出度AAA
プラスチックには溶融（固化）装置のほかに破砕機がある．

問題 162　正解(5) ················ 頻出度AAA
第2種換気設備では，室が正圧になり，粉じん，臭気を周囲にまき散らす危険がある．中央集塵室が屋内にある場合は，第1種換気設備を設け，確実な換気を行う．屋外に設置する場合は，有効な通気口か，排気出口に関して近隣等の影響を配慮した適正な第3種換気設備，もしくはこれ以上の設備を設ける．

問題 163　正解(2) ················ 頻出度AAA
エレベータ方式の初期コストは，コレクタ等の用意だけで少なくて済むが，ランニングコストは人手を多く必要とする分大きくなる．

問題 164　正解(1) ················ 頻出度AA
食品廃棄物を一時貯留する場所におけるねずみ・衛生害虫の防除にあたっては，肥飼料等として活用する際に害を及ぼさない薬剤を使用すること，むやみに使用しないこと等を建築物環境衛生管理技術者は関係者に指導する必要がある．

問題 165　正解(4) ················ 頻出度A
循環型社会形成推進基本法第2条（定義）からの出題．
(4)は「天然資源の消費」が正しい．

問題 166　正解(4) ················ 頻出度AAA
チカイエカは冬期でも休眠せず，暖房が保たれている建築物内で，1年中活動している．

問題 167　正解(1) ················ 頻出度AAA
残効性は期待できない．
ULV（Ultra Low Volume）処理は，ULV機を用いて高濃度の薬剤（専用のピレスロイド水性乳剤がある）を少量散布する．散布された薬剤粒子は5～20ミクロンと，非常に細かいので空間に浮遊する時間が長い．そのため，害虫への接触チャンスも高い．ただし他の煙霧，燻煙処理などの空間処理と同様，その場にいる害虫を直接狙うもので残効性は期待できない．

問題 168　正解(2) ················ 頻出度AAA
チャバネゴキブリは，全世界に広く分布する都市環境の代表的屋内害虫．
クロゴキブリは本州（関東以西），四国，

九州に多く，一般住宅の優占種．ビルでは厨房，湯沸場，建築物周辺や下水道，側溝等でも見られる．

ヤマトゴキブリは日本土着種で，半野生種．農村地区や郊外の木造住宅で多いが，都心の下水溝や飲食店で生息が確認されている．

ワモンゴキブリは熱帯性で，九州以南に多かったが，最近では暖房の完備したビルで各地に定着している．

トビイロゴキブリはワモンゴキブリの近似種で，年間高温化したビルで各地に定着している．

問題169　正解(5)　…………頻出度AAA

ピレスロイド剤の特徴として，微量の粒子が漂ってくると，物陰にいる昆虫は開放場所に飛び出す効果がある．これを追出し効果，またはフラッシング効果という．

(1)専用の乳剤．(2)接触毒である．(3)効果的な防除には生息調査が必須．(4) $200 \div (5 \times 4) = 10$．

問題170　正解(4)　…………頻出度AAA

ツメダニ類は，ほかのダニや，チャタテムシ等の小昆虫を捕食するが吸血はしない．人間を刺すことがある．動物吸血性のダニにはイエダニやトリサシダニがいる．

問題171　正解(3)　…………頻出度AAA

イエダニはねずみに寄生する．鳥に寄生するのはトリサシダニ，ワクモなど．

問題172　正解(1)　…………頻出度AAA

ノミはシラミと違い飢餓に強い．1年間吸血せずに生きたという報告がある．

問題173　正解(5)　…………頻出度AAA

チャタテムシは，食品のカス，人から出るフケやホコリ，本の糊，貯蔵食品などを餌にしているが，カビを餌に高温多湿な時期に，湿気のこもる部屋で大発生することがある．

(1)ノミの幼虫は宿主のねぐらのぼろ布や，周辺の砂地やゴミの中などに含まれている有機物を食べて成長する（成虫のみが雌雄ともに吸血する）．したがって，ネコノミの発生源対策は，宿主のねぐらや常在場所に対して行うと効果的である．(2)チョウバエの幼虫はし尿浄化槽のろ床やスカム中から発生し，水中深くに潜ることはない．(3)蛍光灯の光に誘引される．ナトリウム灯の黄色い光の誘引性は低い．(4)ノミバエ類の発生源は腐敗した動物質．

問題174　正解(4)　…………頻出度AAA

ピレスロイド剤は，人畜毒性は低いが魚毒性は高いので，水辺での使用は注意が必要である．

問題175　正解(4)　…………頻出度AAA

クマネズミが食植性でドブネズミが食肉性である．

問題176　正解(3)　…………頻出度AAA

味覚によるかじり防止用なので，追い出す効果は期待できない．

問題177　正解(3)　…………頻出度AAA

日本脳炎は，おもに水田で繁殖したコガタアカイエカによって媒介される．日本でも年に数件の発症がある．

問題178　正解(1)　…………頻出度AAA

LD_{50} は，50% lethal dose の略で，50%致死薬量または中央致死薬量と訳され，ある集団の50%を殺すのに必要な量を表す．防除対象害虫とヒトまたは動物に対する LD_{50} の差が大きいほど，人畜の安全性は確保しやすい．

問題179　正解(2)　…………頻出度AA

人の健康に害を及ぼすネズミや昆虫等を衛生動物という．この中には感染症を媒介する媒介動物（ベクター），感染性はないがアレルギー性疾患や皮膚炎を引き起こす有害動物，不快感を与える不快動物（ニューサンス）が含まれる．ニューサンス nuisance とは不愉快（迷惑）な人（物，こと，行為）の意．

ベクター vector は病原媒介昆虫の意．

問題180　正解(5) ……………… 頻出度 A|A|A

ビル内の環境は安定しているので，（その環境に適応した）害虫にとっても安定した生息環境である．

平成17年度 解答・解説

合格率 35.3%

※ 本年度から，試験問題の科目の出題順，問題数が変更になった．

	平成16年度まで（ ）内は問題番号		平成17年度から	
午前	建築物衛生行政概論	20問（1～20）	建築物衛生行政概論	20問（1～20）
	建築物の構造概論	15問（21～35）	建築物の環境衛生	25問（21～45）
	建築物の環境衛生	20問（36～55）	空気環境の調整	45問（46～90）
	給水及び排水の管理	35問（56～90）		
午後	空気環境の調整	45問（91～135）	建築物の構造概論	15問（91～105）
	清掃	30問（136～165）	給水及び排水の管理	35問（106～140）
	ねずみ，昆虫等の防除	15問（166～180）	清掃	25問（141～165）
			ねずみ，昆虫等の防除	15問（166～180）

●午前●

問題1　正解(1)　　頻出度 A A A

日本国憲法第25条は次のとおり．

第25条　すべて国民は，健康で文化的な最低限度の生活を営む権利を有する．

2　国は，すべての生活部面について，社会福祉，社会保障及び公衆衛生の向上及び増進に努めなければならない．

問題2　正解(1)　　頻出度 A A A

「公衆衛生の向上及び増進」が正しい．（ビル管法第1条）

問題3　正解(1)　　頻出度 A A A

ビル管法は，もっぱら建築物の維持管理について規制している．建築構造，設備面の規制は建築基準法等他の法令に譲っている．

問題4　正解(3)　　頻出度 A A A

企業の研修所は，学校教育法第1条に規定する学校以外の学校と見なされ，特定建築物の用途となる．特定建築物の用途とならないものは，工場，作業場，病院，共同住宅，寄宿舎，駅舎，寺院・教会，公共駐車場，独立した棟の駐車場建物．

問題5　正解(3)　　頻出度 A A A

特定建築物はまず建築基準法で定める「建築物」でなければならない．建築物内部のプラットホームは建築物ではないので，特定建築物の面積には含めない．

(1)特定用途（事務所）に付属する部分として含める．(2)特定用途に付随する部分として含める．(4)1棟ごとに判断される．(5)特定用途（店舗）に付属する部分として含める．

問題6　正解(4)　　頻出度 A A A

特定建築物が区分所有や共有の場合，連名で1通の届出を提出することが望ましい．

(1)必要ない．(2)罰せられるのは「特定建築物所有者等」．(3)使用開始，届出事項の変更，該当しなくなったとき，いずれも1ヵ月以

内に届け出る．(5)届出は特定建築物の所在場所を管轄する都道府県知事（保健所を設置する市または特別区にあっては，市長または区長．）に提出して行う．

問題7　正解(2)　頻出度AAA

消火設備の点検整備に関する記録は，環境衛生上必要な事項に当たらないので，ビル管理法上は必要ない．

問題8　正解(3)　頻出度AAA

空気環境測定は，ホルムアルデヒドの量を除く項目について，2ヵ月以内ごとに1回，定期に，通常の使用時間中に，各階ごとに，居室の中央部の床上75 cm以上150 cm以下の位置において実施する．

問題9　正解(1)　頻出度AAA

雑用水も，飲料水と同じように7日以内ごとに1回，定期に遊離残留塩素の検査を行わなければならない（基準値も同じ）．

問題10　正解(1)　頻出度AAA

浮遊粉じんは測定値の平均値が基準を満たせばよいが，

$$\frac{0.13+0.19}{2}=0.16>基準値\ 0.15\ \mathrm{mg/m^3}$$

なので，適合しない．すべての測定値が基準を満たさなければならない相対湿度は2回目の測定値が規定（40%以上70%以下）に適合していない．

問題11　正解(2)　頻出度AAA

法律用語で「選任する」とは「置く」と異なり，所有者との間に何らかの法律上の関係（たとえば委任契約）があれば足り，直接の雇用関係があることを要しない．かつ，その特定建築物に常駐することは必ずしも必要でない．

問題12　正解(3)　頻出度AAA

「返納を命ぜられた」場合は1年である．
「罰金」の刑に処せられた場合は，2年免状の交付を行わないことができる．

問題13　正解(3)　頻出度AAA

ビル管理法により事業に関する財務管理基準が定められているのは，指定講習の登録講習機関，粉じん計の登録較正機関，清掃作業監督者講習等登録機関などで，清掃業など八つの登録事業には財務管理基準に関する定めはない．

問題14　正解(3)　頻出度AAA

ア，エは正しい．
イ　登録の有効期間は6年である．
ウ　事業の区分に従い，その営業所ごとに，その所在地を管轄する都道府県知事に登録を申請する（どこも経由しない）．

問題15　正解(2)　頻出度AA

生徒の出席停止は，学校長がその執行の責任者である．

学校保健安全法　第19条（出席停止）校長は，感染症にかかっており，かかっている疑いがあり，又はかかるおそれのある児童生徒等があるときは，政令で定めるところにより，出席を停止させることができる．
※学校保健法は，学校保健安全法に改題・改正された．

問題16　正解(1)　頻出度A

地域保健法は，平成6年，それまでの保健所法を改正・改題したものである．

問題17　正解(5)　頻出度AA

浄化槽の所有者，占有者その他の者で当該浄化槽の管理について権原を有するもの（以下「浄化槽管理者」という．）の責務は定められているが，浄化槽に関して一般の国民の責務の定めは無い．

問題18　正解(2)　頻出度AAA

環境基本法の公害の定義に，日照権，海洋汚染，放射能汚染，電波障害，河川の汚濁はない．

問題19　正解(5)　頻出度AA

労働安全衛生法で，ビル管理法等の環境衛

解答・午前　423

問題20　正解(3)　頻出度AA
　国民健康保険の保険者（保険を運営し，被保険者に保険金を払う者）は，市区町村ならびに国民健康保険組合である．公共職業安定所は，職業安定法に基づき，職業紹介，職業指導，雇用保険等の業務を行う．

問題21　正解(5)　頻出度AAA
　一酸化炭素による健康被害は，化学反応の結果生じるものである．

問題22　正解(2)　頻出度A
　有害物等の負荷量が増えるに従って，人間の個体内部の反応は，代償的調節，一時的機能障害，恒久的障害と進み，最終的には生命が失われることになる．
　例えば，熱中症では，心拍数増加（代償的調節），熱虚脱（一時的機能障害），中枢神経障害（恒久的障害）を経て死に至る．

問題23　正解(1)　頻出度AAA
　免疫系は，生存に有害な病原性微生物が身体に侵入した場合に，これを選択的に排除する等，生命維持のための機能をつかさどる．脾臓，胸腺，骨髄，リンパ節等からなる．外部からの刺激を受けて神経系に伝達するのは，感覚器系である．

問題24　正解(2)　頻出度AAA
　人間の体温は深部体温と皮膚温に分けられる．深部体温として，直腸温・食道温・鼓膜温・舌下温・腋下温等が測定されるが直腸温は深部体温に最も近いといわれている．
　※現在の用語は，深部体温→核心温，皮膚温→外層温となっている．

問題25　正解(4)　頻出度AAA
　一般に，安静時代謝量は基礎代謝のおよそ20％増である．
　早朝覚醒後の空腹時で，仰臥の姿勢における代謝を基礎代謝という．睡眠時の代謝量は基礎代謝の約95％程度とされている．

問題26　正解(1)　頻出度AAA
　冷気に当たると，末梢（まっしょう）血管は収縮して血流を減らし，放熱を抑えようとする．「足がだるい」，「足が冷える」，「手足のこわばり」等の症状は，血管収縮，血流減少が原因と考えられる．

問題27　正解(5)　頻出度AAA
　シックビル症候群の精神神経症状としては，抑うつ，不安，集中力低下，記憶力低下などがあるが，気分の高揚は無いようである．

問題28　正解(4)　頻出度AAA
　過敏性肺炎は，有機粉じん（家庭やオフィスで加湿器や空気調和設備に増殖した好熱性放線菌や，真菌その他の粒子）の吸入により発症する一種のアレルギー症状であって，ウイルスなどによる感染症ではない．

問題29　正解(3)　頻出度AA
　アスベストによる肺の線維化（じん肺）は，アスベスト製造労働者や鉱山労働者以外には見られないが，肺癌および胸膜や腹膜の悪性中皮腫（胸腔や腹腔の表面を覆う中皮由来と考えられる腫瘍）の発生率の増加が，アスベスト製造工場，アスベスト鉱山労働者に限らず，造船工場やその周辺の住民にも見られると報告されている．

問題30　正解(1)　頻出度AAA
　ホルムアルデヒドは，還元性が強く刺激性があり，毒性の強い物質である．人体影響としては，粘膜に対する刺激が強く，喘息様の気管支炎を起こす．メチルアルコールを誤って飲むと，体内で酸化されて発生したホルムアルデヒドが失明の原因となる．

問題31　正解(2)　頻出度AAA
　学校，体育館，病院，劇場，観覧場，集会場，

展示場，百貨店，事務所，官公庁施設，飲食店その他の多数の者が利用する施設を管理する者は，これらを利用する者について，受動喫煙（室内又はこれに準ずる環境において，他人のたばこの煙を吸わされることをいう．）を防止するために必要な措置を講ずるように努めなければならない（健康増進法第25条）．

問題32　正解(3)……………頻出度AA

現在の大気の二酸化炭素濃度はおよそ350 ppmであるが，年々増加しつつある（産業革命以前は280 ppm程度）．人間の呼気には約4%（40,000 ppm）の二酸化炭素が含まれている．

問題33　正解(3)……………頻出度AAA

振動レベルの単位は，dBである．

人間の周波数による振動感覚の違いを補正して計測した振動加速度レベルを，周波数補正加速度レベルまたは単に振動レベルという．単位はdBである．

振動加速度レベルVALは次式で定義され，単位はやはりdBである．

$$\text{VAL} = 10\log_{10}\frac{a^2}{a_0^2} = 20\log_{10}\frac{a}{a_0} \text{ [dB]}$$

ただし，a_0は振動加速度の基準値（$=10^{-5}$ m/s^2），aは振動加速度実効値 m/s^2．

問題34　正解(4)……………頻出度AA

明視の条件に「形状」は入っていない．

問題35　正解(4)……………頻出度AAA

ディスプレイ画面，書類およびキーボード面の明るさと周辺の明るさの差が大きいと，網膜の順応の繰り返しや瞳孔の調節が多くなり，目の疲労につながる．

問題36　正解(4)……………頻出度AAA

空間の磁場の強さは磁束密度で表され，その単位はテスラ（T）である．

ガウス（G）＝ 10^{-4} Tも磁束密度の単位である．

(1)ボルト（V）は電圧，電位差，起電力の単位．(2)アンペア（A）；電流の単位．(3)ワット（W）；電力，仕事率の単位．(5)ジュール（J）；エネルギー，仕事，熱量の単位．

問題37　正解(5)……………頻出度AAA

白血病は造血作用のある骨髄が冒される病気であるが，紫外線は皮膚表層（1 mm以内）で吸収されてしまい骨髄まで達することが無いので，白血病の原因とはなり得ない．

問題38　正解(4)……………頻出度AAA

日本脳炎は，日本脳炎ウイルスに感染したコガタアカイエカに吸血されることで感染する．水系感染症ではない．

問題39　正解(2)……………頻出度AAA

水道法に基づく水質基準50項目のうち，検出されないこととされているのは大腸菌だけである．

問題40　正解(2)……………頻出度AA

一般的に湿度が高く，結露やカビが発生しやすい．

問題41　正解(5)……………頻出度AAA

レジオネラ症の原因は，細菌であるレジオネラ属菌である．

問題42　正解(2), (4)……………頻出度AAA

腸チフスは三類，高病原性鳥インフルエンザ（病原体がインフルエンザウイルスA属インフルエンザAウイルスであってその血清亜型がH5N1であるものに限る）は二類感染症．

※平成17年試験実施時，コレラは二類感染症だったので(3)が正解であった．

問題43　正解(3)……………頻出度AAA

クリプトスポリジウム症は水様性下痢が3日〜1週間持続し，腹痛，嘔気，嘔吐，軽度の発熱を伴う．病原体のクリプトスポリジウムは，胞子虫類に属する原虫で，感染した動物からオーシスト（堅い殻で覆われた胞嚢体）として排出される．このオーシストを飲み込むことで感染する．オーシストは水道水

等に用いられる塩素に抵抗性を持ち，感染性を保持する．

問題 44　正解(1) 頻出度AAA

ホルマリンの有効成分ホルムアルデヒドは，還元性が強く，皮膚炎，喘息，肺炎などを誘発するので手指の消毒には不適である．

問題 45　正解(5) 頻出度AAA

5％は50 g/L＝50,000 mg/Lであるから，1,000倍に薄めれば，50 mg/L になる．

問題 46　正解(4) 頻出度AAA

日射量は単位時間・m^2 当たりの日射の熱量であるから，$J/(s \cdot m^2) = W/m^2$ である．

W＝J/s なので，$W/(m^2 \cdot h)$ だと，分子，分母両方に時間の要素 s, h が入ることになるが，普通そのような単位はない．

問題 47　正解(5) 頻出度AAA

(1)～(4)はいずれも面からの熱の出入りなので，単位の分母に面の単位（面積）の m^2 が入っている．

(5)の熱伝導率は，1 m の距離の間の熱の移動のしやすさなので，分母に距離の単位 m が入っている．

問題 48　正解(4) 頻出度AAA

シュテファン・ボルツマンの法則により，物体表面からの放射熱流は，物体表面の絶対温度の4乗に比例する．

絶対温度 T の物体表面から射出される単位面積当たりの放射熱流 q は，$q = \varepsilon \sigma T^4$ で表される．ε は物体表面の特性を表す放射率で，理想的な黒体では $\varepsilon = 1.0$ である．σ はシュテファン・ボルツマンの定数である．

問題 49　正解(2) 頻出度AAA

A点の温度を絶対湿度一定のまま10℃上昇させると，相対湿度は第49-1図のとおり30％未満である．

湿り空気線図上で(1)～(5)は図のように求めることができる．

問題 50　正解(2) 頻出度A

小屋裏は，結露防止のため外気と同じ環境に置き，冬は暖房熱がこもらないように，夏は屋根の熱が小屋裏にこもらないようにする．

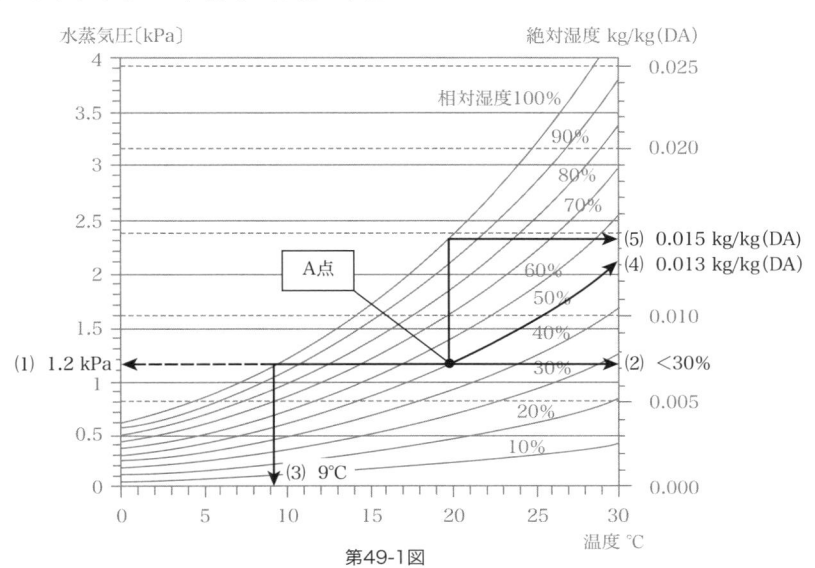

第49-1図

問題51　正解(5)　頻出度AAA
全圧＝静圧＋動圧＋位置圧であるから，全圧－静圧＝動圧＋位置圧である．流体が空気の場合位置圧は無視できるので，全圧－静圧＝動圧としてよい．

問題52　正解(1)　頻出度AAA
気流が遅いと空気の攪拌が不十分となり，温度は不均一となりやすい．

問題53　正解(3)　頻出度AA
超音波式は，雑菌を飛散させる危険や振動子の寿命が問題となって採用が減っている．通風気化式の増加が近年の傾向である．

問題54　正解(3)　頻出度AAA

二酸化炭素濃度の上昇分

$$= \frac{\text{発生した二酸化炭素の量}}{\text{外気導入量}}$$

$$= \frac{20 \times 10^{-3} \text{ m}^3/\text{h} \times 2 \text{人}}{40 \text{ m}^3 \times 2 \text{回}/\text{h}}$$

$$= 0.5 \times 10^{-3} = 500 \times 10^{-3} \times 10^{-3}$$

$$= 500 \text{ ppm}$$

問題55　正解(3)　頻出度A
VVOCsは高揮発性有機化合物のことで，沸点が低い（0℃〜50〜100℃）．

問題56　正解(2)　頻出度AA
一般に，室内の微生物濃度は，屋外の濃度とは無関係で，居住条件や室内での住居活動に密接に関連している．

問題57　正解(1)　頻出度AAA
換気の総合指標には，二酸化炭素が用いられる．

問題58　正解(4)　頻出度AA
室内浮遊粉じんの近年の不適率は，5％以下である．

問題59　正解(2)　頻出度AAA
「混合」の動きを利用すると，素早く正解に達することができる．

図Ｂで外気と１の還気の混合の結果は２である．混合を示す特徴的な空気線図上の状態点の動きは，外気とウの混合の結果がオとなる，ここだけである．これで，ウが１，オが２と分かり，答は(2)と絞ることができた．

問題60　正解(1)　頻出度AAA
北面では，直達日射の割合は少ないが，天空日射は南面と変わらないので無視することはできない．

問題61　正解(3)　頻出度AAA
定風量単一ダクト方式では，自動制御用の検出器が設置されている代表室以外は目標温度を維持できない欠点がある．この欠点を緩和するために，負荷の変化の仕方が比較的類似している室を用途・方位等でグループ化（これをゾーニングと呼ぶ）し，一つの系統とする場合が多い．

問題62　正解(5)　頻出度AAA
空気熱源ヒートポンプは，暖房時には大気より採熱するが，暖房負荷が最大となる時期と外気温度の一番低い時期が重なり，採熱効率が<u>最低</u>となる．

問題63　正解(1)　頻出度AAA
鋳鉄ボイラの蒸気圧力は0.1 MPa以下と低く，負荷まで距離がある地域冷暖房には向かない．

問題64　正解(4)　頻出度AAA
凝縮機からの放熱を利用する．蒸発器では冷媒は周囲空気から熱を奪う（冷却する）．

問題65　正解(5)　頻出度AAA
ファンコイルに使われている横流送風機の吹出しの静圧は低く，抵抗の大きい高性能フィルタを使うことはできない．ファンコイルに装着するフィルタは，粗じん用のフィルタである．

問題66　正解(3)　頻出度AA
(3)は「インダクションユニット」の説明である．ファンコイルユニットはファン，コイル，フィルタ，冷温水配管で構成され，極めてシンプルな構造である．

問題 67　正解(4)　頻出度AA

エアーハンドリングユニットに供給される冷水は5～7℃，温水は40～60℃である．コイルの列数は，一般に4～8列が多い（外気処理や特殊用途では10～12列もある）．コイルの通過風速は，コイル正面における面積風速で2.5 m/s前後．

問題 68　正解(2)　頻出度AA

後向き送風機は，長い後向き羽根を持ち，高速回転に耐えられるので高い圧力が得られ，高速ダクト空気調和用に用いられる．

問題 69　正解(3)　頻出度A

室2のほうが，移送ダクトの抵抗分だけ室1より負圧となる．

問題 70　正解(4)　頻出度AA

粘着剤を塗布した金属フィルタ面に粉じんを衝突させて除じんするのは，「粘着式」である．

問題 71　正解(2)　頻出度AAA

振動子には寿命があり，5,000～10,000時間で交換が必要である．

超音波加湿器は，セラミックス系振動子で超音波振動を発生させ，水を霧化し加湿する．清掃等の保守管理を十分に行わないと水室にレジオネラ属菌等の細菌が繁殖し，それらを含むエアロゾルを発生させ室内環境を汚染する危険がある．給水の水質によっては，室内の什器やモニターの画面に不純物が付着する白粉現象を起こす．これらの理由により，超音波加湿器の採用は減っている．

問題 72　正解(2)　頻出度AAA

軸流ポンプは渦巻き状のケーシングをもたない．

速度エネルギーを圧力エネルギーに変換する目的で，渦巻き状のケーシングを備えた遠心ポンプは渦巻きポンプという．軸流ポンプは，軸にプロペラ形の羽根車が付けられていて，これを回転させて水を送る．水流が軸に平行なことから軸流ポンプという．

問題 73　正解(5)　頻出度AAA

ダイレクトリターン方式は配管抵抗が均一ではないので，配管長が最も短い，すなわち配管抵抗が最も少ない最も近い系統に最も冷温水が流れやすい．

各系統の流量を均一にするには，各系統の配管長が等しくなるリバースリターン方式が望ましいが，配管全長が長くなりコストが増える．ダイレクトリターン方式を採用した場合は，圧力バランスのために，必要箇所に抵抗を調整できる弁を入れる．

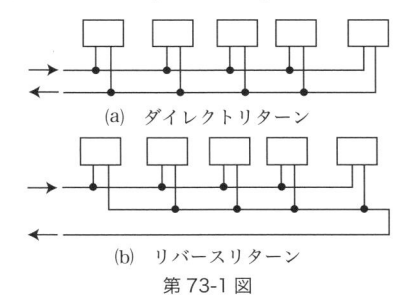

(a)　ダイレクトリターン

(b)　リバースリターン

第73-1図

問題 74　正解(5)　頻出度AAA

清浄な環境を必要とする室は，近隣からの汚染物質の流入を防ぐために，周囲より室圧を高く，すなわち正圧にする必要がある．

問題 75　正解(1), (3), (5)　頻出度AAA

(1)(5)　理論空気量(誤)→理論排ガス量(正)

(3)　機械換気設備の換気量は数値ではなくて，次のように数式で表されている．

$V = 20A_f \div N$以上とすること（施行令20条の2第一号）．ただし，V：有効換気量 m^3/h，A_f：居室の床面積 m^2，N：実況に応じた1人当たりの占有面積 m^2．

※(1)(5)は出題ミスか．

問題 76　正解(2)　頻出度AAA

カタ計は室内の微風速を計測する器具．相対湿度の計測は，アスマン通風乾湿計が一般的．

問題77　正解(4)　頻出度AA

ホルムアルデヒドの検知管法は，検知剤とHCHOが反応して生じる酸を，pH指示薬と反応させて生じる変色層の長さからHCHO濃度を求める方法である．したがって，酸性物質は正の影響，アルカリ性物質は負の影響を与える．

問題78　正解(1)　頻出度AAA

溶媒抽出法は，活性炭にVOCを捕集後，二硫化炭素で抽出した後ガスクロマトグラフ/質量分析法（GC/MS）で測定する方法である．GC/MSに導入するのは抽出液の一部に限られるため，全量導入する加熱脱着法に比較し，測定感度は落ちる．

問題79　正解(4)　頻出度AAA

バイメタル温度計は，膨張率の異なる2種類の金属を張り合わせ（バイメタルという），温度によるわん曲度の変化量から温度を求める．

2種類の金属の起電力を検出して温度を測定するのは，熱電対温度計である．

問題80　正解(2)　頻出度AAA

光散乱式粉じん計による濃度は，
（1分間当たりのカウント数−1分間当たりのダークカウント数）×質量濃度換算係数×較正係数
で求めることができる．

質量濃度換算係数の単位は $mg/m^3/cpm$ で，本問の場合，$0.01 \div 1 = 0.01$ である．

$$\left(\frac{60}{5} - 2\right) \times 0.01 \times 1.3 = 0.13 \ mg/m^3$$

問題81　正解(1)　頻出度AAA

空気抜きはポンプの停止中に行う．

問題82　正解(4)　頻出度AA

むしろ，冬期に乾燥した外気を過大に取入れるのは，静電気現象の原因の一つになる．

問題83　正解(5)　頻出度AAA

コインシデンス効果は，透過損失値を減少させる（壁の遮音効果を損ねる）．

コインシデンス効果とは，壁を構成する板の曲げ振動の波長と音の波長が一致したときに効率的に音が透過する現象で，壁の透過損失を小さくして遮音性能を著しく低下させる．

問題84　正解(2)　頻出度AAA

音圧レベルSPLは，基準の音圧を p_0 [Pa]，音源の音圧を p [Pa] とすると，次式で求められる．

$$SPL = 10\log_{10}\frac{p^2}{p_0^2}$$

p が4倍（音源が4台）になった場合の音圧レベル SPL_4 は，

$$SPL_4 = 10\log_{10}\frac{4p^2}{p_0^2}$$
$$= 10\log_{10}4 + 10\log_{10}\frac{p^2}{p_0^2}$$
$$= 10\log_{10}2^2 + SPL$$
$$= 20\log_{10}2 + SPL$$
$$= 6 + SPL \quad (\because \log_{10}2 \approx 0.3)$$

本問では1台運転時のSPLが80 dBと与えられているので，
$$SPL_4 = 6 + 80 = 86 \ dB$$

【別解】同じ騒音の機械を2台運転すると音圧レベルは+3 dBとなる．第84-1図から4台では+6 dBとなることが分かる．

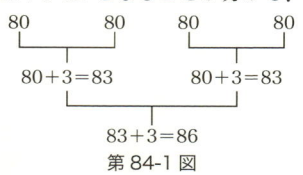

```
 80   80      80   80
  \   /        \   /
 80+3=83      80+3=83
     \          /
      83+3=86
```
第84-1図

問題85　正解(2)　頻出度AAA

遮音材の代表はコンクリート製の壁で，密度が大きく通気性は小さい．吸音材であるグラスウールは，密度が小さく通気性が大きい．

問題86　正解(4)　頻出度AA

防振系と機器等の設置床の固有周波数が近

いと，共振を起こして防振効果を損なうことがあるので，互いの固有周波数を離すようにする．防振ゴムの基本固有周波数は10 Hz，コイルばねの場合4 Hz 程度であるから，設置床の基本固有周波数は20 Hz 以上にする．

問題87　正解(3) ……………… 頻出度 A A

光の演色性は，分光分布の滑らかさに影響される．温度放射による白熱ランプの分光分布は，連続的かつ滑らかで演色性が良い．

問題88　正解(1) ……………… 頻出度 A A A

点光源による照度は光源からの距離の2乗に反比例して減少する．したがって，求める照度は，

$$2,700 \text{ Lx} \times \left(\frac{0.5 \text{ m}}{1.5 \text{ m}}\right)^2 = 2,700 \times \frac{1}{9}$$

$$= 300 \text{ Lx}$$

問題89　正解(1) ……………… 頻出度 A A

保守率に光源の演色性は関係ない．

照明器具をある期間使用した後の，作業面上の平均照度と初期平均照度との比を照明器具の保守率という．使用する光源の種類，照明器具の周囲環境条件，照明器具の構造，照明設備の保守管理方法等が保守率を左右する要因である．

問題90　正解(5) ……………… 頻出度 A A A

予熱時の外気シャットオフ制御では，無人が前提であるので外気を取り入れる必要はない．したがって，外気ダンパーおよび排気ダンパーを全閉し，還気ダンパーを全開する．

●午　後●

問題91　正解(4) ……………… 頻出度 A A

下記のとおり，この建築物は直通階段が二つ必要である．

建築物の避難階以外の階が次の各号のいずれかに該当する場合においては，その階から避難階又は地上に通ずる二以上の直通階段を設けなければならない．

6 階以上の階でその階に居室を有するもの．

5 階以下の階でその階における居室の床面積の合計が避難階の直上階にあっては 200平方メートルを，その他の階にあっては 100平方メートルを超えるもの．（建築基準法施行令第 121 条第 1 項第六号）

問題92　正解(2) ……………… 頻出度 A A

建築面積とは，建築物（地階で地盤面上1メートル以下にある部分を除く．）の外壁又はこれに代わる柱の中心線（軒，ひさし，はね出し縁その他これらに類するもので当該中心線から水平距離1メートル以上突き出たものがある場合においては，その端から水平距離1メートル後退した線）で囲まれた部分の水平投影面積による．ただし，国土交通大臣が高い開放性を有すると認めて指定する構造の建築物又はその部分については，その端から水平距離1メートル以内の部分の水平投影面積は，当該建築物の建築面積に算入しない（建築基準法施行令第 2 条）．

問題の建築物の水平投影面積は 2 階の平面図と一致するので，$8 \times 10 = 80$ m^2．

問題93　正解(5) ……………… 頻出度 A A A

スパンとは，隣接する支持点間の距離を指す．柱間隔や梁の長さ等に使われる．シェル構造は貝殻状の薄い曲面板を外殻に用いた構造．ほとんどの応力を曲板の面内力として伝達させる構造で，軽量で経済的である．講堂や体育館のような，大きな建物の屋根や壁など大スパンを構成するのに適している．

問題94　正解(4) ……………… 頻出度 A A

第三紀層は，今から 2,000 万年ほど前に海底にたい積した地層で，でい岩，砂岩，れき岩などで構成され，大きな地耐力を持っており，土丹層とも呼ばれる．

問題95　正解(5)　頻出度A A A
　積載荷重とは，主として床，梁等に載せられる荷重のうち，人間・家具・物品等の重量のことをいう．

問題96　正解(4)　頻出度A A A
　あばら筋は梁に入れるせん断補強筋である．スターラップともいう．柱のせん断補強筋は帯筋（フープ）．

問題97　正解(1)　頻出度A A A
　経年によるコンクリートの中性化や，コンクリートに含まれる塩化物により鉄筋が錆びると，膨張した錆によりコンクリートにひび割れ，剥離，剥落が生じる．これを爆裂という．

問題98　正解(4)　頻出度A A A
　それぞれ熱伝導率 W/(m・K) は，コンクリート（1.4），板ガラス（0.78），木材（杉 0.11）．

問題99　正解(4)　頻出度A A A
　バキュームブレーカは給排水用語で，逆サイホン作用を防ぐために給水管に取り付ける器具である．

問題100　正解(2)　頻出度A A A
　連結送水管は，「消火活動上必要な施設」として官消防隊（プロの消防隊）が使うものである．
　他はビルの居住者が自衛消防のために使う「消防の用に供する設備」である．

問題101　正解(4)　頻出度A A
　横引きダクトを長くすると，送風の抵抗となるので好ましくない．排煙計画では，横引きダクトを短くし，排煙機は屋上へ設置する等，できるだけ煙が自然に流れるように計画する．

問題102　正解(3)　頻出度A A
　耐火構造は，建築基準法で次のように定義されている．ビル管理法とは直接関係がない．
　壁，柱，床その他の建築物の部分の構造のうち，耐火性能（通常の火災が終了するまでの間当該火災による建築物の倒壊及び延焼を防止するために当該建築物の部分に必要とされる性能をいう．）に関して政令で定める技術的基準に適合する鉄筋コンクリート造，れんが造その他の構造で，国土交通大臣が定めた構造方法を用いるもの又は国土交通大臣の認定を受けたものをいう（建築基準法第2条第七号）．

問題103　正解(1)　頻出度A A A
　主要構造部　壁，柱，床，はり，屋根又は階段をいい，建築物の構造上重要でない間仕切壁，間柱，付け柱，揚げ床，最下階の床，廻り舞台の床，小ばり，ひさし，局部的な小階段，屋外階段その他これらに類する建築物の部分を除くものとする（建築基準法第2条第五号）．
　建築物の中で，主要構造部は安全，防火上最重要な部分として取り扱われる．

問題104　正解(5)　頻出度A
　(5)　都市の健全な発達　→　資源の有効な利用の確保，が正しい．
　建設工事に係る資材の再資源化等に関する法律
　第1条（目的）　この法律は，特定の<u>建設資材</u>について，その<u>分別解体</u>等及び再資源化等を促進するための措置を講ずるとともに，解体工事業者について<u>登録制度</u>を実施すること等により，再生資源の十分な利用及び<u>廃棄物の減量</u>等を通じて，<u>資源の有効な利用の確保</u>及び廃棄物の適正な処理を図り，もって生活環境の保全及び国民経済の健全な発展に寄与することを目的とする．

問題105　正解(4)　頻出度A
　IAQとはIndoor Air Qualityの略で，室内空気質のこと．IAQはそこで働く労働者の健康だけではなく，生産効率性に大きな影響を持つ．FMの目的は，企業・組織等が使用するファシリティの全体としてのあり方を

解答・午後　　431

最適化することであるから，当然 IAQ にも関心が向けられる．

問題106　正解(4)　頻出度 A A
活性汚泥は，おもに好気的条件下で生息する各種細菌や原生動物等の微生物の集合体．
好気的条件下とは，酸素分子が十分存在する，という意味．

問題107　正解(1)　頻出度 A A
メカニカル型接合はねじ込み，溶接，接着等によらない機械的（メカニカル）な接合方法のこと．フランジ接合が代表的なもの．

問題108　正解(5)　頻出度 A A
防振継手は，ポンプ運転時の振動を吸収し配管に伝わらないようにするものである．地震による建築物の揺れ，配管の振動・不等沈下等による変位の吸収のためには，その変位に追従できる可とう継手等を取り付ける．

問題109　正解(1)　頻出度 A A A
木製貯水槽は，堅ろうで狭い場所での組み立てが容易である．また，断熱性が高く結露の心配がない．アメリカでは古くから使用されてきた．欠点は，形状が円形または楕円形に限定される，喫水部に腐朽の恐れがある等．

問題110　正解(3)　頻出度 A A A
通常腐食しにくいステンレス鋼管にも，溶接による酸化皮膜の破壊による腐食，すきま腐食，残留応力腐食などの腐食現象が知られているが，水が着色することはない．
青水は，銅イオンを多く含む水で石鹸を使用した場合に起きる現象で，給水・給湯に銅管を用いた場合に特有な現象である．

問題111　正解(1)　頻出度 A
貯水槽の清掃終了後は，塩素剤を用いて2回以上貯水槽内の消毒を行う（DPD は残留塩素の測定法である）．

問題112　正解(5)　頻出度 A A
定水位調整弁は，水位検出および弁開閉調節動作を行わせるフロート（一般にはボールタップ）を子弁（副弁）として弁本体と分離して受水槽水面に配置し，給水管に設けた親弁（弁本体）との間をバイパス細管で継ぐことによって弁閉止を緩やかな操作で行う形式のもの．ウォータハンマを防止し，貯水槽への給水など比較的大流量の給水・止水に適した構造である．

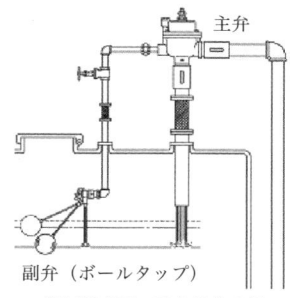

第112-1図　定水位弁の例

問題113　正解(4)　頻出度 A A A
通常，給湯管の管内流速は 1.5m/s 以下とされているが，柔らかい銅管は流速により抉（えぐ）られたような潰（かい）食が起こりやすいので，1.2 m/s 以下とする．

問題114　正解(4)　頻出度 A
ポンプやファンの運転に伴って発生する脈動を伴う騒音を低減する装置をサイレンサといい，ポンプなどの吐出し側に取付ける．

問題115　正解(2)　頻出度 A A A
設計給湯量は第 115-1 表のとおり．事務所が最も少ない．

問題116　正解(1)　頻出度 A A A
中央式給湯設備の場合の給湯温度は，レジオネラ症の発生を防ぐために，給湯栓でピーク使用時においても 55℃以下にしない．

問題117　正解(3)　頻出度 A A A
頂部通気と前者二つは関係がない．
通気管の通気口にはベントキャップとガラリがある．頂部通気とは，トラップウェアから管径の2倍未満の位置から通気管を取出

第115-1表

建物用途	設計値（総合病院，飲食店は実測値の例）
住宅	75～150 L／(人・日)
集合住宅	75～150 L／(人・日)
事務所	7.5～11.5 L／(人・日)
ホテル宿泊部	75～150 L／(人・日)
総合病院	150～200 L／(人・日)
飲食店	30～70 L／(m²・日)，3.1～16 L／食

すことをいい，排水によって閉塞しやすいので好ましくない．

問題118　正解(1)　……………頻出度ＡＡＡ

悪臭防止上，厨房排水と汚水は別の排水槽を設けることが好ましい．

問題119　正解(1)　……………頻出度ＡＡＡ

汚水槽や厨房排水槽は，電極棒を使用すると排水中の固形物が付着したりして電極棒間が短絡し誤作動を起こすので，フロートスイッチ等を用いるのがよい．

問題120　正解(3)　……………頻出度ＡＡＡ

水の出口側が大きいトラップすなわち脚断面積比の大きいトラップは，出口で流速が小さくなり，自己サイホンも起こしにくい．

問題121　正解(3)　……………頻出度ＡＡ

通気立て管の下部は，管径を縮小せずに最低位の排水横枝管より低い位置で排水立て管に接続するか，または排水横主管に接続する．

問題122　正解(4)　……………頻出度ＡＡＡ

封水深はウェアとディップの垂直距離をいう（第122-1図参照）．

問題123　正解(2)　……………頻出度ＡＡＡ

スネークワイヤとは，ピアノ線をコイル状に巻いたものの先端にヘッドを取り付け，機械もしくは手動で回転させながら配管内に送り込むもので，グリース等の固い付着物の除去にも有効である．

問題124　正解(4)　……………頻出度ＡＡＡ

第124-1表

厨芥	毎日取り除く
グリース	7～10日ごとに除去
槽内の底，壁面，トラップ等についたグリースや沈積物	1～2ヵ月に1回程度高圧洗浄等

問題125　正解(5)　……………頻出度ＡＡＡ

排水槽内の排水の貯留時間が12時間を超えると，腐敗による悪臭が強くなる．できるだけ短い貯留時間で排出することが悪臭対策としては望ましい．東京都の指導は2時間以内である．

問題126　正解(2)　……………頻出度Ａ

集中利用形態とは，学校や劇場等で，休み時間などに便器利用が短時間に集中する利用形態で，利用者の一部が待つことがある場合をいう．

問題127　正解(2)　……………頻出度ＡＡ

直接人の肌に触れる温水洗浄式便座の給水は上水を用い，いかなる場合も雑用水を用いてはならない．

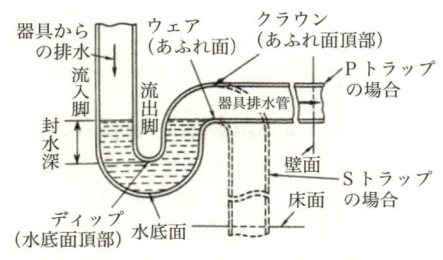

第122-1図　トラップ各部の名称

問題 128　正解(5)　頻出度 A A A
密閉式膨張水槽は安全装置に該当しないので，必ず逃し管（膨張管）または逃がし弁を設ける．

問題 129　正解(3)　頻出度 A A
水洗便所の用に供する雑用水にあっても，大腸菌は検出されてはならない（ビル管法施行規則第 4 条の 2）．

問題 130　正解(2)　頻出度 A A
生物処理法のほうが，発生汚泥量は少ない．
生物処理法は，微生物（酵母菌や油分解菌）を用いた処理方法である．浮上分離法は，凝集剤を添加して，加圧浮上槽で加圧した気泡と凝集剤を接触させて浮上分離させる加圧浮上分離法が一般的である．

問題 131　正解(2)　頻出度 A
微生物とその粘液の固まりであるスライム（ぬめり）は，有機物として水中の残留塩素を多量に消費し著しく減少させる．

問題 132　正解(5)　頻出度 A A A
生物学的硝化脱窒法は，窒素の除去方法である．ウイルスの除去は，オゾン酸化法などが用いられる．

問題 133　正解(3)　頻出度 A A A
単位を kg, m に統一すると，流入 BOD は，
$$200 \text{ mg/L} = \frac{200 \times 10^{-3} \times 10^{-3} \text{ kg}}{10^{-3} \text{ m}^3}$$
$$= 0.2 \text{ kg/m}^3$$
である．
流入 BOD 量は，
流入 BOD × 流入汚水量 = 0.2 × 100
　　　　　　　　　　= 20 kg/日
である．これらを与えられた数式に代入して，
$$汚泥発生量 = 20 \times \frac{90}{100} \times \frac{60}{100} \times \frac{100}{100-98}$$
$$= 20 \times 0.9 \times 0.6 \times 50$$
$$= 0.54 \times 1,000$$
$$= 540 \text{ kg/日}$$

1,000 kg が 1 m^3 なので，0.54 m^3/日．

問題 134　正解(1)　頻出度 A A A
技術管理者を置かなければならないのは，処理対象人員が 501 人以上の浄化槽である．

問題 135　正解(5)　頻出度 A
病院は特定防火対象物であるが，特定建築物に該当しない．事務所は特定建築物に該当するが，特定防火対象物ではない．

問題 136　正解(4)　頻出度 A A
ヒューズガス栓は，ガスコード等が万一はずれたりして過大なガスが漏れると，ガス栓内部のボールが浮き上がり，自動的にガスの流れを停止させるガス栓である．火災とは直接関係ない．

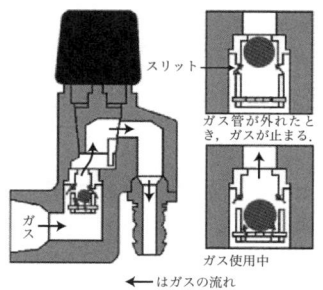

第 136-1 図

問題 137　正解(2)　頻出度 A A
下水道法では，下水を「生活若しくは事業（耕作の事業を除く．）に起因し，若しくは附随する廃水（以下「汚水」という．）又は雨水をいう．」と定義している．耕作の事業，すなわち農業廃水は下水から除かれている．

問題 138　正解(3)　頻出度 A A
次亜塩素酸ナトリウム溶液等の塩素消毒剤は，取り扱いが簡便で，比較的簡単に手に入るので緊急時の使用に適している．

問題 139　正解(5)　頻出度 A A
塩素消毒に対する抵抗性は，細菌＜ウイルス＜原虫のシストの順に大きい．
シスト（嚢子）とは，原虫などのバクテリ

アが硬い殻の中に休眠状態でこもることを言う．環境の変化による場合と，生活史の中で必ず形成される場合とがある．シストになると，乾燥，熱，消毒剤に対して非常に強い抵抗性を示す．

問題140　正解(5) ……………… 頻出度ＡＡ
地球上では，酸素は分子状酸素（O_2）として存在する．また一般に水温が高くなるほど，また塩分が高くなるほど酸素は水に溶解しにくくなる．浄化槽等の生物処理過程では，溶存酸素の濃度は，処理の進み具合，成否の目安となる．

問題141　正解(1) ……………… 頻出度ＡＡＡ
ほこりのうち，室内に浮遊する微粒子は，空気調和設備によって除去され，床や調度品等に付着する粒子は，ビルクリーニングによって除去される．

問題142　正解(2) ……………… 頻出度ＡＡ
作業計画作成では，作業基準表から作業量要因数を割り出し，作業標準時間を使って作業時間を算出，時間軸に沿って作業計画を作成するという手順を踏む．

問題143　正解(1) ……………… 頻出度ＡＡＡ
清掃責任者は，作業手順書について，作業手順は適切か，作業動線は効率的か，あるいは資機材の使い方は正しいか，作業方法にむだはないか等を常に検証し，作業改善や資機材の変更に順じて手順書の改訂を行うようにする．

問題144　正解(4) ……………… 頻出度ＡＡＡ
予防清掃とは，汚れをつきにくく，ついた汚れを除去しやすくすることにより，衛生や美観という品質を向上し，作業の効率化を図ることである．
建材の選択，加工などによって汚れの予防が可能となる．また，汚れの原因となるほこりの外部からの侵入を防止し，内部での発生防止を図ることも予防清掃に含まれる．

問題145　正解(1) ……………… 頻出度ＡＡ
洗剤は取扱説明書等の指示に従い，最適の濃度に希釈して使用するのが原則である．

問題146　正解(2) ……………… 頻出度ＡＡ
比較的多量の水を使う高圧洗浄機は，室内で使用するものではない．

問題147　正解(5) ……………… 頻出度ＡＡＡ
合成洗剤の特長は，石鹸（せっけん）と違って，低温の水や硬水中でも洗浄効果がそれほど低下しないことである．

問題148　正解(4) ……………… 頻出度ＡＡＡ
フロアーオイルは床油ともいわれ，表面加工の行われていない木質系床材の保護と美観の向上に使用される．鉱油を主体とするが乳化（乳化剤によって水と混合された状態）はされていない．

問題149　正解(2) ……………… 頻出度ＡＡＡ
しみ取りは，しみが付いたら直ぐに除去するのが原則である．

問題150　正解(2) ……………… 頻出度ＡＡ
高速の床磨き機を使用するので，摩擦による床材への熱影響（変色等）には注意する必要がある．

問題151　正解(1) ……………… 頻出度ＡＡＡ
階段は建築物内のほこりが集中するところであり，壁面は他の場所より付着度合が高い．

問題152　正解(3) ……………… 頻出度ＡＡＡ
まだ，スチーム洗浄機の付いた自動窓拭き設備は開発されていないようである．

問題153　正解(2) ……………… 頻出度ＡＡ
使用後のモップ，ウエス等の清掃用具は，よく水洗いし，水切りした後，ただちに乾燥して風通しの良い場所に保管する．いつまでも湿ったまま放置したり，狭い収納箱に清掃用具を重ねて保管しない．

問題154　正解(1) ……………… 頻出度ＡＡＡ
廃棄物処理の原則は減量化，安定化，安全化（または無害化）である．最終処分を行う

解答・午後　　　　　　　　　　　　　　　　　　　　　　　　　　　　　　　　　　　435

前に，廃棄物を物理的・化学的・生物化学的に安定な状態にしておくことは「安定化」といわれ，安全化とは，人の健康に被害を及ぼす恐れのある物質や，環境を保全するうえで重大な支障をもたらす恐れのある物質等を含む廃棄物を処理し，それが最終処分された場合，安全であるようにすることである．

問題155　正解(3) 頻出度AAA

廃棄物から有害な重金属などが溶出しないよう措置するのは，減量化，安定化，安全化のうちの安全化である．

問題156　正解(2) 頻出度AAA

(2) 平成13年～平成19年は微増傾向だった．

(1)およそ1,000 g/(人・日)．(3) 2.9 %（平成17年）．(4) 97.1 %（同）．(5)平成17年頃から微減傾向である．

問題157　正解(3) 頻出度AAA

容器包装に係る分別収集及び再商品化の促進等に関する法律．

この法律で言う容器包装は，廃棄物の容積で半分以上を占めるといわれる空き缶，空き瓶，プラスチック製容器等を指す．

問題158　正解(5) 頻出度AAA

事業者は，自らその産業廃棄物の運搬又は処分を行う場合には，政令で定める産業廃棄物の収集，運搬及び処分に関する基準に従わなければならない（廃棄物の処理及び清掃に関する法律第12条）．すなわち，産業廃棄物を自ら運搬し，処分することができる．

問題159　正解(3) 頻出度AA

畜産農場から排出される牛・馬・豚等のふん尿は，ただの産業廃棄物である．

問題160　正解(2) 頻出度AA

原単位の分母は，面積や人と時間（期間）の組合せである．

問題161　正解(1) 頻出度AAA

ゴミの発生を抑制し，さらに発生したゴミの資源化を合理的に行うには，ゴミを発生させた者による，発生時点での分別が最も重要である．

問題162　正解(3) 頻出度AAA

1日の排出質量値は，6 t＝6,000 kgなので，6,000 kg÷5日＝1,200 kg/日．150 kgで1 m^3なので，1,200 kgなら，

1,200÷150＝8 m^3/日

問題163　正解(1) 頻出度AAA

現在では，プラスチックに限らず各個別の建築物内での焼却は法の規制があって一般的ではない．

問題164　正解(3) 頻出度AAA

容器方式は人手がかかり，作業性に優れているとはいえない．

問題165　正解(4) 頻出度AAA

廃棄物の中央集積室には台車等，種々の方法で廃棄物が運搬されてくるので，通路に段差（凹凸）等の障害がないように配慮する．

問題166　正解(1) 頻出度AAA

チカイエカは他のカのように交尾に広い空間を必要としない（狭所交尾性という）．

問題167　正解(3) 頻出度AAA

煙霧処理やULV処理は成虫の生息数を速やかに低下させたい場合に効果的であるが，残効性は期待できない．

問題168　正解(5) 頻出度AAA

チャバネゴキブリが活動，増殖するためには年間を通じ20℃以上の温度が保たれる必要がある．日本の自然環境では越冬できない．

問題169　正解(1) 頻出度AAA

餌となる食物が放置されていては，薬剤による防除はいたちごっこになってしまう可能性が高い．環境的対策（発生源対策＝発生予防対策）である食物管理や防虫，防そ構造の採用により，侵入させない，発生させないことがねずみ，害虫対策では基本である（薬剤による防除等発生したねずみ，害虫等への対

策を発生時対策という）．

問題170　正解(4)　……… 頻出度ＡＡＡ
人間から吸血するダニは，イエダニやトリサシダニである．ツメダニは，刺咬性であるが吸血はしない．

問題171　正解(4)　……… 頻出度ＡＡＡ
タバコシバンムシは穀類，穀粉，菓子類，乾果など乾燥した食品を食害する．特にタバコを食害するのが和名の由来である．生ゴミから発生することはない．

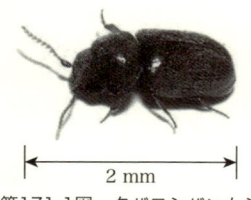

第171-1図　タバコシバンムシ

問題172　正解(2)　……… 頻出度ＡＡＡ
幼若ホルモン様化合物には，メトプレン，ピリプロキシフェンがある．
(1)有機リン剤には分子構造が対称型と非対称型があるが，害虫がこの二つに交差抵抗性を示す度合いは低い．(3)即効性は KT_{50} で示す．LC_{50} は殺虫力を表す．(4)フラッシング効果を持つのはピレスロイド剤．(5)摂食中に中毒反応が生じて，摂食中止を引き起こす個体が出現するなど，食毒剤では速効性がマイナスに働く場合もある．食毒剤に適したホウ酸やヒドラメチルノンを含む製剤が開発されている．

問題173　正解(1)　……… 頻出度ＡＡＡ
乳剤は水で薄めて有効成分濃度 0.5～1% で使用する．

問題174　正解(3)　……… 頻出度ＡＡＡ
電線などを渡るのが得意なのはクマネズミである．ドブネズミは水中を泳ぐのを得意とする．

問題175　正解(5)　……… 頻出度ＡＡＡ
喫食性が悪いのは警戒心が強いクマネズミのほうである．

問題176　正解(2)　……… 頻出度ＡＡＡ
デング熱を媒介する蚊は，ネッタイシマカ，ヒトスジシマカである．
今のところ，チカイエカが媒介する病気は知られていない．

問題177　正解(2)　……… 頻出度ＡＡＡ
衛生害虫用殺虫製剤や殺鼠製剤の薬事法の格付けは，ほとんど全てが普通薬（急性経口 LD_{50} 値 300 mg/kg 超）に該当する（劇薬：30～300 mg/kg 未満，毒薬：30 mg/kg 未満）．

問題178　正解(3)　……… 頻出度ＡＡＡ
水和剤は水で希釈して使用するので，配電盤，冷蔵庫，精密機器などに散布すると短絡事故や故障の原因となる．

問題179　正解(1)　……… 頻出度ＡＡ
ダニは走光性がないので，ライトトラップ（灯火採集）は無意味である．

問題180　正解(5)　……… 頻出度ＡＡＡ
ネズミの防除の基本は，①餌を断つこと（食物・残滓管理），②通路を遮断すること（防鼠構造・防鼠工事，③巣を造らせないことである．
側壁や天井裏の空間を多くするのは，②，③に反する．

平成16年度 解答・解説

合格率9.8%

● 午 前 ●

問題1　正解(2) 頻出度AAA

ビル管理法第1条（目的）　この法律は，多数の者が使用し，又は利用する建築物の維持管理に関し環境衛生上必要な事項等を定めることにより，その建築物における衛生的な環境の確保を図り，もって公衆衛生の向上及び増進に資することを目的とする．

ビル管理法はあくまでも「維持管理」，すなわちソフトウェアに関する法律であって，「構造設備」等ハードウェアに関しては建築基準法など他の法令に譲っている．

問題2　正解(1) 頻出度AAA

企業の自社職員対象の事務系研修所は，学校教育法第1条に規定する学校以外の学校と見なされ，特定建築物の用途に該当する．

問題3　正解(1) 頻出度AAA

特定建築物の届出は，都道府県知事（保健所を設置する市又は特別区にあっては，市長または区長．）に届け出る．

問題4　正解(1) 頻出度AAA

図面は永久保存（法に期限が決められていない）．ほかの帳簿書類の保存期間は5年．

問題5　正解(5) 頻出度AAA

特定建築物の維持管理権原者は，排水に関する設備の掃除を，6月以内ごとに1回，定期に，行わなければならない．

問題6　正解(4) 頻出度AAA

亜鉛およびその化合物は6ヵ月以内に1回，定期に水質検査行う項目である．それ以外はいずれも毎年6月1日から9月30日の間（測定期間）に年1回行う項目である．

問題7　正解(5) 頻出度AAA

下記のビル管理法の規定どおり，まず調査を行わなければならない．ねずみや昆虫が生息していないのに，殺虫剤・殺そ剤をむやみに使用してはならない．

ねずみ等の発生場所，生息場所および侵入経路ならびにねずみ等による被害の状況について，6月以内ごとに1回，定期に，統一的に調査を実施し，当該調査の結果に基づき，ねずみ等の発生を防止するため必要な措置を講ずること（ビル管理法施行規則第4条の5第2項第一号）．

問題8　正解(3) 頻出度AAA

建築物の廃棄物処理を行う事業は登録制度の対象ではない．

登録業は，今のところ，清掃，空気環境測定，空調ダクト清掃，飲料水水質検査，飲料水貯水槽清掃，排水管清掃，ねずみ昆虫防除，環境衛生総合管理の8事業．

問題9　正解(3) 頻出度AAA

しばしば出題されるが，登録の要件に財務管理基準等は定められていない．

登録基準には物的要件（備える設備，機械器具等）と人的要件（監督者，従事者の資格等）がある．物的要件，例えば清掃業では真空掃除機，床みがき機を保有すること，の出

題頻度が高い．

問題10　正解(5)　頻出度AAA
特定建築物に関して法律違反があった場合に罰せられるのは，あくまで「所有者または建物全部の管理について権原を有する者（特定建築物所有者等）」であって，ビル管理士ではない．

問題11　正解(2)　頻出度AAA
下水道法を所管するのは国土交通省である．

問題12　正解(1)　頻出度AAA
ペストは一類感染症である．
(2), (3)三類感染症．(4), (5)五類感染症．

問題13　正解(4)　頻出度AA
※学校保健法は現在学校保健安全法に改称・改正され，出題された条文はなくなった．新法で該当する条文は次のとおり．
第6条（学校環境衛生基準）　文部科学大臣は，学校における換気，採光，照明，保温，清潔保持その他環境衛生に係る事項について，児童生徒等及び職員の健康を保護する上で維持されることが望ましい基準（以下この条において「学校環境衛生基準」という.）を定めるものとする．
2　学校の設置者は，学校環境衛生基準に照らしてその設置する学校の適切な環境の維持に努めなければならない．
3　校長は，学校環境衛生基準に照らし，学校の環境衛生に関し適正を欠く事項があると認めた場合には，遅滞なく，その改善のために必要な措置を講じ，又は当該措置を講ずることができないときは，当該学校の設置者に対し，その旨を申し出るものとする．

問題14　正解(1)　頻出度AA
排水設備の設置を行うのは公共下水道管理者ではない．次のように定められている．
一　建築物の敷地である土地にあっては，当該建築物の所有者
二　建築物の敷地でない土地（次号に規定する土地を除く.）にあっては，当該土地の所有者
三　道路（道路法による道路をいう.）その他の公共施設（建築物を除く.）の敷地である土地にあっては，当該公共施設を管理すべき者

問題15　正解(2)　頻出度AAA
クリーニング業は第15-1表のとおり，許可ではなくて届け出が必要である．

第15-1表

営業に関して都道府県知事（保健所を設置する市又は特別区にあっては市長又は区長）の許可の要るもの	・興行場法に基づく興行場の経営 ・旅館業法に基づく旅館業の経営 ・公衆浴場法に基づく公衆浴場の営業
営業に関して都道府県知事の許可の要るもの	・食品衛生法に基づく飲食店等の営業
都道府県知事に届け出なければならないもの	・理容師法に基づく理容所の開設 ・美容師法に基づく美容所の開設 ・クリーニング業法に基づくクリーニング所の開設

問題16　正解(4)　頻出度AAA
この法律において「公害」とは，環境の保全上の支障のうち，事業活動その他の人の活動に伴って生ずる相当範囲にわたる大気の汚染，水質の汚濁，土壌の汚染，騒音，振動，地盤の沈下及び悪臭によって，人の健康又は生活環境に係る被害が生ずることをいう．

問題17　正解(2)　頻出度AAA
大気の二酸化炭素の基準値を定めても，現在のところコントロールする術がないので無意味である．

問題18　正解(3)　頻出度AAA
メタン CH_4 は無臭である（下水道などの臭いは特定悪臭物質の硫化水素 H_2S による）．

解答・午前　439

問題 19　正解(3)　頻出度AAA

人の健康に係る被害を生ずる有害物質として『カドミウム及びその化合物』をはじめとしてPCBなど26種の有害物質が定められているが，ビル管理法試験では，『人の健康に係る被害を生ずるおそれがある物質として定められていないものはどれか』と出題され，その答は亜鉛か錫（すず）か鉄に限られる（これらは有害物質ではない）．

問題 20　正解(1)　頻出度AAA

第１条（目的）　この法律は，労働基準法と相まって，<u>労働災害の防止</u>のための危害防止基準の確立，責任体制の明確化及び自主的活動の促進の措置を講ずる等その防止に関する総合的計画的な対策を推進することにより職場における<u>労働者の安全と健康</u>を確保するとともに，<u>快適な職場環境の形成</u>を促進することを目的とする．

問題 21　正解(3)　頻出度AA

この法律で「建築士」とは，一級建築士，二級建築士及び木造建築士をいう（建築士法第２条）．

問題 22　正解(4)　頻出度AAA

積載荷重とは，建物内に置く家具（机・いす・テーブル・タンス・棚など）＋在館する人の重さ，固定荷重とは，建物の自重（柱・梁・壁・床）＋仕上材・設備の重量（畳・フローリング・天井など）．

問題 23　正解(2)(3)　頻出度AAA

剛性率は，建物のある階が他の階と比べて脆弱であると，地震時その階が始めに崩壊し，全壊の引き金になるので，全ての階が一定の強さの範囲に収まることを定めたものである．すなわち，建物の強さの立体的なバランスに関する数値である．

偏心率は地震の水平力を受けたときの各階のねじれやすさを示しており，別の言葉で言えば，ねじれに抗する耐力壁などの配置の平面的なバランス（の悪さ）を表している，と言うことができる．

したがって，(2)は剛性率の説明であり，(3)が偏心率の説明である（出題ミス）．

問題 24　正解(1)　頻出度AAA

(1)は折版構造の説明である．トラス構造は「部材を三角形状にピン接合した単位を組み合わせて得られる構造体骨組み．接点に作用する荷重を部材軸方向の力に分散して支持する．大スパン空間に適応する．」となる．

問題 25　正解(1)　頻出度AAA

RC造事務所ビルの法定耐用年数は50年である．

建物など，減価償却資産の取得に要した金額は，取得したときkに全額必要経費になるものではなく，その資産の使用可能期間の全期間にわたり分割して必要経費としていくべきもので，この使用可能期間に当たるものとして，法定耐用年数が財務省令の別表に定められている．

問題 26　正解(4)　頻出度AAA

三ピン支持形式は第26-1図．

第26-1図

問題 27　正解(1)　頻出度AAA

鉄骨構造は耐食性に劣る．

鉄骨構造の特徴は次のとおり．RCに比べ比強度が大きく大スパン構造や高層建築に用いられる．粘り強く耐震性が高い．施工の工期も短く，解体も容易．欠点は，耐火耐食性に劣り，耐火被覆，防錆処理を要する．低温で起きやすい脆性破壊という欠点もある．

問題 28　正解(1)　頻出度AAA

あばら筋はせん断補強筋である．曲げモーメントはコンクリートと主筋が受け持つ．

問題 29　正解(2) ……………… 頻出度 A A A

水セメント比はコンクリートの強度，耐久性に大きな影響を及ぼす．

水セメント比は，セメントに対する水の重量比，すなわち，（水/セメント）×100 %，一般に 40〜65 %である．水セメント比が大き過ぎると（水っぽいと）圧縮強度が落ちる，クリープが大きくなる，中性化が早くなる，透水性が大きくなる，乾燥収縮が大きくなるなどの不具合の原因となる．

問題 30　正解(4) ……………… 頻出度 A A A

夏季（夏至）の日射受熱は東壁面，西壁面でピーク時約 600 W/m²，1 日通算で約 3 kW·h/m² と大きいのに対して，南面では太陽高度が高いので，ピーク 200 W/m² 強，1 日通算約 1.5 kW·h/m² と小さい．したがって，日射を通しやすい窓を，東西壁面で小さく，南面で大きくする．また，西面の受熱量が大きくなる午後の時間帯は気温も上昇しているため，西側の部屋の温度はいっそう高温になりやすい．

問題 31　正解(2) ……………… 頻出度 A A A

光電式煙感知器が正しい．差動式，補償式は熱感知器，紫外線式，赤外線式は炎検知器である．

問題 32　正解(5) ……………… 頻出度 A A A

定員を計算する場合，65 kg/人で計算する（建築基準法施行令第 129 条の 6）．900÷65≒13.85 なので 13 人となる．

規格型の規格とは業界規格のようである．規格型の型式は P-13-CO-60 のように記すが，定員 13 名，扉がセンター・オープン，定格速度が 60 m/min の意味である．

エスカレータの定格速度は，国土交通省の告示で，こう配 30°〜35°の場合 30 m/min である．

問題 33　正解(5) ……………… 頻出度 A A A

「建築」とは，建築物を新築し，増築し，改築し，又は移転することをいう（建築基準法第 2 条第十三号）．「建築」に「修繕」は入っていないが，同条の十四号に「大規模の修繕」は，「建築物の主要構造部の一種以上について行う過半の修繕をいう．」とある．

問題 34　正解(5) ……………… 頻出度 A A A

階段室は居室ではない．

いずれも前問と同じく建築基準法第 2 条（用語の定義）からの出題．

「居室」とは，居住，執務，作業，集会，娯楽その他これらに類する目的のために継続的に使用する室をいう．（同条第四号）

浴室，洗面所，便所，納戸，廊下，玄関，機械室なども居室ではない（ただし，常時開放された開口部を通じて居室と相互に通気が確保される廊下などは居室の扱いとなる）．

問題 35　正解(5) ……………… 頻出度 A

人工的に開発された冷媒，すなわちフロンの地球温暖化係数は，数百から 1 万程度と桁違いに大きい．

問題 36　正解(5) ……………… 頻出度 A A A

オゾンは化学的要因にあげられる．

問題 37　正解(5) ……………… 頻出度 A A A

下垂体，副腎，甲状腺等は内分泌系である．神経系には中枢神経系と末梢神経系がある．

問題 38　正解(3) ……………… 頻出度 A A A

冷房障害の訴えは著しく女性に多い．

男性は外に出る仕事が多いのに比べ，女性は室内で長時間じっと座ったまま机に向かう仕事が多いこと，男性に比べて女性のほうが薄着で，衣服重量で男性の 3 分の 2 ぐらいであること，女性には体質的に冷え症が多いこと等がその理由と考えられている．

問題 39　正解(2) ……………… 頻出度 A A A

シックビル症候群には，狭心症，心筋梗塞などの深刻な症状は含まれない．

問題 40　正解(1) ……………… 頻出度 A A A

照度はあまり関係がないと思われる．シッ

解答・午前　441

クビル症候群は，複合した空気汚染物質やアレルゲンを長期間吸入することが発症の原因とされている．

問題41　正解(2)・・・・・・・・・・・・頻出度AAA

たばこ煙には20～90μg/本（主流煙），1,300μg/本（副流煙）のホルムアルデヒドが含まれているといわれる．

問題42　正解(3)・・・・・・・・・・・・頻出度AAA

ヒュームは，固体の加熱により発生した蒸気が冷却凝縮して再び個体となったもので，溶接や，銑鉄・鋳鉄の出湯・注湯時に発生する．

粉じん（ダスト），ヒュームは個体，ミストは液体，煙（スモーク）は個体・液体混合のエアロゾルである．

問題43　正解(1)・・・・・・・・・・・・頻出度AAA

母親自身の喫煙，重度の受動喫煙，いずれも低出生体重児出産の危険性が増加すると言われている．

(2)フィルタ等の有り無し等により，その組成はかなり異なる．(3)副流煙である．喫煙者が吸うのが主流煙．(4)健康増進法は公共の場所での受動喫煙の防止をその場所の管理者に努力義務として課している．家庭・住宅での喫煙には何も触れていない．(5)一酸化炭素，浮遊粉じんの濃度を指標とする（厚生労働省：職場における喫煙対策のためのガイドライン）．

問題44　正解(1)・・・・・・・・・・・・頻出度AAA

オゾンは，紫外線（UV）の高レベルの光エネルギーによって簡単に発生するが（$3O_2 + UV \rightarrow 2O_3$），白熱電球の発する可視光や赤外線の低レベルの光エネルギーでは発生しない．落雷の際の放電，コピー機，レーザプリンタが利用しているコロナ放電では紫外線が発生している．

問題45　正解(4)・・・・・・・・・・・・頻出度AAA

人間の振動感覚にも聴覚と同じように周波数特性があるので，振動感覚に基づいて周波数補正した加速度レベルを振動レベルという．

問題46　正解(3)・・・・・・・・・・・・頻出度AAA

ディスプレイを用いる場合のディスプレイ画面上における照度は500ルクス以下，書類上及びキーボード上における照度は300ルクス以上とすること（厚生労働省「VDT作業における労働衛生管理のためのガイドライン」より）．

問題47　正解(2)・・・・・・・・・・・・頻出度AAA

JISの事務所照度基準によれば，非常階段が一番暗くて75 Lx以下でよい．昼間の玄関ホールは，外部の明るさに負けないように，室としては一番明るくする(750 Lx以上)．倉庫，エレベータ，会議室は常識で判断できる．

問題48　正解(5)・・・・・・・・・・・・頻出度AAA

電離放射線の単位は，Bq（ベクレル），Sv（シーベルト）など．テスラは空間の磁場の強さ（磁束密度）の単位．

電離放射線とは，物質をイオン化する作用をもった高エネルギー放射線のことで，粒子線（α線，β線，中性子線）と電磁波（γ線，X線）がある．

Bqは放射能の強さ（原子核の崩壊数/秒）．Svは生体の吸収線量（1 Sv＝1 J/kg）．

問題49　正解(1)・・・・・・・・・・・・頻出度AAA

成人が生理的に必要とする水分は約1.5L/日であるが，体重当たりに換算すると，小児は成人の3～4倍を必要とする．

問題50　正解(1)・・・・・・・・・・・・頻出度A

浮腫は体内の水分が過剰になった場合の症状である．尿生成の停止は，水分の欠乏率が体重の18%に及ぶと起こる．

問題51　正解(4)・・・・・・・・・・・・頻出度AAA

聴覚器官が老化で固くなり高い周波数の空気振動に追従できなくなるため，高齢者の難聴は8,000 Hzくらいの高い周波数から始まる．

問題52　正解(5)・・・・・・・・・・・・頻出度AAA

インフルエンザの病原体はインフルエンザ

ウイルスである．A型，B型，C型の種類がある．

問題 53　正解(1) ……………… 頻出度AAA
水系感染症は，患者の性別，職業，年齢等に無関係に発症する．

問題 54　正解(2) ……………… 頻出度AAA
レジオネラ症は四類感染症である．

問題 55　正解(4) ……………… 頻出度AAA
クリプトスポリジウムは宿主の体外ではオーシストと呼ばれる厚い壁で内部が覆われ，塩素による消毒は効果がほとんどない（最近の知見でCT値が1,600 mg·min/L．CT値とは，消毒剤濃度×接触時間のこと．水道水の残留塩素の規定が0.1 mg/Lであるから，消毒に16,000分（約11日間）かかることになる．）．

問題 56　正解(3) ……………… 頻出度AAA
放射性排水の放射線の強さの単位は，Bq/cm^3 である．

問題 57　正解(5) ……………… 頻出度AAA
バキュームブレーカを設置する目的は，逆サイホン作用による汚水の給水管への逆流を防止することである．

問題 58　正解(2) ……………… 頻出度AAA
簡易専用水道は，水槽の有効容量の合計が10 m^3を超えるもの（水道法施行令第2条）．

問題 59　正解(5) ……………… 頻出度AAA
揚水ポンプは，高置水槽の水位低下によって起動する．

問題 60　正解(4) ……………… 頻出度AAA
逆止弁による接続は，「クロスコネクションとは，上水の給水・給湯系統とその他の系統が，配管・装置により直接接続されること」というSHASE-S206の規定を脱しないので禁止である．実際，逆止弁はごみを噛んで内漏れ（逆流）を起こすことが稀ではない．

問題 61　正解(4) ……………… 頻出度AAA
水柱分離は，ウォーターハンマの原因であるからその発生を防止しなければならない．
屋上での横引きが長いと立て管の曲り部分で水柱分離が起きやすいので，横引きは最下階で行う．

問題 62　正解(2) ……………… 頻出度AAA
配管と貯水槽との接続は，十分可とう性のある接続にして地震時の揺れで破壊されないようにする．

問題 63　正解(4) ……………… 頻出度AAA
亜鉛めっき鋼管は従来給水管の主流であったが，腐食による赤水の発生，さびこぶによる閉塞，ねじ部の腐食による漏水などが多発し，他のより優れた給水管の開発普及により飲用水の配管材としては適用されないこととなった．JISでも名称が「水道用亜鉛めっき鋼管」から単に「水配管用亜鉛めっき鋼管」に変更された．

問題 64　正解(4) ……………… 頻出度AAA
アルカリ側で消毒効果が急減する．
残留塩素のうち遊離残留塩素は，pHが2～7（酸性側）では次亜塩素酸（HOCl）が主で，pH値が高くなるにつれて次亜塩素酸イオン（OCl⁻）が増え，pH9以上ではほとんどがOCl⁻となる．次亜塩素酸のほうが次亜塩素酸イオンの80倍ほど殺菌力が強力なので，塩素消毒の効果は酸性側で強力である．

問題 65　正解(2) ……………… 頻出度AA
厨房の皿洗い機のすすぎ温度は80 ℃とする．

問題 66　正解(4) ……………… 頻出度AA
銅管における単式伸縮管継手の設置間隔は，20 m程度とする．

問題 67　正解(5) ……………… 頻出度AAA
残留応力腐食は，固いので応力が残留するステンレス鋼管で起きる．柔らかい銅管では潰（かい）食，孔（こう）食が起きやすい．

問題 68　正解(2) ……………… 頻出度AAA
平成15年の厚生労働省の告示「空気調和

設備等の維持管理及び清掃等に係る技術上の基準」の改正により，貯湯槽も貯水槽に含まれることになり，給湯設備の維持管理もほぼ給水に準じることとなった．

したがって，防錆（せい）剤の使用も給水設備と同じく，「防錆剤の使用は，赤水等の対策として飲料水系統配管の布設替え等が行われるまでの応急対策とし,使用する場合は,適切な品質規格及び使用方法等に基づき行うこと.」となった．

問題 69　正解(3)　　　　　　　　　　頻出度AAA
第一種圧力容器の自主検査は1ヵ月以内に1回定期に行わなければならない．

問題 70　正解(3)　　　　　　　　　　頻出度AA
下水道法では下水を汚水と雨水に分類している．したがって,雨水は汚水に含まれない．

問題 71　正解(5)　　　　　　　　　　頻出度AAA
Pトラップ，Sトラップ，Uトラップはサイホン式トラップといい，封水損失を起こしやすい．

問題 72　正解(5)　　　　　　　　　　頻出度A
ループ通気方式の許容流量は，各個通気方式と同程度である．

問題 73　正解(3)　　　　　　　　　　頻出度AAA
第73-1図のように150mm以上の高さで横走させる．

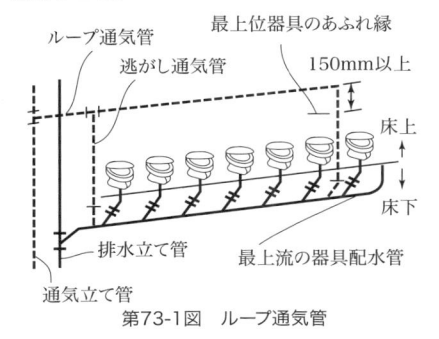

第73-1図　ループ通気管

問題 74　正解(5)　　　　　　　　　　頻出度AAA
雨水排水管を合流式の敷地排水管に接続する場合は，ルーフドレンから悪臭等が生じないようにトラップを設ける．

問題 75　正解(2)　　　　　　　　　　頻出度AAA
絶縁抵抗は1MΩ以上を良とする．

問題 76　正解(4)　　　　　　　　　　頻出度AA
メタンの発生と排水槽の漏水は特に関係があるとは考えられない．

問題 77　正解(1)　　　　　　　　　　頻出度AAA
排水の貯留時間が長いと，槽内の汚物の腐敗が進行し悪臭がひどくなる．貯留時間ができるだけ短くなるように，また運転停止位置で汚泥が残らないように，運転停止水位はできるだけ低い位置に設定する．特に厨房排水は，ピット内となるよう停止水位を設定する．

問題 78　正解(2)　　　　　　　　　　頻出度AAA
公衆用で使用頻度が高いところでは詰まりの可能性が高いので，最近ではトラップ着脱式の採用が増えている．

問題 79　正解(3)　　　　　　　　　　頻出度AA
洗浄弁は，洗浄水を流すために押し上げられたピストンバルブの下降スピードによって1回の流水時間が調節されている．開閉ネジを開けすぎると，ピストンバルブは水の流勢によってすばやく下降し水の流れを締め切るので，吐水口時間は短くなる．

問題 80　正解(4)　　　　　　　　　　頻出度AAA
バタフライ弁は，仕切弁や玉型弁に比べて設置スペースが少なくてすむので，大口径の配管で使われる．

問題 81　正解(3)　　　　　　　　　　頻出度AAA
雑用水は，散水・修景・清掃用，水洗便所用にかかわらず，遊離残留塩素の含有率を100万分の0.1（結合残留塩素の場合は，100万分の0.4）以上．病原生物に著しく汚染されるおそれがある場合は，遊離残留塩素100万分の0.2（結合残留塩素の場合は，100万分の1.5）以上とする，と定められている．すなわち塩素消毒が必要である．

問題82　正解(2) ……………… 頻出度AA
　厨房排水除害施設は動植物油の除去が主で，浮上分離法と生物処理法がある．浮上分離法で主流である加圧浮上分離法では，排水の密度と油分の密度の差が大きく，凝集した油分の直径が大きいほど浮上速度が速くなり，油分の除去率がよくなる．

問題83　正解(5) ……………… 頻出度AA
　浄化槽法第2条（定義）の条文から．
　浄化槽　便所と連結してし尿及びこれと併せて雑排水を処理し，下水道法第2条第六号に規定する終末処理場を有する公共下水道以外に放流するための設備又は施設であって，同法に規定する公共下水道及び流域下水道並びに廃棄物の処理及び清掃に関する法律第6条第1項の規定により定められた計画に従って市町村が設置したし尿処理施設以外のものをいう．

問題84　正解(3) ……………… 頻出度AAA
　沈殿槽には，水位によって作動するようなポンプは設置されない．
　沈殿槽は，処理のフローシートの最終部分にあって，生物反応槽からの流入水からSS（浮遊物質）を沈殿分離し，きれいな上澄み水を得るために設けられ，上澄み水は越流せきを越えて消毒槽へ流れ込む．

問題85　正解(3) ……………… 頻出度AAA
　連結送水管，連結散水設備は，官消防隊（プロの消防隊）が使う「消火活動上必要な施設」に分類される．「消防の用に供する設備」は，ビルの利用者や自衛消防組織が使用するものである．

問題86　正解(4) ……………… 頻出度AA
　閉鎖型乾式スプリンクラー設備のアラーム弁二次側には，水の代わりに圧縮空気が充てんされている．

問題87　正解(2) ……………… 頻出度AA
　都市ガスの比重が0.5～0.6なのに対して液化石油ガス（LPガス）の比重は1.5～2と重いので，漏れると床に滞留する．したがって，ガス漏れ警報器は床付近に取り付ける．

問題88　正解(5) ……………… 頻出度A
　指定講習テキスト下巻（平成25年3月31日発行）p4の文章からの出題．

問題89　正解(1) ……………… 頻出度AA
　富栄養化とは，窒素，りん，珪酸などの栄養塩類が増えることである．富栄養化した海域で異常発生したプランクトンは，海水が赤っぽく見える「赤潮」と呼ばれる現象を引き起こすが，死んだ後は海底に沈み，分解されるときに大量の酸素が消費される．こうして発生した酸素濃度の低い海水が海面に上昇したとき，青白く見えることから「青潮」と呼ばれる．
　湖や池の淡水系で，プランクトンが異常に増えて水面の色を変えてしまう現象を「水の華」と呼ぶ．

問題90　正解(3) ……………… 頻出度AAA
　BODの測定では，試料を20℃に保たれた恒温槽に入れ，5日間置いた後に溶存酸素を測定し，好気性微生物が有機物質を分解するのに消費した酸素を算出する．

●午　後●

問題91　正解(3) ……………… 頻出度AAA
　輝度の単位はcd/m^{2}である．cd（カンデラ）は光度の単位．

問題92　正解(5) ……………… 頻出度AA
　CETは修正有効温度（Corrected Effective Temperatur）の略語である．エネルギー消費係数は，CEC（Coefficient of Energy Consumption）である．
　なお，英語の略語はその読み方によって分類される．CETをシー・イー・ティーと読めばイニシャリズム（initialism），セットと読めばアクロニム（acronym）である．

解答・午後　445

問題93　正解(4) ……………… 頻出度AA
　二重ガラスや壁内部の中空層（空気層）の熱抵抗は，厚さが2cm程度までは厚さが増すにつれて増大するが，それ以上ではほぼ一定となる．

問題94　正解(2) ……………… 頻出度AAA
　絶対湿度の増加は，露点温度（ならびに水蒸気分圧）の上昇を意味する．

問題95　正解(2) ……………… 頻出度AAA
　第95-1図で，縮まない完全流体の定常流では，単位時間に断面Aから流入する流体の質量と断面Bから流出する流体の質量は，ABの間で突然流体が湧いたり消失しない限り等しい．

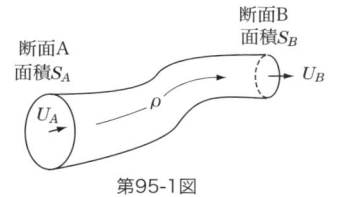

第95-1図

すなわち，流体の密度を ρ とすれば，
$$S_A \cdot U_A \cdot \rho = S_B \cdot U_B \cdot \rho$$
ただし，S_A：断面Aの断面積 m^2
　　　　U_A：断面Aでの流速 m/s
　　　　ρ：流体の密度 kg/m^3
　　　　S_B：断面Bの断面積 m^2
　　　　U_B：断面Bでの流速 m/s
これを連続の式という．ρ が一定の場合，断面が小さい（ダクトの断面積が小さい）場所では流速が大きくなることを示している．
　ベルヌーイの定理は，流れに連続の式とエネルギー保存の法則を適用して，流れのどの断面をとっても同じ質量の流体の持つエネルギーは等しいとする．
　すなわち，非粘性の理想的な流体では，単位時間にある断面を通過する流体の持つエネルギーは運動エネルギー（$\frac{1}{2}mU^2$），圧力のエネルギー（PV），外力によるエネルギー（位置エネルギー：mgh）の合計となり次式が成立する．
$$\frac{1}{2}mU^2 + PV + mgh = 一定$$
　質量 m = 体積 V × 密度 ρ であるから，上式を V で除した，
$$\frac{1}{2}\rho U^2 + P + \rho gh = H（一定）$$
も成り立つ．この式の各項は圧力の次元を持ち，第1項を動圧，第2項を静圧，第3項を位置圧，H を全圧と呼ぶ．すなわち，全圧＝動圧＋静圧＋位置圧である．

問題96　正解(2) ……………… 頻出度A
　排気ファンの近くが最も圧力が低く，換気口の近くが室外の大気基準圧に近い(2)が正しい．

問題97　正解(1) ……………… 頻出度AAA
　東京都の立入検査の結果によれば，温度の不適率はビル管理法施行（昭和46年）当初の10%台から近年では3～4%で推移しており，高まる傾向ではない．

問題98　正解(5) ……………… 頻出度AAA
　放射冷暖房方式だけでは換気ならびに湿度の調節が行えないので，別途空調機との併用となる．

問題99　正解(4) ……………… 頻出度AAA
　結露を防止するには，その場の空気の露点温度より低い温度の場所を作らないことが原則である．すなわち，温度を高く保つか，湿気を遮断して空気の露点を下げなければならない．壁の内部結露を防ぐには，断熱材の室内側に防湿層を設ける，もしくは外断熱とする必要がある．

問題100　正解(4) ……………… 頻出度AAA
　浮遊真菌の単位は［個/L］．事務所ビルなどでは0.02～0.03個/L．

問題101　正解(4)　頻出度AAA
トルエンは建材，接着剤，塗料や溶剤などから発生する．白熱電球からは特に何も発生しない．

問題102　正解(4)　頻出度AAA
実例では，CO濃度が建築物内で一様に高いという例は少なく，特定の時間帯や階（または居室）で高いという例が多い．これは，燃焼器具（厨房，湯沸し，暖房），駐車場排気，たばこ煙，外気（近隣の厨房排気，自動車の排気ガス）の侵入が疑われる．

問題103　正解(1)　頻出度AAA
窒素酸化物の影響の大部分は，二酸化窒素によるもの．燃焼器具から発生するのは一酸化窒素であるが，ただちに空気中の酸素と結合しNO_2となる．

問題104　正解(3)　頻出度AAA
一般の事務室や会議室の換気方式は混合方式である．室内には清浄空気と還気の室内汚染空を混合して吹出し，余剰の還気を排気する．整流方式とは，清浄空気をピストンのように一方向の流れとなるよう室内に供給し，室内汚染物質を拡散させることなく，そのまま排気口へ押し出す方式で，半導体のクリーンルーム等で採用される．

問題105　正解(1)　頻出度AAA
与えられた式に数値を代入し，
$$C = 1 \times \frac{28}{24} = 1.1666\cdots$$
$$\fallingdotseq 1.2 \text{ mg/m}^3 = 1.2 \times 10^{-3} \text{ mg/L}$$

この数式は，ボイル・シャルルの法則から導かれる．どんな気体でも物質量1 molの気体は24 Lの体積を占める（20 ℃，1,013 hPaの値．標準状態273 K，1,013 hPaでは，22.4 L）．そして気体が一酸化炭素であれば，そのときの質量濃度は28 g/24 Lであり，体積濃度は1（= 10^6 ppm）である．では，体積濃度が1 ppm（= 10^{-6}）のときの質量濃度はいくらか，という意味である．28 g/24 Lの100万分の1は，
$$\frac{28 \text{ g}}{24 \text{ L}} \times 10^{-6} = 1.1666 \times 10^{-6} \text{ g/L}$$
$$\fallingdotseq 1.2 \times 10^{-3} \text{ mg/L}$$

問題106　正解(4)　頻出度AAA
粉じん保持容量は，圧力損失が初期値の2倍となるまで，あるいは最高圧力損失になるまで，あるいは粉じん捕集率が規定値の85％にまで低下するまでに捕集される粉じん量として示される．

問題107　正解(4)　頻出度AA
フェノールとホルムアルデヒドを縮合させたベークライトは，最初に実用化されたフェノール樹脂である．尿素樹脂は別名ユリア樹脂ともいわれ，尿素とホルムアルデヒドから合成される．ホルムアルデヒドの建築物環境衛生管理基準値は 0.1 mg/m³ 以下である．

問題108　正解(2)　頻出度AAA
TVOCとは，空気中に存在する全てのVOCsの総質量である．TVOCは，健康への影響を直接的に評価するものではない．

※現在ではTVOCの概念は少し変わってきているようで，日本では，一生涯にわたって摂取しても，一般的に健康への影響は受けないであろうと判断される値として，13のVOCの指針値とTVOCの暫定目標値を定めている．

問題109　正解(2)　頻出度AAA
熱負荷の計算をするとき，日射や室内発熱，水蒸気の発生は，一般に暖房にとって安全側であるので算入しない（無視する）．

問題110　正解(4)　頻出度AAA
取り入れ外気量を Q [m³/h]，室内の二酸化窒素発生量を M [mg/h]，室内の基準を C [mg/m³]，外気の二酸化窒素濃度を C_o [mg/m³] とすると，1時間の間に室内から排出される二酸化窒素の量について次の式が成り立つ．
$$Q \times C = Q \times C_o + M$$

これから，
$$Q \times C - Q \times C_O = M$$
$$Q = \frac{M}{C - C_O} = \frac{6}{0.2 - 0.05} = 40 \text{ m}^3/\text{h}$$

問題111　正解(3)　　　頻出度A

外気導入率をX%，二酸化炭素の外気濃度をC_O[ppm]，吹出し口濃度をC_S[ppm]，還気濃度をC_R[ppm]，吹出し風量をV[m³/h]とすると，1時間の間に室内から排出される二酸化炭素の量について次の式が成り立つ．

$$V \times C_S = V \times \frac{X}{100} \times C_O + V \times \frac{100-X}{100} \times C_R$$

両辺を$V/100$で割ると，
$$100C_S = X \times C_O + (100-X) \times C_R$$
$$= X(C_O - C_R) + 100C_R$$

これから，
$$X = \frac{100C_S - 100C_R}{C_O - C_R}$$
$$= \frac{C_S - C_R}{C_O - C_R} \times 100 \quad \cdots(a)$$
$$= \frac{600 - 800}{400 - 800} \times 100$$
$$= 50 \text{ \%}$$

※(a)式は二酸化炭素の濃度から外気導入率を知る公式として知られる．

問題112　正解(2)　　　頻出度AA

40 ppm → 20 ppm で 100 分，20 ppm → 10 ppm で 100 分，10 ppm → 5 ppm で 100 分，都合300分かかる．

問題113　正解(2)　　　頻出度AAA

吸収冷温水器は冷房運転，暖房運転，冷水温水同時供給運転いずれの場合も，機内は高真空に保たれる．

問題114　正解(2)　　　頻出度AAA

開放型の蓄熱槽では，搬送動力が大きくなる．

冷温水を循環させるためには，地下の蓄熱槽から最も高位置にある空調機までの実揚程＋配管抵抗を上回る揚程の強力なポンプを必要とする．蓄熱槽を有しない密閉の冷温水回路では，配管抵抗を上回る揚程に対応するポンプでよい．

問題115　正解(3)　　　頻出度AAA

炉筒煙管ボイラは，胴内に炉筒と煙管群との両方を設けた内だき式のボイラで，一般に直径の大きな波形炉筒1本と煙管群からなっている．

貫流ボイラはボイラ内に給水系の循環回路がなく，給水は給水ポンプによって強制的にボイラの一端からボイラ水管内に送り込まれ，途中で加熱されながら順次，飽和水，飽和蒸気，過熱蒸気の過程を経てボイラの他端からそのまま蒸気として送り出される構造である．

無圧温水器は大気圧式温水器とも呼ばれ，蒸気室が大気に開放され，真空温水器と同様ボイラとしての法適用を受けない．

問題116　正解(2)　　　頻出度AAA

圧縮機に液体の冷媒が吸い込まれることを液バックといい，液体は圧縮し難いため圧縮機が破損する原因となる．実際の冷凍機では，圧縮機に入る冷媒が適当な過熱度（飽和温度との差，＋5℃程度）を持つ過熱蒸気となるように，膨張弁の開度を調整して循環冷媒量を加減している．

問題117　正解(1)　　　頻出度AAA

吸収冷凍サイクルの冷媒は水である．

問題118　正解(1)　　　頻出度AAA

ビル用マルチエアコン（通称ビルマル）は，普通，換気の装置を持たないので別途換気設備を設ける．換気設備として全熱交換器を設置することが多い．

問題119　正解(3)　　　頻出度AAA

スロット型は軸流吹出口の一種である．軸流吹出口は1本の軸に沿うように気流が吹き出す吹出口のことで，他にノズル型，パンカルーバー型，グリル型などがある．気流が全

周にわたってふく射状に吹出すのがふく流吹出口で，アネモスタット，パン型などがある．

問題120　正解(5)　……………頻出度ＡＡ

ガス除去容量とは，ガス除去率が規定値の85％に低下するまでに捕集されるガスの重量である．

問題121　正解(4)　……………頻出度ＡＡＡ

換気量が同じであれば，定常状態では汚染濃度 C は次式で表され，室の大きさにはよらないことがわかる．

$$C = C_o + \frac{M}{Q}$$

ただし，C_o：汚染発生前の室内濃度（＝外気濃度），M：汚染物質の発生量，Q：換気量
※換気量ではなくて換気回数が同じという条件だと，Q＝室容積×換気回数となって，室容積が小さいほうが換気量が少なくなるので，汚染物質の濃度は高くなる（若干不適当な出題）．

問題122　正解(3)　……………頻出度ＡＡ

ベーン送風機はベーン（案内羽根）をもった軸流送風機である．

気流が送風機に入る向きと出る向きで，遠心，横流，軸流に分けられる．遠心は軸方向から入って円周方向に吹出す．横流は，円周方向（軸に対して横）から入ってそのまま円周方向に吹出す．軸流は軸方向から入って軸方向に吹出す．軸に斜めに入って軸方向に吹出す斜流送風機もある．

問題123　正解(4)　……………頻出度ＡＡＡ

相対湿度は，平均値ではなくて常に基準を満たさなければならない．2回目が基準（40％以上70％以下）に満たない．

問題124　正解(5)　……………頻出度ＡＡＡ

ガルバニ電池方式は酸素濃度の測定方法である．臭気は，原因物質の濃度測定にはガスクロマトグラフ法，検知管法，臭気の直接測定には人間の嗅覚により測定する官能試験として，ASTM法，3点比較式臭袋法などがある．

問題125　正解(4)　……………頻出度ＡＡＡ

サンドイッチイライザ法はダニアレルゲンの免疫学的測定法である．ラドンガスの測定はラドンガスが放出する α 線に感光するフィルムによるパッシブ法と，ポンプによって被験空気を吸引収集し半導体型の測定器やシンチレーションカウンタによって測定するアクティブ法がある．

問題126　正解(5)　……………頻出度ＡＡＡ

金属の酸化物を用いたサーミスタ温度計は，温度によって電気抵抗値が変化することを利用した抵抗温度計の一種である．熱電対温度計は，異種の金属を接合して閉回路を作り，二つの接合点に温度差を与えると回路に熱起電力が生じて熱電流が流れる現象を利用したもので，この熱起電力の変化量から温度を求める．

問題127　正解(1)　……………頻出度ＡＡＡ

アウグスト乾湿計もアスマン通風乾湿計も乾球と湿球の2本の棒状ガラス温度計を持つのは同じだが，アスマン計は強制ファンによって安定した通風状態の中で測定できるようになっており，また温度計の収まる通風筒は二重構造で，表面はメッキされ放射熱の影響を防いでいる．このため，アスマン計のほうが格段に精度が良い．スプルングの式もしくは付属の円形計算尺から相対湿度を求める．

問題128　正解(4)　……………頻出度Ａ

パン型加湿器は，電熱により直接水を加熱し沸騰させ蒸気にする方法．カルキが水槽内に沈殿および発熱体に付着し発熱を妨害し，清掃が大変である．設備費は安いが耐用年数は短い．

スケール発生を抑えるために水槽内の水をオーバーフローさせ，入れ替える改良型があ

る．滴下式加湿器も加湿量＋スケールの洗い流しに必要な量の給水が必要である．電熱式ユニット加湿器は洗浄電磁弁と排水電磁弁をもち，定期的に蒸発槽内部を洗浄しスケールの付着を抑制する．

問題129　正解(5)　　頻出度ＡＡ

濃縮管理方法では，pHではなくて電気伝導度を測定している．不純物の電解質の濃縮に従って電気伝導度は上昇する．

問題130　正解(5)　　頻出度ＡＡＡ

床仕上げ材の弾性が大きく影響するのは，ナイフやフォークを落としたり，テーブルを引きずったときに下室に発生する軽量床衝撃音に対する遮音性能である．

問題131　正解(4)　　頻出度Ａ

超低周波音は可聴低周波音を伴うことが多く，普通これらをまとめて低周波音として取り扱う．

問題132　正解(1)　　頻出度Ａ

近ければ騒音が大きくても相手の声は聞き取れる．離れれば小さな騒音でも会話の邪魔になる．すなわち距離が大きくなれば会話妨害レベル（SIL）は小さくなる（反比例しているわけではない）．例えば，会話者の距離が0.75 mならSILは55 dBだが，4.2 mになれば40 dBとなる．

問題133　正解(2)　　頻出度ＡＡ

間接昼光率とは，窓から差し込みいったん天井や壁に反射した天空光による昼光率なので，窓面積に比例する．

室のある場所のあるときの照度は，そのときの全天空照度×昼光率で求められる．昼光率は窓などの採光面とその場所の位置関係によって決まる値で，季節や天候は関係がない．昼光率は天空光が直接照らす昼光率と，間接昼光率の和となる．

問題134　正解(1)　　頻出度ＡＡ

光束法により，

$$E = \frac{N \cdot F \cdot U \cdot M}{A}$$

$$= \frac{20 \times 3{,}000 \times 0.6 \times 0.7}{60}$$

$$= 420 \text{ Lx}$$

問題135　正解(5)　　頻出度ＡＡＡ

ハロゲン電球は熱放射の光を利用している．放電（電子の放出）を利用しているランプには，水銀ランプ，メタルハライドランプ，蛍光ランプなどがある．

問題136　正解(3)　　頻出度ＡＡ

昭和40年代にそれまでの床用スクイジーに対してウエット式掃除機が普及し始めた．

問題137　正解(4)　　頻出度ＡＡＡ

(4)は「よく慣れた人」が適当．

問題138　正解(2)　　頻出度ＡＡ

ローリングタワーは高所作業に用いる移動足場のことである．高所作業ではトラロープ等を用いて作業範囲を確保し，第三者の安全を確保する．

問題139　正解(1)　　頻出度ＡＡ

化繊性パッドは，床磨き機に取り付けてほこり以外の汚れの除去に用いる．

問題140　正解(3)　　頻出度ＡＡ

予防清掃にはなるべく吸水性の小さい建材が好ましい．吸水性の高い建材は汚れやすい上に内部にしみこみやすく，錆やかびも生じやすいので予防清掃し難い．

問題141　正解(2)　　頻出度ＡＡ

液体と気体の間や油と水のように，溶けあわない物質同士の間には界面が存在する．界面活性剤は疎水基と親水基を1分子の中にもち，水の界面に吸着しその表面張力を低下させる．界面活性剤はごく薄い膜となるので，少量でその効果を現す．

問題142　正解(4)　　頻出度ＡＡ

(4)を除いて全て弾性床（塩化ビニルタイル等）の清掃に用いる機材である．スチーム洗

浄機は，海外では以前より使われていたがわが国では近年普及してきた．
(1) 洗剤供給式床磨き機はカーペット洗浄に使用されるが，回転に対する抵抗が大きくトルクを必要とするので，高速床磨き機は適さない．

問題143　正解(5)　　　　　頻出度AA
パイル素材としてのポリプロピレンは復元力が乏しく，家具の置き跡が残り，けもの道ができやすい．

問題144　正解(1)　　　　　頻出度AAA
気流の速度が大きいので，慣性衝突効果によって空気調和機の吹出口にはほこりが付着しやすい．ほこりの粒子が大きいほどその効果は大きく付着しやすい．

問題145　正解(3)　　　　　頻出度AAA
エレベーターの汚れは，玄関ホールと同様，季節や天候の影響を受けやすい．雨天時の水分，夏季の手垢，冬季の綿ぼこり等，状況に応じた対応が必要である．

問題146　正解(4)　　　　　頻出度AAA
石材や陶磁器タイル等の壁面も，他の部分と同様に，大気や雨水中の汚染物質によって徐々に汚れていくが，ただちに目立つような結果は生じない．

問題147　正解(5)　　　　　頻出度AAA
超高層建築物の窓ガラス清掃に用いられる自動窓拭き設備は，クリーニングの仕上げは人の作業に比べ十分ではないが，天候に左右されない，従事者に危険がない，能率が良い等の利点がある．

問題148　正解(3)　　　　　頻出度AAA
感染症の感染源及び感染経路対策として行う方法のうち，ある環境中のすべての微生物を死滅させることを滅菌，そのなかの病原体のみを死滅させることを消毒と呼ぶ．

問題149　正解(4)　　　　　頻出度AAA
逆性石鹸は結核菌，ウイルスに無効．

問題150　正解(3)　　　　　頻出度AAA
5%とは，50 g/L = 50×10^3 mg/L である．
60 mL = 60×10^{-3} L に含まれる次亜塩素酸ナトリウムは，
$$50 \times 10^3 \text{ mg/L} \times 60 \times 10^{-3} \text{ L} = 3{,}000 \text{ mg}$$
これを，100 L で希釈すると，
$$3{,}000 \div 100 = 30 \text{ mg/L.}$$

問題151　正解(5)　　　　　頻出度AAA
廃棄物の処理及び清掃に関する法律
第1条（目的）　この法律は，廃棄物の排出を抑制し，及び廃棄物の適正な分別，保管，収集，運搬，再生，処分等の処理をし，並びに生活環境を清潔にすることにより，生活環境の保全及び公衆衛生の向上を図ることを目的とする．
社会福祉とは書かれていない．

問題152　正解(4)　　　　　頻出度AAA
廃棄物の処理の三原則は，減量化，安定化，無害化（安全化）である．

問題153　正解(2)　　　　　頻出度AAA
廃棄物の処理及び清掃に関する法律
（事業者及び地方公共団体の処理）
第11条　事業者は，その産業廃棄物を自ら処理しなければならない．
2　市町村は，単独に又は共同して，一般廃棄物とあわせて処理することができる産業廃棄物その他市町村が処理することが必要であると認める産業廃棄物の処理をその事務として行なうことができる．
3　都道府県は，産業廃棄物の適正な処理を確保するために都道府県が処理することが必要であると認める産業廃棄物の処理をその事務として行うことができる．
※自らの処理には，法令に従って他者に委託する場合も含まれる．

問題154　正解(4)　　　　　頻出度AAA
飲食店からの生ゴミは一般廃棄物である．

解答・午後　　451

問題155　正解(1)　　頻出度AA
一般廃棄物処理施設において生じ，集じん施設において集められたばいじんは特別管理一般廃棄物であって，産業廃棄物ではないが，大気汚染防止法で定めるばい煙発生施設等で発生するばいじんは産業廃棄物である，などばいじんの由来によって法令の規定は複雑であるが，いずれにしても，焼却施設で発生したばいじんは必ずしも産業廃棄物，ということではない．

問題156　正解(5)　　頻出度A
浄化槽汚泥のほとんどはし尿処理施設で処理されている（平成22年度93.0%）．
※(4)　浄化槽に係る汚泥とし尿の海洋投入処理は，平成19年1月をもって全面禁止された．

問題157　正解(2)　　頻出度AAA
※10年後の平成22年度では，減量処理率98.5%，直接埋立率1.5%，資源化率（リサイクル率）20.8%．

問題158　正解(2)　　頻出度AA
容器包装に係る分別収集及び再商品化の促進等に関する法律．

問題159　正解(1)　　頻出度AA
減量処理率% =〔(中間処理量)+(直接資源化量)〕÷(ごみの総処理量)×100

問題160　正解(4)　　頻出度AA
建築物内の中間処理はビルメンテナンス（清掃）業者が行うのが普通である．

問題161　正解(3)　　頻出度A
廃棄物の種類は多様化している．

問題162　正解(1)　　頻出度AA
クレーン搬送方式は建物外への搬出方法の一つで，建築物内廃棄物の貯留・搬出方式とは区別されている．

問題163　正解(3)　　頻出度A
他の設備に比較して防音設備の必要性は低い．東京都の建築確認時の指導でも防音設備は特に必要な設備とはされていない（他の設備は必要とされる）．

問題164　正解(4)　　頻出度AA
厨芥の質量は，2.4 t = 2,400 kgの5%だから，2,400×0.05=120 kg．単位容積質量値は，120 kg÷0.2 m^3=600 kg/m^3．

問題165　正解(4)　　頻出度AA
酸性雨は，燃焼に伴う亜硫酸ガスやNOxによるものとされるから，その対策は燃焼ガスからのそれら有害ガスの除去，さらには燃焼の量そのものを抑制して省エネを進めることが必要である．

問題166　正解(5)　　頻出度AAA
チカイエカ，アカイエカならびに沖縄に生息するネッタイイエカは，外部形態での区別は困難である．分類的には同一種の亜種として区別されている．

問題167　正解(3)　　頻出度AAA
アカイエカは，ニワトリ等鳥類からもよく吸血する．

問題168　正解(2)　　頻出度AAA
ULV処理や煙霧処理はいずれも室内の空間に薬剤を充満させ，隅に潜んでいるゴキブリをその場で直接殺す直接処理であって，残留効果はほとんどない．

問題169　正解(1)　　頻出度AAA
チャバネゴキブリの成虫の体長は11〜15 mmで小型の種である（クロゴキブリ25〜30 mm，ヤマトゴキブリ20〜25 mm，ワモンゴキブリ30〜45 mm）．

問題170　正解(3)　　頻出度AAA
ゴキブリの卵は卵鞘（らんしょう）の形で生み出される．チャバネゴキブリでは卵鞘の中に30〜40個の卵が入っている．雌成虫は卵鞘を孵化直前まで尾端に付着させている．
(1)ヤマトゴキブリは半野生種で雑木林などでも見られる．(2)ゴキブリは蛹（さなぎ）の

時期のない不完全変態の昆虫である．(4)クロゴキブリやワモンゴキブリのような大型種では卵から成虫までに1年またはそれ以上の期間を要する．(5)ホルモンではなくて集合フェロモンによる．

問題171　正解(5)･････････頻出度AAA

誘引物質である集合フェロモンは，直腸細胞から分泌され糞とともに体外に排出される．ゴキブリは集団で生活すると成長が早くなる．

問題172　正解(2)･････････頻出度AAA

毒餌処理に用いられる薬剤は遅効性の製剤がよく用いられる．

問題173　正解(2)･････････頻出度AAA

国内にはダニ約3,000種が知られているが，建築物内で見られる種は少ない．その中でも吸血するものは極わずかの種に限られる．

問題174　正解(5)･････････頻出度AAA

ショウジョウバエ類の発生源は，おもに腐敗した植物質や果物である．

問題175　正解(5)･････････頻出度AAA

水和剤は，有効成分の表面残留性が高いので残留噴霧に向くが，日本では散布面が汚れるという理由で室内では使用されることは少ない．

問題176　正解(5)･････････頻出度AAA

糞，尿，臭い，毛，足跡，かじり跡などのねずみの活動の跡をラットサインというが，その中でこすり跡をラブサインという．ラブとは「rub」で「こする」の意である．

(1)クマネズミ．(2)ハタネズミは完全に野生種である．(3)警戒心が強く防除が難しい．(4)ネズミが原因の停電事故が福島第一原発の復旧現場でも話題になった．

問題177　正解(5)･････････頻出度AAA

クマネズミは警戒心が強く毒餌に対する喫食性も悪い．また，抗凝血性殺鼠剤に高い抵抗性を獲得した集団もいるので，毒餌のみによる防除は難しく時間もかかる．

問題178　正解(1)･････････頻出度AAA

チカイエカは今のところ病原体を媒介したという報告はないようである．

問題179　正解(1)･････････頻出度AAA

殺鼠剤の多くは選択毒性が低く，ヒトに対しても強い毒性を示す成分が多い．

(2)衛生害虫用殺虫剤や殺そ剤は，30年以上前に承認された2製剤を除き，すべて普通薬に該当する．(3)製剤に対しても毒性試験が必要である．(4)KT_{50}は薬剤の害虫に対する速効性の指標である．ある集団の50％が薬剤に反応する時間を分で表す．(5)用法・用量を守らないと，標的害虫に効かなかったり，標的外の生物に致命的な影響を与えかねないので，用法用量を守って使用するのが原則である．

問題180　正解(3)･････････頻出度AAA

人または動物の保健のために，ねずみ，はえ，蚊，のみその他これらに類する生物の防除の目的に使用される物は，薬事法により医薬部外品とされ，その製造販売に厚生労働大臣の承認を必要とする．

(1)餌となる食品，残滓（ざんし），厨芥等が多いと発生源となるので，これらに対して頻繁に生理整頓，清掃を行い餌を断つことが重要である．(2)総合的有害生物管理（IPM：Integrated Pest Management）では発生状況の調査が前提である．(4)居住者に対する聞き取り調査だけで効果を判断するのは適当ではない．生息密度を一定の手法に従って調べる必要がある．(5)ビル管理法施行規則第4条の5第2項第二号により，医薬品もしくは医薬部外品を用いる．医薬部外品の方が人に対する作用が穏やかとなっている．

平成15年度 解答・解説

合格率19.5%

●午前●

問題1　正解(5)　　　　頻出度A A A

健康とは，身体的，精神的および<u>社会的</u>に完全に良好な状態にあることであり，単に病気又は病弱でないということではない．

到達しうる最高標準の健康を享受することは，<u>人種</u>・宗教・政治的信念・経済的ないし社会的地位の如何にかかわらず，何人もが有する<u>基本的権利</u>のうちの一つである．

問題2　正解(1)　　　　頻出度A A A

ビル管理法第1条（目的）

この法律は，多数の者が<u>使用</u>し，又は利用する建築物の<u>維持管理</u>に関し環境衛生上必要な事項等を定めることにより，その建築物における衛生的な環境の確保を図り，もって<u>公衆衛生</u>の向上及び増進に資することを目的とする．

問題3　正解(2)　　　　頻出度A A A

病院・医院・診療所は特殊な環境にあるからか，特定建築物の用途（特定用途）から外れている．

問題4　正解(2)　　　　頻出度A A A

同一敷地に複数の建物があっても，特定建築物の延べ面積は1棟の建築物ごとに算出する．

(1)公共駐車場はいかなる場合も特定用途とならない．(3)いわゆる共用部は特定用途に付随する部分として特定用途の面積に合算する．(4)学校教育法第1条に規定する学校（大学～幼稚園）は8,000 m^{2}以上．(5)ビル管理法の延べ面積は，当該用途に供される部分の床面積の合計．建築基準法では，建築物の各階の床面積の合計．

問題5　正解(4)　　　　頻出度A A A

ビル管理法は，特定建築物の届出義務者として，所有者または建物全部の管理について権原を有する者としている．維持管理業者は建物全部の管理について権原を有する者ではない．

問題6　正解(1)　　　　頻出度A A A

ビル管理法が備え付けることを義務付けているのは，維持管理に関し環境衛生上必要な事項を記載した帳簿書類である．消火設備の点検整備計画は，環境衛生上必要な事項とはいえない．

問題7　正解なし　　　　頻出度A A A

※法令改正で正解が無くなってしまった（平成15年当時の正解は(1)．翌年の法令改正で，測定の高さが75～150 cmに改められた）．

問題8　正解(4)　　　　頻出度A A A

二酸化炭素は，測定値の平均が基準値の1,000 ppmを超えている．相対湿度は，1回目の測定値が基準値を下回っている．

問題9　正解(5)　　　　頻出度A A A

建築物環境衛生管理技術者の職務は，特定建築物の維持管理が環境衛生上適正に行われるように監督することであり，環境衛生上必要があるときは特定建築物の維持管理権原者に対し意見を述べることができる．

(1)管理技術者が常駐する必要はない．(2)空気環境測定を自ら行う必要はない．(3)条件を満たせば3棟までの兼任が認められる．(4)従事者の雇用管理は雇用者が行う．

問題10　正解(5)……………頻出度A|A|A

外壁の清掃業は登録事業ではない（そもそも建物外部はビル管理法の対象範囲外）．

問題11　正解(4)……………頻出度A|A|A

都道府県知事は，この法律の施行に関し必要があると認めるときは，登録業者に対し，その業務に関して必要な報告をさせ，又はその職員に，登録営業所に立ち入り，その設備，帳簿書類その他の物件を検査させ，若しくは関係者に質問させることができる（第12条の5）．

(1)都道府県知事に申請する（特にどこも経由しない）．(2)6年間．(3)人的な要件がある（業務の監督者，従事者に資格を必要とする．）(5)事業の登録は営業所ごとに行う．

問題12　正解(5)……………頻出度A|A|A

ビル管理法の管理基準は，ビル内の環境衛生を優良な状態に誘導しようとする指導的な基準であって，空気環境の測定値が基準に適合しないからといって直ちに罰則が適用されるわけではない．これに対して，守るべき最低の基準を定めている食品衛生法，旅館業法では，規則に違反する事実があれば即営業停止などの強制措置が取られる場合がある．

問題13　正解(5)……………頻出度A|A

(5) 腸管出血性大腸菌感染症が三類感染症以外は五類感染症．一類感染症以外を問う珍しい（難しい）問題．

問題14　正解(1)……………頻出度A|A|A

原則は年1回でよい．

第11条（定期検査）　浄化槽管理者は，環境省令で定めるところにより，毎年1回(環境省令で定める浄化槽については，環境省令で定める回数)，指定検査機関の行う水質に関する検査を受けなければならない．

問題15　正解(4)……………頻出度A|A|A

一般廃棄物処理計画を策定しなければならないのは市町村．

問題16　正解(5)……………頻出度A|A|A

廃棄物の処理及び清掃に関する法律第1条（目的）

この法律は，廃棄物の排出を抑制し，及び廃棄物の適正な分別，保管，収集，運搬，再生，処分等の処理をし，並びに生活環境を清潔にすることにより，生活環境の保全及び公衆衛生の向上を図ることを目的とする．

問題17　正解(3)……………頻出度A|A|A

たびたび出題されるが，国民健康保険に関すること，は市町村役場の業務．保健所の業務ではない．保健所の保健と国民健康保険の保険は「けん」の字が違う．

問題18　正解(1)……………頻出度A|A

環境基本法は，あまねくわが国全土で守られるべき環境基準を定めている一般法であって，直接事業者を規制する条文，罰則の規程を持たない．それらは大気汚染防止法，水質汚濁防止法などの特別法に規定されている．

問題19　正解(2)……………頻出度A|A|A

普通の作業は150 Lx 以上である．

粗な作業70 Lx 以上，精密な作業300 Lx 以上．頻出は精密な作業．

問題20　正解(1)……………頻出度A|A

ありそうでないのが学校保健安全法の学校栄養士の規定（それと環境基本法の高速道路の騒音基準）．

※「学校保健法」→「学校保健安全法」に改称・改正（平成21年）．

問題21　正解(4)……………頻出度A|A|A

フラッシュオーバは火災に関する言葉．可燃物の燃焼が加速的に広がり空間内の温度が急激に上昇し，空間内でまだ燃えていない可燃物全体がほぼ同時に着火する現象．窓などの開口部から猛烈な煙と火炎を噴出す．

解答・午前　　　　　　　　　　　　　　　　　　　　　　　　455

年間熱負荷係数（PAL）は，CEC とともに，省エネ法で定められたエネルギーの効率的利用のための措置に関する建築主の判断基準の一つ．

問題22　正解(1)……………………頻出度A

終局強度設計法は，二次設計に用いられる動的設計法（一次設計は静的設計法）．

現在，耐震設計は，建物の高さ等によって第22-1表のように2段構えになっている．

第22-1表

一次設計	低層建築物	比較的頻度の高い中小地震動に対してほとんど被害が無いこと	許容応力度設計
二次設計	高層建築物	関東大震災級の極めてまれにしか起こらない大地震動に対しても重大な損傷がなく崩壊しないこと	終局強度設計等

問題23　正解(3)……………………頻出度AAA

高強度コンクリートは，設計基準強度が36 N/mm² を超える部材に用いるコンクリートと定義されている（日本建築学会建築工事基準仕様書 JASS5 鉄筋コンクリート工事）．

問題24　正解(4)……………………頻出度AAA

鉄骨鋼材は，不燃材料ではあるが耐火材料ではない．500℃で強度が1/2，1,000℃で0となり，1,400～1,500℃で溶解する．鉄

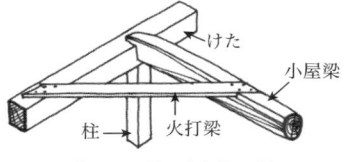

第25-1図　火打梁の例

筋コンクリート造と比較した鉄骨構造の弱点は，耐火性，耐食性に劣ることである．耐火被膜や防食の対策が必須である．

問題25　正解(3)……………………頻出度AAA

火打梁は，壁構面ではなくて水平構面（床，屋根）の隅角部に入れ，水平力に抗する（第25-1図参照）．

問題26　正解(5)……………………頻出度AAA

あばら筋は梁のせん断力負担筋である．曲げモーメントによる引張り力は，主筋が負担する．

問題27　正解(5)……………………頻出度AAA

アネモスタット型吹出口は，ふく流（拡散）型の吹出し口で，誘引性が高く均一な温度分布が得られやすいが，到達距離が短いので天井高の低い室に適している．

問題28　正解(1)……………………頻出度AAA

（インダクションユニット方式は頻出度A）

インダクションユニット方式の空調機は，内部に冷温水コイルを持ち，方式としては空気・水方式に分類される．

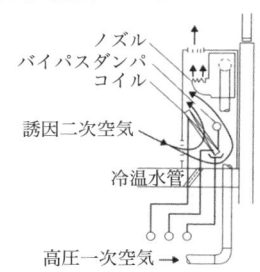

第28-1図　インダクションユニット方式

問題29　正解(5)……………………頻出度AAA

吸収式冷凍機の冷媒は水である．臭化リチウム（リチウムブロマイド）は吸収液に用いられる．

問題30　正解(4)……………………頻出度AAA

臭気，塵埃，湿気等を周囲に撒き散らしたくない，厨房，便所，浴室，車庫等には，室内が負圧になる第3種換気方式を採用する．

問題31　正解(2)……………………頻出度AAA

タバコ煙などの一時的な煙による誤報を防ぐには，一定以上の煙濃度が一定時間以上継続して初めて作動する蓄積型感知器の設置が有効である．

問題32　正解(2)　頻出度AA
各種給水方式のエネルギー消費量は，高置水槽方式が小～中，圧力タンク方式がやや大～大，ポンプ直送方式が大～極めて大，である．

問題33　正解(4)　頻出度AA
特殊建築物の定期調査の報告間隔は，特定行政庁が指定する，6ヶ月～3ヵ年以内の間隔と定められている．（建築基準法施行規則第5条）

問題34　正解(5)　頻出度AA
コンパクタ・コンテナ方式…ごみ圧縮機（コンパクタ）によってコンテナ内にごみを圧縮貯留し，コンテナごとコンテナ脱着装置付トラックによって搬出する．大規模建築物向け．

真空輸送方式…ダストシュートの底部に設けられている貯留排出機にごみを貯留し，集じんステーションに接続された輸送管によって自動的に搬出する．つくば市など広域大規模開発地域で採用されたが，高コストのためほとんどが廃止された．

問題35　正解(4)　頻出度AA
イのプラットホームの上家は，建築基準法で建築物から除外されている．エの昇降機は建築設備であるが，建築物の定義には「建築設備を含む」ので，建築物である．

問題36　正解(1)　頻出度A
常識的に(2), (3)は除かれる．あとは，ウがダニアレルギーか光化学スモッグか，であるが，室内での話ならダニアレルギーが適当である．

問題37　正解(4)　頻出度AAA
日本産業衛生学会の「許容濃度等の勧告」の前文からの出題．(4)が正しい．

たびたび出題されるので，紙幅を食うがこの「前文」の要旨を第37-1表に揚げる．

問題38　正解(3)　頻出度AAA
常温時，蒸発による放熱は全体の25％である．

常温安静時の人体からの放熱量は，おおよそ伝導・対流30％，放射45％，蒸発25％（皮

第37-1表

許容濃度の定義	労働者が有害物に曝露される場合に，当該物質の空気中濃度がこの数値以下であればほとんどすべての労働者に健康上の悪い影響が見られないと判断される濃度である．
許容濃度の性格	(1) 人の有害物質への感受性は個人ごとに異なるので，この値以下でも，不快・既存の健康異常の悪化，あるいは職業病の発生を防止できない場合もあり得る． (2) 考慮された生体影響の種類は物質により異なり，あるものは明瞭な健康障害に，またあるものは不快・刺激・麻酔などの生体影響に根拠が求められている．
利用上の注意	(1) 1日8時間，週40時間程度の肉体的に激しくない労働に従事する場合の曝露濃度の算術平均値がこれ以下であればほとんどすべての労働者に健康上の悪影響が見られないと判断される濃度である． (2) この値は，当該物質が単独で空気中に存在している場合のものである．2種またはそれ以上の物質に曝露される場合には，これのみで判断してはならない． (3) 労働強度，温熱条件，放射線，気圧なども考慮する必要がある．これらの条件が負荷される場合には，影響が増強されることがある． (4) 許容濃度は安全と危険との明らかな境界を示したものではない． (5) これらの数値をそのまま，大気汚染または一般の室内汚染の許容の限界値として用いてはならない． (6) これらの濃度を超えたことのみを理由として，その物質による健康障害と判断してはならない．また逆に，これらの値を超えていないことのみを理由として，その物質による健康障害ではないと判断してはならない． (7) 新たな知識，新しい物質の使用によって，改訂されるべきである．

解答・午前　　457

膚から15%，呼気から10%）とされている．

問題39　正解(4)　　　頻出度AAA
深部体温の最高値は夕方に得られる．
※深部体温；現在では核心温という．

問題40　正解(1)　　　頻出度AA
文化的体温調節とは，衣服の着用，住居，冷暖房等の利用など．
行動性体温調節の例は，寒冷時日向を選ぶ，身体を丸くして身を寄せ合う，など．これらは野外動物にも見られる行動である．行動性体温調節のうち，文化的体温調節だけが，ヒト特有である．

問題41　正解(3)　　　頻出度AAA
床暖房では，暖気が上昇することにより，上下の温度差が小さい快適な室温分布が得られる．

問題42　正解(1)　　　頻出度AAA
高齢者は代謝量が低下しているのでより暖房を必要とするが，感覚器官（冷点：成人で1 cm^{2}に14個ほど分布）も減少しているために寒さを感じにくく，低体温症になりやすい．

問題43　正解(4)　　　頻出度AAA
冷房病対策として，温度だけではなく，身体に冷風が直接当たらないように気流にも注意する必要があるが，むやみに気流を減らすのは，空気の攪拌が不足し冷気が足元に滞留したり，空気汚染の問題を引き起こすので好ましくない．

問題44　正解(3)　　　頻出度AAA
VOC（Volatile Organic Compounds）の種類は大変多い．そのうち，ベンゼン，テトラクロロエチレンなどは，人に対する発がん性があるとされる．

問題45　正解(5)　　　頻出度AAA
アレルギー反応には「量−応答関係」が成立しない．
普通，一酸化炭素などの汚染物質の濃度が上がれば具合の悪くなる人間の数が増える．多くの汚染物質について濃度がこれくらいなら何%の人間にこのような症状が出るということが分かっている．これを「量−応答関係」が確立されているという．アレルゲンに関しては，例えば，ヒョウヒダニの死骸が床面積1m^{2}当たり何個以上になると何%の人がアレルギーになるというような関係が見出せない．アレルギーは非常に個性的な現象である．

問題46　正解(3)　　　頻出度AAA
レジオネラ感染症の病原体であるレジオネラ属菌は，細胞分裂によって増殖する細菌である．カビなどの真菌は，菌糸を延ばして増殖する．

問題47　正解(2)　　　頻出度AAA
事務所衛生基準規則では，中央管理方式の空気調和設備を設けている場合の基準値はビル管理法と同じと定めているので，二酸化炭素の基準値は，100万分の1,000 = 0.1%以下である．

問題48　正解(5)　　　頻出度AAA
与えられた表から，60 dBの音圧は2×10^{-2} Pa，20 dBの音圧は2×10^{-4} Pa．したがって，

$$\frac{60 \text{ dBの音圧}}{20 \text{ dBの音圧}} = \frac{2 \times 10^{-2}}{2 \times 10^{-4}} = 10^2 = 100 \text{ 倍}$$

音圧レベルの差が20 dBのときは，音圧は10倍，40 dBのときは100倍と20 dBごとに10倍となる．

問題49　正解(3)　　　頻出度AAA
人間の耳の可聴範囲は，周波数について20〜20,000 Hzの約10オクターブである．

問題50　正解(1)　　　頻出度A
soneは音の大きさ（ラウドネス）の単位．音の大きさのレベル（ラウドネスレベル）の単位はphon．人間の聴覚には周波数特性があるので，同じ音圧レベルでも周波数が異なると同じ大きさには聞こえない．騒音規制な

どをする場合にこれでは困るので，音圧レベルを人間の聴覚の周波数特性で調整した指標が考え出された．音圧レベルが基になっているので音の大きさのレベルといい，単位を phon（フォン）とした．周波数が違っていても同じ phon なら同じ大きさに聞こえる．

phon は対数で求めた音圧レベルが基なので，phon が倍になっても音の大きさは倍には聞こえない．例えば，静穏性を売りに掃除機を PR したくても，騒音の大きさが半分になったことを 10 phon 静かになりましたでは，いま一つアピールに欠ける．そこで考え出されたラウドネスの単位 sone（ソーン）は，1 kHz 40 dB の音の大きさを 1 sone とし，n 倍に聞こえる音を n sone とする．これでこの掃除機は，騒音を半減（0.5 sone）しましたと晴れて PR できることになった．

問題 51　正解(1)……………頻出度 A A A

光度の単位は cd（カンデラ）．Lm/m^2 は照度の定義式で照度の単位は Lx（ルクス）である．

SI 等の定義を第 51-1 表に示す．

問題 52　正解(4)……………頻出度 A A A

2,000 K 程度では波長の長い域（赤い光）が多く，色温度が高くなるに従って波長の短い域（青い光）が増加し，10,000 K では青っぽい白色の光となる．

(1)色の三属性，色相（H；ヒュー），明度（V；バリュー），彩度（C；クロマ）で色を表示する例はマンセル表色系．xyz 表色系は，3 刺激値（x；赤，y；緑，z；青）の色光の加色）で色を表示する．(2)赤みもさえて自然の昼光に近い演色性が得られる．(3)表面色ではなく光源色．表面色は反射して見える色．このほか透過色（色ガラスなど）がある．(5)白，灰色，黒は色相，彩度が 0 である（明度のみをもつ）．

問題 53　正解(4)……………頻出度 A A A

磁場の単位はアンペア / メートル（A/m）．ボルト / メートル（V/m）は電場の単位である．テスラ（T）は磁束密度の単位．1 T = 10,000 G（ガウス）．真空中では 1 A/m＝1.25 μT

問題 54　正解(3)……………頻出度 A A A

電気性眼炎は角膜炎の一種で，電気溶接のアークに含まれる紫外線によって眼球の表面の角膜が傷つくことによって起きる．

(1) UV-C は 200～290 nm の波長の紫外線であるが，殺菌灯や電気溶接の火花に含まれている．(2)紫外線の影響が皮膚表面にとどまるのに対して，赤外線は皮膚透過性が大きい．(4)赤外線の長期間曝露によって引き起こされるのは白内障（眼球のレンズ部分の変性）である．(5)マイクロ波による生体への熱作用は，極性分子である水分子の多い組織のほう

第 51-1 表

1 cd	カンデラ	光度の単位	周波数 540×10^{12} Hz の単色放射を放出し，所定の方向におけるその放射強度が 1/683 W/sr である光源の，その方向における光度．
1 Lm	ルーメン	光束の単位	全ての方向に対して 1 cd の光度を持つ標準の点光源が 1 sr の立体角内に放出する光束．
1 Lx	ルクス	照度の単位	1 Lx = 1 Lm/m^2．
1 cd/m^2		輝度の単位	平面状の光源がある方向に単位立体角あたりに放射する光の光源における単位面積あたりの明るさのこと．
1 sr	ステラジアン	立体角の単位	半径 1 の球面の面積 1 の球冠が球の中心に張る立体角．全球は 4π [sr] となる．

(注) JIS では，ルーメンは lm，ルクスは lx であるが，本書では単位であることが明確に分かるよう Lm，Lx と表記している．

解答・午前   459

が大きい．水分子は 22 GHz の電磁波を最もよく吸収する．

問題 55　正解(1)　　　　　　　　頻出度AAA
性感染症，狂犬病，疥癬は感染者との直接接触によって感染する．結核は空気感染，赤痢は食物，水の媒介物感染である．

問題 56　正解(1)　　　　　　　　頻出度AAA
色度は○○度と表す．飲料水の色度の基準は 5 度以下である．

問題 57　正解(4)　　　　　　　　頻出度AAA
メッシュの数値が小さいほど目開きは大きい．例えば，14 メッシュの目の寸法は 25.4 ÷ 14 ≒ 1.8 mm，24 メッシュは約 1 mm である．

問題 58　正解(3)　　　　　　　　頻出度AAA
貯水槽の水抜き管は，150 mm 以上の排水口空間を設けて間接排水とする．

問題 59　正解(3)　　　　　　　　頻出度AAA
給水の最高圧は，ホテル・共同住宅では 250 ～ 300 kPa，事務所建築で 400 ～ 500 kPa．

問題 60　正解(3)　　　　　　　　頻出度A
流量＝管の断面積 × 流速
　　＝ πr^2 × 流速
　　＝ 3.14×0.05^2×1.9
　　＝ 0.014915 m^3/秒
10 分間では 600 倍して 8.949 m^3 ≒ 9,000 L．

問題 61　正解(1)　　　　　　　　頻出度A
どこであっても，給水系統が負圧になると逆サイホン作用などにより汚染の可能性が高まるので，適当な水圧を保つようにしなければならない．

問題 62　正解(3)　　　　　　　　頻出度AAA
推定末端圧力制御方式と吐出圧力一定制御方式．

問題 63　正解(1)　　　　　　　　頻出度AAA
弁の名称は，その弁箱か弁体の形状・動作からきていることが多いが，全体的なイメージで覚えるのがよい(例えば，仕切弁はスマート，玉形弁は丸っこい等)．

問題 64　正解(1)　　　　　　　　頻出度AAA
貯水槽の清掃後の水質検査項目と基準値は第 64-1 表のとおり．

第 64-1 表

1	残留塩素	遊離残留塩素の場合　100 万分の 0.2 以上 結合残留塩素の場合　100 万分の 1.5 以上
2	色度	5 度以下
3	濁度	2 度以下
4	臭気	異常でないこと
5	味	異常でないこと

問題 65　正解(1)　　　　　　　　頻出度AA
第 1 不透水層（最も地表に近い粘土層や岩盤などの水を浸透させない層）より上の地下水を浅層地下水，下の地下水を深層地下水という．深層地下水のほうが地表からの汚染を受けにくく水質が安定しているが，鉄，マンガン，遊離炭酸等を含む場合が多い．

問題 66　正解(1)　　　　　　　　頻出度AAA
中央式給湯設備の給湯温度は，レジオネラ属菌の繁殖を抑えるために末端の給湯栓でも 55 ℃以下にしないようにする（厚労省通知「維持管理マニュアル」．また 55 ℃は，残留塩素測定省略の条件でもある）．

問題 67　正解(5)　　　　　　　　頻出度AAA
水中の気体の溶解度は，気体の圧力があまり大きくない範囲でその絶対圧力に比例する（ヘンリーの法則）．

問題 68　正解(5)　　　　　　　　頻出度AAA
溶存空気の分離は，空気が最も分離しやすい水圧の最も低い部分，すなわち給湯系統の最高部で行う（最高部に自動エア抜き弁を設ける）．

問題69　正解(1)　　　　　　頻出度AAA
流電陽極式は犠牲材（亜鉛，マグネシウム）を用いる．外部電源を使うのは外部電源方式である．
　流電陽極式は鋼と犠牲材のイオン化傾向の差（電位差）を利用し，陽極（犠牲材）から防食電流を鋼材に流し，鋼材がイオン化して水中に溶け出すのを防ぐ．

問題70　正解(4)　　　　　　頻出度AAA
管径100 mmの排水横管のこう配は1/100とする．1/200は管径が150 mm以上．

問題71　正解(5)　　　　　　頻出度AAA
最低位の排水横枝管の通気を確保するため，通気立て管の下部は，管径を縮小せずに最低位の排水横枝管より低い位置で排水立て管に接続するか，または排水横主管に接続する．

問題72　正解(3)　　　　　　頻出度AAA
排水ポンプ（水中ポンプ）は，排水槽の底に吸込みピットを設けて設置する．

問題73　正解(5)　　　　　　頻出度AA
厨房排水には汚物ポンプが適する．
　排水の性質，種類と，排水ポンプの組合せは第73-1表のとおり．ポンプの種類の「汚水」，「雑排水」と通常ビル内で使われる排水の種類を言う「汚水」，「雑排水」とは意味するところが異なるので注意が必要．

第73-1表

ポンプの種類	排水の性質	排水の種類
汚水ポンプ	原則として固形物を含まない排水	浄化槽排水，湧水，雨水
雑排水ポンプ	小さな固形物を含む	厨房以外の雑排水，雨水
汚物ポンプ	大小便等の汚水，厨房排水等固形物を含む排水	汚水，厨房排水，産業排水

問題74　正解(4)　　　　　　頻出度AAA
排水管内の過度な（空気）圧力変動を吸収してトラップの封水を保護するのは，通気管の役目である．

問題75　正解(3)　　　　　　頻出度AAA
排水管の圧力変動による封水の吹出し現象は，Uトラップでも同じように起きる．排水管の圧力変動を緩和するには，通気設備を適正に設ける必要がある．

問題76　正解(1)　　　　　　頻出度AA
大小便はしなくて済むとか，代替の何かがあるわけではないので，便器を使えなくしても節水にはならない（エレベータなら階段を使って省エネを図ることもできるが）．

問題77　正解(3)　　　　　　頻出度AAA
サイホンゼット式大便器は，ゼット穴から勢いよく水を吹出し強制的にサイホンを起こす．留水面が広く，水封も深く，臭気の発散，汚物の付着もほとんどない優れた便器である．

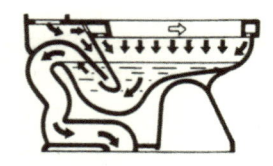

第77-1図　サイホンゼット式

問題78　正解(5)　　　　　　頻出度AAA
器具自身の排水によって起こるのは自己サイホン作用である．

問題79　正解(1)　　　　　　頻出度AA
水道用ポリエチレンライニング鉛管の接続は，メカニカル継手による．
　※現在この配管のJIS規格は廃止されている．

問題80　正解(3)　　　　　　頻出度AAA
散水，修景または清掃の用に供する水の水質の基準のほうが少し厳しい（濁度の基準がある，し尿を含む水を原水として用いることができない）．

解答・午前

461

問題81　正解(4)　　頻出度A

オゾン酸化装置が化学的処理法である．(1)，(5)は物理的処理方法．(2)生物学的処理方法．(3)物理化学的処理方法．

問題82　正解(2)　　頻出度A

コロイドとは，粒子の大きさが0.001 μmから1 μmの範囲にあるもので，溶解性のイオンや分子より大きな形で，固体または気体が液体中に分散している状態をいう．コロイド成分は，沈殿では取り除くことはできない．溶解性かコロイド性かは，強い光を当てると，光の道筋が見える（チンダル現象）のがコロイド溶液である．コロイドの例は石けん水や牛乳など．

問題83　正解(4)　　頻出度AA

排水再利用施設から生じる汚泥は，産業廃棄物として扱われる．

問題84　正解(3)　　頻出度AAA

大規模な浄化槽ではスクリーン装置の後段アには流量調整槽が置かれる．答えは(1)か(2)に絞られた．その後，すなわち沈殿槽の前段イには浄化槽の主役装置である生物処理槽が置かれる．ここには(3)の接触ばっ気槽しか選択の余地がない．

汚泥貯留槽の前のウは汚泥濃縮槽となるが，その脱離液が流量調整槽に送られているので，このフローシートは生物膜処理法である．

脱離液が生物処理槽に送られているなら活性汚泥法である．

問題85　正解(4)　　頻出度A

与えられた数式に，与えられた数値を代入すると，

$$3,000 = \frac{100 \times 200 + 汚泥返送率 \times 8,000}{100 + 汚泥返送率}$$

3,000×(100＋汚泥返送率)＝20,000＋汚泥返送率×8,000

300,000＋汚泥返送率×3,000＝20,000＋汚泥返送率×8,000

300,000−20,000＝汚泥返送率×8,000−汚泥返送率×3,000

280,000＝汚泥返送率×5,000

汚泥返送率＝280,000÷5,000＝56 ％

問題86　正解(4)　　頻出度A

4　浄化槽の清掃　浄化槽内に生じた汚泥，スカム等の引出し，その引出し後の槽内の汚泥等の調整並びにこれらに伴う単位装置及び附属機器類の洗浄，掃除等を行う作業をいう．

問題87　正解(3)　　頻出度AA

老人ホームなどで1人操作が可能なように易操作性となっている2号消火栓には，1号消火栓のような起動スイッチ（押しボタン）はなく，バルブ（開閉レバー）を開ける，ノズルを外す等の操作で消火ポンプが起動し，ノズルにもコックがあり，放水をON・OFFできる．

2号消火栓という通称の元となった，消防法施行規則第12条の2の条文は次のとおり．

加圧送水装置は，直接操作により起動できるものであり，かつ，開閉弁の開放，消防用ホースの延長操作等と連動して，起動することができるものであること．

問題88　正解(3)　　頻出度AAA

誘導サイホン作用とは，他の衛生器具の排水の流下によって生じた排水管内の負圧によってトラップの封水が吸引されてしまう現象のこと．排水ポンプとは関係がない．

問題89　正解(2)　　頻出度AA

濁度計は液体の濁度を見るためのもので，排水管の清掃には必要ない．

問題90　正解(4)　　頻出度AAA

濁度は2度以下（5度以下は色度）．

※(3)　現在では，項目名が「鉄」→「鉄及びその化合物」に変更されている．

●午　後●

問題91　正解(4), (5)　　頻出度ＡＡＡ

複数正解となった（おそらく(4)はkJのkの脱字）.

(4) 空気の定圧比熱は約 1.0 kJ/(kg・K)

(5) ベルヌーイの定理から,

$$動圧 = \frac{1}{2}\rho v^2 = 0.6 \times v^2 = 0.6 \times 10^2$$

$$= 60 \text{ Pa}$$

となる．ただし, ρ : 空気の密度（(3)にあるように約 1.2 kg/m³），v : 風速 m/s．

問題92　正解(3)　　頻出度ＡＡ

一酸化炭素は活性炭でも吸着しにくいガス状物質なので，発生すればそれだけ室内濃度を押し上げる．

問題93　正解(5)　　頻出度ＡＡＡ

大気の二酸化炭素は，基準を定めても今のところその濃度をコントロールする術がないので無意味である．

問題94　正解(5)　　頻出度Ａ

換気効率とは，（換気1回分の給気をするのに要する時間）/（室内の空気が外気に置き換えられるのに要する時間）．

室内空気がいかに効率的に新鮮空気と入れ替わるかを示す尺度である．

問題95　正解(1)　　頻出度ＡＡＡ

一酸化炭素は，赤血球のヘモグロビンと結合し人体の酸素取入れを妨げる窒息性のガスである．喫煙者などの慢性中毒では，狭心症などの心臓疾患に悪影響がある．

問題96　正解(2)　　頻出度ＡＡＡ

前問にあるとおり，赤血球のヘモグロビンと結合し人体の酸素取入れを妨げるのは一酸化炭素である．

問題97　正解(2)　　頻出度ＡＡＡ

銅製の黒球に温度計を入れ，壁などからの放射熱の影響を取入れた黒球温度を測定するのは，グローブ温度計である．アスマン通風乾湿計は相対湿度の測定に用いる（第97-1～3図参照）．

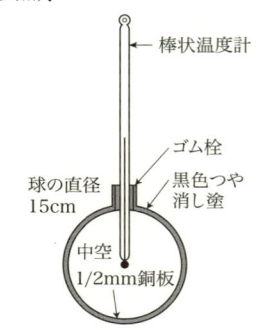

第97-1図　グローブ温度計

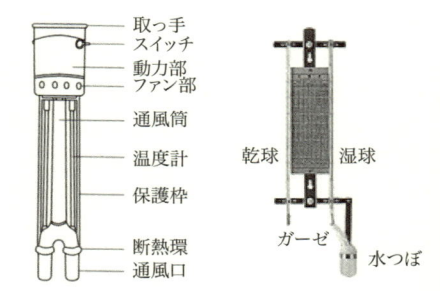

第97-2図　アスマン通風乾湿計　　第97-3図　アウグスト乾湿計

問題98　正解(2)　　頻出度ＡＡＡ

(2)は「ベルヌーイの定理」の誤り．ストークスの定理も存在するが，ここは関係がない．

問題99　正解(3)　　頻出度Ａ

化学発光法は，窒素を燃焼して一酸化窒素としたものにオゾンを加え，二酸化窒素に変化する際に発生する光（化学発光：ケミカル・ルミネッセンス，略してケミルミ）から全窒素濃度を求める．

フィルタバッジとは，大気中の二酸化窒素濃度を測定するための，吸収層（ろ紙）と拡

散層（ポリフロンフィルタ）から構成されたバッジ形式の小型で軽く簡便な曝露捕集器．吸引ポンプを使用しないパッシブ法である．

問題100　正解(4)　　頻出度AAA

水晶板は，圧電結晶素子（ピエゾ）の一種で，交流電圧によって振動する．この振動周波数が，付着した粉じんの質量に比例して減少することを質量濃度測定の原理としている．濃度の算出には吸引空気量を知る必要がある．

問題101　正解(1)　　頻出度A

定電位電解法は，一酸化炭素濃度の測定法である．硫黄酸化物の測定法には溶液導電率法，紫外線蛍光法などがある．

問題102　正解(2)　　頻出度AAA

光散乱式粉じん計による濃度は，
（1分間当たりのカウント数 − 1分間当たりのダークカウント数）× 較正係数 × 感度
で求めることができる．

$$\left(\frac{120}{3} - \frac{80}{10}\right) \times 1.3 \times 0.001 = 32 \times 1.3 \times 0.001$$
$$= 0.0416$$
$$\fallingdotseq 0.04 \ \mathrm{mg/m^3}$$

問題103　正解(4)　　頻出度AA

くしゃみによる浮遊粉じんのほうがはるかに多い（ある研究によればせき1回による浮遊微生物発生量が710個なのに対し，くしゃみでは62,000個に上る）．

問題104　正解(4)　　頻出度AAA

他が室内負荷に分類されるのに対し，取入外気による外気負荷だけが空調装置負荷に分類される．

問題105　正解(4)　　頻出度AAA

熱は，固体内では伝導，流体中は対流，固体の表面同士は放射で伝わる．

問題106　正解(3)　　頻出度A

上下温度差は5℃以内，冷窓・壁がある場合の水平方向差は10℃以内とする．

問題107　正解(5)　　頻出度AA

蛍光灯器具のグレア規制（輝度規制）のG3は制限なし（輝度がいくら大きくてもよい．例：ランプ露出型器具）である．グレア規制には他にUGRがある．

※　現行のJISでは，分類は，
　　V, G0, G1a, G1b, G2, G3
となっている（左に行くほど規制値が厳しい）．VはOA電算室用のOAルーバー器具など．

問題108　正解(3), (4)　　頻出度AAA

複数正解となった（出題ミス）．
(3)　安定器が必要なのは放電ランプ．普通放射ランプは白熱電球，ハロゲン球などを指し安定器は不要．
(4)　白色蛍光ランプ4,200 K，昼光色蛍光ランプ6,500 Kである．

問題109　正解(5)　　頻出度AA

防振したい物体を含む系の固有振動数が小さいほど防振効果が得られる．空気バネは固有振動数を低くとれる利点がある．

問題110　正解(1)　　頻出度AAA

重い箱を床に置くなどの重量床衝撃音は，おもな成分が低周波音なので吸音材やカーペットなどの仕上げ材では遮音できない．対策の基本は床躯体構造の質量や曲げ剛性の増加で，建築後では難しい．

問題111　正解(1)　　頻出度AAA

グラスウールなどの吸音材は，それだけでは遮音できない．遮音材は表面が固く重いものが適している．

問題112　正解(2)　　頻出度AAA

低周波域ではなく，4,000 Hz付近の聴力低下が騒音性難聴の初期の特徴で，C^5ディップの発生と言われる．C^5はドイツ式の音名で5番目のC音（普通のピアノの一番の高音 = 4,186 Hz）．

問題113　正解(5)　　頻出度AAA

絶対湿度とは，乾き空気1 kg当たりの水

蒸気量kgのこと．絶対湿度の単位kg/kg(DA)のDAはDry Airの略である．

問題114　正解(1)················**頻出度**A|A|A

1が蒸気加湿，2が温水加湿，3が水加湿である．

加湿プロセスでは，湿り空気線図上の状態点は熱水分比の傾きに沿って移動する．

$$熱水分比\ u = \frac{熱量の変化}{絶対湿度の変化}$$

$$= 加湿水（蒸気）のエンタルピー$$

である．水加湿の場合は $u \fallingdotseq 0$ で，状態点は湿球温度一定の線に沿って移動する．蒸気加湿は，$u=$ 蒸気のエンタルピー $\fallingdotseq 2,600$ の線（垂直よりわずかに右に傾く）に沿う．温水の場合は水と水蒸気の間となる．

問題115　正解(2)················**頻出度**A|A|A

Aの空気が100 m³/h，Bの空気が200 m³/hとなる．

A，Bの空気混合直後の状態点は空気線図でC′となる．それを加熱してCとなった（第115-1図参照）．混合では，混合後の状態点は，二つの空気の状態点を結ぶ直線を，二つの空気の量の逆比に内分する．図からC′点は，ABを2：1に内分しているので，A（の空気の量）：B（の空気の量）＝1：2となる．すなわち，2A＝B，またA＋B＝300であるから，はじめの式を代入して，A＋2A＝300，∴ A＝100，B＝200 m³/h

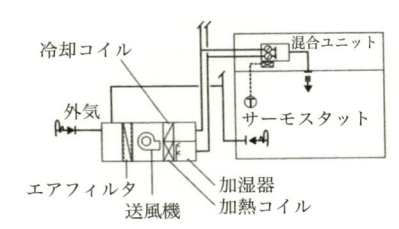

問題116　正解(3)················**頻出度**A

(3)は必ずしも必須ではない．

第116-1図　二重ダクト方式

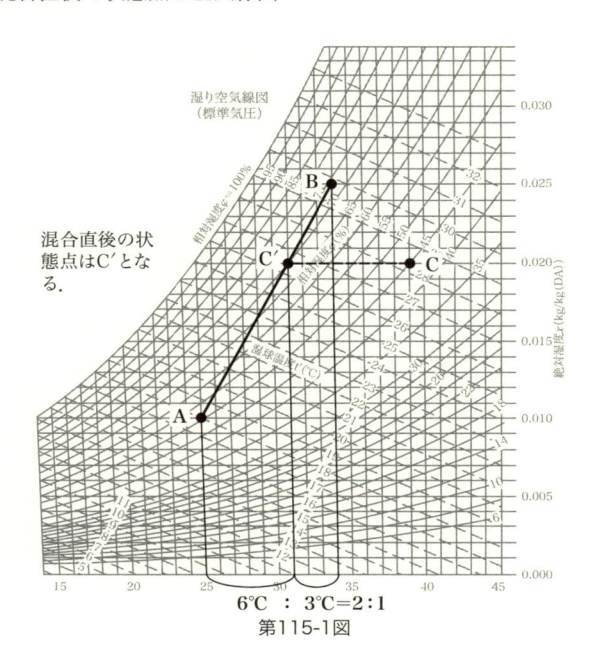

第115-1図

二重ダクト方式はダクトのスペースが大きい上，冷暖の混合による損失を伴いエネルギーの無駄が出るため，一般的ではない．外気併用とは，このダクトを使って新鮮空気を室内に取り入れることを指す．

問題117　正解(2)　　　　　頻出度AA

定風量単一ダクト方式では，ダクトに外気の取入れ構造を有し，ダンパーの切替によって比較的簡単に外気冷房が行えるのに対し，マルチパッケージ方式ではそのようなダクトは存在せず，必要最小限の換気しかしていないため外気冷房を行うことは不可能である．

問題118　正解(4)　　　　　　頻出度A

単独運転の運転点は，1台のポンプの性能曲線と配管の抵抗曲線からcとなる．ポンプを直列に接続して運転した場合，二つのポンプの送水量は等しくなければならない．また，連合運転の揚程は二つのポンプの揚程の和となる．これらから，連合運転の運転点は a，そのときの各ポンプの運転点は d となる（第118-1図参照）．

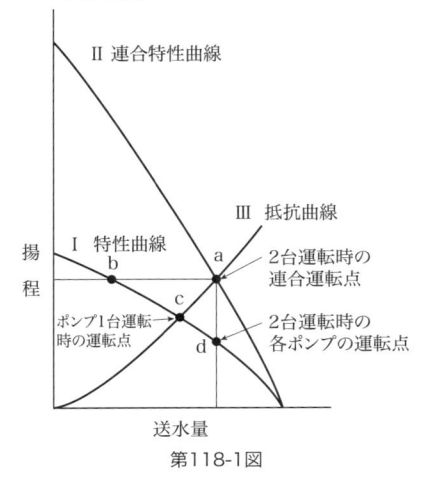

第118-1図

問題119　正解(2)　　　　　　頻出度A

1台の電熱器の抵抗 R を求める．消費電力を P，電圧を V，流れる電流を I とすると，

$$P = VI = V \cdot \frac{V}{R} = \frac{100^2}{R} = 2{,}000 \text{ W}$$

から，

$$R = \frac{10{,}000}{2{,}000} = 5 \text{ Ω}$$

この電熱器を直列に接続すると抵抗は10Ωになるから，そのときの消費電力は，

$$\frac{V^2}{R} = \frac{100^2}{10} = 1{,}000 \text{ W} = 1 \text{ kW}$$

問題120　正解(4)　　　　　頻出度AA

(1)の排気フードを設け，局所排気とすれば換気量を抑えることができて省エネ的である．

問題121　正解(3)　　　　　頻出度AA

天井面に沿った噴流の到達距離は，自由噴流よりも長くなる（約1.4倍）．

自由噴流は，周囲の空気を巻き込むことによってエネルギーを失い流速が低下するが，噴流の流れに沿って天井や壁があると，周囲の空気を巻き込むことが少なくなるので到達距離が長くなる．

問題122　正解(3)　　　　　　頻出度A

問題には風向が示されていない（出題ミス）．風向を，示された図の左→右と仮定する．

建物内外の温度差が無視でき，換気扇等による駆動力がない場合，換気量は次式で表すことができる．

$$Q = 3{,}600\sqrt{\frac{2}{\gamma}}\alpha A\sqrt{\triangle p}$$

ただし，Q：換気量，γ：空気の密度，α：流量係数，A：開口面積，$\triangle p$：風圧力

また，風圧力は次式で求めることができる．

$$\triangle p = (C_1 - C_2)\frac{\gamma}{2}V$$

ただし，C_1：風上の風圧係数，C_2：風下の風圧係数，V：風速

これらから $Q \propto \sqrt{(C_1 - C_2)}$ であることが分かる．

$C_1 - C_2$ の値を検討すると，
図 A では $C_1 - C_2 = 0.6 - (-0.2) = 0.8$
図 B では $C_1 - C_2 = 0.6 - (-0.4) = 1.0$
図 C では $C_1 - C_2 = -0.8 - (-0.2) = -0.6$
したがって，B＞A＞C

問題123　正解(4)　　　　　　　頻出度AA

換気量 Q [m³/h] は，汚染物質の発生量を M [m³/h]，許容濃度を C [％]，外気の汚染物質の濃度を C_o [％] とすると，次のように求められる．

$$Q = \frac{M}{C - C_o} \times 10^2 = \frac{0.02 \times 3}{0.09 - 0.04} \times 10^2$$

$$= \frac{0.06}{0.05} \times 10^2 = 120 \text{ m}^3/\text{h}$$

換気回数は換気量を室容積で割って，
$120 \div 30 = 4$ 回/h

問題124　正解(5)　　　　　　　頻出度A

$$\text{成績係数} = \frac{\text{凝縮器の放熱量}}{\text{圧縮機の仕事量の熱量換算値}}$$

$$= \frac{300 \text{ kW} + 100 \text{ kW}}{100 \text{ kW}}$$

$$= 4.0$$

問題125　正解(5)　　　　　　　頻出度A

冷水流量を X [L/s] とすると，次式が成り立つ．

$X \times 4.2 \times (13 - 7) = 10$ kW

∴ $X = \dfrac{10}{4.2 \times 6} = 0.3968$ L/s

1 時間当たりであるから 3,600 倍して，
$X = 1,428$ L/h

問題126　正解(3)　　　　　　　頻出度AAA

蓄熱槽を有しない密閉の冷温水回路では，配管抵抗を若干上回る揚程の循環ポンプでよいが，開放型の蓄熱槽では，冷温水を循環させるために（地下の蓄熱槽から最も高位置にある空調機までの高さ）＋（配管抵抗）を上回る揚程のポンプを必要とするため，搬送動力が大きくなる．

問題127　正解(3)　　　　　　　頻出度AAA

密閉型では冷却水と空気の熱交換は間接的でロスがあるので，同じ冷却能力を得るのに開放型より大型となる．

問題128　正解(4)　　　　　　　頻出度AAA

複層ガラス（ペアガラス）は，2枚のガラスに密閉された空気層が熱の移動を防ぎ，室内側のガラス表面の温度を高く保つため結露しにくくなる．室温20℃，室内湿度50％の環境では3 mm ガラスでは外気4℃で結露が発生するが，3 mm＋3 mm の複層ガラスは外気温 －7℃まで結露が発生しない．

問題129　正解(3)　　　　　　　頻出度A

賦存（ふそん）とは，天然資源が，利用の可否に関係なく理論上算出されたある量として存在することを言う．変圧器の排熱は変圧器容量の数％あるが，変電所の排熱の本格的な利用はこれからの課題である．

問題130　正解(1)　　　　　　　頻出度AA

ボイラに伴う危険が，散在するよりも集中化によってリスク管理がしやすくなると考えられる．

問題131　正解(4)　　　　　　　頻出度A

HCFC は代替フロンと呼ばれ特定フロンに替って普及したが，その後 HCFC もオゾン層破壊物質として先進国では2020年までに全廃することが決められている．

問題132　正解(5)　　　　　　　頻出度A

外来種の繁殖とヒートアイランド現象は関係がない．

問題133　正解(5)　　　　　　　頻出度A

CM（コンストラクションマネジメント）は，建築物を建築するときに行うマネジメントで，ファシリティマネジメントとの関連はうすい．

問題134　正解(2)　　　　　　　頻出度AA

ファンヒーターは開放型燃焼器具である．

解答・午後　467

問題 135　正解(5)　頻出度 A

開放型燃焼器具の使用時で，あまり酸素濃度が低下しない範囲での室内の一酸化炭素濃度の推定式

$$C_{CO} = Ak\left(\frac{B}{Q}\right)^2$$

ただし，C_{CO}：室内一酸化濃度，A：器具の特性値，k：単位燃料当たりの酸素消費量，B：燃料消費量率，Q：換気量

問題 136　正解(5)　頻出度 AA

廃棄物の減量化とは，その発生時点においてできるだけ廃棄物の排出量が少なくなるような工程を採用することや，廃棄物の再生利用により資源化を進めること，および最終処分の前に，廃棄物を圧縮したり，，乾燥・脱水・焼却したりして容量を減少させることである．

問題 137　正解(5)　頻出度 A

廃棄物の3成分とは可燃分，灰分，水分のことをいう．

問題 138　正解(3)　頻出度 AAA

近年廃棄物の総排出量は微減傾向であり，最終処分量も減少している．

　総排出量　　平成 15 年　5,400 万トン
　　　　　　　　　↓
　　　　　　　平成 20 年　4,800 万トン

　最終処分量　平成 15 年　845 万トン
　　　　　　　　　↓
　　　　　　　平成 20 年　550 万トン

問題 139　正解(2)　頻出度 AA

プラスチック容器は，破砕によっておよそ1/3に減容される．

問題 140　正解(2)　頻出度 A

一般廃棄物の最終処分場及び産業廃棄物の最終処分場に係る技術上の基準を定める省令（環境省）により，一般廃棄物の最終処分場と産業廃棄物の管理型最終処分場の構造基準は同一である．

問題 141　正解(5)　頻出度 A

廃棄物焼却施設の余熱利用などの際には，真発熱量とも呼ばれる低位発熱量を基に計画する．高位発熱量と低位発熱量の関係は，高位発熱量＝低位発熱量＋含まれる水分の潜熱，である．潜熱は水蒸気とともに煙突から大気中に散逸してしまうために利用できない．

問題 142　正解(5)　頻出度 A

鉱滓（こうさい．金属製錬の際，溶融した金属から分離して浮かび上がるかす，スラグ．正しくは，「こうし」と読む）は焼結固化して道路舗装の骨材などに利用される．

問題 143　正解(2)　頻出度 AA

一般廃棄物から出たものであるから，一般廃棄物（特別管理一般廃棄物）である．

問題 144　正解(2)　頻出度 AAA

(2)　雑排水槽の汚泥は産業廃棄物である．

問題 145　正解(1)　頻出度 A

一般廃棄物中に混入するプラスチック類は，一般のごみとともに焼却され，また破砕して埋め立てられているのが現状である．

問題 146　正解(4)　頻出度 A

し尿処理施設構造指針では，高度処理として，凝集分離，オゾン酸化処理，砂濾過または活性炭吸着処理などが定められている．活性汚泥法は，通常の処理の2次処理方法として定められている．

問題 147　正解(3)　頻出度 A

ある調査によれば，年間のごみ発生量に対する資源化の割合（再利用率）は，店舗が12.8 %，百貨店が10.5 %，旅館が8.5 %，事務所が8.0 %，集会場が5.6 %であり，再資源化はまだまだ不十分であることがわかる．

問題 148　正解(1)　頻出度 AAA

ビンはどんなにがんばっても炭化はしない．ビン──破砕装置　である．

問題149　正解(1)　　頻出度AAA
建築物内で破砕処理されるのは, おもにビン, プラスチックである.

問題150　正解(3)　　頻出度AAA
界面活性剤は4種類（陰, 陽, 両性, 非）である. 錯イオンとは, 金属を中心にした化合物（錯体）のイオン.

問題151　正解(5)　　頻出度AAA
合成洗剤は, 化学的に合成された界面活性剤を主剤とする, ほとんど石油製品といっていい物質である.

問題152　正解(5)　　頻出度AA
逆性石けんは, 石けん類と混ざるとその効力を失う.
　普通の石けんは水に溶けると陰イオンになるが, 逆性石けんは陽イオンとなるので逆性と名が付いている.

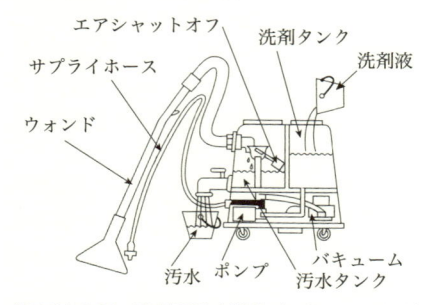

問題153　正解(3)　　頻出度AAA
AC電源のものがほとんどである.

問題154　正解(1)　　頻出度AAA
エクストラクタは, カーペットのシャンプークリーニング後のすすぎ洗いにも使用される（第154-1図参照）.

第154-1図　噴射吸引式機械（エクストラクタ）

問題155　正解(4)　　頻出度AA
利用目的によって, 汚れ方も違えば仕様も異なるので, 作業人員は大きく変わる.

問題156　正解(3)　　頻出度A
日本薬局方（国の定める薬品等の仕様書）では, 滅菌器中の空気をできるだけ排除し, 飽和水蒸気で満たされるようにしたうえでの滅菌条件として, 115℃で30分間, 121℃で20分間, 126℃で15分間とされている.

問題157　正解(5)　　頻出度AAA
70〜80％の濃度で有効. 90％以上の濃度では殺菌効果は低下する. エチルアルコールは, 問題にあるように優れた消毒薬であるが, 細菌の芽胞（種子）には効かない.

問題158　正解(2)　　頻出度A
高温多湿では効果が低下する. 温度は20℃前後が最も有効.

問題159　正解(5)　　頻出度AAA
10％溶液ということは, 100 g/L＝100,000 mg/Lであるから, 100,000÷50＝2,000倍に薄めればよい.

問題160　正解(2)　　頻出度AAA
感受性対策とは, 病原菌が体内に入ってきても発症しないように免疫力を高め, 結果として病原体に対する感受性をなくすことである. 予防接種は有効な感受性対策である.

問題161　正解(1)　　頻出度AAA
疾病別の感染経路は第161-1表のとおり.

第161-1表

経口感染（水や人のし尿を介して感染）	コレラ, 赤痢, 疫痢, 腸チフス, パラチフス, 急性灰白髄炎（小児まひ）, A型肝炎
飛沫感染（分泌物の飛沫による感染）	肺ペスト, ジフテリア, 猩紅熱, 流行性脳脊髄膜炎, 痘瘡
ネズミ, こん虫媒介感染	発疹チフス（シラミ）, 腺ペスト（ノミ）, 日本脳炎（コガタアカイエカ）
血液, 輸血	B型肝炎　C型肝炎
プール	流行性結角膜炎

問題162　正解(2)　　頻出度A
環境影響評価法の第1条に, …事業の実施に当たりあらかじめ環境影響評価を行うことが環境の保全上極めて重要である…と定め

問題163 正解(5) 頻出度AAA
単位容積質量値は，見かけ比重ともいうが，その単位は kg/L，または kg/m^3 である．

問題164 正解(1) 頻出度AA
大気汚染防止法では，大気を汚染するものとして，ばい煙，粉じん，有害大気汚染物質，自動車排出ガスを定めている．ばい煙発生施設として規制されている32種類の施設のうち，廃棄物焼却炉については火格子面積が $2 m^2$ 以上であるか，または焼却能力が1時間当たり200 kg以上であること，とされている．

問題165 正解(4) 頻出度AA
バーゼル条約（1992年）．バーゼルはスイスにある．

問題166 正解(2) 頻出度AAA
都会のビルであれば蚊の種類はほぼチカイエカに限られるが，効果的な防除にはやはり発生源や対象種の特定が必要である．

問題167 正解(4) 頻出度AAA
チカイエカの生態の特徴の一つは，狭所交尾性である．試験管のような狭い場所でも自由に交尾する．

問題168 正解(3) 頻出度AAA
煙霧やULV処理は，いずれも室内の空間に薬剤を充満させ，隅に潜んでいるゴキブリをその場で直接殺す直接処理であって，残留効果はほとんどない．

問題169 正解(1) 頻出度AAA
屋内塵性のダニは，一般的に薬剤感受性が低く，薬剤のみによる防除は難しい．

問題170 正解(2) 頻出度AA
ユスリカが原因となることも報告されている．

問題171 正解(1) 頻出度AAA
ナメクジ，ヤスデ駆除用の薬剤は，薬事法の規制を受けない．

問題172 正解(2) 頻出度AAA
白熱電球の昆虫に対する誘引性を100とすると，純黄色蛍光灯は8と低いが，水銀灯は260と高い．

問題173 正解(5) 頻出度AAA
シバンムシアリガタバチは，その名のとおりシバンムシ（ジンサンシバンムシ，タバコシバンムシ）の幼生に寄生するアリの形をしたハチである．

問題174 正解(2) 頻出度AAA
ピレスロイド剤は，速効性が高く，ノックダウン（仰天）効果に優れている．いったんノックダウンされた害虫が蘇生することがある．人畜毒性は低いが魚類には毒性が高く，水域には使用できない．ピレスロイド剤は，一般に昆虫に対する忌避性が認められるが，ゴキブリなどがピレスロイドに触れて潜み場所から飛び出てくることを，フラッシング効果（追出し効果）と呼ぶ．忌避性も認められるので，飛翔昆虫や吸血昆虫に対する実用性が高い，等の特徴をもつ．

問題175 正解(1) 頻出度AAA
ロープのような細いものを伝ったり，パイプを上下して，垂直行動が得意なのはクマネズミの特徴．

問題176 正解(4) 頻出度AAA
ネズミの防除の基本は①餌を断つこと，②通路を遮断すること，③巣をつくらせないこと，の三つである．

問題177 正解(2) 頻出度AA
デング熱を媒介するのはシマカ（ネッタイシマカ，ヒトスジシマカ）である．

問題178 正解(1) 頻出度AAA
ドブネズミがサルモネラ菌を媒介する．
(2)レプトスピラ症（ワイル病）はネズミが媒介する．(3)ゴキブリは赤痢などの病原菌を運ぶ．(4)ネズミに寄生するイエダニ，野鳥に寄生するスズメサシダニ，トリサシダニ，ワ

クモなどが人からも吸血する．(5)食品を発生源とする食品害虫は，衛生的に重大な影響を及ぼすわけではないが，食品の品質を低下させ，見栄えを悪くする．

問題179　正解(1)················**頻出度**ⒶⒶⒶ

効果判定は，防除作業終了後の生息数変化から行う．

問題180　正解(5)················**頻出度**ⒶⒶⒶ

ULV は ultra low volume の略で，超少量の意味である．ULV 機は高濃度の薬剤を少量処理するのに使用される．

平成14年度 解答・解説

合格率16.0%

●午 前●

問題1 正解(3) 頻出度AAA
国は、すべての生活面について、社会福祉、社会保障及び公衆衛生の向上及び増進に努めなければならない.

問題2 正解(2) 頻出度AAA
地域保健法——厚生労働省.

問題3 正解(2) 頻出度AAA
第1条（目的）この法律は、多数の者が使用し、又は利用する建築物の維持管理に関し環境衛生上必要な事項等を定めることにより、その建築物における衛生的な環境の確保を図り、もって公衆衛生の向上及び増進に資することを目的とする.

問題4 正解(4) 頻出度AAA
(1)にあるように監督するのが職務であって、自ら測定、検査、管理等をやる義務はない（もちろんやって構わないが）.

問題5 正解(1) 頻出度AAA
披露宴会場＋結婚式場は集会場として特定建築物に該当する.

特定建築物の用途にならないもの
1. 工場、作業場、倉庫、病院・診療所、寄宿舎、駅舎、寺院・教会・神社、自然科学系の研究所
2. 共同住宅（法2条で例示されているが、行政上除外されている.）
3. 建築基準法で定める建築物でないもの（地下街の地下道・広場，駅のプラットホームとその上家等）

問題6 正解(1) 頻出度AAA
百貨店に付属する倉庫は、特定用途に付属する部分として延べ面積に合算する.
(3) いわゆる共用部は、特定用途に付随する部分として延べ面積に合算する. すなわち、特定用途の面積＝もっぱら特定用途に使用する面積＋付属する部分＋付随する部分、である.

問題7 正解(4) 頻出度AAA
貯水槽の清掃は1年以内ごとに1回定期に行うこと.

問題8 正解(5) 頻出度AAA
特定建築物の所有者（所有者以外に当該特定建築物の全部の管理について権原を有する者があるときは、当該権原を有する者）（以下「特定建築物所有者等」という.）は、当該特定建築物が使用されるに至ったときは、その日から1箇月以内に、厚生労働省令の定めるところにより、当該特定建築物の所在場所、用途、延べ面積及び構造設備の概要、建築物環境衛生管理技術者の氏名その他厚生労働省令で定める事項を都道府県知事（保健所を設置する市又は特別区にあっては、市長又は区長.）に届け出なければならない（ビル管理法第5条）.
(1),(3),(4)のような規定はない.

問題9 正解(1) 頻出度AAA
国または地方公共団体の特定建築物について、行政の無駄を省くために、下記のような

特例がある．

第9-1表

一般の特定建築物	公共建築物
特定建築物の届出	必要（一般の特定建築物と同じ）
建築物環境衛生管理基準の順守	〃
帳簿書類の備付け	〃
管理技術者の選任	〃
立入検査	必要な説明または資料の提出
改善命令	勧告

問題10　正解(5)･･････････頻出度ＡＡＡ

事業の登録の有効期間は，6年．
(1)30日以内，(2)都道府県知事，(3)営業所ごと，(4)人的基準（資格，教育）がある．

問題11　正解(3)･･････････頻出度ＡＡＡ

浄化槽清掃業を営もうとする者は，当該業を行おうとする区域を管轄する市町村長の許可を受けなければならない．
(4) 既設のし尿単独処理浄化槽は，浄化槽とみなす「みなし浄化槽」として扱われている．

問題12　正解(5)･･････････頻出度ＡＡＡ

第2条（定義）　この法律において「廃棄物」とは，ごみ，粗大ごみ，燃え殻，汚泥，ふん尿，廃油，廃酸，廃アルカリ，動物の死体その他の汚物又は不要物であって，固形状又は液状のもの（放射性物質及びこれによって汚染された物を除く．）をいう．

問題13　正解(5)･･････････頻出度ＡＡＡ

この法律において「公害」とは，環境の保全上の支障のうち，事業活動その他の人の活動に伴って生ずる相当範囲にわたる大気の汚染，水質の汚濁，土壌の汚染，騒音，振動，地盤の沈下及び悪臭によって，人の健康又は生活環境に係る被害が生ずることをいう．

問題14　正解(2)･･････････頻出度ＡＡ

第1条（目的）　この法律は，建築物の敷地，構造，設備及び用途に関する最低の基準を定めて，国民の生命，健康及び財産の保護を図り，もって公共の福祉の増進に資することを目的とする．

問題15　正解(2)･･････････頻出度ＡＡ

22物質が定められている．ビル管理法に関する試験での出題は『ごみ処理場やし尿処理場で発生の可能性の少ないもの…スチレン』，『特定悪臭物質でないもの…メタン，一酸化炭素（以上無臭），二酸化硫黄（臭気より毒性が問題）』など．

問題16　正解(1)･･････････頻出度ＡＡＡ

人の健康に係る被害を生ずる有害物質として，『カドミウム及びその化合物』をはじめとしてPCBなど26種の有害物質が定められているが，ビル管理法の試験では，『人の健康に係る被害を生ずるおそれがある物質として定められていないものどれか』と出題され，その答は亜鉛か錫（すず）に限られる（これらは有害物質ではない）．（平成21年の試験で「鉄及びその化合物」が加わった．）

問題17　正解(5)(1)(2)(3)･･････頻出度ＡＡＡ

※平成14年当時は，一類感染症のペストだけだったが，現在は(4)レジオネラ症だけが四類感染症に指定されている（(1)(2)(3)はいずれも五類感染症）．一類感染症だけでも覚えたい．

問題18　正解(2)･･････････頻出度ＡＡ

第1条（目的）　この法律は，学校における保健管理及び安全管理に関し必要な事項を定め，児童，生徒，学生及び幼児並びに職員の健康の保持増進を図り，もって学校教育の円滑な実施とその成果の確保に資することを目的とする．

※この法律は平成21年学校保健安全法に改題・改正された．この第1条（目的）も大幅に書き換えられているので現在の法令では，「答なし」（上記第1条は旧法）．

問題19　正解(2)･･････････頻出度ＡＡＡ

一般細菌の基準「1 mLの検水で形成され

解答・午前　　473

る集落数が100以下であること」．「検出されないこと」とされるのは，全50項目中大腸菌のみ．

※(5)　大腸菌群の項目名は現在大腸菌と群が外された．

問題20　正解(5) 頻出度A

昭和12年（1937年）に初めて制定された保健所法は，第二次世界大戦後直後に大改正された後，近年の人口の急速な高齢化，慢性疾患の増加や生活環境問題に対する住民意識の高まりを受け，平成6年（1994年）に地域保健法と改題・改正された．

問題21　正解(1) 頻出度AA

競争入札でもよいが，一般的には随意契約が多い．

問題22　正解(5) 頻出度AAA

貸事務所は収益部分と非収益部分に分けられる．収益をあげるための指標としてレンタブル比（有効面積）がある．

$$レンタブル比 = \frac{収益部分の床面積}{延べ面積} \times 100\%$$

一般的に，オフィスビルでは基準階で75～85%，建物全体で65～75%とする．採算性を重視する場合は高めに設定する．

問題23　正解(3) 頻出度AAA

風力係数は，風洞試験によって定めるか，建築物の断面および平面の形状に応じて国土交通大臣が定める数値とする．すなわち，風力係数は建物の形状によって異なる．

問題24　正解(4) 頻出度AAA

靱（じん）性に富み，耐震的に有利な構造にしやすいが，鉄骨鋼材は500℃で強度が1/2，1,000℃で0となり，1,400～1,500℃で溶解する．

不燃材料ではあるが耐火材料ではない．

問題25　正解(2) 頻出度AAA

片持ちばりに等分布荷重の曲げモーメント図は(2)となる．

等分布荷重では，モーメント図（M図）は二次曲線となる．M図は梁の引張り力が働いている側に描くのが構造力学の習わしである．

問題26　正解(4) 頻出度AAA

柱で剪（せん）断力を負担させるための配筋は，帯筋という．あばら筋は，梁の剪断力負担筋である．

問題27　正解(3) 頻出度AAA

塩分はアルカリ性の中で形成された鉄筋の不動態被膜（腐食に対する一種のバリア）を破壊し腐食を進行させる．そのため，コンクリートに海砂を使用するのは好ましくない．

問題28　正解(5) 頻出度AAA

送風機は，圧力9.8 kPa以上のものをブロワ，それより低い圧力のものをファンと呼ぶ．

問題29　正解(1) 頻出度A

温水循環ポンプは一次熱媒搬送設備に属する．

問題30　正解(5) 頻出度AAA

屋内消火栓は，もっぱら水を消火剤とする消防の用に供する設備である．消防法に水源の規定がある．

問題31　正解(5) 頻出度A

単位体積当たりの平均発熱量kJ/Lは次のとおり．灯油（37,256），A重油（38,930），C重油（41,023），ガソリン（35,163）

問題32　正解(3) 頻出度AAA

自動縦搬送方式は中層～超高層のビルに適し，小口径管空気方式は大規模建築物に適している．

問題33　正解(4) 頻出度AAA

居室とは，居住，執務，作業，集会，娯楽その他これらに類する目的のために継続的に使用する室をいう（建築基準法第2条第四号）．

玄関，廊下，階段，洗面所，便所，納戸，

押入れ，車庫などは居室ではない．

問題 34　正解(5)　　頻出度AA

大規模の模様替とは，建築物の主要構造部の一種以上について行う過半の模様替をいう．

問題 35　正解(4)　　頻出度AAA

建築物とは，土地に定着する工作物のうち，屋根及び柱若しくは壁を有するもの（これに類する構造のものを含む．），これに附属する門若しくは塀，観覧のための工作物又は地下若しくは高架の工作物内に設ける事務所，店舗，興行場，倉庫その他これらに類する施設（鉄道及び軌道の線路敷地内の運転保安に関する施設並びに跨線橋，プラットホームの上家，貯蔵槽その他これらに類する施設を除く．）をいい，建築設備を含むものとする（建築基準法第2条第一号）．

問題 36　正解(2)　　頻出度AAA

気持ちは悪いが，シックビル症候群と昆虫の発生とは関係がない．

問題 37　正解(4)　　頻出度AAA

日本産業衛生学会は，政府に対して工場，作業場での健康障害予防のために多数の化学物質の許容濃度，高温，騒音の許容限界を勧告している．その前文で，この「許容濃度は安全と危険の明らかな境界を示したものではない（労働者の個人差や，複合的な原因の健康障害も考慮されるべき）」と断っている．

※(1)「学校保健法」→現行「学校保健安全法」

問題 38　正解(1)　　頻出度AAA

放射による放熱が最も多い．

常温安静時の人体からの放熱量は，おおよそ伝導・対流30 %，放射45 %，蒸発25 %（皮膚から1 %，呼気から10 %）．

問題 39　正解(4)　　頻出度AAA

手掌皮膚温は，外層温である．核心温の代表値は直腸温など．

※かつての「深部体温」，「皮膚温」は，現在では，「核心温」，「外層温」という．

問題 40　正解(1)　　頻出度AAA

多くの調査は，女性のほうが快適温度は男性より1～2 ℃高いと報告している．

問題 41　正解(5)　　頻出度AA

湿球温度がわからない場合は，次式でも求められる．

$0.81Ta+0.01H(0.99Ta-14.3)+46.3$

ただし H：相対湿度 %

問題 42　正解(4)　　頻出度A

イの快適方程式を基礎にしているのはPMV（予測平均温冷感）である．ウのSETの標準着衣量は 0.6 clo である．

問題 43　正解(2)　　頻出度AAA

換気量を Q [m^3/h]，汚染物質の発生量を M [m^3/h]，許容濃度を C [%]，外気の汚染物質の濃度を C_o [%] とする．

$$Q = \frac{M}{C-C_o} \times 10^2 = \frac{0.018}{0.1-0.04} \times 10^2$$
$$= 30 \text{ m}^3/\text{h}$$

問題 44　正解(2)　　頻出度AAA

合板の材料の接着剤からホルムアルデヒドが，ワックスの溶剤からVOCが発生する．室内のオゾン発生源は，内部にコロナ放電の機構を持つコピー機と静電式空気清浄機である．アスベストの発生源は，おもに建築材料であって，コピー機とアスベストは関係がない．

問題 45　正解(3)　　頻出度AA

20 dBの音圧は，表から 200×10^{-6} Paであるから，$1,000 = 10^3$ 倍の音圧は，$200 \times 10^{-6} \times 10^3 = 200 \times 10^{-3}$ Pa．表から，この音圧レベルは80 dBである．

問題 46　正解(3)　　頻出度AAA

ヒトの音の周波数の可聴範囲は20～20,000 Hzの10オクターブである．

問題 47　正解(5)　　頻出度AAA

加齢による聴力低下は，硬化した聴覚器官

解答・午前

問題48　正解(1)　頻出度AAA

ア　赤味を帯びた光ほど色温度が低く，白ないし青味を帯びた光ほど色温度が高い．ろうそく 1,920 K，電球約 3,000 K，蛍光灯ランプ 4,500 K など．

イ　照明した物の色がどの程度現物に忠実に見えるかを光の演色性という．演色性の良し悪しは，光源の光色よりも光源の分光分布（どの波長の光をどのぐらい含むか）に関係する．

問題49　正解(1)　頻出度AA

図の光源の単位である cd（カンデラ）の意味は，ある方向への単位立体角当たりの光束（単位ルーメン：Lm）のことである．したがって，

1 cd の光源から 1 m 離れた受照面の照度は 1 Lx (Lm/m²) である．照度は光源の強さに比例し，光源からの距離の2乗に反比例するから，

ア　$50 \times (1/5)^2 = 2$ Lx
イ　$100 \times (1/10)^2 = 1$ Lx
ウ　$200 \times (1/20)^2 = 0.5$ Lx

となる．

※単位立体角；半径 1 m の球面上の単位面積 1 m² が球の中心に張る立体角を 1 ステラジアン（sr）という．

問題50　正解(5)　頻出度AAA

色の識別ができるのは 3 Lx 以上である．
視力は約 0.001 Lx から現れ，0.1 Lx までの視力の上昇はわずかずつであるがその後急角度で上昇し，10,000 Lx までは直線的に増加する．新聞がやっと読める照度が 1 Lx 以上であるから，満月（0.2 Lx）であっても月の光ではとても新聞は読めない．そして，色の識別ができるのは 3 Lx 以上である．

問題51　正解(5)　頻出度AAA

ヒトの目は紫外線を見ることができないので，紫外線がグレア（眩しさ）になることはない．

問題52　正解(4)　頻出度AAA

インフルエンザは，患者の咳などによる飛沫感染（直接伝播）もしくは飛沫核感染（間接伝播・空気感染）であって，糞口感染（間接伝播・媒介物感染・食物感染・水系感染）ではない．

他の感染症は，いずれも患者が糞便に病原体を排出する．

問題53　正解(1)　頻出度A

一般に，地下階は地上階よりも震度2程度低く感じられる．

問題54　正解(1)　頻出度AAA

伝導による放熱は，人体と接触する物質（足裏以外は普通空気）と平均皮膚温との温度差によって放熱量が決まる．

問題55　正解(2)　頻出度AAA

アスベストは，天然に産する鉱物繊維である．

クリソタイル，アモサイトなどの種類がある．耐熱性，耐薬品性，絶縁性等の諸特性に優れているため，建設資材，電気製品，自動車，家庭用品等に使用されてきた．現在，アスベスト曝露に関連あるとして確認されている疾病は，石綿肺（じん肺），肺がん，悪性中皮腫などがある．

問題56　正解(4)　頻出度AA

メカニカル接合とは，ねじ込み，溶接，はんだ付け，ろう接合，コーキング，接着，融着などによらない機械的な接合をいう．最も一般的なメカニカル接合は，フランジをボルトで接合するフランジ接合である．

問題57　正解(4)　頻出度AA

ティーエス接合（TS接合）とは，TS継手を使用した塩ビパイプの一般的な接合方法．配管と継手に接着剤を塗布して，継手に配管を差し込んで接合する．TS は taperd（テーパー

問題 58　正解(2)　頻出度 A A A

比重とは，物質の質量と，それと同体積の4℃の水の質量との比．同じ場所で測れば，両者の重さの比をとってもよいので比重という．単位はない（無次元数）．kg/m³ は密度の単位．

問題 59　正解(5)　頻出度 A A A

発疹チフスの病原体はリケッチアといい，細菌より小さく（0.3 μm 程度），細菌のように人工培地で培養できない（細胞に寄生して初めて増殖できる）．

問題 60　正解(1)　頻出度 A

陰イオン界面活性剤の定期検査は義務付けられていない．

地下水等，水道事業から供給される水以外の水を水源とする場合のビル管理法の定める水質検査項目は，次のとおり．

1．給水開始前にすべての項目の検査実施．
2．6ヵ月以内に1回定期に実施；1, 2, 6, 10, 31, 33, 34, 37, 39, 45～50 の項
3．毎年，測定期間に1回実施；9, 20～30 の項
4．3年以内ごとに1回定期に実施；13, 15～19, 44 の項

ちなみに，項目番号は，陰イオン界面活性剤は 40，トリクロロエチレン 18，ベンゼン 19，四塩化炭素 13，フェノール類 44．

問題 61　正解(4)　頻出度 A A A

COD とは，酸化剤を用いて水中の有機物などを酸化する際に消費される酸化剤の量を，酸素量に換算して示した値である．

酸化されるとは，ある物質が酸素と化合することまたは電子を失うことをいい，還元されるとは，ある物質が酸素を失うことまたは電子を得ることをいう．ほとんどの水中の有機物は酸化されて水と二酸化炭素になる．

問題 62　正解(3)　頻出度 A A A

節水型洗浄弁はハンドルを押し続けても1回分しか吐出しない機構（ノンホールディング機構）となっている．

※(2) JIS B 2061 の規定では，大便器用洗浄弁の性能は，給水圧力が 100 kPa の場合に，最大瞬間流量 100 L/min 以上，吐水量は設定吐水量±1.5 L 以上でなければならないと規定されている．

問題 63　正解(5)　頻出度 A A A

貯水槽の上部には，保守点検のため，100 cm 以上のスペースを確保する．

問題 64　正解(1)　頻出度 A A A

一般水栓の必要水圧は，30 kPa である．

他には，大便器洗浄弁，小便器洗浄弁，自閉水栓，シャワーいずれも 70 kPa など．

問題 65　正解(3)　頻出度 A A A

上方への枝管は上取りとし，下方への枝管は下取りとしないと，配管に泥溜まり，空気溜まりができやすくなる．

問題 66　正解(2)　頻出度 A A A

この圧力波が反射点との間を往復し，配管を振動させたり，大きな衝撃音を発生させる．これをウォータハンマという．受水槽内のボールタップ，揚水ポンプ，住宅のシングルレバー水栓などで給水が停止するとき発生することが多い．

(1) 貯水槽内には飲料水の配管設備以外の配管設備を設けてはならない（昭和50年建設省告示第1597号）．

(3) 分水栓-止水栓-量水器の順に設置される．

(4) 2 m³ に満たない貯水槽では，通気管等は設置しなくともよい（同告示）．

(5) 建築基準法施行令では，受水槽を貯水タンク，高置水槽，圧力水槽を給水タンクと称しているが，上記告示ではこれらを総称して給水タンク等としている．

問題67　正解(1)　頻出度AAA
高置水槽には，揚水ポンプ発停用および槽内の満水・減水警報用の電極棒が設けられ，槽内の水位の上下によって，揚水ポンプが発停する．

問題68　正解(5)　頻出度AAA
わが国では，逆止弁による接続は直接接続と見なされ，クロスコネクションとなる．
屋内消火栓系統への給水は，ボールタップで吐水口空間を確保する．

問題69　正解(3)　頻出度AAA
各階の便所などへの給水枝管の止水弁は，その便所のある階に設置される場合が多いが，便所の下階がテナントなどの室内にならない場合には，下の階の天井内やパイプシャフト内に設けても差しつかえなく，そのほうが枝管の修理の際の水抜きには便利である．

問題70　正解(4)　頻出度AAA
リバースリターン方式では均等に循環しない（一番遠い系統に一番よく循環する）．
これは，一番遠い系統は抵抗の小さい太い給湯管が最も長く，抵抗の大きい細い（給湯管の半分程度）が最も短くなるからである．

問題71　正解(3)　頻出度AA
給水方式がポンプ直送方式の場合は，逃し弁を設ける．
(1)，(5)の方式では，逃し管を高置水槽あるいは膨張水槽の水面より幾分高く立ち上げれば加熱による水の膨張に伴う圧力上昇を逃すことができると同時に湯が溢れ出すことも防止できる．
(2)，(3)，(4)の方式では，逃し管を設けると，ポンプの給水圧力によっては逃し管から湯がいくらでも流れ出てしまうことになる．したがって，(2)，(3)，(4)に設ける逃し弁の吹出し圧力は，給水圧力よりも高く設定する必要がある．

問題72　正解(1)　頻出度AA
ア，イ，ウはサイホン式トラップといわれ，封水損失を起こしやすいが小型で自浄作用を有する．
エ，オは非サイホン式トラップで封水強度は大きいが，エのボトルトラップは自掃作用が劣り隔壁を有するため米国では禁止されており，わが国でも使用されることは少ない．オのベルトラップ（わんトラップ）も隔壁を有し，わん部分が取り外せる（可動部分がある），自掃作用が劣るなどの理由で米国では禁止されているが，わが国では床排水やストール小便器などに多用されている．

問題73　正解(4)　頻出度AA
水飲み器は，保菌者の唾液や接触によって汚染されないよう，噴水頭は斜角噴上げとし，噴水頭の上部に接近して保護囲いを取付ける．

問題74　正解(1)　頻出度AA
排水槽の清掃後において，排水水中ポンプでは電動機の保護のため，水張りを行って，低水位まで水がたまらない限り排水ポンプ運転用の電源は入れないようにする．

問題75　正解(3)　頻出度AAA
マンホールの蓋をいじっても腐敗を止めることはできない．腐敗・悪臭の対策は，排水の貯留時間を短く，かつ低水位時に汚泥が残らないように水槽の底にはこう配をとり，水位を下げる．また，汚水と厨房排水の貯留槽を別にして，ばっ気攪拌装置を設ける．

問題76　正解(3)　頻出度AA
排水ポンプは，空気の巻込みを防止するために水流の乱れの少ないところに設置する．周囲の壁から200 mm以上離し，排水の流入部から離れた位置に設ける．

問題77　正解(1)　頻出度AAA
排水横管からの通気の取り出しは，排水管断面の垂直中心線上部から45°以内の角度で

問題 78　正解(3) ……………… 頻出度ＡＡ
通気弁は空気の吸込み専用で，排気はできないので管内の正圧は緩和できない．
通気口が凍りつくような寒冷地で採用される．臭気を出さないので屋内に設置することができるが，管内の正圧は緩和できない．

問題 79　正解(1) ……………… 頻出度ＡＡＡ
自己サイホン作用による封水損失対策は，各器具トラップごとに通気管を設ける各個通気方式である．

問題 80　正解(3) ……………… 頻出度ＡＡ
ストレーナーが屋根より低いと土砂や木の葉，ごみが溜まりやすく，短期間のうちにルーフドレンは詰まってしまう．ドーム型，半球型のストレーナーでは屋根面より 100 mm 以上立ち上げる．

問題 81　正解(3) ……………… 頻出度Ａ
雨水貯留槽の雨水の濁度は 0～1 である．

問題 82　正解(3) ……………… 頻出度ＡＡ
浄化槽の対象人員算定基準では，高等学校は定員による．

問題 83　正解(3) ……………… 頻出度Ａ
水質汚濁防止法第 3 条の 2（指定地域特定施設）　法第 2 条第 3 項の政令で定める施設は，建築基準法施行令第 32 条第 1 項の表に規定する算定方法により算定した処理対象人員が 201 人以上 500 人以下のし尿浄化槽とする．

問題 84　正解(5) ……………… 頻出度ＡＡＡ
活性汚泥法では，沈殿槽で沈降分離された汚泥は再びばっ気槽に返送される．
活性汚泥法ではそのための汚泥返送ポンプを有する（生物膜法ではそのような設備は有しない）．

問題 85　正解(3) ……………… 頻出度ＡＡ
全体の除去率＝二次処理工程まで＋三次処理工程

$$= 80\% + 20\% \times \frac{50}{100}$$
$$= 80\% + 10\% = 90\%$$

問題 86　正解(1) ……………… 頻出度Ａ
事故防止のためにマンホールの蓋は子供では簡単にあけられないような重さのものにするか，施錠する．

問題 87　正解(1) ……………… 頻出度Ａ
JIS では，ユニット化された設備を住宅冷暖房ユニット，住宅配管ユニット，洗面所ユニット，浴室ユニット，洗面所ユニット，便所ユニット，キッチン設備の構成材等々に分類規格化している．浴室ユニットは，便所ユニットなどとともにサニタリーユニットに分類される．1 種～3 種があるのはシステムキッチンの部材についてである．

問題 88　正解(5) ……………… 頻出度ＡＡＡ
すきま腐食はステンレス鋼管に見られる腐食である．銅管につきものの腐食は潰（かい）食と孔（こう）食である．

問題 89　正解(3) ……………… 頻出度ＡＡＡ
連結送水管の放水口は，一般の建物では 3 階から設置しなければならない（消防法施行令第 29 条）．

問題 90　正解(4) ……………… 頻出度ＡＡＡ
貯水槽清掃後に行う給水栓および貯水槽における水質検査の項目と基準は，第 90-1 表のとおり．

第 90-1 表

色度	5 度以下
濁度	2 度以下
臭気	異常でないこと（ただし，消毒によるものを除く）
味	異常でないこと（ただし，消毒によるものを除く）
残留塩素含有率	遊離残留塩素 0.2 ppm 以上（結合残留塩素の場合は 1.5 ppm 以上）

●午後●

問題91　正解(3) ……………… 頻出度 A|A

クリソタイルはアスベストの一種である．他にアモサイト（茶石綿），クロシドライト（青石綿）等の種類がある．

問題92　正解(3) ……………… 頻出度 A|A

熱線式風速計の原理は，電気を通すことによって発熱した熱線（白金ロジウム線，タングステン線等）が風に冷やされて電気的な抵抗値が風速に応じた値になることを測定原理にしている．したがって，発熱する間もない電源を入れた直後での測定値は，誤差の大きなものとなる．

問題93　正解(2) ……………… 頻出度 A|A|A

粉じん濃度 ＝ (1分当たりのカウント − 1分当たりのダークカウント) × 標準粒子に対する感度 × 較正係数

$= \left(\dfrac{210}{2} - \dfrac{50}{10}\right) \times 0.001 \times 1.3$

$= 100 \times 0.001 \times 1.3$

$= 0.13$ mg/m^3

問題94　正解(2) ……………… 頻出度 A

粒子相は1.2％程度にすぎない．

問題95　正解(2) ……………… 頻出度 A|A|A

(2)は「相対沈降径」が正しい．

相対沈降径とは，粉じんの直径を空気中において当該粉じんと等しい沈降速度を示す比重1の球の直径で表したもの．

問題96　正解(3) ……………… 頻出度 A

局所型−限定した空間−平均漏えい率か，エリア型−喫煙場所−吸煙範囲の組み合わせが正しい．それ以外は誤り．

問題97　正解(2) ……………… 頻出度 A|A|A

ウレタンフォームの密度は製品によって13〜80 kg/m^3 である．木材はスギで380 kg/m^3，ヒノキ 440 kg/m^3，ケヤキ 690 kg/m^3 などで，木材のほうが桁違いに重い．

問題98　正解(4) ……………… 頻出度 A|A|A

日射負荷は水分の移動を伴わないので顕熱負荷である．

問題99　正解(5) ……………… 頻出度 A|A

アスマン通風乾湿計の風車は，ゼンマイ機構あるいは電池によるモータで駆動され一定速度で回転する．

問題100　正解(2) ……………… 頻出度 A|A|A

冷房時の室温と外気温の差は7 K以下に抑える．（厚生省通達「建築物における衛生的環境の確保に関する法律等の施行について」）

問題101　正解(4) ……………… 頻出度 A

PMV（Predicted mean vote：予測平均温冷感）は気温，気湿，気流，放射熱，作業強度，着衣量の6因子を快適方程式に代入することにより，＋3〜0〜−3の数値として得られる．

PMV：＋3（暑い），＋2（暖かい），＋1（やや暖かい），0（どちらでもない），−1（やや涼しい），−2（涼しい），−3（寒い）．

PMV＝0で人間内部の熱産生と環境との熱損失が等しく熱的平衡状態にあり，暑くも寒くもない温冷感となる．PMV＝0では95％の人が快適，−0.5＜PMV＜＋0.5の範囲では90％の人が快適である．

問題102　正解(2) ……………… 頻出度 A|A

昼光率は，部屋の中の位置で決まってしまう数値である．時刻や天候には影響されない．

室内照明として昼光を利用する場合の指標を昼効率といい，室内のある点の照度を E [Lx]，そのときの全天空照度（その点を取り囲む建物などの障害物をすべて取り去ったときの，直射日光を除いた全天空からの光による照度）を E_s とすると，昼光率 D ［％］は，

$$D = \dfrac{E}{E_s} \times 100\ \%$$

(3) 均斉度とはある室の照度のばらつきを示す指標で，

$$均斉度 = \frac{最低照度}{最高照度}$$

問題103　正解(1)　　　頻出度ＡＡＡ

300 Lx 以上とする．

厚生労働省「VDT 作業における労働衛生管理のためのガイドライン」によれば，ディスプレイを用いる場合のディスプレイ画面上における照度は 500 Lx 以下，書類上及びキーボード上における照度は 300 Lx 以上とすること．

問題104　正解(1)　　　頻出度Ａ

(3)がシルエット現象の説明である．

問題105　正解(1)　　　頻出度ＡＡＡ

音の反射を軽減し，その部屋自体の静穏性を高めるには有効だが，隣室への遮音には十分とはいえない．遮音には密閉度の高い壁と質量の大きい遮音材が有効である．

問題106　正解(3)　　　頻出度ＡＡＡ

音の強さが8倍になるので，騒音レベルの定義式から，

$$+10\log_{10}8 = +10\log_{10}2^3 = +3 \times 10\log_{10}2$$
$$= +30 \times 0.3010 ≒ +9 \text{ dB}$$

大きくなる．

【別解】 同じ騒音レベルの機械を2台運転したときには +3dB になることを知っていれば，第106-1図のような図を描いて求めるほうが早い．

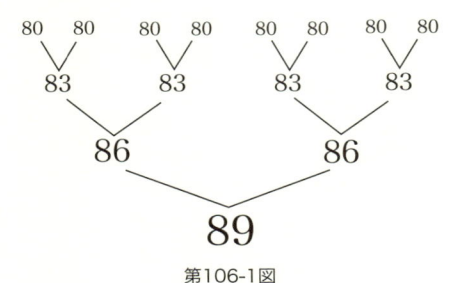

```
80  80    80  80    80  80    80  80
 \/        \/        \/        \/
 83        83        83        83
   \      /            \      /
    \    /              \    /
     86                  86
       \                /
        \              /
         \            /
          \          /
           \        /
            \      /
             89
```

第106-1図

問題107　正解(3)　　　頻出度ＡＡＡ

透過損失値が高いということは透過する騒音が少ないということで，遮音性能がいいということである．

$$透過損失値 = 10\log_{10}\frac{入射音の強さ}{透過音の強さ}$$
$$= 10\log_{10}\frac{1}{透過率} \text{ dB}$$

問題108　正解(4)　　　頻出度ＡＡＡ

湿り空気線図は平面図なので，湿り空気の状態を表す量を二つ与えられれば，その交点がその湿り空気の状態点を示し，他の諸量は空気線図から読み取ればよい．ただし，絶対湿度，水蒸気分圧，露点温度はいずれも湿り空気の水分の絶対量を表しているので，これらのうちの二つを与えられても，結局一つの指標が与えられたことに過ぎないので状態点を決めることはできない．

問題109　正解(3)　　　頻出度ＡＡＡ

加湿を伴わない，絶対湿度一定の単純加熱では状態点は右に水平移動する．そのとき，相対湿度は低下し，エンタルピーは増加することが第109-1図に示す湿り空気線図からわかる．

問題110　正解(4)　　　頻出度ＡＡ

暖房期の外気は，加熱する必要のある顕熱負荷であると同時に加湿する必要のある潜熱負荷でもある．外気を増やすとますます加湿が不足する恐れがある．

(5) 許容範囲内でできるだけ設定温度を下げるのは，相対湿度を上げるのに有効な方法である．

問題111　正解(5)　　　頻出度Ａ

ウォールスルーパッケージ方式のエアコンは，窓の下に置く室内機室外機一体式のエアコンである．したがって，個別運転，残業運転が可能である（好きなときに好きな温度で運転できる）．

第109-1図　過失を伴わない単純加熱

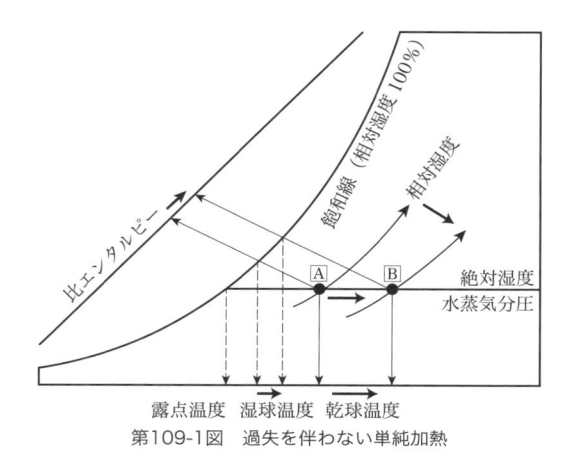

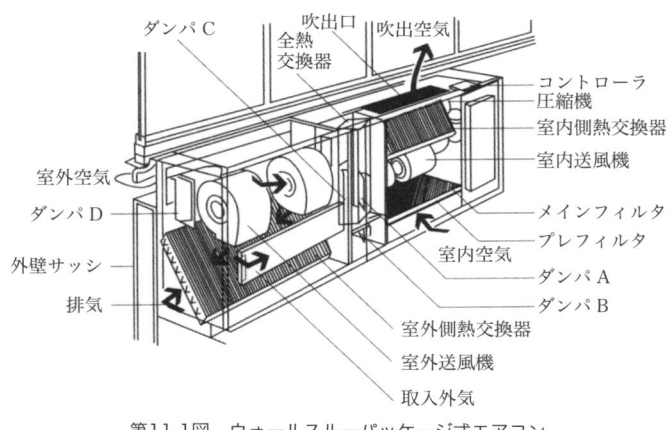

第11-1図　ウォールスルーパッケージ式エアコン

問題112　正解(5)　　　　　　頻出度A

冷温水コイルの内部がスケールで詰まっても，コイル外側の空気の流れには何の影響もない．

問題113　正解(4)　　　　　　頻出度AAA

バタフライ弁は単純な構造でコストも安いうえ，流量特性が良いので大口径配管での採用が増えている．

問題114　正解(3)　　　　　　頻出度AAA

捕集効率の測定法とフィルタの種類は，質量法（重量法）-粗じん用フィルタ，比色法-中性能フィルタ，計数法-高性能フィルタの組合せとなる．それぞれ使用する試験ダストと測定方法が異なる．

※現在では重量法→質量法と名称が変わっている．

問題115　正解(1)　　　　　　頻出度AAA

冷却塔からレジオネラ属菌や冷却塔の水処理剤などが飛散流入する危険があるので，隣接するのは好ましくない．風向等を考慮し，外気取入口，居室の窓等から10 m以上離す（レジオネラ症防止指針）．

問題 116　正解(3)　頻出度 A A

第 116-1 〜 3 図参照．

第116-1図　パンカールーバー型
第116-2図　アネモスタット型
第116-3図　スロット型 

問題 117　正解(4)　頻出度 A A A

室内の温度が外気より高ければ，その温度差によって室内空気には浮力が生じ，室の上下に開口部があれば煙突効果を生じて上の開口部から室内空気が流出し下の開口部から外気が侵入する．したがって，暖房期間や，冷房期間であっても，夜間や早朝の外気冷房を行おうとする場合，給気口は低い位置に，排気口は高い位置に設ける．内外温度差による換気量は，温度差の平方ならびに給気口・排気口の垂直距離の平方に比例する．

問題 118　正解(1)　頻出度 A A

冷凍サイクルに入ってくる熱が多く，出ていく熱が少なければ系の圧力は高くなる．冷水熱交換器が汚れていると，入ってくる熱が減少するので圧力は低くなる．

問題 119　正解(1)　頻出度 A A

鋼管（鉄）の腐食の基本化学式は次のとおりであって，腐食の進行は溶存酸素 O_2 の量に比例する．

$$2Fe + 2H_2O + O_2 = 2Fe(OH)_2$$

問題 120　正解(5)　頻出度 A A

室内空気の露点温度より低い壁などの表面温度が部屋の相対湿度を上昇させる原因になるとは考えられない（そこに結露するだけである）．

問題 121　正解(4)　頻出度 A A

建物の用途によって，最大負荷となる時間帯は異なるので，各建物の最大負荷の合計としたのでは過大な設備になってしまう．時間帯ごとに各ビルの負荷の合計を出しその中で最大の合計負荷となった時間帯に合わせるのが合理的である．

問題 122　正解(1)　頻出度 A

都市河川の氾濫が地球温暖化による異常気象によるものとしても，二酸化炭素の海洋貯留は現時点では実効のある現実的な対策とはいえない．

問題 123　正解(2)　頻出度 A A

普通，用地取得費は企画設計費に分類される．

問題 124　正解(3)　頻出度 A

沿岸地方にある発電所から延々送電線によって消費地まで電力を運ぶのは，イニシャル的にもランニングコスト的にもロスが大きく，経済的に，また環境保全上も問題があるという視点から，消費場所（オンサイト）でのエネルギーの生産確保を行ってエネルギー効率を高めようとする種々のシステムが考案されている．廃熱の利用もその一つである．

問題 125　正解(1)　頻出度 A A

ほとんどの人が感知できる静電気は，2,000 V 以上とされる．

問題 126　正解(3)　頻出度 A A A

物体表面での対流，放射による熱の移動は熱伝達という．熱貫流は壁を通して熱が移動することである．気流や物体によって異なる熱伝達のしやすさを熱伝達率，熱貫流のしやすさを熱貫流率といい，単位はいずれも $W/(m^2 \cdot K)$ である．

問題 127　正解(2)　頻出度 A A A

第1種機械換気方式の場合，送風機，排風機の風量を調節することにより室内を正

圧，負圧自在に調節できる．確実な換気を必要とする場合は，第1種機械換気を用いる．

問題128　正解(4) 頻出度AAA

水を，高いところにあるポンプで吸い上げようとしても，10 mを超えると配管内に真空部分ができて水は上がってこない．この真空は，1643年にトリチェリが水銀を使って大気圧を確かめたとき，閉め切られたガラス管の上端にできたトリチェリの真空と同じものである．ポンプはどんなにがんばって吸引しても真空より低い圧力は作れない（真空より低い圧力はない）．

問題129　正解(4) 頻出度AAA

第129-1図参照．天井隠ぺい型もある．ファンコイルは，普通，ペリメータに設置されスキン負荷を処理する．

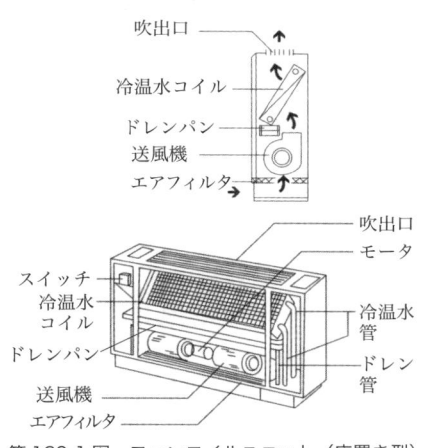

第129-1図　ファンコイルユニット（床置き型）

問題130　正解(4) 頻出度AAA

全閉型VAVユニットを使用すれば，不使用室の空調を停止することができるので，無駄なエネルギーの使用を避けることができる．

問題131　正解(4) 頻出度A

最小拡散半径は，アネモスタット型のようなふく流型（放射状の気流の）吹出口の到達距離を表す言葉である．

問題132　正解(1) 頻出度AAA

再循環率（＝再循環空気/還気×100％）が上昇すると，二酸化炭素濃度が高くなる．

問題133　正解(3) 頻出度AAA

一酸化炭素は活性炭をもってしても吸着し難いガス状物質なので，発生量がストレートに室内濃度に反映する．

問題134　正解(4) 頻出度AAA

家具の陰になった部分には対流や放射による熱が行きにくくなり，その部分の壁の温度が露点以下に低下して結露の原因となりやすい．

問題135　正解(1) 頻出度AAA

開放式蓄熱槽では，最下階の水槽から最も最上階の空調機までの，実揚程＋配管の抵抗を上回る動力を必要とするので，大きなポンプ動力を必要とする．密閉式では，配管の抵抗に打ち克つだけの揚程があれば冷温水は循環する．

問題136　正解(3) 頻出度AAA

紙くずは，パルプ，紙または紙加工品の製造業，新聞業等の特定業種から排出されると産廃であるが，事務所の紙くずは一般廃棄物である．

問題137　正解(3) 頻出度A

汚泥再生処理センターは，一般廃棄物であるし尿と生ゴミ等の有機性廃棄物を受け入れ，堆肥化，メタン発酵等によるエネルギー回収で汚泥・有機性廃棄物の有効利用を図る施設である．産業廃棄物を扱う処理施設ではない．

問題138　正解(5) 頻出度AAA

近年，わが国では一般廃棄物年間排出量約5千万トンに対して産業廃棄物はおおよそ8倍の4億トン前後で推移している．

問題139　正解(5) 頻出度AAA

ごみの3成分は水分，灰分，可燃分である．

(1)可燃分で有機物の指標．(2)灰分で無機物の指標．(3)灰分の少ないごみは有機物，水分の多い，質の悪いゴミと推定できる．(4)単位容積質量値＝見かけ比重である．

問題140　正解(3) ………………… 頻出度A

大都市のごみに含まれるプラスチックの割合は約8～12％である．

問題141　正解(5) ………………… 頻出度AAA

近年は，種類別では，汚泥，動物のふん尿，がれき類の順である．

排出産業別では，電気・ガス・水道業，農業・林業，建設業の順．

問題142　正解(2) ………………… 頻出度AAA

炉の運転開始時・停止時の，低温で不安定な燃焼状態でダイオキシンが高濃度に発生するので，発停の多くなる間欠運転は好ましくない．

ダイオキシン削減には，高温で安定した連続運転を行える炉が適している．

問題143　正解(3) ………………… 頻出度AA

破砕するとプラスチック容器では1/3程度の容量となる．

問題144　正解(4) ………………… 頻出度AA

わが国では生活排水（し尿とその他雑排水）を処理する施設あるいは設備としては，公共下水道の終末処理場（下水道法），し尿処理施設，コミュニティプラント（廃棄物の処理及び清掃に関する法律），農業集落排水処理施設（食料・農業・農村基本法）そして浄化槽（浄化槽法，建築基準法）などがある．

問題145　正解(5) ………………… 頻出度A

一般廃棄物の最終処分場は，埋め立て完了後，地盤の安定を待って公園や住宅地に利用される．

問題146　正解(4) ………………… 頻出度A

廃酸，廃アルカリは埋立て処分を行ってはならない（廃棄物の処理及び清掃に関する法律施行令第6条）．廃酸，廃アルカリは中和，焼却などの処理法が定められている．

問題147　正解(2) ………………… 頻出度AAA

発酵槽の中に有機物を多く含む廃棄物を投入し，適に通気して機械的にすき返しすると，通常2～3日で温度が50℃以上に上昇し，粗堆肥ができる．

問題148　正解(5) ………………… 頻出度AAA

悪臭防止法では，指定された「規制地域」において，法で定める特定悪臭物質22物質についてはガスクロマトグラフによる濃度規制，上記で規制できない物質，複合臭については臭気指数のよる濃度規制を行う．臭気指数＝$10 \log_{10}$（臭気濃度）；臭気濃度：臭気濃度三点比較式臭袋法によって求める希釈倍数．

問題149　正解(1) ………………… 頻出度AAA

水分を多く含む厨芥は一番重い．単位容積質量値〔kg/m^3〕は，厨芥700～800，雑芥200～300，雑誌・新聞紙150～400，紙くず50～100である．

問題150　正解(2) ………………… 頻出度AAA

このごみの1Lの質量は，200÷1,000＝0.2 kg/L，150L なら 0.2×150＝30 kg．

問題151　正解(3) ………………… 頻出度AA

破砕機には，生ごみからビン，缶，プラスチック容器などを対象にした種々の機器が開発市販されている．

問題152　正解(2) ………………… 頻出度A

いったん混合されてしまったゴミを分別するほうが，余計手間がかかり効率が悪い．

問題153　正解(3) ………………… 頻出度AA

真空掃除機は，電気ファンによって機械内部に空気の低圧域（真空）をつくり，ほこりと空気を吸い込んで捕捉する機械である．

問題154　正解(4) ………………… 頻出度AA

はたき掛けは窓を開け放った開放性の高い日本式住宅の古来から行われてきた掃除方法であるが，その効率，効果は甚だ疑わしい．

密閉性の高い建物ではただ，埃を撒き散ら

すだけの結果になりかねない．

問題 155　正解(4) 頻出度AA
その材質や塗布膜の薄さから，耐火性の向上に寄与することは考えられない．

問題 156　正解(3) 頻出度AAA
フロアーシーラーは，床維持剤の一種で，乾燥後に皮膜を形成し，物理的・化学的方法により，容易に除去できない製品群をいう．

問題 157　正解(4) 頻出度AAA
かつて，助剤として用いられたリン酸塩による湖沼の富栄養化が水質の汚濁を招いたため，現在は代ってケイ酸塩が用いられている．

問題 158　正解(5) 頻出度AAA
リノリウムは，約150年前から製造され普及した天然素材の床材．抗菌性がある．アルカリで黄色く変色し，いったん変色すると回復は困難である．

問題 159　正解(3) 頻出度AAA
エレベータロビーなど利用者の多い共用部分は，日常頻繁に清掃を行って，清潔さ，美観を保つ必要がある．

(1)定期清掃．(2)よく慣れた標準的作業員．(4)日常，定期，臨時清掃の3種類．(5)利用目的によって汚れ方も違えば，仕様も異なるので作業人員は大きく変わる．

問題 160　正解(2) 頻出度AAA
フロアブラシ，別名押しぼうきとは，床面を押し掃きする長柄のブラシである．アメリカから移入された．カーペットのシミ抜きには使えない．

第 160-1 図　押しぼうき

問題 161　正解(1) 頻出度AA
洗面器の陶器は，洗剤を使って白パッドやスポンジ洗いをすると仕上がりが良い．研磨剤を含むクレンザーの類は，ガラス質や金具のメッキを損傷するから常用はしない．

問題 162　正解(4) 頻出度AA
滅菌とは(2)にあるように無菌状態にすることであり，滅菌状態は無菌試験法によって確認することが定められている．感染者からの汚染物をすべて滅菌することは困難であり，またそれを試験によって確認することも現実的ではない．ここは感染者からの汚染物をすべて速やかに消毒する，が正しい．

消毒とは，身体外（環境）において病原微生物を殺滅するか，その発育能力を失わせるか，あるいは人に疾病を起さない程度に生存数を減少させることによって，感染の機会を取り除くことである．この場合，病原性のない微生物の残存については考慮していない．

問題 163　正解(1) 頻出度A
紫外線による殺菌は，波長 253.7 nm の紫外線殺菌ランプによる．その特徴は
・照射距離が短いほど有効
・照射時間が長いほど有効
・影になる部分では効果がない
・高温多湿では効果が少ない．20℃前後が最も効果的

問題 164　正解(4) 頻出度AAA
ホルマリンはホルムアルデヒド（HCHO）を 35〜38％含む水溶液．衣類，器具類，プラスチック製品，革製品の消毒に適．たんぱく質を凝固させるのでし尿には不可．刺激性が強いので，手指などの生体にも使用できない．

問題 165　正解(2) 頻出度A
石けんが水に溶けると陰イオンに荷電するのに対し，陽イオン界面活性剤は陽イオンに荷電することから，逆性石けんとも呼ばれる．

問題 166　正解(1) 頻出度AAA
幸いなことに，わが国では昆虫による感染

問題167　正解(1)　　頻出度AAA
　サルモネラ菌はネズミが媒介する．ペットによる感染も報告されている．

問題168　正解(2)　　頻出度AAA
　ヒトスジシマカの幼虫は，本来樹洞や竹の切り株などの狭い場所で生育する．都市環境下でも，雨水ます，空き缶，ビン，古タイヤ，ポリ袋などの少量の水たまりで発生する．池沼で繁殖するのは，シナハマダラカ，コガタアカイエカなど．

問題169　正解(2)　　頻出度AAA
　図は，前胸背板に2本の細長い黒斑がある，チャバネゴキブリの特徴を表しており，チャバネゴキブリの成虫の体長は約1.5 cmである．

問題170　正解(3)　　頻出度AA
　ゴキブリの警戒感を解くために一定期間同じ場所に配置しておく必要がある．

問題171　正解(4)　　頻出度AAA
　布団やカーペットの乾燥は，ダニの発生源対策である．駆除の後は，布団やカーペットの清掃を十分に行う．

問題172　正解(2)　　頻出度AAA
　ノミの成虫も幼虫も，飢餓に強い．餌なし，吸血なしで1年くらい生きてゆくことが可能である．

問題173　正解(3)　　頻出度AAA
　ドブネズミは雑食性，クマネズミは植物食性，ハツカネズミは種子食性を示すが，固定的ではなく，生息環境で得られる餌の中で，最も嗜好性の高いものを選択する．

問題174　正解(3)　　頻出度AAA
　イガやカツオブシムシは化学繊維を餌とすることがないので，化学繊維から発生しない．

問題175　正解(2)　　頻出度AAA
　油剤は希釈せずにそのまま使用する．

問題176　正解(4)　　頻出度AAA
　フェノトリンは通常の殺虫剤でピレスロイド剤の一つである．昆虫成長制御剤には，羽化阻害剤として，メトプレン，ピリプロキシフェン，キチン（昆虫の表皮を形成する物質）合成阻害剤としてジフルベンズロンがある．

問題177　正解(1)　　頻出度AA
　幼虫が成虫になるのを妨げる昆虫成長制御剤を使用した．

問題178　正解(2)　　頻出度AAA
　ULV機のULVとはUltra Low Volumeの略で，高濃度の薬剤を少量処理する機器である．

問題179　正解(1)　　頻出度AAA
　抗凝血性殺そ剤（クマリン系殺そ剤）は，通常，連日，3～7日摂取させることが必要で，これによって，血液が凝固するまでの時間がしだいに延長し，やがて出血死する．

問題180　正解(3)　　頻出度AAA
　白熱電球の昆虫に対する誘引性を100とすると，高圧ナトリウム灯は35と低い．高圧ナトリウム灯のおもな利用は，道路照明，駐車場の照明など．光の色は，オレンジ－ゴールド色．

平成13年度 解答・解説

合格率21.0%

●午前●

問題1　正解(2)　頻出度A|A|A
健康とは，身体的，精神的および社会的に完全に良好な状態にあることであり，単に病気または病弱でないということではない．

問題2　正解(2)　頻出度A|A|A
勤務実績を記載した帳簿書類に関する規定はない．
※(1)　法令改正により，帳簿書類を備えていない場合は，30万円以下の罰金に処せられる．

問題3　正解(1)　頻出度A|A
特定建築物以外の建築物で多数の者が使用し，又は利用するものの所有者，占有者その他の者で当該建築物の維持管理について権原を有するものは，建築物環境衛生管理基準に従って当該建築物の維持管理をするように努めなければならない（ビル管理法第4条の3）．

問題4　正解(5)　頻出度A|A|A
建築物環境衛生管理基準は，他の法律，例えば建築基準法のように最低基準を定め，それが守られないと使用禁止などの強制措置が直ちに取られる法律とは趣を異にする，実現可能な望ましい基準である．

問題5　正解(5)　頻出度A|A|A
浮遊粉じんの量，一酸化炭素および炭酸ガス（二酸化炭素）の含有率は平均値でよい（温度，相対湿度，気流ならびにホルムアルデヒドは個々の測定値が基準を満たさなければならない）．
※平成13年当時の正解は(3)．法令改正で(5)が正解となった．
※現在では「炭酸ガス」は「二酸化炭素」の表記に改められている．

問題6　正解(1)　頻出度A|A|A
浮遊粉じんの量の平均値と相対湿度の2回目の測定値が基準を外れている．

問題7　正解(2)　頻出度A|A|A
(2)は正しい．
(1)「建築物環境衛生管理技術者を「選任する」とは，「置く」という場合と異なり，所有者等との間に何らかの法律上の関係（例えば委任関係）があれば足り，身分関係があることを要せず，かつ常駐することは必ずしも必要ではありません．」（厚労省ホームページ『建築物環境衛生管理技術者について』より）．
(3)，(4)，(5)は特定建築物所有者等の義務である．

問題8　正解(5)　頻出度A|A
原子吸光光度計，化学天びんを有することは，建築物飲料水水質検査の登録基準である．建築物飲料水貯水槽清掃業は，揚水ポンプ，高圧洗浄機，残水処理機，換気ファン，防水型照明器具，色度計，濁度計および残留塩素測定器を有すること．
※(4)　建築物環境衛生一般管理業は法令改正により建築物環境衛生総合管理業と名称

を変えた．

問題9 正解(4) 頻出度AAA
特定用途（事務室）の面積＞印刷工場の面積なので，印刷工場の面積は，特定用途に付属する面積として事務室の面積に合算する．合算された面積が3,000 m^2 以上なので，この新聞社のビルは特定建築物に該当する（事務室の面積＝印刷工場の面積の場合はどちらがどちらに付属するのか不明なため合算できない＝特定建築物に該当しない）．

問題10 正解(4) 頻出度AAA
特定建築物はまず建築基準法上の建築物でなければならないが，「鉄道の線路敷地内の運転保安に関する施設」は，建築基準法第2条の1で建築物から除かれている．

問題11 正解(5) 頻出度AAA
特定建築物維持管理権原者は，排水に関する設備の掃除を，6月以内ごとに1回，定期に，行わなければならない．

問題12 正解(1) 頻出度AAA
(1)は正しい．再交付の手数料は現在1,900円．
(2)講習会受講による方法がある．(3)厚生労働大臣が命ずる．(4)1年を経過しない者．(5)1ヵ月以内に返還する．

問題13 正解(4) 頻出度AAA
一類感染症は，エボラ出血熱，クリミア・コンゴ出血熱，痘そう，南米出血熱，ペスト，マールブルグ病，ラッサ熱（平成23年12月14日現在）．
レジオネラ症（四類），腸管出血性大腸菌感染症（三類），コレラ（三類），後天性免疫不全症候群（五類）．

問題14 正解(4) 頻出度AAA
特定建築物や登録業者に対する立入検査等の職権を行う者を環境衛生監視員という．旅館業法，興行場法，公衆浴場法，理容師法，美容師法，クリーニング業法も環境衛生監視員である．

問題15 正解(5) 頻出度AAA
大気の二酸化炭素の濃度基準を定めても，今のところコントロールする術がないので無意味である．

問題16 正解(1) 頻出度AAA
公害の定義に，電波障害，河川・海洋の汚染，放射能，日照権は入らない．

問題17 正解(4) 頻出度AAA
第1条（目的）　この法律は，工場及び事業場における事業活動並びに建築物等の解体等に伴うばい煙，揮発性有機化合物及び粉じんの排出等を規制し，有害大気汚染物質対策の実施を推進し，並びに自動車排出ガスに係る許容限度を定めること等により，大気の汚染に関し，国民の健康を保護するとともに生活環境を保全し，並びに大気の汚染に関して人の健康に係る被害が生じた場合における事業者の損害賠償の責任について定めることにより，被害者の保護を図ることを目的とする．

問題18 正解(1) 頻出度AAA
第1条（目的）　この法律は，労働基準法と相まって，労働災害の防止のための危害防止基準の確立，責任体制の明確化及び自主的活動の促進の措置を講ずる等その防止に関する総合的計画的な対策を推進することにより職場における労働者の安全と健康を確保するとともに，快適な職場環境の形成を促進することを目的とする．

問題19 正解(2) 頻出度AAA
一酸化炭素の基準は50 ppm以下（空調設備・機械換気設備を設けている場合はビル管理法と同じ基準＝10 ppmまたは20 ppm以下）である．500 ppmでは，1時間の曝露で中毒症状が現れはじめる．

問題20 正解(1) 頻出度AA
健康診断の実施は学校医の職務である．
※平成20年，学校保健法は学校保健安全

法に改正・改称されている.

問題21　正解(4)　　頻出度AAA

設計図書とは,『建築物, その敷地又は第88条第1項から第3項までに規定する工作物に関する工事用の図面（現寸図その他これに類するものを除く.）及び仕様書をいう.』

問題22　正解(1)　　頻出度AAA

消防署は特殊建築物に該当しない.

建築基準法では, デパート, ホテル, 病院など, 不特定多数の人が利用する建築物は, 老朽化や設備の不備などがあると, 大きな事故や災害につながる恐れがある特殊建築物として, 一般の建物より厳しい規制を行っている. 学校や共同住宅から倉庫や汚物処理場まで含まれる.

逆に, 出題された特殊建築物でないもの；消防署, 警察署, 事務所.

問題23　正解(3)　　頻出度AA

建築基準法では, 用途地域制と連動させて容積率, 建ぺい率を規制している.

1) 建築物の延べ面積の敷地面積に対する割合を容積率という. （第52条）

$$容積率 = \frac{建築物の延べ面積}{敷地面積} \times 100\ \%$$

2) 建築物の建築面積の敷地面積に対する割合を建ぺい率という. （第53条）

$$建ぺい率 = \frac{建築面積}{敷地面積} \times 100\ \%$$

※容積率, 建ぺい率とも法は％で表示することは規定していないが, 通常％で表示される.

問題24　正解(1)　　頻出度AA

高層部分では, 低層部分よりも風圧力が大きい.

建築基準法から,

　　風圧力＝速度圧 × 風力係数
　　速度圧 $q = 0.6EV_0^2$ [N/m²]

であって, E は, 建物の高さと周囲の建物の有無によって決まる数値. 高さが高く, 周囲に建物がないほうが大きな数値になる. したがって, 風圧力は低層より高層のほうが大きい. V_0 はその地方における基準風速（30～46 m/s）.

問題25　正解(1)　　頻出度AAA

シェル（貝殻）構造は, 卵の殻や貝殻等のように, 薄い曲板により, 力学特性を生かして, 種々の曲板形状により構成された構造である. ほとんどの応力を, 面内力として伝達させる構造である. 大スパンに適している.

第25-1図　シェル構造の例

問題26　正解(3)　　頻出度AA

単純ばり（支持）に等分布荷重のモーメント図（M図）は(3)となる.

等分布荷重では, モーメント図は二次曲線となる. M図は梁の引張り力が働いている側に描くのが構造力学の習わしである.

(1)は中央上側に集中荷重が働いた場合のM図である.

問題27　正解(5)　　頻出度AAA

鉄骨造（S造）は, 耐火耐食性に劣り, 耐火被覆, 防錆処理を要する.

鋼材は500 ℃で強度が1/2, 1,000 ℃で0となり, 1,400～1,500 ℃で溶解する. 不燃材料ではあるが耐火材料ではない.

耐火被覆はコンクリート, モルタル, プラスタ, ロックウール吹付け, ALC板などによる方法がある. 耐火被覆は, 耐火時間に応じて被覆厚さを変える.

問題28　正解(4)　　頻出度AA

異形棒鋼はリブにより付着性能が優れている.

鉄筋には普通棒鋼と異形棒鋼がある. 例

えば，JISのSR234，SD294Aであれば，記号のSRは普通棒鋼，SDは異形棒鋼を示し，数値は降伏強度を表す．

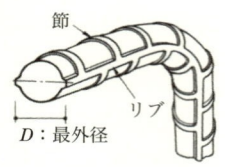

第28-1図　異形棒鋼

問題29　正解(1) ……………頻出度AA
グラスウールはすぐれた吸音・保温材ではあるが，高温で溶けてしまうのでこれだけでは耐火被覆材にならない．

問題30　正解(3) ……………頻出度AAA
フラッシュオーバは火災の状態を表す用語で，給排水衛生設備とは関係がない．
(1) IAQ(Indoor Air Quality：室内空気質)

問題31　正解(1) ……………頻出度A
ノズル型が一般に静穏である（同じ風速4 m/sでノズル型20 dB以下，アネモ型で30 dB程度）．

問題32　正解(4) ……………頻出度AA
熱源は不要となるが，種々の熱交換器は従来の熱源のビルと変わることはない．

問題33　正解(4) ……………頻出度AA
グラスウールや発泡スチロールなどの断熱材は，一般に，材料内に空気を取り込んでいるため見かけ比重が小さい．

問題34　正解(3) ……………頻出度A
ガス，石油をエネルギー源とするボイラーや吸収式冷温水発生機がある．

問題35　正解(1) ……………頻出度A
快適性を追求すると，エネルギーの浪費につながることが多い．

問題36　正解(5) ……………頻出度A
Mは産熱量，Sは身体貯熱である．Sが＋で暑く，－で寒く感じる．

問題37　正解(2) ……………頻出度AA
暑熱時の汗はエクリン腺から分泌される．
※(1)(5)「深部体温」現在は「核心温」の用語が用いられている．

問題38　正解(5) ……………頻出度AA
ウとエが適当（イは空調方式によると思われる）．

問題39　正解(1) ……………頻出度AAA
睡眠時のエネルギー代謝は基礎代謝の95％である．
(2) 安静時のエネルギー代謝は，基礎代謝の20％増し．

問題40　正解(5) ……………頻出度AA
TwはWet Temperature（湿球温度），TgはGlobe Temperature（黒球温度），TaはAtmosphere Temperature（大気の温度＝乾球温度）の略である．
WBGT指数は，アメリカで軍隊での熱中症予防のために提案された指標．近年，熱中症の多発でその利用が呼び掛けられている．

問題41　正解(4) ……………頻出度AA
暑くも寒くもないときの平均皮膚温は，季節や着衣条件にかかわらず33〜34℃である．

問題42　正解(3) ……………頻出度AA
タバコ煙は無視できないホルムアルデヒド，VOCの発生源である．

問題43　正解(5) ……………頻出度AAA
室内空気の汚れは人間の活動による．二酸化炭素の濃度も人間の呼気，活動によって変動するので，二酸化炭素が一般的な室内空気の汚れの指標としてしばしば用いられる．

問題44　正解(5) ……………頻出度AAA
換気量 Q [m^3/h] は，汚染物質の発生量を M [m^3/h]，許容濃度を C [％]，外気の汚染物質の濃度を C_o [％] とすると，次のように求められる．

$$Q = \frac{M}{C-C_o} \times 10^2 = \frac{0.027}{0.1-0.04} \times 10^2$$

= 45 m³/h

問題 45　正解(4)　……………頻出度ＡＡＡ
気密性が高すぎるビルにシックビル症候群の発生が多いとされる.

問題 46　正解(1)　……………頻出度ＡＡ
室内空気の汚染と最も関係が深いのは細菌である.

問題 47　正解(2)　……………頻出度ＡＡＡ
人間の可聴範囲は, 周波数が 20 ～ 20,000 Hz, 音圧レベルが 0 ～ 130 dB（周波数による）である.

問題 48　正解(3)　……………頻出度ＡＡ
音の大きさの心理感覚ラウドネスを表す単位として sone（ソーン）がある. 音圧レベルが 40 dB で 1,000 Hz の純音の音の大きさを 1 sone と定義しその a 倍の大きさに聞こえる音を a sone とする. A 特性は, 人間の聴覚の周波数特性で補正した音圧レベルのことである.

問題 49　正解(3)　……………頻出度ＡＡ
50 dB の音圧を P_{50} [Pa], 30 dB の音圧を P_{30} [Pa], 基準音圧を P_0 [Pa] とすると, 音圧レベルの定義から,

$$20 \log_{10} \frac{P_{50}}{P_0} = 50 \text{ dB}$$

$$20 \log_{10} \frac{P_{30}}{P_0} = 30 \text{ dB}$$

辺々引き算をすると,

$$20 \log_{10} \frac{P_{50}}{P_0} - 20 \log_{10} \frac{P_{30}}{P_0} = 50 - 30$$
$$= 20 \text{ dB}$$

対数の引き算は真数の割り算であるから,

$$20 \log_{10} \frac{P_{50}/P_0}{P_{30}/P_0} = 20 \log_{10} \frac{P_{50}}{P_{30}} = 20$$

$$\log_{10} \frac{P_{50}}{P_{30}} = 1$$

$$\frac{P_{50}}{P_{30}} = 10 \quad \cdots \quad P_{50} \text{ は } P_{30} \text{ の } 10 \text{ 倍}$$

問題 50　正解(2)　……………頻出度ＡＡＡ
レベル表示だから単位は dB である. Hz は振動数の単位.

問題 51　正解(4)　……………頻出度ＡＡ
照度が高くなると, 解像度の高い錐体細胞がよく働くようになるので, 細かいものまでよく見えるようになる.

問題 52　正解(5)　……………頻出度Ａ
(1)にあるとおり, VDT 作業者は, 他の視作業者に比べ, 目に関する訴えが多いので, (4)にもあるとおり, 光の色や色彩も含めた視環境の改善が重要である.

問題 53　正解(1)　……………頻出度ＡＡＡ
昼間の玄関ホールが最も照度が高く, 非常階段が最も低い.

問題 54　正解(2)　……………頻出度Ａ
地上に比べ, 土壌に守られた地下空間は年間を通して安定した温度環境が得られやすい.

問題 55　正解(4)　……………頻出度ＡＡ
眼の水晶体の変性により 50 才代で黄色と白色の区分が不鮮明となり, 60 才代で黄色が判断しにくくなり青色が不鮮明となるので, 白と黄色, 黒と青の組合せの標識は高齢者には不明確となりやすい.

問題 56　正解(4)　……………頻出度ＡＡ
水系感染症は, 一般的に水で薄められるため潜伏期間が長く, 致死率は低く, 軽症例が多い.

問題 57　正解(3)　……………頻出度ＡＡ
適切な予防保全を実施して給水設備の病原性微生物による汚染を防止する.

問題 58　正解(1)　……………頻出度ＡＡ
敷地内排水配管には, 掃除口ではなくて掃除用の排水ますを設ける.

問題 59　正解(3)　……………頻出度ＡＡ
ビル管理法ではヒ素の定期検査は義務付けていない.

※法令の改定により，鉛，亜鉛，ヒ素，鉄，銅はそれぞれ，鉛及びその化合物，亜鉛及びその化合物，ヒ素及びその化合物，鉄及びその化合物，銅及びその化合物と項目名称が変更になっている．

問題60　正解(5)　　　頻出度A

ナトリウム（現在は「ナトリウム及びその化合物」）は水質基準項目である．

※平成16年の水質基準の改正以前は，水質基準46項目，それを補完する快適水質項目（13項目），監視項目（35項目）→改正後，水質基準50項目，水質管理目標設定項目（27項目＋農薬類101種類），要検討項目（40項目）に改正された（水質基準項目の内容も改正された）．その結果，現在では(3)，(4)も不適当である（(3)これらの農薬は水質基準から外れた．(4)監視項目自体が無くなった）．

(1) 健康に関する項目（項目1〜30），水道水が有すべき性状に関する項目（項目31〜50）．

問題61　正解(5)　　　頻出度AA

塩素添加量が増えるにつれて，窒素Nに対する塩素Clの数が1，2，3と増えてくる(5)が正しい．これらは結合残留塩素である．次亜塩素酸HOClは遊離残留塩素で段違いに殺菌力が大きい．

グラフで，結合残留塩素も遊離残留塩素もなくなった点を不連続点といい，それ以上の塩素を添加することを不連続点塩素処理という．日本の水道水の消毒は不連続点塩素処理が基本である．

問題62　正解(5)　　　頻出度AAA

洗浄水による汚染を防ぐため，受水槽→高置水槽・圧力水槽と普段の水の流れに沿った順番で清掃を行う（空気調和設備等の維持管理及び清掃等に係る技術上の基準）．

問題63　正解(2)　　　頻出度AAA

貯水槽の周囲・下部には600 mm以上，上部には1,000 mm以上のスペースを確保する．

問題64　正解(2)　　　頻出度AAA

高置水槽方式では，給水箇所の圧力は安定している．ただし高層階で圧力が不足し，下層階で圧力が高くなる場合がある．圧力水槽方式が，ポンプの起動に伴って給水箇所で圧力の変動があるのが欠点とされる．

問題65　正解(2)　　　頻出度AAA

受水槽には，揚水ポンプ空転防止・解除および満減水警報用の電極棒が設けられる．揚水ポンプ発停用の電極棒は高置水槽に設けられる（高置水槽の水位で揚水ポンプを運転するのだから当たり前）．

問題66　正解(3)　　　頻出度AAA

シングルレバー水栓で生じやすいのはウォータハンマである．

問題67　正解(1)　　　頻出度AAA

水柱分離によるウォータハンマは，運転していた揚水ポンプが停止するときに発生しやすい．

ポンプによって運動エネルギーを与えられた水がパイプの中を「勢いよく移動」している状態でポンプが停止すると，水平配管の水は慣性でそのまま高置水槽に向かって移動する一方，垂直配管中の水は重力が働き急停止する．すなわち，配管が垂直から水平に曲がる部分で水の圧力が低下する．このとき，管の中の比較的高い位置などで水圧が水の蒸気圧を下回ると，水は液体でいられなくなり，パイプの途中で真空に近い水蒸気の団塊が発生，液体の水が分断される．この現象を水柱分離という．このあと瞬間的に分断された水柱は互いにぶつかり合って元の連続した液体に戻ろうとするが，このとき，通常ではありえないような大きな衝撃が発生する．

問題68　正解(2)　　　頻出度AAA

住宅における1人1日当たりの設計給湯量

は，75〜150 L である．7.5〜11.5 L は事務所．

他に，ホテル宿泊部 75〜150 L/(人・日)，総合病院 150〜200 L/(床・日) など．

問題 69　正解(1) ················· 頻出度ＡＡＡ

補給水管の中の比重の大きい水と，逃し管の比重の小さいお湯が重量的にバランスするためには，逃し管を水槽の水面よりも高く立ち上げる必要がある．

問題 70　正解(3) ························· 頻出度Ａ

自動空気抜き弁は，構造上負圧になると空気を管内に吸引することになるので注意を要する．

問題 71　正解(1) ················· 頻出度ＡＡ

水使用機器は衛生器具とその他の機器に分かれ，衛生器具は給水器具，水受け容器，排水器具，付属品に分類される．

問題 72　正解(5) ················· 頻出度ＡＡ

ステンレスは酸性系洗剤で洗うと光沢を失う恐れがある．ほうろうは薬剤には強いが，表面に傷があると中の金属を傷めるのでいずれも中性洗剤を使用する．

問題 73　正解(4) ················· 頻出度ＡＡ

(4)の脚断面積比は流出と流入が逆になっている．流出脚断面積／流入脚断面積比の大きいトラップを使用する（出口側が広ければ，流速も遅くなり，満管にもなりにくくなって，サイホンが起こりにくくなる）．

問題 74　正解(4) ················· 頻出度ＡＡＡ

間接排水は，ため洗いする流しのように，人が口にしたり直接触れたりする水の水受け容器に排水が逆流することを防止するためのものなので，グリース阻集器は該当しない．

問題 75　正解(1) ················· 頻出度ＡＡＡ

阻集器のトラップの封水深は 100 mm 以上としてもよい（SHASE–S206）．

グリーストラップで 100 mm 以上，砂阻集器では 150 mm 以上必要とされる（それ以下ではグリースや砂が流出する）．

問題 76　正解(1) ················· 頻出度ＡＡＡ

敷地排水管の直管では，管内径の 120 倍を超えない範囲内に排水ますを設ける．

問題 77　正解(2) ················· 頻出度ＡＡＡ

排水が浸入した場合や結露水を速やかに排水できるよう，通気管にも勾配を設ける．

問題 78　正解(2) ················· 頻出度ＡＡ

通気管の末端は，臭気が滞留しやすい建物の張出しの下部に開口してはならない．

問題 79　正解(5) ················· 頻出度ＡＡＡ

排水槽の通気管は，単独で大気中に開口しなければならない．

問題 80　正解(3) ················· 頻出度ＡＡＡ

※(3)は平成 13 年当時．当時は排水再利用施設の処理水（雑用水）の管理について明確な規定がなかった．現在では特定建築物についてビル管理法では次のように規定している．

1. 散水，修景又は清掃の用に供する雑用水の水質

項目	基準値	測定回数
pH 値	5.8 以上 8.6 以下であること．	1 回/7 日以内ごと
臭気	異常でないこと．	
外観	ほとんど無色透明であること．	
大腸菌	検出されないこと．	1 回/2ヵ月以内ごと
濁度	2 度以下であること．	

2. 水洗便所の用に供する雑用水の水質

濁度を除いて上表と同じ（濁度の規定なし）．

問題 81　正解(3) ················· 頻出度ＡＡ

ウ消毒装置は配水槽の前になければならないので，これで(1)か(3)に絞られる．ろ過装置は砂粒より小さい浮遊物質をろ過するためのものなので，ろ過装置は沈砂槽より後段にならなければならない．よってアが沈砂槽，イがろ

問題82　正解(3)　……………… 頻出度AA
架橋ポリエチレン管1種管は特殊継手による接合となる．融着継手で接続するのは，架橋ポリエチレン管の2種管である．

問題83　正解(5)　……………… 頻出度AAA
湿式のスプリンクラー設備は，弁のポンプ側も，ヘッド側も加圧水が充填されている．弁のヘッド側に圧縮空気を充填しているのは，寒冷地の工場などで採用される閉鎖型乾式スプリンクラー設備である．

問題84　正解(1)　……………… 頻出度AAA
連結散水設備は，地階で，床面積が700 m²以上の場合に設ける（地上階には関係ない設備）．ポンプ車を繋ぎ外部から送水する．公設消防隊用の消火活動上必要な施設．

問題85　正解(2)　……………… 頻出度AA
事務所における算定基準表による処理対象人員は延べ面積による．便器個数によるものは競輪場，競馬場，遊園地，公衆便所など．

問題86　正解(4)　……………… 頻出度AA
リン化合物は凝集沈殿法，嫌気・好気活性汚泥法による．オゾン酸化法は溶解性の残存有機物除去法．

問題87　正解(2)　……………… 頻出度AA
BODの濃度200 mg/L＝200×10⁻³ g/10⁻³ m³ = 200 g/m³なので，1日に流入するBOD総量は，
　　157×200＝31,400 g/日
必要な接触面積は，
　　31,400÷5 ＝6,280 m²
回転板1枚の面積（表裏）は，3.14×2 ＝ 6.28 m²なので，必要な回転板の枚数は，
　　6,280÷6.28＝1,000枚

問題88　正解(3)　……………… 頻出度AAA
流入BOD濃度，200 mg/L＝200×10⁻⁶ kg/10⁻³ m³＝200×10⁻³ kg/m³＝0.2 kg/m³であるから，流入BOD総量は，0.2×200＝40 kg/日．汚泥発生量はこれらを与えられた式に代入して，

$$200 \times 0.2 \times \frac{90}{100} \times \frac{70}{100} \times \frac{100}{100-98}$$
$$= 200 \times 0.2 \times 0.9 \times 0.7 \times 50$$
$$= 1,260 \text{ kg/日}$$

1,000 kgが1 m³なので，
　　1,260÷1,000＝1.26 m³/日

問題89　正解(3)　……………… 頻出度AAA
技術管理者を置かなければならないのは，処理対象人員が501人以上の規模の浄化槽管理者である．

問題90　正解(1)　……………… 頻出度AA
水を止める目的だけの場合には仕切弁が，流量調整も必要とする場合には玉形弁が使用される．

●午　後●

問題91　正解(2)　……………… 頻出度AA
定風量単一ダクト方式でも，室ごとに再熱器を持ったターミナルレヒート方式にすれば個々の制御が可能となるが，省エネ的ではない．

問題92　正解(2)　……………… 頻出度AAA
蒸発器で7℃の冷水を得るためには，冷媒の水は5℃程度で沸騰（気化）する必要がある．水が5℃で沸騰する圧力は，0.87 kPaという高真空である（大気圧は101 kPa）．

問題93　正解(2)　……………… 頻出度A
普通，冷却塔は油冷却器は持たない．

問題94　正解(1)　……………… 頻出度A
液晶モニターによって冷房負荷は減るので，冷房効果が低下する原因とはならない．

問題95　正解(3)　……………… 頻出度AA
外付けブラインドの日射遮へい効果は80%近くなのに対し，内付けのブラインドの場

合には 50 ％程度である．

問題 96　正解(4) 頻出度AA
圧力損失は風速の 2 乗に比例するので，通過風速を小さくすると圧力損失は減少する．

問題 97　正解(3) 頻出度AAA
開放式水槽では，負荷までの実揚程がかかるためポンプの動力が増加する．密閉式の場合は，ポンプの揚程は配管抵抗分だけで水は循環する．

問題 98　正解(3) 頻出度AAA
200 Lx では暗い．
JIS 事務所照度基準によれば，普通事務室で 300 ～ 750 Lx，細かい作業や窓に面して室内が暗く感じられる場合は 750 ～ 1500 Lx を推奨している．厚生労働省「VDT 作業における労働衛生管理のためのガイドライン」では書類上およびキーボード上における照度は 300 Lx 以上としている．

問題 99　正解(2) 頻出度AA
吹き出し流速を大きくすると，風切り音等の空調騒音は大きくなってしまう．

問題 100　正解(3) 頻出度AAA
吸音材のグラスウールなどは，それだけでは遮音性能はほとんどない．遮音材は重く，密で固ければさらによい．

問題 101　正解(2) 頻出度AA
照度の距離の逆 2 乗の法則により，2 m の水平面照度は，
$$1,000 \text{ Lx} \times \left(\frac{1 \text{ m}}{2 \text{ m}}\right)^2 = 1,000 \times \frac{1}{4}$$
$$= 250 \text{ Lx}$$

問題 102　正解(5) 頻出度A
超低周波音を効率よく吸収し低減する仕上げ材は存在しない．低周波音は発生源で対策する必要がある．

問題 103　正解(5) 頻出度AA
オフィスの照度は，できるだけ均一なほうが良い．
部屋の照度分布を表すのに均斉（きんせい）度（＝最低照度 / 最高照度）が用いられる．オフィスなどでは，均斉度が 1 に近いほうが照度の高低差がなく照明の質が高いといえる．昼光照明の片側一面採光の部屋で均斉度は 1/10 以上，人工照明だけの場合は 1/3 以上あれば良いとされる．

問題 104　正解(1) 頻出度AAA
$$1 \text{ ppm} = \frac{1}{1,000,000} = \frac{1}{10,000} \times \frac{1}{100}\%$$
$$= 0.001\%$$
1 ％ ＝ 10,000 ppm を覚えておく．

問題 105　正解(4) 頻出度AA
昇降機，照明でも省エネ法で CEC/EV，CEC/L の基準が定められ省エネ性の評価に使われてきた．
CEC（エネルギー消費係数）は，一般的には，
$$\text{CEC} = \frac{必要エネルギー＋ロス}{必要エネルギー}$$
で定義され，CEC/EV ＝ 1.0（事務所のみ），CEC/L ＝ 1.0 が判断基準として定められてきた．
※ CEC については，平成 26 年 3 月で廃止されることになっている（より実効性のある基準に改正される）．

問題 106　正解(4) 頻出度AAA
省エネのためには全外気方式（室内には空調した外気を 100 ％送る）ではなくて，レターン方式（外気と室内還気を混合して送風）とする．
夏冬のピーク時期，空調負荷のうち換気のための外気負荷の占める割合は大きいので，室内空気の清浄度が許す範囲で取入外気を極力減らすことが省エネルギーとなる．

問題 107　正解(4) 頻出度A
情報化によって種々のファシリティの比較

検討，シュミレーションが可能となり，経営上のFMの重要性が認識された．今後も経営上の重要なテーマとして，情報化を軸に，より一層のFMの活用が図られることになると予想される．

問題108　正解(4)　頻出度ＡＡ

独立住宅でも台所，浴室，便所などで第3種機械換気に該当する換気扇の利用は普通に行われている．

問題109　正解(1)　頻出度ＡＡＡ

混合した空気の絶対湿度はおよそ0.014 kg/kg(DA)である．

空気線図上のAの状態点の空気とBの状態点の空気を混合した空気の状態点Cは，AとBを結んだ直線を，AとBの量の逆比に内分する．今回はA，Bが等量なので中点になる（第109-1図参照）．あとは空気線図からC点の乾球温度，絶対湿度，湿球温度，露点温度，相対湿度を慎重に読めば良い．

なお，この問題の場合，空気線図を云々する前に，選択肢文をよく読むと(2)～(5)ではあり得ないことが分かる．

問題110　正解(4)　頻出度Ａ

暑熱環境の評価に適しているのは，WBGT指数である．PMVは極端な高温環境などの評価には向かない．

問題111　正解(1)　頻出度ＡＡＡ

風速が何メートル，相対湿度が何％のとき絶対湿度はこれこれになる，などと言うことは常識的にあり得ない（もちろん風速などは湿り空気線図には表されていない）．

(2)にあるように乾球温度と湿球温度が与えられれば，空気線図は平面図なのでその空気の状態点をプロットできる．あとは絶対湿度など残りの指標を読み取ればよい．ただし，絶対湿度，水蒸気分圧，露点温度はいずれも湿り空気の水分の絶対量を表しているので，これらのうち二つを与えられても，結局一つ

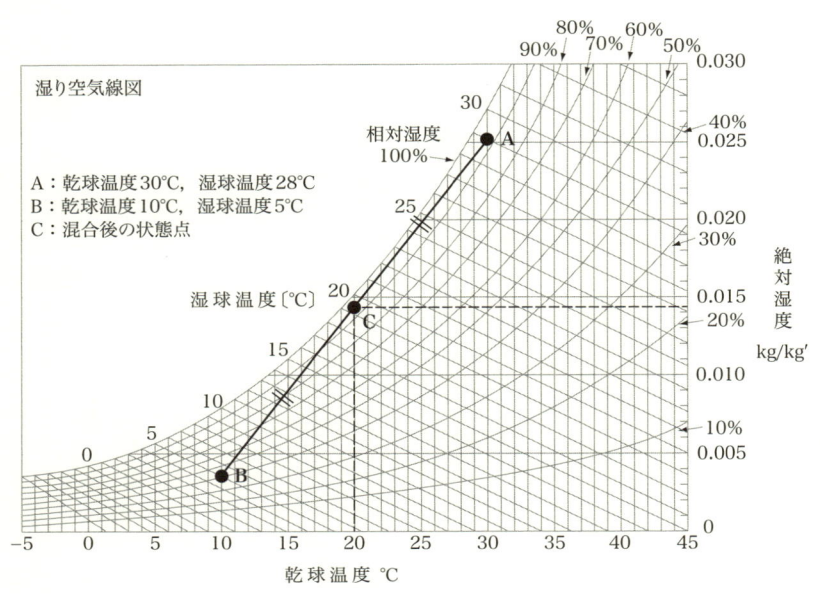

第109-1図

問題112　正解(2)　頻出度AAA
延長運転は部分負荷になる場合が多く，蓄熱槽があれば熱源を運転しないでポンプの運転だけで済むので対処が容易になる．

問題113　正解(3)　頻出度AAA
(3)は「風速」が適当．

問題114　正解(5)　頻出度AAA
水晶板上への粉じんの捕集は静電捕集により行われる（慣性衝突法は捕集の前段で粒径10 μm 以上の粉じんの除去に用いられている）．

問題115　正解(2)　頻出度AAA
パーティクルカウンタで得られるのは，質量濃度ではなくて，粉じんの粒径別個数濃度である．クリーンルームなどの清浄度評価に用いられる．

問題116　正解(3)　頻出度AA
集会者数の増大で濃度が高くなるのは二酸化炭素である（人間の呼気には一酸化炭素は含まれない）．

問題117　正解(1)　頻出度AAA
一酸化炭素は火を着けてやれば空気中で青色の炎を上げて燃え二酸化炭素になるが，火源がなければ常温では酸素と反応して二酸化炭素になることはない．

問題118　正解(4)　頻出度AA
アンモニア NH_3 は水中で水分子と反応し OH^-（水酸化物イオン）を発生させるので，アルカリ性を示す（$NH_3+H_2O \Leftrightarrow NH_4^+ + OH^-$）．
(3) 二酸化炭素は水分子と反応して H^+（水素イオン）を発生させ酸性を示す（$CO_2+H_2O \Leftrightarrow HCO_3^-+H^+$）．

問題119　正解(4)　頻出度AA
光散乱式の浮遊粉じん測定機のセンサ（光電変化素子）にたばこのタールなどが付着すると故障の原因となるので，タバコの煙を吹きかけるようなことは厳に慎まねばならない．

問題120　正解(5)　頻出度AAA
空気清浄機は浮遊粉じんの除去には有効であるが，排気ガス汚染物質である一酸化炭素や二酸化窒素などのガス状物質の除去には無効である．

問題121　正解(2)　頻出度AAA
（電気）ストーブにより室温を上げると相対湿度は下がるが，絶対湿度，露点温度は変わらないので結露対策にはならない．

問題122　正解(1)　頻出度AAA
前問のとおり，加熱しても絶対湿度は変化しない．
(4) 湿り空気に含むことができる最大水蒸気量は，温度が高いほど，気圧が低いほど多い．

問題123　正解(3)　頻出度AAA
同じ冷凍能力であれば，吸収式冷凍機のほうが成績係数が低く排熱量が大きいので，冷却塔が大型となる．

問題124　正解(1)　頻出度AA
冷房期の冷風は気流が窓に沿うように真上に，暖房期は天井付近に熱が滞留しないよう室内側に向けてベーンを調整する．

問題125　正解(5)　頻出度A
凝縮水がうまく排水できない時はフロートに水が入っていないか，フロートが固着していないかを疑ってみる．

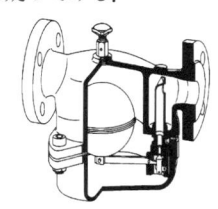

第125-1図　フロート式蒸気トラップ

問題126　正解(5)　頻出度ＡＡ
　10μm以下の浮遊粉じんは空調設備による除去の対象である．10μm以上の粉じんは清掃の対象であるが，いずれも建築物の汚染因子である．

問題127　正解(3)　頻出度ＡＡＡ
　密閉型の冷却水は，密閉され大気と直接しないため大気による汚染はない（大気に開放された散布水系統は保有水量が少ないため不純物・汚染物質の濃縮が激しく十分な水質管理を要する）．

問題128　正解(4)　頻出度ＡＡ
　保全業務は大きく予防保全と事後保全に分けられる．予防保全は機器の故障前に点検，整備等を行い，事後保全は故障してから修理，交換を行う．建築設備の保全は，基本的に予防保全であるが，故障時のリスクの評価によっては経済的な事後保全でいい場合もあるので，その見極めが重要となる．

問題129　正解(4)　頻出度ＡＡＡ
　イは二つの空気の混合を表すが，空調システム図で混合は3（外気と還気）しかない．これで答は(4)か(5)に絞られる．冷却の終わりを示すオはシステム図で冷却器の出口側の4である．したがって，答は(4)となる．
　混合か，加湿に目を付けると正解にスピーディに近付ける場合が多い．

問題130　正解(4)　頻出度ＡＡＡ
　暖房時，室外機は吸熱しているので照り返しは暖房能力にとって有利に働く（冷房時はもちろん不利となる）．

問題131　正解(4)　頻出度ＡＡＡ
　白熱電球の発光効率（15 Lm/W）は蛍光灯（50～100 Lm/W）より低いので，同じ照度を得るのにより多くの電力を消費し，寿命も短いので省エネルギーとならない．

問題132　正解(5)　頻出度ＡＡＡ
　必要換気量Qは，

$$Q = \frac{粉じん発生量}{許容粉じん濃度-外気の粉じん濃度}$$

で求められる．ここで，ビル管法施行令第2条において，空気調和設備を設けている場合，浮遊粉じんの量は0.15 mg/m³以下と定められているので，許容粉じん濃度は0.15 mg/m³とし，

$$Q = \frac{15 \text{ mg/本} \times 3 \text{本/h}}{0.15 \text{ mg/m}^3 - 0 \text{ mg/m}^3}$$

$$= \frac{45}{0.15} = 300 \text{ m}^3/\text{h}$$

喫煙から基準を守るには大量の換気を必要とする．

問題133　正解(5)　頻出度ＡＡＡ
　電気量の単位はC（クーロン）である．W（ワット）は電力，工率の単位．電気量が電力量の意味ならkW・hが用いられている．

問題134　正解(5)　頻出度ＡＡ
　良好な拡散・混合を得るためには，吹出し空気の温度は室内空気と過大な温度差があってはならない．また，20Kもの温度差は，吹出し口での結露のおそれがある．通常，ラインデイフューザの冷房吹出し温度は13～16℃，室内温度は26℃程度なので，その差は10～13K程度である．

問題135　正解(4)　頻出度ＡＡ
　地球温暖化の原因は，二酸化炭素を代表とする温室効果ガスの増加であるが，アンモニアは地球温暖化係数0である（二酸化炭素＝1.0）．

問題136　正解(1)　頻出度ＡＡＡ
　廃棄物の定義に「ガス状のもの」は入っていない．
　第2条　この法律において「廃棄物」とは，ごみ，粗大ごみ，燃え殻，汚泥，ふん尿，廃油，廃酸，廃アルカリ，動物の死体その他の汚物または不要物であって，固形状または液状のもの（放射性物質およびこれによって汚

染された物を除く．）をいう．

問題137　正解(3) 頻出度AAA
浄化槽汚泥は一般廃棄物である．

問題138　正解(5) 頻出度AAA
1人1日当たりのごみの排出量は，減少傾向にあるが，長年にわたっておよそ1 kgである．
(1)ごみの種類によって10～70 %．(2)可燃分と水分．(3)8～12 %．(4)単位体積当たりの質量値を表す．

問題139　正解(2) 頻出度AA
ごみの見かけ比重とは，前問の単位容積質量（値）のことである．単位は kg/m^3 または kg/L．
RDF（廃棄物固形燃料），TEQ（毒性等量）は近年出題されない．C/Nは堆肥の炭素C，窒素Nの含有比．

問題140　正解(1) 頻出度AAA
ごみの80%弱が直接焼却されている．
(2)90 %を超えている．(3)微増傾向である．(4)直接埋立て率は2 %程度．(5)減少している．

問題141　正解(1) 頻出度A
可燃分は熱灼減量とも言い，ごみの含有する有機物の指標である．
水分，灰分，可燃分をごみの3成分という．灰分＝熱灼残留物である．

問題142　正解(5) 頻出度A
ごみの最終処分は埋立＝土壌還元処理される．埋立には陸上埋立，水面埋立がある．廃棄物処理法に構造と維持管理の基準が示されている．いずれも長期にわたる浸出水の対策を必要とする．
(1)埋立前に脱水処理しなければならない．(2)廃酸，廃アルカリはそのままでは埋立てできない．(3)これらは安定型処分場に埋立てる．(4)管理型処分場と同等．

問題143　正解(5) 頻出度A
炉の運転開始，停止時の低温で不安定な燃焼状態でダイオキシンが高濃度に発生するので，発停の多くなる間欠運転は好ましくない．
ダイオキシン削減には高温で安定した連続運転を行う．

問題144　正解(2) 頻出度AA
廃棄物の輸出入規制は，バーゼル条約とその国内法である特定有害廃棄物等の輸出入等の規制に関する法律による．

問題145　正解(2) 頻出度A
汚泥再生処理センターは，従来のし尿処理施設に生ごみなどの有機性廃棄物の処理の機能を加えた施設として，国庫補助事業として推進されている．

問題146　正解(4) 頻出度A
現在では地域し尿処理施設や団地などのし尿処理施設がコミュニティ・プラントと呼ばれているが，いずれも合併（し尿＋生活雑排水）処理施設である（地域し尿処理施設はくみ取りし尿も受け入れているが，それ専用の施設ではない）．

問題147　正解(3) 頻出度AAA
給気を機械（送風機）で行う第2種機械換気では，周囲に臭気，塵埃を撒き散らしかねない．現在では，ごみ処理室が建物内にある場合は第1種換気設備を設けてより確実な換気を確保し，建物外にある場合に限り第3種換気設備でもよい，とされている．

問題148　正解(4) 頻出度AA
破砕溶融システムは，搬送システムではなくて，減量を目的とするプラスチックごみの中間処理施設である．

問題149　正解(2) 頻出度AAA
破砕機はビン，缶，プラスチックの中間処理設備として利用されている．
破砕処理によってごみの体積は減少する．空きビンは約1/4に，プラスチック容器で

は1/3程度になる．

問題150　正解(5)　頻出度A

いおう酸化物の排出基準は，大気汚染防止法施行規則で次のように定められている．

$$q = K \times 10^{-3} H_e^2$$

q：硫黄酸化物の許容排出量（単位；温度零度・圧力1気圧の状態に換算したm^3毎時）

K：地域別に定める定数

H_e：補正された排出口の高さ（煙突実高＋煙上昇高）

K値は地域の区分ごとに異なっており，数字が小さくなればなるほど規制が厳しい．

問題151　正解(3)　頻出度A

三点比較式臭袋法の臭気濃度は希釈倍率である．

三点比較式臭袋法では，6人のパネル（においを嗅ぐ人）に，ポリエステル製等の容量3Lの袋を3個与える．そのうちの2個の袋には無臭の空気が，残りの1個の袋には原臭をある濃度に希釈したものが入っており，パネルにこれら3の袋の中から原臭の入った袋を選び出させる．そして徐々に，原臭を希釈していき，最後にパネルが原臭を入れた袋を選び出すことが困難となったときの希釈倍率を求め，この希釈倍率をもって原臭の臭気濃度とする

問題152　正解(3)　頻出度AAA

カーペット床の汚れが目立つ場所ではスポットクリーニングを行う．スポットクリーニングは，除じんで除去できない汚れがパイルの上部にあるうちに行う洗浄である．パウダー方式，拭き取り方式，エクストラクション方式などの方法があり，場所により使い分ける．

問題153　正解(1)　頻出度AA

布張りの清掃に洗剤や水を使用すると，収縮や壁からの剥がれ，汚れの拡散などを生じるので好ましくない．

問題154　正解(4)　頻出度A

弾性床，硬性床の旧来の洗浄法である．現在では自動床洗浄機が普及している．

問題155　正解(4)　頻出度AA

床用パッドは凹凸の少ない弾性床，硬性床などに用いられる．カーペットの洗浄にはブラシが用いられる．

問題156　正解(3)　頻出度AAA

万能洗剤（一般洗剤）はpH9～11の弱アルカリ性で，床，家具その他各種の洗浄作業に用いられる．

(1)陰イオン系活性剤，陽イオン系活性剤，両性系活性剤，非イオン系活性剤に分けられる．(2)洗剤の洗浄効果は必ずしも濃度に比例しないので，最適な濃度で使用する．(4)清掃に使用される洗剤の主剤は，石油をおもな原料とする化学合成された界面活性剤である．(5)リン酸塩が湖沼の富栄養化をもたらしたため現在は使われていない（現在はケイ酸塩が用いられている）．

問題157　正解(3)　頻出度AAA

変質するので，ゴム系タイルに強アルカリ洗剤は使用できない．

問題158　正解(5)　頻出度AAA

カットパイルとはカーペットの毛足のこと．アップライト型掃除機はカーペットの除じんに適している．

問題159　正解(1)　頻出度AA

汚れは人間の活動に伴うので，場所によってその状況は大きく異なる．エントランス，トイレ，エレベータかご内などは汚れが目立つことが多い．

問題160　正解(2)　頻出度AAA

ホルマリンは，残存していると刺激が強いので食器には不適である．

問題161　正解(3)　頻出度AAA

消毒とは，身体外において病原微生物（病原体）を殺滅するか，その発育能力を失わせ

るか，あるいは人に疾病を起こさない程度に生存数を減少させることによって，感染の機会を取り除くことである．この場合，病原性のない他の微生物の残存については考慮しない．一方，病原性の有無を問わず全ての微生物を殺滅または除去すること滅菌という．

問題162　正解(3) ……………… 頻出度A
漆器は蒸気で変質劣化するので，不適である．

問題163　正解(4) ……………… 頻出度AAA
芽胞には効果がない．
芽胞は，ある種の細菌が発育に不適当な環境になると形成する，極めて強固な外被に包まれた球状体をいう．乾燥，熱，消毒剤に対して非常に強い抵抗性示す．

問題164　正解(5) ……………… 頻出度AAA
10％の薬液1Lに含まれる次亜塩素酸ナトリウムの正味の量は，$100\,g = 100 \times 10^3$ mgであるから，$10^3 = 1,000$倍に薄めれば，100 mg/Lとなる．

問題165　正解(5) ……………… 頻出度AAA
患者，保菌者の隔離，管理は感染源対策であるので，(1)，(2)，(4)は外れる．(3)の予防接種は感受性対策なので外れ，残るのは(5)だけになる．

問題166　正解(1) ……………… 頻出度AAA
廃棄物の処理体制の整備によって大型のハエの発生は見られなくなったが，狭い範囲で発生可能なコバエ類の発生が目立つようになった．

問題167　正解(2) ……………… 頻出度AAA
チャバネゴキブリの雌は一生の間に平均5回卵鞘を持つ（＝産卵する）．

問題168　正解(2) ……………… 頻出度AAA
ドブネズミは比較的平面的な活動をするので，地下や厨房，低層階に多い．垂直行動が得意で，天井，梁など建物の比較的高層部分まで生息するのはクマネズミである．

問題169　正解(1) ……………… 頻出度AAA
ヒョウヒダニ類が増えると，それを餌とするツメダニ類が増える．イエダニはネズミが宿主でヒョウヒダニは関係がない．

問題170　正解(5) ……………… 頻出度AAA
ヒラタキクイムシは，その幼虫がラワンなど広葉樹の木材をもっぱら食害する．

問題171　正解(4) ……………… 頻出度AAA
チョウバエはし尿浄化槽のろ床やスカム中から発生し，食害はしないが，いたるところに付着して汚染する．

問題172　正解(3) ……………… 頻出度AA
天候，温度などによってネズミや害虫の発生時期は異なるので，過去の記録から適切な予防が可能となる．

問題173　正解(3) ……………… 頻出度AAA
チカイエカは，最初の産卵は吸血しなくとも可能である．

問題174　正解(1) ……………… 頻出度AAA
残留処理や煙霧処理後のトラップ設置は，いっそう防除が徹底されると同時に薬剤処理の効果の判定もできる．
(2)毒餌は遅効性である．(3)塗布の方が残効性が大きい．(4)煙霧処理は速効性に重点置いた処理である．(5)逃げ場を作らないように部屋や戸棚はできるだけ開放して処理する．

問題175　正解(2) ……………… 頻出度AAA
イエダニはネズミに寄生しており，偶発的に寄主（きしゅ）や巣から離れて人から吸血することがある．
ネズミの防除，巣の除去を行う必要がある（イエダニには畳の乾燥は意味がない）．

問題176　正解(1) ……………… 頻出度AAA
毒餌中の薬剤量を多くすれば喫食性が落ち，薬剤量を少なくすれば喫食性は良くなるが防除の効果は落ちる．最も防除効果の高い薬剤量で使用するようにする．

問題177　正解(2)　頻出度 A|A|A

水和剤は粉剤に乳化剤を加えてある．水で希釈して懸濁させて使用する．有効成分の表面残留性が高い．

(1)種々の有効成分が開発されている．(3)壁などへの塗布にも使用する．(4)そのまま撒く．(5)そのまま使用する．

問題178　正解(2)　頻出度 A|A|A

KT_{50} は速効性の指標で単位は分である．

(1) LC_{90} は90％の害虫を殺す濃度であるから LC_{50} より大きい．(3)残効性はわからない．(4) LD_{50} は50％致死薬量のことで，単位は μg/匹．(5) IC_{50} が用いられるのは昆虫成長制御剤の試験である．

問題179　正解(2)　頻出度 A|A|A

一度発生した害虫の薬剤抵抗性も，薬の使用を中止すると，他の虫の集団との交流などにより徐々に低下する．

問題180　正解(5)　頻出度 A|A|A

「第4類第2石油類（灯油・軽油・その他）」の指定数量は，非水溶性1,000 L，水溶性2,000 L である．

平成12年度 解答・解説

合格率22.0%

●午 前●

問題1　正解(5)　頻出度AAA
国は，すべての生活部面について，社会福祉，社会保障及び公衆衛生の向上及び増進に努めなければならない．

問題2　正解(5)　頻出度AAA
都道府県知事の使用許可のような規定はない．

問題3　正解(5)　頻出度AAA
当該特定建築物の所有者等に対し，意見を述べることができる．この場合においては，当該権原を有する者は，その意見を尊重しなげればならない．

問題4　正解(4)　頻出度AAA
建築物の環境衛生上の維持管理に必要な技術者の雇用は，建築物環境衛生管理技術者の職務に含まれない（所有者，管理権原者等の職務？）．

問題5　正解(5)　頻出度AAA
建築物環境衛生管理技術者の職務は，維持管理が環境衛生上適正に行われるように監督することである．

問題6　正解(2)　頻出度AAA
特定建築物の面積の要件は，特定用途の延べ面積 3,000 m² 以上（学校教育法第1条に規定する学校の場合は 8,000 m² 以上）である．
※法令の改正で特定用途以外10％以上の除外規定はなくなった．

問題7　正解(3), (4)　頻出度AAA
気流は平均ではなくて個々の測定値が基準を満たす必要がある．
※法令の改正で，測定は床上75センチメートル以上150センチメートル以下の位置で測定する．

問題8　正解(1)　頻出度AAA
相対湿度の管理基準は 40％以上 70％以下，である．

問題9　正解(5)　頻出度AAA
遊離残留塩素の検査を7日以内に1回，定期に行う．

問題10　正解(4)　頻出度AAA
都道府県知事は，報告，検査に代わって，必要な説明または資料の提出を求め，改善命令に対しては勧告することができる．（法第13条）

問題11　正解(1)　頻出度AAA
排水槽の清掃を行う事業は（まだ）登録事業ではない．
排水管の清掃は登録事業である．

問題12　正解(2)　頻出度AAA
特定建築物の維持管理業者の名称は届出事項に含まれない．

問題13　正解(1)　頻出度AAA
帳簿書類の保存期間は5年か永久（法律に期間の定めがない）である．
当該特定建築物の平面図および断面図ならびに当該特定建築物の維持管理に関する設備の配置および系統を明らかにした図面（改修

問題 14　正解(3) ·················· 頻出度A

特段国民の責務は定められていない（そこまで浄化槽は一般的ではない）．

問題 15　正解(2) ·················· 頻出度AA

簡易専用水道の管理規定に，水質検査は含まれない．

※(3)　適用は受けるが，特定建築物として適正な管理が行われていれば(1)の検査は受検する必要はない．

問題 16　正解(1) ·················· 頻出度AAA

平成23年12月14日現在の一類感染症は，エボラ出血熱，クリミア・コンゴ出血熱，痘そう，南米出血熱，ペスト，マールブルグ病，ラッサ熱の七つ．

問題 17　正解(4) ·················· 頻出度AAA

レジオネラ属菌（細菌）が病原体である．

問題 18　正解(4) ·················· 頻出度AAA

保健所は，地域保健法に基づいて全国に県立，政令市立，東京特別区立の合計500箇所以上が設置されているが，全ての市町村（1,700以上）に設置されているわけではない．

問題 19　正解(5) ·················· 頻出度AA

この法律を施行するため必要があると認めるときに，事業場に立ち入り，関係者に質問し，帳簿，書類その他の物件を検査する等の職権を行う国家公務員を労働基準監督官という．環境衛生指導員は廃棄物の処理及び清掃に関する法律，浄化槽法の職権を行う地方公務員である．

問題 20　正解(1) ·················· 頻出度AA

学校栄養士，ありそうでない．

※平成20年，学校保健法は学校保健安全法に改正・改称．

問題 21　正解(5) ·················· 頻出度AA

建築基準法でいう設計図書には，仕様書も含まれる．建築物，その敷地又は第88条第1項から第3項までに規定する工作物に関する工事用の図面（現寸図その他これに類するものを除く．）及び仕様書をいう．

問題 22　正解(4) ·················· 頻出度A

共益費とは，普通，店子が大家に払う共用部分維持のための負担金で，LCCとは直接関係がない．

問題 23　正解(3) ·················· 頻出度AA

法に規定はないが，避難の邪魔になるので，事務室の廊下に面する扉は内開きにする．

問題 24　正解(3) ·················· 頻出度AAA

トラス構造は，部材に軸方向力のみ生じる構造である．

問題 25　正解(5) ·················· 頻出度A

正しい変形は第25-1図．

第25-1図

問題 26　正解(1) ·················· 頻出度AAA

コンクリート中では，鉄筋の鉄は化学変化を起こして「不動態皮膜」と呼ばれる「バリア」を作ることで自らを腐食から守っている．この不動態皮膜は，コンクリート中を満たす「水酸化ナトリウム」や「水酸化カリウム」というアルカリ性の水溶液がある場合に安定する．

コンクリートの防錆機能も，空気中の二酸化炭素の影響で次第に表面から中性化し，失われる．

問題 27　正解(5) ·················· 頻出度AAA

コンクリートのかぶり厚さとは鉄筋とコンクリート表面との距離をいい建築基準法基法施行令で第27-1表のように定められている．

かぶり厚さはコンクリートの耐久性上重要である．また，かぶり厚さが十分あるとコン

クリートが打設しやすくなる．

第27-1表

耐力壁，柱，はり	3 cm 以上
耐力壁以外の壁，床	2 cm 以上
直接土に接する壁，柱，床，布基礎の立上り部分	4 cm 以上
基礎（布基礎の立上り部分を除く．）	捨コンクリートの部分を除いて 6 cm 以上

(1) 1/3．(2) 1/10．(3) ほぼ等しい．(4) 12 cm 以上と建築基準法で定められている．

問題28 正解(4) 頻出度AA
腰壁やたれ壁の増設は，補強にならないどころか，逆に柱のせん断破壊が生じやすくなる．
開口部の下部の壁を腰壁，上部をたれ壁という．腰壁，たれ壁つきの柱を短柱という．腰壁，たれ壁と柱の間にスリットを入れて柱のせん断破壊を防止することを長柱化という．

問題29 正解(1) 頻出度AAA
コンクリートの圧縮強度は，セメントと水の混合割合（水セメント比）により左右される．
水セメント比とは，セメントに対する水の重量比—（水／セメント）×100%—である．
構造用コンクリートの水セメント比は，40～65%である．

問題30 正解(2) 頻出度AAA
高力ボルトは，締め付け力が大きく接合部の接触面に大きな摩擦抵抗を発生させ，これにより力を伝達する．高力ボルト接合では接合面にわざと赤錆を発生させ，より摩擦を得やすくする（塗装してはいけない）．

問題31 正解(5) 頻出度A
Aをフランジ，Bをウェブという．鉄骨構造の梁に使用されるH形鋼のウェブは，主にせん断力に対して抵抗する．

問題32 正解(5) 頻出度AA
便所や浴室に用いられる，室内が負圧になるのは第3種機械換気方式である．

問題33 正解(2) 頻出度AA
貸しビルでテナントが設置する間仕切り壁，ローパーティションについても，事前に法令をチェックして，内装の制限，防排煙，避難経路の確保，誘導灯の視認障害などの観点から防災上の問題がないか検討を行う必要がある．

問題34 正解(2) 頻出度AAA
避難計画上は，センターコアより2方向避難には理想的な複数コアの方が有利である．
建築物において便所，エレベータ，階段等の共用スペース，設備スペース，構造用耐力壁等を集約した区画のことをコアという．

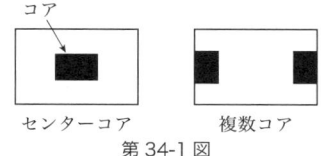

第34-1図　センターコア／複数コア

問題35 正解(4) 頻出度AA
エアメータは，練ったばかりのコンクリートが含む空気量を測る装置で，排煙とは無関係．

問題36 正解(4) 頻出度AA
暑くも寒くもないと温熱的中性申告を得られるときの平均皮膚温は33～34℃程度．35℃を超えると暑さを感じ，31℃を下回ると寒さによる不快感が強まる．

問題37 正解(4) 頻出度AA
適応という．
適応の他の例は，酸素濃度の低い山岳地帯に居住する高地民族の赤血球濃度が高い，高地民族の肺活量が大きい等があげられる．

問題38 正解(3) 頻出度AAA
(3)を除いて，自律性体温調節のうち，寒さ

に対する反応である．

問題 39　正解(1) 頻出度AAA
汗腺にはアポクリン腺とエクリン腺がある．暑熱時の汗はエクリン腺から分泌される（アポクリン腺はフェロモン物質などの分泌に関係する）．

問題 40　正解(1) 頻出度AA
数式は WBGT 指数の屋外で直射日光がある場合に用いられる計算式である．
　WBGT 指数（wet-bulb globe temperature index：湿球黒球温度）
　軍隊での熱中症予防のために提案された指標．暑熱環境での熱ストレスを評価する．高温職場の許容基準，スポーツ時の暑熱障害の予防の指標として現在も使用される．直射日光があるなしで計算式が異なる．近年，熱中症の多発でその利用が呼び掛けられている．

問題 41　正解(2) 頻出度AAA
産熱量の低下した高齢者は暖房をより必要とするが，皮膚の冷点，痛点が減少しているため若年者に比べ寒さを感じにくくなっている．このため，低体温症（体温35℃未満）になりやすく，呼吸器系の疾患を罹患しやすい．

問題 42　正解(4) 頻出度AAA
換気量 Q [m^3/h] は，汚染物質の発生量を M [m^3/h]，許容濃度を C [ppm]，外気の汚染物質の濃度を C_o [ppm] とすると，次のように求められる．

$$Q = \frac{M}{C - C_o} \times 10^6$$
$$= \frac{0.028}{1,000 - 300} \times 10^6$$
$$= 0.00004 \times 10^6$$
$$= 40 \text{ m}^3/\text{h}$$

問題 43　正解(3) 頻出度AAA
清浄空気の組成（容積比）は第43-1表のとおり．なお，1%は 10,000 ppm である．

第43-1表

窒素	78.10 %
酸素	20.93 %
アルゴン	0.93 %
二酸化炭素	0.03 %

問題 44　正解(3) 頻出度AAA
一酸化炭素のヘモグロビンとの親和力は酸素の200倍以上である．

問題 45　正解(1) 頻出度AAA
二酸化炭素の濃度が6%を超えると呼吸困難となり，7～10%になると数分間で意識不明となり，チアノーゼが起こり死亡する．

問題 46　正解(4) 頻出度AAA
窒素酸化物は独特の臭いを有する．

問題 47　正解(5) 頻出度AA
たばこ煙も重要な VOC（VOCs）の発生源である．VOC とは揮発性有機化合物のことで，その種類は極めて多い．

問題 48　正解(4) 頻出度AA
石綿（アスベスト）は，肺の線維化（じん肺），肺癌および胸膜や腹膜の悪性中皮腫（胸腔や腹腔の表面を覆う中皮由来と考えられる腫瘍）の原因となるが，喘息の原因とはならない．

問題 49　正解(3) 頻出度AA
40 dB の音圧を P_{40} [Pa]，20 dB の音圧を P_{20} [Pa]，基準音圧を P_0 [Pa] とすると，音圧レベルの定義から，

$$20 \log_{10} \frac{P_{40}}{P_0} = 40 \text{ dB}$$

$$20 \log_{10} \frac{P_{20}}{P_0} = 20 \text{ dB}$$

辺々引き算をすると，

$$20 \log_{10} \frac{P_{40}}{P_0} - 20 \log_{10} \frac{P_{20}}{P_0} = 40 - 20$$
$$= 20 \text{ dB}$$

対数の引き算は真数の割り算であるから，

$$20\log_{10}\frac{P_{40}/P_0}{P_{20}/P_0} = 20\log_{10}\frac{P_{40}}{P_{20}} = 20$$

$$\log_{10}\frac{P_{40}}{P_{20}} = 1$$

$$\frac{P_{40}}{P_{20}} = 10 \quad \cdots \quad P_{40} は P_{20} の 10 倍$$

問題 50　正解(5)　頻出度 A A A

ウ　音色は，その音に特有の総合的感覚で，周波数成分とその強弱，音の波形の時間的変化，周波数成分の時間的変化等に関係する．

エ　人の聴力は 4 kHz 付近の音に対して最も敏感である．

問題 51　正解(1)　頻出度 A

1,000 Hz 付近で，測定した騒音の音圧レベルが 60 分の許容曲線と接しているので，許容時間は 60 分となる．

問題 52　正解(3)　頻出度 A A A

振動の知覚は，皮膚，内臓，関節等，人の全身に散らばる知覚神経末端受容器（パッチニ小体等）によりなされる．全身振動の場合には，内耳の前庭器官，三半規管が加速度の知覚に関係している．

問題 53　正解(2)　頻出度 A A A

感光度の高い杆体細胞は，暗いときに働くが色を感じることはできない．明るいときには色を感じることができる錐体細胞が働く．

問題 54　正解(4)　頻出度 A A A

照度は点光源からの距離の 2 乗に反比例する．したがって，5 m の位置の照度は，(10 m/5 m)^2 = 2^2 = 4 倍になる．

問題 55　正解(2)　頻出度 A A A

280 ～ 310 nm の紫外線を健康線（ドルノ線）といい，皮膚でビタミン D を生成したり（不足するとクル病の原因），鉱物質の代謝を促進する．

問題 56　正解(2)　頻出度 A A

管洗浄後，給水を開始するときに，給水栓において規定の残留塩素が確保されていることを確認する．

問題 57　正解(1)　頻出度 A A A

貯水槽の清掃は，1 年以内ごとに 1 回定期に行うこと．

問題 58　正解(5)　頻出度 A A

結合残留塩素の場合は，1.5 mg/L 以上（遊離残留塩素では 0.2 mg/L 以上）．

問題 59　正解(4)　頻出度 A A A

特定建築物では，水質検査は，6 ヵ月以内に 1 回のものと，測定期間に行うトリハロメタン類の検査が義務付けられている．

問題 60　正解(5)　頻出度 A

設備・機器に故障のあった場合は，直ちに応急の措置をとり，必要に応じて専門の業者に修理を依頼する．

問題 61　正解(5)　頻出度 A

逃し通気管とは，排水通気両系統間の空気の流通を円滑にするために設ける通気管をいう．

問題 62　正解(3)　頻出度 A A

現在の水質基準では次のとおり．

(1)　フッ素及びその化合物 – フッ素の量に関して，0.8 mg/L 以下であること．

(2)　四塩化炭素 – 0.002 mg/L 以下であること（変更なし）．

(3)　シアン化物イオンおよび塩化シアン – シアンの量に関して，0.01 mg/L 以下であること．

(4)　現在の水質基準ではシマジンの規定はない．

(5)　塩化物イオン – 200 mg/L 以下であること．

問題 63　正解(3)　頻出度 A A

クロロホルム（CHCl$_3$）が，生成されるトリハロメタン（メタンを構成する 4 つの水素原子のうち三つがハロゲンに置換した化合物の総称）の一種である．

問題64　正解(1)　　頻出度A

蒸発残留物はし尿汚染だけの指標ではない((1)～(5)すべてが多い場合は，し尿の汚染を疑わせる)．

問題65　正解(4)　　頻出度AA

テトラクロロエチレンはビル管理法では検査項目に入っていない．

※(5)は現在「有機物（全有機炭素（TOC）の量）」となっている．

問題66　正解(2)　　頻出度AAA

給水管内の流速は，腐食防止，ウォータハンマ対策から，0.9～1.2 m/s（設計上の最高流速2.0 m/s）とする．

問題67　正解(5)　　頻出度AAA

ポンプの発停に伴う給水箇所で圧力の変動があるのが欠点である．

問題68　正解(1)　　頻出度AAA

ウォータハンマは，一般的に弁の急閉鎖によって水流がせき止められたときに弁の前後に発生する大きな圧力波である．急閉止にならない弁を使用する．

問題69　正解(5)　　頻出度AAA

基礎の点検も6ヵ月に1回行う．3～5年に1回，ポンプの分解点検を行う．

問題70　正解(3)　　頻出度A

住宅団地の排水温度の目安は，一般に10～28℃前後である．

問題71　正解(4)　　頻出度AAA

補給水管の中の比重の大きい水と，逃し管

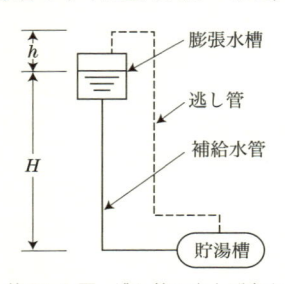

第71-1図　逃し管の立上げ高さ

の比重の小さいお湯が重量的にバランスするためには，逃し管を水槽の水面よりも高く立ち上げる必要がある（そうしないと，常時湯が逃し管から漏れ出ることになる）．

問題72　正解(5)　　頻出度AAA

労働安全衛生法では，内部が高圧になる等その取扱いに危険を伴う機械を指定して種々の規制（製造の許可，性能検査，自主検査等）を行っているが，内部が大気より低い圧力で運転される真空式温水発生機は，内部が大気圧と同じ無圧式温水発生機とともに規制の対象外である．

問題73　正解(1)　　頻出度AA

排水槽の掃除に用いる照明器具は防爆型でなければならない．これは，排水槽にはメタン，硫化水素など引火性のガスが発生・滞留する危険があるためである．

問題74　正解(2)　　頻出度AAA

グリース阻集器のグリースは7日～10日ごとに除去する．

問題75　正解(4)　　頻出度A

ノルマルヘキサン抽出物質が最も多いアが厨房排水，T－N（全窒素）やノルマルヘキサン抽出物質が含まれていない排水ウが洗面流し排水と考えられる．

問題76　正解(2)　　頻出度AA

オフセット部の上下600 mm以内に排水枝管を接続してはならない．

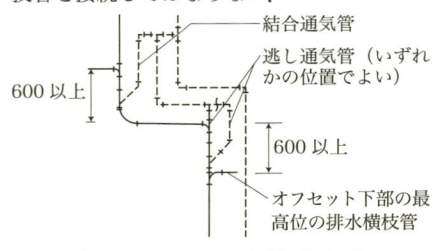

第76-1図　オフセット部の配管方法

問題77　正解(2)，(5)　　頻出度AAA

(2)　手洗い，洗面，調理などの目的に使用

されるの器具には，間接排水管を開口してはならない．

(5) 規定（給排水衛生設備規準 SHASE-S206）の改訂により「500 mm を超える場合」→「1,500 mm を超える場合」，となった．

問題 78　正解(5)　……………… 頻出度 A A A

排水の流れを阻害するので二重トラップはいかなる場合も避けなければならない．

問題 79　正解(3)　……………… 頻出度 A A A

排水立て管の掃除口は排水立て管の最下部や中間階に設ける．横枝管接続箇所に掃除口を設けても位置的に使いにくい（横枝管は Y 形に接続するので，横枝管の掃除用にもならない）．

問題 80　正解(5)　……………… 頻出度 A A A

ループ通気方式は，排水横枝管の最上流の器具排水管の排水横枝管接続点のすぐ下流から通気管を立ち上げる（第 80-1 図参照）．

問題 81　正解(1)　……………… 頻出度 A A A

通気の取り出しは，排水管断面の垂直中心線上部から 45°以内の角度で取り出す．

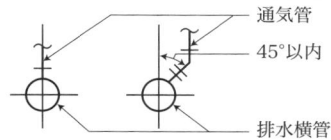

第81-1図　通気の取り出し方法

問題 82　正解(1)　……………… 頻出度 A A

オゾンの酸化力によって有機物を分解する（脱色，脱臭，殺菌はその結果である）．

問題 83　正解(5)　……………… 頻出度 A A A

トラップのウェアは第 83-1 図参照．インバートとは，汚水ますの底に設ける固形物の滞留防止用の滑らかな溝のことである（第 83-2 図）．

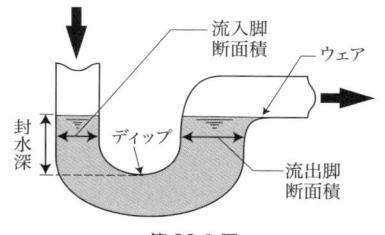

第 83-1 図

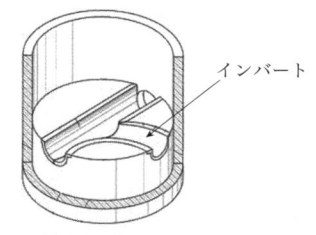

第 83-2 図　インバートます

問題 84　正解(1)　……………… 頻出度 A A

ステンレス鋼管の溶接は一般のアーク溶接ではなくて，TIG 溶接によって行われる．

TIG 溶接とは，タングステンイナートガス溶接のことで，アルゴン等の不活性ガスの雰囲気中でタングステン電極と溶接母材の間に

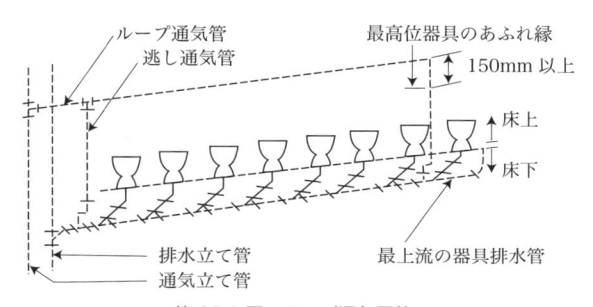

第 80-1 図　ループ通気配管

アークを発生させて溶接する

問題85　正解(5)……………頻出度ＡＡＡ
連結散水設備は，火災が発生した場合に消火が困難となる建物の地階に設ける．スプリンクラーに似た消火設備だが，外部からポンプ車で送水する．公設消防隊用の消火活動上必要な施設．

問題86　正解(3)……………頻出度ＡＡ
1号消火栓は水平距離25 m以下に一つ以上設ける．

問題87　正解(3)……………頻出度ＡＡ
沈殿分離槽の機能は，処理水を汚泥と上澄水に分けることである．嫌気性処理は沈殿分離槽の手前の生物処理槽で行われる．

問題88　正解(1)……………頻出度Ａ
強熱残留物は排水中の無機物質である（強熱減量が有機物）．

問題89　正解(3)……………頻出度Ａ
流入BODの量をkg/日で表すと，

200 m³/日 ×200 mg/L

$= 200 \text{ m}^3/\text{日} \times \dfrac{200 \times 10^{-6}}{10^{-3}} \text{ kg/m}^3$

$= 40 \text{ kg/日}$

これから，必要なMLSSは，

$\dfrac{40 \text{ kg/日}}{0.05 \text{ kg-BOD/(kg-MLSS・日)}} = 800 \text{ kg}$

MLSSの濃度は，

$\dfrac{800 \text{ kg}}{200 \text{ m}^3} = 4 \text{ kg/m}^3 = \dfrac{4 \times 10^6}{10^3} \text{ mg/L}$

$= 4 \times 10^3 \text{ mg/L}$

問題90　正解(2)……………頻出度ＡＡ
全体のSS（Suspended Solids；浮遊物質）の量は

8,000 mg/L×60 m³

$= \dfrac{8,000 \times 10^{-6}}{10^{-3}} \text{ kg/m}^3 \times 60 \text{ m}^3$

$= 480 \text{ kg}$

これがこの濃縮汚泥の固形分であるから，全体の100-98＝2 ％に相当する．
したがって，全体は，

$\dfrac{480}{2/100} = 24,000 \text{ kg}$

比重が1であるから，1,000 kgが1 m³に相当するので，

$\dfrac{24,000}{1,000} = 24 \text{ m}^3$

●午　後●

問題91　正解(5)……………頻出度ＡＡＡ
p（ピコ）＝10^{-12}，10^{-9}はナノ（n）．

問題92　正解(3)……………頻出度ＡＡ
硫化水素の臭いは，いわゆる「卵が腐った臭い」で，悪臭防止法で特定悪臭物質に指定されている．

問題93　正解(5)……………頻出度ＡＡＡ
空気分子からオゾンを発生させるには，落雷や電気溶接に伴う高エネルギーの紫外線が必要である．白熱灯の出す低エネルギーの可視光線ではオゾンは発生しない．

問題94　正解(2)……………頻出度ＡＡＡ
一酸化炭素は人為的な何らかの燃焼によって発生するので，その濃度は人間の活動に伴って時間的に変動する．

問題95　正解(3)……………頻出度ＡＡ
VOCの種類は多く，建材に含まれていなくても，塗料，接着剤，洗剤などからの発生が考えられる．
(2) 換気回数が同じとすれば，汚染物質の発生量は部屋の大きさの2乗に比例するのに対し，換気量は3乗に比例するので，大きい部屋の方が汚染物質の濃度は低くなる．

問題96　正解(3)……………頻出度ＡＡ
外部からのガスの濃度は，1年目で8 ppm→4 ppm，2年目で4 ppm→2 ppm，

解答・午後　　　　　　　　　　　　　　　　　　　　　　　　　　　　　　511

内部からは2年目で4 ppm→2 ppmなので，合計2 ppm + 2 ppm = 4ppm．

問題97　正解(3)　　　　　頻出度AA

25 L = 25×10⁻³ m³

なので，濃度はこれを病室の気積で除して，

$$\frac{25\times 10^{-3}\ \mathrm{m}^3}{50\ \mathrm{m}^3}=(0.5\times 10^{-3})\times 10^6\ \mathrm{ppm}$$

$$=500\ \mathrm{ppm}$$

問題98　正解(2)　　　　　頻出度AAA

超音波を利用した浮遊粉じん計はまだないようである．

問題99　正解(2)　　　　　頻出度AAA

1,000 ppmを与えられた数式に代入して，

$$1{,}000\times \frac{44}{24.47}=1{,}798\ \mathrm{mg/m}^3$$

$$=1.798\ \mathrm{mg/L}$$

問題100　正解(2)　　　　　頻出度AAA

粉じん濃度=(測定cpm−ダークカウント)×感度×較正計数

$$=\left(\frac{415}{5}-6\right)\times 0.001\times 1.3$$

$$=0.1001\ \mathrm{mg/m}^3$$

問題101　正解(5)　　　　　頻出度AA

光散乱型の粉じん計は，質量濃度を求めるのに吸引した空気量を知る必要がなく，散乱光強度を定数で換算して質量濃度を得ることができる．

問題102　正解(4)　　　　　頻出度A

濃度と変色層の長さは比例しておらず，濃度は検知管に付属する特有な目盛りを変色層に当てて読む．

問題103　正解(4)　　　　　頻出度A

定電圧式熱線風速計では，熱線に風速に比例した不平衡電流が流れる．

問題104　正解(3)　　　　　頻出度AA

通風開始後3分と4分とにおける値を読み取り，差がなければその温度を測定値とする．

(5) スプルングの式は，乾球温度と湿球温度から水蒸気分圧を求める数式である．

問題105　正解(5)　　　　　頻出度AAA

ピエゾバランス粉じん計は，圧電素子上に沈着した粉じんの質量により素子の固有振動数が減少することを測定原理とするが，粉じんを沈着させるのに要した吸引空気量が分からなければ濃度（沈着量/吸引空気量）は求めることができない．普通，吸引流量は1 L/分に調節されている．

問題106　正解(3)　　　　　頻出度AAA

ピトー管は室内気流のような風向が未定の微風速の測定には不適（ダクト内の風速測定などに適）．室内気流の風速測定には熱式風速計あるいはカタ計を用いる．

問題107　正解(2)　　　　　頻出度AA

CO，一酸化炭素は空気より少し比重が軽く床付近に滞留することはないので，床の掃除は一酸化炭素濃度の変化には関係がない．

問題108　正解(5)　　　　　頻出度AAA

熱伝導率の単位は，W/(m・K)である．出題のW/(m・h)は分母，分子両方に時間の単位を含んでいる（∵ W = J/s）が，普通そのような単位はない．

熱伝導率の意味は，物質の1 mの間隔をもつ二つの面の間に1 Kの温度差があったとき，1 m²当たり，1秒間に流れる熱量を表している．

(1) 熱貫流率の単位W/(m²・K)は，熱伝達率（放射，対流，総合），熱損失係数と同じである．これらは熱伝導率と違って，物質間の，その表面同士での熱の移動に着目した概念・単位である．

問題109　正解(4)　　　　　頻出度AAA

外壁を構成する建築材料が厚くなると，熱貫流率は小さくなる．

熱貫流率 K は，壁の熱の伝わりやすさを表し，次式で求めることができる熱貫流抵抗

R の逆数である．

$$R = \frac{1}{\alpha_i} + \frac{\delta_A}{\lambda_A} + r_B + \frac{\delta_C}{\lambda_C} + \frac{1}{\alpha_o}$$

$$K = \frac{1}{R}$$

ただし，α_i：室内側熱伝達率，δ_A：壁材料Aの厚さ，λ_A：壁材料Aの熱伝導率，r_B：中空層の熱抵抗，δ_C：壁材料Cの厚さ，λ_C：壁材料Cの熱伝導率，α_o：屋外側熱伝達率

この数式から，壁材料AやCの厚さが増せば R は大きくなるので，K は小さくなる．

問題110　正解(5) ………… 頻出度A
普通，冬季のすきま風は"寒い"のクレーム原因となる．

問題111　正解(3) ………… 頻出度A
室内外の温度差が大きくなり，ヒートショックの原因となる上，省エネルギー的にも好ましくないので，外気温が低いほど低めに設定し，個々人が着衣量などで調整する．

問題112　正解(4) ………… 頻出度AAA
遮音材（コンクリート，石，場合によっては鉛板）と吸音材（グラスウールが代表的）では物理的性状が全く異なる．

問題113　正解(4) ………… 頻出度AAA
部屋全体をある一定以上の照度にしようとすると，線状の蛍光灯と比較して，点状の照明であるダウンライトでは器具の台数が多くなる上，必要以上に照度の高い場所が発生し，省エネとはならない．

(2)　演色性とは物の色の見え方に与える照明ランプの性質で，日本では平均演色評価数（R_a）等が定められている．$R_a = 100$ が最も自然光に近い演色性となる．

(5)　照明ランプの省エネ性は発光効率〔Lm/W〕で表され，白熱電球は 15 Lm/W，蛍光灯 50〜100 Lm/W．

問題114　正解(4) ………… 頻出度AAA
ベルヌーイの式は，流体の速さと圧力と外力（重力）のポテンシャルの関係を記述する式で，力学的エネルギー保存則に相当する．すなわち，非粘性流体では，流管内のどこをとっても，同じ質量の流体の持つ運動，圧力，位置のエネルギーは一定となる．

問題115　正解(3) ………… 頻出度AAA
自由噴流は，吹き出し方向と平行な天井や壁などがあると，到達距離が長くなる．

自由噴流は，周囲の空気を巻き込むことによってそのエネルギーの多くを失う．天井や壁などがあると，その分巻き込む空気が減るので遠くまで到達することになる．

問題116　正解(3) ………… 頻出度AA
吹出温度を 19 ℃にすれば，部屋の空気が吹出口に結露することはない．

27 ℃，60 %の湿り空気の露点温度は何℃か？という問題．与えられた湿り空気線図から，露点はおよそ 18.5 ℃であることが分かる（第 116-1 図参照）．

したがって，吹出し温度をそれ以上にすれば，吹出口の温度もそれ以下にはならず部屋の空気は結露しない．

問題117　正解(5) ………… 頻出度AAA
ⓓは図Aのⓞである．

「混合」を二つ含んだ問題．二つの空気を混合した結果の状態点は，必ず二つの空気の状態点を結んだ線分上に来る（二つの空気の量の逆比にその線分を内分している）．外気ⓐ-ⓐと室内からの還気ⓑ-ⓒが混合されてⓘ-ⓒとなり，その一部は冷却器を通って冷却されⓞ-ⓓとなる．ⓞ-ⓓはⓘ-ⓒの残りと混合されてⓔ-ⓔとなり，送風機により室に向かう．

問題118　正解(5) ………… 頻出度AA
まず一酸化炭素による汚染を防止しなければならない．そのためには，燃焼に対して十

解答・午後　　　　　　　　　　　　　　　　　　　　　　　513

湿り空気線図
（標準気圧）

乾球温度27℃，相対湿球温度20℃の状態点

露点温度はおよそ18.5℃

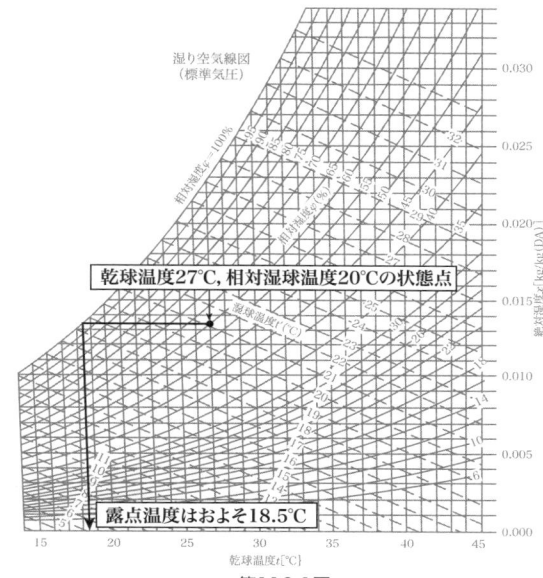

第116-1図

分な酸素を供給する換気が必要で，空気清浄機はその代替にはなり得ない．

現行の空気清浄機は，浮遊粉じんには有効であるが，一酸化炭素などのガス状物質にはほとんど効果がない．その意味でも有効とはいえない．

(2) 建築基準法では，開放型燃焼器具にはその理論排ガス量の40倍以上，密閉型では2倍以上の換気量を定めている．

問題119　正解(3) ･･････････頻出度AAA

変風量単一ダクト方式では，必要な風量だけを送風機の回転数をインバータ制御して送るので，搬送動力が小さく省エネ的である．

問題120　正解(1) ･･････････頻出度AAA

一般的に，自然換気では，風力による換気力が内外温度差による換気力を上回る．

問題121　正解(1) ･･････････頻出度AA

ライン型吹出口はペリメータ部の窓側に沿って横長に設置するのに適し，外部負荷処理用に多く用いられている．

(4) アネモスタット型吹出口は，誘引比が大きく室内空気の良好な攪拌効果が得られるが，到達距離はノズル型吹出口よりが小さい．

問題122　正解(5) ･･････････頻出度AA

代替フロンのR22も指定フロンとしてオゾン層保護のための法的規制があり，モントリオール議定書では，先進国で2020年に全廃の予定である（特定フロンは2010年に全廃された）．

問題123　正解(5) ･･････････頻出度AA

塩素は酸化力が強く腐食を増大させる．

問題124　正解(5) ･･････････頻出度AAA

蒸気タービン駆動の蒸気圧縮式冷凍機は，地域冷暖房（DHC）等に採用の例が多い．

問題125　正解(5) ･･････････頻出度AAA

フィルタが目詰まりすると換気量が低下し，粉じんの除去量も減るので粉じん濃度が次第に大きくなる．

問題126　正解(2) ･･････････頻出度AA

0.06 mg/m^3が，

に相当するので，全体は，

$0.06 \div 0.4 = 0.15$ mg/m³

問題127　正解(5)　頻出度AAA

送風量は回転数に比例し，全圧は回転数の2乗に比例し，したがって，軸動力は回転数の3乗に比例する．

一般的にファンやポンプの流体機械では，「軸動力(出力)＝流量×吐出し圧力」の関係があり，流量が回転数に比例し，圧力が回転数の2乗に比例するので，出力は回転数の3乗に比例することになる．

問題128　正解(5)　頻出度AA

フィルタは一般的に圧力損失を伴い，風量を減少させるので，無ければ風量は増加する．

問題129　正解(5)　頻出度AA

不快指数DIは次の式によって求める．気流は関係ない．

ただし，気温 T_a [℃]，湿球温度 T_w [℃]，相対湿度 RH [％]

$$DI = 0.72(T_a + T_w) + 40.6$$

または，

$$DI = 0.81 T_a + 0.01 RH(0.99 T_a - 14.3) + 46.3$$

問題130　正解(3)　頻出度AAA

外気の湿球温度が設計値を下回ると，設計より良い性能が得られる．

湿球温度＝冷却水の蒸発温度であるから，湿球温度が低ければ冷却水温度も低くなる．冷却水の出口温度と外気湿球温度の差をアプローチといい，通常は5℃程度である．一般に，外気の湿球温度が低く冷却水温度が低いほうが，冷凍機の凝縮温度が低くなって冷凍機のCOPも向上する．

問題131　正解(4)　頻出度AAA

カーテンは断熱効果はあるが，防湿層としての効果は小さいので，カーテンによって窓とその近辺は，露点はそのまま低温となり結露しやすくなる．

(3)を言い換えると，「断熱材の低温・低湿側に湿気が回らないように断熱材の高温・高湿側に防湿層を設ける」ということになる．

これが内部結露防止の原則であり，よく出題される．

問題132　正解(2)　頻出度AA

人間にとっての快適温湿度は，季節・天候によって変わることも含めて，許容される範囲で室内の設定・温湿度は外気に近付けることが省エネルギーになる．

問題133　正解(5)　頻出度AA

配管類の長寿命化は，修繕・更新の間隔を長くし，ライフサイクルコストの値を小さくする．

問題134　正解(3)　頻出度A

日本については，1990年を基準に，2008年～2012年の間に，温室効果ガスの発生を－6％削減する義務が課せられた．2012年度を含む最終的な結果はまだ公表されていないが，達成は困難と見られる．今後の温室効果ガス削減の国際的な方針は未だ決定されていない．

問題135　正解(2)　頻出度AA

自動制御とは，例えば空調では，温度，湿度などの現状の値を検出し，これを目標値と比較して，その差に応じた調節信号を出し，バルブなどの操作部を動かす一連の動作を自動的に行うことである．

問題136　正解(4)　頻出度A

ごみの単位容積質量は，見掛比重ともいい，一定体積のごみの質量を示す．

(1)　熱灼減量は可燃分のこと．
(2)　ごみの3成分は，水分，可燃分，灰分．
(3)　燃焼ガスの水蒸気の潜熱を含む高位発熱量は総発熱量とも言われる．水蒸気潜熱を含まない低位発熱量を真発熱量と言う．
(5)　熱灼残留物＝灰分．

問題137　正解(4)　頻出度AA
浄化槽汚泥のほとんどは，し尿処理施設で処理されている．

問題138　正解(4)　頻出度A
最終処分場の跡地は，安定後，公園，遊園地，住宅地などに利用される．

問題139　正解(1)　頻出度AAA
発酵槽の中に有機物を多く含むごみを投入し，適度の通気を行いつつ機械的にすき返し発酵させる．2～3日で温度が50～60 ℃に達し粗堆肥ができる．これを自然堆積すると，1週間程度でコンポスト（堆肥）ができあがる．

問題140　正解(4)　頻出度AA
病院から排出される感染性病原体を含む廃棄物は，特別管理一般廃棄物（ガーゼ等）もしくは特別管理産業廃棄物（注射針等）である．

問題141　正解(3)　頻出度AA
バーゼル条約に関する国内法として「特定有害廃棄物等の輸出入等の規制に関する法律」が制定されている．

問題142　正解(5)　頻出度A
廃アルカリは，廃酸とともに，そのままでは最終処分場に埋立処分はできない．

問題143　正解(4)　頻出度AA
廃棄物焼却炉から出たもえがら（焼却灰）は，産業廃棄物として埋立処分される．

問題144　正解(1)　頻出度A
環境影響評価法施行令によれば，埋立処分場所の面積が25 ha未満である場合は，アセスメントは不要である．

問題145　正解(2)　頻出度A
自治体における最終処分場の受入れ容量の確認は必要がない．
建物外部へのごみの運搬・処理は法令に則って行う．法令には，ごみの排出事業者が最終処分場の受入れ容量の確認をする云々の規定はない．

問題146　正解(4)　頻出度A
求めようとする原単位にはごみの総質量が必要である．

問題147　正解(3)　頻出度A
炉の運転開始，停止時の低温で不安定な燃焼状態でダイオキシンが高濃度に発生するので，発停の多くなる間欠運転は好ましくない．ダイオキシン削減には高温で安定した連続運転を行う．

問題148　正解(1)　頻出度A
プラスチック類に多く含まれるポリ塩化ビニルが燃えると，有毒な塩化水素が発生する．塩化水素は水に溶けて塩酸となり，焼却施設を傷める．

問題149　正解(5)　頻出度AAA
衛生性の確保から，床は水による洗浄が容易にできるように不浸透材質を用いて防水構造とし，床には集水勾配をつけ，側溝を設ける．
※(2)　現在では，ごみ処理室が建物内にある場合は第1種換気設備を設けてより確実な換気を確保し，建物外にある場合に限り第3種換気設備でもよい，とされている．

問題150　正解(4)　頻出度AA
クレーン搬送方式はごみの積み込み・車載方式で，ごみ貯留・搬出方式とは区別されている．

問題151　正解(5)　頻出度AA
厨芥類など変質しやすいものは，迅速にごみ処理室に搬入し，蓋付きの容器に保管し，できるだけ速やかに建物外に処理する．

問題152　正解(2)　頻出度A
ごみの空気搬送システムには，ごみを浮遊させて搬送するものと，カプセルに入れて搬送するものがある．

問題153　正解(2)　頻出度AAA
1日の排出量 kg は，

60 トン ÷30 日＝ 2 トン/日
　　　　　＝ 2,000 kg/ 日
排出量 m³ は，容積質量値で割って，
2,000÷200＝10 m³/ 日

問題 154　正解(2)　　　頻出度AAA
窓ガラス清掃は，1～2ヵ月に一度行う定期清掃に属する．

問題 155　正解(3)　　　頻出度AAA
房糸に含まれる油剤は，粘性の低い不乾性の鉱油がよい．布の重量に対して 20 %前後を含ませる．

問題 156　正解(4)　　　頻出度AAA
デッキブラシは，外部の水洗いに用い，建物内部ではあまり使用されることはない．

問題 157　正解(5)　　　頻出度AAA
ドライメンテナンス作業法では，最初に床にしっかりした樹脂被膜を作るための材料費や人件費などで比較的初期費用が大きくなる．

問題 158　正解(4)　　　頻出度AA
樹脂系床維持剤は，耐摩耗性が高い，乾燥しても滑りにくい，乾燥後研磨しなくても十分な艶がある，中性洗剤に強い（除去には強アルカリの剥離剤を必要とする），皮膜は時間の経過とともに硬化する，などいいことずくめである．

問題 159　正解(4)　　　頻出度AA
ゴンドラによるクリーニング作業は，高所の危険作業であるから，安全のため，使用ゴンドラはゴンドラ構造規格に合格したものに限られており，作業にあたってはゴンドラ安全規則を厳守しなければならない．

問題 160　正解(5)　　　頻出度AA
タオルまたはウォッシャーでガラス面に水を塗布しスイージーで汚れをかき取る方法が一般的である．

問題 161　正解(5)　　　頻出度AAA
清掃作業計画上，作業場所による分類は，共用区域，専用区域，管理用区域，外装・外周区域の四つに分けられる．
(1)日常，定期，臨時の三つ．(2)定期清掃．(3)よく慣れた標準的な労働者の作業時間．(4)事務所ビルよりデパートなどの商用ビルの方が手間がかかることが多い．

問題 162　正解(5)　　　頻出度AA
ホルマリンが残留した場合，人体に対して刺激性が強すぎるので不適．

問題 163　正解(4)　　　頻出度A
紫外線による殺菌作用は，細菌，カビ，酵母など菌種によって差がある．

問題 164　正解(3)　　　頻出度AAA
マラリヤ（原虫），クリプトスポリジウム症（原虫），日本脳炎（ウイルス），発疹チフス（リケッチア），ペスト（細菌）．

問題 165　正解(3)　　　頻出度AA
次亜塩素酸ナトリウムは，殺菌剤として野菜，果実などの消毒にも用いられる．

問題 166　正解(1)　　　頻出度A
ダニはダニ目でクモはクモ目と目が違う．
(2)は双翅目同士，(3)は膜翅目，(4)は鞘翅目，(5)は半翅目．

問題 167　正解(1)　　　頻出度AAA
クロゴキブリは，本州（関東以西），四国，九州に多く，一般住宅の優占種．

問題 168　正解(5)　　　頻出度AAA
イガやカツオブシムシは，化学繊維は食害しない．

問題 169　正解(3)　　　頻出度AAA
日本脳炎を媒介するアカイエカは，雨水溝より水田などからよく発生する．

問題 170　正解(2)　　　頻出度AAA
ハツカネズミは，少数勢力ではあるがビル内にも生息する．

問題 171　正解(3)　　　頻出度AAA
カイコに寄生することで知られるシラミダニは，偶発的に人を刺すが吸血はしない．

ケナガコナダニは食品や畳を食害する．イエダニは，寄主（きしゅ）や巣から離れて人から吸血することがある．ヒョウヒダニ類は屋内塵や畳に落ちた有機物を餌とするが肉食ではない．ツメダニは他のダニやチャタテムシを捕食し，まれに人を刺すが動物吸血性ではない．

問題172　正解(1)……………頻出度AAA
つつがむし病は，病原体のリケッチアをダニの一種のツツガムシが媒介する．

問題173　正解(2)……………頻出度AA
自然環境に比較してビル内の環境は安定しており，その環境に適応した害虫にも安定した環境となる．

問題174　正解(3)……………頻出度AA
光の色によって虫に対する誘引性は異なる．黄色灯は虫を誘引しにくい．

問題175　正解(3)……………頻出度AA
油剤は，浄化槽の活性汚泥等の微生物に影響が最も大きいと考えられる．

問題176　正解(4)……………頻出度AAA
毒餌中の薬剤量を多くすれば喫食性が落ち，薬剤量を少なくすれば喫食性は良くなるが防除の効果は落ちる．最も防除効果の高い薬剤量で使用するようにする．
(1)ノルボルマイドはドブネズミに，シリロシドはハツカネズミに効果が大きい．(2)殺そ剤はすべて食毒である．(3)喫食性は良くなる．(5)ネズミが慣れる必要があるので，最低でも抗凝血性殺そ剤で3〜7日，急性毒剤で3日程度置く．

問題177　正解(2)……………頻出度AA
疥癬の病原体であるヒゼンダニは動物寄生のダニで，接触感染がおもな感染経路であるから，接触防止と宿主対策が必要．

問題178　正解(5)……………頻出度AAA
屋内塵性のダニの薬剤感受性は一般的に低く，十分な効果が期待できる殺虫剤は少ない．

これらのダニの発生は多分に温湿度依存的で，25℃以上，60％以上の湿度でよく発生する．室内を通風，除湿によって乾燥し，高温にしないようにする．ヒョウヒダニなどは人の垢やフケが餌になっているので，室内の清掃を頻繁に行う．

問題179　正解(2)……………頻出度AA
毒餌（ベイト剤）は，使用法は簡便であるが遅効性のため生息密度が減少するまでにある程度長期的に配置する必要がある．

問題180　正解(1)……………頻出度AAA
吸入中毒のときは，急いで<u>新鮮な空気の日陰に移動させ</u>，呼吸を楽にして安静にする．

ビル管理士試験　もっと過去問題集

2014年4月20日　第1版第1刷発行
2015年4月20日　第2版第1刷発行

編 著 者　日本教育訓練センター
発 行 者　田中　久米四郎
編 集 人　久保田　勝信
発 行 所　株式会社 日本教育訓練センター
　　　　　〒101-0051　東京都千代田区神田神保町1-3　ミヤタビル2F
　　　　　TEL　03-5283-7665
　　　　　FAX　03-5283-7667
　　　　　URL　http://www.jetc.co.jp/
印刷製本　中央精版印刷 株式会社

ISBN 978-4-86418-048-1　＜ printed in Japan ＞
乱丁・落丁の際はお取り替えいたします．

はじめての受験者でもスイスイ理解できる

初めての第3種冷凍機械責任者試験受験テキスト

酒井 忍 著
A5判／308ページ
定価＝本体2,200円+税
ISBN 978-4-931575-35-6

　はじめて受験される方，もっと分かりやすいテキストをお探しの方のために，冷凍機の実物を見たことがなくても理解できるほど，わかりやすく解説しています．

学習の総仕上げに最適なわかりやすい問題集

改訂新版 すぐわかる 第3種冷凍機械責任者試験実力アップ問題集

酒井 忍 著
A5判／374ページ
定価＝本体2,600円+税
ISBN 978-4-931575-88-2

　過去20年間の出題を中心に，問題を分野別にとりまとめ，誤りの箇所をわかりやすく解説した，学習の総仕上げに最適な問題集．巻末には2回分の模擬試験問題も収録．

ご紹介の書籍は，全国の書店でご購入いただけます．書店でのご購入が不便な方は，日本教育訓練センター（電話=03-5283-7665　URL=http://www.jetc.co.jp）までお申し込みください．

学科試験も実地試験も本書で合格

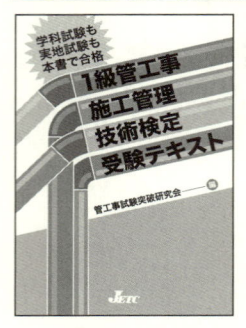

1級管工事施工管理技術検定受験テキスト

管工事試験突破研究会　編
A5判／344ページ　定価＝本体2,600円+税
ISBN 978-4-931575-60-8

1級管工事試験合格に必要な知識を体系的にまとめたテキストでもあり，多数の問題を収録した問題集でもある本書で，学科も実地も学べる．

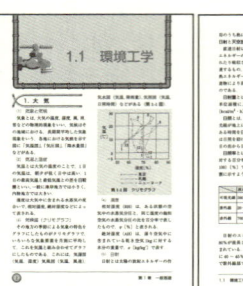

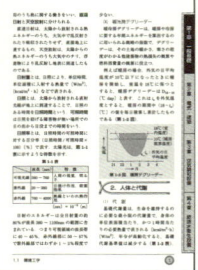

わかりやすい解説と豊富な問題を収録

2級管工事施工管理技術検定受験テキスト

管工事試験突破研究会　編
A5判／276ページ　定価＝本体2,200円+税
ISBN 978-4-931575-61-5

2級管工事試験合格に必要な知識を体系的にまとめたテキストでもあり，多数の問題を収録した問題集でもある本書で，効率よく学習できる．

ご紹介の書籍は，全国の書店でご購入いただけます．書店でのお買い求めが不便な方は，日本教育訓練センター（電話＝03-5283-7665　URL=http://www.jetc.co.jp）までお申し込みください．